「内心の自由」の法理

「内心の自由」の法理

渡辺康行

岩波書店

目　次

序章　本書の関心・対象・考察方法　1
 1　本書の関心　1
 2　「大きな憲法論」と「小さな憲法論」　1
 3　「内心の自由」の保障　5
 4　本書の考察方法　7

第1部　ドイツにおける信教の自由と国家の宗教的中立性の「緊張関係」
　　　　──文化的多様性を背景とした事例から　9

第1章　ドイツにおけるイスラーム教徒の教師のスカーフ事件　13
 Ⅰ　はじめに　13
 Ⅱ　イスラーム教徒の教師のスカーフ事件　15
 Ⅲ　連邦憲法裁判所判決前の段階における判例・学説の概観　18
 Ⅳ　連邦憲法裁判所第2法廷判決　27
 Ⅴ　結びに代えて　31

第2章　連邦憲法裁判所第2法廷判決の検討　35
 Ⅰ　事実の概要　35
 Ⅱ　判旨の紹介　36
 Ⅲ　解説　40
 【追記】　48

第3章　私人間における信教の自由
　　　　──もう一つの「イスラームのスカーフ」事件が問いかけるもの　52
 Ⅰ　はじめに　52

目　次

　　　Ⅱ　雇用における信教の自由に関するドイツの憲法状況・管見　53
　　　Ⅲ　日本の判例・学説状況の下で考える　61
　　　Ⅳ　結びに代えて　73

第2部　現代日本における「思想・良心の自由」
　　——「君が代」訴訟と「団体と個人」をめぐる事例から　75

第1章　「君が代」訴訟の分析視角
　　——近年における議論の出発点の確認　77

　　　Ⅰ　はじめに　77
　　　Ⅱ　三つの「君が代」訴訟　78
　　　Ⅲ　前提的な問題，あるいは論じないこと　84
　　　Ⅳ　教師の「思想・良心の自由」　88
　　　Ⅴ　生徒の「思想・良心の自由」　100
　　　Ⅵ　結びに代えて　113

第2章　公教育における「君が代」と教師の「思想・良心の自由」
　　——ピアノ伴奏拒否事件と予防訴訟を素材として　114

　　　Ⅰ　はじめに　114
　　　Ⅱ　保護領域　115
　　　Ⅲ　制約　119
　　　Ⅳ　正当化　122
　　　Ⅴ　ピアノ伴奏拒否事件最高裁判決と予防訴訟　124
　　　Ⅵ　結びに代えて　127

第2章〔補論〕　職務命令と思想・良心の自由
　　——「君が代」ピアノ伴奏拒否事件最高裁判決　128

　　　Ⅰ　事案の概要　128
　　　Ⅱ　判決の要旨　128
　　　Ⅲ　考察の視点　130
　　　Ⅳ　先行判例から本判決を読む　131
　　　Ⅴ　下級審判決への影響　140

第3章　職務命令および職務命令違反に対する制裁的措置に関する司法審査の手法
　　　――「君が代」ピアノ伴奏拒否事件最高裁判決以降の下級審判決の論理　143

- I　はじめに　143
- II　保護領域　144
- III　制約　148
- IV　正当化　155
- V　再雇用拒否の適法性　162
- VI　結びに代えて　167

第4章　「日の丸・君が代訴訟」を振り返る
　　　――最高裁諸判決の意義と課題　168

- I　はじめに　168
- II　ピアノ判決再読　169
- III　ピアノ判決以降の下級審判決と起立斉唱判決　172
- IV　ピアノ判決以降の下級審判決と懲戒処分判決　180
- V　結びに代えて　186
- 【追記】　186

第4章〔補論〕　「君が代」訴訟の現段階
　　　――東京高裁平成27年5月28日判決の検討　190

- I　はじめに　190
- II　起立斉唱職務命令の憲法および教育基本法適合性　191
- III　懲戒処分の適法性　194
- IV　国家賠償請求　197
- V　結びに代えて　203

第5章　団体の中の個人
　　　――団体の紀律と個人の自律　206

- I　はじめに　206
- II　三つの事例　206
- III　強制加入団体と構成員の自律　211

目　次

　　Ⅳ　結びに代えて　217

第5章〔補論〕　強制加入団体と会員の思想の自由
　　　　　　──南九州税理士会政治献金事件　219
　　Ⅰ　事実の概要　219
　　Ⅱ　判決の要旨　219
　　Ⅲ　解説　221

第6章　団体の活動と構成員の自由
　　　　　　──八幡製鉄事件最高裁判決の射程　227
　　Ⅰ　はじめに　227
　　Ⅱ　労働組合，税理士会による政治献金など　229
　　Ⅲ　生命保険会社，欠損会社による政治献金　231
　　Ⅳ　司法書士会，自治会による災害救援資金など　234
　　Ⅴ　判例法理の再検討　237
　　Ⅵ　結びに代えて　247

第3部　現代日本における信教の自由と政教分離
──その保障の諸相　249

第1章　「思想・良心の自由」と「信教の自由」
　　　　　　──判例法理の比較検討から　251
　　Ⅰ　はじめに　251
　　Ⅱ　保護領域　252
　　Ⅲ　制約　259
　　Ⅳ　正当化　268
　　Ⅴ　二つの自由に関する解釈論の相互的検討　274
　　Ⅵ　結びに代えて　285

第2章　行政裁量審査の内と外
　　　　　　──エホバの証人剣道受講拒否事件と
　　　　　　　「君が代」訴訟懲戒処分事件を素材として　286
　　Ⅰ　はじめに　286

Ⅱ　エホバの証人剣道受講拒否事件判決　286
　　Ⅲ　「君が代」訴訟懲戒処分事件判決　290
　　Ⅳ　両判決の比較検討　294
　　Ⅴ　結びに代えて　297

第3章　「ムスリム監視捜査事件」の憲法学的考察
　　　　――警察による個人情報の収集・保管・利用の統制　299
　　Ⅰ　はじめに　299
　　Ⅱ　信教の自由　302
　　Ⅲ　平等原則　307
　　Ⅳ　プライバシー　311
　　Ⅴ　法律の留保　318
　　Ⅵ　国家賠償法6条　322
　　Ⅶ　結びに代えて　324

第4章　政教分離規定適合性に関する審査手法
　　　　――判例法理の整理と分析　325
　　Ⅰ　はじめに　325
　　Ⅱ　政教分離規定適合性に関する審査の二段階　326
　　Ⅲ　「かかわり合い」の審査　333
　　Ⅳ　「かかわり合い」が「相当とされる限度を超える」かの審査　346
　　Ⅴ　結びに代えて　365

第5章　「国家の宗教的中立性」の領分
　　　　――小泉首相靖國神社参拝訴訟に関する裁判例の動向から　366
　　Ⅰ　はじめに　366
　　Ⅱ　「職務を行うについて」の該当性　366
　　Ⅲ　権利侵害の有無　368
　　Ⅳ　違法性　371
　　Ⅴ　「傍論」における憲法判断　374
　　Ⅵ　結びに代えて　377

目　次

第5章〔補論〕　小泉首相靖國神社参拝訴訟最高裁判決　380

Ⅰ　事実の概要　380
Ⅱ　判決の要旨　381
Ⅲ　分析　382
【追記】　388

第6章　宗教的性格のある行事への公人の参列等と政教分離原則
　　　　――白山比咩神社訴訟最高裁判決まで　390

Ⅰ　はじめに　390
Ⅱ　先行事例としての箕面慰霊祭訴訟と鹿児島大嘗祭訴訟　391
Ⅲ　白山比咩神社訴訟の概要　400
Ⅳ　白山比咩神社訴訟の考察　402
Ⅴ　結びに代えて　413

第7章　政教分離原則と信教の自由
　　　　――「緊張関係」とその調整　415

Ⅰ　はじめに　415
Ⅱ　津地鎮祭判決とその傍論　416
Ⅲ　津地鎮祭判決後の最高裁判決の動向　428
Ⅳ　若干の検討　445
Ⅴ　結びに代えて　455

終章　残された課題　457

1　信教の自由と政教分離の「緊張関係」　457
2　儀礼的行為　458
3　公共空間における宗教の役割　461

初出・原題一覧　465

あとがき　467

判例索引　471

序章　本書の関心・対象・考察方法

1　本書の関心

　グローバル化が進展するにつれて，国家の内部における文化的・宗教的・民族的多様性が増大している．それに伴って，例えばヨーロッパ諸国では，伝統的なキリスト教社会のなかにイスラーム教徒が多数移住してきたことにより，様々な問題が生じてきた．本書第1部は，そのなかから「イスラームのスカーフ」事件を素材として選択し，憲法学の観点から考察するものである．とくに注目しているのは，ドイツで問題となった，公立学校の教師がイスラームのスカーフを着用して授業を行うことについての，信教の自由と国家の宗教的中立性との緊張をはらむ係争である．

　翻って日本を見ると，この国でも「内心の自由」に関係する領域で多くの問題が生じている．教師の思想・良心の自由の保障のあり様が問われたのが，公立学校における入学式や卒業式で，「君が代」斉唱の際に，起立・斉唱・ピアノ伴奏などを職務命令によって強制し，従わなかった教師を懲戒処分などとしたことをめぐる，沢山の訴訟である．日本ではムスリムにかかわる憲法事件はまだ少ないが，ムスリムだけを監視捜査の対象とし，データベース化までしたことを契機とする事例があった．また信教の自由の保障を一層確実なものとするための客観法規範である政教分離規定をめぐっても，首相の靖國神社参拝などの当否などが繰り返し争われている．本書第2部および第3部は，これらを考察する．

　以上のような検討を行うことにより，本書は，「内心の自由」という基本的な憲法上の権利について，その保障のあり方を多面的に考察しようとするものである．

2　「大きな憲法論」と「小さな憲法論」

(1)　「小さな憲法論」

　天下国家を論ずる「大きな憲法論」と，日常生活にかかわる実践的な「小さ

な憲法論」を区別し，従来の憲法学では軽視されてきた後者の重要性を説く見解がある．そこでは，平和主義，民主主義，表現の自由など，日本国憲法の中心的な価値を守ることを使命とするのが「大きな憲法論」であり，日常的事件や例外的少数者のための，コンパクトで対象に即した憲法論が「小さな憲法論」とされた[1]．「イスラームのスカーフ」事件，「君が代」訴訟，「ムスリム監視捜査」事件，首相の靖國神社参拝訴訟といった具体的な裁判を素材として憲法論を行っている本書は，この論者の本意とは異なるかもしれないが，多くの部分が「小さな憲法論」を行うものである[2]．

(2) 文化的多様性の時代

「小さな憲法論」がやがて「大きな憲法論」に成長することもありうる，ともされている[3]．それとは異なる意味ではあるが，本書で扱っている「小さな憲法論」の背後にも「大きな憲法論」と言うことのできる領域が広がっている．そのことについては本書の各所で示唆しているが，ここで頭出ししておきたい．

第1部で扱っている「イスラームのスカーフ」事件を例にとろう．この事件をめぐる論争は，1989年のフランスを発端とするが，他のヨーロッパ諸国にも広がった．この状況を，フランス，ドイツ，イギリスを比較することによって明快に描いたのが，ドイツ生まれの社会学者で，ベルン大学教授のクリスチャン・ヨプケである．フランスでは，公立学校における女子生徒のヘジャブと呼ばれるイスラームのスカーフ(2004年)やブルカなど(2011年)が，ライシテや共和主義の名の下で法律によって禁止された．これに対して多文化主義国家イギリスでは，生徒のイスラームのスカーフは，学校ごとに条件つきで許されてきた．これに対して教師や生徒のニカブなどについては，学校が「教室での効果的な意思疎通」のために禁止することが，裁判上も承認された．しかし，イ

---

1) 棟居快行『憲法学の可能性』(信山社，2012年)15頁以下．
2) 本書で「小さな憲法論」というのは憲法の解釈論を指し，「大きな憲法論」というのは解釈論の基礎にある憲法理論や政治哲学などを指している．両者の関係については，渡辺康行「『憲法』と『憲法理論』の対話(1)～(6・完)」国家学会雑誌103巻1・2号(1990年)1頁以下～114巻9・10号(2001年)25頁以下．
3) 棟居・前掲注1)20頁．毛利透「表現の自由①」判時2344号臨時増刊『法曹実務にとっての近代立憲主義』(判例時報社，2016年)9頁は，「少なくとも学説は，一見『小さな』問題が政治過程という『大きな』問題と関連していること」を示すべきだ，という方向性に重点を置いて論ずる．

スラームのスカーフに対するフランスの全面的な排撃も，イギリスの不介入的な態度も，どちらもリベラリズムの枠内にとどまる．ドイツで問題となったのは，教師のイスラームのスカーフだった．連邦憲法裁判所2003年判決[4]により，各州議会に規制が委ねられたあと，多くの州は教師が政治的・宗教的・世界観的な性質をともなう外見上の表明を行うことを禁止する法律を制定した．しかしその際には，「キリスト教的・ヨーロッパ的な価値観や伝統を提示すること」は許容された．ここでは，普遍への志向をまったく欠いたナショナリズムの素朴な言葉づかいがなされた．一方には「キリスト教的・ヨーロッパ的」な「われわれ」が，他方には「ムスリム」である「彼ら」が存在し，両者がめぐりあうことは決してない[5]．

　ドイツにおける多くの州議会には，確かに，ヨプケが上で否定的に描いたような傾向が見られる．これに対して，ドイツ版の「開かれた」「全包的な」中立性はリベラリズムの内部にある．この概念の擁護者がドイツにおいては連邦憲法裁判所であることは，ヨプケも指摘していた．そして実際に，ヨプケの著書公刊後の連邦憲法裁判所は，2015年1月27日に，バーデン・ヴュルテンベルク州の規制法を違憲と判断した[6]．ドイツにおける特色は，リベラリズムや多文化主義を背景とする紛争が，連邦憲法裁判所によって判断されるという状況である．本書第1部が連邦憲法裁判所の判決を検討しているのは，そのためである．

(3) 国家ないし憲法の宗教的基盤

　ドイツを代表する憲法学者の一人ベッケンフェルデは，「自由な国家のパラドクス」という著名なテーゼを定式化している．つまり，「今日の国家は，自由で世俗的な国家として，それ自身では保障することができない前提の下で生きている．これは国家が自由のために引き受けた大きな冒険である」，というものである．そこで言われた前提とは，国民の間の「精神的紐帯」を指す[7]．

---

[4] BVerfGE 108, 282. Urteil des Zweiten Senats v. 24. 9. 2003. 本書第1部第2章を参照．
[5] Christian Joppke, Veil : Mirror of Identity, 2009. クリスチャン・ヨプケ(伊藤豊・長谷川一年・竹島博之訳)『ヴェール論争——リベラリズムの試練』(法政大学出版局，2015年)．
[6] BVerfGE 138, 296. Beschluss des Ersten Senats v. 27. 1. 2015. 第1部第2章【追記】1を参照．
[7] さしあたり，渡辺康行「『憲法』と『憲法理論』の対話(5)」国家学会雑誌113巻5・6号(2000年)59頁以下．

序章　本書の関心・対象・考察方法

ドイツにおいて,「精神的紐帯」であったものはキリスト教だった. しかし, 文化的・宗教的・民族的多様性が進むなかで, この「精神的紐帯」が失われつつあることへの危機感が, イスラームのスカーフ事件をめぐる議論の背後にある.

　明治国家の指導者たちは, 欧米諸国におけるキリスト教に相当する「精神的紐帯」を国家神道に求めようとしたが, 現在でもその系譜の下に,「国民宗教」を構想する見解もある. そして, 首相の靖國神社参拝などを念頭に「国民宗教」は「ネイションとしての国家の関わる問題ですから, ステイトとの分離である政教分離の埒外にあるのではないか」, と説かれる[8].

　最高裁における個別意見においても, 類似した見解が垣間見られることがある. 例えば, 靖國神社や護國神社を「国民宗教」的なものとして政教分離の枠外だとする, 愛媛玉串料判決における三好達裁判官の反対意見である[9]. さらに「精神的紐帯」についても触れているのが, 津地鎮祭判決における藤林益三裁判官の追加反対意見だった. つまり,「すべての国家は, その存立の精神的又は観念的基礎をもつ以上, 宗教もまた人類の精神の所産であるから, 国家は, 宗教自由の原則を認めると同時に, 国家自身が, 宗教に対して無関心, 無感覚であってはならない. 信教自由の原則は, 国家の宗教に対する冷淡の標識ではなく, かえつて宗教尊重の結果でなければならない」, という[10]. この追加反対意見は明言していないが,「行間に」, この「精神的紐帯」はキリスト教を重要な柱として含むものであってほしいという希望がある, と読まれている[11].

　また第2部で扱っている「君が代」訴訟の背景となった国旗・国歌の法制化に際しても, 国民の「精神的紐帯」を作り出そうという思惑があったとされて

---

[8] 百地章『靖国と憲法』(成文堂, 2003年)222頁. 詳しくは, 本書第3部第5章VIを参照.
[9] 「多くの国民の意識からすれば, 右各神社(靖國神社や護國神社―引用者)は, 戦没者を偲び, 追悼し, 慰霊する特別の施設, 追悼, 慰霊の中心的施設となっているといえるのであって, 国民の多くからは, 特定の宗教にかかる施設というよりも, 特定の宗教を超えての, 国に殉じた人々の御霊を象徴する施設として, あたかも御霊を象徴する標柱, 碑, 名牌などのように受け取られている」. 最大判平成9年4月2日民集51巻4号1673頁(1716頁).「国民宗教」という文脈とは異なるが, 神道を他の宗教一般と同列に論ずるべきではないという, 空知太神社判決における堀籠幸男裁判官の反対意見もある. 最大判平成22年1月20日民集64巻1号1頁(44〜45頁).
[10] 最大判昭和52年7月13日民集31巻4号533頁(554頁).
[11] 石川健治「精神的観念の基礎のない国家・公共は可能か？」駒村圭吾編著『テクストとしての判決』(有斐閣, 2016年)203頁以下. もちろん藤林裁判官は, それが「政教分離の埒外」だと論じているわけではない.

いる[12]．そのような「精神的紐帯」は必要なのか．あるいは「自由で民主的な基本秩序」のような憲法上の基本原理による，新たな形での「精神的紐帯」の創出は可能なのか[13]．

3 「内心の自由」の保障

(1) 「内心の自由」

「小さな憲法論」の準備をしよう．外面的精神的自由権と内面的精神的自由権を区別する思考は，憲法学において伝統的である．後者に属するのが思想・良心の自由であり，信仰の自由，学問的な思考の自由もそこに含まれるとされる[14]．本書が「内心の自由」という表題の下で扱うのは，思想・良心の自由と信教の自由である．その上でさらに，多くの疑問が出されてきた．そのいくつかについて，予め簡単に触れておく．なお，憲法19条が内面的精神活動の自由を，憲法21条が外面的精神活動の自由をそれぞれ一般的に保障しており，20条1項，23条などは内面・外面両方の精神活動を特別法的に保障している，と位置づけられることが多いため[15]，以下ではさしあたり19条を念頭に置く．

第一に，「内心の自由」は絶対的に保障されるか．伝統的には，これが肯定されてきた．この自由は人間存在の本質にかかわるものであり，しかも，内心の活動である限り他の利益との衝突はなく，国家権力の立ち入ることの許されないものだから絶対的に保障される，とされてきたのである[16]．では，国家権力が立ち入ることができない「内心の自由」をなぜ憲法はあえて保障したのか．伝統的には，明治憲法下で内心の自由そのものを侵害するような事例が頻繁に行われたことへの反省に基づく，と解されてきた[17]．今日では，技術の

---

[12] 本書第2部第2章Ⅵ参照．
[13] 本文で念頭においている「憲法パトリオティズム」について，毛利透『民主政の規範理論』（勁草書房，2002年），ヤン＝ヴェルナー・ミュラー（斎藤一久ほか監訳）『憲法パトリオティズム』（法政大学出版局，2017年）など．
[14] 例えば，伊藤正己『憲法〔第3版〕』（弘文堂，1995年）214頁，芦部信喜『憲法学Ⅲ　人権各論(1)〔増補版〕』（有斐閣，2000年）98頁など．
[15] 渋谷秀樹・赤坂正浩『憲法Ⅰ　人権〔第6版〕』（有斐閣，2016年）139〜140頁（渋谷）．信仰の自由と信教の自由の違いについては，本書第3部第1章Ⅰを参照．
[16] 伊藤・前掲注14)214頁．その他，芦部・前掲注14)106頁，久保田きぬ子「思想・良心・学問の自由」清宮四郎・佐藤功編『憲法講座　2』（有斐閣，1963年）109頁など．なお，佐々木弘通「第19条」芹沢斉ほか編『新基本法コンメンタール　憲法』（日本評論社，2011年）147頁は，「「絶対」的保障という言い方は，文字通りの例外を許さない意味ではなく，最強度という意味合いで理解されるべき」だ，と善意に解釈している．

発展によって，識閾下(サブリミナル)の暗示のような手段が用いられることもありうる[18]．しかしそのような例外的な場合を除けば，「内心の自由」が制約されることはないのか．内心と外部的行為は峻別されうるのか．このことが，近年において多数争われてきた「君が代」訴訟の一つの争点だった[19]．

第二に，「思想の自由」と「良心の自由」は区別されうるか．これも伝統的な論点である．近年でも，「①『思想』については共通の思想を基盤に結合した団体(いわゆる傾向企業もこれに当たりうる)による共同行使を考えることができるが，『良心』は優れて個人的・主観的なものであること，また，②制約が問題となる典型的な事案も異なりうる」ことを理由として，両者を区別すべきだとする見解が示されている[20]．これに対して憲法学におけるかねてよりの通説は，「思想は人間精神の論理的側面，良心はその倫理的側面という区別は可能であるが，この二つの内心における精神活動に境界を設けることはきわめて困難」であり，「また，それをあえて区別しても，憲法解釈上はほとんど実益がない」ことから，両者を一体として捉えている[21]．本書もこの通説の立場を前提としているが，「思想の自由」または「良心の自由」が問題となっていることが明確な場合には，そのような表記を行う．

(2) 客観法規範による保障

日本国憲法では，思想・良心の自由と信教の自由に関する保障の仕方が異なり，それに応じて保障のあり方に関する学説の理解も異なっている．その一つが上述したように，19 条に関しては内面的精神活動の自由を，20 条に関しては内面的精神活動の自由である信仰の自由だけではなく，外面的精神活動の自由をも保障している，という理解の違いである．もう一つは，20 条は国家の

---

17) 芦部・前掲注 14)99 頁，佐藤功『憲法(上)[新版]』(有斐閣，1983 年)291～292 頁など．
18) 阪本昌成『憲法理論Ⅱ』(成文堂，1993 年)297 頁，長谷部恭男『憲法[第7版]』(新世社，2018 年)192 頁．
19) 本書第 2 部第 1～4 章を参照．
20) 小山剛「思想および良心の自由(1)」法セ 705 号(2013 年)44 頁．また林知更「思想の自由・良心の自由」南野森編『憲法学の世界』(日本評論社，2013 年)201 頁は，「内面領域一般の自由としての『思想の自由』と，これより狭いものとしての『良心』を内面・外面の両方にわたって保護する『良心の自由』とを区別すること」を提唱している．本書第 3 部第 1 章Ⅰを参照．
21) 芦部・前掲注 14)103 頁．その他，宮沢俊義『憲法Ⅱ[新版再版]』(有斐閣，1974 年)338 頁，佐藤・前掲注 16)290～291 頁，佐藤幸治『日本国憲法論』(成文堂，2011 年)217 頁，高橋和之『立憲主義と日本国憲法[第 4 版]』(有斐閣，2013 年)183 頁など．

宗教的中立性をも要請しているのに対して，19条は国家の信条的中立性は要請していない，という理解の違いである．後者の妥当性は，本書でも括弧に入れたままにする問いである．「君が代」訴訟で争点の一つとされることがあることについて，断片的に触れるにとどまる[22]．

4 本書の考察方法

先に，本書は主に「小さな憲法論」にかかわると述べた．より詳しく言うならば，本書は，自ら「小さな憲法論」を提示することもあるが，より重点を置いているのは，「小さな憲法論」を分析・整理することである．そのための道具立てとして，思想・良心の自由や信教の自由のような防御権については，保護領域・制約・正当化という形で思考を分節化する三段階審査の手法を用いている．また政教分離規定のような客観法規範については，二段階審査の手法を提唱している．このような試みの積み重ねによって，憲法上の権利論の新たな体系化を目指しているためである[23]．以上のように，本書は，内容的な視点と審査手法という視点との複眼により構成されている．

[22) 本書第2部第1章Ⅲ，第4章〔補論〕Ⅱ．
[23) 暫定的な成果として，渡辺康行ほか『憲法Ⅰ　基本権』(日本評論社，2016年)．本文で先に触れた「国家の信条的中立性」の要請については，同書159頁(渡辺)参照．

ns.s.s
第1部

ドイツにおける信教の自由と
国家の宗教的中立性の「緊張関係」
——文化的多様性を背景とした事例から

第1部の各章が扱っているのは、ドイツにおける「イスラームのスカーフ」に関する事件である。教師のスカーフ着用の可否をめぐる連邦憲法裁判所2003年判決が、最も重要な素材となる。まず第1章は、この判決に至るまでの判例・学説を考察している。それを踏まえて第2章は、上記判決を検討した。この時期、ドイツではもう一つのイスラームのスカーフ事件が起こっていた。デパート店員のスカーフ着用を理由とする解雇をめぐる訴訟について分析したのが、第3章である。以上の各章は専門的研究者を読者として想定して書かれたものであるため、前提となる事情についての解説を省略している。そこで、最低限の予備的説明を行いたい。

　ドイツ憲法は、信教の自由を保障しているものの(4条)、日本国憲法に規定されているような政教分離規定をもっていない。しかし信教の自由や平等に関する条項(3条、33条)などによって、国家の宗教的中立性が要請されていると解されている。そこで、信教の自由、親の教育権(6条2項)、国家の宗教的中立性などの間の緊張関係は従来から問題となっており、スカーフ事件にとって参考となりうる連邦憲法裁判所の判例がこれまでにも出されてきた。
　例えば1975年の共同学校(宗派混合学校)事件決定である。ドイツにおいて学校制度は州の管轄であるが、かつて各州ではキリスト教の宗派別学校が設けられていた。しかし1960年代に宗派別学校は廃止され、代わってキリスト教の共同学校が設けられるようになった。バーデン・ヴュルテンベルク州の共同学校に対して、非キリスト者が信教の自由や親の教育権に反すると主張した事件に関して、連邦憲法裁判所は、「学校制度の領域において避けようのない、消極的および積極的宗教の自由の間の緊張関係を解くことは州の民主的な立法者の責務であり、公的意思決定過程において、様々な見解を考慮して、すべてのものにとって無理のない妥協を探し求めなければならない」とした上で、当該州の共同学校は「教授内容および教育内容をキリスト教信仰に固定していない」などと解して、合憲と判断していた[1]。
　次に、1979年の学校祈禱事件決定である。ヘッセン州やノルトライン・ヴェストファーレン州の公立学校では、授業の開始前に、キリスト教的な基盤に立つ超宗派的な祈禱が日常的に行われていた。生徒の親などがこれの中止を求

---

1) BVerfGE 41, 29. Beschluss des Ersten Senats v. 17. 12. 1975. さしあたり、柳眞弘「キリスト教的性格をもつ共同学校(宗派混合学校)の憲法適合性」ドイツ憲法判例研究会編『ドイツの憲法判例〔第2版〕』(信山社、2003年)126頁以下。

めた事件に関して，連邦憲法裁判所は，学校祈禱に授業ではなく学校行事という位置づけを与えた上で，学校祈禱は生徒などの積極的な信教の自由の行使であり，行いたくない生徒が期待できる方法で祈禱への参加を回避できる形式がとられるならば許容される，と判断した[2]．

スカーフ事件に際してもっとも意識されていたのは，1995年の教室における磔刑像決定である．バイエルン州国民学校規則は，すべての教室には十字架（磔刑像）が設置されなければならない，と規定していた．「人智学」を信奉する両親が，子どもが通学する学校の教室における十字架または磔刑像を撤去する仮命令を求めた事件に関して，連邦憲法裁判所は当該学校規則を生徒の信教の自由や親の教育権の保障に反する，と判断した．教室における十字架により，生徒は十字架の下で学ぶことが強要されることになる．十字架は特定の宗教の象徴であり，キリスト教に影響を受けたヨーロッパ文化の現れではない，というのである[3]．かつてのドイツ公法学において，国家の宗教的中立性は，宗教的活動への国家による一定の援助を許容する「積極的中立性」を指す，と解されてきた．しかしその援助はキリスト教会に限定されており，連邦憲法裁判所もそのような理解を前提としていた．これに対してこの決定では，諸価値の緊張関係のなかで，生徒の消極的信教の自由や国家の宗教的中立性に重きをおいた判断を行った．しかもそこでの国家の宗教的中立性は，あらゆる宗教を平等に扱うとするものだった[4]．それらのことからこの決定は，多くの議論を呼ぶことになったのである[5]．

戦後ドイツでは，一時期外国人労働者を積極的に受け入れていた．その中心はトルコ人であったため，圧倒的にキリスト文化社会であったドイツにおいて，彼らの信仰するイスラーム教徒の割合が次第に増加してきた．とりわけ2001

---

[2] BVerfGE 52, 223, Beschluss des Ersten Senats v. 16. 10. 1979. さしあたり，清水望「信仰告白の自由と国家の宗教的中立性」ドイツ憲法判例研究会編・前掲注1)132頁以下．

[3] BVerfGE 93, 1, Beschluss des Ersten Senats v. 16. 5. 1995. さしあたり，石村修「公立学校における磔刑像（十字架）」ドイツ憲法判例研究会編『ドイツの憲法判例Ⅱ〔第2版〕』（信山社，2006年）115頁以下．

[4] 山本和弘「ドイツにおける国家の宗教的中立性の構造」早稲田法学会誌68巻2号（2018年）397頁以下．連邦憲法裁判所はこの決定において従来の中立性理解を変更し，本論で述べる「開かれた中立性」という理解に接近した．

[5] 1990年代半ばは，連邦憲法裁判所が一連の論争的な判決を出したことにより各方面から反発を招き，「危機の時代」と呼ばれた．渡辺康行「ドイツ連邦憲法裁判所とドイツの憲法政治」ドイツ憲法判例研究会編・前掲注1)10〜11頁．

年9月11日に起こった同時多発テロの実行犯の一人がドイツに在住していたこともあり，イスラームとの向き合い方が社会的にも重要な問題となってきた．上記の諸事案は，キリスト教にかかわるものだったが，第1部各章で扱うイスラーム教徒の事案がドイツにおいてきわめて注目されたことには，そうした背景があった．

第1章　ドイツにおけるイスラーム教徒の教師のスカーフ事件

I　はじめに

　1989年にフランスでおこった「イスラームのスカーフ」事件[1]は，日本憲法学が好んで議論の素材としてきた事例である．ある公立中学校へイスラーム教徒の3人の女子生徒がイスラームのスカーフをつけて登校したところ，校長はフランスの共和主義を特徴づける政教分離の原則(ライシテ)，公教育の非宗教性を理由に，それをやめさせようとした．この事件を機縁としておこった様々な論争を，樋口陽一は，「国家による共和制理念の貫徹」という旗印の下での「国家による・自由への強制」対「国家からの・親の(宗教の)教育の自由」という対立，あるいは「共和主義」対「多元的自由主義」という対立の図式で説明した[2]．またそこでは，「中立」と「寛容」という用語について，「国家からの自由＝『中立』なのではなく，その反対に，国家による学校からの宗教色の排除によって確保される『中立』が問題とされているのであり，それに対し，『寛容』のほうが，国家からの自由を意味する」という整理がなされていた[3]．

　これに対して異なった理解を示したのが，山元一である．山元は，この事件においてイスラーム教徒を「マイノリティの権利保障」という定式の下で擁護しようとする立場と，「人権の普遍性」「普遍主義的人間像」「フランス型国民国家像」「一にして不可分の共和国」といった伝統的なモデルを基礎として厳

---

[1] 早い段階でのこの事件の紹介として，海老坂武『思想の冬の時代に』(岩波書店，1992年)41頁以下，林瑞枝「イスラム・スカーフ事件と非宗教性」三浦信孝編『普遍性か差異か』(藤原書店，2001年)31頁以下，三谷尚澄「寛容と規律化」京都大学文学部哲学研究室紀要：Prospectus, vol. 4(2001年)48頁以下を，例示的に挙げておく．なお「イスラームのスカーフ」は2002年以降再び政治問題化した．Stasi報告書に基づいて，シラク大統領が宗教的な所属をこれみよがしに示す標章を公立学校内で着用することを禁止する法律の制定を求め，それを受けた法律が2004年3月15日に成立している．

[2] 樋口陽一『近代国民国家の憲法構造』(東京大学出版会，1994年)114頁以下．なお「共和主義」対「多元的自由主義」という用語は，長谷部恭男『憲法の理性〔増補新装版〕』(東京大学出版会，2016年)139頁以下．

[3] 樋口・前掲注2)123頁．この問題に関するその後の論述として，同『国法学　人権原論〔補訂〕』(有斐閣，2007年)149頁以下．

格な政教分離を擁護する立場とを対比する．その上で，「自己の宗教的信条を表明する標章の着用は，『それが表現の自由と宗教的信条の表明の自由の行使である限りにおいて，それ自体政教分離原則と両立しえないものではない』とした」コンセイユ・デタの諮問意見を引きつつ，「フランス法は，実際には，宗教的中立性の理解をめぐって政教分離原則の厳格な適用を楯に取って宗教的活動を『私的空間』に押し込めようとする（消極的中立性）のではなく，場合によっては，個人の宗教的自由保障の観点から『公的空間』への進出を認め，柔軟に政教分離原則を適用するようになってきている（積極的中立性）」，と論ずる[4]．またそこでは，「多元的であるべきだからこそ，中立的でなければならない」という定式も好意的に引用されていた[5]．

この二つの見解は，選択の方向が違っているということで注目できるだけではなく[6]，このような問題を語る際してのフランスにおける概念枠組みについて異なった理解が示されていることでも興味を引く．つまり，前者では「中立性」と「寛容」（多元性）が対立するものと捉えられているのに対し，後者では「中立性」と「寛容」（多元性）が連続的なものとして考えられているのである[7]．

フランスにおける「イスラームのスカーフ」事件が日本憲法学においても注目されたのは，「グローバル化」に伴う宗教的・文化的な多様性の増大という現象が現代国家に共通の問題であるという理由からだけではなく，この事件から「一にして不可分な共和国」というフランスに固有の国家理念をめぐる論争にとどまらない，「現代憲法学一般にかかわる普遍的な問題」[8]が引き出されているからでもあった．ところで，イスラーム教徒の移民が多数居住していると

---

[4] 山元一『現代フランス憲法理論』（信山社，2014年）44頁以下．
[5] 山元・前掲注4)48頁．
[6] 愛敬浩二『立憲主義の復権と憲法理論』（日本評論社，2012年）171頁以下．
[7] フランスにおける「イスラームのスカーフ」事件については他にも憲法学からの重要な研究があるが，さしあたり，小泉洋一『政教分離と宗教的自由』（法律文化社，1998年）、同『政教分離の法——フランスにおけるライシテと法律・憲法・条約』（法律文化社，2005年）を，例示的に挙げておく．その後フランスでは，2010年に「ブルカ禁止法」も成立した．村田尚紀「公共空間におけるマイノリティの自由」関西大学法学論集60巻6号（2011年）21頁以下，中島宏「フランスにおける『ブルカ禁止法』と『共和国』の課題」憲法問題23（2012年）24頁以下，同「フランスにおけるブルカ・スカーフ・ブルキニ規制に関する一考察」阪口正二郎ほか編『浦田一郎先生古稀記念　憲法の思想と発展』（信山社，2017年）361頁以下，馬場里美「共生と人権」工藤達朗ほか編『戸波江二先生古稀記念　憲法学の創造的展開　上巻』（信山社，2017年）555頁以下など．

いう状況は，隣国のドイツにおいても同様である．そしてドイツにおいても，イスラームにかかわる憲法事件が目だってきている．このような状況のなかで，2003年9月24日にドイツ連邦憲法裁判所第2法廷は，イスラーム教徒の教師のスカーフ着用に関するきわめて注目すべき判決を下した．本書第1部は，この事件を主な手がかりとしながら，文化的多様性の時代における信教の自由と「国家の宗教的中立性」に関する考察を行う．まず本章では，連邦憲法裁判所判決以前の段階におけるこの事件をめぐる判例・学説の状況を素材として，序論的な考察を試みたい．

II イスラーム教徒の教師のスカーフ事件

1 Ludin 事件

ドイツは，フランスや日本と異なり，厳格な政教分離を採用しておらず，公教育においても宗教的な要素が排除されてはいない[9]．おそらくこのことから，ドイツにおいては，女子生徒がイスラームのスカーフを着用して登校することは一般に許容されている[10]．これに対してこの国で大きな論争を呼び起こしたのは，イスラームのスカーフを着用したまま授業を行いたいという希望を明示する公立の基礎・基幹学校教師の志願者を，そのことを理由として採用拒否できるか，という問題であった．

連邦憲法裁判所までこの訴訟を争うことによって著名人となったのは，

---

8) 愛敬・前掲注6)175頁．具体的には，「リベラリズム憲法学」と「公共」の関係というテーマが，そこでは注目されている．

9) 清水望『国家と宗教』（早稲田大学出版部，1991年）175頁以下，西原博史『良心の自由〔増補版〕』（成文堂，2001年）182頁以下，初宿正典「現代ドイツにおける宗教と法」日本法哲学会編『宗教と法 法哲学年報2002』（有斐閣，2003年）86頁以下など．

10) 1997年に，ニーダーザクセン州のギムナジウムで，それまでイスラームのスカーフ（ヘジャブ）を着用して授業を受けていたパキスタン人の女子生徒が，目だけを出して顔全体を覆うニカブをつけてくるようになったため学内で問題となった事件があった．その際に，当該州の文化大臣は，生徒に対してニカブを脱ぐように指示する法的な根拠がない，という見解を示していた．Ernst Gottfried Mahrenholz, Darf die Schulverwaltung einer Schülerin das Tragen eines Schleiers in der Schule verbieten?, RdJB 1998, S. 287 ff. スカーフ禁止問題をその措置の法的基礎に着目して論じたこの見解は，後述する2003年の連邦憲法裁判所判決の先取りであるという点でも注目される．なおドイツにおける「イスラームのスカーフ」事件については，斎藤一久「ドイツにおける多文化教育の一断面」早稲田法学会誌52巻（2002年）147頁以下，特に160頁以下が，先駆的な研究である．

Ludin というアフガニスタン出身の女性である[11]．彼女は 1998 年に，基礎・基幹学校のドイツ語，英語，社会科／経済学を専門科目として，教職の第二次国家試験に合格した．彼女による採用申込みを，シュトゥットガルト上級教育庁は適格性の欠如を理由として拒否した．その理由は，授業中もイスラームのスカーフを着用していたいという彼女の希望は国家の中立性命令と合致しない，といったことであった．この決定に対して彼女は，基本法 4 条 1 項，2 項で保障された信教の自由違反などを理由として異議申立てしたが，シュトゥットガルト上級教育庁はこれを退けた．そこで彼女が取消訴訟を提起したのが，この事件である[12]．

2　三つの行政裁判所判決

原告は，行政裁判手続においていずれも敗訴した．しかし諸裁判所による判決の理由づけの重点は，必ずしも同一ではない．第一審のシュトゥットガルト行政裁判所は，比較的簡単に，イスラーム的，宗教的に動機づけられたスカーフの着用は，国家の中立性義務および教師の勤務上の義務に違反する，と述べた．裁判所は連邦憲法裁判所の磔刑像決定[13]に依拠しつつ，原告によるスカーフの着用はこの判例の意味における「あからさまな(demonstrativ)宗教的信仰告白」にあたり，生徒に「期待可能な回避可能性」がない場合には許されない，とする．さらに，基礎・基幹学校の年齢の生徒にとっては，「尊重されるべき人格と感じられる教師による影響の危険」も指摘された[14]．これに対し

---

[11] 例えば，彼女は 2003 年 9 月 29 日付けの，Der Spiegel(2003 年 40 号)の表紙を飾っている．また彼女の経歴についても，マス・メディアによって詳しく報道されている．彼女の父親は王政時代のアフガニスタンで内務大臣などを歴任した後，旧西ドイツ駐在大使となり，Ludin も 16 歳以降ドイツに住むことになった．1979 年の旧ソビエト連邦によるアフガニスタン侵攻により王政が倒れた結果，彼女の一家はサウジアラビアに渡り，そこで彼女はイスラームに入信する．彼女は 1987 年に母親とともに再びドイツへ戻る．そこで大学入学資格試験に合格し，1995 年以降はドイツ国籍も取得している．SZ v. 25. 9. 2003, S. 2.
[12] この事案の説明は，連邦憲法裁判所 2003 年 9 月 24 日判決に基本的に依拠している．判決文は，BVerfGE 108, 282.
[13] BVerfGE 93, 1. この決定についてはさしあたり，本書第 1 部導入文を参照．
[14] VG Stuttgart, Urteil v. 24. 3. 2000, NVwZ 2000, S. 959 ff. 評釈として，Ralf Halfmann, Der Streit um die „Lehrerin mit Kopftuch", NVwZ 2000, S. 852 ff.; Christine Langenfeld, Darf eine muslimische Lehrerin in der Schule ein Kopftuch tragen?, RdjB 2000, S. 303 ff; Norbert Janz und Sonja Rademacher, Das Kopftuch als religioses Symbol oder profaner Bekleidungsgegenstand?, JuS 2001, S. 440 ff.

て第二審のバーデン・ヴュルテンベルク上級行政裁判所の判断の特徴は，ある志願者を任用するに際しての雇用者の裁量から論じ始めていることである[15]．「適格性」という概念は不確定概念であるから，適格性に関する雇用者の予測判断について，裁判上は限定的にのみ再審査される．宗教的な理由で意図された授業中におけるスカーフの着用のゆえに，原告は当該公職にとって不適格であるという雇用者の判断は，官庁に与えられている裁量の余地を越えていない．こういった判旨であった．

　第三審である連邦行政裁判所の判断については，多少なりとも詳しく紹介しておこう．この判決はおよそ次のように論じている．

　原告は，基本法4条1項の信教の自由という基本権，および33条3項第1文の宗教上の信仰にかかわらず公職に就任することができるという基本権類似の権利を享受している．信教の自由は留保なしの基本権ではあるが，無制限に保障されているわけではない．「とりわけ積極的な信教の自由は，その行使が別の考えをもつ人の相反する基本権とかかわるところで限界をもつ」．信教の自由からはむしろ，「様々な宗教や信仰告白に対する国家の中立性命令」が生じる．「このことはとりわけ公立の学校制度の領域にあてはまる」．国(州)によって組織化され，形成された，信仰告白から自由な義務教育学校という領域では，「とりわけ学校に義務づけられた子供やその両親のために，自由を確保する意義や効果が与えられている」．国は両親の信教の自由，および親の教育権を考慮に入れなければならない．「子供は公立の義務学校においては，国および国を代表する教員が全く加担することなしに」，キリスト教あるいは他の宗教的・世界観的確信のために教育されるべきである．「中立性命令は，文化的・宗教的な多様性が増大するにつれて——信仰をもたない生徒の割合が増加するという状況のもとで——ますます意義をもつのであり，ドイツにおける文化的・民族的・宗教的な多様性がそうこうする間に学校における生活をも刻印するということを斟酌して緩和されるべきではない」．

　「『イスラームのスカーフ』は一定の宗教的確信のシンボルである」．「教師が

---

[15] VGH Bad.-Württ., Urteil v. 26. 6. 2001. DVBl 2001, S. 1534 ff. 評釈として，Johannes Rux, Anmerkung, DVBl 2001, S. 1542 ff.

授業中スカーフを着用するということによって，生徒は授業中国家によって継続的かつ不可避的に，一定の宗教的確信の明白なシンボルと直面させられる」．「彼女が身につけている宗教的な信仰告白の目に見える標識が，彼女によって教えられた生徒に影響をもつかどうかは，確かに評価が難しい」．しかし，基礎・基幹学校の年齢の生徒にとって，ある教師のスカーフ着用によってシンボル化された信仰内容の効果は排除されえない．

「自己の宗教的な確信に従って行動するという教師の権利は，授業中は，生徒やその両親の競合する信教の自由に対して後ろに下がっていなければならない」．このことを命じる措置は，「比例適合的でないわけではない」．「衝突する基本権上の地位の間をより寛大に調整することは可能ではない」．両親が異議を唱えるまではスカーフ着用を許容するという調整案は，考慮されない．「子供への影響可能性を開くことが既に，信教の自由や親の権利を侵害している」[16]．

III 連邦憲法裁判所判決前の段階における判例・学説の概観

1 判例の状況

(1) この時期のドイツでは，同様な問題が争点となった事案がもう一つあった．ここでの当事者はドイツ生まれのドイツ人である．彼女は福音ルター派の信仰のなかで教育されたが，1990 年にイスラームに改宗し，名前も Iymán と変えた．彼女は 1999 年にニーダーザクセン州の基礎・基幹学校における教職への採用を申し込んだ．しかし，彼女が授業中もイスラームのスカーフを着用したいという希望を示したことを理由に，採用は拒否された．このことを争った事案である．

第一審のリューネブルク行政裁判所では，原告が勝訴した．Ludin 事件に関する先の三つの判決とは異なった判断であるため，若干詳しく紹介しておく．

基本法 33 条 2 項，3 項によれば，公務員志願者の選択と任命は，「適格性」

---

16) BVerwG, Urteil v. 4. 7. 2002, JZ 2003, S. 254 ff. 評釈として，Gabriele Britz, Das verfassungsrechtliche Dilemma doppelter Fremdheit, KJ 36(2003), S. 95 ff.; Lother Michael, Anmerkung, JZ 2003, S. 256 ff.; Georg Neureither, Kopftuch, JuS 2003, S. 541 ff.; Martin Morlok und Julian Krüper, Auf dem Weg zum „forum neutrum"?, NJW 2003, S. 1020 ff.

などによって判断される.「『適格性』という概念に関しては，もちろん被告行政庁に判断の余地があり，裁判上は制限的にのみ再審査可能である」．しかし本件においては，被告は一般的な基本権上の価値尺度を尊重していない．

　国家(州)の教育任務は，積極的な信教の自由と学校における消極的な信教の自由との間の「緊張関係」のなかで，原告に関して「寛容命令」が尊重されるべきであるという意味において，宗教や信仰の問題における中立性義務を含んでいる．学校では様々な思考方法が自由に交換されることが，特に重要である．「それゆえ，『中立性命令』は，学校生活における教師の信仰上の立場や宗教的な表現を完全に妨げることのためにあるのでは，はじめからない」．むしろ教師がもつ見解や基本価値の調整は，(両親や生徒との)相互的な受容と寛容という方法で探られなければならない．磔刑像決定は，本件では条件つきでのみ援用可能である．なぜなら「十字架の設置は，国家の施設である学校にのみ帰責可能であり，壁から問題なしに取り外されうる」．しかし本件では，「基本権主体としての原告が，信教の自由という彼女の主観的権利を行使しようとしていることが問題となっている」．

　「個々の教師は，国家と同様に『絶対的な中立性』に義務づけられてはいない」．またドイツにおいては，トルコやフランスにおけるような，(国家と教会の分離をめざす)「世俗主義」は存在しない．「宗教的な価値を保持することに対するそのような開放性は，特に学校の領域においても反映している」．

　「寛容・衡量命令によって特徴づけられた国家の中立性ないし自制の核心は，さしあたりそしてとりわけ，一定の内容を備えた授業である」．「他の国や文化圏(イスラームも含む)出身の人間との共同生活の能力を養うという教育任務を考慮すると，彼女が属していると感じている宗教の存在やその内容を完全に秘密化することは，要求されるべきではない」．

　原告のスカーフには，「原理主義的な基本的態度」のための手がかりは認められない．教室の壁の磔刑像とは異なり，「スカーフは，その着用者から切り離されては考えられない」．「教師の全人格が，子供たちが宗教的な観点で布教されないということを保障するならば，場合によってはスカーフから生ずるありうべき暗示的効果は無視されうる」．

　彼女によるスカーフの着用は，通常の枠内であり続けている．「それは装飾

であり同時にキリスト教への信仰告白の表現でもある．ネックレスについた十字架の着用やユダヤ教徒によるキッパの着用と比較可能である」．

「原告がスカーフを着用することによって，男女平等の実際上の貫徹を促進し，現存する不利を除去することを目指すという国家任務を遂行できないということも明らかではない．そのための何らの手がかりも存在しない」[17]．

(2) これに対してヨーロッパ人権裁判所は，2001年に，スイスにおける類似の事件について，イスラームのスカーフの着用禁止を認める判断を下している．この事件の原告は，1990年以降ジュネーブで教師をしていた．1991年に彼女はカトリックからイスラームに改宗し，アルジェリア人と結婚した．その後彼女は，授業中にイスラームのスカーフを着用するようになった．彼女の産休後，1995年になってジュネーブ州の基礎・基幹学校中央委員会(die Generaldirektion für Grundschulen)は彼女のスカーフ着用を知り，これを禁止した．彼女はこの決定に対して異議を申し立てた．この訴訟手続において，彼女はスイス連邦最高裁でも敗訴していた[18]．

この事件に関するヨーロッパ人権裁判所の判断は，およそこうであった．授業中イスラームのスカーフを着用することを基礎・基幹学校の教師に禁止することは，信教の自由（ヨーロッパ人権条約 EMRK 9条）への制約である．しかしこの制約は EMRK 9条2項の意味において法文上予定されており，正当な目的を追求していて，民主的な社会においてぜひ必要であり，また比例適合的でないわけではなく，それゆえ EMRK 9条には反していない．またこの事件では，スカーフ禁止により女性のイスラーム教徒だけが公立学校で教えられなくなるので，EMRK 14条が規定する性別を理由とする差別禁止に反するのではない

---

17) VG Lüneburg, Urteil v. 16. 10. 2000, NJW 2001, S. 767 ff. 評釈として，Ernst-Wolfgang Böckenförde, „Kopftuchstreit" auf dem richtigen Weg?, NJW 2001, S. 723 ff.; Anne Debus, Machen Kleider wirklich Leute?, NVwZ 2001, S. 1355 ff. なおこの訴訟は，第二審のリューネブルク上級行政裁判所では覆った(vgl. OVG Lüneburg, Urteil v. 13. 3. 2002, NVwZ-RR 2002, S. 658 ff.)．その後，連邦行政裁判所に係属中に，原告がスカーフなしで教える覚悟を表明したため，教職ポストが提供され，訴訟は終了した．
18) 上述したドイツにおける二つの事案との違いは，問題が採用手続に際しておこったのではないということである．本章はこの違いを意識した上で，しかし基本的な問題状況の共通性を重視して，場合を特に区別せずに扱っている．もしこの事案が，スカーフ着用を理由として解雇されたというものであれば，別の考慮が必要である．

か，という論点も争われた．裁判所は，スカーフ禁止は当事者が女性だからなされたのではなく，「学校における授業の中立性の尊重という正当な目的が追求されている」のであるから，性別による差別にはあたらない，と判断した[19]．

2 学説の状況

　この問題に関する学説は，上述した裁判例の動向に触発される形で示されてきた．論文および評釈として公表された文献のうちの比較的多数は，判決の大勢とは異なり，スカーフ着用を理由とする採用拒否に反対する態度を示している．その代表例としては，リューネブルク行政裁判所の判決を，とりわけそれが「具体的な考察方法」をとっているという点で高く評価する，ベッケンフェルデを挙げることができる[20]．しかしこれに対して，スカーフ着用を理由とする採用拒否を肯定する文献も決して少なくはない．例えば，連邦憲法裁判所判決の直前に公表された，ノルトライン・ヴェストファーレン州の憲法裁判所および上級行政裁判所長官ベルトラムスの論稿がその例である[21]．またスカーフ着用を理由とする採用拒否肯定論のなかにも，スカーフ着用が「公教育の中立性」に反するという論拠に重点を置く立場と，それが生徒や親の信教の自由を侵害するという論拠に重点を置く立場に大別できる．しかし，このような状況について詳しく紹介する余裕はない．そこで次に，判例・学説において二

---

19) EGMR (Zweite Sektion), Entscheidung v. 15. 2. 2001, NJW 2001, S. 2871 ff. 評釈として，Helmut Goerlich, Religionspolitische Distanz und kulturelle Vielfalt unter dem Regime des Art. 9 EMRK, NJW 2001, S. 2862 ff. この判決をドイツにおける類似の事案を処理する際に援用することができるかについては，見解が分かれている．肯定説は，国家と宗教の分離の程度は EMRK9 条の視点の下では重要ではないのであるから，シュネーブ州において厳格な世俗主義の意味における国家と宗教の分離があるかどうかは重要ではない，とする．vgl. VGH Bad.-Württ., a.a.O. (Anm. 15), S. 1542. これに対して否定説は，明らかに世俗主義的なジュネーブ州の憲法に関係づけられた EGMR の判決は，ドイツの憲法の下では援用することはできない，とする．vgl. L. Michael, a.a.O. (Anm. 16), S. 256.

20) E.-W. Böckenförde, a.a.O. (Anm. 17), S. 723. これまでの脚注で挙げた文献のなかでは，C. Langenfeld, J. Rux, G. Britz, L. Michael, G. Neureither, M. Morlok und J. Krüper, A. Debus もこの例である．その他，Ömer Alan und Ulrich Steuten, Kopf oder Tuch, ZRP 1999, S. 209 ff.; Anne Debus, Der Kopftuchstreit in Baden-Württenberg, KJ 1999, S. 430 ff.

21) Michael Bertrams, Lehrerin mit Kopftuch?, DVBl 2003, S. 1225 ff. 既に注で挙げた文献のなかでは，R. Halfmann, N. Janz und S. Rademacher. その他，Karl-Hermann Kästner, Religiös akzentuierte Kleidung des Lehrpersonals staatlicher Schulen, ders., u.a. (Hrsg.), Festschrift für Martin Heckel zum siebzigsten Geburtstag, 1999, S. 359 ff.; Stefan Muckel, Regionsfreiheit und Sonderstatusverhältnisse, Der Staat 40 (2001), S. 96 ff.

つの立場が対立する状況のごく一部を可視化させることで，さしあたり満足しておきたい．

3 判例・学説における対立点

(1) この事件についての結論を分ける要因の候補は，いくつか考えられ得る．まず第一は，「中立性」に関する考え方である．この概念に関してしばしばなされるのは，「開かれた中立性」と「厳格な中立性」という対比である．例えばベッケンフェルデは，「教師が尊重しなければならない，学校にとって拘束的な宗教的・世界観的中立性の形態は，距離を置いた，宗教的・世界観的関連性(Bezüge)を厳格に拒否する中立性ではなく，開かれた，全包的な(übergreifend)中立性」であることを，教師によるスカーフ着用を認める一つの論拠としている[22]．これに対して，上述した二つの中立性概念を区別した上で，明示的に「厳格な中立性」を採用することによってスカーフ着用を理由とする採用拒否を承認する，という論法はきわめて少数しか存在しない．Ludin 事件の第一審判決は，むしろ「開かれた中立性」にも限界があるという方向で論じている．そして，基本法や州憲法においてキリスト教への関連づけが示されているということから，「キリスト教以外の宗教を信奉している教師にとっては，勤務中における宗教上の行為は，キリスト教を信奉している教師にあてはまるよりもより厳格な前提の下でのみ可能である」とする，特徴的な理論を展開した[23]．第二審も，「距離を置く，拒否的な中立性」と「尊重し，『配慮する』中立性」とを区別した上で，教師は「『距離を置く』中立性」という意味で義務づけられているわけではない，という前提をとっている．しかしこの判決も生徒への影響を重視して，スカーフ着用を理由とする採用拒否を肯定した[24]．このように，「開かれた中立性」か「厳格な中立性」かという原則に関する態

---

[22] E.-W. Böckenförde, a.a.O.(Anm. 17), S. 725. その他，類似の対比として，vgl. A. Debus, a.a.O.(Anm. 17), S. 433 f; M. Morlok und J. Krüper, a.a.O.(Anm. 16), S. 1021. ドイツにおける国家ないし公教育における「中立性」という観念に関しては，西原・前掲注9)192頁以下，331頁以下．またドイツにおける近年の重要な研究として，Stefan Huster, Die ethische Neutralität des Staates, 2002.

[23] VG Stuttgart, a.a.O.(Anm. 14), S. 960-961. これに反対するのは N. Janz und S. Rademacher, a.a.O.(Anm. 14), S. 443, S. 444. 連邦憲法裁判所の判決後，いくつかの州が本文のような立場に基づいて立法したことについては後述する．

[24] VGH Bad.-Württ., a.a.O.(Anm. 15), S. 1538 ff.

度決定だけでは，必ずしもここでの結論が分けられるわけではないようである．逆に言えば，国家ないし公教育における中立性とは「開かれた中立性」を意味するということについては，ドイツにおいて既におおよそのコンセンサスがあるということだと思われる．

(2) 第二に，公教育の中立性に関しては，社会における宗教的多様性の増大をいかに評価するかという点においても，見解が対立している．連邦行政裁判所は，例外的なほど厳格な中立性概念を採った上で[25]，「中立性命令は，文化的・宗教的な多様性が増大するにつれて……ますます意義をもつ」と論じて，スカーフ着用を理由とする採用拒否を承認した[26]．これに対して，「文化的多様性は，公的な学校制度をも刻印する」というテーゼに賛意を示す立場からは，教師のスカーフ着用を認める見解がでてくる[27]．このように，ここでの論点は，先の中立性の捉え方と関連しつつ，結論を分ける一つの点として作用しているようである．

(3) 第三は，教師の法的な地位にかかわる．例えば Ludin 事件の連邦行政裁判所は，「教師は国家によって任命され，国家を代表する権威的な人格として，生徒に相対している」という理解を前提とする．このような「国家＝教師対生徒」という二極構造としての位置づけをすると，教師の権利保障という観点は少なくとも前面には出てこない．実際この判決も，「自己の宗教的確信に従って行動するという教師の権利は，生徒や両親の競合する信教の自由に対して，学校の授業中は引っ込んでいなければならない」という結論を導いている[28]．これに対してある学説は，「公務員の勤務外の行為や勤務を遂行するに際しての私的な行為は，包括的に保障される．それに対して公務員の本来の勤務上の行為は——そこでは公務員は市民としてではなく国家機関として活動し

---

[25] 連邦行政裁判所は「世俗主義を要求している」という評もある．M. Morlok und J. Krüper, a.a.O.(Anm. 16), S. 1021. なお，学説上厳格な政教分離を要求することによってスカーフ禁止を支持する論稿として，K.-H. Kästner, a.a.O.(Anm. 21), S. 368-369. 本書序章で言及したヨプケは，この判決を「まさにフランス的な中立性の方針を採用した」と評している．クリスチャン・ヨプケ（伊藤豊ほか訳）『ヴェール論争』（法政大学出版局，2015 年）109〜110 頁．
[26] BVerwG, a.a.O.(Anm. 16), S. 255. 本章・注 16)の本文を参照．
[27] L. Michael, a.a.O.(Anm. 16), S. 256; G. Britz, a.a.O.(Anm. 16), S. 97.
[28] BVerwG, a.a.O.(Anm. 16), S. 255. その他，判決では，例えば，EGMR, a.a.O.(Anm. 19), S. 2872. 文献でも，例えば，M. Bertrams, a.a.O.(Anm. 21), S. 1229; R. Halfmann, a.a.O.(Anm. 14), S. 868.

ているのであるから——なんら基本権の行使ではない」, という仕分けを行う. その上で,「公務員または公勤務のその他の従事者がいかなる服装をするかという仕方は, 通常この職務担当者がその職務上の行為を遂行するために意味をもたない」とする[29]. この見解は,「勤務を遂行するに際しての私的な行為」というカテゴリーを析出することによって, 公務員も憲法上の権利主体として位置づけられる場面を拡張させようとしている. そしてそこでは, 国家・教師・生徒という三極構造が成立する. もちろんこのように構成したからといって, 教師の信教の自由が生徒や両親の信教の自由に優先的に保障されるという結論が常に導かれるわけではない. しかし, 授業中における教師のスカーフ着用はこの把握によって承認される可能性がでてくる, という発想である.

(4) 公教育の中立性や教師の法的地位についてどのような考え方を採ったとしても, 多くの場合この事件に関する結論を最終的に分けているのは, 第四点として挙げる教師のスカーフ着用が生徒に与える影響の評価である. 例えばLudin事件の連邦行政裁判所は, 次のような認識であった.「彼女が身につけている宗教的な信仰告白の目に見える標識が, 彼女によって教えられた生徒に影響をもつかどうかは, 確かに評価が難しい」. しかし, 基礎・基幹学校の年齢の生徒にとって, ある教師のスカーフ着用によってシンボル化された信仰内容の効果は排除されえない[30]. そしてこのような評価から, スカーフ禁止が肯定されていた. これに対してリューネブルク行政裁判所は, 異なった認識であった.「教師の全人格が, 子供が宗教的な観点において布教されないということを保障しているならば, 場合によってはスカーフから生ずるありうべき暗示的効果は無視されうる」. その際, 子供は毎日の生活において, スカーフを着けた女性に慣れているということが考慮されるべきである[31]. 学説では,

---

29) J. Rux, a.a.O.(Anm. 15), S. 1543. M. Morlok und J. Krüper, a.a.O.(Anm. 16), S. 1021 が,「教師は学校のなかで, 一方では中立的な公人(Amtsperson)として, 他方では自然人として現われる. ……この相剋する法的立場の宥和は, 最終的には, この二つの領域は学校のなかでは部分的に重なりあっているという認識を受け入れることによってのみ達成されうる」と論じているのも,「国家＝教師」とみないという点で類似した発想に基づく見解であろう. またベッケンフェルデも,「教師は決して『国家』ではなく, 裁判審理を司る裁判官や主権的行為(Hoheitsakt)を発令する行政官のような仕方で国家を代表してもいない」, と論じている. E.-W. Böckenförde, a.a.O.(Anm. 17), S. 726.

30) BVerwG, a.a.O.(Anm. 16), S. 255. 本章・注(16)の本文を参照. その他, 例えば, VG Stuttgart, a.a.O.(Anm. 14), S. 960; EGMR, a.a.O.(Anm. 19), S. 2872. 学説でも, R. Halfmann, a.a.O.(Anm. 14), S. 866; N. Janz und S. Rademacher, a.a.O.(Anm. 14), S. 443.

例えばベッケンフェルデも同様な見解を示した上で，教師がスカーフ着用によって自分の宗教を明示することは，むしろ生徒たちが「他の確信への尊重や寛容および受容を相互の交際のなかで習い覚える道」である，とその積極的な側面を論じている[32]．このような認識に立てば，当然，教師によるスカーフ着用は肯定されることになる．

(5) イスラームのスカーフに与えられる意味づけによっても，結論が左右されることがある．一方で，イスラームのスカーフは基本法が保障している男女平等の理念と矛盾するシンボルであるという理解から，授業中にスカーフを着用する女性は公立学校の教師に不適格だとする見解がある[33]．しかし他方ではリューネブルク行政裁判所のように，そのような判断は個別的になされるべきであり，訴訟当事者は長年職業に就いていた自立した女性で，そのような女性は基本法3条の意味において自らを解放する勇気をイスラーム教徒の少女達に与えることが期待できる，と論ずる見解もある[34]．

なお，イスラームのスカーフと男女平等の問題は，別の仕方でも争点となっている．スカーフ着用ルールは女性のみに妥当しているから，それを理由に教職への採用を拒否すると，イスラーム教徒の間で女性を事実上差別して扱うことになる，という主張がある[35]．これに対してヨーロッパ人権裁判所は，スカーフ禁止は公教育の中立性の尊重という正当な目的を追求しているので，性別による差別は存在しない，という判断を示していた[36]．

イスラームのスカーフに関しては，さらに，それを着用することはイスラーム教徒の女性にとって信教の自由にかかわるだけではなく，「羞恥心」の問題なのだ，とされる場合もある．「羞恥心は本質的に社会的，文化的に，場合によっては宗教的に刻印されており，服装習慣のなかで規格化されている」．こ

---

31) VG Lüneburg, a.a.O.(Anm. 17), S. 770.
32) E.-W. Böckenförde, a.a.O.(Anm. 17), S. 727. その他にも，例えば，L. Michael, a.a.O.(Anm. 16), S. 258 は，「多元的な社会は公立学校のなかで諸々な価値が伝えられるということに基づいている」と述べている．
33) Juliane Kokott(Aussprache), VVDStRL 59, 2000, S. 356; M. Bertrams, a.a.O.(Anm. 21), S. 1230 ff.
34) VG Lüneburg, a.a.O.(Anm. 17), S. 771; Ö. Alan und U. Steuten, a.a.O.(Anm. 20), S. 213 f.; G. Britz, a.a.O.(Anm. 16), S. 98 ff.; L. Michael, a.a.O.(Anm. 16), S. 258.
35) ヨーロッパ人権裁判所の事件の原告側の主張．vgl. EGMR, a.a.O.(Anm. 19), S. 2873; L. Michael, a.a.O.(Anm. 16), S. 257.
36) EGMR, a.a.O.(Anm. 19), S. 2873; G. Britz, a.a.O.(Anm. 16), S. 97 f.

の「羞恥心」は，人格的な名誉や一般的人格権に帰属され得るもので，無視されてよい副次的観点ではない．このような立場からは，スカーフを着用したいという「ある教師の内的な(intim)欲求は，彼女の適格性を疑問とはしない」と主張される[37]．これに対して連邦行政裁判所は，「『イスラームのスカーフ』は，一定の宗教的確信のシンボルであ」り，「ある文化的伝統の一般的徴表にすぎないものに削減されえない」，という認識であった[38]．連邦行政裁判所は，この理解を前提に論を進め，結論としてスカーフ禁止を承認したが，この結論は先の前提から必然的に導かれるものではない．また同じく，イスラームのスカーフを「羞恥心」の問題と見たからといって，常にスカーフ着用が承認されるということでもないであろう．

イスラームのスカーフについては，その他にも様々な意味付与が可能であり，それがこの事件を複雑化させてもいるのであるが，ここでこれ以上論ずることはできない．

(6) それぞれの立場で，それぞれの結論を導こうとする理由づけの過程において重要な意味をもつのは，本件に関する先例である磔刑像決定との整合性に関する説明方法である．教師を，「国家によって任命され国家を代表する権威的な人格」(連邦行政裁判所)であると位置づけ，十字架もスカーフも共に「あからさまな宗教的信仰告白」に当たると考えると[39]，年少の生徒が「期待可能な回避可能性」なくそのような宗教的シンボルと直面させられることは許されないという磔刑像決定の論理は，本件でも直接援用できるということになる．これに対して十字架は国家自身が設置し，国家のみに帰責されるのに対して，スカーフは教師という個人的な権利主体の信仰行為であると考えると，二つの事案は区別されることになる．このような事案の区別をする立場は，結論も磔刑像決定とは異なり，教師のスカーフ着用を認めることになる場合が多い[40]．もっとも上のような事案の違いを認めつつ，しかしながらスカーフを着用した教師の生徒に対する影響を重視して，スカーフを認めないという結論が導かれ

---

[37] L. Michael, a.a.O.(Anm. 16), S. 257. 訴訟当事者のLudinも，スカーフは羞恥心の問題だという観点を強調している．vgl. SZ v. 25. 9. 2003, S. 2.

[38] BVerwG a.a.O.(Anm 16), S. 255.

[39] VG Stuttgart, a.a.O.(Anm. 14), S. 960.

[40] VG Lüneburg, a.a.O.(Anm. 17), S. 769; E.-W. Böckenförde, a.a.O.(Anm. 17), S. 726 f.; L. Michael, a.a.O.(Anm. 16), S. 256 f.; G. Britz, a.a.O.(Anm. 16), S. 96.

るという筋道もある[41]．

　第二の区別の仕方は，十字架はキリスト教の中心的な信仰内容を象徴しているけれどもスカーフはイスラームの中心的な信仰言明ではなく，「強い宗教的シンボル」ではない，とするものである．この見解からは，スカーフはイスラームにおける服装習慣であるから，教師に対する異論を生徒の消極的信教の自由によって基礎づけることはできない，と論じられることになる[42]．これに対して，「スカーフは，キリスト教にとっての十字架とは異なり，イスラーム信仰の象徴的な真髄(Inbegriff)としては妥当しない」として二つの事案の違いを認めた上で，スカーフがイスラームへの信仰告白を印象的に明示していることに着目して，先のような違いは重要ではない，と扱われる場合もある[43]．

　以上でその一端を示したように，この事件に関する議論は様々な論点をめぐって錯綜を極めている．

IV　連邦憲法裁判所第2法廷判決

1　判決の概要

　(1)　主要な点については先に見たような議論がなされてきたこの事件に関して，連邦憲法裁判所第2法廷は2003年9月24日に，従来からの争点とは全く異なった観点から原告の憲法異議を認める判決を下した．この判決については別に検討する機会があるため[44]，紹介はごく簡単にとどめたい．

　第2法廷の判決は5対3に分かれた．多数意見の特徴は法律の留保という観点を前面に出したことである．つまり，以下のようである．

　スカーフの着用を，基礎・基幹学校における教職に就くための適格性の欠如と判断することは，「そのために，必要で，十分に明確な法律上の基礎が現に存在しない限り」，基本法4条1項，2項によって保障された信教の自由と結びついた基本法33条2項の，あらゆる公職への平等な就任権を侵害している．

　「基本法は学校制度における包括的な形成の自由を，各州に委ねている」．

---

[41] VGH Bad.-Württ., a.a.O.(Anm. 15), S. 1539 f.
[42] L. Michael, a.a.O.(Anm. 16), S. 257.
[43] VG Stuttgart, a.a.O.(Anm. 14), S. 960.
[44] 本書第1部第2章．

「一方で教師の積極的な信教の自由，他方で世界観的・宗教的中立性への国家の義務，両親の教育権および生徒の消極的な信教の自由，の間の不可避的な緊張関係を，寛容命令を考慮しつつ解決することは，公共的な意思形成過程のなかですべての人にとって期待可能な妥協を求めなければならない州の民主的な立法者の責務である」．

「抽象的な危険への防御によって基礎づけられて，学校や授業のなかでスカーフを着用することを教師に対して禁止するために，バーデン・ヴュルテンベルク州において妥当する公務員法・学校法には，ぜひ必要な十分に明確な制定法上の基礎が欠けている」．「しかし権限を有する州の立法者に，例えば憲法上の規準の枠内で学校における宗教的関連性の許容される程度を新たに規定することによって，これまで欠けていた法律上の基礎を造ることは許されている」．「宗教的な多元性の増加と結びつけられた社会的変遷は，学校における宗教的関連性の許容される程度を新たに規定することのきっかけであり得る」．

(2) これに対して少数意見は，多数意見を批判しつつ，この事件に関する連邦行政裁判所までの諸判決を基本的に肯定する立場を採った．

「公務員になろうとする者は，自由な意思決定で国家の側に自分を置いている」．公務員は原則的に市民から区別されている．これに対して，基本権は市民と国家権力の間の距離を保とうとしている．したがって，公務員には基本権の保護は機能上限定されている．学校法における法律の留保の妥当性は，過去において，公務員の職にある教師の保護のためにではなく，両親や生徒のために拡大されてきた．本件のような事例には法律の基礎は必要ではない．

「公務員の中立性義務は憲法自身から生じ，それは何ら追加的な州法上の基礎づけを必要とはしない．その全行動において中立的で，その時その時の勤務上の要求にふさわしい職務の遂行のための保証を提供しない公務員は，基本法33条2項の意味において，不適格である」．

「法廷の多数意見は，個別事例への依存性や現存する憲法上の拘束のゆえに法律による規範化に実際上なじまない実体領域に，法律の留保を拡大している」[45]．

---

45) BVerfGE 108, 282, Urteil des Zweiten Senats v. 24. 9. 2003.

(3) このように，連邦憲法裁判所において Ludin ははじめて勝訴した．しかし判決は解決を州立法者に委ね，州立法者が新たな法律の規定によって教師のスカーフ着用を禁止することを認めたため，彼女の勝利は暫定的なものにすぎない．

2　判決への反響

(1) この判決については，ドイツにおける各マス・メディアがこぞって大きく取り上げた．まず Frankfurter Allgemeine Zeitung(FAZ) の基本的な論調は，少数意見支持であった．判決翌日の同紙第一面に掲載されたある論説は，連邦憲法裁判所はしばしば立法者に事細かに指示してきたにもかかわらず，なぜこの事件で自己抑制したのかを問い，第2法廷に所属している連邦憲法裁判所副長官ハッセマーの言葉を引用している．つまり，「私たちは，この問題の事実に関する諸次元についていまだ十分に知っていない」という考えが，この判決の背後にあったと推測する．しかしこの論説は，「問題の解決を議会に押しつけることは，この事件においては奇妙であった」，と言う．なぜならバーデン・ヴュルテンベルク州議会はこの事件について詳しく取り組んだ上で，法律は必要ではないという結論に達していたという事情があった，ということである[46]．また同日の第三面に載った論稿は，この判決がこれまでの公務員法を逆転させたと批判する．それによって「パンドラの箱」が開けられ，いつの日かスカーフを着用したイスラームの警官が勤務することも考えうるだろう，という危惧を表していた[47]．

これに対して Süddeutsche Zeitung(SZ) は，社説的な位置づけの第四面の論説で，基本的にリューネブルク行政裁判所などの側に立つ見解を示している．「教師がその宗教を単に告白することは，それが布教的にまた挑発的に現われない限りは，その教師が人格としてまた権威として承認されることに寄与する．……そのことは個別事例に即して判断されるべきである．憲法裁判官が要求したような法律は，それを行いえない」．連邦憲法裁判所は，「決断しないことに決断した」．しかしそれは「あまりに臆病」であり，いまやイスラームのスカ

---

46) Reinhard Müller, Karlsruhe drückt sich, FAZ v. 25. 9. 2003, S. 1.
47) Heike Schmoll, Karlsruhe stellt das Beamtenrecht auf den Kopf, FAZ v. 25. 9. 2003, S. 3.

ーフを許容するような「新しい寛容布告」を発令すべき時である[48]．

　このようにドイツを代表する二つの新聞は，判決が州立法者に解決を委ねたことを批判することについては軌を一にしつつ，スカーフ着用を理由とする教師の採用拒否自体については正反対の主張を行っている[49]．

　(2) 判決によって下駄を預けられた政治部門の反響はどうであったか．まず各政党は，判決が解決を各州の立法者に委ねたという点については一致して好意的である，と伝えられている[50]．これに対して，本判決を受けて各州が採ろうとする方針は，その当時様々であった．バーデン・ヴュルテンベルク，バイエルン，ヘッセンなどは教師のスカーフを禁止する立法を制定する方針である．しかし，ノルトライン・ヴェストファーレンやラインラント・プファルツなどは，スカーフを含めてすべての宗教的シンボルを許容する方向とのことである．さらに，チューリンゲンやザクセンなど立法をする予定がないという州もあるようである．このような分裂した対応状況に対して，連邦の内務大臣オットー・シリーは，可能な限り統一的な規律ができない場合にはカオスになる，という懸念を示している[51]．

　州の立法によって教師のスカーフを禁止しようとする場合においても，その立法の規定のあり方は一様ではない．考えられる方向は，目立つ信仰シンボルをすべて禁止する仕方と，イスラームのスカーフは禁止するがキリスト教的・ヨーロッパ的な文化価値や伝統の外部的表現（十字架やユダヤ教徒のキッパなど）は別扱いにする仕方である．各州の先頭を切って草案を提示したバーデン・ヴュルテンベルクは後者の道を選択している[52]．このような州法が可決された場合，その規定の合憲性が将来再び連邦憲法裁判所で争われるであろうことは，

---

48) Heribert Prantl, Zeit für ein Toleranzedikt, SZ v. 25. 9. 2003, S. 4.
49) ドイツを代表する雑誌 Der Spiegel は，また異なった立場の論説を載せている．つまり，ある記事はスカーフを「分離のシンボル」と見る．Alice Schwarzer, Die Machtprove, Der Spiegel, Nr 26/23. 6. 2003, S. 90. また他の記事は，Ludin の訴訟が「イスラーム原理主義」の団体によって支えられていることにアクセントを置いて報じている．Dominik Cziesche u.a., Das Kreuz mit dem Koran, Der Spiegel, Nr. 40/29. 9. 2003, S. 83 f. 教師のスカーフに関するドイツにおける見解の相違について，「左派リベラル」は分裂する一方，「保守」はスカーフに反対している，という評価があった．vgl. Armin Adam, Die Pluralisierungsfalle, SZ v. 29. 9. 2003, S. 13. どこまでこの指摘が正しいかは判断しかねるが，本章で紹介した FAZ, SZ, Spiegel の論調は，この説明の範囲内である．
50) FAZ v. 25. 9. 2003, S. 2.
51) D. Cziesche u.a., a.a.O.(Anm. 49), S. 83; Caroline Schmidt, Nichts oder alles, Der Spiegel, Nr 43/20. 10. 2003, S. 40 f.

ほぼ確実である．論争はまだ終りではない．

V　結びに代えて

　(1)　ドイツとフランスにおけるそれぞれの「イスラームのスカーフ」事件では，伝統的にはキリスト教文化の国である両国のなかで，増加している異質な文化的・宗教的背景をもつ人々といかに共生していくのか，という共通する大きなテーマが，それぞれの歴史的・憲法的背景に応じて，かなり違った形で議論の焦点となっていた．そしてまた，公立学校の生徒のスカーフが問題となったフランスと公立学校の教師のスカーフが問題となったドイツとでは，事件の社会的文脈も若干違っている．フランスにおける事件の当事者はごく普通のイスラーム教徒の移民であり，だからこそこの紛争は「移民政策の根幹に触れる主題」[53]として激しく論じられたのだと思われる．これに対してドイツの事件の当事者は，一人は生来のドイツ人であり，もう一人もドイツの公立学校で教師になるほどの高い教育を受けた人であって，必ずしも量的に広がりがある集団に属しているわけではない．ドイツでこの事件が「移民政策」という観点から論じられてはいないのは，このような社会的文脈の違いがあるからだと思われる[54]．さらに，全国一律の法律を制定することによって問題を処理しようとするフランスと，各州議会に解決を委ねることになったドイツという違い，あるいはこれ見よがしの宗教的標章の着用をすべて禁止したフランスと，キリスト教を特別に扱うバーデン・ヴュルテンベルク州などの違いなど，政治部門の対応の仕方も興味深い対比を示している．

　両国における議論の概念枠組も必ずしも同一ではない．フランスにおいては，

---

52) Heike Schmoll, Das Kopftuch als politishes Zeichen, FAZ v. 31. 10. 2003, S. 10. バイエルンもそれに続いた．SZ v. 10. 12. 2003, S. 29. ドイツにおいてはその後，連邦大統領ラウが，この問題に関して諸宗教は平等に取り扱われるべきだという見解を示したのに対して，バイエルン州首相シュトイバー等がこれを批判するといったように，政治的な混乱が生じた．SZ v. 29. 12. 2003, S. 5; 30. 12. 2003, S. 6; 31. 12. 2003, S. 5; 5/6. 1. 2004, S. 5. このような状況を踏まえた上で，バーデン・ヴュルテンベルクやバイエルンの州立法草案の思考を批判する論稿として，Ernst-Wolfgang Böckenförde, Ver(w)irrung im Kopftuchstreit, SZ v. 16. 1. 2004, S. 2.
53) 山元・前掲注4)45頁．
54) もっとも，ドイツにおいても社会的に注目を集めたのは，もっぱらLudin事件であった．このことは，問題はイスラーム教徒というより移民してきたイスラーム教徒であることを暗示している．

本章Ⅰで見たように,「中立性」と「寛容」「多元性」を対立するものとして捉える伝統的枠組みと,両者を連続的なものとして捉える新しい枠組みが共に有力に並存しているようである.これに対してドイツにおいては,「中立性」とは「開かれた中立性」を意味しており,「寛容」と対立するわけではないという枠組みそれ自体については,おおよそのコンセンサスが存在している[55].この違いは,ドイツにおいてはフランスにおけるような,「国家による学校からの宗教色の排除によって確保される『中立』」(樋口)という観念が貫徹されたことがない,という歴史的背景の相異の反映であろう.

(2) ドイツにおけるイスラーム教師のスカーフ事件は,憲法解釈学的にも,様々な憲法上の価値がからみあった非常に興味深い事例である.ドイツで存在する三つの立場,つまりスカーフ着用を理由とする採用拒否に関する肯定説,否定説,法律の留保説は,それぞれ十分な理由をもっている.私としては否定説に与したいと考えているが,ドイツ基本法の下でそのような考え方を採ったとしても,政教分離に関する明示的な規定をもつ日本国憲法下においてはまた別の考慮をしなければならないであろう.

ドイツにおける議論のなかで,憲法解釈学における道具立てとして注目に値するのは,教師の法的地位にかかわるものである.そこで析出されていた「勤務を遂行するに際しての私的な行為」というカテゴリーは,教師あるいはより広く公務員の勤務に際する宗教的行為,さらにはその世界観にかかわる行為の可否を論ずるに際して,参考となる可能性がある[56].もちろん,このような行為のカテゴリーによって権利保障の可能性が拡大されるべきなのはすべての公務員ではありえないことは,ドイツの学説も意識している.しかしこの事件では当面教師を念頭に置いて議論がなされているため,その射程の範囲につい

---

[55] ドイツにおいても,伝統としては,「中立性」は「特定の信条を自らの前提とすることを拒否する」のに対して,「寛容」は「特定の信条を前提としながら考えの異なる他者の存在を容認する」という重要な違いがある.西原・前掲注9)283頁.しかしこの事件をめぐる議論を見る限り,この違いは特に意識されなくなっているかのようである.このような状況に対する批判として,S. Huster, a.a.O.(Anm. 22), S. 222 ff. 同書は「中立性」概念を重視すべきとする.これに対して英米の政治哲学の文脈のなかで「寛容」の方を重視すべきとするのが,例えば,スーザン・メンダス(谷本光男ほか訳)『寛容と自由主義の限界』(ナカニシヤ出版,1997年).

[56] 日本で例えば,公立学校の教師が勤務時間中に「強制反対 日の丸・君が代」等と印刷されたトレーナーを着用していたことに対して,それらを着用しないことを命ずる職務命令に違反したことを理由として,懲戒処分がなされた事件がある.参照,東京地判平成29年5月22日判例集未登載.

て十分な考察が及んでいないのはやむを得ないところである．右のようなカテゴリーをもし日本国憲法下の解釈論に導入するのであれば，その点についての基準を明確化することが必要であろう57)．本章で取り上げた，ドイツにおける何人かの論者は，教師の場合は宗教的シンボルの着用も許されるが，警察官や裁判官のような直接公権力を行使する公務員の場合は許されないのではないか，という方向で論を進めていた．これに対して，教師の場合は「公教育の中立性」を厳格に解したり，生徒の信教の自由への影響を懸念して，宗教的シンボルの着用は許されないが，そうではない他の公務員の場合は許されるという方向での思考も，論理的には成立可能である．もっとも日本においては政教分離の要請を重視して，もちろん個別的な事例判断とはなろうが，公務員による宗教的シンボル着用にはいずれにしてもより厳格な扱いがなされるべきではあるだろう．また「私的な行為」該当性も，一義的ではないであろう．

(3)「リベラリズムという思想の核心には，善に関する多様な構想に対する国家の中立性の要請がある」58)，とされる．「開かれた中立性」という形で理解された国家の中立性が基本原理と考えられているドイツ基本法にとっても，リベラリズムはこれを解釈する際に基礎に置くべき憲法理論を支える政治哲学の候補の一つであろう．「リベラリズム憲法学」を語る阪口正二郎は，リベラリズムにコミットする社会が，ある種の宗教を信じる人々に深刻な負担を課す場合に，宗教的良心を侵害する立法からの適用免除を認める基準の微妙さにつ

---

57) 日本においても，教師の職務上の活動についての類型分けがなされることがある．例えば，「教師が児童・生徒の教育に直接携わる場合」と「各教師が，日常的な教育活動の割り当てを離れ，単なる校長の補助機関として学校行事の運営に関わる場合」という区別論がある．西原・前掲注9)460～461頁．この類型化は学校における国旗・国歌の指導問題を念頭に置いてなされたものであり，後者の場面では，（国家に対する関係で）「基本的人権の主張が成り立つ場合があり得る」，という含意が込められたものであった．この見解に対して，佐々木弘通「『人権』論・思想良心の自由・国歌斉唱」成城法学66号(2001年)66頁は，「教師の『職務上の行為』は，教師を職業とするその個人の『人権』の行使ではない．だからといって，教師としての職業的義務がその個人に対して課されるとき，それに対するその個人の『人権』主張が抑制されねばならないことには，些かりともならない」と論ずる．この指摘は適切だと思われる．本文で紹介したような新たなカテゴリーを析出することを提唱するドイツの学説にも，「教師の本来の勤務上の行為」に関しては国家からの義務付与に対しても「人権」を主張することはできないという，暗黙の前提があるように感じられる．しかしそのような前提を取りはずした上で，公務員の「人権」侵害の有無を判断する場面で公務員の行為や公務員の職種の類型化を行うことは，利益状況を明確化するために有用なのではないか，というのが本章の立場である．

58) 阪口正二郎「『リベラリズム憲法学と国家の中立性』序説」法時72巻12号(2000年)98頁．また，長谷部恭男『比較不能な価値の迷路〔増補新装版〕』（東京大学出版会，2018年）61～62頁．

いて言及している。そして,「免除を求める主張は,『退出』ではなく,リベラリズムに基づく立憲主義の現実のありようを批判する『発言(voice)』と解することが可能な場合もあるはず」として,その例をフランスにおける「イスラームのスカーフ」事件に求めている59)。そうした政治哲学的な位置づけをするならば,ドイツにおける「イスラームのスカーフ」事件は,「適用免除」を求めた事案ではないけれども,教師の適格性判断に関する異議を入口として「立憲主義の現実のありようを批判する『発言』」として機能したことは間違いないであろう。日本においては,これまでのところ「イスラームのスカーフ」が裁判上争われたことはない。フランスとは異なり,日本では公教育の場で生徒がイスラームのスカーフを着用することを認めないほど,厳格な政教分離の考え方は実行されていないからであろう。また日本におけるイスラーム人口が少ないため60),小中学校教師になろうとしてスカーフを理由に拒否されたという事案がおそらくなかったためでもあるだろう。しかし,日本においても類似の「発言」が試みられる日はそう遠くないかもしれない61)。その時憲法学はいかに対応すべきかについて,そろそろ考えておくべきではなかろうか。

59) 阪口正二郎「リベラルな立憲主義における公教育と多様性の尊重」一橋法学2巻2号(2003年)460～463頁。また愛敬・前掲注6)177頁は,スカーフ事件を「市民的不服従」の問題と接続可能なものと見る。さらに,蟻川恒正『尊厳と身分』(岩波書店,2016年)243頁も,「スカーフの着用を求める『信教の自由』の要求が,単に自身の信仰心の充足を求めるという昔ながらの宗教派の自己主張に止まらず」,「宗教色を脱色しようとする文化的多数派の価値観や規範意識を『相対化』させようとする意図がそこに全く働いていないとはいえない」と論ずる。これらの見解も,類似した所論だと思われる。
60) イスラーム教徒の正確な数はわからないようであるが,2012年末の段階で,外国人約10万人,日本人約1万人,計11万人とされる場合がある。店田廣文「イスラーム教徒の人口推計2013年」IMEMGS Research Papers: Muslims in Japan, No. 14(2015年)11頁。
61) 日本における「イスラームのスカーフ」事件は,むしろ民間企業における採用の場面で起こっているようである。この問題に関連して,本書第1部第3章を参照。

第2章　連邦憲法裁判所第2法廷判決の検討

　前章では，イスラーム教徒の教師のスカーフ事件に関する2003年連邦憲法裁判所第2法廷判決については，ごく簡単に紹介し，判決直後に現れたマス・メディアの反応だけに言及するにとどめた．本章は，同判決に関する憲法学上の議論を踏まえた検討を行う．

I　事実の概要

　憲法異議申立人Ludinは，アフガニスタン生まれの女性で，1987年以降継続的にドイツに在住し，ドイツ国籍も取得している．Ludinがバーデン・ヴュルテンベルク州における基礎・基幹学校教職勤務への任用申込みをしたところ，シュトゥットガルト上級教育庁(Oberschulamt)は人的適格性がないとしてこれを拒否した．その理由は，Ludinは授業中もイスラームのスカーフを着用するつもりでいるが，その客観的な効果は国家の中立性命令と合致しえない，といったことであった．この決定に対してLudinは，基本法(以下「GG」と略)4条1項，2項で保障された信教の自由を侵害するなどとして訴えたが，行政裁判手続における一審から三審までいずれも敗訴した．そこでLudinは憲法異議を提起した．これに答えたのが，2003年9月24日の連邦憲法裁判所第2法廷の判決である[1]．

---

1) BVerfGE 108, 282, Urteil des Zweiten Senats v. 24. 9. 2003. この判決のより詳細な内容紹介としては，渡辺康行「立法の復権か立法への逃避か」公共政策研究4号(2004年)15頁以下．その他，小林宏晨「頭用スカーフ着用の女教師と信仰の自由」法学紀要46号(2004年)51頁以下，塩津徹『ドイツにおける国家と宗教』(成文堂，2010年)137頁以下，棟久敬「ドイツにおける公教育の中立性」一橋法学10巻1号(2011年)361頁以下など．スカーフ問題に関する学際的研究として，内藤正典・阪口正二郎編著『神の法vs.人の法』(日本評論社，2007年)がある．

第1部　ドイツにおける信教の自由と国家の宗教的中立性の「緊張関係」

II　判旨の紹介

1　主文

憲法異議の対象とされた諸判決は，GG 4条1項，2項および33条3項と結びついた33条2項から生ずる憲法異議申立人の基本権に反している．連邦行政裁判所の判決は破棄される．事案は連邦行政裁判所に差し戻される．

2　多数意見

(1) その判決が憲法異議によって攻撃されている裁判所が，基本権諸規定を直接的に自ら解釈・適用した限りで，連邦憲法裁判所には基本権諸規定の意義および限界を画定すること，および諸基本権がその範囲や重要性に関して憲法上適切な仕方で考慮されたかどうかを確認することが義務づけられている．本件はこの場合にあたる．

(2) GG 33条2項は，すべてのドイツ人に，その適格性・資格および専門的能力に応じて，等しく各公職に就くことを可能としている．しかし同項は，公職就任への請求権を保障してはいない．立法者は，それぞれの職務のための適格性基準を設定するに際して，およびそれに従って公勤務への志願者の適格性が判断されるべき勤務上の義務を策定するに際して，原則的に広汎な形成の自由をもつ．この形成の自由の限界は，他の憲法諸規範における価値決定から生ずる．

志願者がもつ公職のための適格性についての判断は，当事者の将来的な職務活動にかかわり，同時に志願者の全人格の評価を必要とする予測を含む．この予測判断に際しては，雇用者に広い判断の余地が与えられている．

(3) ある宗教団体に所属していることを，学校や授業においては，宗教的に基礎づけられた着衣ルールを遵守することによって明らかにさせないという教師としての公務員に課された義務は，GG 4条1項，2項によって保障された個人の信教の自由を制限している (eingreifen)．留保なしに保障されている信教の自由を制限するためには，十分に明確な制定法上の基礎が必要である．

(4) GG 33条3項から生ずる，公職就任に際する信仰の厳格な平等取扱い命

令は，勤務上の義務の理由づけにおいても，義務づけが実際に行われる実務においても，尊重されるべきである．

(5) スカーフの着用は，学校においても，GG 4条1項，2項によって保障された信教の自由の保護の下にある．彼女の信教の自由と対立する憲法法益として考慮されるのは，世界観的・宗教的中立性への義務づけを遵守しつつ遂行されるべき国家(州)の教育任務(7条1項)，親の教育権(6条2項)，生徒の消極的信教の自由(4条1項)である．

基本法はすべての国家市民の安住の地(Heimstatt)としての国家に対して，4条1項等によって，世界観的・宗教的中立性への義務を課している．基本法の自由な国家は，世界観的・宗教的確信が多様であることに対する率直さによって特徴づけられている．また基本法は，人間の尊厳，および自己決定や自己責任という形における人格の自由な発展によって刻印された人間像に基礎づけられている．したがって，国家に命じられた宗教的・世界観的中立性は，国家と教会の厳格な分離という意味における距離を置いた態度としてではなく，すべての宗派にとっての信教の自由を同じように促進する，開かれた，全包的な(übergreifend)態度として理解されるべきである．

GG 6条2項1文は，両親に子供の育成および教育を自然的権利として保障し，また4条1項と結びついて宗教的および世界観的観点における子供の教育の権利をも含んでいる．しかし6条2項は，両親の排他的な教育権を含むものではない．

最後に，憲法異議申立人によって要求されている，学校や授業におけるスカーフ着用を通じての信仰上の確信に基づく活動の自由は，生徒の消極的信教の自由と衝突している．確かに個々人は，様々な宗教的確信に活動の余地が与えられている社会において，異質な信仰表明，礼拝行為および宗教的シンボルに巻き込まれないでいることへの権利をもってはいない．しかし，個々人が回避可能性なしに一定の信仰の影響に，および信仰が明らかにされているシンボルにさらされているような状況が国家(州)によってつくられている場合には，事情が異なる．

一方で教師の積極的な信教の自由，他方で世界観的・宗教的中立性への国家の義務，親の教育権および生徒の消極的信教の自由の間の不可避的な緊張関係

を，寛容命令(Toleranzgebot)を考慮しつつ解決することは，公共的な意思形成過程のなかですべての人にとって期待可能な妥協を求めなければならない州の民主的な立法者の責務である．この際，個々の州が異なった規律をするということはありうる．なぜなら，見出されるべき中庸(Mittelweg)に関しては，学校の伝統，住民の宗派的構成および住民の宗教的な根ざし方の強弱も考慮されてしかるべきだからである．

(6) 口頭弁論において聴聞された専門家によるアンケート調査によれば，スカーフは若いイスラーム教徒の女性にとって，出身文化との断絶なしに自律的な生活を営むために自由に選択された手段でもありうる．このような事情に基づくと，憲法異議申立人がスカーフを着用するということによってだけでは，例えばイスラーム教徒の女子生徒に基本法の価値観念にふさわしい女性像を説明することや，それを自分の生活に移植することを困難とするという懸念を証明してはいない．

国家が学校において，教師が個人的な判断に基づいて着用し，かつそれが宗教的に動機づけられたものとして解釈されうる服装を許容する場合，このことは宗教的シンボルを学校のなかに設置するという国家の命令とは同一視されえない．教師によって宗教的な理由から着用されたスカーフの効果は，生徒が学校での全滞在時間中に授業の中心に立つ教師と回避可能性なく直面しているということのゆえに，特別の強さに達しうる．他方，教師の衣服の宗教的な言明内容は生徒に様々に説明されることが可能で，またそれによってその効果も弱められうる．

口頭弁論において聴聞された専門家は，発展心理学の観点からは，学校や授業においてスカーフを着用する一人の教師と日々接することのみによる子供への影響を証明しうるような，確固とした認識は現在のところいまだ存在しない，と述べた．教師のスカーフに関して，親と教師の間で紛争が生じた場合にはじめて，とりわけ年少の生徒に悪い影響が予想される，とのことであった．

スカーフを着用した憲法異議申立人の行動によって学校の平和が具体的に危険となるということについて，専門裁判所の(fachgerichtlich)手続においては，はっきりした根拠が明らかにならなかった．抽象的な危険への防御によって基礎づけられて，学校や授業においてスカーフを着用することを教師に対して禁

止するためには，バーデン・ヴュルテンベルク州において妥当する公務員法および学校法には，ぜひ必要な十分に明確な制定法上の基礎が欠けている．

(7) 宗教的多様性がますます増大するという社会の変化は，学校における宗教的関連性の許容される程度を新たに規定することのきっかけであり得る．一方では，憲法上の基準を尊重しつつ，教師の信教の自由を法律によって制限することも考え得る．しかし他方では，宗教的多様性を学校のなかに受け入れ，相互的な寛容を習い覚える手段とすることも考え得る．立法的な規律が憲法上必要であることは，議会留保の原則から生ずる．法治国家原理と民主制命令は，基本権の実現にとって重要な(maßgeblich)規律を自ら行うことを立法者に義務づけている．授業中にスカーフまたは宗教的確信のその他の認識徴標を着用することを断念することが教師の勤務上の義務に属するという規律は，議会留保に関する判例の意味において本質的な(wesentlich)規律である．

3 少数意見(Jentsch, Di Fabio, Mellinghoff 各裁判官)

(1) 公務員となる者は，自由な意思決定において国家の側に身を置いているため，基本権の自由保障効果を援用することはできない．公務員志願者の法的地位は，国家に対する防御という観点から見られるべきではない．

学校法における法律の留保の妥当性は，親や生徒のために拡大されてきた．それに対して，勤務上の行為を遂行するに際しての教師の自由要求のために，本質性という観点の下で法律の留保を拡大することは，これまで主張されてこなかった．

(2) 公務員の中立性義務は憲法自身から生じ，州法による付加的な基礎づけを必要とはしない．すべての行動において中立的に職務を遂行することについての保証を示さない公務員は，GG 33条2項の意味において不適格である．

(3) 異議申立人が要求した学校の授業中におけるスカーフの妥協のない着用は，公務員の抑制・中立性命令とは合致しえない．公務員への志願者の適格性を否定するために，「学校の平和の具体的危険」は必要ではない．

教室の入口のドアに掛けられた十字架と授業中の教師のスカーフは比較されえないという多数意見の想定は，関係する生徒や親の基本権状況を誤認している．教師は人格として子供たちに決定的な影響を与える．

(4) 多数意見は，法律による規範化には実際上なじまない領域へ法律の留保を拡大した．公職への志願者を個別的に判断するという複雑な問題において，形式的法律がもつ自由促進効果は，個別事例を指向した措置が非常に困難となるため，むしろ自由削減効果へと転化しうる．

事件が判決に熟しているにもかかわらず，多数意見は憲法上の基本問題に答えるという任務を果たさなかった．その結果，州の立法者は——少数意見の見解によれば全く必要ではない——法律を制定しなければならなくなった．多数意見の理由づけは，これまで判例でも学説でも憲法異議申立人自身によっても主張されず，口頭弁論においても議論の対象とはされなかった．そのためバーデン・ヴュルテンベルク州は，この見解に対して発言する機会がなかった．

III 解説

この事件はドイツにおいて高い関心を集めたものであり，口頭弁論時や判決日前後には，一般の新聞・雑誌でも大きく報道された．法的な論点についても，前章で見たように，従来から相当の議論がなされてきた．しかし本判決は，これまで全く論じられてこなかった法律の留保という観点によって，暫定的にLudinを勝訴させた．したがって本判決をめぐる議論は，この点を中心になされることになった．以下では，本判決も下敷としているドイツの基本権解釈学の流儀に従って，保護領域，制限，実質的および形式的正当化に関する審査について簡単に分説した後，州の立法者に解決を委ねるという本判決の示した処方について，若干の検討を行う．

1 保護領域

多数意見は，連邦憲法裁判所と専門裁判所との役割配分に関する判断のあと（【判旨】2 (1)），その審査を GG 33 条 2 項から始めている（【判旨】2 (2)）．この条項で定められている「適格性」は，予め規定されている勤務上の義務が果たされないことが予測される場合には，欠けている．この勤務上の義務を策定するのは立法者であるが，その限界は基本権にある．こうして，GG 4 条 1 項で保障された信教の自由が中心的な意義をもつことになる[2]．スカーフ着用が 4 条

によって保護されるかどうかについて，本判決は当該個人の見地だけではなく，それぞれの宗教団体の自己理解も無視されてはならない，としている[3]．イスラームにおいてスカーフ着用に関する見解は様々であるが，本事件に関する諸前審と同じく，本判決がスカーフ着用を4条1項，2項の保護領域に属さしめたことは，適切なものと思われる[4]．なお少数意見は，次でも言及するように，本件では教師志願者の信教の自由は問題とはならないと考えるため，4条1項，2項の保護領域を論ずる余地は始めから出てこない．

2 制限

多数意見は，信教の自由が公務員関係においても妥当することを当然の前提としている．この判断も諸前審と同様である．この前提に立てば，教師にスカーフ着用を禁止することは，信教の自由への制限となる(【判旨】2 (3))．これに対して少数意見は，独特な見解を展開していた．つまり，公務員となる者は自由な意思決定において国家の側に身を置いているのだから，市民と同様な仕方では基本権を援用できない，とされたのである(【判旨】3 (1))．しかし，この見解には批判が多い．それでは特別権力関係論への逆戻りである[5]．公務員への任用は確かに防御権の要求ではなく参加請求権(Teilhabeanspruch)であるが，GG 33条2項はそのような権利を保障しており，適格性審査に際して憲法異議申立人の信教の自由を制限するような基準が援用される場合には，市民の自由領域への制限と同様な状態である[6]．公務員関係に自由な意思で入ったということが，課されるすべての負担を正当化することはできない．公職の職務の必

---

2) Susanne Bear und Michael Wrase, Staatliche Neutralität und Toleranz, JuS 2003, S. 1163.
3) BVerfGE 108, 282(299).
4) Sonja Lanzerath, Religiöse Kleidung und öffentlicher Dienst, 2003, S. 35 ff.; Georg Neureither, Kopftuch, JuS 2003, S. 3344 f.; Karl-Hermann Kästner, Anmerkung, JZ 2003, S. 1178; Martin Morlok, Der Gesetzgeber ist am Zug, RdJB 2003, S. 385; S. Bear und M. Wrase, a.a.O.(Anm. 2), S. 1163; Silke Ruth Laskowski, Der Streit um das Kopftuch geht weiter—, KJ 2003, S. 432.これに対し基本法4条1項，2項の保護領域を連邦憲法裁判所の見解よりも限定する立場として，Bodo Pieroth und Bernhard Schlink, Grundrechte, Staatsrecht II, 25. Aufl., 2009, S. 131 ff.この見解は，法律の留保のない基本権については，その保護領域を限定して解釈すべきという考慮に基づく(S. 75)．その上で，信仰の自由に基づく行為については保護領域が正確に規定されねばならず，例えばスカーフの着用は，ある宗教がそれを各自に任せている場合には基本法4条によって保護されない，としている(S. 133)．
5) S. Bear und M. Wrase, a.a.O.(Anm. 2), S. 1164.
6) Ute Sacksofsky, Die Kopftuch-Entscheidung, NJW 2003, S. 3298.

要性は実際に，勤務上の義務として具体化された公務員の基本権の制限を正当化するが，しかしそれは公務員が基本権を享受するという前提の下でであり，少数意見は衡量の議論をゆがめている[7]．こうした批判に対して，少数意見はおそらく，教師を基本権主体と把握し，その自由要求を生徒やその親に向ける場合には，市民の自由が縮減されてしまう，と反論するのではないかと思われる[8]．議論状況は日本と類似してくるが[9]，教師も本件のように公権力と向かいあう場面では基本権を享有する主体と見るべきであり，少数意見に対する批判論の方が適切であろう．少数意見は，「公務員の国家との関係は特別の接近関係」であるとし，「国家は公務員によって代表される」とする[10]．しかし，基礎・基幹学校の教員が国家を代表していると果たして言えるのであろうか．一般の教師は，例えば首相などとはかなり事情が異なるように思われる．

3　実質的正当化

多数意見は，スカーフを着用する教師志願者の不採用が正当化されるのは，信教の自由の行使に他の憲法上の法益が対立している場合である，とする(【判旨】2(5))．

そのような対立する憲法上の法益として多数意見が重視するのは，「国家の宗教的・世界観的中立性」である．本件に関する連邦行政裁判所判決がかなり厳格な中立性概念を採っていたのに対して，本判決は，「開かれた中立性」という理解を示している[11]．さらに本判決は，教室の十字架(磔刑像)事件では国家の命令が問題であったのに対し，本件は基本権主体である教師がスカーフを着用することが問題となっているという仕方で，二つの事案を区別した(【判旨】2(6))．このような見解からは，スカーフを着用する教師志願者の不採用は正当化されえない，という結論が導かれることが素直な論理の運び方であっ

---

7) M. Morlok, a.a.O.(Anm. 4), S. 386–387.
8) BVerfGE 108. 282(317). 少数意見を支持する学説として，Jörn Ipsen, Karlsruhe locuta, causa non finita, NVwZ 2003, S. 1212; Ronald Pofalla, Kopftuch ja—Kruzifix nein?, NJW 2004, S. 1219; Johann Bader, Cuius region, eius religio—Wessen Land, dessen Religion, NJW 2004, S. 3092.
9) さしあたり，本書第1部第1章注57)を参照．
10) BVerfGE 108, 282(317).
11) 本書第1部第1章のほか，S. Bear und M. Wrase, a.a.O.(Anm. 2), S. 1164; S. Lanzerath, a.a.O.(Anm. 4), S. 178 ff.

た[12]．

　本判決が，教師の信教の自由に対抗する法益としてもう一つ重視するのは，生徒の消極的信教の自由である[13]．判決は，スカーフを着用した教師による生徒の消極的信教の自由への影響は抽象的な危険にすぎない，とする(【判旨】2(6))[14]．この立場からも，スカーフを着用する教師志願者の不採用は正当化されえないという結論が導かれることが予想された[15]．

　それにもかかわらず，本判決が示した処方は，諸々の憲法上の法益の緊張関係を解決するのは州の民主的な立法者の責務であるという思考であった．この判決に対してなされた，「裁判所における多数派形成のために論証上の一貫性が犠牲とされた」[16]という評は，あり得べき指摘である．

　スカーフを着用する教師志願者の不採用を正当化する別の論拠として，ムスリムのスカーフは女性差別のシンボルであるため，基本法に適合的でない，という主張が挙げられることがある[17]．しかし多数意見は適切にこの議論を退けている(【判旨】2(6))[18]．

4　形式的正当化(法律の留保)

　本判決は諸法益の緊張関係を解決する役割を州の立法者に与えるとともに，授業中にスカーフを着用することを禁止するためには，現行バーデン・ヴュル

---

12) 「開かれた中立性」の観念を採用した上で，教師のスカーフや学校の十字架を禁止するという見解もある．S. R. Laskowski, a.a.O.(Anm. 4), S. 436. したがって，本文で述べたことは，論理必然的にこうなるという趣旨ではない．なお少数意見は，教師のスカーフと教室の十字架は事案を区別できないとする(【判旨】3(3))．
13) S. Lanzerath, a.a.O.(Anm. 4), S. 206 ff.
14) S. R. Laskowski, a.a.O.(Anm. 4), S. 433 は，この論旨を「議論の客観化に決定的に寄与した」と評価する．それに対し少数意見は，この点についても反対の見解を述べている．BVerfGE 108, 282(325 ff.)．
15) 例えば，Ernst-Wolfgang Böckenförde, „Kopftuchstreit" auf dem richtigen Weg?, NJW 2001, S. 728. 連邦憲法裁判所も，別の事件では，ムスリムのスカーフを着用するデパートの店員の解雇を正当化するためには，経済的損失が生ずるという抽象的危険では足りない，と判断していた．BVerfG(2. Kammer des Ersten Senats), Beschluss v. 30. 7. 2003, NJW 2003, S. 2815(2816)．この判決については，本書第1部第3章を参照．なお，スカーフ着用を禁ずるためには生徒への具体的危険は必要ないとする文献としては，Friedhelm Hufen, Das „Kopftuch-Urteil" des BVerfG, NJW 2003, Heft 43, S. III; ders., Der Regelungsspielraum des Landesgesetzgeber im „Kopftuchstreit", NVwZ 2004, S. 576. したがって，ここでも本文で指摘したことは，論理必然的にこうなるという趣旨ではない．
16) U. Sacksofsky, a.a.O.(Anm. 6), S. 3298.
17) 本判決の少数意見もこの見方である．BVerfGE 108, 282(333 f.)．
18) U. Sacksofsky, a.a.O.(Anm. 6), S. 3299.

テンベルク州法には制定法の基礎が不十分であるので，本件採用拒否は正当化されえない，という結論に達した(【判旨】2 (6))．ここで活用されたのが本質性理論である．それによると，立法者は，「基本権の実現にとって本質的な規律を自ら行うこと」に義務づけられている．とりわけ本件のように留保が付されていない基本権(4条)が問題となっていて，憲法内在的な制限が必然的にさらに具体化されなければならない場合には，この要請があてはまる．さらに，とくに教育制度においては本質的な決定を立法者が自ら行うことが義務づけられている，ともされた．このような考慮から，授業中にはスカーフを着用しないことを勤務上の義務とする規律は，議会留保に関する判例の意味において本質的な規律である，と判断されたのである(【判旨】2 (7))[19]．

連邦憲法裁判所による判断が下されることが期待されていたこの事件に対して，州の立法者に解決を委ねる思いがけない判決がなされたため，判決が出された時点におけるマス・メディアの論説では，スカーフ着用を理由とする採用拒否に賛成する立場からであれ，反対する立場からであれ，批判が多かった[20]．この観点からの批判論を代表するのが，本判決の少数意見である．少数意見はスカーフ着用を理由とする採用拒否に賛成する見地から，次のような指摘をしている．①事件が判断に熟しているにもかかわらず，多数意見は憲法の基本問題に答えるという任務を果たさなかった．②口頭弁論でも取り扱われなかった論拠が用いられたことによって，法的審問への権利(GG 103条1項)が侵害された．③教職への採用には個別的な判断が必要で，法律による規範化にはなじまない．④法律の留保は，公職にある教師のためにではなく，親や生徒のために拡大されてきたはずだ(【判旨】3)[21]．

これに対して，その後本判決に関してなされた評釈の比較的多くは，本判決

---

[19] 詳しくは，BVerfGE 108, 282(311 ff.)．
[20] 本書第1部第1章Ⅳ2を参照．
[21] 学説でも，同種の批判がなされている．例えば①と同旨の見解として，Georg Neureither, Ein neutrales Gesetz in einem neutralen Staat, ZRP 2003, S. 467, ②と同様な見解として，J. Bader, a.a.O.(Anm. 8), S. 3092. ③と同旨の見解として，K.-H. Kästner, a.a.O.(Anm. 4), S. 1180; J. Ipsen, a.a.O.(Anm. 8), S. 1212–1213. 学説では，その他にも，法律の留保がついていない基本権の法律による制限に関して，解釈学上の批判がなされており，J. Ipsen, a.a.O.(Anm. 8), S. 1212; U. Sacksofsky, a.a.O.(Anm. 6), S. 3300. また反論もある．G. Neureither, a.a.O., S. 467. スカーフ着用を理由とする採用拒否に反対する立場からは，さらに，Thorsten Anger, Was bedeutet und wie wichtig ist der »Schulfrieden?«, Kritische Vierteljahresschrift für Gesetzgebung und Rechtswissenschaft 2003, S. 51 f.

の結論に好意的なようである．①裁判所が自己抑制するのは，「ドイツ的な法治国家肥大への反動」で良いことだ[22]．②競合する諸法益を相対的に非拘束的に秩序づけることは立法者の任務であり，また州が法律で基本線を定め，個別的事例における例外の可能性を開いておくことは可能である[23]．③教育法の他の領域における議会留保の厳格度と比較しても（例えば，性教育の授業に関する事例），スカーフ問題は同程度に重要である[24]．④民主的な連邦国家において，諸州の議会が異なった解決を試みるということは悪くない[25]．

確かに，重要な問題は州の立法者がまず判断すべきだという考え方は，否定しにくい．しかしそれは他方で，留保論本来の目的とは裏腹に，少数者の基本権が弱化するという危険もはらんでいる．そこで本判決を前提とすると，問題は州の立法者に与えられた裁量の範囲となる．

5 州の立法者の裁量の範囲

本判決は，例示的に二つの立法可能性について言及している．第一は，世界観的・宗教的中立性をより厳格に扱い，すべての宗教的関連性を学校から排除するような規律である．第二は，諸州が増大する宗教的多様性を学校のなかでも受け入れ，相互的な寛容を習い覚えるための手段として利用する，という規律である（【判旨】2 (7)）．しかしこの二つは単なる例示にすぎず，州の立法者には広い裁量の余地が与えられている[26]．もっとも上述したように，本判決は「開かれた中立性」概念を採用し，また磔刑像決定とは事案を区別し，さらに生徒の消極的信仰の自由に対する教師からの影響も抽象的危険にすぎないとしていたはずである．これらの前提からは，州の立法者に対して宗教的シンボル着用自由化という方向づけがなされる方が，より素直な論理の筋道であった[27]．

---

22) Rüdiger Zuck, „Das Gericht hat sich nicht gedrückt", ZRP 2003, S. 421.
23) M. Morlok, a.a.O.(Anm. 4), S. 389–391; Stefan Huster, Der Grundsatz der religiös-weltanschaulichen Neutralität des Staates, 2004, S. 14 ff. も同旨．
24) M. Morlok., a.a.O.(Anm. 4), S. 390.
25) F. Hufen, a.a.O.(Anm. 15), S. III; U. Sacksofsky, a.a.O.(Anm. 6), S. 3301. これに対して，Rudolf Summer, Gedanken zum Gesetzesvorbehalt im Beamtenrecht, DÖV 2006, S. 255 は，このように重要な問題が州ごとに異なる扱いをされることに，懐疑的である．同じ方向の議論として，例えば，J. Bader, a.a.O.(Anm. 8), S. 3094.
26) Klaas Engelken, Anmerkung, DVBl 2003, S. 1540.

この点はおくとしても，本判決の上記したような態度に対しては相反する評価がなされている。一方では，具体的な憲法上の指示がないため，州の立法を連邦憲法裁判所が将来的に再審査するための視点が欠けていることが批判の対象とされる[28]。他方では，州の立法の合憲性は将来確実に連邦憲法裁判所で再び争われることになるのだから，直接的な指示が与えられなかったのは首尾一貫している，とも評された[29]。しかし，本判決は州の立法者に完全な自由を与えたわけではない。この判決が明示的な制定法の規律を必要とする理由として，宗教的シンボルの着用を教師に禁止する場合には，諸々な宗教団体の所属員が平等に扱われなければならないということをも指摘していたことは[30]，見落されてはならない[31]。

6 州の立法者による対応

この判決により，各州は教師のスカーフ問題に関する立法的対応を迫られた。訴訟当事者であったバーデン・ヴュルテンベルク州は，各州の先頭に立って立法手続を進め，2004年4月1日にスカーフの着用を禁止する新しい規律を，die Grünen を除く各党の賛成により可決した。それによると，学校の中立性を危うくするような宗教的表明はすべて禁止されるが，「キリスト教的，ヨーロッパ的な教養・文化価値または伝統の表現」は許される，とされている[32]。これに対して SPD／PDS 政権下のベルリン州においては，学校だけではなく司法や警察において，すべての宗教的・世界観的シンボルの着用を禁止する法律草案が提示されている[33]。

このように本判決後，各州がそれぞれ真剣にこの問題に取り組んだという状

---

27) Vgl. G. Neureither, a.a.O.(Anm. 21), S. 467. この論文が提案する立法のモデルは，教師は宗教的シンボルを着用することが自由であるが，生徒や親から真剣な異論が出された場合は学校長が話合いによる合意を試みる，というものである(S. 468)。この提案は支持できるもののように思われる。これに対して，スカーフ着用を禁止することは立法者の裁量の余地内であることを強調するのが，F. Hufen, a.a.O.(Anm. 15), S. 575 ff.
28) K.-H. Kästner, a.a.O.(Anm. 4), S. 1180.
29) R. Zuck, a.a.O.(Anm. 22), S. 421.
30) BVerfGE 108, 282(313).
31) U. Sacksofsky, a.a.O.(Anm. 6), S. 3300 f.; K. Engelken, a.a.O.(Anm. 26), S. 1540; S. R. Laskowski, a.a.O.(Anm. 4), S. 435; S. Bear und M. Wrase, a.a.O.(Anm. 2), S. 1166; S. Huster, a.a.O.(Anm. 23), S. 20.
32) SZ v. 2. 4. 2004, S. 7.

況を見ると，本判決は結果的にそれほど悪くはなかったと言えそうである．しかし政治過程に解決が委ねられた場合は，イスラーム教徒のような，ドイツ社会における少数派の基本権が侵害される危険は常に存在する．バーデン・ヴュルテンベルク州法のように，「キリスト教的，ヨーロッパ的な教養・文化価値または伝統の表現」を特別扱いすることは，連邦憲法裁判所の出していた平等取扱いの要請に反するのではなかろうか[34]．

2004年6月24日に，本件が差し戻された連邦行政裁判所の判断が下された．それによると，バーデン・ヴュルテンベルク州法の新規定は連邦憲法裁判所の要請する基準に合致し，教師のスカーフを禁止するために十分な法的基礎であるとして，Ludinの訴えが退けられた．「キリスト教的，ヨーロッパ的な教養・文化価値」への言及は，キリスト教への優遇ではない，と憲法適合的に解釈したのである[35]．これに対してEU委員会はそのような州法規定がEUの差別禁止指令と合致しないとして調査を始めた，と報道されている[36]．紛争は簡単には終わりそうもない[37]．

本判決は，国家と宗教の関係についてドイツとは異なった歴史と憲法規定をもつ日本にとっても，刺激的で重要な問題を提示している．さらなる考察が必要とされる所以である[38]．

---

33) SZ v. 1. 4. 2004, S. 5; SZ v. 6. 4. 2004, S. 6. 各州の新規定(案)については，Ulrich Battis und Peter Friedrich Bultmann, Was folgt für die Gesetzgeber aus dem Kopftuchurteil des BVerfG ?, JZ 2004, S. 585 ff.; Susanne Bear und Michael Brase, Staatliche Neutralität und Toleranz in der „christlich-abendländischen Wertewelt", DÖV 2005, S. 245 ff.

34) Ernst-Wolfgang Böckenförde, Ver(w)irrung im Kopftuchstreit, SZ v. 16. 1. 2004, S. 2; T. Anger, a.a.O.(Anm. 21), S. 63.「特別扱い」は「必要ではない」という議論として，F. Hufen, a.a.O.(Anm. 15), S. 578.

35) BVerwGE 121, 140(147 ff.). Ernst-Wolfgang Böckenförde, Anmerkung, JZ 2004, S. 1183 f. は，連邦行政裁判所が，立法者の意図に反して，当該法規定をキリスト教の特権化ではないと，憲法適合的に解釈したことの意義を説いている．

36) SZ v. 28. 6. 2004, S. 6.

37) その後，スカーフを禁止する各州法の新しい規定に関して，州憲法との適合性が争われた事例につき判決がいくつかでている．例えば，2007年1月15日のバイエルン州憲法裁判所は，本文で紹介しているバーデン・ヴュルテンベルク州型の規定をもつバイエルン州法を合憲と判断している．SZ v. 16. 1. 2007, S. 4, S. 5. また，2007年12月10日のヘッセン州国事(憲法)裁判所は，バーデン・ヴュルテンベルク州型の規律を，すべての公務員について定めるヘッセン州法を合憲とした．SZ v. 11. 12. 2007, S. 4, S. 5. 各州における判決の状況については，手塚和男「ドイツにおけるイスラームのスカーフ禁止」初宿正典ほか編『佐藤幸治先生古稀記念論集 国民主権と法の支配 上巻』(成文堂，2008年)249頁以下，同「イスラーム女性教師とスカーフ禁止」三重大学教育学部紀要59巻社会科学(2008年)113頁以下，同「イスラームのスカーフ禁止問題」三重大学教育学部紀要60巻社会科学(2009年)117頁以下，斎藤一久「ドイツにおける多文化社会と憲法」憲法問題23(2012年)36頁以下．

第1部　ドイツにおける信教の自由と国家の宗教的中立性の「緊張関係」

【追記】

　本論で述べたように，連邦憲法裁判所の判決によって，教師のスカーフ着用の許容性は各州の立法者の判断に委ねられた．そうして設けられた州法規定の憲法適合性について連邦憲法裁判所が判断したのは，当初の予想より遅くなり，2015年1月27日第1法廷決定だった．ドイツではスカーフ第2判決(Kopftuch II)と呼ばれる著名な決定であるため，やや詳しく判旨を紹介したい．また，保育園保育士のイスラームのスカーフについても，2016年10月18日第1法廷第2部会による判断がなされているため，併せて触れておく．

1　スカーフ第2判決

(1)　事実の概要

　事件当時のノルトライン・ヴェストファーレン州学校法57条4項は，次のように規定していた．「(第1文)教員は，学校内において，生徒または両親に対する州の中立性を害し，もしくは政治的，宗教的，世界観的な学校の平穏を危険とし，阻害するような，いかなる政治的，宗教的，世界観的またはこれらに類する外的表明も行ってはならない．(第2文)生徒または両親に対して，教員が人間の尊厳，GG3条に基づく平等取扱い，諸自由権または自由で民主的な基本秩序に反対しているという印象を与える外的行動は，特に許されない．(第3文)ノルトライン・ヴェストファーレン州憲法7条および12条6項に基づく教育委託の実現と，キリスト教的，ヨーロッパ的な教養・文化価値の上記と類似する表明は，第1文に反しない．(第4文)第1文の中立性命令は，宗教教育および宗派・世界観学校には適用されない」．

　同州の2名の教員は，勤務時間中にイスラームのスカーフを着用していたところ，警告を受け，1名は解雇された．両名は労働裁判所に訴えたが，三審までいずれも敗訴したため，判決に対する憲法異議を提起した．第1法廷は6対2によりこの憲法異議を認めて，事件を労働裁判所に差し戻した[39]．

---

38)　類似の事件が日本で起こった場合を想定した考察として，渡辺康行「イスラーム教徒の教師のスカーフ事件」木下智史ほか編著『事例研究　憲法〔第2版〕』(日本評論社，2013年)326頁以下がある．

(2) 判旨の紹介

　GG 4 条 1 項，2 項で保障された信教の自由は，公立学校の教師にもその保護が及ぶ．イスラームのスカーフを着用する自由は保障されている．スカーフ着用の禁止は，異議申立人の信教の自由に対する重大な制約である．異議申立人の信教の自由に対する制約は，次のように，比例性に反し正当化できない．学校の平和や国家の中立性を守るという州立法者が追求した目的は，正当である．しかし州学校法 57 条 4 項第 1 文の必要性は疑わしい．宗派混合学校における学校の平和や国家の中立性が単に抽象的に危険となるおそれがあることを理由として，宗教的に特徴のある衣服の着用を通じて宗教的表明をすることを，州全体にわたって禁止することは，いずれにせよ狭義の比例性に反する．確かに立法者は評価特権をもつが，しかし立法者が外的な宗教的表明を広範囲に予防的に禁止するに際しては，教師の信教の自由という基本権の重要性と意義との適切な関係を守らなければならない．生徒は消極的信教の自由をもつが，自分たちと異なる信仰表明，文化的行動，宗教的象徴と直面しない権利をもつものではない．もちろん，そのような状況を国家が創出した場合は，これとは異なる．教師の信教の自由，生徒や両親の消極的な信教の自由，親の諸基本権，国家の教育委託の間の適切な調整は，法益に十分に具体的な危険がなければならないという形で，禁止規範の限定解釈を要求している．具体的危険の存在は，証明でき，根拠のあるものでなければならない．

　州学校法 57 条 4 項第 3 文に対する非難にも理由がある．立法者によって，キリスト教的，ヨーロッパ的な教養・文化価値または伝統の表出を優遇するための特権規定として意図された，第 3 文の規定は，信教を理由とする別異取扱いに当たる (GG 3 条 3 項第 1 文，33 条 3 項)．そのような別異取扱いは，憲法上正当化されえない．州憲法 7 条 1 項における教育目標（「神への畏敬」）は，圧倒的多数の見解によれば，キリスト教の信仰だけに関係しているわけではない．連邦労働裁判所が行った，「キリスト教的」という概念をキリスト教的・ヨーロッパ的文化の伝統から由来する価値世界を示すと解するといった，州学校法

---

39) BVerfGE 138, 296, Beschluss des Ersten Senats v. 27. 1. 2015. 日本におけるこの決定の紹介として，小林宏晨「イスラム頭巾着用禁止，信教の自由及び国家の宗教的中立性」日本法学 82 巻 3 号 (2016 年) 247 頁以下，山田哲史「ドイツにおける憲法適合的解釈の位相」土井真一編著『憲法適合的解釈の比較研究』(有斐閣，2018 年) 123〜125 頁がある．

57条4項第3文に対する憲法適合的な限定解釈は，可能ではない．それは憲法適合的な規範解釈の限界を超えており，裁判官の法律への拘束と合致しえない．学校の平和や国家の中立性を確保するために，宗派に開かれた共同学校の教師による外的な宗教的表明を法律で禁止する場合には，すべての信仰や世界観に対して原則的に平等に行われなければならない．

(3) 解説

　この決定も，教師の信教の自由に対する制約の正当化審査を行っている．法律の根拠は満たしているため，比例原則によって実質的正当化審査が行われた．その結果，州学校法57条4項第1文について，目的は正当だが，必要性には疑問があり，狭義の比例性も満たしていない，と判断した．その上で，同法57条4項の規定を限定解釈（憲法適合的解釈）したものである．また57条4項第3文については，別異取扱いが正当化されないとして，違憲と判断した．

　スカーフ第1判決は抽象的な危険によってスカーフ着用を禁止するためには法律の根拠が必要だと述べていたのであるから，それは法律の根拠があれば抽象的な危険によってもスカーフ着用を禁止できるという立場であり，「十分に具体的な危険」を要するとした第2判決はそれとは異なる立場を示した，と読む余地もある．他方，第1判決は，スカーフ着用禁止には法律の根拠が必要と述べたものであり，第2判決は第1判決の趣旨に沿うものだと解することもできる[40]．第1判決は第2法廷，第2判決は第1法廷だったため，判例を変更する場合には連合部による審議が必要だった．しかしその手続はとられていないため，連邦憲法裁判所自身は二つの判決の間に趣旨の違いはないと考えている．スカーフ着用禁止を正当化する事由として「学校の平和」を援用することの適否など[41]，理由づけには学説上に異論があるものの，判決の結論はドイツにおいて比較的広く支持されているようである[42]．

---

40) Benjamin Rusteberg, Kopftuchverbote als Mittel zur Abwehr nicht existenter Gefahren, JZ 2015, S. 638 ff.; Mathas Hong, Ein Gericht oder zwei Gerichte?, Der Staat 2015, S. 409 ff.; Claudio Frazius, Vom Kopftch I zum Kopftuch II, Der Staat 2015, S. 435 ff.; Tonio Klein, Das Kopftuch im lassenzimmer: konkrete, abstrackte, gefühlte Gefahr, DÖV 2015, S. 464 ff.

41) 例えば，Daniel Enzensperger, Verfassungsmäßigkeit eines pauschalen Kopftuchverbots für Lehrkräfte an öffentlichen Schulen, NVwZ 2015, S. 871 ff.

2　保育園保育士のイスラームのスカーフ事件

バーデン・ヴュルテンベルク州保育園その他の保育施設における子どもの世話・支援に関する法律7条6項は，先に問題となったノルトライン・ヴェストファーレン州学校法の規定と類似するものだった．イスラームのスカーフを着用していた保育士が市から警告を受けたため，その取消しを求めた．労働裁判所では三審まで，いずれも敗訴した．そこで憲法異議が提起された．

第1法廷第2部会は，スカーフ第2判決の射程を保育士にも及ぼし，同判決にほぼそのまま依拠することによって，憲法異議を認めている[43]．

---

42) 例えば，Ute Sacksofsky, Kopftuch als Gefahr, DVBl 2015, S. 801 ff.; その他，この問題についての包括的な研究書として，Sarah Röhrig, Religiöse Symbole in staatlichen Einrichtungen als Grundrechtseingriffe, 2017 を挙げておく．
43) BVerfG(2. Kammer des Ersten Senats), Beschluss v. 18. 10. 2016, NJW 2017, S. 381 ff. この決定に関する邦語文献として，斎藤一久「保育園における保育者のイスラームスカーフ事件」自治研究93巻11号(2017年)144頁以下がある．これに対して，裁判官に対するイスラームのスカーフ着用禁止は認められている BVerfG(1. Kammer des Zweiten Senats), Beschluss v. 27. 6. 2017, NJW 2017, S. 2333 ff.

第3章　私人間における信教の自由
──もう一つの「イスラームのスカーフ」事件が
　問いかけるもの

I　はじめに

　信教の自由は，私人間において，どのようにして，どの程度まで保障されるべきなのかは，日本において従来それほど論じられることのなかった問いである．もちろん，そのような問題が存在するということは早くから意識されてはいた[1]．また近年でも，私人間における信教の自由保障にかかわる判決は散見され得る[2]．しかしそれを契機に，このテーマに関する本格的な考察が行われることはなかった．本章もまた，多様な局面にかかわるこのテーマを包括的に論ずることは，もとよりできない．本章は，民間企業の雇用関係における信教を理由とする不利益な取扱いに焦点を合わせることによって，私人間における信教の自由保障の一つの局面を照射しようとするものである．
　このように視座を設定することに影響を与え，また考察の手がかりとして用いようとするのは，ドイツの憲法判例である．よく知られているように，伝統的にキリスト教文化の国であったドイツにおいて，現在では多数のイスラーム教徒が居住するようになっている．それに伴い近年では，イスラーム教（徒）にかかわる憲法判決も頻出している．そのような状況の下でドイツにおいて最も注目を集めたのは，「イスラームのスカーフ」を授業中も着用したいという意思を示す公立の基礎・基幹学校教師への志願者を，そのことを理由として採用拒否できるか，という問題を扱った2003年9月24日のドイツ連邦憲法裁判所第2法廷判決であった[3]．この事件では，イスラーム教徒の信教の自由が州によって侵害されているか，が一つの争点となった．しかし「イスラームのスカーフ」が紛争の元になっているのは，公教育という場面だけではない．上記し

---

1) 種谷春洋「信教の自由」芦部信喜編『憲法 II　人権（1）』（有斐閣，1978年）335頁以下（IV　信教の自由の私人間における効力）が代表的文献であろう．
2) 例えば，墓石の設置をめぐる，寺院と墓地使用権者の信教の自由の調整にかかわる，最三小判平成14年1月22日判時1776号58頁，自治会費に含まれる神社関係費の支払を拒絶した自治会員の地位にかかわる，佐賀地判平成14年4月12日判時1789号113頁．
3) BVerfGE 108, 282. この事件については，本書第1部第1章，第2章を参照．

た判決の約2カ月前，連邦憲法裁判所は，「イスラームのスカーフ」の着用を希望するデパートの店員が，それを理由にして解雇されたという事件に決定を下していた[4]．この事案は私人間における，より事例に即していえば，民間企業の雇用関係における信教を理由とする不利益な取扱いの現代的で，典型的な例であろう．そこで本章は，ドイツにおいて同じく社会的にも話題となったこの事件を手がかりとしながら，とりわけ企業への採用と解雇の場面における信教の自由保障の問題について考えてみたい[5]．

なお，憲法上の権利の私人間効力について，日本の憲法学あるいは民法学においては，理論的な論争が行われてきた[6]．しかし本章は，その論争に正面から割って入ろうとするものではない．むしろ本章は，この論争の影に隠れた感のある判例状況の一側面を，日本憲法学に対して再提示することを副次的な目的としている．

II 雇用における信教の自由に関するドイツの憲法状況・管見

1 デパート店員の「イスラームのスカーフ」事件

(1) トルコ生まれの原告 X は，1989年以来，被告 Y デパートの店員として働いていた．X は1999年に，宗教的な考え方の変化を理由として，今後は勤務時間中もイスラームのスカーフを着用したいという意向を Y に示したところ，Y は X を解雇した．Y はその理由として，店員は企業のスタイルに従っ

---

4) BVerfG (2. Kammer des Ersten Senats), Beschluss. v. 30. 7. 2003, NJW 2003, S. 2815 f. ドイツにおける労働者の信仰の自由については，倉田原志「ドイツにおける労働者の信仰の自由・覚書」立命館法学321・322号(2007年)246頁以下，同「労働関係における信仰の自由の保障と限界」大石眞ほか編『初宿正典先生還暦記念論文集 各国憲法の差異と接点』(成文堂，2010年)541頁以下．

5) 日本において「イスラームのスカーフ」が問題とされているのは，公教育の場面よりも，むしろ民間企業における雇用の場面であるようであるということも，本文におけるような考察を試みるという問題設定を基礎づけている．日本におけるムスリムに関して一般的な情報を提供する文献として，桜井啓子『日本のムスリム社会』(筑摩書房，2003年)．もっとも本章における日本に関する論述は，イスラム教徒に焦点を合わせると特殊化しすぎるため，宗教一般を念頭に置いている．その結果として，ドイツにおける議論の背景に存在している，文化的多様性の時代において信教の自由の意義を再考するという問題関心を扱えなくなっていることについては，予めお断りしておきたい．

6) ここでは近年の文献として，三並敏克『私人間における人権保障の理論』(法律文化社，2005年)，木下智史『人権総論の再検討』(日本評論社，2007年)，君塚正臣『憲法の私人間効力論』(悠々社，2008年)を挙げるにとどめる．

て，身だしなみよく，人目に立たないような服装をすることを義務づけられており，とりわけ化粧品部門の店員である X はイスラームのスカーフを着用してはならない，と主張した．これに対して X が，解雇は信教の自由行使に対する許されざる，比例適合的でない制限であるとして訴えたのが，この事件である．

　労働裁判手続の第一・二審において，X はいずれも敗訴した．第二審のヘッセン州労働裁判所の判断は，およそこうであった．

本件解約告知は，原告個人に解雇される理由があり，「社会的に正当」である[7]．被告は，その「不文の服装規則」によって，デパートの性格，地域の状況および田舎ふうで保守的に刻印された顧客層の観念を考慮に入れて，正当で，労働法上異議を唱えることができない利益を追求しており，原告は労働者として，その利益に順応しなければならない[8]．被告は，基本権の「第三者効または放射効」のゆえに，その管理権(Direktionsrecht)を行使するに際して，原告の信教の自由を尊重しなければならない．他方，被告も基本権を援用できる．それゆえ，他の店員や顧客の反応を探るために，原告が試験的にスカーフを着用して働いてみるということは要求されえない．なぜなら，原告に有利で，被告の営業に消極的に作用するかもしれない，一方的な契約変更を甘受することは，被告に期待されえないからである．原告は，販売以外の部門で十分に働けるということを主張しなかったし，被告はこのことを原告の職業教育を考慮して明示的に否定している．さらに解雇の時点で，被告デパートのすべての勤務場所(Arbeitsplatz)は埋まっていた．双方の基本権の間の調整は労働関係の内部では継続的に可能ではないのであるから，労働契約を解消することによっての

---

7) ドイツの解雇制限法(Kündigungschutzgesetz)1条は，解約告知が「社会的に不当」である場合には無効であるとする(1項)．「社会的に不当」な解約告知とは，①労働者個人(Person)に関する事由，②労働者の行動に関する事由，③緊急な経営上の要請，のいずれにも基づかないものである(2項)．ドイツの解雇保護法制一般については，さしあたり，李鋋『解雇紛争解決の法理』(信山社，2000年)153頁以下，マンフレート・レーヴィッシュ(西谷敏ほか訳)『現代ドイツ労働法』(法律文化社，1995年)428頁以下．なお解雇制限法は，2003年9月に成立した「労働市場改革法」によって重要な修正を受けている．参照，野川忍「解雇ルールの過去・現在・未来」季刊労働法203号(2003年)38頁(注32)，名古道功「ドイツにおける労働市場改革立法」労旬1571号(2004年)18頁以下．

8) LAG Hessen, Urteil v. 21. 6. 2001, NJW 2001, S. 3651.

第3章　私人間における信教の自由

み，原告の信仰に基づく行動の尊重は達成される[9]．

　これに対して連邦労働裁判所は，州労働裁判所の判決を破棄し，給与の支払いに関する争点は差し戻すという判断を下した．

本件の解約告知は「社会的に不当」である．州労働裁判所の見解とは異なり，原告の労働関係は，その個人に存する理由からは解約されえない．原告はデパートの店員としての労務を提供するための適格性や能力を失ってはいない．スカーフを着用することによって販売のための勧誘が不可能になるわけではなく，販売活動が妨げられるわけでもない．さらに，原告は単に店員として雇用されているので，化粧品部門で働くだけではなく，将来的にデパートの他の部門へ配置換えされることもありうる[10]．本件の解約告知は，原告の行動に存する理由からも社会的に正当ではない．被告が管理権を行使するに際して，また契約上の義務を形成するに際して，宗教上の理由からもはやスカーフなしでは働かないという，基本法4条によって保障された原告の願望は尊重されるべきである．これに対して，確かに，基本法12条1項によって保障された被告の競合する立場として，とりわけその「経営者の自由（Unternehmerfreiheit）」が考慮される．しかし被告のこの権利がいかなる程度で侵害されたかは，事実に関する報告が十分に具体化されていないため，確認されえない．信教の自由の高い地位を考慮すれば，州労働裁判所の見解とは異なり，その現実の危険が具体的に説明されなければならない[11]．

　(2)　この判決に対して，Yは憲法異議を提起した．しかし連邦憲法裁判所第1法廷第2部会は，この憲法異議には基本的な憲法上の意義がないとして（連邦憲法裁判所法93a条2項a），不受理という決定を下した．

労働裁判所の判決が信教および良心の自由にかかわる場合，基本法4条1項は，

---

9)　LAG Hessen, Urteil v. 21. 6. 2001, a.a.O.(Anm. 8), S. 3652.
10)　BAG, Urteil v. 10. 10. 2002, NJW 2003, S. 1685-1686. この判決の紹介として，高橋賢司「イスラムのスカーフ着用を理由とした解雇」労旬1644号(2007年)23頁以下．
11)　BAG, Urteil v. 10. 10. 2002, a.a.O.(Anm. 10), S. 1686-1687.

裁判所が私法規定の解釈や適用に際して，この基本権の意義を考慮に入れることを要求している．しかし，事実関係の確定・評価および通常法の解釈・適用は，専門裁判所(Fachgericht)の任務であり続ける．連邦労働裁判所が様々な基本権上の立場を調整する際に，労働者の信教の自由をありうべき「疑い(Verdacht)」に基づいてわきに置かれたものとはみなさず，デパートによって主張された経営上または経済上の消極的な帰結が生ずることについて，具体的な危険を要求しているのは正当である[12]．

2 争点の所在

(1) 連邦憲法裁判所の決定は，上に紹介したように，専門裁判所との役割配分を考慮した上で，連邦労働裁判所の判断を承認したものであった[13]．そのため，比較検討の対象とすべきは，ヘッセン州労働裁判所と連邦労働裁判所の判決であろう．

両判決の判断の全体的枠組みは共通である．両判決は共に，デパートによる解約告知が解雇制限法1条1項上の無効事由である「社会的に不当」な場合に当たるかどうか，について判断している．そして，推論の過程には若干の差異があるものの，最終的には，被用者の信教の自由と「経営者の自由」との間が，事例に即して衡量されている．当該解約告知が「社会的に不当」な場合に当たるか否かという結論を分けたのは，「デパート側が経営上の障害，または経済的損失を十分説得的に説明したかどうか」[14]，という判断にかかわっている．この点についてヘッセン州労働裁判所は，被告によって示された「懸念(Befürchtung)」は，「反論の余地のない事実に基づいており，生活体験上当然で，容易に追体験可能である」，と述べていた[15]．この判旨を，連邦労働裁判所は，次のように正面から批判している．「信教の自由の高い価値にかんがみて，州労働裁判所の見解に反して，そのような現実の危険は具体的に説明されなければならない．危険が現実化するということは，生活体験上必ずしも『当然』で

---

12) BVerfG (2. Kammer des Ersten Senats), Beschluss v. 30. 7. 2003, a.a.O. (Anm. 4), S. 2816.
13) 専門裁判所の判決を連邦憲法裁判所がいかなる程度で再審査すべきかという大きな論点については，渡辺康行「ドイツ連邦憲法裁判所とドイツの憲法政治」ドイツ憲法判例研究会編『ドイツの憲法判例〔第2版〕』(信山社，2003年)16頁以下．
14) BVerfG (2. Kammer des Ersten Senats), Beschluss v. 30. 7. 2003, a.a.O. (Anm. 4), S. 2816.
15) LAG Hessen, Urteil v. 21. 6. 2001, a.a.O. (Anm. 8), S. 3652.

はなく，はっきりとした事実の報告がなければ『容易に追体験可能』でもない．被告による単なる推定や懸念は，ぜひ必要な，具体的で，説明負担に応じた事実の提示の代わりとはならない」[16]．連邦労働裁判所によるこの判示は，既に紹介したように，連邦憲法裁判所も受け入れた．

(2) 連邦労働裁判所が，信教の自由のような上位の価値をもつ基本権を制限するためには，それが行使されることに伴って生ずる損失の現実的危険が具体的に示されなければならないと判示した際に，明示的に依拠したのは[17]，ベッケンフェルデの論稿であった．この論稿は，先にも触れた公立の基礎・基幹学校教師に関する「イスラームのスカーフ」事件にかかわるものである．そこで彼は，スカーフを着用する教師が生徒やその親たちと問題をひき起こすかもしれないという「疑い」では，その採用を拒否できず，そのような危険に「具体的で確実な根拠」がなければならない，と論じていたのである[18]．

この事件と本件との間には，公的主体対私人の争いと私人間の争いという相違だけではなく，採用に際する争いと解雇に際する争いという相違，さらには危険にさらされるのが，親や生徒の信教の自由か経営者の経済的利益かという相違も存在している．そのため，ベッケンフェルデの論稿を本件の判断のために援用するに際しては，本来はより慎重な手続が必要なはずであった[19]．しかしそのような論証手続にかかわる問題を別とすれば，本件において解雇が正当と認められるためには，使用者に経営上の損失が生ずる現実の危険が具体的に示されなければならないという連邦労働裁判所や連邦憲法裁判所の判示は，解雇という帰結の重大性や個人の信教の自由保障の意義にかんがみると，適切なものであった．先に挙げた教師の事件と本件の三つの相違のうち後二者は，危険に関するより厳格な証明を要請する要因であることも指摘しておくべきであろう．

---

16) BAG, Urteil v. 10. 10. 2002, a.a.O.(Anm. 10), S. 1687.
17) BAG, Urteil v. 10. 10. 2002, a.a.O.(Anm. 10), S. 1687.
18) Ernst-Wolfgang Böckenförde, „Kopftuchstreit" auf dem richtigen Weg?, NJW 2001, S. 728. この論文については，本書第1部第1章，第2章で言及している．
19) 実際，連邦憲法裁判所は，本文で挙げた二つの事件において，「危険」に関して異なった判断を行っている．教師の事例において，連邦憲法裁判所は，そこでは抽象的な危険が問題となっているにすぎないという考察から，当該教師志願者の信教の自由を制限するためには州法上の基礎が必要という結論を導き出していた．BVerfGE 108, 282(303)．これに対してデパート店員の事件では，解雇が正当化されるためには具体的な危険が必要と判示しているのである．

(3) ドイツの学説においても，連邦労働裁判所などの判断は，おおよそ受け入れられている[20]．しかしこれらの判決では，「もし懸念が『特記すべき程度で』現実化し，相当な(entsprechend)売上の損失が生じた場合には，法的な判断は別の結果となるはずだったのか」という問題が，なお残されていた[21]．このことが不明確であることは，「将来における柔軟な個別的事例判断のための機会を開いているが，しかし同時に一定の法的不安定性をももたらしている」[22]，とされるのである．この点に関する学説の態度は，連邦労働裁判所などの判決の読み方ともかかわりながら，大きくは二つの方向性を示している．

第一は，連邦労働裁判所の判決などを，個別的な事例に関するものとして，また判決が使用者の純粋に経済的な利益による被用者の信教の自由の制限を原則として可能としたことを重視して読む．その上で，将来におけるそのような判断の余地が残されていることを，適切なものと評価する[23]．この立場の間でも，いかなる場合にスカーフ着用を理由とする解雇が許されるかについての見解は分かれている．ある見解は「すべての状況を考慮して」判断されるべき，という[24]．また別の見解は，より限定的に，「経営者の活動の本質にかかわるような，きわめて深刻な経済的負担のみ」[25]が解雇を正当化する，というのである．

第二の方向は，連邦労働裁判所などの判示をこの点では批判的に読み，「誰が重要な損害と重要ではない損害を区別するのか」，「何パーセントの売上減少がスカーフを着用した店員の責任かを説明することはほとんど考えられえない」，と論難する[26]．この立場はむしろ，「場合によっては存在するかもしれない……スカーフ着用者に対する顧客のルサンチマンが考慮されるべきかど

---

20) Gregor Thüsing, Vom Kopftuch als Angriff auf die Vertragsfreiheit, NJW 2003, S. 406 f.; Niloufar Noevels, Kopftuch als Kündigungsgrund?, NZA 2003, S. 702 ff.; Marcel Grobys, Kampf der Kulturen?, NJW 23/2003, III(NJW-Editorial); Ulrich Preis und Stefan Greiner, Anmerkung, RdA 2003, S. 244 ff.; Silke Ruth Laskowski, Der Streit um das Kopftuch geht weiter―, KJ 2003, S. 437 f.; Hartmut Oetker, Kurzkommentar, EWiR 2003, S. 537 f.
21) S. R. Laskowski, a.a.O.(Anm. 20), S. 438.
22) U. Preis und S. Greiner, a.a.O.(Anm. 20), S. 246.
23) N. Noevels, a.a.O.(Anm. 20), S. 703; M. Grobys, a.a.O.(Anm. 20), S. III; U. Preis und S. Greiner, a.a.O.(Anm. 20), S. 246.
24) M. Grobys, a.a.O.(Anm. 20), S. III.
25) U. Preis und S. Greiner, a.a.O.(Anm. 20), S. 246.
26) G. Thüsing, a.a.O.(Anm. 20), S. 405-406.

かは疑わしい」とする．その上で，このルサンチマンは「一定の人間の単なる異質性や別種性にかかわっているのだから保護する価値はな」く，むしろ私人による差別に対処する国家への委託が平等保護や信教の自由から生ずる，と論じられるのである[27]．

　上のような二つの学説の方向のうちでは，少数派に属する被用者の保護という観点から，基本的には後者の方が妥当であるように思われる．この点については，日本でいかに考えるべきかを論ずる際に，再び考察したい．いずれにしても現代ドイツ社会においてこの相違はさしあたり二次的なもので，より重要な対立はヘッセン州裁判所のような立場と連邦労働裁判所や連邦憲法裁判所の間に存在する．この争点については，多くの学説が後者の側に立っていることを，ここでは改めて確認しておくべきであろう．

　日本では，ドイツにおいて基本権の私人間効力にかかわる問題は国の基本権保護義務という観点によって処理されている，と理解されていると思われる．しかし，ここで扱った労働裁判所の判決やそれをきっかけとしてなされた労働法学者などの論説においては，保護義務という道具立ては用いられていない．保護義務論は主に連邦憲法裁判所，憲法学者，一部の民法学者などによる議論なのである．このことから，一方では，基本権の私人間効力にかかわる問題は国の基本権保護義務というような，日本では抵抗をひきおこす道具立てを用いなくても処理できるということが再確認できる．しかし他方では，基本権保護義務論を使用すれば，本件の紛争状況をより明快に説明できた，ともいえるのかもしれない．

　(4)　ドイツにおいては，周知のように，基本権解釈に際してヨーロッパ法の存在は大きな意味をもっている[28]．本件と直接的にかかわっているのは，「雇用および職業における平等取扱の実現のための一般的枠組みの確定に関する」2000 年 11 月 27 日の理事会指令(2000/78/EG)である[29]．この指令は，とりわけ「宗教，世界観，障害，年齢または性的志向」に基づく差別と闘うための一般的枠組みを定立することを目的としている(1条)．加盟国は，おそくとも

---

27) S. R. Laskowski, a.a.O.(Anm. 20), S. 438.
28) 男女平等取扱を素材としながら，「EU 法とドイツ憲法の出会い」を描く，西原博史『平等取扱の権利』(成文堂，2003 年)は，本章との関連においても参考となる．

2003年12月2日までに，この指令を実行するための法規範および行政規則を公布することになっている(18条)．したがって連邦労働裁判所は，おそくともこの時点以降は，解雇制限法1条をヨーロッパ法適合的に解釈することを義務づけられている[30]．この指令によると，宗教などによる区別が認められるのは，それが「本質的で決定的な職業上の要請」である場合に限られている(4条1項)．以上のことを前提とした上で，本件に関する連邦労働裁判所の判決をヨーロッパ法の文脈においてなされた論評も，必ずしも同一のことを述べているわけではない．一方では，この指令も一定の場合には区別を認めているのであるから，連邦労働裁判所が個別的事例において見出した信仰の自由の優位はヨーロッパ法からしてもけっして自明ではない，という見方がある[31]．しかし他方では，指令が規定するような特別の場合は本件ではほとんどありえず，連邦労働裁判所の判決はヨーロッパ法適合的解釈の結果である，という見方もある[32]．この違いについて何事かを述べるためには，指令の要件がヨーロッパ裁判所の判例においてどのように解釈されているかを調べる必要があるだろう．しかし現在のところそのような余裕はない．

(5) 最後に，これまで扱ってきたデパートにおけるイスラームのスカーフ事件を離れ，企業における宗教に基づく差別的取扱が，公立学校のスカーフ事件と同じく，採用という場面でおこった場合，ドイツではいかに考えられるかについて，簡単に論及しておきたい．

近年のドイツ憲法学の文献が契約の自由に対する基本権の影響を論ずる場合，その問題関心は多くの場合契約の内容コントロールの問題に向けられてい

---

29) Richtlinie 2000/78/EG des Rates vom 27. November 2000, Amtsblatt der Europäischen Gemeinschaften 2. 12. 2000, L303/16 ff. 雇用における平等取扱に関するヨーロッパ法に関しては，A・マッコルガン(宮崎由佳訳)「平等に関する新しいEU指令」労旬1532号(2002年)28頁以下，ロジェ・ブランパン(小宮文人・濱口桂一郎監訳)『ヨーロッパ労働法』(信山社，2003年)353頁以下，東京大学労働法研究会編『注釈労働基準法 上巻』(有斐閣，2003年)75〜76頁(両角道代)．
30) N. Noevels, a.a.O.(Anm. 20), S. 702; G. Thüsing, a.a.O.(Anm. 20), S. 406; ders., Richtlinienkonforme Auslegung und unmittelbare Geltung von EG-Richtlinien im Anti-Diskriminierungsrecht, NJW 2003, S. 3441-3442. なおドイツでは，指令の要求に従って，2006年8月に一般平等取扱法が施行された．山川和義・和田肇「ドイツにおける一般平等立法の意味」日本労働研究雑誌574号(2008年)18頁以下などを参照．
31) M. Grobys, a.a.O.(Anm. 20), S. III.
32) G. Thüsing, a.a.O.(Anm. 20), S. 406; ders., a.a.O.(Anm. 30), S. 3443-3444; S. R. Laskowski, a.a.O.(Anm. 20), S. 441.

る[33]．そのため，上述した問いに関して参考となるような論述には，なかなか出合うことができない．そこで労働法学に目を向けてみよう．ドイツにおける代表的な教科書は，およそ次のように論じている．「労働契約の締結には契約の自由が妥当する」．「使用者にとってみれば，特定の労働者の採用を強制されることもないし，また，自分が望む労働者の採用を妨げられることもない」．これが原則である．これに対し，例えば重度障害者法では，一定割合の重度障害者の採用を義務づけることによって，使用者の締結の自由を制限している．しかしこの法律でも，採用義務が遵守されなかった場合に課される制裁は，「調整負担金」を支払うということにすぎない．また民法110条は，労働関係の設定に際して，性別による差別を禁止している．しかしここでも，「この禁止に対する違反があっても，採用請求権が生じることはなく，限定的な損害賠償請求権が生じるだけである」[34]．つまり，この見解によると，使用者は原則として自由に労働者を採用することができ，この採用の自由を法律によって制限する場合も，義務違反に対して課されるのは損害賠償であり，採用が強制されることではない．この見解からすると，憲法による差別禁止命令を私人間の雇用の場面でも実現させようとする法律が存在しない場合には，使用者は労働者を自由に採用できることになる．そのためイスラーム教徒であることを理由に採用を拒否しても問題はない，ということになろう．もっとも，上述した理事会指令は，「雇用および職業」のすべての局面にかかわるものであるから，それを実行する国内法が制定された後は，違反に対する損害賠償を認めるという方向で論じられることになると思われる．

III 日本の判例・学説状況の下で考える

1 解雇と信教の自由

(1) 日本における労働法学の代表的な説明によると，民法627条1項が「解雇の自由」を原則的に定めている．しかし労基法19条などが解雇制限を規

---

33) この問題に関する，日本における代表的研究が，山本敬三『公序良俗論の再構成』(有斐閣，2000年)，小山剛『基本権保護の法理』(成文堂，1998年)287頁以下．
34) レーヴィッシュ・前掲注7)391～392頁．

定し，同法3条の定める均等待遇の原則も解雇制限の意義をもっている[35]．これらの個別的な労働法規による解雇規制，労使の自主的規範による規制と並んで，重要な意味をもっているのは判例によって形成されてきた解雇権濫用法理であった[36]．この判例法理は 2003 年の労基法改正により 18 条の 2 として明文化された[37]．そしてさらに，2007 年の労働契約法の制定により，同法 16 条に移し替えられた．

　上のような解雇制限法制度の理解を前提とすると，信教の自由を侵害するような解雇を制限するのは，さしあたり労基法3条の定める「信条」による差別的取扱いの禁止である．なお，一般的な理解によるとこの「信条」には，「宗教的信条，政治的信条，その他の諸々の思想」が含まれている[38]．

　(2) 日本では従来，解雇と信教の自由の問題は判例上どのように扱われてきたのだろうか．しかしこの点については事例が少ないため，解雇と政治的信条のかかわりが争点となった事案をもとりあげて考えてみたい．

　①事件　1950年の「レッドパージ」政策を背景として，大日本紡績 X は労働組合と締結されていた労働協約 21 条 1 項 3 号の「已むを得ない業務上の都合によるとき」という解雇事由を実施するために，「共産主義的活動に関連を持つものであって，(1)事業の社会的使命に自覚を欠く者　(2)円滑な業務の運営に支障を及ぼす者　(3)常に煽動的言動をなし他の従業員に悪影響を及ぼす者　(4)右各号の虞ある者」という下位基準を策定した．その上で各工場を調査した結果，この基準に基づいて十数名を解雇した．Y らの解雇理由とされたのは，共産党日紡貝塚細胞名義の印刷物を社宅前などで繰り返し配布したことや，雑誌「働く婦人」の座談会に出席して暴露的発言をしたことなどである．X からの解雇確認の訴えを認めた高裁判決に対して，Y らはこの解雇は，憲

---

35) 菅野和夫『労働法〔第 11 版補正版〕』(弘文堂，2017 年)728 頁以下．本文のような説明に対して，別の思考をとるのが，長谷部恭男『憲法〔第 7 版〕』(新世社，2018 年)293 頁である．「私的経済活動の自由そのものが，民法や商法をはじめとする法制の存在を前提として」いる．「財産権の内容が『公共の福祉に適合するやうに，法律で』定められるように，労働力の売買に関する契約は，法律によって定められた勤労条件をベースラインとして，はじめて成立しうる．その背後に，法定の勤務条件から自由な『本来の契約の自由』があるわけではない」．
36) 東京大学労働法研究会編・前掲注29)326 頁以下(野田進)．
37) さしあたり，根本到「解雇権濫用法理」土田道夫・山川隆一編『労働法の争点』(有斐閣，2014 年)74 頁以下．
38) 菅野・前掲注35)230 頁．

法14条，労基法3条に反して無効であるとして上告した．最高裁は次のようにいう．

「原審の認定するような本件解雇当時の事情の下では，被上告会社が上告人等の右言動を現実的な企業破壊的活動と目して，これを解雇の理由としても，これをもって何等具体的根拠に基づかない単なる抽象的危険に基づく解雇として強いて非難し得ないものといわねばならない．してみると，右解雇は，もはや，上告人等が共産党員であること若しくは上告人等が単に共産主義を信奉するということ自体を理由として行われたものではないというべきであるから，本件解雇については，憲法14条，基準法3条違反の問題はおこり得ない」[39]．

②事件　Xは三重宇部生コンクリート工業Yに勤務していた．YはXが創価学会会員であることを知りつつ，従業員講習として神道の道場へ派遣した．Xは講習会における祓詞(はらえことば)の朗読や神宮参拝の仕方の講習に加わらず，伊勢神宮参拝に参加せず，また道場長による講義の日蓮上人にかかわる部分について抗議をしたところ，道場長により帰社を命ぜられた．Yはこうした行動が就業規制の「会社の名誉，信用をきずつけたとき」に当たるとして，Xを懲戒解雇した．これに対して，Xが解雇無効の仮処分申請を行った．名古屋地裁は次のようにいう．

「申請人の講習会における前記の如き行動は権利として保障されたことを行ったものであり，又宗教的信念の表現行為に出たもので敢えて非難を受けるが如き行動ではないものであって，これに対し修養団が帰社を命じたのは単に自己の宗教的立場からしたものであり，申請人の責に帰すべき事由によるものではないものというべきである．従って申請人の前記行動は従業員としての品位を汚したとはいえず，且つ被申請会社は修養団の説くところがその修養の実体からみて申請人の宗教上の信条に反することを充分に察知し得たに拘らず敢えて講習会に参加させたことを考慮すれば……『会社の名誉，信用をきずつけたとき』には該当しないものというべきである」[40]．

---

[39] 最三小判昭和30年11月22日民集9巻12号1793頁．
[40] 名古屋地判昭和38年4月26日判時333号10頁．

(3) 上の二つの判決からは，さしあたり次のような判例法理を読みとることができるだろう．おそらく二つの判決ともに，信条そのものを理由とする解雇は許されないことを前提としている．これに対し，信条に基づく行動が「企業破壊的活動」である場合の解雇は有効であるが，「敢えて非難を受けるが如き行動でない」場合の解雇は許されない(後者はトートロジーにすぎないが)．

このような判例の立場を前提とした際にも，いくつかの学説による異論がある．まず第一に，それぞれの事案の処理は適切であったか，ということである．①事件は，むしろYらが共産党員であるということ自体を理由としてなされたものであり，労基法3条，ひいては憲法14条の趣旨に反するとして無効とすべきではなかったか[41]．②事件で判決は事案を解雇権の濫用として処理したが，むしろ労基法3条，ひいては憲法14条の趣旨違反としたほうがより端的ではなかったか[42]．もっともそれらは，下級裁判所にとっては大きすぎる論理かもしれない．

第二は，「危険」という概念にかかわる論点である．前節で概述したように，ドイツでは，解雇のためには使用者に経営上の損失が生ずる現実の危険が具体的に示されなければならないとするのが，判例・通説の立場といえよう．日本においても①事件の最高裁判決は，従業員の行動が企業秩序に対して，「抽象的」ではなく「現実的な」危険性をもっていると判断して，当該解雇の有効性を認めていた．このことからは，一見すると，両国の判例理論は同一の趣旨であるように受けとられうる．しかしドイツの判例は危険の存在を具体的に示すことを要求しているのに対し，日本の最高裁は現実的な危険があると抽象的に述べているにすぎないということは，大きな違いである．この点は，ドイツの判例・学説の立場の方が適切であると思われる．

第三は，使用者の差別意思という問題である．労基法3条違反とされるためには，使用者に「差別的意図」があることが必要とされている[43]．日本にお

---

41) 水島密之亮「判批」民商法34巻3号(1956年)176頁．中窪裕也・野田進『労働法の世界〔第12版〕』(有斐閣，2017年)109頁．これに対して判旨を妥当とするのは，加藤俊平「判批」萩澤清彦編『労働判例百選〔第5版〕』(有斐閣，1989年)24頁．

42) 斎藤靖夫「判批」芦部信喜・若原茂編『宗教判例百選〔第2版〕』(有斐閣，1991年)32〜33頁．結論が変わらない場合に，裁判所が労基法3条違反と理由づけるか，解雇権濫用として理由づけるかは，諸々の要因により左右されることがらで，一概にどちらがよいとはいえない問題であろう．

ける上述した二つの判決では，この点は判断されていない．これに対しドイツにおけるデパート店員の「イスラームのスカーフ」事件では，使用者にはイスラーム教徒に対する偏見はなく，むしろ顧客の反応による経済的損失が生ずる危険性を理由として解雇がなされていた[44]．では類似の事案が日本で生じた場合は，いかに判断されるべきであろうか．この問いを考える際に参考となるのは，不当労働行為に関する判例である．「山恵木材事件」において最高裁は，解雇の意思表示が自発的なものではなく取引先からの強要によるものであったとしても，「会社に不当労働行為をする意思がなかったとはいえない」と判断していた[45]．この考え方を類推するならば，労基法3条の差別意思についても，使用者自身には信条による差別意思がなく，取引先からの要求に基づくとしても，解雇が従業員の政治的または宗教的信条に起因することを使用者が認識していれば，その解雇には差別的意思があると判断されることになるだろう．その場合，この解雇は宗教的信条そのものを理由とする解雇であるから，無効ということになる．

　第四は，企業の経済的損害と従業員の権利保障との関係如何という問題である．この論点は，上述した日本・ドイツ双方の事件における裁判例においても，未決定のままになっていた．ここでもデパート店員の「イスラームのスカーフ」事件が日本で生じた場合を念頭に置いてみよう．再び参考になるのが，「山恵木材事件」における最高裁判決である．そこでは，「訴外会社の要求を容れて被上告人を解雇しなければ，自己の営業の続行が不可能になるとの判断のもとに」なされた解雇であっても，不当労働行為として無効と判示されていた[46]．この判旨を類推するならば，たとえ多数の顧客による取引停止などにより会社の営業続行が不可能となるとの判断に基づく場合でも，従業員の宗教的信条そのものを理由とする解雇は労基法3条により無効ということになるであろう．このような結論は，ドイツの学説が指摘していたように，顧客の反応は異質なものに対するルサンチマンで保護すべきではないことを考えれば，基

---

43) 東京大学労働法研究会編・前掲注29) 97頁(両角道代)．
44) G. Thüsing, a.a.O. (Anm. 20), S. 406.
45) 最三小判昭和46年6月15日民集25巻4号516頁．さしあたり，保原喜志夫「判批」萩澤編・前掲注41) 140頁以下．
46) 民集25巻4号516頁(519頁)．

本的な方向性としては適切なものである．

しかし企業の存立自体が現実的に危険となるような場合で，そのことの原因が特定の従業員にあることが証明されうるような極限的状況の下であっても解雇を認めないということは，必ずしも期待可能性がある要求ではないように思われる[47]．確かに，例えば顧客が従業員の宗教を理由として契約破棄したような場合には，当該企業は従業員を解雇して企業の存立を守るという方策よりも，そのような契約破棄に対して損害賠償を求めるなどの対抗手段を選択すべきであるだろう[48]．しかし，そのような手段が考えられない場合にまで，一人の従業員の雇用を守ろうとして他の従業員すべての雇用を失わせる結果となることまでを要求することは果たして適切なのであろうか．かといって，顧客などからのルサンチマンにさらされた従業員は，単に憲法上保障されている権利を行使しているだけであるから，そのような不利益を受けるいわれは本来なく，そのことは労基法3条として実定法上確認されていたはずである．したがって，顧客による不買運動などによって企業の存立自体が現実的に危険にさらされているような場合には，例えば，解雇は労基法3条により違法としつつその効果を損害賠償義務にとどめるといった道が，解釈論として全く不可能なことなのかを探ってみてもよいように思われる[49]．

---

47) あるいは，そのような場合には，使用者に差別意思がないとする可能性もあるかもしれない．構成の仕方はいろいろありうるだろう．ちなみに，男女差別に関するアメリカ合衆国の判例理論によると，「そうしなければ企業の存在が持続的に危険となるであろうような場合」には，差別的取扱が正当化される．vgl. G. Thüsing, a.a.O.(Anm. 20), S. 406. 日本において，本文の問題関心と近似するのは，土田道夫『労働法概説Ⅰ　雇用関係法』（弘文堂，2004年）74～75頁で示された次のような設例である．「A氏は，反社会的な活動を行ったある新興宗教団体のメンバーであるが，会社にはそのことを隠していた」．「②A氏は，勤務時間外は宗教団体に通って修行をしているが，その事実を知った複数の取引先からクレームが殺到した．この場合の解雇は適法か」．同書の用意した解答はこうである．「②は微妙である．単に修行を行っているだけならともかく，それを知った取引先からクレームが殺到しているというのであれば，企業の信用を毀損し，企業経営自体に影響を及ぼす具体的危険があるため，解雇を直ちに違法ということはできない」．

48) ただし実際には，このような損害賠償が認められたとしても，そのような行動をする企業がその後，正常な経済活動を続けていくことがさらに難しくならないか，という問題もあるだろう．なお本文のような事例では，ドイツにおいても論じられたように，一次的には従業員の配置転換が試みられるべきであろう．しかしここでは，従業員に他の職場での労働能力が欠けているだけではなく，顧客が解雇を求めているという極限的な状況を想定している．また行政的な紛争解決の可能性は，傍に置くことにする．

2 採用と信教の自由

(1) 企業への採用申込みが，申込者の信教を理由として拒否されたという問題が裁判上争われた事例は，日本では思い浮かばない．したがってここでも，個人の政治的信条と企業の「採用の自由」の抵触が争点となった事例を見ていくことにしたい．

①事件　リーディング・ケースとなっているのは，いうまでもなく三菱樹脂事件の最高裁判決である．

「企業者は，かような経済活動の一環としてする契約締結の自由を有し，自己の営業のために労働者を雇傭するにあたり，いかなる者を雇い入れるか，いかなる条件でこれを雇うかについて，法律その他による特別の制限がない限り，原則として自由にこれを決定することができるのであって，企業者が特定の思想，信条を有する者をそのゆえをもって雇い入れることを拒んでも，それを当然に違法とすることはできない」．「また，思想，信条を理由とする雇入れの拒否を直ちに民法上の不法行為とすることができないことは明らかであり，その他これを公序良俗違反と解すべき根拠も見出すことはできない」[50]．

②事件　試用期間に関する事案であった①事件よりも直接的に，思想・信条を理由とする不採用が争点となったのが，慶應大学附属病院事件である．学校

---

49) ドイツ，フランス，アメリカなどにおいては，解雇がたとえ違法であっても，それ自体の効果としては，実態上は金銭解決が主流であり，労働者が職場に復帰するという結果に至ることはほとんどない，とされている．日本においても，労働政策審議会が，2003年の労基法改正に際して，解雇が無効と判断された場合に一定の金銭の支払いを条件として当該労働契約を終了させるという新たな法規定を設けることを建議したが，実現しなかった．参照，野川・前掲注7)11頁，29頁．反対論は，このような規定ができると，金銭さえ支払えば解雇ができるということになることに対する不安から生じているものと思われる．確かにこの見解にも十分な理由がある．しかし，本文で仮に想定した極限的な事例において，一人の従業員を守るためには企業自体の存立が危うくなってもしかたがないとするのは，いささか倒錯した考え方のように思われる．したがって原則としては解雇は無効としつつ，右のような限界的な場合には解雇を認めるという方向を探らざるをえないのではなかろうか．

50) 最大判昭和48年12月12日民集27巻11号1536頁(1545頁)．この判断は本件では本来傍論であったはずだということは，しばしば指摘されるとおりである．秋田成就「思想・信条と企業」季刊労働法100号(1976年)186頁，下井隆史「付属看護学校卒業生の不採用と思想信条による差別」季刊労働法101号(1976年)93頁，棟居快行「判批」樋口陽一・野中俊彦編『憲法の基本判例〔第2版〕』(有斐閣，1996年)18頁など．

法人Yが設置する慶應大学医学部付属の看護学校の学生であったXらは，卒業直前に慶應病院から不採用の通知を受けた．Xらはその不採用の決定は，Xらが民主青年同盟員として活動していたことを理由とするもので，憲法19条，14条，労基法3条などに違反するなどとして訴えた．東京高裁は次のように述べて，訴えを退けた．

企業には人員の採用について広い裁量判断の自由がある．「従って，労使関係が具体的に発生する前の段階において，企業等が或る人物を採用しないと決定したことが前記憲法の諸規定の精神に反するものとして，裁判所が公権的判断においてそれに応ずる判断を示すためには，思想，信条等が，企業等において人員の採否を決するについて裁量判断の基礎とすることが許される前記のような広汎な諸要素のうちの一つの，若しくは間接の……原因となっているということだけでは足りず，それが採用を拒否したことの直接，決定的な理由となっている場合であって，当該行為の態様，程度等が社会的に許容される程度を超えるものと認められる場合でなければならないものと解するのが相当である．しかも，採否決定の理由を明らかにしない自由が認められるべきことをも考えあわせれば，右の点の証明に事実上困難が伴うこととなるのは，やむをえないところである」[51]．

この判決の理論上の特徴は，上に引用したように，思想・信条等を理由とする採用拒否が違法となりうることを認めたという点にある．労働法学では，この判断を①判決から一歩踏みだしたとして評価する見解[52]と，「バリケードを築いた上で形式的にのみ門戸を開くような方法は順序が逆であり，かえって問題解決をおくらせる」という見解[53]がある．しかし限定的ではあれ解釈論的な解決をさぐることと，批判論が提唱するような立法的措置を求めることは両立する試みであろうから，要件の厳しさという点は別として，違法となる可能性を示したということは評価してもよいように思われる．なおこの違法性の効果として考えられているのは，不法行為に基づく損害賠償である．

---

[51] 東京高判昭和50年12月22日労民26巻6号1116頁(1190頁)．ちなみに，裁判長は白石健三裁判官．
[52] 秋田・前掲注50)188頁，下井・前掲注50)93頁．ただし後者は，採用拒否が違法となるための要件があまりに厳しく，どれほど有用でありうるかを疑問としている(95頁)．
[53] 萩澤清彦「判批」判例評論214号(判時823号，1976年)150頁．

またこの事件に関しては，慶應病院と付属看護学校との間の密接な結びつきから，労働契約はすでに事前に成立しており，卒業直前になされた本件不採用決定はむしろ思想・信条を理由とする解雇ないし留保された解約権行使の意思表示であると構成して，労基法3条違反を主張する見解がある[54]．この見解が強調するように，本事例は，従前から全く関係のなかった個人と企業の「採用の自由」が問題となったのではない．①判決の「採用の自由」論から事案を区別するために，まずは上のように実態を考慮するアプローチが試みられたのは，きわめて当然のことであった．

（2）①判決における採用の自由論は，「法律その他による特別の制限がない限り」という留保が付けられたものであった．そこで①判決から事案を区別する第二のアプローチとして考えられるのは，「法律による特別の制限」があるとする論法である．労基法3条は既に①判決で採用という局面への適用が否定されていたため，次に焦点となったのは労組法7条1号本文前段が規定する不当労働行為禁止が，「法律による特別の制限」に当たるか，であった．本章のテーマとは離れるが，採用の自由論の射程を検討するためには重要であるため，簡単に追跡しておきたい．

③事件　医療法人青山会Xは経営が悪化したA病院を引き継ぎB病院を開設した．その際，A病院の他の希望する看護職員をすべて採用したにもかかわらず，労働組合員であった2名は採用されなかった．これを不当労働行為だと認めて救済命令を発した地方労働委員会を支持した中央労働委員会Yに対して，Xが救済命令の取消しを求めた．東京地裁は次のように述べて，Xの請求を棄却した．

「労組法7条1号について，これが雇入れにおける不当労働行為までを規律したものといえるかどうかは，文理解釈，立法経過，米国法における解釈，48年最高裁判決の射程距離からは必ずしも明らかであるとはいえないのであり，結局は，これらも参考としつつ，企業者に認められた採用の自由の保障と，不

---

[54] 本件の原告の主張．これを支持する学説として，萬井隆令『労働契約締結の法理』（有斐閣，1997年）202頁以下．反対する学説として，下井・前掲注50)91〜92頁，萩澤・前掲注53)148頁．

当労働行為制度が目的とする労働者の団結権の保障とを比較勘案して，同号の解釈を決するほかはない」．

「同号本文前段は，法律によって採用の自由を制限したものと解することができるから，このように雇入れについて労働組合法7条1号本文前段の適用があると解しても，48年最高裁判決との間に整合性に欠けるところはない」[55]．

上のような判示は，労働法学説によって，理論自体としては基本的には肯定的に受けとめられているようである[56]．これに対して本件の控訴審は，結論は同一であるが，かなり異なった理由づけを行っていた．この判決は，上記B病院への職員の採用を，実態としては新規採用というよりも，雇用関係の承継に等しいものと認定した上で，本件不採用を組合活動を理由とする解雇であるとして労組法7条1号本文後段をストレートに適用した[57]．この判決も労働法学説によって評価されているものである[58]．つまり，この事件においては，①判決からの区別の仕方として，一審では第二のアプローチが試みられたのに対して，二審では第一の実態を考慮するアプローチがとられているのである．対照的な判断として注目すべきものであろう．

④事件　国鉄の分割・民営化に際して，JRが特定の労働組合に所属する者を採用にあたり差別したことを不当労働行為と判断した地方労働委員会の救済命令を維持した中央労働委員会Yに対して，JR側が救済命令の取消しを求めて訴えた．事案は複雑であるが，JR北海道が1987年4月の発足後，6月に追加採用をした際に国労所属組合員が差別されたのではないか，という争点にかかわる判示に注目しておきたい．

「労働組合法7条1号本文は……を不当労働行為として禁止するが，雇入れにおける差別的取扱いが前者の類型に含まれる旨を明示的に規定しておらず，雇入れの段階と雇入れ後の段階とに区別を設けたものと解される．そうすると，

---

[55] 東京地判平成13年4月12日判時1754号160頁(173～174頁)．
[56] 川田琢之「判批」ジュリ1221号(2002年)176頁，浜田冨士郎「判批」判例評論518号(判時1773号，2002年)204頁，武井寛「判批」平成13年度重判解(ジュリ1224号，2002年)237頁など．
[57] 東京高判平成14年2月27日労判824号17頁(24頁)．
[58] 野田進「労働法判例の動き」平成13年度重判解(ジュリ1224号，2002年)219頁，小島周一「判批」労旬1525号(2002年)32頁，山川和義「判批」労旬1532号(2002年)45頁．批判する見解として，原昌登「判批」ジュリ1234号(2002年)134～135頁．

雇入れの拒否は，それが従前の雇用契約関係における不利益な取扱いにほかならないとして不当労働行為の成立を肯定することができる場合に当たるなどの特段の事情がない限り，労働組合法7条1号本文にいう不利益な取扱いに当たらないと解するのが相当である」[59]．

　最高裁によるこの判示によって，③事件における東京地裁がとった，労組法7条1号本文前段を採用の自由に関する「法律による特別の制限」と解して①判決から事案を区別する手法は，原則として否定された．しかしこの判決で同時に注目されうるのは，深澤武久，島田仁郎各裁判官による次のような反対意見である．雇主は採用の自由を有するが，「雇主が労働者の従前の雇用関係と密接な関係があると認められるような事情がある場合には，採用の自由が制限されることもある」．本件にはそのような関係が認められるので，採用の自由は制限を受ける．そこで不当労働行為の存否についてさらに審理させるため差し戻すべきだ，というものであった[60]．この反対意見では，①判決から事案を区別する上述した第一の実態を考慮するアプローチが試みられていたのである[61]．

　(3) 簡単にまとめておこう．日本憲法学において，私人間効力の問題に関しては，保護義務論をはじめとして，「比較的若年研究者による理論的な論争」[62]が華やかに行われてきた．このような研究が重要であることは，改めていうまでもない．しかし他方で，私人間効力論のいわば原点的な位置を占めた①判決を前提とした上で，あまりにも広汎に認められた企業の契約の自由論の拘束から，事案を区別する手法によって，逃れようとする裁判例などの試みが視野から落ちることになった[63]．

　区別の手法の第一は，実態を考慮することによって，新規採用手続における

---

59) 最一小判平成15年12月22日民集57巻11号2335頁(2346頁)．
60) 民集57巻11号2335頁(2347頁以下)．これに対して，この判決で多数意見に加わった泉徳治裁判官からの回顧として，泉徳治・渡辺康行ほか[聞き手]『一歩前へ出る司法』(日本評論社，2017年)228頁以下．
61) この反対意見を支持する学説が多数である．初期のものとして，道幸哲也「判批」法時76巻3号(2004年)3頁，同「JR採用差別事件」法セ592号(2004年)121頁，同「判批」平成15年度重判解(ジュリ1269号，2004年)220頁．近年では，鎌田耕一「判批」村中孝史・荒木尚志編『労働判例百選[第9版]』(有斐閣，2016年)207頁など．
62) 君塚・前掲注6)174頁．
63) ①判決と③事件における東京地裁判決との「整合」性を問う設問がだされているのは，例外的な現象である．長谷部恭男ほか編著『ケースブック憲法[第4版]』(弘文堂，2013年)499頁．

採用拒否とされているものは実は解雇に当たるものなのだ，と論ずる仕方であった．①判決以降に裁判例となった事件は，雇用者と従前から関係があった個人にかかわるものであるだけに，このアプローチは現在でも有効である．第二は，採用の自由に関する「法律その他による特別の制限がない限り」という，①判決が行った留保を活用するアプローチである．③事件における東京地裁は，労組法7条1号本文前段をこの「特別の制限」に当たるとして，事案を①から区別したが，この手法は④判決によって基本的には否定された．そのような状況の下で，本章が主題とする信教を理由とする採用差別をなくそうとするならば，先にⅡ2 (4)で言及した，理事会指令とその国内法化が試みられているヨーロッパ諸国のように，宗教などを理由とする雇用差別禁止のための法規定を新たに設けることが王道ではあるだろう[64]．

また，①判決と区別の道が図られるだけではなく，①判決を部分的に修正をしようという試みもなされている．①判決で否定されていた，思想・信条を理由とする雇入れの拒否に思想・信条の調査に関して不法行為などが成立する可能性は，多数の学説によって承認されている[65]．またそのような学説の影響を受けて[66]，②判決でも採用拒否が違法性を帯びる可能性が認められている．労働法学説のなかでは，さらにそれを超えて一定の場合には使用者に対して採用を強制することができる，という見解も一部で有力に主張されている[67]．しかしこの主張は，先に概観した判例状況からすると実現可能性が低いだけではなく，学界のなかでも広く受け入れられているとはいえない[68]．このような学説の状況は，先にⅡ2 (5)で見た，ドイツの代表的学説の立場よりは，法律がない場合にも採用拒否に不法行為などが成立する可能性を認める点で，一歩個人の側に寄っているものである．このような結論は，両当事者の権利調整方法としても穏当なところのように思われる．

---

64) 理事会指令では宗教と並置されて規定されている「障害」や「年齢」については，障害者雇用促進法や高齢者雇用安定法のような，雇用促進立法が制定されている．
65) 一例として，中窪・野田・前掲注 41) 56 頁．
66) 下井・前掲注 50) 94 頁．
67) 例えば，萬井・前掲注 54) 125 頁以下．
68) 菅野・前掲注 35) 218 頁．

Ⅳ　結びに代えて

　本章では，ドイツで注目を集めた，デパート店員に関するイスラームのスカーフ事件を手がかりとしながら，日本における企業の雇用関係という場で，個人の信教の自由保障がいかに確保されるか，を考えようとしてきた．ドイツの事例が，日本における信教を理由とする解雇にかかわる判例法理に対して提出している新たな視点は，①解雇が顧客の反応を理由とするものであること，②企業の経済的損害が問題となっていること，③損害の危険性を認定する仕方が争われていること，であったと思われる．もっとも，このような論点は，日本の労働法判例や学説において，他の問題領域では扱われているものであり，わざわざ外国の判例・学説を参照する必要はないともいえる．しかし現在の憲法・労働法学説では，本章が関心を寄せた問題が生ずる可能性もあまり意識されていないのであるから，本章で試みた比較法的な考察にも論点の所在を意識化させる程度の意味はあるだろう[69)70)]．また本章は，上記と併せて，採用に際する信教を理由とする差別についても若干の考察を行った．そこでは，近年の憲法学界では見落とされている，三菱樹脂事件最高裁判決以降における，経営者のもつ契約の自由論の射程をめぐる判例や労働法学説の状況を整理した．この拙い小稿が，これまでほとんど未開拓だったこの問題領域に関してさらなる研究を呼びおこせることを願っている．

---

69) 本書第1部第1章でもドイツと対比したフランスは，私人間におけるイスラームのスカーフ問題についても，対照的な対応を示している．公的資金を受けている私立保育所の職員がイスラームのスカーフを着用したことによって解雇された事例において，2014年の破毀院大法廷判決は解雇を適法とした．もっともここでは，私立保育所の公的性格の有無が一つの争点だったため，ドイツにおけるデパート店員のスカーフ事件と直接の比較はできない．ただしフランスでは，この事件のあと，2016年の労働法改正によって，企業の内規に宗教的中立性を定めることができる規定が設けられた．参照，中島宏「フランスにおけるブルカ・スカーフ・ブルキニ規制に関する一考察」阪口正二郎ほか編『浦田一郎先生古稀記念　憲法の思想と発展』（信山社，2017年）361頁以下，馬場里美「共生と人権」工藤達朗ほか編『戸波江二先生古稀記念　憲法学の創造的展開　上巻』（信山社，2017年）555頁以下など．

70) 宗教上の信念等の視覚的標章の着用を禁止する就業規則に基づいて，スカーフ着用を理由に解雇されたことは本章Ⅱ2(4)で言及した理事会指令に反しないか．EU司法裁判所2017年3月14日判決は，二つの事件について結論を異にする判断を示している．参照，名古道功「職場におけるスカーフ着用禁止と宗教の自由」国際商事法務46巻7号（2018年）1016頁以下．

第 2 部

現代日本における「思想・良心の自由」
――「君が代」訴訟と「団体と個人」をめぐる事例から

第2部の各章に収めているのは，近年の日本において，「思想・良心の自由」に関して注目された事例に関する研究である．

　第1章から第4章までは，「君が代」訴訟に関する考察を行っている．第1部でイスラーム教徒の教師の信教の自由について考察した関心から，日本における教師の権利について論じたものである．第1章は「君が代」訴訟の初期の段階の学説・裁判例を素材としている．この主題について初めて執筆した論考であるため，研究ノートの色彩が強い．しかし，この論稿を発表したことによって，その後この主題に関して多くの執筆依頼を受けることとなった．この意味で，本書第2部における研究の出発点をなすものである．第2章は，「君が代」訴訟に関する初めての最高裁判決であるピアノ伴奏拒否事件判決を契機とした，2編の論考を収めた．続く第3章は，上記判決後に下級審に係属していた事案に関して，原告側代理人の依頼に基づいて作成した意見書を基にしている．この事件における争点の一つだった再雇用不合格の適法性は，本章の提案を否定する形で，平成30年7月19日の最高裁判決で決着がつけられることとなった．第4章は，「君が代」訴訟に関する私見を要約したような内容となっている．補論では，近年の下級審判決を素材とした考察を行っている．以上の各章は，主題への関心だけではなく，執筆当時は未だ外国の判例・学説として紹介されるにとどまっていた三段階審査の手法を，日本の判例・学説の分析のために用いようとしたものだった．この試みは，最高裁の結論には影響を与えなかったものの，判決の論理構成の明確化のためには，一定の寄与をしたように思われる．

　国家・中間団体・個人の関係は，憲法学にとって重要な主題である．第5章と第6章は，中間団体が多数決で行動することによって，その構成員の「思想・良心の自由」を不当に制約する場面があるのではないか，という問題を考察している．第5章は，指導的判例である南九州税理士会事件判決と，その後の関連判決を素材としたものである．本書に収めた論稿のなかでは最も古いものであるため，収録に際し加除変更した箇所も多い．第5章に収録した2編の論考は不十分な小論であるにもかかわらず，公表当時は一般に知られていなかった裁判例に光を当てたことなどから，比較的参照される機会が多かった．そのため，後年に同じ主題について，素材をより広くとって再考したのが，第6章である．この論文が八幡製鉄事件判決から出発しているのは，「企業の憲法的基礎」という共同研究の一つだった，という事情によっている．

第1章 「君が代」訴訟の分析視角
—— 近年における議論の出発点の確認

I はじめに

　「日の丸」や「君が代」は，戦後日本において，長年にわたり政治的，社会的な論争の的となってきた．それがとりわけ学校教育の場で先鋭な形で現れたことも，周知のとおりである．1958 年に告示された学習指導要領のなかで，はじめて，「国民の祝日などにおいて儀式などを行う場合には，児童に対してこれらの祝日などの意義を理解させるとともに，国旗を掲揚し，君が代をせい唱させることが望ましい」という規定が登場した．1985 年に，文部省は，「入学式及び卒業式において，国旗の掲揚や国家の斉唱を行なわない学校があるので，その適切な取扱いについて徹底すること」，という通知を各自治体の教育委員会委員長宛に出す．1989 年に告示された学習指導要領では，「入学式や卒業式などにおいては，その意義を踏まえ，国旗を掲揚するとともに，国歌を斉唱するよう指導するものとする」とされた．さらに 1999 年には，「国旗・国歌法」が制定・施行された[1]．

　このような過程のなかで，「日の丸」「君が代」の強制に反対する教師などが，裁判で争う事例も少なからず見られるようになる[2]．本章は，そのような裁判例のなかから，比較的知られた初期の三つの事例を素材として，「思想・良心の自由」という観点からの若干の考察を行う．本章が主として着目しているのは，学校の卒業式や入学式に際して，教職員や生徒が公権力によって「君が代」に起立・斉唱などを強制されるという場面である．

---

1) 文献は数多いが，さしあたり，田中伸尚『日の丸・君が代の戦後史』(岩波書店，2000 年)，浪本勝年「学校教育における日の丸・君が代の強制」法と民主主義 241 号 (1989 年) 20 頁以下．
2) 2003 年段階における裁判例の一覧として，成嶋隆「日の丸・君が代をめぐる裁判例について」季刊教育法 137 号 (2003 年) 101 頁以下．国旗・国歌に対する起立・斉唱・伴奏義務の不存在確認を求める訴訟という形式については，大川隆司『国旗・国歌と「こころの自由」』(高文研，2004 年)，澤藤統一郎「都立高における『日の丸・君が代』強制の実態とこれをめぐる訴訟の経過」日本教育法学会年報 34 号 (2005 年) 91 頁以下，宮村博「新段階迎えた東京都『日の丸・君が代』強制攻撃と不服従の様相」世界 753 号 (2006 年) 97 頁以下．

ところで,ドイツ連邦憲法裁判所においては,近年では日本でも知られるようになってきたように,法令の憲法適合性審査に関して,保護領域該当性・制約の有無・正当化可能性という三段階に分節化して検討を行う手法がとられている[3]. 本章は,この三段階審査の手法を分析の道具として,「君が代」訴訟に関する錯綜した裁判例と学説の状況を整理し,何が対立点なのかを明確化することを目的としている.

II 三つの「君が代」訴訟

1 「京都君が代訴訟」

京都は,上述した1985年の「徹底通知」の一つの標的であった. そこで京都市教育委員会は,市内の小中学校の校長に対し,入学式などで「君が代」を斉唱することを強く指導するとともに,公費でカセットテープを購入して,片面にピアノ伴奏の「君が代」,もう片面に子ども達が合唱している「君が代」を録音した上,各校長に配布した. これは,教職員の協力が得られなくとも入学式などで生徒に「君が代」を斉唱させ,少なくとも「君が代」が流れることを狙ったものとされる[4]. 京都市民である原告らは,カセットの購入および配布が憲法19条や23条などに反し違憲であると主張して,京都市に代位し,京都市教育委員会の職員などを被告として損害賠償を請求する住民訴訟を提起した. 「君が代」訴訟のなかで,住民が訴訟を提起した事例はきわめて珍しい. これに対して京都地裁判決は,およそ次のように判断して,訴訟要件の段階で訴えを退けた.

①カセットテープの「購入自体では,何らの損害も生じていない」. 「君が代の録音や消音の禁止によって,何らかの損害が発生したとしても,それは財務会計上の行為によって生じたものではなく,非財務的行為により生じたもの」

---

3) 現在では沢山の文献が公刊されている. さしあたり,小山剛『「憲法上の権利」の作法〔第3版〕』(尚学社,2016年)9頁以下,渡辺康行ほか『憲法I 基本権』(日本評論社,2016年)58頁以下(松本和彦).

4) 田中・前掲注1)164頁以下,「控訴人ら最終準備書面」「君が代」訴訟をすすめる会編『資料「君が代」訴訟』(緑風出版,1999年)168頁以下. 棟居快行『憲法フィールドノート〔第3版〕』(日本評論社,2006年)118頁は,「晩時のやり口と比較すると,ちょっと古い本件は,随分牧歌的」と評している.

で，「テープ購入の公金支出とは，相当因果関係のないものであって，これによる損害とはいえない」．②原告らは，「君が代が憲法違反であることを理由として，そのテープ購入のための公金支出も違法である旨主張する」が，「国歌とされるものの歌詞や曲が二義を差し挟まない程度に明らかに憲法を誹謗し，破壊するものであることが明白でない限り，その適否は，本来，裁判所の司法判断に適合しない」．③原告らは，「君が代が国歌ではなく，君が代の斉唱演奏が，君が代の強制」であるなど主張するが，「このような問題に対する判断をするまでもなく，本件住民訴訟はその要件に欠ける」[5]．

二審の大阪高裁判決は，①の論点について一審とほぼ同様な判断を行って，控訴を棄却した[6]．また最高裁も，ごく簡単に上告を棄却している[7]．

2 「北九州ココロ裁判」

北九州市教育委員会では，先に言及した「徹底通知」以降，次のような「4点指導」と称される基準を，市内の小中学校の校長に示してきた．a 国旗掲揚の位置は，式場のステージ中央とし，児童・生徒等が国旗に正対するようにする．b 式次第のなかに「国歌斉唱」をいれ，その式次第に基づいて進行を行う．c 「国歌斉唱」は(教師の)ピアノ伴奏で行い，児童・生徒等及び教師の全員が起立して，正しく心をこめて歌う．d 教師は卒業式に原則として全員参列する．さらに同市教育委員会は，全国に先駆けて1989年ごろから，「君が代」斉唱に際して起立しなかった教員などを懲戒処分するようになる．「ココロ裁判」は，「君が代」斉唱に際して起立して歌うという職務命令に従わず，着席しあるいは式を退出したことによって戒告，減給などの懲戒処分を受けた教職員が，市教育委員会に対して処分の取消し，市に対して国家賠償などを求めて，1996年に提訴された事案である[8]．

福岡地裁判決は，およそ次のように多くのことを論じた末，原告の請求を一部認めた．職務命令を合憲としながら，職務命令違反に対する戒告処分を適法，

---

5) 京都地判平成4年11月4日判時1438号37頁(44～45頁)．
6) 大阪高判平成8年1月25日判タ909号125頁．
7) 最決平成11年1月29日判例集未登載．「君が代」訴訟をすすめる会編・前掲注4)307頁．
8) この事件についてもさしあたり，田中・前掲注1)189頁以下，同『教育現場に「心の自由」を』(岩波書店，2005年)，野田正彰『させられる教育』(岩波書店，2002年)111頁以下など．また竹森真紀「揺るがない心のままで」法セ562号(2001年)42頁以下は，原告によるもの．

減給処分を違法としている結論は，現在の判例の立場と近いことが注目される．つまり，こうである．

①「君が代を国歌とすることが憲法の諸規定に違反するということはできず，国旗国歌法制定以前においても，君が代を国歌として扱うことができなかったとはいえない」．

②校長は，「必要に応じて，教育内容に関わる事項を決定し，その実施のために職務命令を発することもできる」．

③「学習指導要領は，許容される目的のために必要かつ合理的と認められる大綱的な基準として，各教師が行う教育活動に対しても，拘束力を有する」．しかし，入学式や卒業式に国旗・国歌を「指導するものとする」とする規定は，「細目についての詳細を定めるもの」であり，拘束力を有さない「一般的な指針にすぎない」．もっとも校長は，「その指針を尊重して，裁量の範囲内で，卒業式，入学式において君が代斉唱を含む式次第を決定することもできる」．

④「君が代斉唱を卒業式，入学式において実施することが，君が代についての一定の見解を前提として，特定内容の道徳やイデオロギーを教え込むものとはいえず，国家，教育の信条的中立性に反するということはできない」．

⑤「君が代斉唱を実施し，指導することが，児童，生徒の内心に対する働きかけを伴うものであることは否定できない」．しかしながらそれは，「国を愛する心や日本人としての自覚，国歌を尊重する態度を育てるという目的に対する指導としての合理的範囲を逸脱するものとはいえない」．

⑥「部落差別等の差別撤廃を求める意思，戦争に対する嫌悪，国家の教育に対する関与のあり方についての意見は，教員としての個人原告らの職業意識と相俟って，人間観，世界観に関わるものと解されるから，憲法19条にいう思想，良心といえ」，「その自由は憲法19条により保障される」．「しかしながら，本件職務命令は，その内容から一定の外部的行為を命じるものにすぎないことは明らかであり，それ自体が個人原告らの内心における精神的活動を否定したり，個人原告らの思想，良心に反する精神的活動を強制するものではない．また，人の内心における精神的活動は外部的行為と密接な関係を有するものといえるが，君が代の歌詞については様々な解釈があることからすれば，君が代を歌えないという考えは，個人原告らの人間観，世界観と直接に結び付くもので

はなく，君が代を歌うこと自体は必ずしも個人原告らの思想，良心に反する外部的行為であるということはできない．したがって，君が代を歌うことに対する個人原告らの嫌悪感，不快感に一定の配慮をすることが必要であるとはいえるとしても，本件職務命令がただちに憲法19条に違反するということはできない」．

⑦「各校長が，教員である個人原告らに対し，本件職務命令を発することについての必要性は肯定できる」．「個人原告らが君が代に対して嫌悪感，不快感を有することを考慮しても，本件職務命令が，ただちに，校長の裁量を逸脱するものとはいえない」．

⑧「仮に，個人原告らと同様に君が代を歌えないという考えを有する児童，生徒が，個人原告らが君が代斉唱の際に起立した場合に，嫌悪感，不快感を感じることがあったとしても，単に，自己の考えに反する行為を他者が行うことによって不快感，嫌悪感が生ずることをもって，思想，良心の自由を侵害するということもできない」．

⑨「国歌斉唱を実施することやどのような方法でこれを実施するかは，各学校の卒業式，入学式の方法，児童，生徒及び保護者や地域住民の状況を把握しうる校長がその裁量において判断すべき事項といえるから，国歌斉唱の実施及びその方法について，校長が文部省又は教育委員会の指導，助言に従わざるを得ず，その裁量を行使できない場合には，そのような教育委員会の指導，助言は，教育基本法10条1項にいう『不当な支配』にあたる」．しかし，本件にかかわる文部省の通知や被告教育委員会の指導は，不当なものとはいえず，「校長の裁量権の行使に対して，何らかの影響を与えるものということはできない」．

⑩「しかしながら，被告教育委員会が，平成元年から平成11年ころにかけて，北九州市立学校の校長に対し，国旗を掲揚した位置，国歌斉唱の方法（ピアノ伴奏かどうか），国歌斉唱の際に起立しなかった児童，生徒及び教職員の人数等について報告するように求め，教職員に対して職務命令を発することや不起立行為があった場合の現認体制についても指導していることからすれば……各校長は，卒業式，入学式において，被告教育委員会の4点指導に従って国歌の指導を行った上，教職員，児童，生徒の全員を国歌斉唱の際に起立させなけ

第 2 部　現代日本における「思想・良心の自由」

ればならないという事実上の拘束を受けていた」．「このような事実上の拘束の下においては……各校長は教育基本法 10 条 1 項にいう『不当な支配』を受けたといえる」．もっとも，「被告教育委員会の『不当な支配』の存在のみをもってただちに各校長の発した本件職務命令が違法，無効となるものではない」．「本件職務命令は，最終的には各校長の判断として出されたものといえる」．したがって，「本件職務命令が当然に，違法，無効であるとまで認めることはできない」．

⑪「個人原告らに対して戒告処分をすることが，裁量権の範囲を逸脱してこれを濫用するものということはできない」．しかしながら，「君が代斉唱の際に単に起立しなかったにとどまる行為に対して，給与の減額という直接に生活に影響を及ぼす処分をすることは，社会観念上著しく妥当性を欠く」[9]．

三段階審査の観点からの考察は後に譲るとして，ここでは，この判決では「不当な支配」の禁止という客観法違反が認められていること，および減給処分が違法とされていることを確認しておきたい．

3　「君が代ピアノ伴奏拒否事件」

北九州市で始まった，「君が代」斉唱時の不起立などを理由として教職員に対して懲戒処分を行うという施策を，その後最も強硬に進めたのは東京都だった．ここでは，1994 年に都内の日野市立小学校の入学式でピアノ伴奏をするよう職務命令を受けた音楽教師が，これに従わなかったことを理由とする戒告処分に対して取消しを求めた事件を取り上げる[10]．この事件は最高裁まで争われたことにより著名となったのであるが，本章では地裁判決を扱う．

東京地裁判決は，およそ次のように論じて原告の請求を棄却した．

①「入学式において『君が代』を含む児童の歌唱をピアノで伴奏することは，

---

[9] 福岡地判平成 17 年 4 月 26 日 LEX/DB28101269．その後，二審の福岡高判平成 20 年 12 月 15 日 LEX/DB15451348 は，減給処分も適法だと判断している．さらに最一小判平成 23 年 7 月 14 日 LEX/DB25472449 は，一審原告による上告を棄却している．

[10] 以上の状況についても文献は多いが，さしあたり，池添徳明『日の丸がある風景』(日本評論社，2001 年)118 頁以下，高橋哲哉『教育と国家』(講談社，2004 年)141 頁以下，世界 725 号 (2004 年)69 頁以下における「特集『日の丸・君が代』戒厳令」に掲載された諸論稿などを参照．また本件原告自身の発言として，斎藤貴男『絶望禁止！』(日本評論社，2004 年)243 頁以下，福岡陽子『音楽は心で奏でたい』(岩波書店，2005 年)．国立市における類似の事件のドキュメントとして，田中伸尚『憲法を奪回する人びと』(岩波書店，2004 年)243 頁以下．

原告の職務に関する事項に含まれる」．

　②「公務員であっても思想・良心の自由はあるから，原告が内心においてそのような（入学式において『君が代』の伴奏をすることはできないという―引用者）思想・良心を抱くことは自由であり，その自由は尊重されなければならない」．「本件職務命令は……原告に一定の外部的行為を命じるものであるから，原告の内心領域における精神的活動までも否定するものではない」．「もっとも，人の内心領域における精神的活動は外部的行為と密接な関係を有するものといえるから，『君が代』を伴奏することができないという思想・良心を持つ原告に『君が代』のピアノ伴奏を命じることは，この原告の思想・良心に反する行為を行うことを強いるものであるから，憲法19条に違反するのではないかが問題となる」．

　「しかし，原告のような地方公務員は，全体の奉仕者であって（憲法15条2項），公共の利益のために勤務し，かつ，職務の遂行に当たっては，全力を挙げて専念する義務があるのであり（地方公務員法30条），思想・良心の自由も，公共の福祉の見地から，公務員の職務の公共性に由来する内在的制約を受けるものと解するのが相当である（憲法12条，13条）」．「『君が代』斉唱の指導を円滑に行うためには斉唱の際にピアノ伴奏をすることが一定程度有効であること……からすれば，丙川校長が音楽専科の教諭である原告に対し，『君が代』斉唱の際にピアノ伴奏を命じる内容の本件職務命令を発する必要性はあった」．「職務命令の発出に当たっては，校長にその裁量権があることをも考慮すると，本件職務命令のような内容の職務命令を発出することの音楽的意義や校長の教職員に対する指導方法としての当否については様々な意見があり得るとしても，発出された職務命令自体は，その目的，手段も，合理的な範囲内のものということができる」．「本件職務命令が，教育公務員である原告の思想・良心の自由を制約するものであっても，原告において受忍すべきもので，これが憲法19条に違反するとまではいえない」．

　③「仮に原告主張のように子どもに対し思想・良心の自由を実質的に保障する措置がとられないまま『君が代』斉唱を実施することが子どもの思想・良心の自由に対する侵害となるとしても，そのことは『君が代』斉唱実施そのものの問題であり，校長が教諭に対して『君が代』のピアノ伴奏をするよう職務命

令を発したからといって，それによって直ちに原告主張の子ども及びその保護者の思想・良心の自由が侵害されるとまではいえない」．

④「天皇は日本及び日本国民統合の象徴であるから(憲法1条)，『君が代』の『君』が天皇を指すからといって，直ちにその歌詞が憲法1条を否定することには結び付かない」．

⑤「戒告という……本件処分が社会観念上著しく妥当性を欠き，裁量権を濫用したとまで認めることはできない」[11]．

この判決で，教師の「思想・良心の自由」に対する制約は正当化されるという論理が採られていたことは，後の最高裁判決との比較という観点で，留意したい．この判決の方が，むしろオーソドックスなものである．なお二審の東京高裁判決は，一審とほぼ同様な判断を行い，控訴を棄却している[12]．

Ⅲ 前提的な問題，あるいは論じないこと

1 「君が代」の憲法適合性

三つの訴訟では，「君が代」をそれぞれの形で「強制」されていることの憲法適合性を論じる前提として，「君が代」を国歌として扱うことが憲法に反しないか，が一つの争点とされていた．しかし「京都君が代訴訟」第一審は，Ⅱ1②で示したように，この問題は原則として「司法判断に適合しない」とした．これに対して「ココロ裁判」や「ピアノ伴奏拒否事件」の各裁判所は，Ⅱ2①，Ⅱ3④で紹介したように，ごく簡単に合憲と判断している．また近年の憲法学説においても，「天皇それ自身が国家の象徴であるならば，天皇に連なるイデオロギーを体現する国家シンボルがすべて憲法違反になるという主張は，成り立ちにくい」[13]，という見解が有力となっている．これに対して，違憲論ももちろん根強く存在する[14]．しかし，近い将来この論点で裁判所による違憲判断があり得るとは予想しにくいため，この論点については深入りせず，次に進

---

11) 東京地判平成15年12月3日判時1845号135頁(143〜146頁)．
12) 東京高判平成16年7月7日判例自治290号86頁．
13) 西原博史『学校が「愛国心」を教えるとき』(日本評論社，2003年)28頁．その他，例えば，樋口陽一ほか『憲法Ⅰ』(青林書院，1994年)70頁(樋口)，米沢広一『憲法と教育15講〔第4版〕』(北樹出版，2016年)54〜55頁など．

みたい.

2　学習指導要領の法的拘束力

「国旗・国歌法」は定義規定のみの法律であるため，同法成立後も国旗・国歌を義務づける根拠となり得るのは学習指導要領のみ，という状況は変化していない．そこで，指導要領における「国旗掲揚」と「国歌斉唱」を「指導するものとする」という規定の法的拘束力の有無も争点とされてきた．

最高裁は，学テ判決において，1966年当時の中学校学習指導要領について，「おおむね，中学校において地域差，学校差を超えて全国的に共通なものとして教授されることが必要な最小限度の基準と考えても必ずしも不合理とはいえない事項が，その根幹をなしていると認められるのであり，その中には，ある程度細目にわたり，かつ，詳細に過ぎ，また，必ずしも法的拘束力をもって地方公共団体を制約し，又は教師を強制するのに適切でなく，またはたしてそのように制約し，ないしは強制する趣旨であるかどうか疑わしいものが幾分含まれているとしても，右指導要領の下における教師による創造的かつ弾力的な教育の余地や，地方ごとの特殊性を反映した個別化の余地が十分に残されており，全体としてはなお全国的な大綱的基準としての性格をもつものと認められるし，また，その内容においても，教師に対し一方的な一定の理論ないしは観念を生徒に教え込むことを強制するような点は全く含まれていない」[15]，と判示していた．指導要領に関する「大綱的基準説」的立場を採用したこの判決に対し，教育法学の通説は教育内容に関する法規的基準性を認めない「学校制度的基準

---

14) 例えば，横田耕一「『日の丸』『君が代』と『天皇制』」法セ541号(2000年)61頁以下．そこでは，「小渕首相は国会答弁の中で，『君』は『象徴天皇』を指し，『代』は『国』であるとした．……仮に小渕解釈にたつとしても，『君が代』は『象徴天皇の国』ということになる．現在の日本国は，『主権者国民の国』であって，間違っても『天皇の国』ではない」とされている．これに対して小渕首相は，「主権の存する日本国民の総意に基づき天皇を日本国及び日本国民の統合の象徴とする我が国の末永い繁栄を祈念したもの」としていた．しかしこれに対しても，「天皇は日本国と不可分のものではなく，憲法改正によって廃止できる存在であるので，天皇存在が永久のものであることを前提とした小渕解釈は，この点からも妥当でない」，という批判がなされている(64頁)．同様な見解として，土屋英雄『自由と忠誠』(尚学社，2002年)107頁以下．確かに，「君が代」の歌詞は国民主権の原理に適合的ではない．ただし，国民の代表が「国旗・国歌法」を制定させ，国民も「君が代」をおおよそ受け入れているという状態を前にした裁判所が，歌詞の内容が国民主権の原理に反すると判示するのは，実際にはかなり難しいことではあるだろう．

15) 最大判昭和51年5月21日刑集30巻5号615頁(642頁)．

説」をとってきた16)．しかし，学テ判決以降の下級審としては最高裁大法廷判決に正面から衝突することは可能ではないから，学テ判決の基準に立った上で指導要領の記載事項や内容に即して，法的拘束力の有無を個別的に判断するということになるだろう17)．

そこで次に，学習指導要領の「国旗・国歌条項」の法的拘束力をどう考えるか，ということが問題となる．これまでの下級審判決は，「国旗・国歌条項」について，それは「大綱的基準」を設定したものであり，「法規としての効力をもつ」，「法的効力を有する」などとするものが一般的であった18)．そしてそこから，国旗を掲揚するなどの校長の行為は適法な職務行為であり，それを妨害するなどの教職員による行為に対して懲戒処分をすることは適法だとする判断が積み重なってきた．これに対して「ココロ裁判」福岡地裁判決は，Ⅱ2③で紹介したように，「国旗・国歌条項」は「大綱的基準」を定めたものではなく「一般的な指針にすぎない」，と判示した19)．

ここではさしあたり次の二点が確認できる．第一に，「国旗・国歌条項」の法的拘束力に関する諸判決による判断の違いは，理論的には重要であるが，職務命令や懲戒処分の効力に関する結論を直接に左右するものではないということである．従来の下級審判決においては，「国旗・国歌条項」は「大綱的基準」を定めたものだから，各学校は国旗の掲揚や国歌の斉唱の具体的な仕方について判断でき，校長はそのことについて最終的な決定権限があり，職務命令も出すことができる，とするのが一般的な論理であった．これに対して福岡地裁も，

---

16) 兼子仁『教育法〔新版〕』(有斐閣，1978年)379頁以下，成嶋隆「新学習指導要領の法的問題点」法時62巻4号(1990年)38頁以下，永井憲一「国旗・国歌法と教育」法セ541号(2000年)52頁以下など．学説が説いていた「大綱的基準説」と学テ判決のそれとの違いを強調するのが，市川須美子「新学習指導要領の法的検討」ジュリ934号(1989年)18頁，同「学習指導要領の法的拘束力をめぐる学説」法時62巻4号(1990年)13〜14頁，同「学習指導要領の法的性質」芝池義一ほか編『行政法の争点〔第3版〕』(有斐閣，2004年)242頁以下．
17) 学テ判決以降の判例動向について，やや古いものであるが，舟木正文「学習指導要領の法的拘束性に関する判例」季刊教育法80号(1990年)44頁以下，同「最高裁学テ判決と伝習館高校事件判決」法時62巻4号(1990年)18頁以下．
18) 大阪地判平成8年2月29日判タ904号110頁(116頁)，大阪地判平成8年3月29日労判701号61頁(65〜66頁)，大阪高判平成10年1月20日判例自治182号55頁(63〜64頁)，横浜地判平成10年4月14日判例自治182号55頁(77頁)，浦和地判平成12年8月7日判例自治211号69頁(76頁)，東京高判平成13年5月30日判時1778号34頁(47頁)，大津地判平成13年5月22日判タ1087号117頁(136〜137頁)など．
19) 本文の判示を前提に，Ⅱ2⑩で紹介したように，教育委員会による4点指導などを「不当な支配」にあたると判断したことも，傍論ではあるが注目すべき判示である．

「一般的な指針」に基づいて，校長が卒業式などにおいて国旗・国歌を含む式次第を決定することができ，また職務命令も出すことができるとしていた．この事件で校長の職務命令違反に対する懲戒処分が裁量権濫用とされたのは，事案がかつての下級審判決の多くが扱ってきたような積極的な妨害行為ではなく，不起立という個別的な不服従行為が問題となっていたという事情を前提として[20]，処分が減給という重いものだったことにある．「ピアノ伴奏拒否事件」の東京地裁判決では，「国旗・国歌条項」の拘束力について，そもそも判断されていない．このことも，後者では指導要領が要求していないピアノ伴奏が問題となっているという事情があるとはいえ，「国旗・国歌条項」の法的拘束力如何の問題は職務命令や職務命令違反に対する懲戒処分の適法性如何に関する判断とは区別し得る，別の論点であることを示唆している[21]．また第二に，諸判決は，校長は卒業式や入学式における国旗・国歌の扱いについて最終的な決定権限をもっていることを認める点で共通であったが，この建前が実際に尊重されているかについては，いくつかの教育委員会によって強力な指導がなされているという現況に照らすと，疑問は当然あるということである．しかしそれだけに，「この校長の権限の確認は現時点で非常に重要」[22]という実践的な読み方も可能であろう．

3 教師の「教育の自由」

かつて，学説の多くは教師の「教育の自由」の権利性を強調していたのに対し，その後，それは教師の職務権限であるという批判が強くなった．現在では，「教師が生徒と向きあう場面」では，「教師の教育権は，もっぱら職務権限となる」が，「教師が国家権力と向きあう場面」では，「職務権限としての側面と，人権としての側面とをあわせもつ」[23]，という「並存説が有力」と評されてい

---

20) 米沢・前掲注13)57頁は，教師が懲戒処分を受けた事件を，「①掲揚されている日の丸を引き下ろす，式典中に抗議行動を行う等のいわば『積極的妨害行為』と②職務を遂行せずに，たとえば，担任する生徒への卒業式の指導を行わない等のいわば『消極的妨害行為』，③君が代斉唱時に起立しない等の個別的不服従，④生徒・親への告知行為」に大別している．
21) 石崎誠也「日の丸・君が代の『義務づけ』と教師の懲戒処分」季刊教育法87号(1991年)40頁も，「文部省筋では，日の丸不掲揚や君が代斉唱に対する処分の理由を直接学習指導要領違反に求め」るのではなく，校長が「職務命令を発したにもかかわらず，教職員がこれに従わなかった」ことを理由にしている，と指摘している．
22) 西原博史「国歌斉唱時不起立の教員処分とその限界」季刊教育法146号(2005年)92頁．

る[24]).「ココロ裁判」や「ピアノ伴奏拒否事件」は,「教師が国家権力と向きあう場面」であるにもかかわらず,従来の裁判例では主に「思想・良心の自由」という観点から議論されてきた.したがって,かねてからの学説の見地から,もっと教師の「教育の自由」からも論ずべきであるという批判が出てくることは,当然の成り行きであろう[25]).本章がこの観点を正面からは取り上げないのは,本章が「君が代」訴訟を,「思想・良心の自由」の解釈論に関する素材として選択しているという事情による.

Ⅳ 教師の「思想・良心の自由」[26])

1 保護領域

「ココロ裁判」福岡地裁判決は,Ⅱ2⑥のように,「国家の教育に対する関与のあり方についての意見」などとは異なり,教師の「君が代を歌えないという考え」は憲法19条の保護領域に含まれていない,と判断しているようである.これに対して,「ピアノ伴奏拒否事件」に関する東京地裁は,Ⅱ3②のように,「『君が代』を伴奏することができない」という考えを,簡単に19条の保護領域に含めていた.この点について学説は,19条に関する「内心説」「信条説」のいずれをとったとしても,裁判例となったような事例において,「君が代」を歌わない,伴奏しない,という考え方は,19条の保護領域に入るとほぼ一

---

23) 内野正幸『教育の権利と自由』(有斐閣,1994年)120頁.
24) 米沢・前掲注13)188頁.
25)〔討論〕教育の自由・学問の自由の危機」日本教育法学会年報34号(2005年)113頁以下における,澤藤統一郎,成嶋隆,市川須美子発言.また新岡昌幸「教師の『人権』と職務命令」季刊教育法142号(2004年)77頁.本文で紹介した「併存説」からは,さらに「職務権限」からも論ずべきという立場が生じることも,当然予想される.この見解については,後述Ⅴで多少なりとも扱う予定である.
26) 新岡・前掲注25)72頁は,職務命令が「教師の役割を果たす『個人』の立場」か,「教育公務員たる『教師』の立場」のいずれにかかわるか,「『個人』の人権」か「『教師』の職務権限・職責」のいずれを侵害すると構成すべきか,という問題を出している.また,同「『教師』への職務命令に関する憲法・教育法学的検討」北海道大学大学院教育学研究科紀要92号(2004年)69頁以下.この表現を借りると,以下はさしあたり教師「個人」の立場にかかわる19条論を扱うものである.新岡による一連の論稿で用いられる,「個人」か「教師」か,「人権」か「職務権限・職責」か,という整理図式は重要であり,本章も,以下で示すように,副次的な枠組みとして論述の下敷に用いている.なおこの図式から生ずる一つの考察課題は,この整理によっては排除されている,「教師」の立場での「人権」論は全く成立不可能なのかということである.

致して考えているものと思われる[27]．福岡地裁が立論の根拠とする「君が代の歌詞については様々な解釈がある」ということは，なぜ否定説の理由となり得るのだろうか．各人が「様々な解釈」をし，多くの不利益を受けてまで自分の考え方を守ろうとしている場合に，それは当該個人にとって重要な意味をもつ思想や良心と直接結びついた考え方が問題となっているからだと想定することは，不自然ではないだろう[28]．

次の問題は，教師の「内心における思想・良心」に基づく「外部的行為」が19条の保護領域に入るか，である．福岡地裁の上記判示は，「人の内心における精神的活動は外部的行為と密接な関係を有する」ことを認めつつ，しかし「君が代を歌えないという考え」が19条の保護領域に入らないことを理由に，「君が代を歌う」という外部的行為を強制されない自由も19条の保護領域に入らない，と論じていたようにも見える．制約がないと判断している可能性については，後に述べる．これに対し東京地裁は，「『君が代』を伴奏することができない」という考えを19条の保護領域に含める判断を前提に，「人の内心領域における精神的活動は外部的行為と密接な関係を有する」ことを認めることによって，「『君が代』のピアノ伴奏」という外部的行為を強制されない自由も19条の保護領域に入る，と考えているようである．また近年の多くの学説も，思想・良心に基づく外部的行為についても憲法の保護を及ぼすべき，と考えるようになっている[29]．このように「内心における精神的活動」と「外部的行為」の密接な関連性については，共通了解が成立しつつあると思われる．

なお伝統的な学説は，外部的行為は21条で保障されると考えてきた[30]．そ

[27) 例えば，新岡昌幸「学校における『日の丸』『君が代』問題の憲法・教育法学的検討」北大法学研究科ジュニア・リサーチ・ジャーナル10号(2004年)246頁，西原博史「学校現場における思想・良心の自由」ジュリ1294号(2005年)105頁，戸波江二「『君が代』ピアノ伴奏拒否に対する戒告処分をめぐる憲法上の問題点」早稲田法学80巻3号(2005年)124頁以下．

28) 松田浩「判批」法セ614号(2006年)120頁は，「原告らの自己理解に照らして，個別的な検証が必要」とする．

29) 西原博史『良心の自由〔増補版〕』(成文堂，2000年)23頁以下，同「教師における『職務の公共性』とは何か」世界725号(2004年)79頁，同・前掲注27)105頁，同『良心の自由と子どもたち』(岩波書店，2006年)33頁以下など．なお，坂田仰「入学式における君が代伴奏拒否と懲戒処分の適法性」月刊高校教育37巻1号(2004年)66頁は，東京地裁は「君が代の伴奏を行ったとしても，自らが有する君が代に対する価値判断はそのまま維持しうるという厳格な『内外二分論』を採用した」と評している．東京地裁判決は，そのような面と，本文で示したような面とを併有しているものと思われる．内心と外部的行為の関係という論点は，注33)，注43)の本文など各所で言及するように，重要な問題である．

こで 21 条と 19 条の保護領域の振り分けが課題となる．例えば土屋英雄は，「自己の思想・良心を自発的，能動的に外部に表現化する行動は 19 条よりむしろ 21 条の保障対象とされるべきである．他方，こうした自発的，能動的な表現行動ではなく，外部からの一定の作用，働きかけ（命令，要求，勧誘，推奨など）によって，自己の思想・良心の領域が侵害されようとしている場合に，その思想・良心を保衛するため，外部からのそうした作用，働きかけに対して対応的，受動的にとる拒否の外的行為は，自己の思想・良心の自由の保障に不可欠な，思想・良心の外部的表出として 19 条の保障対象となる」[31]，と論じている．その上で，後者を「沈黙の自由」の一部として位置づけ，「絶対的に保障されるもの」としている[32]．後者を「沈黙の自由」の一部として位置づけることは可能ではあろうが，多義的な「沈黙の自由」概念に依拠するよりも，むしろ，「思想・良心に基づく行為の自由」ないし「思想・良心に反する行為を強制されない権利」という独立のカテゴリーとして 19 条により保障されるとする方が，端的な構成の仕方であるように思われる[33]．

---

30) 宮沢俊義『憲法Ⅱ〔新版再版〕』（有斐閣，1974 年）337 頁，小林直樹『憲法講義 上〔新版〕』（東京大学出版会，1980 年）356 頁，伊藤正己『憲法〔第 3 版〕』（弘文堂，1995 年）257 頁など．
31) 土屋・前掲注 14) 117 頁．これに対して，佐藤幸治『憲法〔第 3 版〕』（青林書院，1995 年）488 頁は「外的行為と『思想及び良心』とを切り離して考えうるとすれば，その外的行為に対する法理が妥当すると解されるが，……一見外的行為の規制であっても，その趣旨が『思想及び良心』の規制にあると解されるときは，19 条違反たるを免れない」という振り分け方をしている．これは規制の「趣旨」に着目した区別の仕方として重要であるが，本文のような保障の対象となる権利や自由の側からの区別の方が基本権の保護領域の思考にはなじみやすい．
32) 土屋・前掲注 14) 118 頁，122～123 頁，127～128 頁．
33) 西原・前掲注 29) 良心の自由 430～432 頁．なお後述する「正当化」の問題となるが，「思想・良心に基づく（受動的な拒否）行為の自由」は，外的行為として現れる以上，土屋のように，「絶対的に保障される」とするのは行き過ぎではないか．ちなみに阪本昌成は，思想・良心の自由を内心における自由と定義した上で，「内心は絶対的に保障されるとの命題に立ちつつ，『沈黙の自由』を 19 条に含めながらその限界を問うことは，背理となる」と説く（『憲法理論Ⅱ』〔成文堂，1993 年〕316 頁）．同旨，新岡・前掲注 27) 248 頁以下．しかし 19 条の保護対象に，「思想・良心に反する行為を強制されない権利」を含め，「沈黙の自由」とは別の類型と整理した上であれば，「その限界を問うこと，背理」とはならない．なお，同書 308 頁では，「わが国の判例は『行動に関する事実情報』と『思想・信条そのものに関する情報』との二分法によっている」として，「内心／行動」二分論の適切性を傍証しようとしている．しかし，そこで挙げられている三菱樹脂事件最高裁判決も，「元来，人の思想，信条とその者の外部的行動との間には密接な関係があり，ことに本件において問題とされている学生運動への参加のごとき行動は，必ずしも常に特定の思想，信条に結びつくものとはいえないとしても，多くの場合，なんらかの思想，信条とのつながりをもっていることを否定することができない」（民集 27 巻 11 号 1536 頁以下〔1542 頁〕）と論じており，もっぱら上述の二分論によって事案を処理したというわけではない．

2 制約

「ココロ裁判」福岡地裁の判旨⑥は，当該職務命令は「外部的行為を命ずるものにすぎない」から制約はない，という趣旨のものとも読み得る．これに対して「ピアノ伴奏拒否事件」の東京地裁は，Ⅱ3②のように，思想・良心の自由に対する間接的制約を認めたものと解し得る．

ここで，この点に関する従来の学説による議論を確認しておきたい．これまで，学説上，思想・良心の自由への制約の形態としては，①「公権力が特定の思想を禁止ないし強制」するという場合，②「公権力が個人の世界観や人生観等の内心の精神作用を理由として不利益を課す」場合，③「個人の思想について，公権力が開示を強制し，あるいは申告を求める」場合，などが挙げられてきた[34]．

「ココロ裁判」や「ピアノ伴奏拒否事件」において，思想・良心の自由に対する制約とされたのは，特定の行為を職務命令によって強制したことである．そこでは，①の形態による制約のように，公権力は特定内容の思想を個々人に強制しようとしていたというわけではない．むしろ，職務命令によって一定の外部的行為を強制することが，ある特定個人の思想・良心を制約する，と主張されていたのである．またそこでは②の形態による制約のように，本当は，思想・良心それ自体を理由として不利益取扱いがなされたのかもしれない．しかし，外部的行為を命じる職務命令がある特定の思想・良心をもっている人に不利益に働き，また命じられた外部的行為をしなかったことが不利益取扱いの対象とされたという説明も完全には退け難い．確かに外部的行為と思想・良心の密接な関連性を意識する立場にたてば，ここに①や②の形態による制約があったと認めることも不可能ではないのかもしれない．しかし近年ではむしろ，上述したように，「思想・良心に基づく行為の自由」ないし「思想・良心に反する行為を強制されない権利」が19条によって保護されており，そのような権利・自由が直接的に制約されたと構成する学説が有力化している[35]．憲法上の権利と平等が競合する場合は，前者の構成が優先されよう．

---

34) 芦部信喜『憲法学Ⅲ 人権各論(1)〔増補版〕』(有斐閣，2000年)105頁以下，新岡・前掲注27)247頁以下など．

第 2 部　現代日本における「思想・良心の自由」

　さらに上記の二つの事件では，職務命令に対して何らかの態度を示さなければならない状況に教師が置かれた時点で，既に③の形態による制約があったと論じる可能性も考えられる．このような「内心の状態を推知されない権利」を「沈黙の自由」の一部として構成する見解は，おそらくこれまで一般的であった[36]．これに対してこの問題に関する代表的論者である西原博史は，「良心の自由の下で良心を侵害する法的義務からの解放可能性を認めるドイツなどの判例・学説は，この権利を行使することによって良心内容が明らかになることには問題がないとしている」ことを援用しながら，「自分が抱いている思想・良心の内容が明らかになるような場に立たされない権利として沈黙の自由を構成することには，現実上，困難が多い」と述べる．その上で「内心における思想・良心を侵害する行為を強制されない権利が憲法19条に含まれる」とする立場をとり，そうした「思想的・良心的行為の自由」が制約されたと構成すべきだと論じる[37]．本章も，命名の仕方はともかくとして，基本的にこの構成を支持している[38]．また「ピアノ伴奏拒否事件」の東京地裁のⅡ3②の判示は，憲法19条の保護領域論の再構成には手をつけないまま，その制約があることを認めたものと解することができるであろう[39]．

　これまでの多くの学説は，「君が代」斉唱の際の不起立・不斉唱とピアノ伴奏の拒否は積極的な反対行動をとって式典を混乱させるものではなく，消極的な意思表示をしているにすぎず，そのような場合にまで拒否している行為を職務命令によって強制することは，思想・良心の自由に対する制約となるという点で共通だ，と考えてきたものと思われる[40]．これに対して，これらの二つの事例における制約の類型には違いがあると論じるのが佐々木弘通である．佐々木は，前述した，思想・良心の自由に関して伝統的になされてきた侵害の

---

35) 西原・前掲注 29) 良心の自由 427〜428 頁．
36) 伊藤・前掲注 30) 262 頁，佐藤・前掲注 31) 486 頁，浦部法穂『憲法学教室〔第 3 版〕』(日本評論社，2016 年) 136〜137 頁など．
37) 西原・前掲注 29) 良心の自由 426 頁以下．
38) このような見解を支持するものとして，例えば，髙橋和之『立憲主義と日本国憲法〔第 4 版〕』(有斐閣，2017 年) 185〜187 頁．
39) 西原・前掲注 29) 職務の公共性 78〜79 頁．そこでは，従来の通説における①形態の制約に代えて，「内心に反する行為の強制」および「内心の操作」という制約類型が示されている．
40) 本文で後述するように，二つの事件を区別しようとする戸波江二も，制約という場面では両者を同様に扱っている．戸波・前掲注 27) 124 頁以下．

三形態論を，「不利益取扱い」型と「外部的行為の強制」型の二つに再構成する．この「外部的行為の強制」型は，先に示した「思想・良心に反する行為を強制されない権利」を抽出する考え方と対応するものと思われる．佐々木説の本章のテーマとの関連における最大の注目点は，「外部的行為の強制」型を「自発的行為の強制」型と「外面的行為の強制」型に再分類するところにある．「自発的行為」とは，「行為者の自発性ないしは自主性に基づいていてはじめて，意味があると社会的・文化的にみなされる行為」である．これに対して「外面的行為」は，「当人の自発性に基づいていなくてもその行為が現実に行われること自体に意味があるという性格の行為」である．そして，学校の儀式において教職員に対して「君が代」に「起立」「斉唱」を求めることは，思想・良心の自由に対する「自発的行為の強制」型の制約となる．これに対して，「君が代」斉唱に際してピアノ伴奏を命じることは「外面的行為の強制」型の制約となる[41]．そしてこの類型の違いは，正当化の段階で現われるのであるが，この点は後述したい．佐々木の類型論を採用したとしても，従来の学説からは，ピアノ伴奏は「自発的行為」ではないか，といった疑問は生ずるであろう．

3　正当化

(1) 当該職務命令が教師の思想・良心の自由への制約となることを認めた東京地裁は，Ⅱ3②のように，「公務員の職務の公共性」から出発して，職務命令を発する「必要性」と「合理性」を審査した結果，それを承認することにより，制約を簡単に正当化した．また学説においても結論としては同様な立場を示すものもある．例えば，「教師への強制は，国旗・国歌の教育を行うよう求める職務命令としてなされるので，国旗・国歌の教育が生徒に強制する内容でない限り，職務命令は合法的であるので，教師は教育を行う義務を免れない」[42]とする見解である．また「自らの選択で地方公務員としての教員という

---

41) 佐々木弘通「『人権』論・思想良心の自由・国歌斉唱」成城法学66号(2001年)22頁以下，同「『国歌の斉唱』行為の強制と教員の内心の自由」法セ595号(2004年)42頁以下，同「思想良心の自由と国歌斉唱」自由人権協会編『憲法の現在』(信山社，2005年)287頁以下など．
42) 野中俊彦ほか『憲法Ⅰ〔第3版〕』(有斐閣，2001年)291頁(中村睦男)．なお同書第4版(2006年)305頁では，「教師に対する義務の履行は，校長の職務命令によってなされるので，職務命令の内容が教師の思想・良心の自由を侵害しないかどうかが問題となる」という中立的な形に，叙述が変更されている．

職業を選択した以上，その職務との関係で外面的行動の部分に限っては，一定の制約を受けざるを得ない」[43]という見解もある．

(2) しかし学説上は，制約は正当化されないという見解が多い．もっともこの時期は，「君が代」訴訟の初期だったため，学説上の議論も十分に成熟したものではない．しかし，基本的な論点は示されている．

第一の立場は，制約が正当化されるか否かを，「個人としての」教師の思想・良心の自由に基づいて，教師の職務命令に従う法的義務の免除の可否，という観点から考察する手法である．その一つに，「ココロ裁判」原告による人権救済申し立てに答えて出された，福岡県弁護士会による警告書の見解を挙げることができる．この警告書は，義務の回避が許されるか否かを，「一般的法義務によって縛られる利益と，当該信教の自由（思想・良心の自由）保障によって得られる利益との間の利益衡量によって，一般的法義務による規制が当該信仰ないし思想・良心にとって重大な侵害になるかどうかにより判断すべきである」，とする．より具体的には，①当該法義務の性格および必要性，②当該信教の自由（思想・良心の自由）の真摯性，③当該法義務の強制により対象者が受ける不利益の重大性，が考慮されるべきだとされる．その上でこの警告書は，「卒業式・入学式の君が代斉唱時に教職員に対して職務命令をもって起立斉唱を義務づけることが仮に許されるとしても，自己の信仰・信条から君が代に真摯に反対する者は，この信仰の自由・思想良心の自由を理由として起立斉唱の義務を免れることができる．従って，この不起立行為に対して懲戒処分という制裁をもって起立を強制することは，当該教職員の信仰の自由・思想良心の自由を侵害するものとして違憲である疑いが濃厚である」，と結論づけた[44]．

制約の正当化に関して，同じく「個人としての」教師の思想・良心の自由に基づく義務免除の可否という観点から論じているのが，戸波江二である．福岡県弁護士会警告書との違いは，第一に，弁護士会警告書が「懲戒処分という制裁をもって起立を強制すること」に思想・良心の自由への侵害を見たのに対して，戸波はむしろピアノ伴奏を思想・良心に基づいて拒否している人に対して「職務命令によって……義務づけすること」にすでに，思想・良心の自由への

---

43) 坂田・前掲注29) 67頁．
44)「国歌斉唱強制に対する福岡県弁護士会の警告書」法セ562号(2001年)47～48頁．

侵害を見ようとしているということにある．また第二に，弁護士会が，義務の回避が許されるか否かを利益衡量によって判断しようとしたのに対し，戸波は，違憲審査基準論によって判断するべきだと考えているという違いも存在する．つまり，「ピアノ伴奏拒否事件」においては，法律ではなく職務命令や懲戒処分に対する違憲審査基準が問題となっていることが指摘された上で，①「職務命令の目的が重要ないし必要不可欠かどうか」，②「職務命令による君が代ピアノ伴奏の命令が目的と実質的に関連しており，その必要性・合理性が十分に認められるかどうか，とくに他により制限的でない手段が存在しないかどうか，目的との関係でピアノ伴奏命令が均衡しているかどうか」，という「厳格審査」の基準によって審査されるべきだとされる．またこの基準に従って審査すると，ピアノ伴奏の職務命令の目的は「式典の円滑な実施にとって必要ないし重要なもの」ではない，とされる．さらに規制手段についても，「目的との関係で実質的関連性を見出すことはできない」，と結論されている[45]．

この戸波説でさらに注目されるのは，「ココロ裁判」と「ピアノ伴奏拒否事件」を，前述した佐々木説とは異なった観点から区別していることである．つまり，「君が代の斉唱義務」と「それをピアノ伴奏すべき義務」とは関連性がなく，仮に「君が代の斉唱の義務が学習指導要領によって根拠づけられるとしても」，「君が代のピアノ伴奏の義務は，学習指導要領からは正当化することができず，その意味で，職務上の義務として職務命令を発することの正当化が困難になる」とする．そして，「君が代」斉唱の強制が問題となっているわけではない「ピアノ伴奏拒否事件」では，職務命令の目的が重要ではなく，手段も目的との関係で実質的関連性がないとより容易にいえるのだ，と主張するのである[46]．

こうした義務免除論は，当該教師に対する義務づけが違憲であるため，当該教師は義務から免除されると考えるものである．したがって，ここでの義務免除論は一般的な義務づけは認めつつ個別的な免除を求めるものではなく，職務

---

45) 戸波・前掲注27)128頁以下．本文における「厳格審査」の基準はかなり独特で，アメリカの判例理論に，ドイツ的な「比例原則」の視点が「加味」されたもの，とされている(136頁)．学説転換期の所論といえよう．
46) 戸波・前掲注27)116頁，138頁以下．戸波の実践的な意図は理解できる．しかし，先述したように(Ⅲ2参照)，学習指導要領とは切り離して校長は職務命令を発出できるため，本文のような区別論は困難ではないか．

命令の違憲性を争うことと同義である.

(3) 第二に, 福岡県弁護士会や戸波がとるような「個人としての」教師の思想・良心の自由に基づく義務免除論からの構成を,「子どもに対する侵害状況を見落と」すとして批判する, 西原博史の見解が存在する. 福岡県弁護士会の立場では,「教師の処分がもっと軽ければ, 子どもたちに対して教師から流れ出る圧力がいかに強くても, 憲法上の論点は存在しないことになる. これこそが, 教師に対する斉唱強制を教師の権利の問題に位置づけた場合の限界であろう」とするのである[47]. 西原は,「君が代」強制問題に関して, 教師の立場には「二重性」があるという. 第一は,「教師の個人としての思想・良心に対する侵害が問題になる」側面である. 第二は,「子どもたちの思想・良心に対する同様な侵害状況に関する認識に基づいて, 自らが人権侵害に携わるまいとする, 教育公務員としてのぎりぎりの判断」を行っているという側面である. 後者に重点を置いた上で,「教師の抗命義務」あるいは「子どもの人権を保護する教師の義務」を行使する教師の活動は違法性が阻却される, と論じるのが西原の特色である[48].

(4) 第三に, 前述した佐々木弘通は, この議論に対して批判を行うということを一つの出発点としていた.「学校儀式での国歌斉唱の挙行は, その『強制』の直接のターゲットを, 生徒ではなく教師に据えている. この点を, 憲法学はもっと強く意識すべきである」.「教師はまず, 足元の『自分一人の良心の自由』を守ることにこそ, 意を用いるべきである. その点を疎かにして,『子どもの人権を保護する教師の義務』といった, 些か英雄的響きを持つ旗印に拠るのは, どこか転倒している」[49]. このような批判は, 同意できるものである. 佐々木自身の提示する解釈論上の枠組みは, 前述したように, 思想・良心の自由に対する「外部的行為の強制」型の侵害をさらに「自発的行為の強制」型と「外面的行為の強制」型に区分するというものだった. 公権力が前者の型の強制をすることは「憲法上許されない」. その効果は,「その強制が全体として

---

[47] 西原博史「『君が代』裁判と憲法」法セ 562 号 (2001 年) 41 頁. しかしこの批判は, 福岡県弁護士会のように, 違憲審査の対象を懲戒処分とした場合にのみあてはまるものだと思われる.

[48] 西原・前掲注 29) 職務の公共性 79 頁以下, 同・前掲注 29) 良心の自由 410 頁以下, 461 頁以下など. ここではおそらく, 教師の「教育の自由」に関する「併存説」(Ⅲ 3 参照) が踏まえられている.

[49] 佐々木・前掲注 41)「人権」論 70 頁.

(誰に対しても)違憲無効となる」ということである．これに対して，公権力が後者の型の強制をしている場合は，「非常に深いレベルでの内心と衝突していれば例外的に義務免除が認められるが，それほどでない場合にはその義務は義務として維持される」．ピアノ伴奏の職務命令は，後者の類型の問題として考えるべきである[50]．

佐々木の特徴は，「自発的行為の強制」というカテゴリーを抽出して，それについての保護を絶対化しようとしたことにある．そして，「ココロ裁判」の事案は「自発的行為の強制」型に，「ピアノ伴奏拒否事件」の事案は「外面的行為の強制」型に当たるとする．その結果，「個人としての」教師の思想・良心の自由に対する制約を当該職務命令に見た上で，「ココロ裁判」と「ピアノ伴奏拒否事件」を区別するという点でも戸波説と共通性をもちつつも，佐々木説では前者のほうがより正当化が困難と見ることになる，という対照的な結論が導かれている．また，「ココロ裁判」のような事例では，儀式自体が違憲無効となるという，きわめて強い主張がなされた．

4　小括

(1)「君が代」強制と教師の思想・良心の自由に関する裁判例や学説の立場は，一様ではない．本節では，それらを，裁判例や諸学説が必ずしも意識してはいない，保護領域・制約・正当化という三段階審査の手法を道具立てとして，整理することを試みた．教師の「君が代を歌えない」という考えや，「君が代を伴奏することができない」という考えは，個別的な判断にはなるが，19条の保護領域に入る可能性が高く，それに基づいてなされた(職務命令を拒否する)受動的な外部的行為も同じく19条の保護領域に入る可能性が高いという理解は，近年の学説では広く支持されている．また，19条の保護領域に入る権利に反する行為を，教師に対して職務命令をもって強制することは思想・良心の自由に対する制約となることについても，広汎な見解の一致がある．近年の学説は，これを「思想・良心に反する行為を強制されない権利」の制約，あるいは「外部的行為の強制」型の思想・良心の自由に対する制約と位置づけている．

---

50) 佐々木・前掲注41)思想良心 308 頁，311 頁，320 頁．

主に見解が対立するのは，そのような制約が正当化されるか否か，正当化されるか否かをいかに判断するか，である．

(2) 制約は正当化されるとするある論者は，「ギャンブルは自らの財産を自らの判断で処分する行為であり，憲法が保障する正当な財産権の処分であるという信念を有した警察官がいたとする」と，「この警察官は，自らの信念に従い，思想・良心の自由に基づきギャンブル（賭博罪）の取り締まりという職務を拒否」しえないと同様に，同じく地方公務員である教員も「職務としての性質を有するピアノ伴奏を拒否し得ない」，と論じている[51]．しかし，両者は果たして同一に論じられるのかについては疑問がある．警察官にとっての賭博罪の取り締まりという職務の位置づけや重要性と，教師にとっての卒業式・入学式におけるピアノ伴奏という職務の位置づけや重要性には，大きな差異があるのではなかろうか[52]．前者に関する職務命令は正当化されるであろうが，だからといって後者に関する職務命令が正当化されるわけではない．

(3) 学説における立場の違いは，第二に，福岡県弁護士会や戸波説のように，制約が正当化されるか否かを教師の職務命令に従う法的義務の免除の可否という観点から考察するか，西原のように，「教師の抗命義務」論あるいは「子どもの人権を保護する教師の義務」論によって考察するか，にあるように見えるかもしれない．しかし，そうではない．「教師の抗命義務」論なども，「職務命令に従う法的義務の免除の可否」論であることには変わりはない．西原説において，「義務免除」的構成を超えて，儀式全体の違憲性が説かれることがあるが，それは後述するように，生徒の思想・良心の自由との関係でのことである．ここでの違いはむしろ，「義務の免除」を「個人としての」教師の思想・良心の自由によって基礎づけるか，「教師の抗命義務」などによって基礎づけるか，にある．

「教師の抗命義務」論に対しては，「自己の信念に基づいて日の丸・君が代を

---

51) 坂田・前掲注29)66頁．
52) 新岡・前掲注25)76頁は，「自己の労働力の処分先として自らが任意に選択した……公務員の職務の存在それ自体を全否定するような人権主張」であるか否かを判断基準としている．関連して，同・前掲注26)76頁(注54)．なお「公務員の人権を制限することの正当化根拠」について，「当該制限の必要性から論証するもの」と，「公的雇用関係に入る際の当該個人の『同意』から論証するもの」との二つに分けた上で，後者を「違憲な条件の法理」の観点から論じる，中林暁生「『表現の自由』論の可能性(1)」法学67巻2号(2003年)124頁以下，も参照．

拒否する生徒がいる一方，他方では，卒業式等の式典では日の丸を掲揚し，君が代を斉唱すべきであるとの信念を有する生徒も存するという状況下で，教師が消極的妨害行為を行うことは，前者の生徒の人権保障には仕えるが，後者の生徒にとっては，結果的には，妨害行為となりうる」という指摘がある[53]．しかし大多数の教師や生徒などが起立しているという状況下において，ごく少数の教師による消極的な行為が，「日の丸・君が代」に賛成する生徒の思想・良心の自由に対する「妨害行為」となるということは，考えにくい．

しかしながら，生徒の思想・良心の自由を保障するための「教師の抗命義務」あるいは「子どもの人権を保護する教師の義務」という構成は，その義務が法的なものであるとすると，義務を履行しない教師に対して何らかの義務履行担保の手段が課されることにもなりかねない．より緩やかに「職責」という形で定式化するか，あるいは「個人としての」教師の思想・良心の自由の問題として，制約が正当化されるかを考えていくのが基本であるように思われる[54]．

(4) 思想・良心の自由に対する制約の正当化という問題を，基本的には

---

[53] 米沢・前掲注13) 60頁．
[54] 土屋・前掲注14) 127頁は，「『抗命義務』という表現は必ずしも妥当ではなく(この種の『義務』論は憲法上の次元とは関係がない)，違法な職務命令に対する憲法上の拒否権は，教師の専門職上の自由と教師個人の思想・良心の自由を根拠としている」と述べているが，この立場は本章と近いと思われる．西原は，しばしば「受命の抗弁」か「抗命義務」か，という形で問題を設定している．同・前掲注29) 職務の公共性81頁．しかし，「受命の抗弁」が認められないというところから，「抗命義務」の根拠づけまでには，距離があるのではなかろうか．ここでの「義務」という用語が，不必要な混乱を招いているようにも思われる．なお西原も，「個々の教師が校長の権限行使に対して立ち向かうにしても，ある時は自らの思想・良心の自由などを主張して，またある時は子どもの基本的人権を代位的に行使して，さらには場合によっては学習指導要領を解釈しながら具体的なクラスの中で，教育内容の細目を確定する学校教育法で認められた――専門的裁量を伴う――職務権限の独立を主張する形で，防御的な形を取ることにならざるを得ないだろう」とする．同・前掲注22) 92頁．関連して，本章・前掲注48)の本文．このような説明は，従来の西原説とは異なるのではないかと思われるが，受け入れられやすいものとなっている．

なお，西原が「子どもの人権を保護する教師の義務」を説くことと，他方で「国家の基本権保護義務」論に対して批判的であること(同『自律と保護』〔成文堂，2009年〕150頁以下)との関係は，読者を惑わす点であろう．後者は，私人による基本権侵害から個人を保護する国家の義務に関する議論枠組みであるのに対して，前者は公権力による基本権侵害から生徒を保護するための教師の義務であるから，一方を否定し，他方を肯定することに，論理的な矛盾があるわけではない．しかし，義務という用語を使うことには本文で述べたような疑問があるだけではなく，いったん「子どもの人権を保護する教師の義務」を肯定すると，他の生徒による，ある生徒への人権侵害から保護する教師の義務といった，「国家の基本権保護義務」論本来の場面にも転化するおそれがあり，西原の憲法理論体系を掘り崩しかねないのではないか，という懸念が残るように思われる．本注で紹介したような西原による説明の変化は，このような点をも考慮したものであろうか．

第2部　現代日本における「思想・良心の自由」

「個人としての」教師の思想・良心の自由に基づく義務免除論によって構成するとした場合においても，例えば，①違憲審査の対象は職務命令か職務命令に反する行為を理由とする懲戒処分か，②「外部的行為の強制」を「自発的行為の強制」型と「外面的行為の強制」型に二区分した上で，義務免除論による構成を後者に限定すると理論構成すべきかどうか，③制約の正当化を判断する仕方は，利益衡量か，違憲審査基準か，あるいは比例原則か，④比例原則なり違憲審査基準なりによって判断するとしても，それぞれの具体的な内容はいかなるものであるべきか，といった点に対立が残っている．このような対立点について検討することは，次章以降の課題となる[55]．

(5)　これまで本節で概観してきた論争状況の一つの特色は，基本的には憲法学内部における議論である，ということである．例えば，最近の有力な傾向は，内心と行為の二分論を一応の前提とした上で，一定の外部的行為についても内心の自由の保障を及ぼそうとしている．このような姿勢は，実際上の効果という観点から適切だと思われる．しかし，哲学的な行為論による基礎づけがなされていないことも一因として，注29)や注33)などで紹介したような異説を完全には排除できていない．ここには，法解釈という営みに関する考え方の違いもあるように思われる．

V　生徒の「思想・良心の自由」

上述した訴訟においては，生徒の「思想・良心の自由」との関係については，きわめて付随的にのみ判断されていた．そのため以下では，主に学説上の議論を見ておきたい．現在では時宜に適さなくなっている所説を含めて，歴史を知っておくことも悪いことではないであろう．

---

55) 本文①の論点については，多くの判例・学説は，まずは職務命令を違憲審査の対象としている．確かに，法的な意味での「強制」は「懲戒処分」が課された時点ではじめて行使されるのではあるが，「職務命令」には，命令違反には懲戒処分が課されるという効果が結合されているため，職務命令が出されたことが権利侵害となるかどうかをまず判断するということは，正当である．②の論点である佐々木説による類型化思考は明快で魅力的であるが，カテゴリカルな思考法は判例には受け入れられにくいことにも注意が必要である．佐々木説については，本文Ⅴ4でも若干言及したい．

1　保護領域

「ココロ裁判」の福岡地裁におけるⅡ2⑤の判示は,「君が代」を歌えないという考えが生徒の思想・良心の自由の保護領域に入っている,という判断を前提としているようである[56]. これに対して「ピアノ伴奏拒否事件」の東京地裁によるⅡ3③の判示からは,この点に関する裁判所の見解は読み取りにくい. また,「京都君が代訴訟」においても,原告は卒業式や入学式における「君が代」テープの再生は反対する生徒などの思想・信条の自由を侵害するという主張をしていたが,京都地裁の判断対象とはならなかった.

学説では,まず,19条は大人が既にもつ特定内容の思想・良心だけではなく,生徒の思想・良心を形成する自由も保障していることについては見解の一致がある[57]. また,「君が代」を歌えないという既に形成された生徒の考えや,「君が代斉唱」を強制されることが自由な思想・良心の形成を妨げるという生徒の考えが,個別的判断ではあるが,19条の保護領域に入る可能性が高いということも,学説においては広く共有されていると思われる[58].

2　制約

(1)「君が代」訴訟において,生徒の思想・良心の自由が制約されたかが問題とされる場面は,大きくは二つに区分することができる. 第一は,「ココロ裁判」原告の主張を援用すると,「卒業式,入学式において君が代を斉唱させようとすること自体が憲法19条に違反する」かどうか,が争点となる場面である.「ピアノ伴奏拒否事件」における東京地裁は,Ⅱ3③のように,この論点を判断する必要がないと考えた. これに対して「ココロ裁判」の福岡地裁は,Ⅱ2⑤では引用を省いたが,「良心を不当に侵害するものではない」という判

[56) もし本文のような理解が適切であるとすると,同判決が教師に関しては同様な考えを保護領域外としたこととの関係をいかに説明するのか,という問題がでてくるはずである.
[57) 例えば,西原・前掲注29)良心の自由111頁以下,佐々木・前掲注41)「人権」論56頁,新岡・前掲注27)245頁,250頁以下,佐藤・前掲注31)485頁,阪本・前掲注33)305～306頁など.
[58) 例えば,西原・前掲注29)良心の自由436頁が,「『君が代』斉唱を強制されることが自らの思想・良心を破壊し,あるいは自由な思想・良心の形成を妨げると感じる児童・生徒やその親がいた場合,そうした者に対して強制を貫徹することが憲法19条に反する」と述べる当然の前提には,そのような考え方は19条の保護領域に入っているという判断がある.

断を行った．この判示は，制約がそもそもないという趣旨か，あるいは制約はあるが正当化され得るという趣旨か，必ずしも明らかではない．「指導としての合理的範囲を逸脱するものとはいえない」とされていることからすると，おそらくそもそも制約がないという趣旨として受け止められ得るものと思われる．

これに対して，学説においては多くの議論がなされてきた．まず，この場面における生徒の思想・良心の自由に対する制約の有無の判断についても，次のような西原説が注目される．生徒に「君が代」斉唱が強制されれば19条に違反する．強制がないとは，①「歌わなくても不利益が課せられない，制裁がないということ」，②「歌いたくなければ歌わなくてもよいということが，子どもたちに伝わっていなければならない」ということ，③「いじめられたくなければ歌わざるをえないという状況を国家権力の側が利用することは許されない」，ということである．これらの条件が十分にみたされていないところでは，「儀式の挙行自体が，思想・良心の自由を侵害する違法な強制を含むものとして，憲法違反となる」．しかし「それ以上に，良心的な決断をする必要がない状況まで，個人の権利として憲法上保障されていると考えるのは，難しい」[59]．

この考え方は，既にⅣ2でも触れたように，従来の通説が，「沈黙の自由」を19条が保障すると解した上で，「内心の状態あるいは内心で抱いている思想・良心の内容を推知されない権利」がその内容だとしてきたことに対する批判であった．従来の通説は，「『君が代』斉唱が憲法上許されないのは，『君が代』斉唱が挙行されることにより，この歌を歌うことに対して思想的に反対する人間が不起立，不斉唱という特別な行為を採らざるを得なくなり，そのことによって特定の思想の持ち主であることの表明を強いられることになるからだ」と考えてきた[60]．この構成を批判した西原に対して，従来の通説側からは，とりわけ生徒を主体とした場合に焦点を当てた反論がなされている．例えば市川正人はおよそ次のようにいう．「西原さんは，憲法上の自由権は，みずからが自由権を行使する市民的勇気からの自由を意味しないと書かれていますが，それはかなり強い人間像を設定されている」．「しかし，人間というのは弱

[59) 西原・前掲注29)良心の自由436頁以下，浦部法穂ほか編『いま，憲法学を問う』(日本評論社，2001年)249頁以下(西原発言)．ここで西原が参照しているのが，本書第1部導入文で紹介した，ドイツ連邦憲法裁判所の学校祈禱事件決定と，それをめぐる学説だった．
60) 西原・前掲注29)良心の自由426頁における，従来の通説についての説明による．

いもので，自分の良心を貫くことはできないかもしれない．……良心の自由の一部として，むやみやたらと良心に基づいた決断を迫られない自由はあるのではないか」．子どもたちを「日の丸・君が代の問題で試練に立たせなければいけないのか」[61]．この考え方によると，卒業式や入学式に「君が代」を組み込むことがそもそも，生徒の思想・良心の自由の一内容としての沈黙の自由に対する侵害となる，というわけである[62]．

また，西原説を「『強制』とは何か」という観点から攻撃するのが佐々木説である．それによると，「いじめがあるから儀式における君が代斉唱部分が違憲だ」，さらには「学校側からの説諭がなかったことを捉えて卒業式（入学式）において君が代斉唱部分を含めること自体が違憲だ」とすることは，「強制論としては無理がある」．その上で，西原説による③要件のように，歌わないことに対する「事後的な不利益措置」を「法的なものから事実上のものに広げる」のではなく，「『国歌の斉唱』行為が行われるその時・その場所において『強制』の要素を見出していくアプローチ」が提唱される．具体的には，「卒業式（入学式）において本当は歌いたくないのに周囲にあわせて国歌を斉唱する．……ここに『強制』がある」，という解釈論が提示されるのである[63]．この考え方でも，斉唱の強制を「法的なものから事実上のものに広げ」て捉えることは，西原説による③要件と変わりはない．違いは，判定の基準が「事後」から「その時・その場所」へと移行されていることにある．しかしこの相異は，後述するように，さほど重要ではない．佐々木説の特徴はむしろ，前節で紹介したように，思想・良心の自由に対する「外部的行為の強制」型の侵害を，さらに「外面的行為の強制」型と「自発的行為の強制」型に区別したことにあった．そして，卒業式や入学式の「君が代」斉唱に際し生徒に対して「起立」，「斉

---

61) 浦部ほか編・前掲注59) 251～256頁（市川正人発言）．
62) 新岡・前掲注27) 252～253頁が，子どもたちは「自己の思想・良心形成の素材として必要かどうかの選択の自由が保障され，一旦，不適格・不必要な『刺激』だと判断した場合には，『刺激』の提供を受ける前に，あるいは，そのような不必要な『刺激』に接する前に，それを回避・拒否する権利が保障されなければならない」という思考から，「『君が代』斉唱は，国家＝学校による一面的な特定のイデオロギーの注入行為であると考えられ，『『刺激』の受容選択の自由」を奪われたすべての子どもとの関係において，違憲の問題（憲法19条違反）を生ずる」と論じているのは，本文で紹介した市川説と基本的に同旨の立場だと思われる．関連して，注80)の本文を参照．
63) 佐々木・前掲注41) 思想良心302頁以下，317頁以下．

唱」を強制することは後者にあたるとされるのである[64]。

　西原説や佐々木説は共に，市川を始めとするかつての通説が重視した，卒業式や入学式に「君が代」斉唱を組み込むかどうかという争点を，「基本的には，民主的な手続のもとで学校として決める，政治的プロセスの問題」だと考えている[65]。この点については，本章も同意できる．しかしまた，儀式への「君が代」斉唱の組み込みの仕方によっては生徒の思想・良心の自由を制約することもありえ，かつ制約が正当化されない場合には儀式自体が違憲無効とされるとすることも共通である．対立点は，その判断に「外面的行為の強制」型と「自発的行為の強制」型という制約の類型化を結合させるかどうか，制約の有無をいかに捉えるのか，といった点にある．

　「京都君が代訴訟」の原告は，「君が代」斉唱自体が生徒の思想・良心の自由を制約することを，テープ費用の支出が財務会計上違法であることをいう一つの論拠としていた．しかしこのような訴えの仕方がなかなか認められないとなると，生徒やその親が訴えを提起しないのであれば，教師の職務命令違反が問題となった事件のなかで，第三者である生徒の思想・良心の自由に対する制約の有無を，従来の通説型によってであれ，西原・佐々木説型によってであれ，争うことになる．このため，次の形態の主張がなされる．

　(2)　「君が代」訴訟において，生徒の思想・良心の自由が制約されたかが問題となる第二の場面としては，教師に対して「君が代」斉唱に際する「起立」「斉唱」「ピアノ伴奏」などを強制することが生徒の思想・良心の自由を制約する，と主張されることがある．ここでも「ココロ裁判」の原告の主張を借りると，「教職員に対し，君が代を歌うことを強制することによって，君が代を歌うことが当然であるという状態を作り上げることは，思想，良心に基づいて君が代を歌うことができないという児童，生徒の起立しない自由又は歌わない自由を制約するものであるから，児童，生徒の起立しない自由又は歌わない自由を保障する具体的措置がとられない限り，個人原告ら教職員に対しても，起立

---

64) 佐々木・前掲注41)思想良心301頁以下，317頁以下．生徒に対する「外面的行為の強制」の例としては，20条の問題ではあるが，「剣道実技拒否事件」が挙げられている．同・前掲注41)「人権」論46頁以下．なお，本章による整理の仕方との関係で注意すべきは，佐々木は制約論に先行して保護領域を論じないことである．この点には立ち入らない．

65) 浦部ほか編・前掲注59)252頁(西原発言)，佐々木・前掲注41)思想良心319頁．

して斉唱することを強制することはできず，本件職務命令は違法である」かどうか，が争点となっている．「ピアノ伴奏拒否事件」の原告が，「君が代」斉唱が子どもの思想・良心に対する制約とならないような措置がとられないまま，「強制的に実施されて」いる状況下で，「『君が代』斉唱のピアノ伴奏をすることは，子どもに対する強制に手を貸す手段」となるから，本件職務命令は違法だという主張をしていたのも，同じ方向での理論構成である．このような原告の主張に対して，「ココロ裁判」の福岡地裁は，Ⅱ2⑧のように，教師に対して職務命令を出したとしても生徒の思想・良心の自由に対する制約とはならない，とした．また「ピアノ伴奏拒否事件」の東京地裁も，Ⅱ3③のように，簡単に原告の主張を退けている．

西原説はおそらく上述のような原告側の主張を，より理論的な形で定式化しようとするものである．「教師が国旗・国歌の指導に反対するのは，多くの場合，自分一人の良心の自由が関わるからではない．子どもたちの基本的人権が侵されるからである」[66]という想定をした上で，「子どもの人権を保護する義務を行使する」教師の活動は，職務命令に反しても違法性が阻却される，という論法である[67]．この際に教師が援用する法的な根拠条項は明示されていないが，19条なのだと思われる．しかしその後の西原説は，注54)で見たように，「子どもの基本的人権を代位的に行使」するという構成をとるようになっている．前者の構成は，前記(注26)の定式を用いると，「教育公務員たる『教師』の立場」にかかわって19条侵害を問題としている，と位置づけられるものと思われる．

しかし，さらに別の構成も提唱されている．例えば，当該職務命令によって，「『教師』の独立した職務権限」や「『教師』の職責」が侵害されたとする見解である．この見解において「独立した職務権限」や「職責」の法的根拠は，それぞれ学校教育法28条および憲法99条だと考えられているようである[68]．また前節で触れたように，教師に対する職務命令は教師に対するものであるのだから，これに対する義務免除もあくまで「個人としての」教師の権利論のな

---

[66] 西原・前掲注29)良心の自由461頁．
[67] 西原・前掲注29)良心の自由462頁．本章・注54)も参照．
[68] 新岡・前掲注25)72～75頁．

かで処理すべきだという論理も当然にあり得るはずである[69]．

　こうして見ると，第二の局面は結局，教師の「思想・良心の自由」論に吸収されることになるように思われる．

3　正当化

　(1) 本章で扱っている裁判例は，生徒の思想・良心の自由に対する制約の有無について判断していないか，あるいは制約がない，という立場のようである．したがって，制約があった場合にそれはいかに正当化されるのか，はそもそも問題とはなっていない．

　(2) 学説ではいかなる議論がなされているか．ここでも上述した二つの場面に分けて論述する．

　第一は，卒業式や入学式において「君が代」に際して起立・斉唱すること自体が生徒の思想・良心の自由に対する制約となる，とされる場面である．ここではさらに場合が分かれる．一つは，従来の通説のように，「君が代」斉唱の組み入れ方の如何を問わずに，組み込まれているだけでそもそも「沈黙の自由」に対する制約がある，とする論法があった．この立場は，「沈黙の自由」は絶対的に保障され，制約があればすべて正当化されえない，と考えているものと思われる．しかし，基本的にはこの立場を基礎としながら，さらに類型化を試みる見解もある．「憲法19条(とりわけ「沈黙の自由」)の枠組みでまず中心的に扱われるべきは，『日の丸』『君が代』に敬礼・斉唱できない『弱い個人』の，内心の望まぬ外部への結果的表出に，どのような憲法上の保障を及ぼすか，である」．これは「憲法19条の『沈黙の自由』の下で絶対的に保護されなければならない」．これに対して，「敬礼・斉唱しないという選択のできる『強い個人』の積極的な内心の外部的表出は，他者の存在を前提としているから，無制約ではなく，『表現の自由』に対する制約の法理が妥当する」[70]（強調は原文）．つまり，後者では，何らかの形での正当化の議論がなされることになる．しかし，二つの類型によって違憲審査に関してこのような大きな違いが生じるのであれば，訴えを起こす者はすべて前者の問題として主張するであろう．この類

---

[69] この点については本文4で後述する．
[70] 新岡・前掲注27)250頁．

型が内心のありかたを基準としているように思われるだけに，その判断は難しくなるのではないか．

　二つめとして，西原説や佐々木説では，儀式に「君が代」が組み込まれているというだけでは，生徒の思想・良心の自由に対する制約は生じない．西原説では，「不参加選択の期待可能性と，不参加可能性の通知という二つの基準」が，「『君が代』斉唱への参加が本人の自発的意思に基づくものであることを確保する条件」とされ，「これらの条件が十分に満たされていない所では，違法な強制状態が発生することになる．児童・生徒が不参加を選ぶ可能性を十分に整った形で制度的に構築することなく『君が代』斉唱が行われれば，そうした儀式の挙行自体が，思想・良心の自由を侵害する違法な強制を含むものとして，憲法違反となる」[71]．つまり，制度の構築の場面で，思想・良心の自由を保障する仕組みがなければ，儀式の挙行自体が制約となり，それが正当化されることはない，と考えられている．そのような仕組みを組み込んだ制度が構築された後，「『君が代』斉唱が自らの思想・良心を侵害するとの立場を採り，その蓋然性を申告する者に対しては，『君が代』斉唱が強制されてはなら」ず，個別的に免除が認められる．しかし，この「思想的・良心的行為の自由」も絶対的に保障されるわけではない．「どうしても公権力が実現しなければならない目的を果たす唯一の手段として，この思想的・良心的行為の自由に対する制約が正当化される場合はあり得る」[72]．

　これに対して佐々木説では，「外面的行為の強制」型の制約があれば，「この場合は個別的な『衝突』審査を行い，内面の深いレベルで実際に君が代を歌う行為と衝突するような内面を持っている人に限って，個別的免除が認められる，ということなのであって，国歌斉唱を卒業式に含めるという儀式全体は有効なものとして維持される」[73]．生徒の思想・良心の自由に対する「自発的行為の強制」型の制約があれば，「公権力が，自発的行為を強制することは憲法上許されない」[74]．この類型の制約は正当化されることはない，と考えられている

---

[71] 西原・前掲注29)良心の自由 439 頁.
[72] 西原・前掲注29)良心の自由 432 頁. 本文で紹介したのは主観的権利にかかわる議論であり，これとは別に客観法レベルでも議論がなされている．
[73] 佐々木・前掲注41)思想良心 303 頁.
[74] 佐々木・前掲注41)思想良心 311 頁.

ようである．また，「その効果としては，その強制が全体として（誰に対しても）違憲無効となる」[75]．このように，両者ともに二つの場面を分けた議論をし，一方では制約を生ぜしめると判断される儀式は正当化されえず，その効果として儀式自体が違憲となると考えられるのに対し，もう一方では制約は厳格な審査を経て正当化される可能性があり，正当化されなかった場合の効果も個別的免除とされていることは共通である．しかし大きな違いは，繰り返し述べているように，二つの場面の区別の仕方にあった．

(3) 第二は，卒業式や入学式において教員に対して，「君が代」の起立・斉唱を強制することが，生徒に対する思想・良心の自由の侵害となる，とされる場面である．ここで援用されるのは，「個人」としてか，「教師」としてかの違いはあるにしても，基本的には教師の思想・良心の自由であったから，制約の正当化に関する議論は上述したⅣ3と重なっているため，ここで再言する必要はない．

4　小括

(1) 「君が代」強制と生徒の思想・良心の自由に関する裁判例や学説の立場も，一様ではなかった．前節と同じく本節でもそれらを，裁判例や学説が必ずしも意識してはいない，三段階審査の手法を用いて整理することを試みてきた．まず，生徒の「君が代を歌えない」という考えなどは，もちろん個別的な審査が必要ではあるが，19条の保護領域に入る可能性が高いという理解は，学説では共有されている．これに対して，生徒への「君が代」に際する起立・斉唱の強制が正面から争われた裁判例が存在しないため[76]，裁判所の見解は必ずしも定かではない．

(2) 「君が代」訴訟に関して，前節で確認したように，この時期の学説において，教師については主に正当化審査の段階で見解が分かれていた．これに対して生徒に関しては，見解の相違は主に制約の審査の段階で生じている．これは，教師については職務命令や懲戒処分が出されていることから，制約があることは明らかであるのに対して，生徒についてはそのようなことはなされてい

---

75)　佐々木・前掲注41)思想良心311頁．
76)　米沢・前掲注13)55頁．

ないという事情による．

　ではいかなる場合に，生徒の思想・良心の自由に対する制約が生じるのか．学説における対立点の一つは，市川のように，卒業式や入学式で「君が代」斉唱を行うこと自体が，生徒の思想・良心の自由の一内容としての「沈黙の自由」に対する制約となると考えるか，あるいは西原や佐々木のように，生徒に対する強制がない形での「君が代」斉唱の組み込みは違憲ではなく，良心的な決断をする必要がない状況まで個人の権利として保障されてはいないと考えるか，にあった．この争点については，西原説のように「強い個人」を前提として考えると，「弱い個人」の人権保障が取りこぼされることになるという趣旨の批判も有力にある[77]．このような見解の意図するところは理解できるが，「この問題を沈黙の自由として捉えると，歌いたくない側の立場が特権化されてしまう」ということはやはり無視できない．「歌いたくない者の思想・良心の自由も，自分一人が歌わずにすむ環境が保障されればそれで充足され，他者に対して歌うなと要求する権利を含んでいない」，と考えるべきであろう[78]．

　(3) 第二に，どのような仕方であれば卒業式や入学式に「君が代斉唱」を組み込むことができるのかという点についてである．西原，佐々木両説においては，強制を「法的なものから事実上のものに広げ」て理解するという方向性については共通性がある．しかし，何が許容されない強制か，どうすれば憲法に反しない形で卒業式や入学式に「君が代斉唱」を組み込むことができるのかについては，見解が一致していない．例えば佐々木説では，同調圧力が働かないように「着席のまま歌わせる」という案が提唱されている[79]．この提案に対しては，「『刺激』の受容段階での選択可能性が制度的に保障されたとは言え」ない，という批判がある[80]．西原説で提唱されている，事前の通知と不参加可能性の告知という要件は，佐々木説で否定されているのかは定かではな

---

77) 新岡・前掲注27)248頁以下．この見解については，本章・注70)の本文も参照．
78) 西原・前掲注29)子どもたち29頁以下．同旨，大島佳代子「学校における子どもの人権」高見勝利ほか編『日本国憲法の再検討』(有斐閣，2004年)68頁，米沢・前掲注13)55頁．なお後年の西原は，「実は私が想定しているのは，一般に憲法学で言う『自律的個人』よりは，かなり優柔不断でだらしない存在であっても，でも嫌なものは嫌だと，とりあえず嫌だと言ってみる」個人だ，と説明している．西原ほか「〔座談会〕思想・良心の自由」ジュリ1395号(2010年)134頁．
79) 佐々木・前掲注41)思想良心318〜319頁．
80) 新岡・前掲注27)245頁．

第2部 現代日本における「思想・良心の自由」

いが,合憲的な「君が代斉唱」の組み入れのためには望ましい要素ではあろう.それが受容されているのであれば,この見解においても,「『刺激』の受容段階での選択可能性」は「制度的に保障された」と言えるように思われる.他方西原説においても,要点は参加の自発性の確保だったのであるから,佐々木説による提案も特に否定されるわけではないであろう.こうした提案は政策的には支持できるが,そのような工夫がない式典自体を違憲とまで言うことは,少なくとも裁判上は受容される可能性が低い主張であるように思われる.

(4) 学説における対立点の第三は,生徒の思想・良心の自由に対する制約があるとした場合,いかなる理論構成でそれを裁判で争うことができるか,という点にあった.生徒の思想・良心の自由に対する制約を主張すべきは,第一次的には,生徒やその親であろう.しかし,生徒に対する「君が代」の強制はこれまでのところは間接的な形でなされているため,生徒や親がそれを直接に争うことはされていない.そこで,本章で扱ってきたような教師に対する懲戒処分の事例において,教師が第三者である生徒の思想・良心の自由に対する許されない制約の存在をも引き合いに出すという形の主張がなされてきた.学説における代表的な見解は,「子どもの人権を保護する義務を行使する」教師の活動は職務命令に反しても違法性が阻却される,と論じていた.この見解は,その後,「子どもの基本的人権を代位的に行使」するという構成をとるようである.しかしⅣ4で言及したように,教師に対する職務命令や懲戒処分は,基本的には「個人としての」教師の思想・良心の自由の問題として考えるべきであると思われる.

現在の憲法学において,公権力の行為と自己の権利・利益の関連性が立証されている場合には,違憲・違法の理由として,第三者の権利侵害を主張できることは,広く承認されている.ただし,「第三者の憲法上の権利の主張のほとんどは自己の憲法上の権利侵害の主張として」構成でき,「純然たる第三者の憲法上の権利の主張が問題となる場合は実はそれほどない」[81]という一般論における指摘は,ここでも当てはまるように思われる.そのような構成をとらず,また「個人としての」教師の思想・良心の自由にも拠らない場合に,教師は,

---

81) 市川正人「憲法訴訟の当事者適格・再論」米沢広一ほか刊行代表『佐藤幸治先生還暦記念 現代立憲主義と司法権』(青林書院,1998年)670頁.

Ⅲ3で触れた「並存説」を前提とすれば，「教師の職務権限」といった法律レベルの規範を根拠に争うことが可能であろう[82]．しかしまた，法律改正で削除・修正できない「教育の自由」という憲法上の規範を根拠にすることも考えられ得る．なおこれらの構成においては，教師に対する職務命令の有効性を否定する際には，必ずしも生徒に対する19条違反が成立している必要はないということになるだろう．しかしながら，教師が職務命令の有効性を争おうとする際に教師の「教育の自由」を援用することが「思想・良心の自由」を援用するよりもより強力な議論となるかというと，必ずしもそういうわけでもない[83]．むしろ，本章で見てきたように，「思想・良心の自由」論のほうが蓄積が多いとも言えそうである．また，その後の最高裁は「教育の自由」の争点を取り上げてもいない．そうすると，問題は，「教師としての」思想・良心の自由という観念が成立し得るかどうか，にある[84]．これは想定できないと考えるのであれば，生徒の思想・良心の自由を守るためになされる教師の行為は，「職務権限」を援用することとなる[85]．あるいは，「個人としての」教師の思想・良心の自由の内実を，「職責」の観点によって充塡していくことが望ま

---

[82] その他，佐々木・前掲注41)思想良心320頁は，「人権」論ではなく，「生徒に対する憲法19条違反の行為を行うよう命じる職務命令には，教員に服従義務がない」という理論構成を提唱している．また，国立市立第二小学校の「ピースリボン裁判」においては，原告側は「教師の職責」を正面に出した主張を行っているようである．佐久間真弓「ピースリボン裁判──子どもたちから『自由』を奪わないで」週刊金曜日598号（2006年）9頁．人権論による理論構成と「教師の職務権限」「服従義務の不在」や「教師の職責」による理論構成の優劣はなく，それぞれは相互に排他的なものでもない，と思われる．

[83] 大島・前掲注78)69頁以下は，「教師の教育の自由が，具体的にどのような内容をもち保障の範囲はどこまでかという論点については，必ずしも十分な議論がなされてきたとはいえない」と指摘した上で，学テ判決では，「教師の教育の自由の内容として，教師が公権力によって特定の意見のみを教授することを強制されないこと，教授の具体的内容および方法につきある程度自由な裁量が認められた」と理解する．そしてそこから，「日の丸・君が代について，教師が公権力によって特定の意見のみを教えるよう強制されない限りは，教師の教育の自由の侵害があったとみなすことはできない」と論じている．

[84] 西原・前掲注29)良心の自由413頁は，「『裁判官としての良心』という定式が，『裁判官である自分を意識した良心』という意味なら，『個人としての良心』と何ら変わる所はない」と述べている．この文章は，そのまま教師にも置き換え得るであろう．しかし他方，同・前掲注29)子どもたち7頁は，「個人としては『君が代』大好き」だけれども，子どもたちを守らなければならないという責任感の下，国歌を立って歌えない教師」が何人もいる，としている．「教師としての」思想・良心の自由という観念は，西原が裁判官に関して論じたように，実際上不要であり，また人権理論上は混乱を招きかねないものと思われる．

[85] 第三者の権利の援用という観点でいえば，当事者と第三者が特別な利害関係で結ばれている場合は，第三者の権利を保護することが当事者自身の権利として構成され得ると説かれ，その例として教師と生徒の関係が挙げられることがある．駒村圭吾『憲法訴訟の現代的転回』（日本評論社，2013年）374〜376頁．

る．

　(5) 第四に，正当化の段階における見解の違いは，主に，制約についての類型化という問題と連動しているように思われた．佐々木説における「外面的行為の強制」型と「自発的行為の強制」型の区別は，内心の問題ではなく，「社会的意味付けの次元」で決せられるとされている．しかし，このどちらの類型に該当するかによって正当化の難易や正当化されなかった場合の効果について大きな差異が生ずるにもかかわらず，この区別を結論の先取りではない形で判然となし得るかということには，いまだ疑問の余地が残されているように思われる[86]．また「外面的行為の強制」という類型化は，「個人として『君が代』にけっしてコミットする行為を行いたくないという信念を持っていても，その信念を傷つけることなく，その職務上の行為に携わることができる」という想定の下でなされているが，果たして「自己の思想・良心の有り様と見事に切り離して行動することが」できるのか，という疑問も出されている[87]．この批判は，前節で見たように，近年の通説的見解が，一定の範囲で外部的行為をも内心の自由の保護領域に含めようとしていることと同一の思考に基づくものであろう．逆側から表現すると，佐々木説は内心と外部的行為の二分論により忠実な側面も含んでいるということである[88][89]．

　生徒やその親が，生徒の思想・良心の自由に対する制約を争点とするという

[86) 佐々木説では，注82)で触れたように，「生徒に対する憲法19条違反の行為を行うよう命じる職務命令には，教員に服従義務がない」と説かれる．そして続けて，「この場合には，生徒に対する憲法19条違反をまず論証しなければならない」として，「自発的行為の強制」型で行くのか，「外面的行為の強制」型で行くのか，という問題設定をしている．同・前掲注41)思想良心321頁．しかし，この二つの区別が「社会的意味付けの次元」で決せられるのであれば，そのような問題設定はそもそも生じえないのではないか，と思われる．
87) 新岡・前掲注26)68～69頁．
88) 本文Ⅳ4において，内心と外部的行為の二分論を部分的に修正しようとする最近の通説的な見解は，哲学的な基礎づけを必要と考えていないことを指摘した．これに対して従来の議論においては，例えば，謝罪広告事件に関する最高裁判決の田中耕太郎補足意見が，カント哲学に依拠しつつ，この二分論を採用していた．最大判昭和31年7月4日民集10巻7号785頁(788頁以下)．近年では阪本昌成が，言語哲学に依拠しながら，二分論を採用している．同『憲法理論Ⅲ』(成文堂，1995年)8頁以下，30頁以下．法解釈観の違いの現れと思われる．佐々木説については，本書第3部第1章Ⅲ3も参照．
89) なお，西原博史「『君が代』裁判と外部的行為の領域における思想・良心の自由の意義」労旬1709号(2009年)11頁は，佐々木説は，「体系的な切り分けが不十分な点において憲法解釈の補助的枠組としての有用性を欠く．非人格化されて企業の機関名による文書の形で掲げられた『陳謝』はもはや個人の人格との関連，ひいては思想・良心との関連を切断されているが，佐々木の理論はそうした考慮を組み込む余地がない」，という．

最も典型的な事例においては，判断枠組みとしては西原説がむしろ素直な構成であるように思われる．つまり，まず，卒業式や入学式への「君が代」の組み込みの仕方が審査される．それが合憲的であれば次に，個別的免除が認められるかが審査される．生徒の思想・良心の自由に対する制約の正当化は，職務命令に従う義務などが課せられている教師と比して，当然より難しくなる[90]．ただしそうした訴訟は，そもそも訴訟要件を満たさないとされることが多いだろう．

VI　結びに代えて

本章では，「君が代」訴訟の初期段階における裁判例と学説を，三段階審査の手法を道具立てとしながら，考察してきた．この時期には，訴訟は地裁で判決がなされるほどの進行状況だったため，学説はかなり自由に，理論的な観点から論ずることができていた．本章は，現在の学説の出発点を確認するために，それらを交通整理することを試みた．この時期の学説では，「君が代」の憲法適合性や，生徒に対する強制ないし同調圧力に着目して，「君が代」斉唱を組み込んだ儀式自体の違憲性が真剣に論じられていた．このような状況は，職務命令違反に対する不利益処分等の適法性が主たる争点となっている今日の判例動向からすると，隔世の感がある[91]．次章以下では，個々の学説よりも，むしろそうした判例の動きに重点を置いて検討を行いたい．

---

90) 大島・前掲注 78) 72 頁．
91) もっとも近年でも，学説上は，起立斉唱の義務づけに代わって任意の自発的な起立斉唱を導入すると，式の現場はそれこそ純粋な思想表明の場になるという危惧を示しつつ，「象徴が象徴として機能し続けるためには，政治的不和と疑心暗鬼の現場からそれを遠ざけておく必要」があるとして，「公式行事では何も求めない」ことを推奨する見解が示されている．駒村・前掲注 85) 155～156 頁．それが実現できれば，本章が検討の対象としてきたような苦労は生じなかった．

第 2 章　公教育における「君が代」と教師の「思想・良心の自由」
――ピアノ伴奏拒否事件と予防訴訟を素材として

I　はじめに

　公教育と「君が代」については，長い紛争の歴史があり，裁判例も積み重なっている．学校の儀式的行事における「君が代」にかかわる事例では，かつては，卒業式・入学式における「君が代」斉唱に対する教師による積極的な反対活動を理由として，懲戒処分がなされたことを争うものが多かった．しかしその後「君が代」斉唱実施が確立した結果，「君が代」斉唱に際する不起立やピアノ伴奏拒否といった，教師の消極的な抵抗に対して懲戒処分などがなされたことを争う事件が多い．2000 年代初頭，全国でもとりわけ強硬な姿勢をとっていた東京都教育委員会が被告となった裁判について，相次いで判決が下されている[1]．そのなかでも本稿執筆時(2007年)においてとりわけ重要なものは，小学校の入学式において音楽専科の教師に対してなされた「君が代」ピアノ伴奏の職務命令，およびその違反にかかる戒告処分が争われた事件に関して，一審原告による上告を退けた最高裁判決である[2]．本章では，この判決で示された最高裁の見解を，同事件の一・二審判決[3]，および卒業式・入学式における「君が代」斉唱・ピアノ伴奏義務の不存在確認，同義務違反を理由とする処分の差止めなどを求めた事件(以下では「予防訴訟」という)において，原告の請求を認めたことで注目された東京地裁判決[4]と対比することによって，その特徴

---

[1] 2006 年ごろにおける状況の概観として，市川須美子「日の丸・君が代裁判の教育法的検討」日本教育法学会編『教育基本法体制の危機と教育法〔日本教育法学会年報36号〕』(有斐閣，2007年)101頁以下，伊藤清江「東京『日の丸・君が代』訴訟の事態の推移」法と民主主義411号(2006年)30頁以下など．一般的な文献として，村上義雄『暴走する石原流「教育改革」』(岩波書店，2004年)，「日の丸・君が代」処分編集委員会編『「日の丸・君が代」処分』(高文研，2004年)．青木茂雄『「日の丸・君が代」強制の次に来るもの』(批評社，2006年)は，予防訴訟の原告の一人によるもの．
[2] 最三小判平成19年2月27日民集61巻1号291頁．
[3] 東京地判平成15年12月3日判時1845号135頁，東京高判平成16年7月7日判例自治290号86頁．両判決は，かなりの部分において同一のものである．この判決については，本書第2部第1章II3を参照．

と問題点を探りたい．この二つの事件は対象を異にし，また訴訟の形態も違うため，直接に比較することはできない．しかし，ピアノ伴奏をする義務の存否，および校長の職務命令と教師の「思想・良心の自由」に関する判断は共通であるため，主にこの部分を抽出して検討したい5)．

本章が分析の枠組みとして用いるのは，三段階審査の手法である．この審査手法を導入することによって，本章は特に何か新しい思考を提唱しようとするものではない．日本の裁判所も暗黙のうちに部分的にはこのような思考を前提としているか，あるいはこの手法を用いれば裁判所の思考をより明快に整理し得るのではないか，という趣旨である．

II 保護領域

1 裁判所の見解

(1) ピアノ伴奏拒否事件において，一審原告は，①「君が代」は過去の日本のアジア侵略と密接に結びついており，これを公然と歌ったり，伴奏することはできない，②子どもの思想・良心の自由を実質的に保障する措置がないままに，「君が代」を歌わせるという人権侵害に加担することはできない，③雅楽を基本にしながらドイツ和声を付けたという音楽的に不適切な「君が代」を，平均律のピアノというさらに不適切な方法で演奏することは音楽家としても教育者としてもできない，という思想・良心を有している，と主張した．一・二審は，「原告は……〔上記〕のとおりの思想・良心を有していることが認められる」として，これらの主張を，特に何も検討することなくそのまま受け入れ，思想・良心の自由の保護領域に入るものと認めた．

これに対して最高裁の多数意見は，違う道をとった．まず，上告人が主張した①および②の考えは，「上告人自身の歴史観ないし世界観及びこれに由来する社会生活上の信念等」であることを認める．しかしながら，「学校の儀式的行事において『君が代』のピアノ伴奏をすべきでないとして本件入学式の国歌

---

4) 東京地判平成18年9月21日判時1952号44頁．
5) 本章では，予防訴訟の要件といった行政法学上の論点については言及しない．また，旧教育基本法10条の「不当な支配」についての議論も，2006年に法改正がなされた結果，判示の先例としての意義については吟味する必要があるため，考察の対象からはずしておく．

斉唱の際のピアノ伴奏を拒否することは，上告人にとっては，上記の歴史観ないし世界観に基づく一つの選択ではあろうが，一般的には，これと不可分に結び付くものということはでき」ない，とした．つまり，この判示部分では，上記の「社会生活上の信念等」が行方不明になるとともに，ピアノ伴奏を拒否することが「一般的には」憲法 19 条の保護領域に入っていない，と述べたと解し得る．しかしその文章に続けて「上告人に対して本件入学式の国歌斉唱の際にピアノ伴奏を求めることを内容とする本件職務命令が，直ちに上告人の有する上記の歴史観ないし世界観それ自体を否定するものと認めることはできない」という，制約がないという趣旨の文章が置かれているため，判決の理解が困難となる．なお③の考えについては，付け足しとして触れられるにとどまった．

(2) 予防訴訟の東京地裁は，最高裁とは全く異なる立場であった．判決は，「現在においても，なお国民の間で宗教的，政治的にみて日の丸，君が代が価値中立的なものと認められるまでには至っていない」とした上で，「公立学校の入学式，卒業式等の式典において，国旗掲揚，国歌斉唱をすることに反対する」という「世界観，主義，主張を持つ者の思想・良心の自由も……憲法上，保護に値する権利というべき」と述べる．もちろん，「入学式，卒業式等の式典において国歌斉唱の際に起立しないこと，国歌斉唱しないこと，ピアノ伴奏をしないことを選択する理由は様々なものが考えられ」るが，「前記日の丸，君が代に関する現在の状況に照らすと，宗教上の信仰に準ずる世界観，主義，主張に基づいて，入学式，卒業式等の式典において国歌斉唱の際に国旗に向かって起立し，国歌を斉唱することを拒否する者，ピアノ伴奏をすることを拒否する者が少なからずいる」，と論じたのである．

2　検討

(1) 本章で扱っているような事例において，教師が依拠すべきなのは，教師である「個人」の憲法上の権利なのか，「教師」の職務権限や職責なのかについては，学説上多くの議論がなされてきた[6]．ピアノ伴奏拒否事件において，

---

6) この点についても，さしあたり，本書第 2 部第 1 章を参照．

原告が主張した①は，教師である「個人」の「思想・良心の自由」であるのに対し，②と③は，むしろ「教師」の職務権限や職責からの基礎づけになじむものであろう．しかし裁判所において，そのような構成の違いは，ほとんど意味をなしていないようである．各裁判所とも，事案を基本的には「個人」としての教師の「思想・良心の自由」とのかかわりで論じている．また実際にも，それぞれの教師にとって，①～③は区別し難い形で併存しているものと思われる．

(2) ピアノ伴奏拒否事件における最高裁多数意見が，ピアノ伴奏を拒否することは「一般的には」19条の保護領域に入らないとしているかのようであることに対しては，「本件の核心問題は」，「一般的には」そうであるとしても，「上告人の場合はこれが当てはまらないと上告人自身が考える点にある」という，那須弘平裁判官の補足意見による指摘が適切である．別言すれば，もし多数意見が「一般的には」という論理で19条の保護領域にかかる判断を行おうとするものであるならば，「思想・良心のあり方が個人によって多様であるという出発点を無視する」「暴論」[7]，と評されても致し方ない．

判例掲載誌の匿名解説によると，「本判決は，Xの歴史観ないし世界観という，いわばXの内心の核心部分を直接否定するような外部的行為であれば，これを強制することが憲法19条の問題となり得るものととらえた上で，本件職務命令によって命ぜられる行為はそのような外部的行為に当たらないと判断した」，とされている．つまり，判決は外部的行為との関連では，「思想及び良心の自由」の保護領域を「内心の核心部分に限定する」と考え，本件ではそこにかかわっていないと判断した，という説明だと受け取る余地があった[8]．しかしそう解したとしても，なぜ「本件職務命令によって命ぜられる行為」が「Xの内心の核心部分を直接否定するような外部的行為」ではないのかについては，結局「一般的にみて」そうではないとしか理由づけられていない．その

---

[7] 西原博史「判批」世界765号(2007年)141頁，多田一路「判批」法セ630号(2007年)112頁．ただし，保護領域や制約に関する判断が完全に基本権主体の主観に委ねられてよいのか，という問題は別にある．「一般的に」という議論の仕方はそもそも適切ではないと思われるが，仮にその類の論理を用いるとしても，一般人が当該個人の立場であればどう考えるか，といった基準に拠るべきであろう．そのような基準であれば，本件における判断も異なるものになったはずである．

[8] 判タ1236号110頁．さらにそこでは，「本判決の上記判示は，あくまで外部的行為の強制との関連におけるものであって，同条による保障が及ぶ『思想及び良心』の内容一般について内心の核心部分に限定する旨を判示したものではない」，とされている．

ため，上述した懸念は払底できないように思われる．もし多数意見をそのように読まないとすれば，最高裁は「一般的には」どうかという判断を行ったにすぎず，上告人のもつ考えが「思想・良心の自由」の保護領域に入るかどうかの判断はしなかった，と解する可能性もないではない．

(3) ピアノ伴奏拒否事件の最高裁判決には，藤田宙靖裁判官の反対意見による，重要な指摘が付されていた．つまり，本件において問題とされるべき上告人の「思想・良心」とは，「『君が代』が果たしてきた役割に対する否定的評価という歴史観ないし世界観それ自体」もさることながら，それに加えてさらに，「『君が代』の斉唱をめぐり，学校の入学式のような公的儀式の場で，公的機関が，参加者にその意思に反してでも一律に行動すべく強制することに対する否定的評価(従って，また，このような行動に自分は参加してはならないという信念ないし信条)」といった側面が含まれている可能性があるのであり，また，後者の側面こそが，本件では重要なのではないか，というものである．その上で，上告人の「思想及び良心」とはどういうものかについて検討するために，本件を原審に差し戻すべきことが主張された．この考え方は全く新しいものではないのかもしれない．しかし，それが最高裁の判決のなかで明示的に論じられたという意義は大きい．この思考は他の問題領域における判断にも影響を与え得るものであるだけに，なおさら注目しておきたい[9]．

(4) 最高裁による保護領域にかかわる「一般的」な判断方法については，上述したような批判があった．他方で予防訴訟の東京地裁についても，別の形で「一般的」な判断方法であるという非難がなされている．この問題については，最後に改めて論じたい．

---

9) 例えば，強制加入団体が政治献金なり災害への復興支援金なりを義務づけることが構成員の「思想・良心の自由」に反しないか，が問題とされてきた．その際，構成員の「思想・良心」の内容は，政治献金や災害への復興支援金に対する評価もさることながら，強制加入団体が，その構成員にその意思に反してでも一律に行動すべく強制することに対する否定的評価が問題であった可能性がある，といったことである．本書第2部第5章，第6章を参照．この藤田反対意見に関しては，さらに，渡辺康行「最高裁判所判事としての藤田宙靖」阪口正二郎ほか編『浦田一郎先生古稀記念　憲法の思想と発展』(信山社，2017年)807頁以下．

Ⅲ　制約

1　裁判所の見解

(1) 原告のもつ考え方が19条の保護領域に入ることを認めたピアノ伴奏拒否事件の一・二審判決は，次に，職務命令がそれに対する制約となるかどうかを判断する．つまりこうである．「本件職務命令は，本件入学式において音楽専科の教諭である原告に『君が代』のピアノ伴奏を命じるというものであり，そのこと自体は，原告に一定の外部的行為を命じるものであるから，原告の内心領域における精神的活動までも否定するものではない」．しかし，「人の内心領域における精神的活動は外部的行為と密接な関係を有するものといえるから，『君が代』を伴奏することができないという思想・良心を持つ原告に『君が代』のピアノ伴奏を命じることは，この原告の思想・良心に反する行為を行うことを強いるものであるから，憲法19条に違反するのではないかが問題となる」．こうして，一・二審は，「一定の外部的行為」を強制されないことも19条の保護領域に入るという判断を前提としつつ，職務命令が「思想・良心の自由」に対する間接的な制約となることを認めた．

これに対して最高裁の多数意見は，ここでも違う道を歩み，次の二つを論ずる．ⓐ「本件職務命令当時，公立小学校における入学式や卒業式において，国歌斉唱として『君が代』が斉唱されることが広く行われていたことは周知の事実であり，客観的に見て，入学式の国歌斉唱の際に『君が代』のピアノ伴奏をするという行為自体は，音楽専科の教諭等にとって通常想定され期待されるものであって，上記伴奏を行う教諭等が特定の思想を有するということを外部に表明する行為であると評価することは困難なものであり，特に，職務上の命令に従ってこのような行為が行われる場合には，上記のように評価することは一層困難である」．ⓑ「本件職務命令は，上記のように，公立小学校における儀式的行事において広く行われ，Ａ小学校でも従前から入学式等において行われていた国歌斉唱に際し，音楽専科の教諭にそのピアノ伴奏を命ずるものであって，上告人に対して，特定の思想を持つことを強制したり，あるいはこれを禁止したりするものではなく，特定の思想の有無について告白することを強要

するものでもなく，児童に対して一方的な思想や理念を教え込むことを強制するものとみることもできない」．

(2) 予防訴訟の東京地裁は，ここでも最高裁とは全く異なっていた．「このような世界観，主義，主張を持つ者を含む教職員らに対して，処分をもって上記行為を強制することは，結局，内心の思想に基づいてこのような思想を持っている者に対し不利益を課すに等しいということができる．したがって，教職員に対し，一律に，入学式，卒業式等の式典において国歌斉唱の際に国旗に向かって起立し，国歌を斉唱すること，ピアノ伴奏をすることについて義務を課すことは，思想・良心の自由に対する制約になる」，というのである．さらに，外部的行為を命じているにすぎないという被告の主張に対しては，「人の内心領域の精神的活動は外部的行為と密接な関係を有するものであり，これを切り離して考えることは困難かつ不自然」だとして，上述したような「思想，良心を持つ教職員にこれらの行為を命じることは，これらの思想，良心を有する者の自由権を侵害している」，と判断している．

2 検討

(1) ピアノ伴奏拒否事件の最高裁が，ピアノ伴奏を拒否することが19条の保護領域に入らないと考えたのであれば，職務命令が「思想・良心」に対する制約となるかどうかの審査は不要なはずであった．職務命令が「直ちに」は上告人の歴史観・世界観「それ自体」を否定しないとしても，間接的に制約する可能性について念のために審査し，またそれによって一・二審の解釈を覆しておくという趣旨のものということになろう．これに対して，最高裁は上告人がピアノ伴奏を拒否することが19条の保護領域に入るかどうかを留保した上で，制約の有無を決め手とするという趣旨であるのならば，制約とはならないという判断は多数意見にとって決定的な意味をもつことになる．

(2) しかし，最高裁の判示は理解しにくいものである．まず，上記した ⓐ の文章により，「客観的に見て」「特定の思想を有するということを外部に表明する行為」と評価できないとしたことと，ⓑ の文章で，「上告人に対して」の四つの形態による制約と見ることはできないとしたこととの論理的関係は，明らかではない．先にも引用した匿名解説は，ⓐ の文章について，「ある外部的

第2章　公教育における「君が代」と教師の「思想・良心の自由」

行為の強制が内心の核心部分を直接否定するものでなくても，その性質，効果等に照らしてそれと同様の作用を及ぼすことも考えられるところ，上記判示は，本件職務命令に係る入学式での『君が代』のピアノ伴奏という行為が，その客観的性質，効果等に照らしてそのような問題を生じさせるものではない」，とする．さらにⓑの文章は，「思想及び良心の自由の侵害となる典型的な場合にも当たらない旨を明らかにし」た，と説明している[10]．

　そもそも「客観的に見て」という基準によって制約の有無を判断することについては，「一般的には」という論法で保護領域に関する判断をすることと同じ問題がある．また，ⓐの文章ではⓑで示された四つのうちの一つの形態における制約がとりあげられ，「客観的に見て」本件では制約はないとされている．しかし，藤田反対意見が指摘するように，「上告人が，多数意見のいうような意味での『歴史観ないし世界観』を持っていること自体は，既に本人自身が明らかにしていることであ」り，また「このような告白をしたからといって，そのこと自体によって，処罰されたり，懲戒されたりする恐れがあるわけで」もない．ⓐの文章は，最高裁による思考を適切に示しておらず，本件において制約がないとするための理由づけとはなっていないように思われる．

　最高裁は，ⓐの文章で述べられた「客観的に見て，入学式の国歌斉唱の際に『君が代』のピアノ伴奏をするという行為自体は，音楽専科の教諭等にとって通常想定され期待されるものであって」という理由づけを，本件職務命令がⓑの文章で挙げられた四つの制約類型にも当てはまらない理由ともしている．しかし，最高裁がそこで設定している制約の類型は，上告人が「思想・良心」に反する外部的行為の強制を問題としたかったことに正面からは答えていない[11]．この点では那須裁判官の補足意見が，本件について「信念に反して『君が代』のピアノ伴奏を強制されること」が，本人に「心理的な矛盾・葛藤を生じさせ……ひいては思想及び良心の自由に対する制約の問題を生じさせる可能性がある」と説くのは，適切である．この事件の一・二審，予防訴訟の東

---

10) 前掲注8)154～155頁．
11) もっとも，職務命令が「児童に対して一方的な思想や理念を教え込むことを強制するものとみることもできない」という判断は，本文Ⅱ1で示した上告人による②の主張と対応しているが，否定した理由は明示されていない．もっともその後の最高裁判決では，上告人による同様な主張は取り上げられることもなくなった．

京地裁，最高裁における藤田反対意見，さらに多くの学説も同様な立場をとっているだけに，それらに反対するのであれば，多数意見はより説得的に論じる必要があったように思われる．

Ⅳ 正当化

1 裁判所の見解

(1) ピアノ伴奏拒否事件の一・二審は，職務命令が思想・良心の自由への制約になることを認めた上で，しかし，その制約は正当化され得る，という論理を展開した．学習指導要領により，「入学式において国歌（『君が代』）斉唱の指導が求められていること，『君が代』斉唱の指導を円滑に行うためには斉唱の際にピアノ伴奏をすることが一定程度有効であること」からすれば，原告に対し「ピアノ伴奏を命じる内容の本件職務命令を発する必要性はあった」（二審判決では，選択肢の一つとして「相当性」があった，とされている）．また，「職務命令の発出に当たっては，校長にその裁量権があることをも考慮すると，本件職務命令のような内容の職務命令を発出することの音楽的意義や校長の教職員に対する指導方法としての当否については様々な意見があり得るとしても，発出された職務命令自体は，その目的，手段も，合理的な範囲内のものということができる」．このようにして，「思想・良心の自由も，公務員の職務の公共性に由来する内在的制約を受けることからすれば，本件職務命令が，教育公務員である原告の思想・良心の自由を制約するものであっても，原告において受忍すべきもの」，と判断したのである．

最高裁も，一・二審の上記判示と同じように，公務員が「全体の奉仕者」であるという「地位の特殊性」や「職務の公共性」，学習指導要領の「指導するものとする」という国旗・国歌条項などに言及する．その上で，「本件職務命令は，その目的及び内容において不合理であるということはできない」，という説示を行っている．

(2) これに対して予防訴訟の東京地裁は，対極的な立場をとっていた．まず，「思想，良心の自由といえどもそれが外部に対して積極的又は消極的な形で表されることにより，他者の基本的人権を侵害するなど公共の福祉に反する

場合には，必要かつ最小限度の制約に服する」，という基準が提示される．そして，「学習指導要領の国旗・国歌条項，本件通達及びこれに基づく各校長の本件職務命令により，原告ら教職員の思想，良心の自由を制約すること」が，この基準により審査される．その結果，結論としては，「原告らが都立学校の教職員の地位にあることを考慮しても，同人らの上記行為を制約することは，必要かつ最小限度の制約を超えるものであり，憲法 19 条に違反する」，と判断した．

2　検討

(1)　ピアノ伴奏拒否事件の一・二審と予防訴訟の東京地裁は，ピアノ伴奏の職務命令を教師の「思想・良心の自由」に対する制約となると判断した点においては共通であった．しかしその上で，前者は，職務命令を発する「必要性」(あるいは「相当性」)があり，発せられた職務命令自体の目的，手段も「合理的な範囲内」であるとして，制約を正当化した．これに対して後者は，「必要かつ最小限度」の制約かどうかを審査することによって，制約は正当化されない，という判断を行った．学説の大方は，後者の基準と判断結果を支持している[12]．

(2)　これに対して最高裁は，保護領域に入っていないか，あるいは制約がない，というところで既に原告の主張を退けている．しかし藤田裁判官による，「思想・良心の自由」と「公共の利益」との間の「慎重な考量」を提唱する反対意見も，この正当化の場面でのものと考えられる．それだけに，間接的であれ制約の存在を認めた上で，その正当化審査を行うべきだったと思われる．そして，上記した「本件職務命令は，その目的及び内容において不合理であるということはできない」という文章は，本件職務命令による「思想・良心の自

---

[12] 成嶋隆「判批」法時 79 巻 2 号(2007 年)66 頁は，「講学上の『厳格審査の基準』」だとする．安西文雄「判批」平成 18 年度重判解(ジュリ 1332 号，2007 年)15 頁は，「手段審査は厳しい」という．これに対して，佐々木弘通「判批」セレクト 2006(法教 318 号別冊付録，2007 年)5 頁は，「公権力側にとってのそういうハードルの高さが浮き彫りになる書き方になっていない」と評する．さらに土屋英雄「『日の丸・君が代』装置の本質的意味と強制の違憲性」教育 56 巻 3 号(2006 年)84 頁は，「絶対的保障に準ずる強い保障が与えられる」べきことを主張している．審査基準についてはこのように評価の相違はあるが，この判決の結論は学説では強い支持を得た．ピアノ伴奏拒否事件最高裁判決は，この判決を，卒業式の季節前に否定しておこうとするものであった．

由」に対する制約の正当化にかかわる最高裁のとる審査であるかにも見える.

しかし,最高裁による上記の判示は,そのようなものではないようである.むしろ,本章Ⅲ1で紹介した論旨によって,教師の「思想・良心の自由」に対する制約がないと述べつつ,他方で職務命令自体も「不合理ではない」ということによって,制約がないことを別の側面から理由づけよう(補強しよう)としているもののようである[13].そう解するとすれば,最高裁は制約の正当化に関する議論をしなかったということになる.最高裁の立場からは,する必要がなかったのであるから,このことはありうべき態度である.しかしそうであるならば,最高裁の判断にとって決め手となった保護領域や制約に関する判断が果たして十分に基礎づけられていたのかが,再び問われることになる.

V ピアノ伴奏拒否事件最高裁判決と予防訴訟

(1) ピアノ伴奏拒否事件に関する最高裁判決は,公教育における儀式的行事にかかわる「君が代」をめぐって係属中の多くの裁判に影響を与えることになるだろう.ピアノ伴奏拒否事件において,原告側は,「君が代」斉唱時に起立・斉唱することと,ピアノ伴奏をすることとでは,子どもの自己決定に及ぼす影響,制約への加担の度合いが違うとか,学習指導要領では「国歌を斉唱するよう指導するものとする」という規定はあっても,ピアノ伴奏の義務は規定されていないとかという形で,ピアノ伴奏の義務づけはとりわけ19条違反になるのだ,と主張してきた[14].そのような事案区別の論理を前提とするなら

[13) 匿名・前掲注8)111頁も,結論的に同旨である.なお那須裁判官の補足意見は,本文Ⅲ2(2)で紹介したように,本件職務命令が,「思想及び良心の自由に対する制約の問題を生じさせる可能性がある」と見る.そして,入学式におけるピアノ伴奏は,一方では,演奏者の思想・良心に「深く関わる内面性を持つ」と同時に,他方では,「参列者の国歌斉唱を補助し誘導するという外部性をも有する」とする.その上で,「前記のような両面性を持った行為についても,行事の目的を達成するために必要な範囲内では,学校単位での統一性を重視し,校長の裁量による統一的な意思決定に服させることも『思想及び良心の自由』との関係で許されると解する」,と論ずる.そして,本件職務命令は「必要な措置として憲法上許される」と判断した.これは,「入学式において『君が代』の斉唱を行うことに対する上告人の消極的な意見は,これが内面の信念にとどまる限り思想・良心の自由の観点から十分に保障されるべきものではあるが,この意見を他に押しつけたり,学校が組織として決定した斉唱を困難にさせたり,あるいは学校が定めた入学式の円滑な実施に支障を生じさせたりすることまでが認められるものではない」という理由に基づいている.ここからすると那須裁判官も,結論的には,本件職務命令により上告人の「思想・良心の自由」に対する制約は正当化される,と考えている.

ば，ピアノ伴奏を命ずる職務命令の合憲性が認められるのであれば，「君が代」に際する起立・斉唱についての職務命令なども認められる可能性が高くなる．そうでなくても予防訴訟の東京地裁判決は，かなり思い切った判断であるだけに上級審において見直されることになるだろう[15]．ピアノ伴奏拒否事件最高裁判決を前提とした上で，起立・斉唱を命ずる職務命令の合憲性を争うのであれば，例えば，ピアノ伴奏は「当人の自発性に基づいていなくてもその行為が現実に行われること自体に意味があるという性格の行為」であるのに対し，起立・斉唱は「行為者の自発性ないしは自主性に基づいてはじめて，意味があると社会的・文化的にみなされる行為」であるといった形で事案の区別を行い，後者の類型の行為を強制することについてはより厳格な審査をすべきだと論ずる学説[16]，を援用することなども考えられる．

(2) このような実践的な思考とは別に，ピアノ伴奏拒否事件最高裁判決を理論的に批判していこうという試みも当然にある．ここで注目すべきは，「将来の多数意見を作る基盤」となるのは，予防訴訟の東京地裁判決ではなく，藤田反対意見であることを説く見解である．東京地裁判決は，学説によって高く評価されたが，批判がないではなかった．第一は，「国歌斉唱行為等を拒否する根拠が『宗教上の信仰に準ずる世界観』等に当たるかどうかを，原告各人について確認する手順を，裁判所は踏むべきではないか」[17]，というものである．この批判は，予防訴訟という手段をとること自体にまで向けられたものではない．しかし第二に，同様なことを指摘しつつ，さらに「ありとあらゆる場合に起立義務が存在しないと訴えることは……教師の不起立行為が子どもに対する不当な圧力になっていると主張する道をふさぐことになる」，とする見解もあ

---

14) 前者は上告理由や市川須美子「判批」法時 79 巻 2 号(2007 年)74 頁などでも述べられ，後者は意見書として作成された，戸波江二「『君が代』ピアノ伴奏拒否に対する戒告処分をめぐる憲法上の問題点」早稲田法学 80 巻 3 号(2005 年)117 頁で説かれている．本書第 1 部第 1 章Ⅳ 3(2)を参照.

15) 実際にも見直された．東京高判平成 23 年 1 月 28 日判時 2113 号 30 頁①事件，最一小判平成 24 年 2 月 9 日民集 66 巻 2 号 183 頁.

16) 佐々木弘通「思想良心の自由と国歌斉唱」自由人権協会編『憲法の現在』(信山社，2005 年) 311 頁．後の最高裁は，別の形での「区別」を行った.

17) 佐々木・前掲注 12)5 頁．井上禎男「判批」法セ 625 号(2007 年)107 頁が，「原告 401 人全員に一律に賠償を認めた点は特異」とするのも，国家賠償請求を認めた部分に関して同趣旨の指摘をするものと思われる．もっとも，起立・斉唱・伴奏義務が原告全員に存在しないのであれば，一律に賠償を認めることは，さほど「特異」ではない．

る。この立場が、上述したように、むしろ藤田反対意見を「基盤」とすべきだというのである[18]。

東京地裁が、国歌斉唱義務などを定めた通達や、それに基づく職務命令に関して、それらを拒否する考え方が「思想・良心の自由」の保護領域に入っているかどうかを、原告各人について個別的に判断しなかったことは、確かに疑問とし得るところである[19]。しかし、このような事例において、予防訴訟の可能性を全面的に否定してしまうのは、教師が懲戒処分を受けなければ通達や職務命令の違法性を争いえなくなることから、酷にすぎるのではないか[20]。「予防訴訟」の東京地裁と藤田反対意見は、訴訟類型が異なることもあり、二者択一である必要は必ずしもない。

東京地裁を批判から救う可能性はないのか。原告の間には、いろいろな世界観をもっている人がいるし、これまで起立・斉唱・伴奏してきた人も、そうでない人もいる。しかし「多様な意見を含む原告団に共通していることは、国歌斉唱義務はないのではないか、教師への強制、生徒への間接強制を含めて、およそ教師には強制はなじまないという思いであろう」[21]という主張を、東京地裁は黙示的に前提としていると解す仕方が、まず第一に考え得る。これは、「思想・良心」の内容を藤田反対意見が指摘したような仕方で理解する立場である。その意味での「思想・良心」が共通に侵害されることになると、東京地裁は考えたのかもしれない。しかし判決文には、そう読む手がかりは見出せない。

---

18) 西原・前掲注7)139〜140頁、142〜144頁。西原博史「君が代訴訟再訪」国際人権24号(2013年)5頁でも、東京地裁が「具体的な侵害状況の認定抜きで憲法19条違反を指摘して請求を認容した」ことに対して、「権力闘争としての集団訴訟でマイノリティ性を振りかざす場違い」と、厳しく批判する。
19) 職務命令に従わなかったことにより懲戒処分を受けたときに、その取消しなどを求める場合も、職務命令に従わなかった理由が「思想・良心」の保護領域に含まれるかは、個別的な判断となる。しかし、このような場合は、多大な不利益を受けてまで自分の考え方を守ろうとしているのであるから、「思想・良心」に深くかかわる考え方が基礎にあるとみてよいであろう。しかし予防訴訟の場合は、事情が異なる。他方で、「思想・良心」に該当するかどうかの判断を厳格に要求しすぎると、予防訴訟を認める意義が損なわれかねない、という側面もある。
20) 2004年改正行政事件訴訟法3条7項および37条の4により、「事後訴訟中心主義が、放棄された」といわれる。山本一法司「差止めの訴えの法定」小早川光郎・高橋滋編『詳解 改正行政事件訴訟法』(第一法規、2004年)72頁。
21) 堀尾輝久『教育に強制はなじまない』(大月書店、2006年)4頁。同書は、予防訴訟における意見書および証言からなっている。もっとも弁護団の方針は、原告401通りの苦悩をあえて「根拠を分類」して裁判所にアピールするというものであったようである。澤藤統一郎『「日の丸・君が代」を強制してはならない』(岩波書店、2006年)39頁。

第二の可能性は,「君が代」が「価値中立的なものとは認められ」ていない現状において,教職員に対して「一律に」起立・斉唱・伴奏義務を課すことが客観法的に違法であり,その場合は義務を課される教職員の思想・良心の内容を個別的に認定する必要はないと東京地裁は考えた,という読み方である.もちろん,先の批判はこのような立場はありえないとするものであろうし,それは適切だとは思われる.しかし,「処分を一括して対象にする予防訴訟を認めると,主要な争点が,個別事案よりむしろ,立法・基準等の違憲性・違法性や解釈になる傾向が強まる」ことも,既に指摘されていた[22].この点については,行政法研究者による考察を待ちたい.

VI 結びに代えて

本章では,学校の儀式的行事における「君が代」に際する起立・斉唱・ピアノ伴奏に関する処分をめぐる裁判に関する考察を行った.判決が出されてからさほど時間がたっておらず,関係する文献等も限られているため,より本格的な検討は別の機会に行いたい.なお,「日の丸・君が代」といった象徴によって国民を統合しようとすることの意味とその限界,「グローバリゼーション」や「規制緩和」の時代における新たな国家像と「日の丸・君が代」との関係といった,本章で扱った事件の背後にある大きな問題については,既に多くの研究があるため[23],それらに委ねたい.

---

22) 山本・前掲注20)85頁.また,石崎誠也「判批」法時79巻2号(2007年)69頁.しかし,これらも「思想・良心」にあたるかどうかを個別的に判断する必要を否定しているわけではないだろう.なお,東京地裁は,「原告らの請求は,本件通達及びこれに基づく各校長の職務命令に従う義務がないことを求め,また,上記職務命令に違反したことを理由に処分されないことを求める限度で理由がある」と述べている.「原告ら教職員は,学校の入学式,卒業式等の式典会場で,およそいかなる場合においても,国旗に向かって起立する義務がないこと,国歌を斉唱する義務がないこと,ピアノ伴奏をする義務がないこと,前記各義務を怠ったために懲戒処分されないこと」まで認めているわけではない.前掲注4)67頁.この判決を全面的に維持することはできないかもしれないが,すべて否定する必要もないのではないかと思われる.

23) 西原博史『学校が「愛国心」を教えるとき』(日本評論社,2003年)21頁以下,井上達夫・佐伯啓思「(対論)主権国家にとってナショナル・アイデンティティとは」世界662号(1999年)88頁以下,樋口陽一「『国』とは?『愛する』とは?」世界753号(2006年)78頁以下など.

第 2 章〔補論〕 職務命令と思想・良心の自由
—— 「君が代」ピアノ伴奏拒否事件最高裁判決

最高裁平成 19 年 2 月 27 日第三小法廷判決
（民集 61 巻 1 号 291 頁）

I 事案の概要

X（原告・控訴人・上告人）は，東京都日野市立 A 小学校の音楽専科の教諭として勤務していた．X は，校長から入学式の国歌斉唱に際しピアノ伴奏をするよう職務命令を受けた．しかし X はこれに従わなかったため，録音テープの伴奏により国歌斉唱がなされた．東京都教育委員会 Y（被告・被控訴人・被上告人）は，本件職務命令に従わなかったことが地方公務員法 32 条及び 33 条に違反するとして，同法 29 条 1 項に基づき，X に戒告の処分をした．X は，本件職務命令が憲法 19 条に反し，また上記処分は懲戒権の濫用などのため違法だとして，処分の取消しを求めて出訴した．

一審（東京地判平成 15 年 12 月 3 日民集 61 巻 1 号 426 頁参照）および二審（東京高判平成 16 年 7 月 7 日民集 61 巻 1 号 457 頁参照）は，ともに X の訴えを退けた．そこで X が上告した．なお戒告処分の適法性は，上告審では争われなかった．

II 判決の要旨

上告棄却

(1)「上告人は，『君が代』が過去の日本のアジア侵略と結び付いており，これを公然と歌ったり，伴奏することはできない，また，子どもに『君が代』がアジア侵略で果たしてきた役割等の正確な歴史的事実を教えず，子どもの思想及び良心の自由を実質的に保障する措置を執らないまま『君が代』を歌わせるという人権侵害に加担することはできないなどの思想及び良心を有すると主張するところ，このような考えは，『君が代』が過去の我が国において果たし

た役割に係わる上告人自身の歴史観ないし世界観及びこれに由来する社会生活上の信念等ということができる。しかしながら，学校の儀式的行事において『君が代』のピアノ伴奏をすべきでないとして本件入学式の国歌斉唱の際のピアノ伴奏を拒否することは，上告人にとっては，上記の歴史観ないし世界観に基づく一つの選択ではあろうが，一般的には，これと不可分に結び付くものということはできず，上告人に対して本件入学式の国歌斉唱の際にピアノ伴奏を求めることを内容とする本件職務命令が，直ちに上告人の有する上記の歴史観ないし世界観それ自体を否定するものと認めることはできない」。

(2)「他方において，本件職務命令当時，公立小学校における入学式や卒業式において，国歌斉唱として『君が代』が斉唱されることが広く行われていたことは周知の事実であり，客観的に見て，入学式の国歌斉唱の際に『君が代』のピアノ伴奏をするという行為自体は，音楽専科の教諭等にとって通常想定され期待されるものであって，上記伴奏を行う教諭等が特定の思想を有するということを外部に表明する行為であると評価することは困難なものであり，特に，職務上の命令に従ってこのような行為が行われる場合には，上記のように評価することは一層困難である」。

「本件職務命令は，上記のように，公立小学校における儀式的行事において広く行われ，Ａ小学校でも従前から入学式等において行われていた国歌斉唱に際し，音楽専科の教諭にそのピアノ伴奏を命ずるものであって，上告人に対して，特定の思想を持つことを強制したり，あるいはこれを禁止したりするものではなく，特定の思想の有無について告白することを強要するものでもなく，児童に対して一方的な思想や理念を教え込むことを強制するものとみることもできない」。

(3)「さらに，憲法15条2項は，『すべて公務員は，全体の奉仕者であって，一部の奉仕者ではない。』と定めており，地方公務員も，地方公共団体の住民全体の奉仕者としての地位を有するものである。こうした地位の特殊性及び職務の公共性にかんがみ，地方公務員法30条は，地方公務員は，全体の奉仕者として公共の利益のために勤務し，かつ，職務の遂行に当たっては全力を挙げてこれに専念しなければならない旨規定し，同法32条は，上記の地方公務員がその職務を遂行するに当たって，法令等に従い，かつ，上司の職務上の命令

に忠実に従わなければならない旨規定するところ，上告人は，A小学校の音楽専科の教諭であって，法令等や職務上の命令に従わなければならない立場にあり，校長から同校の学校行事である入学式に関して本件職務命令を受けたものである．そして，学校教育法18条2号は，小学校教育の目標として『郷土及び国家の現状と伝統について，正しい理解に導き，進んで国際協調の精神を養うこと．』を規定し，学校教育法……20条，学校教育法施行規則……25条に基づいて定められた小学校学習指導要領……第4章……第3の3は，『入学式や卒業式などにおいては，その意義を踏まえ，国旗を掲揚するとともに，国歌を斉唱するよう指導するものとする．』と定めている．入学式等において音楽専科の教諭によるピアノ伴奏で国歌斉唱を行うことは，これらの規定の趣旨にかなうものであり，A小学校では従来から入学式等において音楽専科の教諭によるピアノ伴奏で『君が代』の斉唱が行われてきたことに照らしても，本件職務命令は，その目的及び内容において不合理であるということはできない」．

(4)「以上の諸点にかんがみると，本件職務命令は，上告人の思想及び良心の自由を侵すものとして憲法19条に反するものとはいえないと解するのが相当である」．

（那須弘平裁判官の補足意見および藤田宙靖裁判官の反対意見がある．）

III 考察の視点

公立学校の儀式的行事に際する「日の丸・君が代」の問題は，長い紛争の歴史をもつ．本判決は，入学式の「君が代」斉唱に際しピアノ伴奏を命じた職務命令が憲法19条に反しないかについて判断した，初めての最高裁判決である．評者は既に，本判決を三段階審査の手法を用いて分析する機会をもっている[1]．そこで本章〔補論〕では，それとは視点を変え，本判決を判例史のなかで考察する．第一に，本判決が「以上は，当裁判所大法廷判決……の趣旨に徴して明らかである」として援用している四つの最高裁判決に着目したい．すなわち，猿払事件，謝罪広告事件，岩教組学テ事件，旭川学テ事件に関する各大法廷判決

---

1) 本書第2部第2章．同様の分析枠組みを用いた本判決の研究として，早瀬勝明「判批」山形大学紀要（社会科学）38巻1号（2007年）55頁以下．

である．この四つの最高裁判決は，本件とは全く事案を異にするものであり，先例の援用の仕方をその緩やかさという点から批判することは容易である．しかし，先行判例との論理構造の異同を分析することや，最高裁が先行判例のどの点に着目して援用しようとしているのかを探ることにより，本判決を理解しようとすることにも意味がないわけではない．それによって，一見した以上に，この四つの判決が本判決にとって重要な支えとなっているとともに，問題点でもあることが示されるであろう．第二に，本判決は公立学校における「日の丸・君が代」関係の訴訟に大きな影響を与えることは予想されたが，その後の下級審判決に実際にはいかなる影響を与えているかについて，瞥見しておきたい．

Ⅳ 先行判例から本判決を読む

1 猿払事件最高裁判決

(1) 猿払事件最高裁判決は，国家公務員法上の公務員の政治的行為の禁止に関する合憲性審査について，「禁止の目的」，「この目的と禁止される政治的行為との関連性」，「政治的行為を禁止することにより得られる利益と禁止することにより失われる利益との均衡」の三点から検討している．そして「利益の均衡」については，「政治的行為を，これに内包される意見表明そのものの制約をねらいとしてではなく，その行動のもたらす弊害の防止をねらいとして禁止する」ことは，「単に行動の禁止に伴う限度での間接的，付随的な制約に過ぎ」ない，という議論を展開していた[2]．

本判決は，前記した判旨(1)において，本件職務命令が「直ちに」Ｘの歴史観ないし世界観「それ自体」を否定するものではない，とする．担当調査官による解説は，この判示を，「本判決は，Ｘの歴史観ないし世界観という，いわばＸの内心の核心部分を直接否定するような外部的行為を強制することが憲法19条の問題となり得るものであるということを前提として，本件職務命令によって命ぜられる『君が代』のピアノ伴奏という行為は，一般的にはＸの

---

[2] 最大判昭和49年11月6日刑集28巻9号393頁(399～402頁).

歴史観ないし世界観と不可分に結び付くものとはいえないことから，そのような外部的行為に当たらないと判断したものと考えられる」，と説明していた[3]．判決文からも，この解説からも，最高裁は，憲法19条の保護領域を，基本的に「歴史観ないし世界観」に限定した上で，本件職務命令はそれに対する「間接的，付随的な制約」にすぎないとした，という読み方が可能であった．そのため，本判決が猿払事件最高裁判決を先例として挙げているのは，この判断の部分にかかわっていると受け取る余地があった[4]．

(2) このような読み方は，二つの判決が共通に，直接的制約か間接的制約かという思考を基礎に置いていることに着目するものである．しかし両者には，表現の自由と思想・良心の自由という，使用されている領域の違い以上の違いがある．猿払判決では，判断対象とされたポスターの掲示などの行動が表現の自由の保護領域に入っていることは否定されてはおらず，しかしそれを規制することは「意見表明そのもの」の「間接的，付随的な制約」にすぎないとされた．これに対して本判決では，問題となったピアノ伴奏を拒否する行為は，思想・良心の自由の保護領域に入っていないとされた上で[5]，本件職務命令は，Xの「歴史観ないし世界観」に対する直接的制約ではないとされた，と解する余地があった．別言しよう．猿払事件において「間接的，付随的な制約」論は，問題となっている公務員の政治的行動を制約することの正当性を論ずる際に用いられていた．これに対し本判決では，ピアノ伴奏を拒否する行為は思想・良心の自由の保護領域に入っていないことを述べた文章に続けて，補足的ないし駄目押し的にこの思考が登場するのである．もしこうであれば，両者には明確な違いがある．

(3) 直接的制約，間接的制約という区別論それ自体についての議論は，脇に置こう[6]．この区分論を前提としたとしても，本件職務命令がXの思想・良心の自由に対する直接的な制約だったのではないか，という疑問は拭いきれな

---

3) 森英明「時の判例」ジュリ1344号(2007年)84頁．
4) 小泉良幸「思想・良心に基づく外部的行為の自由の保障のあり方」法セ634号(2007年)51頁．
5) 本書第2部第2章本論Ⅱ，多田一路「判批」法セ630号(2007年)112頁．
6) さしあたり，高橋和之「判批」高橋ほか編『憲法判例百選Ⅰ〔第5版〕』(有斐閣，2007年)33頁，長谷部恭男『Interactive憲法』(有斐閣，2006年)134頁以下，宍戸常寿「『憲法上の権利』の解釈枠組み」安西文雄ほか『憲法学の現代的論点〔第2版〕』(有斐閣，2009年)249頁以下など．

い．例えば藤田裁判官の反対意見は，「本件において問題とされるべき上告人の『思想及び良心』」に，「『君が代』の斉唱をめぐり，学校の入学式のような公的儀式の場で，公的機関が，参加者にその意思に反してでも一律に行動すべく強制することに対する否定的評価(したがって，また，このような行動に自分は参加してはならないという信念ないし信条)」といった側面があることを指摘していた[7]．思想・良心の自由の保護領域に関してこの考え方に立てば，本件職務命令は，Xの思想・良心の自由に対する直接的な制約，藤田裁判官の言葉では，「当人の信念・信条そのものに対する直接的抑圧」ということになる．それを正当化するためには，より密度の高い審査が必要となるはずであった．また間接的制約があったと捉えたとしても，思想・良心の自由のような重要な自由に対するそれであれば，慎重な正当化審査が必要だったと思われる．

(4) しかし本判決が猿払事件判決を援用したのは，上記とは異なる趣旨だったようである．後年に公表された，より詳細な調査官解説によると，猿払事件判決は，上述した判旨(3)にかかわって，「公務員の地位の特殊性を理由に精神的自由等の制約を合憲とした」先例として挙げたものだ，とされている[8]．そうであれば，後述する岩教組学テ事件判決を援用したことと，類似するものということになる．しかし前述したように，本補論は判旨(3)を制約の有無に関する記述だと解している．またこの調査官の解説も，同様に，判旨(3)を本件職務命令には思想・良心の自由に対する制約となる側面はない，とするものだと理解している[9]．これに対して猿払事件判決は，「公務員の地位の特殊性」を制約の正当化審査の段階で用いていたのであるから，やはり両者には使用の次元に違いがあるのではないか，と思われる．

2 謝罪広告事件最高裁判決

(1) 謝罪広告事件最高裁判決の多数意見が謝罪広告を命ずることを合憲とした理由は，「単に事態の真相を告白し陳謝の意を表明するに止まる程度」の外部的行為の強制であれば思想・良心の自由の制約とはならないという把握を

---

[7] 民集61巻1号291頁(301頁以下)．
[8] 森英明「判解」最判解民平成19年度(上)(2010年)156頁．
[9] 森・前掲注8)155頁．

前提に，本訴の請求は「上告人をして右公表事実が虚偽且つ不当であったことを広報機関を通じて発表すべきことを求める」ものにすぎないので違憲ではない[10]，という点にあった．言い換えれば，ここで求められているのは，「『発表』という外形の作出であって『謝罪』する内面ではない」[11]，という理解に基づき，そうした外部的行為の強制であれば内心を制約しないというものだと思われる．この思考をより突き詰めた形で述べていたのが，田中耕太郎裁判官の補足意見である．この補足意見は，謝罪広告は「行為が内心の状態を離れて外部的に法の命ずるところに適合することを以て一応満足する」ものであるから，「本件は憲法19条とは無関係」だ，と断じていた[12]．

本判決は，判旨(2)において，「客観的に見て」ピアノ伴奏を求める職務命令は，19条違反ではないとしていた．謝罪広告判決を先例として挙げた理由は，ここでの主たる制約類型を「内心の告白の強制」だと捉えた上で，それがないとする点に両判決の共通性を見出した，ということであろう[13]．なお本判決の調査官による解説は，この判示を，「ある外部的行為の強制が内心の核心部分を直接否定するものでなくても，その性質，効果等に照らしてそれと同様の作用を及ぼすことも考えられるところ，上記判示は，本件職務命令に係る入学式での『君が代』のピアノ伴奏という行為が，その客観的性質，効果等に照らしてそのような問題を生じさせるものではないとするものと考えられる」，と説明している[14]．謝罪広告判決にも，場合によっては良心の自由を不当に制約することもあり得る旨の判示が含まれているため，本判決が謝罪広告事件を先例としたのは，この「客観的性質，効果等」に基づく外部的行為と内心の区別論においてであったと見ることもできる．さらに両判決は，被侵害利益が憲法19条の保護領域に入るかどうかは脇に置いた上で，問題となっている行

---

10) 最大判昭和31年7月4日民集10巻7号785頁(788頁)．なおこの判決の調査官は，「沈黙の自由とは，本来は，内心の状態そのものについて告白を強制されないことを指称するが，この自由は，自己の内心に反したことを強制的に表白せしめられないことにも当然推及せられるべき」としつつ，多数意見は，「謝罪広告を命ずる判決は……債務者の内心自体には関係がないから，良心の自由の侵害にはならない」という趣旨だと解説する．これは本文における理解と同旨だと思われる．土井王明「判解」最判解民集昭和31年度(1957年)109頁以下．
11) 蟻川恒正「判批」長谷部恭男ほか編『メディア判例百選〔第2版〕』(有斐閣，2018年)143頁．
12) 民集10巻7号785頁(790〜791頁)．田中補足意見に関する分析として，蟻川恒正「署名と主体」樋口陽一ほか編著『国家と自由』(日本評論社，2004年)108頁以下．
13) 小泉・前掲注4)51頁も参照．
14) 森・前掲注3)84頁．

為が制約となっているかどうかを論ずるという論理的位置づけにおいても共通していると解し得る．こうして見ると，謝罪広告判決は本判決にとってかなり重要な先例であった．

(2) しかし，そうであるならば，この外部的行為と内心を分離する思考は，近年の学説が否定し，本判決でも那須裁判官の補足意見が批判していたものであったはずである[15]．もっとも調査官の解説によると，先に引用したように，本判決も外部的行為が19条の保護領域に入り，あるいは制約となる可能性を否定しているわけではない，とされている．本件職務命令は，「Xの歴史観ないし世界観という，いわばXの内心の核心部分を直接否定するような外部的行為」の強制ではない，という趣旨だとされるのである．判決文のどの部分からそう読めるのかという疑問は置くとしても，この説明に対しては，本件におけるXの考え方がなぜ「内心の核心部分」に当たらないのか，なぜ「その客観的性質，効果等」によって制約に当たらないのか，という基本的な疑問が再び生ずることになる．

(3) 前記した判旨(2)からは，本判決は，あたかも自ら進んでピアノを演奏したと外部から受け止められる苦痛を制約の一つと解し，本件ではそれがないと判断しているようにも理解できる．そして，そうした外部からの認識という観点からの制約の存在を否定した点で，謝罪広告判決との共通性を見ることも可能かもしれない[16]．しかし，これに対しては，「一思想・良心が個人の人格的自律にとって機軸としての役割を果たすという時，それは純粋に個人の内面において進行するプロセスに関わるものであり，外部の第三者にどう見えるかはまったく本質的ではない」[17]，という批判がある．上記の観点は，制約のなかでは副次的なものだと思われる[18]．もっとも後の起立斉唱命令判決では，

---

15) 本書第2部第1章Ⅳ2，門田孝「判批」速判解（法セ増刊）1号（2007年）34～35頁，多田・前掲注5)112頁など．那須裁判官の補足意見は，民集61巻1号297～298頁．

16) 堀口悟郎「人格と虚像」慶應法学30号（2014年）37頁以下は，「君が代」起立斉唱事件判決（最二小判平成23年5月30日民集65巻4号1780頁）に関して，「謝罪広告事件判決からの，『虚像の沈黙の自由』という概念の承継」（62頁）を論じている．もっとも，こうした「虚像」を保護するのは19条なのか，という問題は別にある．

17) 西原博史「『君が代』裁判と外部的行為の領域における思想・良心の自由の意義」労旬1709号（2009年）12頁．虚像の論理に対しては，「別のアイデンティティーを持っている人，例えば校長が，私はそういう音楽教諭のピアノ伴奏行為を認める人間と思われるのが嫌だ，と言いだしたらどうなるのか」，という疑問も出されている．西原博史ほか「〔座談会〕思想・良心の自由」ジュリ1395号（2010年）132～133頁（宍戸常寿発言）．

この「行為の性質」と「外部からの認識」という二つの観点から，直接的制約該当性を判断するという姿勢がより明示されている．ただし，そこでいう「外部からの認識」が，「あたかも自ら進んでピアノを演奏したと外部から受け止められる苦痛」と同旨かは，定かではない．むしろ，「一般人の評価」という程度の意味であったかもしれない[19]．

3 岩教組学テ事件最高裁判決

(1) 岩教組学テ事件最高裁判決は，地方公務員法37条1項の争議行為禁止を合憲とするに際して，全農林警職法事件最高裁判決にならって，地方公務員が争議行為に及ぶことは，地方公務員の「地位の特殊性」と「職務の公共性」に相容れない，ということを論拠の一つとしていた[20]．

本判決は，判旨(3)の前半部分で，地方公務員の「地位の特殊性」と「職務の公共性」に言及している．担当調査官の解説は，この判示を，「本件職務命令の一般的，客観的性格が前記のとおりXの内心の核心部分を否定するものでないにせよ，X自身においては，なお本件職務命令が自己の内心の核心部分を否定するものと受け止められ得ることが考えられ，Xの信念に反する行為を不必要かつ不合理に強制するものであれば憲法19条違反の問題が生じ得るとしても，Xの職務上の地位……に照らしてそのような問題が生ずるものでないことを明らかにしたものと解されよう」，と説明する[21]．本判決が岩教組学テ事件最高裁判決を先例として引用しているのは，この地方公務員の「地位の特殊性」と「職務の公共性」論を指してのものであることは，疑いがない．

(2) このように本判決は，地方公務員の争議行為を禁止する地方公務員法37条1項の合憲性審査に関して用いられた「地位の特殊性」と「職務の公共性」論を，地方公務員が，地方公務員法30条，32条により職務命令に従わなければならないことの理由づけに転用している．しかしここで本判決が前記の論拠を転用しているのは，判断対象の違いにはとどまらない．岩教組学テ事件の最高裁は，争議行為を禁止することが公務員の労働基本権を制約しているこ

---

18) 堀口・前掲注16) 66頁自身も，そうした位置づけを行っている．
19) 本書終章2参照．
20) 最大判昭和51年5月21日刑集30巻5号1178頁(1187頁)．
21) 森・前掲注3)85頁．

とを認めた上で，この制約の正当化を論ずるに際して，「地位の特殊性」「職務の公共性」をもち出していた．これに対して本判決は，本件職務命令が適法であり，そもそも思想・良心の自由の制約に当たらないという文脈でこの論拠を用いている[22]．この論理構造の違いにも注意しておきたい．

(3) しかし，この公務員の「地位の特殊性」と「職務の公共性」論は，全農林警職法最高裁判決の少数意見および多くの学説によって，繰り返し批判されてきたものであった[23]．本判決における藤田裁判官の反対意見は，その系譜にある．この反対意見は，「公務員が全体の奉仕者であることから，その基本的人権にそれなりの内在的制約が伴うこと自体は，いうまでもなくこれを否定することができないが，ただ，逆に，『全体の奉仕者』であるということからして当然に，公務員はその基本的人権につき如何なる制限をも甘受すべきである，といったレヴェルの一般論により，具体的なケースにおける権利制限の可否を決めることができないということも，また明らかである．本件の場合にも，ピアノ伴奏を命じる校長の職務命令によって達せられようとしている公共の利益の具体的な内容は何かが問われなければならず，そのような利益と上記に見たようなものとしての上告人の『思想及び良心』の保護の必要との間で，慎重な考量がなされなければならない」，という．この反対意見は，Xによるピアノ伴奏の拒否が19条により保護されるものである可能性が高いこと，そうであれば職務命令が教師の思想・良心の自由に対する制約となることを認めた上で，その制約の正当化を，「公共の利益」を「究極の(一般的・抽象的)目的」「中間目的」「具体的な目的」という形の「重層構造」として理解し，公務員の思想・良心の自由との考量を慎重に行うことによって判断しようとした．そして入学式参列者が覚えるかもしれない「違和感」は，Xの「思想・良心の直接的表現」を制約するために充分な公共の福祉であるのかを問う[24]．この見解は学説によって高く評価されているものである[25]．

---

22) 本書第2部第2章Ⅳ，森・前掲注3) 85 頁．
23) さしあたり，横田耕一「判批」高橋和之ほか編著『憲法判例百選Ⅱ〔第5版〕』(有斐閣，2007年) 320～321 頁．本判決の事案に即しては，西原博史「教師における『職務の公共性』とは何か」世界725号74頁以下．これに対して「全体の奉仕者」論を支持するのが，坂田仰「君が代伴奏職務命令の妥当性」月刊高校教育2007年7月号80頁．
24) 民集61巻1号291頁(301頁以下)．

4 旭川学テ事件最高裁判決

(1) 旭川学テ事件最高裁判決は，国も「教育の内容及び方法についても，法律により，直接に又は行政機関に授権して必要かつ合理的な規制を施す権限を有する」ことを認めた．その上で，事件当時の中学校学習指導要領を，「全体としてみた場合，教育政策上の当否はともかくとして，少なくとも法的見地からは，上記目的のために必要かつ合理的な基準の設定として是認することができる」，と判断した[26]．さらにそこで問題となった学力調査については，「その調査目的において文部大臣の所掌とされている事項と合理的関連性を有するか，右の目的のために本件のような調査を行う必要性を肯定することができるか」等の基準によって検討し，違法はないとした[27]．

本判決は，判旨(3)の後半部分で，小学校学習指導要領が学校における「儀式的行事」について規定し，国旗の掲揚，国歌の斉唱を「指導するものとする」と定めていることなどから，本件職務命令は「その目的及び内容において不合理であるということはできない」，としている．また調査官の解説も，この判示について，先に注21)を付して引用した文章において，「Xの職務上の地位」の部分に続けて，「本件職務命令の目的及び内容の合理性」を挙げ，それらを本件職務命令が適法である理由としていた[28]．本判決が旭川学テ事件最高裁判決を先例として引用するのは，おそらく上記の判示部分を指しているものと思われる[29]．

(2) しかし，両判決の判示は，より慎重に比較する必要がある．先に紹介したように，旭川学テ事件最高裁判決は，中学校学習指導要領と，実際に問題となった学力調査とのそれぞれについて，究極的には憲法23条，26条に反しないかが問題となるのではあるが，直接的には旧教育基本法10条の「不当な支配」に当たらないかを審査していた．そうなると，本判決が旭川学テ事件最高裁判決を先例とする意味も二通りあり得ることになる．一つは，本件で前提

---

25) 西原博史「判批」世界765号(2007年)142頁以下，小泉・前掲注4)51頁以下，門田・前掲注15)36頁，早瀬・前掲注1)62頁以下など．
26) 最大判昭和51年5月21日刑集30巻5号615頁(640〜642頁)．
27) 刑集30巻5号615頁(642〜648頁)．
28) 森・前掲注3)85頁．
29) 小泉・前掲注4)51頁．

となっている小学校学習指導要領，とりわけ国旗・国歌に関する規定の適法性判断に関する場面である．もう一つは，本件ピアノ伴奏に関する職務命令の適法性判断に関する場面である．本判決は後者の場面で旭川学テ事件判決に依拠し，「その調査目的において文部大臣の所掌とされている事項と合理的関連性を有するか，右の目的のために本件のような調査を行う必要性を肯定することができるか」という判断基準を，「その目的及び内容において不合理」でないかどうかという形に若干の修正を加えながら引き継いだ，と解することができる．

　両者を比較する観点はそれだけではない．旭川学テ事件において最高裁は，上述した基準を，基本的には，旧教育基本法10条の「不当な支配」に当たるかどうかの判断のために用いていた．これに対して本判決における上述の基準が何に関する判断基準なのかは，実は必ずしも明らかでない．本判決に関する判例評釈では，「本件職務命令が思想・良心の問題ではないという前提で……本件職務命令の適法性・妥当性について判断」したものと解する見方が示されている[30]．これに対して，本件職務命令が思想・良心の自由に対する制約となるかどうかに関する判断基準だと解す可能性もないわけではない．後者の趣旨であるならば，旭川学テ事件最高裁判決とは使用場面が移されている，ということになる．別言しよう．旭川学テ事件最高裁判決は，先の基準を「不当な支配」に当たるかどうかという客観法規範に関するものとして用いているようである．本判決が，本件職務命令をそもそも思想・良心の自由の制約には当たらず，職務命令を発する法令上の根拠の適法性について判断すれば足りると考えているのであれば，両判決においてこの基準が使用される次元は同一ということになる．これに対し，本判決がそこで思想・良心の自由への制約に当たるかどうかを審査しているのであれば，この基準の使用場面は異なる．本章〔補論〕Ⅳ3(2)で述べたことと平仄を合わせて，後者の趣旨と解したい．

　(3)　前述したように，藤田裁判官の反対意見や学説の多くは，本件職務命令がＸの思想・良心の自由に対する直接的制約となっていると解している．行政法学における「違法な職務命令に対する公務員の服従義務」に関する従来

---

30)　田中孝男「判批」速判解(法セ増刊)1号(2007年)77頁．

の議論が,「公共の利益にかかわる職務命令が受命公務員個人の基本的人権(特に精神的自由権)を直接侵害する場合」を念頭においてこなかったのであれば[31],本件のような事例においては新たな基準が必要となる.藤田裁判官の反対意見による,前述したような,公共の福祉の「重層構造」を踏まえた「慎重な考量」論は,そのようなものとして評価されるべきであろう.

V 下級審判決への影響

1 枚方市不起立教員調査事件

(1) 大阪府枚方市教育委員会は,市立小中学校における平成14年度入学式の国歌斉唱時に起立しなかった教職員の氏名およびその理由等の調査を行い,一覧にして記載した文書を保管していた.この調査は,枚方市の情報公開・個人情報保護審議会の意見を事前に聴取することなしにされたものだった.これに対して原告らは,市に対し,①自己情報コントロール権に基づき,上記情報の削除を求めるとともに,②違法な学習指導要領や市教育委員会による各校長に対する指示に基づき,国歌斉唱の際に起立強制されたことが憲法19条に違反する,③上記情報の収集及び保管が憲法19条に違反する,などとして国家賠償を求めた.

(2) 大阪地裁判決は[32],②の論点の判断に際して,本件最高裁の判旨の各部分に明示的に依拠した.その上で,「国歌斉唱の際に起立することが指示されることにより,原告らが自己の思想等に反する行為を強いられたと感じたり,原告らの思想等の内容が推知され得ることがあるとしても,原告らが地方公務員として上記各規定の適用を受けることからすれば,これをもって,原告らの思想・良心の自由,信仰の自由及び沈黙の自由が侵害されたと解することはできない」,と結論している[33].

(3) 本件最高裁判決が出された際には,その射程がどこまで及ぶのかが注

---

31) 田中・前掲注30)77頁.稲葉一将「判批」速判解(法セ増刊)1号(2007年)42頁(注12).
32) 大阪地判平成19年4月26日判タ1269号132頁.豊島明子「判批」速判解(法セ増刊)2号(2008年)77頁以下参照.
33) なおこの判決は,市教育委員会が本件情報を収集した方法が,枚方市個人情報保護条例8条に違反することは認め,国家賠償請求については一部認容している.控訴審である大阪高判平成19年11月30日 LEX/DB25482404 は,賠償額を変更した.

目された．大阪地裁は，本件最高裁判決が「君が代」ピアノ伴奏の職務命令に関して述べた判断を，特段の説明も加えることなくそのまま，「君が代」斉唱に際して起立を求める職務命令に関する判断に転用したわけである．

2 東京都再雇用合格取消事件

(1) 原告らは，東京都立高等学校に教職員として勤務しており，東京都再雇用職員の採用選考に合格した者である．しかし，合格後に実施された卒業式において，校長より国歌斉唱の際に起立・斉唱することを命じられていたにもかかわらず，それに従わなかったため，合格を取り消された．そこで原告らは，本件合格取消しが違憲・違法であるとして，①再雇用職員であるという地位の確認，②未払い報酬の支払い，③国家賠償，を求めた．

(2) 東京地裁判決は[34]，判断の前提として，合格取消しの理由とされた，起立・斉唱を求める職務命令の効力を検討する．そこで東京地裁は，本件最高裁の判旨の各部分に明示的に依拠する．それに加えて，この判決は，「卒業式という式典の場において，何らかの歌唱を行う際に歌唱を行う者が起立し，また，起立する際，会場正面に向けた体勢をとること自体は儀式・式典における儀礼的な行為であること」，という論拠を追加していた．もっともこれは，本判決が「客観的に見て」19条に対する侵害と「評価することは困難」と述べていたことを，事案の違いに即して言い換えようとしたものと思われる．

(3) この判決は，上記した大阪地裁が「起立」を命ずる職務命令を合憲としたのに加えて，「斉唱」を命ずることをも合憲と判断している．ピアノ伴奏事件における最高裁では直接の判断の対象とはならなかったが，職務命令違反に対してなされた懲戒処分は戒告であり，同事件の下級審ではそれが適法とされていた．これに対してこの東京地裁では，再雇用の合格通知取消しという不利益を課すことまでも適法とされた．

3 まとめ

このように，本判決後の下級審判決では，本件最高裁判決の射程はかなり拡

---

[34] 東京地判平成19年6月20日判時2001号136頁．この事件については，本書第2部第3章で詳細に検討する．

大して解されている．本判決は，本補論で見たように，その各部分において重要な最高裁の先例に依拠していた．しかし，その論理構成は必ずしも磐石なものではなく，再検討の余地があるように思われた．そのような本件最高裁の判旨に全面的に依拠した上で，その射程をさらに拡大して解す傾向を示している下級審には，より慎重な判断を望みたい．

第3章 職務命令および職務命令違反に対する制裁的措置に関する司法審査の手法
―― 「君が代」ピアノ伴奏拒否事件最高裁判決以降の下級審判決の論理

I はじめに

　本稿執筆時(2009年)において，公立学校の儀式的行事における「君が代」斉唱をめぐり，多くの事件が裁判所に係属している．そのなかで，「君が代」ピアノ伴奏拒否事件に関する最高裁判決(以下では「ピアノ判決」という)[1]は，その後の下級審判決に強い影響力をもつこととなった．しかし，ピアノ判決がそのような強い影響力をもつにふさわしい確固とした論理構造をもつものかについては，本書第2部第2章でも論じたように，疑問がある．

　ところで，ピアノ判決後の下級審判決を立ち入って検討してみると，ピアノ判決を援用しながらも実際にはピアノ判決とは異なった論理構造をとる判決や，ピアノ判決の射程を著しく拡大した判決が多いことがわかる．その代表例が，定年退職後の再雇用職員について合格通知を受けていた者が，卒業式における「君が代」起立・斉唱を命ずる校長による職務命令に反したことを理由に再雇用の合格取消しをされたことに対して，地位確認および国家賠償を求めた事件に関する東京地裁平成19年6月20日判決(以下では「再雇用合格取消事件判決」という)[2]である．この判決は職務命令を合憲とし，合格取消しも適法とした．本章は，この判決を，同旨の職務命令違反を理由として戒告処分などが課されるとともに，再雇用職員の採用選考において不合格とされた者が国家賠償を求めたという類似した事案を扱いながら，合格取消しを違法とする判断を下した東京地裁平成20年2月7日判決(以下では「嘱託採用拒否事件判決」という)[3]と対比しながら，若干の考察を行おうとするものである．なお，東京地裁平成21

---

1) 最三小判平成19年2月27日民集61巻1号291頁.
2) 判時2001号136頁(佐村浩之裁判長). 本章は，2009年4月21日に，この訴訟が係属していた東京高裁第16民事部に提出した意見書を基に，若干の補筆をしたものである．なお，東京高判平成22年2月23日LEX/DB25472455は控訴を棄却し，最一小判平成23年7月14日LEX/DB25472503は上告を棄却した．

第 2 部　現代日本における「思想・良心の自由」

年 1 月 19 日判決も[4]，類似した事案に対する判断である．しかしこの判決は，比較的簡単な理由づけをするにとどまるものであるため，付随的に注 52) で触れることとしたい．以上のような比較検討は，ピアノ判決自身の問題点を再検討することにも資するはずである．なお，本章で取り上げる論点は，職務命令と教師の思想・良心の自由，および職務命令違反を理由とする不利益措置（とりわけ再雇用拒否）の適法性に限定する．これは，私の研究上の関心からするものであり，それ以外の争点が重要ではないという趣旨ではない[5]．

　一般に，日本国憲法下における防御権あるいは防御権的に構成できる憲法上の権利にかかわる憲法適合性審査においては，保護領域・制約・正当化という三段階の手順を踏んで審査をすることが，思考を明晰化するための助けとなる．本章もこの三段階審査理論の枠組みを使った分析を行い，裁判所が明晰な憲法判断を行うための基盤を提供することを副次的な目的としたい．

II　保護領域

1　再雇用合格取消事件東京地裁判決

　職務命令と教師の思想・良心の自由に関する再雇用合格取消事件判決の判示は，必ずしも明晰なものではない．しかし，三段階審査理論の枠組みによって理解し直すことも可能である．

　この判決は，憲法 19 条の保護領域判断に関して，原告による不起立行為の

---

3) 判時 2007 号 141 頁（中西茂裁判長）．なおこれは，最一小判平成 23 年 6 月 6 日民集 65 巻 4 号 1855 頁の原原審である．この判決と同一の裁判長が，職務命令違反を理由とした戒告または減給処分の取消しなどが争われた事件（「東京『君が代』裁判第一次訴訟」）において，請求を棄却した判決として，東京地判平成 21 年 3 月 26 日判タ 1314 号 146 頁がある．同判決については，田中孝男「判批」速判解（法セ増刊）5 号（2009 年）53 頁以下．これが，最一小判平成 24 年 1 月 16 日判時 2147 号 127 頁①事件の原原審となる．

4) 判時 2056 号 148 頁．なおこれが，最二小判平成 23 年 5 月 30 日民集 65 巻 4 号 1780 頁の原原審である．

5) 例えば，市川須美子「教師の日の丸・君が代拒否の教育の自由からの立論」法時 80 巻 9 号（2008 年）72 頁以下は，「職能的自由としての教育の自由」を主張することの有効性を説いている．また，棟居快行「『君が代』斉唱・伴奏と教師の思想の自由」自由人権協会編『市民的自由の広がり』（新評論，2007 年）66 頁以下は，国家の思想的中立性からの逸脱の有無如何」が「真の問題」だとする．葛島夏木「教育領域に潜むガバメントスピーチ」立命館法政論集 6 号（2008 年）31 頁以下は，「国歌斉唱問題をガバメントスピーチから捉え」ようとする．さらに，行政法学からの検討として，早川和宏「教諭に対する職務命令と懲戒処分」高岡法科大学紀要 19 号（2008 年）77 頁以下．

理由・動機を三つに大別する．つまり，「①『日の丸』，『君が代』が大日本帝国憲法下において，天皇制に対する忠誠のシンボルとして用いられ，また，これらが先の大戦において大きな役割を果たしたことに対する抵抗感や嫌悪の情，②先の大戦時において時の為政者により教育が支配され，そのため，ほかならぬ教員が多くの生徒を戦場に送り込むことに寄与する結果となったことに対する反省の念，③本件通達をめぐる都教委の一連の動きが，学校の教育自治の原理を一切否定する強権的なものであり，是認し難いという職業的な信念」，である．そして，これらは，「社会生活上の信念」として，思想・良心の自由の保障を受ける，と解しているようである[6]．

2　嘱託採用拒否事件東京地裁判決

嘱託採用拒否事件判決は三段階審査理論を暗黙の裡に意識して書かれており，論理構造はかなり整理されている．この判決は19条の保護領域に関して，次のようにいう．原告らは，大別して，「①戦前の日本の軍国主義やアジア諸国への侵略戦争とこれに加功した『日の丸』，『君が代』に対する反省に立ち，平和を志向するという考え，②国民主権，平等主義等の理念から天皇という特定個人又は国家神道の象徴を賛美することに反対するという考え，③個人の尊重の理念から，多様な価値観を認めない一律強制や国家主権に反対するという考え，④教育の自主性を尊重し，教え子たちを戦場に送り出してしまった戦前教育と同様に教育現場に画一的統制や過剰な国家の関与を持ち込むことに反対するという教育者としての考え，⑤これまで人権の尊重や自主的思考，自主的判断の大切さを強調する教育実践を続けてきたことと矛盾する行動はできないという教育者としての考え，⑥多様な国籍，民族，信仰，家庭的背景等から生まれた生徒の信仰，思想を守らなければならないという教育者としての考えなどを有していることが認められる．そして，原告らは，本件職務命令に基づき，卒業式等の国歌斉唱時に『日の丸』に向かって起立し，『君が代』を斉唱するという行為は，『日の丸』，『君が代』に尊重の意を表するものであって，上記のような原告らの考えとは根本的に相容れないものであるから，これらの行為

---

6) 判時2001号136頁(154頁).

を行うことができないという信念を有しているという」。「原告らのこのような考えは,『日の丸』や『君が代』が過去に我が国において果たした役割に係る原告らの歴史観ないし世界観又は教職員等としての職業経験から生じた信条及びこれに由来する社会生活上の信念であるといえるものであり,このような考えを持つこと自体は,思想及び良心の自由として保障されることは明らかである」,と判示した[7]。

3 ピアノ判決との比較検討

(1) 以上のように,二つの東京地裁判決は,共に,儀式的行事における国歌斉唱に際する不起立行為の理由となっている考え方は,19条の保護領域に入るものと考えている。この点について,ピアノ判決はいかに判断していたか。この判決は,①「『君が代』が過去の日本のアジア侵略と結び付いており,これを公然と歌ったり,伴奏することはできない」,②「子どもに『君が代』がアジア侵略で果たしてきた役割等の正確な歴史的事実を教えず,子どもの思想及び良心の自由を実質的に保障する措置を執らないまま『君が代』を歌わせるという人権侵害に加担することはできない」といった考え方は,「上告人自身の歴史観ないし世界観及びこれに由来する社会生活上の信念等ということができる」,と判示した。しかし,③「学校の儀式的行事において『君が代』のピアノ伴奏をすべきでないとして本件入学式の国歌斉唱の際のピアノ伴奏を拒否することは,上告人にとっては,上記の歴史観ないし世界観に基づく一つの選択ではあろうが,一般的には,これと不可分に結び付くものということはでき」ない,と述べていた[8]。この判示部分は,ピアノ伴奏を拒否することを19条の保護領域に入らないと判断したものと解し得る。「社会生活上の信念」は,行方不明となった。もしそうであるとすると,東京地裁の二つの判決は,ピアノ判決とは異なった判断をしていることになる。

(2) しかし,職務命令を拒否する理由となる考え方が19条によって保護されているかに関する裁判例の状況を見ると,ピアノ判決がそれを否定したので

---

[7] 判時2007号141頁(155頁)。
[8] 民集61巻1号291頁(294頁)。なおこの判決では,③で引用した文章に続けて,Ⅲ 3(3)で見るように,制約がないという趣旨の文章が続くため,理解が難しくなっている。

あれば，むしろその方が例外的な判断であった[9]．また，「一般的には」という理屈で保護領域該当性を否定するかのようなピアノ判決の論理に対しては，この判決の那須補足意見を始めとして多くの批判があるが，本章でも後に簡単に触れることにしたい．

再雇用合格取消事件判決は，不起立行為の理由・動機に関する①～③の考え方については，上述したように(Ⅱ1)，保護領域該当性を認めた．しかし，その上で，「全原告らが教育公務員として参加した学校行事である卒業式において，国旗に向かって起立し，国家を斉唱することは，全原告らにとっては，上記のような社会生活上の信念に基づく一つの選択ではあり得るものの，一般的には，これと不可分に結び付くものではない」と述べていた[10]．この判示は，ピアノ判決とほぼ同様である．違いは，第一に，再雇用合格取消事件判決が，この判断を，段落の区切り方から見る限り，19条の保護領域に入る考え方に対する制約があるかどうかに際して行っているように思われることである．この点については，次節で詳論したい．第二は，ピアノ判決は，伴奏拒否を「歴史観ないし世界観に基づく一つの選択ではあろうが」としていたのに対し，再雇用合格取消事件判決は「社会生活上の信念に基づく一つの選択ではあり得るものの」，という形に変更していることである．もっともこの違いは，東京地裁の判断において「社会生活上の信念」が19条の保護領域に入るのであるから，結論に相異をもたらしてはいない[11]．

嘱託採用拒否事件判決が大別した①～⑥の考え方は，再雇用合格取消事件判決の要約した①～③とおおよそ合致するものであろう．両者の細かな違いよりも注目されるのは[12]，嘱託採用拒否判決が，「原告らは，本件職務命令に基づ

---

[9] 「君が代」裁判例のなかで，原告の考え方が19条の保護領域に入らないとしたのは，いわゆる北九州ココロ訴訟の福岡地判平成17年4月26日 LEX/DB28101269(本書第2部第1章Ⅱ2参照)が目につく程度である．しかし，同訴訟の福岡高判平成20年12月15日 LEX/DB15451348は，この判断部分を削除し，「仮に君が代を歌えないという考え自体が思想，良心に当たるとしても」という文章に変更している．ピアノ判決以降は，研修命令の合憲性に際して，そのような考え方の保護領域該当性を認めた判決として，例えば，再発防止研修国賠訴訟に関する東京地判平成19年7月19日判夕1282号163頁(175頁)がある．

[10] 判時2001号136頁(154頁)．

[11] 再雇用合格取消事件判決では，「社会生活上の信念」という語は，ピアノ判決でいう「歴史観ないし世界観」と同じ意味で使われている．安藤高行『人権判例の新展開』(法律文化社，2010年)184頁．これに対して，ピアノ判決で使われた「社会生活上の信念」という概念の位置づけは，明確ではない．この点に関する指摘は多いが，例えば，青野篤「判批」法政研究75巻1号(2008年)120頁，123頁．

き，卒業式等の国歌斉唱時に『日の丸』に向かって起立し，『君が代』を斉唱するという行為は，『日の丸』，『君が代』に尊重の意を表するものであって，上記のような原告らの考えとは根本的に相容れないものであるから，これらの行為を行うことができないという信念を有している」とし，この信念も 19 条によって保護されていることを認めた点である．また第二に，19 条の内容説明として，「教職員等としての職業経験から生じた信条」が付け加わっていることも注目され得る．この判決は，思想・良心の自由の保護領域をかなり広く捉えているようである[13]．

(3) ピアノ判決においては，藤田宙靖裁判官の反対意見が 19 条の保護領域判断に関して重要な視点を示していた．この反対意見は，「本件において問題とされるべき上告人の『思想及び良心』としては，このように『『君が代』が果たしてきた役割に対する否定的評価という歴史観ないし世界観それ自体』もさることながら，それに加えて更に，『『君が代』の斉唱をめぐり，学校の入学式のような公的儀式の場で，公的機関が，参加者にその意思に反してでも一律に行動すべく強制することに対する否定的評価（従って，また，このような行動に自分は参加してはならないという信念ないし信条）』といった側面が含まれている可能性があるのであり，また，後者の側面こそが，本件では重要なのではないか」，と述べていた[14]．この考え方は，両東京地裁判決で考慮されずに終わっている．しかし，この藤田反対意見は，今後下級裁判所において十分な検討がなされるべきものではないかと思われる[15]．

III 制約

1 再雇用合格取消事件東京地裁判決

再雇用合格取消事件判決は，先にも言及した判示であるが（II 3 (2)），①起立・斉唱の拒否は，「社会生活上の信念に基づく一つの選択ではあり得るもの

---

12) 門田孝「判批」国際人権 19 号（2008 年）102 頁が，諸判決により思想・良心の内容とされているものは，「本来相反するものではなく，原告の『思想・良心』として，重層的に不可分のかたちで存在しているというのが実際のところではあるまいか」ということには異論はない．
13) 永山茂樹「判批」法セ 642 号（2008 年）112 頁は，嘱託採用拒否事件判決を学説のいう「内心説」をとるものと理解している．
14) 民集 61 巻 1 号 291 頁（302 頁）．

の，一般的には，これと不可分に結び付くものではないから，本件職務命令が全原告らの上記のような精神活動それ自体を否定するものとはいえない」，という．また，②「卒業式という式典の場において，何らかの歌唱を行う際に歌唱を行う者が起立し，また，起立する際，会場正面に向けた体勢をとること自体は，儀式・式典において当然されるべき儀礼的行為であ」る．さらに，卒業式において，国旗に向かって起立し，国歌を斉唱することも，③「全原告らの勤務校に所属する教職員全員に発せられた職務命令によりされるものであることを勘案すると，本件職務命令のとおりの行為をすることが，その者が有する特定の思想などの精神活動自体の表明となるものではない」，という[16]．

2　嘱託採用拒否事件東京地裁判決

嘱託採用拒否事件判決の制約判断は，詳細である．まず一般的判断として，①「もとより，人の思想や良心は外部行為と密接な関係を有するものであり，思想や良心の核心部分を直接否定するような外部的行為を強制することは，その思想や良心の核心部分を直接否定することにほかならないから，憲法19条が保障する思想及び良心の自由の侵害が問題になるし，そうでない場合でも，思想や良心に対する事実上の影響を最小限にとどめるような配慮を欠き，必要性や合理性がないのに，思想や良心と抵触するような行為を強制するときは，

---

[15] 予防訴訟に関する東京地判平成18年9月21日判時1952号44頁(64頁)は，「入学式，卒業式等の式典において，国旗に向かって起立したくない，国歌を斉唱したくない，或いは国歌をピアノ伴奏したくないという思想・良心」が保障されていることを認めていた．この判決も嘱託採用拒否事件と同じく，思想・良心の自由の保護領域を，いわば最大限に広く捉えている．これに対して藤田反対意見は「不起立・不斉唱」の動機となる思想・良心の捉え方を，いわば質的に転換する観点を含む見解だった．なお，佐々木弘通「『君が代』ピアノ伴奏拒否事件最高裁判決と憲法19条論」自正58巻12号(2007年)89頁は，藤田反対意見を「公的領域における不正義には従えないとする，『公』を志向する市民としての内心であり，一種の市民的不服従論である」と位置づけている．しかし，藤田反対意見は，市民というよりは教師としての思想・良心を問題としている．また，議論の道具立てをあまり大仕掛けにすると，現在でもしばしば援用される，内心に反することをする理由に一般的法義務を拒否する自由を「一般的に承認するならば，おそらく政治社会は成り立たない」(佐藤幸治『憲法［第3版］』［青林書院，1995年］488頁)，という懸念を強めることになりかねない．ちなみに，ピアノ判決の事案に関しては，「少なくとも原告の立場はこうした，国民の間に君が代の評価について大きな相違がある以上，その斉唱に反対するという類のものではないことは明らかであるから，このような藤田反対意見の説明は説得力を欠く」という評価もある．安藤・前掲注11)190頁．しかし，この反対意見は，上告人の「思想及び良心」の内容が「明らか」ではないから差し戻す必要があるというものであったはずである．民集61巻1号291頁(305頁)．
[16] 判時2001号136頁(154頁)．

憲法19条違反の問題が生じる余地があるといえるが，これらに該当しない場合には，外部行為が強制されたとしても，憲法19条違反とはならない」，という．

そして，当該職務命令については，②「直接的に原告らの歴史観ないし世界観又は信条を否定する行為を命じるものではないし」，「前記のような歴史観ないし世界観又は信条と切り離して，不起立，不斉唱という行為には及ばないという選択をすることも可能であると考えられ，一般的には，卒業式等の国歌斉唱時に不起立行為に出ることが，原告らの歴史観ないし世界観又は信条と不可分に結びつくものということはできない」，という．また「客観的にみて，卒業式等の国歌斉唱の際に『日の丸』に向かって起立し，『君が代』を斉唱するという行為は，卒業式等の出席者にとって通常想定され，かつ，期待されるものということができ，一般的には，これを行う教職員等が特定の思想を有するということを外部に表明するような行為であると評価することは困難である．校長の職務命令に従ってこのような行為が行われる場合には，これを特定の思想を有することの表明であると評価することは一層困難である」．本件職務命令は，「原告らに対し，特定の思想を持つことを強制したり，あるいはこれを禁止したりするものではなく，特定の思想の有無について告白することを強要するものでもなく，児童に対して一方的な思想や理念を教え込むことを強制するものとみることもできない」，と論ずる．

しかしこの判決はさらに，③「本件職務命令は，原告らの思想及び良心の核心部分を直接否定するものとは認められないが，本件職務命令が命じる国旗に向かって起立し国歌を斉唱することは，原告らの前記のような歴史観ないし世界観又は信条と緊張関係にあることは確かであり，一般的には，本件職務命令が原告らの歴史観ないし世界観又は信条自体を否定するものといえないにしても，原告ら自身は，本件職務命令が，原告らの歴史観ないし世界観又は信条自体を否定し，思想及び良心の核心部分を否定するものであると受け止め，国旗に向かって起立し国歌を斉唱することは，原告ら自身の思想及び良心に反するとして，不起立，不斉唱の行動をとったとも考えられる．そうだとすると，本件職務命令は，原告らの思想及び良心の自由との抵触が生じる余地がある」[17]，と述べていた．

3 ピアノ判決との比較検討

(1) まず注目されるのは，両東京地裁判決が，思想・良心の自由に反する外部的行為に対する制約について，二つの類型を区別していることである[18]。とりわけ明快に論じているのは，嘱託採用拒否事件判決である。この判決は，上述したように(Ⅲ2①)，a「思想や良心の核心部分を直接否定するような外部的行為を強制すること」と，bそれには至らないが，「思想や良心と抵触するような行為を強制するとき」という制約の二類型を析出していた。実は再雇用合格取消事件判決も(Ⅲ1①)，a′「精神活動それ自体を否定するもの」と，後で紹介する(Ⅳ1)，b′「精神活動にも影響を与え得る」制約を区別していた。このような類型論は，おそらく従来，主に表現の自由に関して論じられてきた直接的制約と間接的制約の区別論を意識したものと思われる。しかしピアノ判決は，少なくとも明示的には，この類型論を述べていない。むしろ担当調査官が，a″「内心の核心部分を直接否定するような外部的行為を強制すること」と，b″「内心の核心部分を直接否定するものでなくても，その性質，効果等に照らしてそれと同等の作用を及ぼす」もの，を分けていたこと[19]から由来したものであろう。

(2) ここで第一に注意しなければならないのは，ピアノ判決の調査官解説による二類型は制約の仕方に関する区別論ではない可能性がある，ということである。調査官解説によるa″の文章は，「内心の核心部分を直接否定するような外部的行為」を強制されないことが19条によって保障されているということ，つまり保護領域にかかわる判断であったとも読める。そしてピアノ判決の事案は，「そのような外部的行為に当たらないと判断した」ものと説いていた。これに対して調査官解説によるb″の文章は，念のため制約にかかわる判断をする場面で用いられていたとも読める。そしてピアノ判決の事案は，「そのような問題を生じさせるものではない」，としたのである[20]。先に言及したように(Ⅱ3(1))，ピアノ判決自体が保護領域判断と制約判断を混在させており，

---

17) 判時2007号141頁(155～156頁)。
18) 戸部真澄「判批」速判解(法セ増刊)3号(2008年)58～59頁。
19) 森英明「時の判例」ジュリ1344号(2007年)84頁。
20) 森・前掲注19)84頁。

この調査官解説も制約判断にかかわると受け取める余地は確かにあったし，むしろそれが本意だったであろう．

　第二に，二類型論の嘱託採用拒否事件判決による定式化には疑問があり得る．「思想や良心の核心部分」にあたるかどうかによって，区別をする必要はあるか否かという問題である．確かに，エホバの証人剣道受講拒否事件の最高裁判決は，後述するように，校長による退学処分の適法性審査の中でではあるが，剣道実技への参加を拒否する理由が「信仰の核心部分と密接に関連する真しなものであった」ことを，審査密度が高まる要因として挙げていた[21]．しかし，この事件では「信仰の核心部分と密接に関連する」ことが明らかであったためそう書かれたのではないか．それは審査密度を規定する一つの要素ではあるが，一般化して基準とする趣旨であったかどうかは，それほど自明ではない．先に触れたピアノ判決における藤田裁判官の反対意見も，「思想，信条そのものに対する直接的抑圧となる」かどうかを問題としており[22]，通常の場合はこれで十分なものと思われる．ピアノ判決の調査官解説も，「内心の核心部分」を「歴史観ないし世界観」と見た上で，それを直接否定する外部的行為の強制かどうかを問題としていたのであり[23]，嘱託採用拒否事件判決のように「思想や良心の核心部分」かどうかを考慮しているわけではない．「思想や良心の核心部分」かどうかと，制約が「直接否定する」ものかどうかは，論理的に区別されるべきである．後者の二類型は採用できるとしても，「思想・良心の自由」の保護領域に入る考え方について，核心部分か否かを論ずることの是非は，両論があり得る難しい問題であるように思われる[24]．

　(3) ピアノ判決は，II 3 (1)で見たように，「ピアノ伴奏を拒否すること」を19条の保護領域に入らないと判断しつつ，「本件職務命令が，直ちに上告人の有する上記の歴史観ないし世界観それ自体を否定するもの」ではない，と論

---

21) 最二小判平成8年3月8日民集50巻3号469頁(477頁)．
22) 民集61巻1号291頁(303頁)．なお，「真し」という要素が存在することについては，近年の「君が代」関係訴訟の事案においては争いがないものと思われる．
23) 森・前掲注19)84頁．
24) 「核心部分」かどうかを問題とすると，「核心」とは通常狭いものであろうから，思想・良心の保護が縮減することになりかねない．嘱託採用拒否事件判決は，上述したように，思想・良心の自由の保護領域をきわめて広く解していた．そのため，「思想・良心の核心部分」かどうかを論ずることになったのかもしれない．なお，本書第3部第1章V 1(1)も参照．

じたと解する余地があった．この文章の論理的身分(保護領域か制約か)は理解しにくいが，調査官の解説によれば，制約となり得る可能性に関して審査を行い，それを否定したものだったようである．つまり，こうである．a「本件職務命令当時，公立小学校における入学式や卒業式において，国歌斉唱として『君が代』が斉唱されることが広く行われていたことは周知の事実であり，客観的に見て，入学式の国歌斉唱の際に『君が代』のピアノ伴奏をするという行為自体は，音楽専科の教諭等にとって通常想定され期待されるものであって，上記伴奏を行う教諭等が特定の思想を有するということを外部に表明する行為であると評価することは困難なものであり，特に，職務上の命令に従ってこのような行為が行われる場合には，上記のように評価することは一層困難である」．b「本件職務命令は，上記のように，公立小学校における儀式的行事において広く行われ，A小学校でも従前から入学式等において行われていた国歌斉唱に際し，音楽専科の教諭にそのピアノ伴奏を命ずるものであって，上告人に対して，特定の思想を持つことを強制したり，あるいはこれを禁止したりするものではなく，特定の思想の有無について告白することを強要するものでもなく，児童に対して一方的な思想や理念を教え込むことを強制するものとみることもできない」[25]．

　ピアノ判決によるこの判示は，再雇用合格取消事件判決(Ⅲ1③)，および嘱託採用拒否事件判決(Ⅲ2②)に大きな影響を与えている．しかしここでも，最高裁とその後の下級審の判断には論理的次元にずれがあることに，注意すべきである．ピアノ判決による先の判示は，職務命令は上述した第二類型の制約を想定していないか，あるいはそれにも当たらないとする判断であった．これに対して二つの東京地裁の判決の該当部分は，職務命令は第一類型の制約には当たらないとするものであった．したがって両東京地裁によると，第二類型の制約については，次節で見るように，別に論じられることになる．ピアノ判決に依拠しているかのように判断している両判決は，ここでも実際にはそうではない．

　(4) 再雇用合格取消事件判決による「儀礼的行為」論も(Ⅲ1②)，ピアノ判

---

[25] 民集61巻1号291頁(294～295頁)．森・前掲注19)85頁．

決には存在していなかった．ピアノ判決がピアノ伴奏に関する事案であったのに対して，東京地裁の事案は起立・斉唱に関するものであったことから，新たな論拠が持ち出されたということであろう[26]．もっとも，ピアノ判決における，「『君が代』のピアノ伴奏をするという行為自体は，音楽専科の教諭等にとって通常想定され期待されるものであって」という文章(Ⅲ 3 (3)a)が再雇用合格取消事件判決では削られ，それに取って代わる形で「儀礼的行為」論が出てきたというところから見ると，この二つの論拠の間に趣旨としては似たものがあるのかもしれない．しかし，ある行為が「通常想定され期待されるもの」であったとしても，あるいは「儀礼的行為」であったとしても，当該個人にとって思想・良心に反する外部的行為の強制であるならば，それは思想・良心の自由に対する制約となるはずである．再雇用合格取消事件の東京地裁は，強制が「特定の思想などの精神活動自体の表明となるものではない」としているが(Ⅲ 1 ③)，「特定の思想を有する」ことの表明の強制は，思想・良心の自由に対する制約の一つの形態ではあるが，一つの形態でしかない．このことは，不明確な形ではあるが，ピアノ判決も認めていたところである(Ⅲ 3 (3)b を見よ)[27]．ところが再雇用合格取消事件の東京地裁はそれすら切り捨ててしまった．

しかも，せっかく起立・斉唱の事案に合せて持ち出された「儀礼的行為」論ではあったが，この判決自身「歌唱を行う際に歌唱を行う者が起立し，また，起立する際，会場正面に向けた体勢をとること」についてのみ「儀礼的行為」性を語っており，「斉唱」については「儀礼的行為」とは位置づけていない(Ⅲ 1 ②)．「儀礼的行為」論は，仮にそれを受け入れたとしても，起立・斉唱を命ずる職務命令全体が思想・良心に対する制約とはならないことの根拠としては十分ではないものとして，使われているのである[28]．

(5) 二つの東京地裁判決が用いている，起立・斉唱の拒否は，歴史観ないし世界観又は社会生活上の信念に基づく一つの選択ではあり得るが，「一般的には」これと不可分に結び付くものではない，という議論(Ⅲ 1 ①，Ⅲ 2 ②)も，

---

26)「儀礼的行為」論は，再雇用合格取消判決とほぼ時を同じくする，国立二小ピースリボン事件に関する東京高判平成 19 年 6 月 28 日判例集未登載でも用いられているが，その後は登場しなくなっている．

27) ピアノ判決によるこの部分の論理の不明確性について，本書第 2 部第 2 章参照．なお嘱託採用拒否事件の東京地裁は，この点についてはピアノ判決を忠実になぞっている(Ⅲ 2 ②)．

28) 土屋英雄『「日の丸・君が代裁判」と思想・良心の自由』(現代人文社，2007 年) 28 頁．

ピアノ判決（Ⅱ3 (1)③）に由来している．ここでもまず，ピアノ判決における「一般的には」論は，保護領域該当性の判断に際して用いられていると解し得るのに対して，両東京地裁では制約判断に転用されていることを確認できる．いずれの場面で用いられるにしても，この「一般的には」という論証方法は，学説上，これまで繰り返し批判がなされてきたものである．「一般的には」そうであっても，当該個人にとっては異なるものであることが各訴訟で問題となっているはずであった．確かに，個人固有の見解によって法的義務を拒否することを認めると，無秩序になりかねない．しかし，この訴訟で問題となっているのは当該事案に関する限定的局面であり，拒否理由は全く独自の奇異な見解ではなく，真摯性もあるものであることは，共通の前提となる事実であるように思われる[29]．

両東京地裁も，実は，この「一般的には」という論証の「説得力のなさに気付いている」[30]，のかもしれない．嘱託採用拒否事件判決のⅢ2③として紹介した判示は，まさにそのことを述べている．また，再雇用合格取消事件の東京地裁も，Ⅲ1で紹介した判示に続けて，「また，国旗に向かって起立し，国歌を斉唱するという本件職務命令の命ずる行為が全原告らの内心領域における精神活動にも影響を与え得ることは否定できない」[31]，としていた．そこで議論は，次の段階へと移行することになる．

Ⅳ 正当化

1 再雇用合格取消事件東京地裁判決

再雇用合格取消事件の東京地裁は，上述したように，職務命令の命ずる行為が，「全原告らの内心領域における精神活動にも影響を与え得ること」を認めた上で，およそ次のように論じている．①「憲法15条2項は，『すべて公務員は，全体の奉仕者であって，一部の奉仕者ではない』と定め，地公法は，地方

---

29) さしあたり，本書第2部第2章Ⅱ2参照．これに対して，「一般的には」という考察態度を擁護する学説として，安藤・前掲注11) 180頁以下，木村草太「判批」自治研究84巻12号 (2008年) 15頁などがある．再反論としては，西原博史『「君が代」裁判と外部的領域における思想・良心の自由の意義」労旬1709号 (2009年) 6頁以下．
30) 土屋英雄『思想の自由と信教の自由〔増補版〕』(尚学社，2008年) 314頁．
31) 判時2001号136頁 (154～155頁)．

公務員の地方公共団体の住民全体の奉仕者(地公法30条)との特殊な地位及びこれが担っている職務の公共性にかんがみ，統一的で円滑な公務の遂行を確保する趣旨から，地方公務員に上司の職務上の命令に忠実に従うべき義務を課している(地公法32条)」．しかも，②「文部大臣が学校教育法43条及び同法施行規則57条の2により定めた学習指導要領では，卒業式などで国旗を掲揚し，国歌を斉唱するよう指導する旨の国旗・国歌条項が置かれている」が，この「学習指導要領は高等学校教育における機会均等の確保と全国的な一定の水準の維持という目的のために必要かつ合理的と認められる大綱的基準を定めたものと解することができるから，基本的には法規としての性格を有するものと解され」，原告らは，「国旗・国歌条項にのっとった指導をする責務を負っている」．このことに併せて制約判断で述べたこと(Ⅲ1①②)などを勘案すると，③「本件職務命令は国旗・国歌条項により全原告らが指導の責務を負う事項につき，儀式・式典における儀礼的な行為を命ずる限りでこれを具体化したものとみるのが相当である」．してみれば，④「本件職務命令は，公務員の職務の公共性に由来する必要かつ合理的な制約として許容されるものと解され，全原告らの思想及び良心の自由を侵害するものとして憲法19条に反するとはいえない」[32]．

2　嘱託採用拒否事件東京地裁判決

嘱託採用拒否事件判決は，制約(「思想や良心と抵触するような行為」の強制)の正当化に関して，再雇用合格取消事件判決とほぼ同様の判断をしている．つまり，①公務員の「全体の奉仕者」性，「地方公務員の地位の特殊性や職務の公共性」から原告らには職務命令服従義務があること，②国歌を起立・斉唱することは学習指導要領の「規定の趣旨にかなうものであ」り，③卒業式などの「儀式においては，出席者に対して一律の行為を求めること自体には合理性がある」，④「卒業式等における国旗掲揚や国歌斉唱は，全国的には従前から広く実施されていたものである」，といった諸事情を総合して，⑤「本件職務命令には，その目的及び内容において合理性，必要性が認められる」[33]，と述べ

---

32) 判時2001号136頁(154〜155頁).
33) 判時2007号141頁(156頁).

ている．

3 ピアノ判決との比較検討

(1) ピアノ判決も，①公務員の「全体の奉仕者」性，地方公務員の「地位の特殊性及び職務の公共性」から職務命令服従義務があること，②小学校学習指導要領が国旗・国歌条項を置いていることなどを指摘し，③Ａ小学校では従来から音楽専科の教諭によるピアノ伴奏で「君が代」の斉唱が行われてきたことなどから，④「本件職務命令は，その目的及び内容において不合理であるということはできない」[34]，と述べていた．上述した二つの東京地裁の判示は，ピアノ判決を踏まえていることは明らかである．しかし，ピアノ判決によるこの論理は，思想・良心の自由に対する制約がないことをいう場面で用いられていた．それを，両東京地裁は，思想・良心の自由に対する制約はあるが正当化されるという文脈へと転用したのである[35]．ただしその際，ピアノ判決が「目的及び内容において不合理であるということはできない」と述べた結論部分を，「必要かつ合理的な制約として許容される」，「目的及び内容において合理性，必要性が認められる」という形に変更している．これは，意識的か無意識的かはともかく，ピアノ判決そのままでは正当化判断の審査基準の定式化としてふさわしくない，と考えたためであると思われる．

従来，憲法学説においては，思想・良心の自由は絶対的保障であり，「思想・良心の防衛的，受動的な外部的表出」も「絶対的保障に準ずる強い保障」が与えられる，などと説かれてきた[36]．これに対して，二つの東京地裁判決は，嘱託採用拒否判決の定式に拠れば「思想や良心と抵触するような行為を強制するとき」という制約類型に関して，「合理性」と「必要性」があるかどうかという基準によって判断した．これは適切であったか．

(2) 前節で述べたように制約に二類型を区別すると，ここで問題となっているとされるのは第二類型の制約である．この第二類型の制約の基礎には，「職務命令の一般的，客観的性格が……Ｘの内心の核心部分を否定するもので

---

34) 民集61巻1号291頁(295～296頁)．
35) 水口洋介「判批」世界768号(2007年)139頁も同旨．
36) 土屋・前掲注30)17～18頁など．

ないにせよ，X自身においては，なお本件職務命令が自己の内心の核心部分を否定するものと受け止められ得ることが考えられ」る，という考慮がある[37]．そうすると，後者こそが憲法上の権利にとって重要であるとも言えるのであるから，この類型の制約だからといって正当化が格別に容易になるわけではない．むしろ第一類型の制約であれば，特例的なほどに厳格な正当化の審査をする必要があるということである．そしてそうであるならば，二つの東京地裁が設定した「合理性」「必要性」という審査の基準は緩やかすぎるという批判はあり得るだろう[38]．実際，国旗・国歌斉唱予防訴訟の東京地裁は，「必要かつ最小限度」の制約かどうかという，より厳格な定式化を用いていた[39]．

(3) まず確認しておく必要があるのは，ここで問題となっているような職務命令の合憲性審査においても，目的・手段審査は可能であるし，なされるべきだということである．本章で扱っている各裁判所は，手段審査はしているものの，目的審査をしているのかは不明確であり，したがって手段審査においても目的との関連性は審査されていない．

この点において参考になるのは，再び，ピアノ判決における藤田裁判官の反対意見である．この反対意見は，「公務員が全体の奉仕者であることから，その基本的人権にそれなりの内在的制約が伴うこと自体は，いうまでもなくこれを否定することができないが，ただ，逆に，『全体の奉仕者』であるということからして当然に，公務員はその基本的人権につき如何なる制限をも甘受すべきである，といったレヴェルの一般論により，具体的なケースにおける権利制限の可否を決めることができないことも，また明らかである」，という．そして，「ピアノ伴奏を命じる校長の職務命令によって達せられようとしている公共の利益の具体的な内容は何かが問われなければならず，そのような利益と上記に見たようなものとしての上告人の『思想及び良心』の保護の必要との間で，慎重な考量がなされなければならない」，という．その上で「学校行政の究極的目的」は「子供の教育を受ける利益の達成」でなければならず，「それ自体は極めて重要な公共の利益であるが，そのことから直接に，音楽教師に対し入

---

37) 森・前掲注19)85頁．
38) 土屋・前掲注28)31頁以下．同・前掲注30)315頁以下など．
39) 東京地判平成18年9月21日判時1952号44頁(67頁)．この判決については，本書第2部第2章参照．

学式において『君が代』のピアノ伴奏をすることを強制しなければならないという結論が導き出せるわけではない」，という．この事件の場合は，「『入学式における『君が代』斉唱の指導』という中間目的が(学習指導要領により)設定され，それを実現するために，いわば，『入学式進行における秩序・紀律』及び『(組織決定を遂行するための)校長の指揮権の確保』を具体的な目的とした『『君が代』のピアノ伴奏をすること』という職務命令が発せられるという構造によって行われる」，と分析する．そして，「仮に上記の中間目的が承認されたとしても，そのことが当然に『『君が代』のピアノ伴奏を強制すること』の不可欠性を導くものでもない」，という[40]．

(4) それでは，本章が検討の対象としている事例ではどうであったか．卒業式等における国歌斉唱時に国旗に向かって起立し，国歌を斉唱することを命ずる職務命令についても，「究極的目的」「中間目的」「具体的な目的」があり，おそらくそれは藤田裁判官がピアノ伴奏の職務命令に関して述べたものとおおよそ一致するものであろう．そしてそのような目的が仮に正当だとしても，判例の基準に従うと，それを達成するための手段に「合理性」と「必要性」がなければならないはずである．

なお念のため，「合理性」と「必要性」という判例法理による審査の基準について，ここで再確認しておきたい．精神的自由に対する制約の正当化に関する最高裁の見解を定式化したものとして，調査官解説などでしばしば引用される代表的判決が，成田新法事件最高裁判決である．それによると，「集会の自由といえどもあらゆる場合に無制限に保障されなければならないものではなく，公共の福祉による必要かつ合理的な制限を受けることがあるのはいうまでもない．そして，このような自由に対する制限が必要かつ合理的なものとして是認されるかどうかは，制限が必要とされる程度と，制限される自由の内容及び性質，これに加えられる具体的制限の態様及び程度等を較量して決めるのが相当である」[41]，という．この手段の「合理性」と「必要性」審査は，きわめて一

---

[40] 民集61巻1号291頁(303～304頁)．なお，成嶋隆「『日の丸・君が代』訴訟における思想・良心の自由と教育の自由」法時80巻9号(2008年)83頁は，藤田反対意見に対して，「子どもの教育を受ける利益の達成という『究極的目的』と，学校儀式での『君が代』斉唱の指導という『中間目的』との間には，いささか以上の《距離》がある」，という批判的コメントを付している．

般的なものである．そこで，成田新法判決が言及する較量の際の考慮諸要素は，その審査の密度を変化させる要因として再構成すべきである[42]．このような思考は本章で扱っている事案に即して展開できる．まず，思想・良心の自由という憲法上の権利はきわめて重要であり，成田新法事件で問題となった集会の自由に関してよりもさらに審査の密度を高める要素となる．また，思想・良心の自由の内容に関して藤田裁判官のような捉え方をすれば，職務命令による諸々の行為の強制はそれに対する「直接的抑圧」となる[43]．仮にそういう捉え方をしない場合でも，ピアノ判決の調査官解説がいう，「その性質，効果等に照らしてそれと同等の作用を及ぼす」ものではあるだろう．そうであるならば，制約の態様という点からしても，ここでの職務命令に関する審査の密度は高いものとなるべきである．つまり，上述した予防訴訟東京地裁判決が用いた，手段が「必要かつ最小限度」かどうかという審査の基準と実質的には同じことになるはずである．また藤田裁判官による「慎重な考量」論も，このような立場と趣旨を同じくするものと考えられるように思われる[44]．

以上のことを踏まえた上で，本章で扱っている事案を実際に比例原則の思考を基礎に置いて審査してみよう．校長による職務命令の「中間目的」として，「入学式における『君が代』斉唱の指導」が（学習指導要領により）設定され，「具

---

41) 最大判平成 4 年 7 月 1 日民集 46 巻 5 号 437 頁（441～442 頁）．最高裁が精神的自由の領域においてとる比較衡量論，例えば猿払判決，よど号判決，第一次家永教科書判決などにおけるそれと，この判決の位置づけについて，さしあたり，渡辺康行「集会の自由の制約と合憲限定解釈」法政研究 75 巻 2 号（2008 年）442 頁以下，同「最高裁裁判官と『司法部の立ち位置』」工藤達朗ほか編『戸波江二先生古稀記念 憲法学の創造的展開 下巻』（信山社，2017 年）563 頁以下など．

42) 現在では多くの文献がある．渡辺康行ほか『憲法Ⅰ 基本権』（日本評論社，2016 年）74 頁以下（松本和彦），および注 41) で挙げた拙稿など．

43) 民集 61 巻 1 号 291 頁（303 頁）．

44) 青柳幸一「思想・良心の表出としての消極的外部行為と司法審査」慶應義塾大学法学部編『慶應義塾創立 150 年記念法学部論文集 慶應の法律学 公法Ⅰ』（慶應義塾大学出版会，2008 年）87 頁以下は，藤田反対意見を，「事案の内容に即した個別的・具体的検討」をした例として評価している．しかし，青柳論文が推奨する，「事案に即した検討における個別的・具体的比較衡量」とは，比例原則の中に組み込まれている「狭義の比例性（利益の均衡性）」審査として位置づけられるものである．参照，石川健治ほか「座談会：Mission: Alternative」法教 342 号（2009 年）41 頁（石川発言）．なお，藤田反対意見をアメリカ型の違憲審査基準論にかなり強引に引き付けて理解しようとするのが，渋谷秀樹「『日の丸・君が代』強制についての憲法判断のあり方」立教法務研究 2 号（2009 年）22 頁以下．同論文 38 頁以下は，猿払判決を目的審査，関係審査，手段審査を行っている点では評価した上で，しかし仮にこの基準を用いるにしても，本件では手段審査をクリアしない，と論じている．これに対して本章は，本件事案には猿払判決の基準を使用するべきではないという見地に立ち，判例が一般的に用いている比較衡量論を，比例原則の思考によって基礎づけるという審査手法によって論ずるものである．

体的な目的」として「卒業式等の進行における秩序・紀律」および「(組織決定を遂行するための)校長の指揮権の確保」がある．それが仮に正当だとしても，それを達成するために，教職員に対して一律に起立・斉唱を命ずる必要性はあったのだろうか．この点に関して，「公務員が勤務時間外に，職場外で，しかも職務とは無関係に政治運動を行ったことが問題とされた」猿払事件の事案とは異なり，「職務そのものが問題となっている事案であるから，公務員が職務遂行をするに当たり基本的人権が制約されることがあっても当然許される」[45]，と論じられることもある．しかし，ここで問題となっているのは，教師としての職務の中枢をなすようなことがらではない[46]．音楽担当の教諭が卒業式等で「君が代」のピアノ伴奏をすることは当人にとり付随的業務だと思われるが，それよりもさらに，一般の教師が卒業式等で起立・斉唱することは付随的業務性が高い．そうだとすれば，先のような目的を達成するために，すべての教師に対して起立・斉唱を命ずることがどうしても必要だったのか，他に代わる手段はあったのではないか，といった点を審査の密度を高めて判断すべきだと思われる．この点についてピアノ判決および両東京地裁の審査は，これまでの最高裁の判例の立場を前提としても十分ではなかった．職務命令の必要性を審査する際にこれまで論じた諸点を考慮するならば，「本件職務命令は，目的達成のために必要不可欠でないにもかかわらず，教職員全員の起立・斉唱を命じ，それによって，原告らの思想・良心の自由を過度に侵害するもの」であり[47]，違憲だというべきである[48]．

---

45) 例えば，再雇用合格取消事件における被控訴人側準備書面(1)73頁.
46) ピアノ判決における藤田反対意見．民集61巻1号291頁(305頁).
47) 戸部真澄「判批」速判解(法セ増刊)2号(2008年)35頁.
48) 本文のように考える以上，比例原則の第三要素「狭義の比例性(利益の均衡性)」についてはもはや論ずる必要もないだろう．なお，門田・前掲注12)103頁は，「『君が代』のもつ憲法適合性の『疑わしさ』ゆえに，これを『国歌』と定めること自体が即違憲とまで言い切れないにしても，その斉唱等を個々人に強制することは，憲法上許されないと解することが可能であり，またそれで十分なのではなかろうか」，という．しかし，この論法は，門田自身がいうように，これまで「積み上げてきた議論」を「出発点に引き戻す」おそれがある．すべての裁判所は「それで十分」とは考えなかった．そのような裁判所を説得するためには，職務命令が違憲かどうかは三段階の審査を経て判断されるべきことなどを，丁寧に論じていく必要がある．

V 再雇用拒否の適法性

1 再雇用合格取消事件東京地裁判決

再雇用合格取消事件においては，教師が卒業式等において，職務命令に反して「君が代」斉唱の際に起立・斉唱しなかったことを理由として，都教委により再雇用職員の合格取消しなどが行われた．合格取消しまでに懲戒処分が介在していないことは，本件事案の特色である．これが都教委による裁量の逸脱・濫用ではないかという主張に対し，東京地裁はおよそ次のように判断した．

①「本件合格取消し当時においても，都教委は原告らを再雇用職員として採用するか否かにつき一定の裁量を有していた」．しかし，②「本件合格通知が発せられることにより，原告らが……再雇用職員への採用に強い期待を抱くことは無理からぬものというべきであり，かかる期待は国賠法上も保護するに値する」．したがって，「任命の拒否が相当な理由を欠くなど，社会通念上著しく不合理であって，その裁量を逸脱・濫用してされたものと認められる場合には，本件合格取消しも国賠法上，違法な公権力の行使に該当する」．しかし，③「本件職務命令に反してされた原告らの本件不起立行為が同人らの勤務内容の評価を低下させるものとなることは否定し難いから，都教委が本件不起立行為をもって，勤務成績が良好であることとの要件に欠けると判断したことが不合理ということはできない」．④確かに，「ただ一度の短時間の不作為にすぎない本件不起立行為によって，その後の勤務の機会を奪われる事態に至ることは，社会通念に照らしていささか過酷であると見る余地もあ」るが，「本件不起立行為は国旗・国歌条項の実施についての都教委の関与・介入に対する抗議としての一種の示威行動とも評価し得るものであるから，本件不起立行為の態様が消極的・受動的なものにすぎないとする原告らの主張……は，本件不起立行為の一側面のみを取り上げるものであ」る．⑤「原告らの非違行為が，その信念に根ざすものであることからすると，新年度の入学式や翌年の卒業式においても更に繰り返される可能性も高いこと，再雇用制度に定年後の生活保障の意味合いがあるとしても，それは飽くまでも一年ごとの任命であって，一般の教職員の地方公務員としての身分保障とは本質的に異なること」などを「総合考慮

すれば」,「本件合格取消しは都教委の裁量を逸脱・濫用してされたもの」とは認められない[49].

2　嘱託採用拒否事件東京地裁判決

都教委が，卒業式等に起立・斉唱を命ずる職務命令に従わなかったために懲戒処分を受けたことを理由として，定年後の嘱託員としての再雇用の選考で不合格としたことは裁量の逸脱，濫用ではないか，という主張に対して，東京地裁はおよそ次のように判断した.

①「都教委が，再雇用職員の選考にあたって有する裁量は，それが広範なものであることは否定できないものの，いかなる選考をしても違法となる余地がないという意味での全くの自由裁量というものではなく，当該申込者について不合格と判断した理由が著しく不合理である場合や，全くの恣意的な理由で不合格とした場合など，当該不合格に客観的合理性や社会的相当性が著しく欠けると認められるような場合には，都教委はその裁量を濫用，逸脱したものと評価すべき」である. ②「原告らの職務命令違反行為は，起立をしなかったことと国歌を斉唱しなかったことだけであって，積極的に式典の進行を妨害する行動に出たり，国歌斉唱を妨げたりするものではなく，現に，原告らの職務違反行為によって，具体的に卒業式等の進行に支障が生じた事実は認められない」. ③「本件職務命令が，他の職務命令と比較して，とりわけ重大なものとはいえないし，これのみで教職員の勤務成績を決定的に左右するような内容のもの」でもないのであるから，不起立行為が，「その性質上，直ちに嘱託員としての採用を否定すべき程度の非違行為というのは疑問である」. しかも，④「原告らが，指導や処分を繰り返し受けたにもかかわらず，同種行為を何度も繰り返したといった事実はないし，……原告らは，本件職務命令違反に関して都教委が再発防止のために必要として設けた研修を済ませていた」. ⑤「過去においては，争議行為で二度の停職処分を受けた職員が嘱託員に採用された例もあったのに，本件の不起立行為により，原告甲川を除く原告らは戒告を受けたにとどまり，原告甲川についても減給処分であって……それでも再雇用職員の選考

49）判時 2001 号 136 頁(158～160 頁).

で不合格にされたというのは,選考の公平さに疑問がある」.⑥「都教委が,本件職務命令違反のほかに,原告らの勤務成績に関する事情を総合的に考慮して再雇用の合否を判断した形跡は全くみられない」.⑦「以上の諸事情に照らすと,原告らが嘱託員となった場合,卒業式等で再度不起立行為に及ぶ可能性があることは否定できないことを考慮しても,本件不合格は,従前の再雇用制度における判断と大きく異なるものであり,本件職務命令違反をあまりにも過大視する一方で,原告らの勤務成績に関する他の事情をおよそ考慮した形跡がないのであって,客観的合理性や社会的相当性を著しく欠くものといわざるを得ず,都教委はその裁量を逸脱,濫用したものと認め」られる[50].

3　比較検討

(1) ピアノ判決は,職務命令違反に対して戒告処分がなされた事案であった.この事件の一・二審では,戒告処分が裁量の濫用となるかも争われたが,適法と判断された[51].これに対して最高裁では,この論点は扱われなかった.そのため,ピアノ判決は当然ながら職務命令違反を理由とする懲戒処分,およびそうした処分を理由とする再雇用拒否の適法性判断について,以降の下級審に影響を与えるものではない.

二つの東京地裁の結論は,上記したように正反対のものであった.しかし,本章Ⅰで触れた,別の再雇用拒否事件においても,東京地裁は嘱託採用拒否事件判決と類似した理由づけで,再雇用拒否を違法としている[52].それぞれの事件で事情の違いはあるとはいえ,この時点では,起立・斉唱を命ずる職務命令違反で懲戒処分を受けていることのみを理由とする再雇用拒否は違法だ,とする傾向が見られるようである.しかも再雇用合格取消事件は,懲戒処分は介在しておらず,また選考で不合格としたのではなく合格を取り消したという,より慎重な適法性審査が必要とされる事案だった.

(2) 再雇用合格取消事件判決が下級審判例の動向とは異なった結論に達した一因は,不起立を「抗議としての一種の示威行動」と見たことにある(Ⅴ1④).しかし,「実際問題として生徒席や保護者席からも不起立であることが良

---

50) 判時 2007 号 141 頁(159～161 頁).
51) 本書第 2 部第 1 章Ⅱ3 参照.

く見えないケースが多く，そこには『反抗の気勢をあげる』とか『威力を示す』といった要素も全く見られない」とされる行為を[53]，「示威行動」と認定したこの判決は，関連する諸判決のなかでも「突出したもの」であった[54]．また，「仮に不起立行為が示威性を有するとしても，それは，国旗を引き下ろしたり，不起立をことさらに煽動したりする等の積極的な妨害活動とはなお性格を異に」している[55]．第一審による先の認定とそれに基づいて再雇用の合格取消しを適法とした判断は，改められるべきものと思われる．

(3) 嘱託採用拒否事件判決については，Ｖ２③が「比例原則違反」を，Ｖ２⑤が「平等原則違反」を，さらにＶ２⑥⑦は，不合格処分の「判断過程」の違法性を認めたものと評されている[56]．

「行政裁量に対する司法審査は，法律の規定の趣旨及び当該行政作用の性質（侵害処分か授益処分か等）を主に考慮しつつも，行政判断過程の具体的局面に応じたきめ細かな総合的判断を通して行われる」[57]，といわれる．その一つの方

---

52) この判決は，嘱託採用拒否事件東京地裁判決から強い影響を受けて，次のようなことを述べている．① 10・23 通達以前は，国歌斉唱時に起立を命ずる職務命令は出されず，不起立は懲戒処分の対象ではなく，再雇用されない者もいなかった．しかし通達が出されて以降，職務命令が出され，不起立が職務命令違反となり，再雇用されなくなった．しかし，「起立斉唱を命じる職務命令によって達成しようとした目的は，本件通達前から既に存在していたのであり，この目的に反するという意味では，不起立に対する評価は，本件通達発出の前後で質的に変わりはない」．②「本件不起立の態様は，他の教職員や生徒らに不起立を促すようなものではなく，式典の進行が阻害されたり，混乱したりした形跡はない」．③「原告は，本件戒告処分に対して不服を申立てることなく，再発防止研修を受講し，その後，定年退職するまでの３年間，教育現場を混乱させたくないとの思いから，校長の職務命令に従い，毎年起立斉唱を行ってきたのであり，再び同種の非違行為に及ぶ可能性はかなり低いものである」．④「原告は，本件戒告処分以外に懲戒処分を受けたことはなく，……所属校の校長は原告の勤務態度を評価して推薦書を作成している」．以上のようなことに照らすと，⑤「本件再雇用，本件再任用職員の採用選考の場面において，不起立という職務命令違反を余りに強調することには疑問がある」．⑥「懲戒処分の対象としては非行の程度が軽いと評価しながら，採用選考の際には，これだけを理由に不合格となるほどの重大な非違行為に当たると評価することは，不合理」である．⑦被告は，「教育課程の実施に関する職務命令の一つに過ぎず，その違反が戒告処分相当とされている本件職務命令に違反した本件不起立を過大視する余り，現実に本件不合格を告知された原告に関して前述の認められる具体的事情を一切顧みない結果となっているに等しいのであって，定年退職者の生活保障及び長年培った知識や技能を活用することによる学校教育の充実という本件再雇用，本件再任用制度の趣旨からも，採用選考における従前の判断のあり方からも大きく逸脱し，前述のとおり法的保護の対象となる原告の合理的な期待を大きく損なうもの」である．よって「本件不合格は，客観的合理性及び社会的相当性を著しく欠き，裁量権の逸脱，濫用がある」．判時 2056 号 148 頁．
53) 再雇用合格取消事件に関する第一審原告らの控訴理由書 196 頁．
54) 戸部・前掲注 47)36 頁，同・前掲注 18)60 頁．
55) 戸部・前掲注 47)36 頁．
56) 戸部・前掲注 18)60 頁．

式が,「判断過程統制型」の裁量審査とされるものである．嘱託採用拒否事件判決が,都教委が「本件職務命令違反をあまりにも過大視する一方で」,勤務成績など「当然考慮すべき事項を検討していない」と論じていることは,「判断過程の統制」によって「審査密度を上げ」た判示として高く評価すべきである[58]．

これとは別に「中間密度型の実体法的審査」という方式があるとされ,その例として,「優越的法益侵害に関する裁量審査」という類型が挙げられることがある．これは,「生命・身体・健康,人身の自由,信教の自由等の高度の人権価値を認められその保障範囲も比較的明確な法益……への侵害をもたらす行政活動に関しては,たとえそれが自由裁量の余地のある権限行使である場合でも,比較的厳格な適法性審査が行われてきた」[59],ことを指している．嘱託採用拒否事件判決が処分の「比例原則違反」や「平等原則違反」を指摘した際に,教師等の思想・良心の自由にかかわる処分が問題となっていることを考慮して審査密度を高めたのかどうかは,読み取ることはできない．しかし,本章が扱ってきた事案は,「優越的法益侵害」型の裁量審査方式がとられるべき事件としても位置づけ可能である[60]．嘱託採用拒否事件判決で用いられた判断過程統制の手法と比例原則などの手法は,相まって,行政裁量審査を充実させることに寄与するものと思われる．

---

57) 亘理格「行政裁量の法的統制」高木光・宇賀克也編『行政法の争点』(有斐閣,2014年)118頁.
58) 戸部・前掲注18)59頁.
59) 亘理・前掲注57)120頁.
60) 亘理論文において,「優越的法益侵害に関する裁量審査」がなされた一例とされているのが,先にも触れた(注21参照)エホバの証人剣道受講拒否事件判決である．またこの判決は,「判断過程審査」がなされた例として挙げられることも多い．例えば,榊原秀訓「判批」宇賀克也ほか編『行政判例百選Ⅰ〔第7版〕』(有斐閣,2017年)165頁．この二つの判断方式は相反するものではない,ということであろう．行政裁量審査の関する判例状況を憲法学の観点から考察した文献として,渡辺康行「憲法上の権利と行政裁量審査」長谷部恭男ほか編『高橋和之先生古稀記念　現代立憲主義の諸相　上』(有斐閣,2013年)325頁以下,および本書第3部第2章.
　ところで,剣道受講拒否事件判決を「君が代」起立・斉唱を命ずる職務命令の合憲性審査に関して引き合いに出す見解があり(土屋・前掲注30・311頁以下),再雇用合格取消事件における両当事者もそれから影響を受けた議論を行っている．しかし,起立・斉唱を命ずる職務命令に相当するのは,剣道受講の義務づけである．剣道受講拒否事件の最高裁は,この論点については判断せず,義務づけに従わない生徒に対する処分に関する適法性審査において,信教の自由の重要性を考慮した「中間密度型の実体法的審査」を行っていたとすれば,同判決は,この点においてこそ参照されるべき判決である．

VI 結びに代えて

　下級審裁判所は，最高裁判決に完全に拘束されているわけではない．本章で扱ったいくつかの下級審判決は，ピアノ判決に基本的には依拠しつつも，異なった論理により判断していた．これは下級審裁判所も，ピアノ判決の論理に納得していないことによるものと思われる．しかも，ピアノ判決と本章で扱ってきた再雇用合格取消事件などは事案が異なるのであるから，再雇用拒否の適法性にかかわる論点はもちろんのこと，職務命令と思想・良心の自由にかかわる論点においても，最高裁と異なった判断をすることに何ら支障はないはずである．

　本章で扱ってきた各事件は，例えば「日の丸・君が代」の合憲性のような，裁判所が扱いにくい問題が争点となっている事案ではない．むしろそれらにおいては，憲法上の権利の保障という，裁判所が積極的に判断すべき事柄が争点となっている．そして，本章で取り上げた法的な諸論点の背景には，多様な考え方をもった人々が共存できる社会か，一元的な考え方を押し付けられる社会か，という日本社会のあるべき姿に関するより基本的な見解の対立が潜んでいる．それだけに，本章で扱ったような事件を判断する裁判所の責務は，なおさら重大だと思われる．

第4章 「日の丸・君が代訴訟」を振り返る
——最高裁諸判決の意義と課題

I はじめに

　本章が「日の丸・君が代訴訟」として考察の対象とするのは，公立学校における卒業式や入学式に際して，国旗に向かって起立し，国歌を斉唱すること，国歌斉唱に際してピアノ伴奏することなどを，職務命令によって教職員に義務づけることの合憲性，およびそうした職務命令に違反した教職員になされた懲戒処分や再雇用拒否等の不利益措置の合法性などが争われた訴訟である[1]．最高裁の判決としては，ピアノ伴奏を命ずる職務命令の合憲性に関して，最高裁平成19年2月27日第三小法廷判決(民集61巻1号291頁．以下では「ピアノ判決」という)があり，起立斉唱についての職務命令の合憲性に関して，最高裁平成23年5月30日第二小法廷判決(民集65巻4号1780頁．以下では「起立斉唱判決」という)を始めとする一連の判決があった[2]．また職務命令違反に対する懲戒処分の適法性に関しては，最高裁平成24年1月16日第一小法廷判決(判時2147号127頁①事件，②事件．以下では「懲戒処分判決」という)が出た．さらに，国歌斉唱などの義務不存在確認等を求めた訴訟(以下では「予防訴訟」という)に関して，最高裁平成24年2月9日第一小法廷判決(民集66巻2号183頁)がある．しかしこの判決は，行政訴訟法上の論点について主に判断しているため，本章では対象外とする．

　これらの判決は社会的に大きな反響を呼び，学界でも様々に論じられてきた．また私自身も，たびたび論ずる機会があった．本章は，「日の丸・君が代訴訟」

---

1) かつては，国旗・国歌に対する積極的な反対行動を理由とする懲戒処分などを争う事例が多かった．2006年末ごろまでの一覧として，森英明「判解」最判解民事平成19年度(上)(2010年)146頁以下．それに対して近年では，不起立不斉唱など消極的な行為を理由とする懲戒処分などを契機とした事件が多くなっている．本章は，この類型の事案に関する判例を検討の対象とする．
2) 最高裁の各小法廷で，ほぼ同じ趣旨の判決が出た．その一覧として，渡辺康行「憲法判例の動き」平成23年度重判解(ジュリ1440号，2012年)3頁．本章では，皮切りとなった第二小法廷判決から判旨を引用する．最三小判平成23年6月14日民集65巻4号2148頁については，渡辺康行「判批」セレクト2011[I](法教377号別冊付録，2012年)10頁．

に関する最高裁判決がほぼ出そろった現時点(2012年)において，それぞれの判決を再読し，相互の関係等を分析するものである．その際には下級審判決の動向にも目を向けることによって，最高裁判決の意義を文脈のなかで理解したい．このような考察を通じて，最高裁判決に対する「建設的批判」を試みることが，本章の目的である[3]．

II　ピアノ判決再読

1　ピアノ判決以前の下級審判決の動向

(1) 最高裁でピアノ判決が出される前の時期における下級審判決の代表例は，同事件に関する一・二審判決である．これらの判決の論理は，こうである．「人の内心領域における精神的活動は外部的行為と密接な関係を有する」から，「『君が代』を伴奏することができないという思想・良心を持つ原告に『君が代』のピアノ伴奏を命じることは，この原告の思想・良心に反する行為を行うことを強いるものである」．しかし，「地方公務員は，全体の奉仕者であって」，「思想・良心の自由も，公共の福祉の見地から，公務員の職務の公共性に由来する内在的制約を受ける」．つまり，職務命令は原告の思想・良心の自由を制約するが，その制約は正当化される，という論理である[4]．

(2) しかしこの時期には，これとはかなり異なった判決もあった．一つは，「北九州ココロ裁判」に関する，次のような福岡地裁判決である．①学習指導要領のなかの入学式などに際する国旗・国歌の指導に関する定めは，大綱的基準ではなく細目に当たるため，法的拘束力はない．②「君が代を歌えないという考えは，個人原告らの人間観，世界観と直接に結び付くものではな」い(つまり保護領域に入っていない)．したがって，起立斉唱の職務命令は憲法19条に違反しない．③北九州市教育委員会が同市立学校の校長に対してした起立斉唱に関する指導は，旧教育基本法10条1項の「不当な支配」に当たる．④原告らに対して戒告処分をすることは，裁量権の濫用ではない．しかし，減給処分

[3) 本章では，諸判決に関する事案の紹介は省略し，主に扱う最高裁判決の多数意見については，引用頁も割愛する．
4) 東京地判平成15年12月3日〔参〕民集61巻1号426頁(447〜450頁)，東京高判平成16年7月7日〔参〕民集61巻1号457頁(465〜469頁)．本書第2部第1章II 3を参照．

は裁量権の濫用として違法である[5]．憲法上の権利ではなく，「不当な支配」の禁止という客観法に対する違反を認めた上で，しかしその判断とは切断しながら，減給処分を違法とする，珍しい判決であった．

もう一例は，予防訴訟に関する東京地裁判決である．憲法にかかわって注目できる判示は，こうである．①「宗教上の信仰に準ずる世界観，主義，主張に基づいて」起立斉唱ピアノ伴奏を拒否する者がいるため，教職員に対し，一律にそれらを義務づけることは，「思想・良心の自由に対する制約になる」．②学習指導要領の国旗・国歌条項は，教職員に対して起立斉唱ピアノ伴奏の義務を負わせるものではない．③東京都教育委員会による各校長に対する通達および指導等は，旧教育基本法10条1項に反し，憲法19条にも違反する．④校長の職務命令は，「必要かつ最小限度の制約を超えるものであり，憲法19条に違反する」．こうして教職員は上記の義務を負わない，とされた[6]．「日の丸・君が代訴訟」における，唯一の違憲判決である．

2　ピアノ判決

(1)　予防訴訟に関する東京地裁判決の衝撃を受けて，最高裁で塩漬けになっていたピアノ伴奏拒否事件に関する判決が，その約5カ月後に出された．

判決は，①原告が主張する，「『君が代』が過去の日本のアジア侵略と結び付いており，これを公然と歌ったり，伴奏することはできない」などの考えは，原告「自身の歴史観ないし世界観及びこれに由来する社会生活上の信念等」だ，という．これは，憲法19条の保護領域にかかる判断である．判決は，これに続けて，②a「ピアノ伴奏を拒否することは，上告人にとっては，上記の歴史観ないし世界観に基づく一つの選択ではあろうが，一般的には，これと不可分に結び付くものということはできず」，b「本件職務命令が，直ちに上告人の有する上記の歴史観ないし世界観それ自体を否定するもの」ではない，という．②が①の直後にあるという文脈からすると，少なくとも②aは，「ピアノ伴奏を拒否すること」という受動的な外部的行為は19条の保護領域に入らず，職

---

5)　福岡地判平成17年4月26日 LEX/DB28101269．本書第2部第1章Ⅱ2を参照．
6)　東京地判平成18年9月21日判時1952号44頁（63～67頁）．職務命令を違憲だということの行政法上の含意について，金子正史「公務員の職務命令不服従をめぐる紛争」曽和俊文・金子正史編著『事例研究　行政法〔第2版〕』（日本評論社，2011年）304頁以下．

務命令はそもそも憲法問題を生じさせない，という趣旨に受け止められる．しかし，②bは，同一の文章中にありながら，職務命令は思想・良心の自由に対する直接的な制約ではない，という制約論に転調する．あるいは，②aも制約論のつもりだったのかもしれない．そうであるならば，①と②の間で段落を区切り，②を次の判示と同一の節ないし段落に置くべきだった．また，「社会生活上の信念」は行方不明になった．

(2) 続く節において，判決は制約がないことを，次のように論ずる．③「客観的に見て，入学式の国歌斉唱の際に『君が代』のピアノ伴奏をするという行為自体は，音楽専科の教諭等にとって通常想定され期待されるものであって，上記伴奏を行う教諭等が特定の思想を有するということを外部に表明する行為であると評価することは困難なものであり，特に，職務上の命令に従ってこのような行為が行われる場合には，上記のように評価することは一層困難である」．④本件職務命令は，「上告人に対して，特定の思想を持つことを強制したり，あるいはこれを禁止したりするものではなく，特定の思想の有無について告白することを強要するものでもなく，児童に対して一方的な思想や理念を教え込むことを強制するもの」でもない．

この判決は，判決末尾で謝罪広告判決[7]を参照判例の一つとして挙げている．謝罪広告判決を先例と据えた理由は，ここでの主たる制約類型を「内心の告白の強制」だと捉え(判旨③)，それが存在しないとする点に両事件の共通性を見出したということであろう．いずれにせよ，謝罪広告判決を先例としてこの種の事案を考察することは，従来の判例・学説にはなかった観点であり，ピアノ判決による独創的なアイディアだったと評し得る．しかし少なくともこの事件では，思想・良心に反する外部的行為の強制こそが問題ではなかったか．この批判に対して，判決は既に②においてこれを否定する趣旨で回答済み，と考えているのかもしれない．そうなるといよいよ，この判決における②の置き場所は不可解である．また同時に，②aの判示は謝罪広告判決と一致していないのではないか，という疑問も生ずる．謝罪広告判決を先例とした趣旨は③にあり，②の判示には及ばない，ということであろうか．

[7) 最大判昭和31年7月4日民集10巻7号785頁．

(3) 判決は再び節を改めて，地方公務員の「地位の特殊性及び職務の公共性」や小学校学習指導要領などに言及しつつ，⑤「本件職務命令は，その目的及び内容において不合理」ではない，という．この判示は，制約がないということを別の観点から検討したのか，制約があったとしても正当化されることを論じたのか，明確ではなかった[8]．本章は，決定的な論拠ではないが，②～④では制約がないといっていたはずであることや，制約の正当化としては⑤の定式や検討が簡単にすぎることなどを考慮して，⑤は制約がないことを別の観点から述べていると読むほうが合理的ではないか，と解している[9]．

Ⅲ　ピアノ判決以降の下級審判決と起立斉唱判決

1　ピアノ判決以降の下級審判決の動向

(1) ピアノ判決は，起立斉唱職務命令の合憲性を争点とするその後の下級審判決に，大きな影響力をもった．しかし当初は，職務命令の合憲性を判断するに当たり，ピアノ判決とは論理構成を異にする判決も有力だった．

その代表的判例は，「嘱託採用拒否事件」に関する平成 20 年 2 月の東京地裁判決である．この判決の保護領域に関する判断は，ピアノ判決と大きな違いはない．しかし，制約判断はやや異なる．①本件職務命令は，「直接的に原告らの歴史観ないし世界観又は信条を否定する行為を命じるものではない」．また「客観的にみて」，起立斉唱は「卒業式等の出席者にとって通常想定され，かつ，期待されるもの」であり，「一般的には，これを行う教職員等が特定の思想を有するということを外部に表明するような行為」ではない．この部分は，ピアノ判決と同旨である．しかしその後に，新たな観点が付加される．②本件職務命令が命じる起立斉唱は，「原告らの前記のような歴史観ないし世界観又は信条と緊張関係にあることは確かであり，一般的には，本件職務命令が原告らの歴史観ないし世界観又は信条自体を否定するものといえないにしても，原告ら

[8) 「匿名解説」判時 2123 号（2011 年）5 頁．
[9) ピアノ判決の調査官による解説も，この趣旨であった．森英明「判解」ジュリ 1344 号（2007 年）85 頁，同・前掲注 1）157 頁．これに対して，第三小法廷の起立斉唱判決における那須弘平裁判官の補足意見は，ピアノ判決の判旨⑤を正当化判断だったとして，ピアノ判決に付した自らの補足意見に引きつけて理解する（民集 65 巻 4 号 2148 頁〔2160 頁〕）．

自身は，本件職務命令が，原告らの歴史観ないし世界観又は信条自体を否定し，思想及び良心の核心部分を否定するものであると受け止め」ることも考えられる．「そうだとすると，本件職務命令は，原告らの思想及び良心の自由との抵触が生じる余地がある」．③しかしながら，「本件職務命令には，その目的及び内容において合理性，必要性が認められる」として，制約は正当化された[10]．

(2) この判決は，思想・良心の自由に対する直接的制約はないとしつつも，②の判示により間接的制約となり得ることを認めた上で，それも正当化される，と論じた．これは，ピアノ判決自体よりも，むしろ同判決の調査官解説[11]から影響を受けたものである．この判決後，下級審ではこのような論理構成が一般化するかと思われた[12]．ところがこの傾向は拡がらず，直接的な制約のみを問題とし，制約はないとする，ピアノ判決本来の論理が，起立斉唱職務命令の事案に関しても下級審の主流となった．「嘱託採用拒否事件」東京地判に関する控訴審判決が上記②③の判示を削除し，代わりに直接的制約はないという文章で置き換えたことは，この状況を象徴的に表している[13]．その後は，「東京『君が代』裁判一次訴訟(04年処分取消)」に関する平成21年3月の東京地判[14]，その控訴審である平成23年3月の東京高判[15]，予防訴訟に関する平成23年1月の東京高判[16]などが，間接的制約となり得ることを認めた上で，それも正当化される，としている．しかしこれらは，裁判例のなかでは傍流的な存在だった．

---

10) 東京地判平成20年2月7日〔参〕民集65巻4号1974頁(2012〜2017頁)．
11) 森・前掲注9)84〜85頁．
12) 本文で取り上げた判決に先だって，東京地判平成19年6月20日判時2001号136頁(154〜155頁)も，間接的制約を認めた上で正当化する，という論理構成を採用していた．なおこの判決は，最一小判平成23年7月14日LEX/DB25472449の原原審．この時期までの下級審判決の分析として，本書第2部第3章を参照．
13) 東京高判平成22年1月28日〔参〕民集65巻4号2038頁(2068頁)．東京高判平成22年2月23日LEX/DB25472455も，直接的制約がないことのみを述べる．
14) 東京地判平成21年3月26日判タ1314号146頁(162頁)．
15) 東京高判平成23年3月10日判時2113号30頁②事件(94〜95頁)．なおこの判決は，懲戒処分判決の原審の一つ．
16) 東京高判平成23年1月28日判時2113号30頁①事件(60頁)．倉田原志「『日の丸・君が代』裁判(二つの高裁判決)と思想・良心の自由」労旬1746号(2011年)21頁は，この判決を，間接的制約に言及しつつも制約があったこと自体を否定している，と理解する．この判決の論理は，いずれとも理解できる微妙なものである．

2 起立斉唱判決

(1) 起立斉唱判決はこのような状況のなかで出たことを，この判決を評価する際に見落としてはならない．

この判決は，①原告が主張する，「日本の侵略戦争の歴史を学ぶ在日朝鮮人，在日中国人の生徒に対し，『日の丸』や『君が代』を卒業式に組み入れて強制することは，教師としての良心が許さないという考え」は，原告「自身の歴史観ないし世界観から生ずる社会生活上ないし教育上の信念等」だ，とする．わざわざこう述べたからには，この「社会生活上ないし教育上の信念等」は憲法19条の保護領域に入るという趣旨のようにも思われるが，その後はピアノ判決と同様，以下で紹介するように「歴史観ないし世界観」だけが問題とされる．②しかしながら，「起立斉唱行為は，一般的，客観的に見て，これらの式典における慣例上の儀礼的な所作としての性質を有するものであり，かつ，そのような所作として外部からも認識されるもの」である．「したがって，上記の起立斉唱行為は，その性質の点から見て，上告人の有する歴史観ないし世界観を否定することと不可分に結び付くものとはいえず，上告人に対して上記の起立斉唱行為を求める本件職務命令は，上記の歴史観ないし世界観それ自体を否定するもの」ではない．③「また，上記の起立斉唱行為は，その外部からの認識という点から見ても，特定の思想又はこれに反する思想の表明として外部から認識されるものと評価することは困難であり，職務上の命令に従ってこのような行為が行われる場合には，上記のように評価することは一層困難である」．④「本件職務命令は，特定の思想を持つことを強制したり，これに反する思想を持つことを禁止したりするものではなく，特定の思想の有無について告白することを強要するもの」でもない．「そうすると，本件職務命令は，これらの観点において，個人の思想及び良心の自由を直ちに制約するもの」ではない．

ここまでの行論は，ピアノ判決とほぼ等しい（ピアノ判決〔Ⅱ 2〕の判旨①〜④との対応性を確認のこと）．第一の違いは，職務命令の対象がピアノ伴奏ではなく起立斉唱だということにかんがみて，②において「慣例上の儀礼的所作」だという議論が組み込まれたことである[17]．第二の違いは，①と②が切り離され，②〜④が同一の段落にまとめられたことである．これによって，②が制約に関

する判示だということが明確化された．しかしそれと同時に，当該の不起立不斉唱という消極的行為が19条の保護領域に入るかは，明確には判断されないこととなった[18]．保護領域判断と制約判断は相関的になされ得るため，それは必ずしも不当というわけではない[19]．第三に，直接的制約の有無について，「行為の性質」と「外部からの認識」という二つの観点から判断するという姿勢が明確化したことも注目できる．

(2) しかしピアノ判決との最大の相違は，次の判断が付加されたことである．⑤a「起立斉唱行為は，教員が日常担当する教科等や日常従事する事務の内容それ自体には含まれないものであって，一般的，客観的に見ても，国旗及び国歌に対する敬意の表明の要素を含む行為である」．b「そうすると，自らの歴史観ないし世界観との関係で否定的な評価の対象となる『日の丸』や『君が代』に対して敬意を表明することには応じ難いと考える者が，これらに対する敬意の表明の要素を含む行為を求められることは，その行為が個人の歴史観ないし世界観に反する特定の思想の表明に係る行為そのものではないとはいえ，個人の歴史観ないし世界観に由来する行動(敬意の表明の拒否)と異なる外部的行為(敬意の表明の要素を含む行為)を求められることとなり，その限りにおいて，その者の思想及び良心の自由についての間接的な制約となる面があることは否定し難い」．

ピアノ判決では直接的制約がないことだけが述べられたのに対し，起立斉唱判決では直接的制約はないが間接的制約となる面はある，とされた．この論理構成の違いは，⑤aに記されたように，起立斉唱は教師の本来的職務ではない

[17) この「慣例上の儀礼的所作」という性格づけは，それまでの下級審でもなされてきたものである．例えば，先にも触れた，東京地判平成19年6月20日判時2001号136頁(154頁)は，起立を「儀礼的行為」と性格づけていた．ただしこの判決において，斉唱行為はこの性格づけから除外された．この論理を発展させたのが，第三小法廷判決における田原睦夫裁判官の反対意見である(民集65巻4号2148頁〔2173頁以下〕)．学説では，高橋和之「憲法判断の方法との関連でみた近時の最高裁判決の新動向」法律時報編集部編『国公法事件上告審と最高裁判所(法時増刊)』(日本評論社，2011年)30頁(注21)が，起立と斉唱を区別して論ずる．

18) この点で千葉勝美裁判官の補足意見は，「この歴史観等及びこれと不可分一体の行動」が「憲法19条による直接的，絶対的な保障の対象となる」，としている(民集65巻4号1780頁〔1808～1809頁〕)．この見解は，本文の判旨②を再び保護領域判断と結合させて理解するものである．

19) 「内心に反する外部的行為を強制されない自由は，その定義上，外部的行為の強制という制約態様を含んでいる」ということもできる．御幸聖樹「判批」法学論叢175巻2号(2014年)128～129頁．さらに，江藤祥平「判批」法協130巻6号(2013年)1463頁も参照．

こと，それが敬意の表明の要素を含む行為であること，という事案の相違によって説明された．起立斉唱の職務命令が思想・良心の自由に対する間接的制約となる面があることを最高裁が認めたことには，大きな意義がある．しかもそれは，下級審の大勢が起立斉唱命令についても直接的制約のみしか論じない傾向にあったなかでの判断であるだけに，なおさらである．

(3) この判決はさらに，⑥「間接的な制約が許容されるか否かは，職務命令の目的及び内容並びに上記の制限を介して生ずる制約の態様等を総合的に較量して，当該職務命令に上記の制約を許容し得る程度の必要性及び合理性が認められるか否かという観点から判断するのが相当である」，という判断枠組みを設定する．その上で，当該職務命令については，⑦「外部的行動の制限を介して上告人の思想及び良心の自由についての間接的な制約となる面はあるものの，職務命令の目的及び内容並びに上記の制限を介して生ずる制約の態様等を総合的に較量すれば，上記の制約を許容し得る程度の必要性及び合理性が認められる」，と判断した．

職務命令が思想・良心の自由に対する間接的制約となる可能性を認めた若干の下級審判決においても，その正当化をいかに判断するかについて，一般的な手法を提示した例はなかった．それだけに，この判決が審査枠組みを設定した上で当該職務命令の合憲性判断をしたことにも，重要な意義がある[20]．

3 残された課題

(1) 起立斉唱判決は，上述のようにピアノ判決と事案を区別したため，ピアノ判決を先行判例として挙げていない．しかし当然ながら，この判決を強く意識している．ピアノ判決に対して根本的な批判を行ったのが，同判決に付された藤田宙靖裁判官の次のような反対意見である．①本件において問題とされ

---

[20] なお蟻川恒正「不起立訴訟最高裁判決で書く」法教403号（2014年）117頁は，「本件『判断枠組み』のもとに本件職務命令の憲法19条適合性判断がなされるべき事案類型は，個人の思想および良心の自由に対する『間接的な制約となる面がある』ことに加えて，その『間接的制約』(となる面)をもたらす政府の行為が『社会一般の規範等』によって支持された事案類型であることが必要である」という形で，判断枠組みの射程を絞り込んだ読解を示している（強調は原文）．これに対して調査官は，「個人の歴史観ないし世界観に由来する外部的行動が社会一般の規範等と抵触する場合の一例として，個人の思想及び良心の自由についての間接的な制約となる面があると評価され得るとの判断をしたもの」だと解説しており，上の読解を否定しているようである．岩井伸晃・菊池章「判解」最判解民事平成23年度（下）（2014年）478頁．

るべき思想・良心には，「『君が代』が果たしてきた役割に対する否定的評価という歴史観ないし世界観それ自体」だけではなく，「『君が代』の斉唱をめぐり，学校の入学式のような公的儀式の場で，公的機関が，参加者にその意思に反してでも一律に行動すべく強制することに対する否定的評価」が含まれている可能性があり，また，後者こそが重要なのではないか．②「このような信念・信条を抱く者に対して公的儀式における斉唱への協力を強制すること」は，「当人の信念・信条そのものに対する直接的抑圧となる」．③「ピアノ伴奏を命じる校長の職務命令によって達せられようとしている公共の利益の具体的な内容は何かが問われなければならず，そのような利益と上記に見たようなものとしての上告人の『思想及び良心』の保護の必要との間で，慎重な考量がなされなければならない」[21]．この保護領域，制約，正当化それぞれにかかわる有力な批判に対し，起立斉唱判決はいかに向き合ったのか．

(2) 起立斉唱判決は，この事案で問題となっているのは思想・良心の自由だと受け止めた上で，その捉え方について，Ⅲ 2 (1)①のように「歴史観ないし世界観から生ずる社会生活上ないし教育上の信念等」と述べたり，④のように「個人の思想及び良心の自由」と述べたりする．さらに，ピアノ判決で藤田裁判官が述べた「学校の卒業式のような式典において一律の行動を強制されるべきではないという信条」も，そこに「包摂される」という[22]．学説では，制約されているのは，個人の思想・良心の自由か，教師の教育の自由か，あるいは職務権限ないし職責か，それらが複合したものか，などが盛んに論じられてきた．しかし最高裁は一貫して，これらの間に意味のある違いを認めていないようである．

(3) 起立斉唱判決は，間接的制約と直接的制約を概念上いかに区別しているか．一般的にも両者の区別の仕方は明確ではないが，制約の狙いまたは効果・影響が基準となっているものと思われる[23]．起立斉唱判決は，Ⅲ 2 (2)⑤ b で紹介したように，（ア）「個人の歴史観ないし世界観に反する特定の思想の

---

[21] 民集 61 巻 1 号 291 頁（301 頁以下）．
[22] これに対して第三小法廷判決における那須裁判官の補足意見は，藤田反対意見による指摘を意識しながら，「個人としての思想及び良心」と「教師という専門的職業における思想・良心」を区別し，後者のほうがより一層「外部的な制約」を受ける，という．民集 65 巻 4 号 2148 頁（2162～2164 頁）．

表明に係る行為」の強制と，（イ）「個人の歴史観ないし世界観に由来する行動（敬意の表明の拒否）と異なる外部的行為（敬意の表明の要素を含む行為）」の強制を区別し，前者を直接的制約，後者を間接的制約，と理解しているかのようである[24]．後者は，ピアノ判決が明示的には扱っていなかった，思想・良心に反する外部的行為の強制という制約類型である[25]．ここで再び，この判決が明確な保護領域判断を行っていないことに直面する．この判決は「歴史観ないし世界観」だけを 19 条の保護領域に入ると考え，「歴史観ないし世界観に由来する行動」はそうではない，と考えているのだろうか．もっとも判決が，直接的制約と間接的制約の区別を，制約される事柄の保護領域該当性に因らしめるという理解を採っているとしても，職務命令は「由来する行動」の制約を目的としており，「歴史観ないし世界観」それ自体に対する影響・効果は間接的であると説明する仕方と，結論は合致する[26]．

では，当該職務命令はどちらの類型の制約と捉えられるのか．最高裁平成 23 年 6 月 6 日第一小法廷判決における宮川光治裁判官の反対意見は，東京都教育委員会が各都立高等学校等の校長に出した「10・23 通達」は，「式典の円滑な進行を図るという価値中立的な意図で発せられたものではなく，前記歴史観ないし世界観及び教育上の信念を有する教職員を念頭に置き，その歴史観等に対する強い否定的評価を背景に，不利益処分をもってその歴史観等に反する行為を強制することにあ」り，この通達に基づいてなされた本件職務命令も同様な性格をもつ，と述べる[27]．この見解は，狙いに着目して，通達および職務命令が思想・良心に対する直接的制約だ，とするものである．このような見

---

23) 本書第 3 部第 1 章 V 1 (2) 参照．その他，阪口正二郎「憲法上の権利の制約類型を考える必要性について」高橋滋・只野雅人編『東アジアにおける公法の過去，現在，そして未来』（国際書院，2012 年）280 頁以下など．
24) 小島慎司「判批」憲法判例研究会編『判例プラクティス憲法〔増補版〕』（信山社，2014 年）78 頁は，多数意見と須藤正彦裁判官の補足意見との間における理解のずれを指摘する．
25) 本書第 3 部第 1 章Ⅲ 1 (3)，駒村圭吾『憲法訴訟の現代的転回』（日本評論社，2013 年）148 頁．
26) この判決の匿名解説・前掲注 8) 5 頁も，直接的制約と間接的制約を，制約目的による区別と理解している．判決の趣旨は，判決文では定かではないが，そのようなものだったのかもしれない．これに対して，この判決による区別を，直接的制約は「一般的・客観的」に判断でき，間接的制約は「本人基準」で判断するという形で，先行する下級審判決（Ⅲ 1）に引きつけつつ再構成して理解する見解として，西原博史「『君が代』不起立訴訟最高裁判決をどう見るか」季刊教育法 170 号（2011 年）16〜18 頁．江藤・前掲注 19) 1478 頁も同旨か．しかし本判決の文言からは，このような区別論を読み取ることは難しい．御幸・前掲注 19) 130 頁．
27) 民集 65 巻 4 号 1855 頁（1873〜1874 頁）．

方が学説では多数であるだけに，裁判所がこの疑問に答えきれているかが問われる．

(4) 比較較量論は，憲法上の権利に対する制約の正当化に関して，最高裁が採用する一般的な審査枠組みである．それが起立斉唱判決（Ⅲ2(3)⑥）によって，思想・良心の自由の領域にも導入されたこと自体は，上述したような下級審の状況にかんがみると，理論的な進展である[28]．今後の課題は，この審査を目的・手段審査に再編し，比例原則の思考を基礎に置く審査を行うことである．当該職務命令については，仮にそれが直接的制約に当たらないと理解されたとしても，問題となっている思想・良心の自由の重要性や職務命令による制約の実際上の重大性にかんがみて，審査の密度はより高くあるべきだった．この観点からすると，起立斉唱判決に対して，多数意見が採用した「必要性・合理性の認定方法は極めて抽象的な周辺事情の羅列にとどまっており」，「合理性・必要性を実質的に検証しなかった」，「判断過程を構造化」すべきだといった，これまで多くなされてきた批判は正当だと思われる[29]．

(5) 起立斉唱判決はピアノ判決と事案を区別していた（Ⅲ2(2)）．しかし起立斉唱判決が間接的制約というカテゴリーを認めたことから，翻ってピアノ判決の事案でも少なくとも間接的制約はあったと見るべきではないか，という疑問は当然に生じ得る[30]．他方で，間接的制約の存在を認めたこの判決が，先行判例の一つとして（制約の存在を否定した）謝罪広告判決を挙げたままにしている意味も，再び問われる．

---

[28] 下級審判決のなかには，「自らの意思で公立学校教員の任務に就き」という事情を，正当化審査の考慮要素とするものがある．例えば，東京地判平成21年3月19日〔参〕民集65巻4号2234頁（2250頁），東京高判平成21年10月15日〔参〕民集65巻4号1840頁（1852～1853頁）．学説では，花見忠「判批」ジュリ1397号（2010年）115頁，同「判批」ジュリ1412号（2010年）135頁．しかし最高裁は，この要素を考慮に入れなかった．

[29] 西原博史「判批」世界821号（2011年）121頁，佐々木弘通「第19条」芹沢斉ほか編『新基本法コンメンタール 憲法』（日本評論社，2011年）159頁，青井未帆「演習」法教373号（2011年）157頁，青野篤「判批」大分大学経済論集63巻4号（2011年）188頁，金井光生「判批」法教377号（2012年）53頁，戸波江二「判批」平成23年度重判解（ジュリ1440号，2012年）19頁，倉持孝志「判批」速判解（法セ増刊）10号（2012年）16頁，新岡昌幸「判批」北海道大学大学院教育学研究院紀要115号（2012年）131頁など多数．

[30] 戸波・前掲注29)19頁は，意図ではなく効果に着目した上で，二つの事案における制約は共に直接的だと論ずる．

Ⅳ　ピアノ判決以降の下級審判決と懲戒処分判決

1　ピアノ判決以降の下級審判決の動向

（1）ピアノ判決の判断対象は，職務命令の憲法 19 条適合性のみである．したがって，職務命令に反した教職員になされた懲戒処分や再雇用拒否などの不利益措置の適法性判断に対しては，先例とならない．ピアノ判決の後，比較的早い時期の下級審では，不利益措置を違法とする 2 件の判決があった．

その代表例は，先にも扱った（Ⅲ 1 (1)）「嘱託採用拒否事件」に関する平成 20 年 2 月の東京地裁判決である．この判決は，およそこう述べた．①都教委が再雇用職員の選考に当たって有する裁量は広範ではあるが，「当該不合格に客観的合理性や社会的相当性が著しく欠ける」場合には，「都教委はその裁量を濫用，逸脱」している．②原告らの職務命令違反行為は不起立不斉唱だけであり，それによって「具体的に卒業式等の進行に支障が生じた事実は」ない．③「本件職務命令が，他の職務命令と比較して，とりわけ重大なものとはいえないし，これのみで教職員の勤務成績を決定的に左右するような内容のもの」でもない．④「過去においては，争議行為で二度の停職処分を受けた職員が嘱託員に採用された例もあったのに」，本件の不起立行為により原告らは戒告と減給処分を受けたにとどまるにもかかわらず，「再雇用職員の選考で不合格にされたというのは，選考の公平さに疑問がある」．⑤「都教委が，本件職務命令違反のほかに，原告らの勤務成績に関する事情を総合的に考慮して再雇用の合否を判断した形跡は全くみられない」．⑥「以上の諸事情に照らすと」，「本件不合格は，従前の再雇用制度における判断と大きく異な」り，「本件職務命令違反をあまりにも過大視する一方で，原告らの勤務成績に関する他の事情をおよそ考慮した形跡がない」ため，「客観的合理性や社会的相当性を著しく欠くもの」であり，「都教委はその裁量を逸脱，濫用した」[31]．

（2）この判旨については，③が「比例原則違反」，④が「平等原則違反」を示唆し，さらに⑤⑥では「判断過程統制」の手法が採用されている，と評され

31）〔参〕民集 65 巻 4 号 1974 頁（2025〜2033 頁）．

る32).　下級審では，このような判決傾向が拡大するかに見えた33).　ところが，この傾向は拡まらず，懲戒権者や再雇用権者の広い裁量を認める裁判例が支配的となった．上述した二つの違法判決に関する東京高裁判決が，いずれも一転して裁量権の逸脱，濫用を認めなかったことは，この状況を象徴的に示している34).　その後の例外として，これも先に触れた(Ⅲ 1 (2)), 「東京『君が代』裁判一次訴訟(04年処分取消)」に関する平成23年3月の東京高判(大橋寛明裁判長)が，不起立行為等を理由とする，166名の教職員に対する戒告処分と1名に対する減給処分を，「社会観念上著しく妥当を欠き，重きに失する」として違法と判断している35).　また同日に同一裁判体が，「アイム'89・04年処分取消訴訟」に関して，2名に対する戒告処分を違法とした36).　しかしその約2週間後，「河原井・根津06年停職処分取消訴訟」に関する東京高裁の別の部の判決は，懲戒権者の広い裁量を前提として，2名に対する停職処分を適法と判断した37).　さらに，最高裁の起立斉唱判決後に出された，「東京『君が代』裁判二次訴訟(05年・06年処分取消)」に関する平成23年7月の東京地判も，66名の教職員に対する戒告，減給，停職処分すべてを適法としている38).

2　懲戒処分判決

(1)　懲戒処分判決を評価する際にも，この判決がこうした判例状況のなかで出されたことを見落としてはならない．

　最高裁は，懲戒処分の適法性を中心的争点とする事件に関して，同日に2件の判断を行った．上述した「河原井・根津06年停職処分取消訴訟」に関する判決は，職務命令の憲法19条適合性について，起立斉唱判決等を挙げることによって，簡単に肯定する．懲戒処分の適法性審査に関しては，①「懲戒権者

---

32) 戸部真澄「判批」速判解(法セ増刊)3号(2008年)59～60頁．
33) 東京地判平成21年1月19日〔参〕民集65巻4号1821頁(1831～1837頁)も，類似する理由づけにより再雇用拒否を違法と判断した．
34) 「嘱託採用拒否事件」に関する東京高判平成22年1月28日〔参〕民集65巻4号2038頁(2068～2071頁)．また注33)で掲げた東京地判の控訴審である，東京高判平成21年10月15日〔参〕民集65巻4号1840頁(1848～1854頁)．
35) 東京高判平成23年3月10日判時2113号30頁②事件(96～98頁)．
36) 東京高判平成23年3月10日判例集未登載．
37) 東京高判平成23年3月25日判例自治356号56頁(加藤新太郎裁判長)．
38) 東京地判平成23年7月25日LEX/DB25472504．

は，懲戒事由に該当すると認められる行為の原因，動機，性質，態様，結果，影響等のほか，当該公務員の上記行為の前後における態度，懲戒処分等の処分歴，選択する処分が他の公務員及び社会に与える影響等，諸般の事情を考慮して，懲戒処分をすべきかどうか，また，懲戒処分をする場合にいかなる処分を選択すべきかを決定する裁量権を有しており，その判断は，それが社会観念上著しく妥当を欠いて裁量権の範囲を逸脱し，又はこれを濫用したと認められる場合に，違法となる」，という伝統的な判断枠組みを受け継ぐ．当該事案については，一方で，②「不起立行為の性質，態様」として，「重要な学校行事である卒業式等の式典で行われた」職務命令違反であること，また「その結果，影響」も「式典の秩序や雰囲気を一定程度損なう」ものであることをいう．しかし他方で，③「不起立行為の動機，原因」が「個人の歴史観ないし世界観等に起因するものであ」り，「性質，態様」は「積極的な妨害」ではなく，「結果，影響」も「客観的な評価の困難な事柄である」という側面を指摘する．④「本件職務命令の違反に対し，……重きに失しない範囲で懲戒処分をすることは，基本的に懲戒権者の裁量の範囲内」である．しかし，不起立行為の動機，原因が個人の歴史観ないし世界観等に起因することなどのため，「戒告を超えてより重い減給以上の処分を選択することについては，本件事案の性質等を踏まえた慎重な考慮が必要となる」．⑤「卒業式や入学式等の式典のたびに懲戒処分が累積して加重されると短期間で反復継続的に不利益が拡大していくこと等を勘案すると」，「停職の処分を選択することが許容されるのは」，過去の処分歴等にかんがみ，「学校の規律や秩序の保持等の必要性と処分による不利益の内容との権衡の観点から当該処分を選択することの相当性を基礎付ける具体的な事情が認められる場合であることを要する」．⑥ X_2 に対する停職処分は違法であるが，X_1 に対する停職処分は適法である．

　(2) また，「東京『君が代』裁判一次訴訟(04年処分取消)」および「アイム '89・04年処分取消訴訟」に関する判決は，上記の判断と同様な思考をたどりつつ，次のように結論した．職務命令違反に対し戒告処分をすることは懲戒権者の裁量権の範囲内に属し，168名に対する戒告処分は適法である．しかし1名に対する減給処分は，前記⑤の「具体的な事情」があったとは認め難いため，違法である．

(3) 「日の丸・君が代訴訟」に関しては，「北九州ココロ裁判」の福岡地裁が減給処分を違法とし(Ⅱ1(2))，また再雇用拒否を違法とする2件の東京地裁判決があった(Ⅳ1)．それ以外はすべて適法判断が積み重なっていたという状況のなかでは，戒告処分等をすべて違法とした平成23年3月の東京高判が異例だった．最高裁の懲戒処分判決については，減給処分や停職処分を違法と判断することにより，職務命令違反に対する厳罰化に歯止めをかけた側面に注目すべきである．

懲戒処分判決が減給以上の処分を選択することについて「慎重な考慮」(判旨④)を要請できた一つの要因は，先行する起立斉唱判決が思想・良心の自由に対する間接的制約を認めたことにある．第二の要因は，この判決が判旨①の先行判例として挙げた神戸税関事件判決や伝習館高校事件判決に存在した，「平素から庁内の事情に通暁し，部下職員の指揮監督の衝にあたる者の裁量に任せるのでなければ，とうてい適切な結果を期待することができない」[39]旨の文章を，意識的に引き継がなかったことにある．それによって，この判決は，懲戒権者が考慮すべきとした，懲戒事由に該当する行為の原因，動機，性質，態様などを自らもある程度立ち入って審査した．その際に，この判決において憲法上の権利は，「不起立行為の動機，原因」という考慮要素に重みづけを与えるとともに，そうした事情がある場合には，減給以上の処分を選択することについて「慎重な考慮」を求めるという形で，行政裁量審査の密度を高めるためにも役割を演じている[40]．起立斉唱判決では，数名の裁判官が憲法論と不利益処分にかかる行政裁量論との「棲み分け」について語っていた[41]．懲戒処分判決は，その問題意識を引き継ぎ，発展させるものであった[42]．

---

[39] 最三小判昭和52年12月20日民集31巻7号1101頁(1117頁)，最一小判平成2年1月18日民集44巻1号1頁(11頁)．
[40] 櫻井龍子裁判官の補足意見は，本文で述べたことをより端的に示している(判時2147号127頁①事件〔137頁〕，同頁②事件〔144頁〕)．さらに，本書第3部第2章，および渡辺康行「憲法上の権利と行政裁量審査」長谷部恭男ほか編『高橋和之先生古稀記念　現代立憲主義の諸相上』(有斐閣，2013年)325頁以下，357頁を参照．
[41] 須藤正彦裁判官(民集65巻4号1780頁〔1806頁〕)，岡部喜代子裁判官(同号2148頁〔2165～2166頁〕)，田原睦夫裁判官(同号2148頁〔2185～2186頁〕)．
[42] これまでの下級審における違法判断は，この最高裁とは論理が異なっていた．例えば，「北九州ココロ裁判」の福岡地判についてはⅡ1(2)．また注33)で挙げた東京地判は，間接的制約も認めなかったが，再雇用拒否を違法とした．

3 残された課題

(1) 憲法学の観点から懲戒処分判決と比較の対象とし得る判決として、エホバの証人剣道受講拒否事件判決がある。この判決は、学生に対する原級留置・退学処分について、裁量権の逸脱・濫用審査の形式を採りつつも、判断過程統制の手法を導入して、違法という結論を導いた[43]。「日の丸・君が代訴訟」においても、「嘱託採用拒否事件」に関する平成 20 年 2 月の東京地判が同様な手法を用いた(Ⅳ 1)。「河原井・根津 06 年停職処分取消訴訟」に関する行政法学者などによる意見書も、判断過程統制の手法を提言していた[44]。こうした試みは重要だったと思われるが、懲戒処分判決は、判旨④⑤のように、比例原則の思考を基礎に据えた総合衡量の手法を行政裁量審査に導入したように見える。

懲戒処分判決が、判旨①の先行判例の一つとして挙げた神戸税関事件判決は、「社会観念」に基づく逸脱・濫用審査の代表例とされてきた。しかしその調査官解説は、当該判決を判断過程統制の観点から説明した[45]。このように、行政裁量審査の諸方式は相互に融合して用いられ得るようである。懲戒処分判決にも判旨①〜③から、判断過程統制的な側面がある、と読むことも可能かもしれない。エホバの証人判決と懲戒処分判決は、共に重い処分を選択することに対して「慎重な」配慮を要請した上で、処分を違法と判断したという重要な類似性をもつ。ただし、両判決の「慎重な」審査の手法は必ずしも同一ではない。このことは別に論じたい[46]。今後、少なくとも「日の丸・君が代訴訟」においては、懲戒処分判決の判断手法が主に用いられるであろう。しかし、「慎重な配慮」が要請されなかった戒告処分の適法性審査や、再雇用拒否の適法性審査に際して、判断過程統制の手法はなお有効に働く余地があるのではないかと

---

43) 最二小判平成 8 年 3 月 8 日民集 50 巻 3 号 469 頁(476〜480 頁)。
44) 世取山洋介「国歌斉唱儀式における不起立・不斉唱を理由とする教員懲戒処分における裁量権濫用の有無について」法政理論 44 巻 1 号(2011 年)193 頁以下、岡田正則「教育公務員の懲戒処分に関する裁量権の逸脱・濫用の違法について」*Law & Practice* No. 5(2011 年)171 頁以下。
45) 越山安久「判解」最判解民昭和 52 年度(1981 年)430 頁。橋本博之『行政判例と仕組み解釈』(弘文堂、2009 年)53〜54 頁、159〜160 頁など。
46) 本書第 3 部第 2 章参照。

思われる．

(2) 東京都では，懲戒処分判決における櫻井補足意見が触れているように，「日の丸・君が代」に関する職務命令違反の行為に対しては，1回目は戒告，2回目で減給1月，3回目で減給3月，4回目以降は停職処分にする方針がとられていたようである[47]．これは裁量基準であろう．行政法学では，裁量基準を機械的に適用してはならない，と説かれてきた[48]．懲戒処分判決は，減給処分以上に関する裁量基準の機械的適用に対して「慎重な考慮」を要求した判決だ，と読むこともできる[49]．ここからはさらに，裁量基準自体の適法性如何という論点も生じ得る[50]．

(3) 懲戒処分判決には，宮川裁判官の反対意見があった．この反対意見は，多数意見の審査手法を前提とした上で，①不起立行為の動機は真摯であり，態様は消極的不作為にすぎず，法益の侵害はほとんどないこと，②戒告処分であっても，その不利益は過小評価できないこと，③他の非違行為に対する処分，他地域の処分例と比較すると，不公正であることを指摘し，戒告処分であっても「比例原則に反し」違法となる，という[51]．この反対意見は，判旨の紹介を略した「東京『君が代』裁判一次訴訟(04年処分取消)」の大橋寛明裁判長の裁判体による東京高判(Ⅳ1(2))と同趣旨である．「日の丸・君が代」関係で戒告処分が課される事例にも，様々なものがある．今後裁判所が懲戒処分判決の審査枠組みに依拠して判断する場合でも，宮川反対意見の論旨などを参酌して，戒告処分であっても違法とする余地が完全に閉ざされたわけではない[52]．

---

47) 判時2147号127頁①事件(136頁)，②事件(144頁)．
48) 近年の文献として，深澤龍一郎「行政基準」法教373号(2011年)18頁以下，曽和俊文『行政法総論を学ぶ』(有斐閣，2014年)127頁以下など．
49) 北村和生「判批」速判解(法セ増刊)11号(2012年)52頁．
50) 常岡孝好「行政裁量の手続的審査の実体(下)」判例評論638号(判時2139号，2012年)2頁以下など．
51) 判時2147号127頁①事件(137〜139頁)，②事件(144〜146頁)．
52) 懲戒処分判決は，戒告処分について，「裁量権の範囲内における当不当の問題として論ずる余地はあり得る」と述べるにとどまるが，「その一事をもって直ちに」違法とはならない，と含みは残している．判時2147号127頁①事件(135頁)．本節の叙述の前提として，本書第2部第3章Ⅴ，本書第3部第1章Ⅴ3など．

V 結びに代えて

　起立斉唱判決や懲戒処分判決は，大阪府や大阪市で当時進行していた，「日の丸・君が代」問題に関する公務員の規律の厳格化を目的とする条例制定をめぐる政治状況を意識していたはずである．確かに，公務員が職務命令に従わないことは通常は正当化されない．しかし，本章で扱った諸事例は，一般職とは別の考慮を要する教育職の公務員に対して，本来的職務ではないことを義務づける職務命令に，思想・良心の自由などに反するという理由で，消極的な態様によって従わない行為であった．最高裁の諸判決は，ここでの問題に関して公権力の側に最小限度の寛容を求めたものと解し得る．

【追記】

　本論が公表された 2012 年 5 月以降も，「日の丸・君が代訴訟」は継続しており，多くの判決が出ている．それらの判決は，起立斉唱・ピアノ伴奏に関する職務命令の合憲性を前提としつつ，職務命令違反に対する懲戒処分や再雇用拒否の適法性を中心に置いた判示を行っている．そこでは，2012 年 1 月 16 日の懲戒処分判決の判断枠組みが支配的な影響力をもっており，主に事案の違いによって結論が分かれているのであるが，それにとどまらない側面もある．以下では，それらのなかで特色のある判決をいくつか挙げておきたい．

1　最高裁平成 25 年 9 月 6 日第二小法廷判決(LEX/DB25501766)

　「東京『君が代』裁判二次訴訟(04 年・05 年処分取消)」に関する東京高裁平成 24 年 10 月 31 日判決(LEX/DB25483345)は，平成 24 年懲戒処分判決に倣って，戒告処分については適法としつつ，減給以上の処分については具体的な事情を個別的に審査し，減給 21 件・停職 1 件を取り消した．職務命令の違憲性などを理由としてなされた上告に対して，最高裁平成 25 年 9 月 6 日第二小法廷判決は，先例を列挙して簡単に合憲と判断した．ただしこの判決では，主任だった鬼丸かおる裁判官が，「命令の不服従が国旗国歌に関する個人の歴史観や世界観に基づき真摯になされている場合には，命令不服従に対する不利益処分は，

慎重な衡量的な配慮が求められる」、とする補足意見を書いている．懲戒処分が課された「君が代」訴訟の事例に関して，最高裁が判決という形式を採用した，近年では唯一の例である．

2　東京高裁平成27年5月28日判決（判時2278号21頁）

「河原井・根津07年停職処分取消訴訟」に関する東京高裁は，懲戒処分判決の原告だった2名に対する3月（X_1）と6月（X_2）の停職処分を，処分の重さなどを理由に取り消した．さらにこの判決は，都教委は処分量定表を作成しているところ，不起立に対して機械的に一律に処分を加重していくと，個人の思想・良心に対する「実質的な侵害につながる」と指摘することなどにより，都教委の過失を認め，国家賠償まで容認した．一連の最高裁判決の枠内ではあるが，近年では最も原告側の主張を汲み，理論的発展可能性をもつ判決である．この判決に対する都側の上告は，最高裁平成28年5月31日第三小法廷決定（LEX/DB25543369）により，棄却・不受理となっている．この訴訟については，本章〔補論〕で立ち入って考察する．

3　東京高裁平成28年7月19日判決（判例自治414号48頁）

公立小学校の音楽教諭に対するピアノ伴奏職務命令を，信教の自由と思想・良心の自由を理由として拒否した事例であるため，職務命令の憲法適合性が再び争点となった．判決は，職務命令が信教の自由との関係では制約となることを認めた上で，起立斉唱判決に倣って総合衡量の手法により正当化を行う．これに対して思想・良心の自由との関係では，ピアノ判決に倣って職務命令が制約とはならないという趣旨の判断を行う．本書の立場からは，二つの自由に関するこの峻別論には，きわめて疑問がある．さらに減給1月の懲戒処分については，懲戒処分判決を踏まえつつも，「考慮すべき事項を十分に考慮せず，考慮すべきでない事項を考慮した」として，判断過程審査（考慮要素審査）に引きつけた理由づけによって，違法と判断した．国家賠償は認めていない．この判決は確定している．

4 大阪地裁平成 27 年 12 月 21 日判決(判時 2341 号 83 頁)

「日の丸・君が代」訴訟は，近年では東京都を主な舞台としてきた．他方，大阪府では「大阪府の施設における国旗の掲揚及び教職員による国歌の斉唱に関する条例」(平成 23 年 6 月 13 日，条例 83 号)4 条で「起立により斉唱を行うものとする」という規定が設けられた．また「大阪府職員基本条例」(平成 24 年 3 月 28 日，条例 86 号)27 条 1 項は，職務命令違反に対する標準的な懲戒処分を戒告とし，同条 2 項は，違反行為の内容が同じ場合，累計 3 回となる職員に対する標準的な懲戒処分を免職と規定した．

大阪府教育委員会の教育長は，上記条例 83 号に基づいて教職員に対して，国歌斉唱に当たって起立・斉唱することについて通達を発出し，さらに府立学校の校長 A は，教職員に対して同旨の職務命令を出していた．X は，思想・良心および信教の自由などを理由として，これらに従わなかったため，1 月の減給処分を受けた．これに対する取消訴訟に関して，大阪地裁は，およそ次のように判断した．①本件通達および職務命令は，X の思想・良心の自由についての「間接的な制約となる面はあるものの」，必要性および合理性が認められ，これらの根拠となった条例 83 号についても違憲・違法はない．②本件通達および職務命令は，X の信教の自由についての「間接的な制約となる面」はあるものの，必要性および合理性が認められる．③本件減給処分の理由となった非違行為の性質，態様は，卒業式終了まで式場外での受付業務を命じられながら，これを放棄して勝手に式場内に立ち入って，本件不起立に及んだというものであり，減給処分が重きに失するものとはいえない．いずれも最高裁判例に従った判断であり，この事案では上記条例制定による影響はまだない．判旨②は，起立斉唱判決は信教の自由に対する制約の事例にも及ぶ，という趣旨である．判旨③は，減給以上の懲戒処分には慎重な考慮を必要とした懲戒処分判決を踏まえつつも，本件事案における行為態様の積極性を考慮して，減給処分を適法としたものである．その後，大阪高判平成 28 年 10 月 24 日(判時 2341 号 68 頁)は控訴を棄却し，最一小決平成 29 年 3 月 30 日(LEX/DB25545693)は上告棄却・不受理としている．

5 東京高裁平成 27 年 12 月 10 日判決(判例自治 440 号 75 頁),最高裁平成 30 年 7 月 19 日第一小法廷判決(判例自治 440 号 55 頁)

「再雇用拒否撤回第二次訴訟」に関する東京高裁は,定年後の再雇用に関する都教委の裁量は,全く新規に採用する場面と同一ではなく,職務命令には必要性および合理性が認められるものの,思想・良心の自由に対する「間接的な制約となることに鑑みると」,その違反を理由に「懲戒処分を課す場合と基本的に類似する状況にある」とする.その上で最高裁の懲戒処分判決を援用しながら,当該再雇用拒否は「本件職務命令に違反する行為の非違性を不当に重く扱う一方で他の具体的な事情を考慮することがなかった」ため,国賠法上違法だと判断した.

都側による上告を受け入れ,原判決を破棄し自判したのが,最一小判平成 30 年 7 月 19 日である.判決は,再任用制度等においては,任命権者が採用候補者選考の合否を判断するに当たり,従前の勤務成績の評価について,基本的に任命権者の裁量に委ねられていることを前提とする.その上で,不起立等は「式典の秩序や雰囲気を一定程度損なう作用をもたらすものであって,それにより式典に参列する生徒への影響も伴うことは否定しがたい」などとして,「本件職務命令に違反したことを被上告人らに不利益に考慮し,これを他の個別的事情のいかんにかかわらず特に重視すべき要素であると評価」したことが,「著しく合理性を欠く」とはいえない,と判断した.懲戒処分に一定の歯止めをかけた平成 24 年の最高裁判決とは,姿勢が異なるものとなった.

第 4 章 〔補論〕 「君が代」訴訟の現段階
―― 東京高裁平成 27 年 5 月 28 日判決の検討

I　はじめに

　象徴天皇制が国民の憲法上の権利とかかわって訴訟が起こされる事例は，それほど多くない．本稿は，その最も代表的な例として，「君が代」訴訟を取り上げる．いうまでもなく，「君が代」は明治憲法下では，主権者であった天皇の御代の繁栄を讃える国歌とされていた．これに対して 1999 年に「国旗・国歌法」が制定された際には，「君が代」はわが国の末永い繁栄と平和を祈念するものであり，また学校現場等での強制は意図していない，と説明された．しかし実際には，そうではなかった．なかでも突出して強硬だったのが，東京都教育委員会である．そのため，東京都を主な舞台として，公立学校における卒業式や入学式に際して，国旗に向かって起立し，「君が代」を斉唱することや，「君が代」斉唱に際してピアノ伴奏をすることを，職務命令によって教職員に義務づけることの憲法適合性，およびこうした職務命令に従わなかった教職員に対する懲戒処分または再雇用拒否の適法性が，繰り返し訴訟によって争われてきた．ピアノ伴奏職務命令の合憲性については，最三小判平成 19 年 2 月 27 日[1]，起立斉唱職務命令の合憲性については，最二小判平成 23 年 5 月 30 日[2] を始めとする一連の判決によって，当面の決着がつけられた形となった．また懲戒処分の適法性については，最一小判平成 24 年 1 月 16 日[3] によって，減給以上の処分を選択することに対して慎重な考慮を必要とするという基本的判断枠組みが示された．そのため，現在も数多く係属している訴訟の主たる争点は，平成 24 年の懲戒処分判決による判断枠組みをひとまずの前提とした上で，当該の懲戒処分や再雇用拒否といった不利益的措置の適法性如何にある．

　そうしたなかで，懲戒処分を機械的，一律的に加重する運用は，「個人とし

---

[1] 民集 61 巻 1 号 291 頁．以下では「ピアノ判決」という．
[2] 民集 65 巻 4 号 1780 頁．以下では「起立斉唱命令判決」という．
[3] 判時 2147 号 127 頁①事件，②事件．以下では「懲戒処分判決」という．

ての思想及び良心の自由に対する実質的な侵害につながる」と論定したことによって，近年もっとも注目されている判決が，東京高判平成27年5月28日（須藤典明裁判長）[4]である．原告となっているのは，懲戒処分判決において判例誌上②事件として掲載されている事件の原告と同一の2名である[5]．起立斉唱職務命令違反に対する2006年停職処分を争ったのが懲戒処分判決②事件であり，2007年停職処分を争ったのが，平成27年東京高裁判決の対象となった事案である．この事件ではX_1に停職3月，X_2に停職6月という処分が課されていた．これに対して両者は，処分の取消しと国家賠償を求めた．本章〔補論〕では，この事件に関する東京高裁判決を，原審の東京地裁判決との違いを確認した上で[6]，職務命令の憲法適合性審査については起立斉唱命令判決，停職処分の行政裁量審査については懲戒処分判決とも比較しながらごく簡単に検討する．さらに従来ほとんど論じられてこなかった国賠法上の違法性と過失判断についても言及することを通じて，「君が代」訴訟の現状を管見したい[7]．

II 起立斉唱職務命令の憲法および教育基本法適合性

1 東京地裁判決

原審の東京地裁は，本件職務命令の憲法適合性を簡単に肯定している．①憲法19条が保障する思想・良心の自由との関係については，平成23年の一連の最高裁判決を援用することによって合憲とした．②また本件職務命令は憲法

---

[4] 判時2278号21頁．原告側訴訟代理人は，この判決を「現時点で最も進んだ判決だ」と評価している．萱野一樹「日の丸・君が代訴訟」法セ746号（2017年）31頁．

[5] 河原井純子『学校は雑木林』（白澤社，2009年），根津公子『希望は生徒〔増補新版〕』（影書房，2013年）参照．

[6] 東京地判平成26年3月24日裁判所Web（小久保正人裁判長）．なお，両名に対する2008年停職処分に関する判断も，既に出されている．東京地判平成29年5月22日判例集未登載．この判決はX_1に対する停職6月の懲戒処分の取消し請求を認めたが，X_2に対する停職6月の懲戒処分の取消しは認めず，X_1による国賠請求も認めなかった．X_2に対する2008年の懲戒処分の理由には，X_2が勤務時間中に「強制反対，日の丸・君が代」等と印刷されたトレーナーを着用していたことに対して，それを着用しないことを命ずる職務命令に違反したことが，追加されていた．このことが，裁判所が停職6月の懲戒処分を適法とする要因となった．これらの判決書は，原告側代理人の岩井信弁護士から提供いただいた．感謝申し上げたい．

[7] 起立斉唱職務命令に違反して懲戒処分を受けたことを理由とする，教職員の再雇用拒否の適法性をめぐる近年の訴訟については，横田守弘「国旗国歌訴訟の一断面」西南学院大学法学論集49巻2・3号（2017年）77頁以下が詳細である．同論文公表後，第4章本論【追記】5で紹介した最高裁判決が言い渡されている．

19条が定める国家・公教育の「価値中立性原則」に違反するという主張に対しても，その「意味内容は一義的に明らかなものではない」などとして簡単に退けた．③憲法23条，26条との関係についても，旭川学テ判決[8]を援用した上で，都教委による学校長に対する国歌斉唱実施にかかる通達は，「誤った知識や一方的な観念を子どもに植え付け，子どもの自由かつ独立した人格形成を妨げるような内容の教育を施すことを強制するものとは認められず，教員の教育の自由を侵害するもの」ではないなどと述べ，また通達を踏まえて発令された本件職務命令も憲法23条，26条に反しない，という．④教育基本法16条適合性に関しても，旭川学テ判決を引照しながら，各通達には「これを発出すべき必要性と合理性」があるから「不当な支配」には該当せず，通達を踏まえて発令された本件職務命令も「不当な支配」に該当しない，と判断した．

2 東京高裁判決

(1) 思想・良心の自由

高裁判決は，原判決に一部補正を施したものである．まず注目されるのは，X_2に対する懲戒処分の対象となる非違行為の事実認定について，原審が平成18年度卒業式において「国歌斉唱時に起立しないで着席し」としていたものを，「開式時には起立していたが，司会の国歌斉唱の発声とともに着席し」，と改めたことである．またそれに対応して，職務命令が思想・良心の自由に反しないかの判断に際して，「式典における国歌斉唱時に起立して国歌を斉唱したからといって，社会的に，特に何らかの思想を表明し，告白したものと理解されることはないが，それまで起立していたのに，上記のような慣例に反して，わざわざ着席して国歌斉唱を拒絶するなどの行為をすれば，その者が国歌斉唱に反対の考えや思想を有していることが外部からも容易に認識されるのは当然のことであ」り，控訴人らは「自らの積極的な行為等により，国歌斉唱に反対の考えや思想を有していることを積極的に表明し，告白したものであって，本件職務命令によって上記思想を有していることが判明したものではないことは明らかである」，との判示を追加した．

---

[8] 最大判昭和51年5月21日刑集30巻5号615頁．

起立斉唱命令判決は，当該職務命令が「特定の思想の有無について告白することを強要するものということもできない」，と判示していた[9]．高裁は X_2 の行為を「わざわざ着席した」と認定し直すことによって，最高裁判決の判旨を当該事案に即してより強調して確認するものであろう．ただし，斉唱に際して「着席したまま」か「わざわざ着席した」かは，学校長による式の進行のさせ方にも依存するものであり，積極的な妨害活動ではないという行為の性質において本質的な違いがあるわけではない．もっとも，起立斉唱命令判決が主に扱った思想・良心の自由に対する制約類型は，「個人の歴史観ないし世界観に由来する行動（敬意の表明の拒否）と異なる外部的行為（敬意の表明の要素を含む行為）を求められること」であった[10]．本件両判決もこの点については起立斉唱命令判決に従っており，上記した事実認定の変更は大きな意味をもつものではなかった[11]．

(2) 価値中立性原則

地裁は「価値中立性原則」について，上記②のように簡単に退けた．高裁は，控訴人らによる主張を「価値中立性原則に反し，『日の丸・君が代が象徴する国家を尊敬する心を外部に表明する』ことを教員に対して強制するだけでなく，子どもたちの思想信条の形成に対する過度の介入・干渉でもあるから」，と受け止め直した上で，「本件各職務命令が直ちに控訴人らの個人的な思想及び良心の自由を侵害するものとまでは認められない」，と判断した．

控訴人側は，最高裁によっていまだ判断されていない「国家及び公教育の価値中立性原則」という客観法違反という論点を提示したかったものと思われるが，高裁でも個人的な権利侵害の主張として扱われ，簡単に退けられた．

(3) 教師の教育の自由

本件通達の憲法 23 条，26 条適合性について，高裁は，地裁判決に，次のよ

---

9) 民集 65 巻 4 号 1780 頁（1786 頁）．
10) 民集 65 巻 4 号 1780 頁（1786 頁）．
11) 起立斉唱等の職務命令に従わないことを，原告側を支援することを意図しながら表現の自由の保護領域に入る行為だ，と論ずる見解も少なくない．しかし，東京高裁による論旨は，表現の自由と構成することが原告側にとって，むしろ不利に働くことを改めて示唆している．

うに付け加えた．X_1 は，「国歌斉唱時に起立する生徒だけにその理由を尋ねたり，日の丸，君が代の問題点を指導したりするなどして，日の丸，君が代を否定する立場からだけの授業を行い，一方的な観念を子どもたちに押し付け，自由かつ独立した人格形成を妨げたものであって，そのような行為こそ子どもの教育を受ける権利を侵害する違法なものである可能性が高い」．

高裁はこのようにあえて傍論を述べてまでして，本件各通達が「学習指導要領の目的や趣旨に合致する」ことを確認している．このように高裁判決は，原告・控訴人による憲法・教育法上の主張に対しては，地裁よりもさらに冷淡だったように思われる．ところが，この論調はここから一転する．

III　懲戒処分の適法性

1　東京地裁判決

東京地裁による懲戒処分の適法性審査の枠組みは，最高裁の懲戒処分判決に依拠したものである．X_1 に関する停職 3 月の処分については，「学校の規律や秩序の保持等の必要性と処分による不利益の内容との権衡の観点から，停職処分を選択することの相当性を基礎付ける具体的な事情があったとは認め難い」などとして，違法と判断した．これに対して X_2 に関する停職 6 月の処分については，「過去の処分歴等に係る一連の非違行為の内容や頻度等に鑑みると……停職処分を選択することの相当性を基礎付ける具体的な事情があった」と判断した．

2　東京高裁判決

(1) X_1 に対する停職処分の適法性

東京高裁による裁量審査の枠組みおよび X_1 に対する停職処分を違法とする結論は，地裁判決と同様である．控訴審における都側の主張に応じて，高裁は二つの判示を追加することにより，結論を補強している．① X_1 による「職務中の一連の行動等は，いずれも本件都教委通達前の行動」であるから，「これらの過去の行動等を理由として本件不起立行為の処分量定に際して処分の加重を基礎付けることはできない」．②前回の停職処分が「最高裁平成 24 年 1 月判

決において取り消されるまでは有効な処分であったことは被控訴人の主張するとおりである」．しかし前回処分が違法なものであることは，最高裁判決によって「取り消される前後を通じて何ら異なるものではないから」，本件停職処分時には未だ前回停職処分が取り消されていないとしても，本件停職処分が当然に適法な処分となるものではない．

(2) X_2 に対する停職処分の適法性

　高裁判決は地裁とは異なり，X_2 に対する6月の停職処分を違法と判断した．その理由は次のようである．①X_2 は従来からたびたび懲戒処分や文書訓告を受けているものの，それらの行為は既に停職3月とする前回処分において考慮されていることや，本件不起立は「物理的に式次第の遂行を積極的に妨げるものではないから」，前回停職処分をさらに加重するためには，X_2 の「不起立の前後における態度等において，特に処分の加重を必要とするような特段の事情が認められるか否かという点に加えて，停職期間を加重することによって」X_2「が受けることになる具体的な不利益の内容をも十分に勘案して，慎重に検討することが必要である」．②X_2 による校門前での抗議活動や朝日新聞紙上における職務命令違反を呼び掛ける発言は，前回停職処分が間違っているという X_2 の意思を表明する行為であり，「勤務時間中に勤務場所で行ったのではなく，これらの行為によって具体的に学校の運営が妨害されたような事実はなく」，それらは X_2 自身の「歴史観や世界観に基づく思想等の表現活動の一環としてなされたものというべきであるから」，これらの行為を X_2 の「停職期間の加重を基礎づける具体的な事情として大きく評価することは，思想及び良心の自由や表現の自由を保障する日本国憲法の精神に抵触する可能性があり，相当ではない」．③6月の停職処分は，X_2 が「更に同種の不起立行為を行った場合に残されている懲戒処分は免職だけであって，……その影響は，単に期間が倍になったという量的な問題にとどまるものではなく，身分喪失の可能性という著しい質的な違いを……意識させざるを得ないものであ」るから，「十分な根拠をもって慎重に行われなければならない」．④本件停職処分には，前回停職処分をさらに加重しなければならない個別的事情はないため，違法である．

3 懲戒処分の裁量審査のあり方

以上に紹介したように，地裁判決も高裁判決も，最高裁の懲戒処分判決による裁量審査の枠組みに従って判断している．最高裁判決は，起立斉唱の職務命令が教師の思想・良心の自由に対する間接的な制約となる面があることを前提として，職務命令に違反した教師に対する懲戒処分について，比例原則審査の思考を活用することで，減給以上の処分を選択することについて「慎重な考慮」を必要としたものだった．つまり，減給以上の処分をするためには，「過去の非違行為による懲戒処分等の処分歴や不起立行為等の前後における態度等……に鑑み，学校の規律や秩序の保持等の必要性と処分による不利益の内容との権衡の観点から当該処分を選択することの相当性を基礎付ける具体的な事情が認められる場合」でなければならない，とされたのである[12]．ほぼ同一の判断枠組みを採用しながら[13]，X_2に関する結論が地裁と高裁との間で分かれたのは，最高裁が提示していた裁量審査における諸考慮要素の評価の仕方に違いがあったためである．

第一は，「懲戒処分等の処分歴」に関する．地裁は，それを考慮に入れることは「懲戒権者としての裁量の範囲内」だと判断した．これに対して高裁は，「考慮要素の一つとなる過去の処分歴等として」，文書訓告などにかかる事実が存在することを参照することも許されるとしつつも，X_2に関する判旨①のように，それらは「停職3月とする前回処分において考慮されていること」などから，停職処分の期間を加重することには慎重な検討を必要としたのである．

第二は，「当該公務員の上記行為の前後における態度」に関する．もっとも，X_2に関する判旨②で取り上げられている校門前での抗議活動や朝日新聞紙上における発言は，控訴審段階になって持ち出されたもののようで，地裁判決は何も触れていない．それらを「停職期間の加重を基礎づける具体的な事情とし

---

[12] 判時2147号127頁①事件（135頁），②事件（142頁）．詳しくは，本書第3部第2章を参照．
[13] ただし，最高裁の懲戒処分判決が「学校の規律や秩序の保持等の必要性と処分による不利益の内容との権衡の観点から当該処分を選択することの相当性を基礎付ける具体的な事情が認められる場合であることを要する」としていた文章を，東京地裁はそのまま引き継いだのに対して，東京高裁は「相当性や合理性」と直している．参照，榎透「判批」平成27年度重判解（ジュリ1492号，2016年）19頁．高裁は，「合理性」という文言を追加することにより，審査をより丁寧に行おうという趣旨であろうか．

て大きく評価することは，思想及び良心の自由や表現の自由を保障する日本国憲法の精神に抵触する可能性があり，相当ではない」とした高裁判決は，最高裁の懲戒処分判決にもなかった新たな判示として重要である[14]．

　第三は，「処分による不利益の内容との権衡」である．X_2 に関する判旨③はここに関わり，比例原則審査の思考が現れている．X_2 に対する懲戒処分を適法とした地裁の判決は，同一の教員に対する停職を適法とした懲戒処分判決②事件にそのまま依拠したものだった．しかし最高裁が判断した事案は停職 3 月だったのに対して，今回の事案は停職 6 月というより重い処分だった．この違いが地裁では軽視されていたのに対して，高裁はそこを重視したのである．「減給以上の処分を選択することについては……慎重な考慮が必要」という懲戒処分判決の立場からすれば，むしろ高裁判決の方が最高裁判決の趣旨により即していたように思われる[15]．ただし高裁判決は，停職 3 月という前回処分を「更に加重しなければならない個別具体的な事情は見当たらない」とするものであるから，今回も停職 3 月であれば裁量権の範囲内だと判断された可能性がある．果たしてそこに再考の余地はないのかについては，後に再論したい．

Ⅳ　国家賠償請求

1　東京地裁判決

　地裁は，国賠法 1 条所定の違法が認められるためには損害が生じていることが必要であり，行政処分の違法を理由とする場合には，「当該処分が効力発生要件適合性を欠くだけでは足らず，当該公務員が『職務上通常尽くすべき注意義務を尽くすこと』をしなかったと認め得る」ような場合でなければならない，という見解に立つ．本件の場合は，「都教委が原告らを懲戒処分に付したこと自体には，何ら職務上通常尽くすべき注意義務違反も過失もない」．処分量定については，最高裁の懲戒処分判決によって新たな判断がなされたのであり，

---

　14)　平祐介「判批」自治研究 93 巻 6 号(2017 年)133 頁は，この判示を「間接的な思想良心の自由の制約に対する回復手段を講ずる……表現の自由の行使を実質的に保障するために，考慮ないし重視しうる事項に係る事由の範囲を限定した」と解している．高裁判決の判示が「回復手段を講ずる」表現の自由に限定されたものであるかどうかは，判然とはしていない．
　15)　平・前掲注 14)131 頁，西原博史「判批」判例評論 692 号(判時 2302 号，2016 年)150 頁．

X_1 に対する停職処分は,「積極,消極の見解が分かれ,これに関する最高裁の判断が示される前に」,積極説に基づいて行われたものであるから,公務員に国賠法上の過失はなく,都教委による懲戒処分は国賠法上違法でもない.X_2 に対する停職処分は,そもそも処分取消の請求に対する場面でも違法とはされなかった.

2 東京高裁判決

高裁は,本件各処分が取消請求の場面では違法だという判断を前提として,国賠法上も違法であるかに関して,都教委が「通常尽くすべき注意義務を怠ったといえるか否か」について審査している.①国旗・国歌法制定に至る国会審議の過程においても,国旗・国歌に対する起立および国歌斉唱には,思想・良心の自由との関係で微妙な問題を含むものであることが,意識されていた.したがって,起立斉唱を命ずる職務命令に従わなかった者に対して懲戒処分を行う際にも,「その不起立の理由等を考慮に入れてはならないことが要請されていた」.②「本件処分量定が定めている『処分量定の加重』ということは,必ず加重しなければならないという意味での必要的な加重を定めているものではない」.本件国会審議答弁においても,一律に処分を加重して行うことには,もともと慎重な検討が要請されていた.③また本件標準量定の運用を体罰の事案で見ると,都教委は機械的に一律に処分を加重して行うという運用はしていない.④しかるに都教委は,以上の趣旨に反して,国歌斉唱時に起立しなかった教職員に対して,1回目戒告,……5回目停職3月,6回目停職6月の各処分を行っていた.仮に不起立に対して「戒告から減給,減給から停職へと機械的に一律にその処分を加重していくとすると,教職員は,2,3年間不起立を繰り返すだけで停職処分を受けることになってしまい」,ついには免職処分を受けることとなる.「自己の歴史観や世界観を含む思想等により忠実であろうとする教員にとっては,自らの思想や信条を捨てるか,それとも教職員としての身分を捨てるかの二者択一の選択を迫られることとなり,そのような事態は,もともとその者が地方公務員としての教職員という地位を自ら選択したものであることを考慮しても,日本国憲法が保障している個人としての思想及び良心の自由に対する実質的な侵害につながるものであり,相当ではない」.⑤都教

委は処分が控訴人らの「個人的な思想及び良心の自由に対しても影響を与えるものであることを十分に考慮した上で」,「それぞれの非違行為にふさわしい処分をすべき」だった．にもかかわらず，そうしなかったことには違法がある．しかも「本件国会答弁の内容やその趣旨は，都教委関係者は当然に理解しておくべきもの」であり,「そのような趣旨に反した本件各処分を行った都教委には，本件処分に際して過失があったものといわざるを得ず，国賠法上も違法性が認められる」．⑥停職処分は,「処分を受けたことが外部からも認識できるものであることや，教員の場合は，停職期間中は……児童生徒との継続的な人格的触れ合いをすることもできなくなり，ひいては教育活動に欠かすことができない児童生徒との信頼関係の維持にも悪影響を及ぼすおそれがあ」る．また「職場復帰後も信頼関係の再構築等で精神的な苦痛を受けたりするものと認められ，そのような苦痛は，本件各処分の取消しにより回復される財産的な損害の補塡をもっては十分ではない」．

　このようにして高裁は，両控訴人に対してそれぞれ10万円の慰謝料を認めた．

3　国家賠償請求の審査のあり方

(1) 違法性と過失

　最高裁の懲戒処分判決以降の下級審判決においては，起立斉唱の職務命令に違反した教職員に対する重い懲戒処分の取消しを認容した諸判決の間でも，国家賠償請求まで認める判決と認めない判決とが併存している．国賠請求を認めた先例としては，懲戒処分判決の差戻し控訴審である東京高裁平成24年11月判決がある．

　この判決は，当該懲戒処分につき,「不起立行為の性質，実質的影響，停職処分の不利益に対する考慮が尽くされていないという意味で職務上通常尽くすべき注意義務に違反している」として，国賠法上も違法だという．さらに都教委の過失については，国旗・国歌法制定時の政府答弁で，起立斉唱には思想・良心の自由との関係で微妙な問題があることが意識されていたことなどを指摘しつつ,「不起立行為について控訴人に不利益処分をすることが控訴人の思想及び良心の自由に影響を与えるものであって，機械的，一律的に加重して処分

を行うべきではなく，相当慎重に処分の内容を検討すべきであること，本件処分の対象となった不起立行為の結果，被控訴人の養護学校運営に具体的にいかなる影響を与えたかについても考慮すべきであること等，本件処分を行うに当たって当然に考慮すべき事項を認識し得る契機は十分にあったのであるから，これらを認識しなかったことには過失がある」，と判断していた[16]．

　取消訴訟における違法性と国賠訴訟における違法性は同一ではないという考え方（違法性相対説）と，国賠法上の違法性についての職務行為基準説は，判例の大勢が採用しており[17]，本章で扱っている諸判決も同様だと思われる．その上で，平成24年11月東京高判は，違法性と過失を一応区別して判断していたのに対して，平成27年5月の東京高判は判旨⑤のように，違法性と過失をほとんど一元的に検討している[18]，という違いはある．しかしその違いは相対的なものでもあるように見えるし，違法性ないし過失要件に関して判断している事情も，両判決においてかなり近似している．そのため平成27年の東京高裁は，平成24年11月東京高裁判決を下敷きにしていたことがうかがわれる．そうした状況のなかで，最大の違いは平成27年東京高判の判旨④である．機械的，一律に懲戒処分を加重していくことは，「思想及び良心の自由に対する実質的な侵害につながる」という論旨は，広く注目された．

(2) 「思想及び良心の自由に対する実質的な侵害」

　最高裁の懲戒処分判決における櫻井龍子裁判官の補足意見は，「多大な給与上ないし職務上の不利益や影響をもたらす減給ないし停職の処分を……一律に機械的に加重処分として課すことは，行為と不利益との権衡を欠き，社会観念上妥当とはいい難い」，という．さらに，「職員の中には，自らの信条に忠実であればあるほど心理的に追い込まれ，上記の不利益の増大を受忍するか，自らの信条を捨てるかの選択を迫られる状態に置かれる者がいる」，ことを指摘していた[19]．平成27年の東京高裁判旨④が注目されたのは，この櫻井補足意見

---

[16] 東京高判平成24年11月7日裁判所Web（南敏文裁判長）．
[17] 判例・学説状況の整理として，さしあたり，北村和生「国家賠償における違法性と過失」高木光・宇賀克也編『行政法の争点』（有斐閣，2014年）146頁以下，宇賀克也『行政法概説Ⅱ〔第5版〕』（有斐閣，2015年）428頁以下を挙げておく．
[18] 平・前掲注(14)133頁．
[19] 判時2147号127頁①事件(137頁)，②事件(144頁)．

と歩調を合わせつつ，懲戒処分を機械的，一律的に加重する運用は「思想及び良心の自由に対する実質的な侵害につながる」と論定し，「前記の『心理的圧力』を，実質的な憲法19条適合性の存否という形で，明確な憲法論につなげた」ことによる[20]．

しかし，ここでさらに留意すべきは，櫻井補足意見による上記論旨は懲戒処分の適法性に関する裁量審査のなかで語られていたのに対して，東京高判判旨④は国賠法上の違法性審査の文脈で語られていた，という違いである．ここには，前示した平成24年11月東京高判の判断からの影響があるのかもしれない．平成24年東京高判は，国賠法上の違法性判断に当たって，機械的，一律に処分を行うことには慎重であるべき旨を述べていた．ただしこの判決は，最高裁で懲戒処分の適法性に関する判断がなされたことを受けての差戻し控訴審であり，国賠請求だけが審査の対象となっているという事情があったことにも注意する必要がある．

平成27年東京高判はX_2に対する懲戒処分が停職6月だから違法としたのであり，3月であれば適法と考えていたと思われる．もし仮に上記のような懲戒処分の仕方が「思想及び良心の自由に対する実質的な侵害につながる」という思考を，櫻井補足意見が本来意図していた懲戒処分審査においても行っていれば，3月の停職処分であれば適法とする思考に見直しを迫るものとなったのであろうか．判決文の論理をそのまま受け取る限りでは，必ずしもそうではない．東京高裁は，「機械的に一律にその処分を加重していくと」，「自らの思想や信条を捨てるか，それとも教職員としての身分を捨てるかの二者択一の選択を迫られることとなり」，「個人としての思想及び良心の自由に対する実質的な侵害につながる」という形で論理を展開させていた．機械的，一律に処分を加重して免職にまで至るのでないかぎり，高裁の論理を懲戒処分審査の場面に導入しても，停職3月の処分まで違法とすることに直結するわけではない．この判決の本来の射程は，慎重に絞り込まれていた．また，本件の原告のように停職6月が課されるほどまでに抵抗する教員は，実際にはほとんどいない．とは言え，東京都では機械的，一律な処分の加重が行われていたのであるから，こ

---

[20] 蟻川恒正『尊厳と身分』(岩波書店，2016年)206頁．

の論理は他の事案にも波及する可能性があるものだった．また「大阪府職員基本条例」(平成24年3月28日，条例86号)27条2項は，違反行為の内容が同じ場合，累計3回となる職員に対する標準的な懲戒処分を免職と規定している．高裁の論理は，この条例の運用にも影響を与え得るであろう．

(3) 「職務上通常尽くすべき注意義務違反」の有無

上述したように，起立斉唱等の職務命令に違反した教職員に対する懲戒処分を取り消したいくつかの判決のなかでも，さらに国家賠償請求まで認容する判決と認容しない判決がある．認容しない判決が多いものの[21]，認容した判決もあった[22]．本件地裁判決は X_1 に対する停職処分を違法としつつ，国賠請求は認容しなかったが，それは下級審の大勢に沿うものである．また，法律の解釈について異なる見解が対立していて，よるべき明確な判例・学説がないときに，公務員が一方の解釈に依拠して公務を執行したときには，後にその執行が裁判所によって違法と判断されたとしても，直ちに公務員に過失があったことにはならないという論理は，最高裁の判例でもある[23]．しかし本件高裁判決や東京高裁平成24年1月判決が，Ⅳ2判旨⑤，3 (1)で紹介したように，「国会答弁の内容やその趣旨は，都教委関係者は当然理解しておくべき」などとして過失を認め，停職処分による精神的苦痛による損害の賠償請求を認容したことにも，理由があるように思われる．本件については，「実務上の取扱いも分かれていて，そのいずれについても一応の論拠が認められる場合」ではなかった，という評価もある[24]．行政法学による検討を待ちたい[25]．

---

21) 東京高判平成24年10月31日LEX/DB25483345，東京地判平成27年1月16日判例自治405号57頁，東京高判平成27年12月4日裁判所Web，東京高判平成28年7月19日判例自治414号48頁，東京地判平成29年5月22日判例集未登載など．
22) 注16)で前掲した東京高判平成24年11月7日参照．
23) 最一小判昭和46年6月24日民集25巻4号574頁，最一小判昭和49年12月12日民集28巻10号2028頁，最三小判平成3年7月9日民集45巻6号1049頁，最一小判平成16年1月15日民集58巻1号226頁など．この点については，西埜章『国家賠償法コンメンタール〔第2版〕』(勁草書房，2014年)504頁以下が詳細．

V　結びに代えて

本章で扱った東京高裁判決は，最三小決平成 28 年 5 月 31 日により上告棄却・上告受理申立不受理とされた[26]．そのため東京高裁判決による，「思想及び良心の自由に対する実質的侵害につながる」ため，機械的，一律的な懲戒処分の加重は違法だ，という判示は現在でも否定されていない．ただし，本章〔補論〕で見たように，この判示は国賠法上の違法性審査の場面でなされたものであり，かつ免職処分にまで至るような，機械的，一律な処分の加重に関するものだった．しかしそれは，この判示が当該事案を前提してなされたものであるからであり，その趣旨を他の事案に拡張する余地はある．そもそも最高裁の懲戒処分判決は，Ⅲ 3 で触れたように，懲戒処分の裁量審査の場面で，「減給以上の処分を選択することについては，本件事案の性質等を踏まえた慎重な考慮」を必要とするものであり，「学校の規律や秩序の保持等の必要性と処分による不利益の権衡の観点から当該処分を選択することの相当性を基礎付ける具体的な事情が認められる場合であることを要する」，としていた．裁量審査の場面で，かつ機械的，一律的な処分の加重の事案でないとしても，「当該処分を選択することの相当性を基礎付ける具体的な事情」が認められなければ，裁量権の濫用として違法となる．その際に，当該処分が「個人としての思想及び良心の自由に対する実質的な侵害につながるもの」になりかねないという評価は，裁量審査の密度を高め，処分の違法性を基礎づける強力な論拠として働く[27]．さらに選択された処分がたとえ戒告であっても，事案によっては違法となり得ることも，最高裁の懲戒処分判決の枠内または微修正の範囲だと思わ

---

24) 平・前掲注 14) 134〜135 頁．本件東京高裁は，Ⅳ 2 ②で紹介したように，「本件処分量定が定めている『処分量定の加重』ということは，必ず加重しなければならないという意味での必要的な加重を定めているわけではない」ことも指摘する．上田賀代「公務員に対する懲戒免職処分について」判タ 1283 号（2009 年）15 頁が示すように，これが最高裁の懲戒処分判決以前からの判例なのであれば，その趣旨に反した都教委には 2007 年処分時においても過失が認められる，ということになるのかもしれない．この点は，2008 年停職処分に関する訴訟で原告側が主張しているところである．

25) 東京高裁が，櫻井補足意見の論旨を国賠請求の場面に移し，射程を絞りながら論理を展開した背景には，そうすることにより国賠請求を認めることの困難性を突破しようとする意図があったのかもしれない．

26) 最三小決平成 28 年 5 月 31 日 LEX/DB25543368, 25543369．

れる[28].

　さらにそれを超えて,「思想を理由として重い懲戒処分を課」すことを,「自らの信念に反する行動を余儀なくされるか, 教育現場にあり続けることが困難になるような処分に甘んじるかという二者択一を迫っている」と捉え, 憲法19条に違反すると論ずる見解もある[29]. 本件東京高裁の論理の射程を拡張していくと, この見解に至るであろう. しかしこの見解は, 懲戒権の逸脱・濫用を適法性の次元で捉えてきた従来の判例法理に正面から挑戦するものであるため, 裁判上受け入れられることには困難が予想される. そうであれば, むしろ職務命令の合憲性を再び争う道を考えてもよい. 最高裁のピアノ判決も起立斉唱命令判決も, 懲戒処分とは切り離して職務命令の憲法適合性について判断したものだった. しかし実際には, 職務命令は重大な懲戒処分を背後に備える形で発出されている. そのような職務命令は, 東京高裁がいう「二者択一」を迫るものとして, 思想・良心の自由に対する直接的な制約(実質的な侵害)となり得るため, 必要性や合理性は慎重に審査すべきだ, という方向で論ずることも可能であるように思われる[30]. 制約が直接か間接かの区別の仕方は, 判例でも学説でも一義的ではないが, 一般的には制約の狙いまたは効果・影響が基準となっていると思われる[31]. 上記した方向性は, 制約に従わなかった場合に相当の蓋然性をもって生ずる効果・影響に着目する論じ方であり, 全く特異な考え方ではないであろう[32]. もっとも一旦判例法理から離れて論ずるのであ

---

27) 阿部泰隆「公務員関係三事件に関する私見(1)」自治研究90巻2号(2014年)18頁は, 再度の違反についてはより重い処分を課すという考え方は通常の違反行為には妥当するが, 信条に関わる違反は何度処分されても思想を改造しなければ変えようがなく, 思想信条の自由を保障している現憲法下では許されない考え方だ, と述べていた.

28) 懲戒処分判決における宮川光治裁判官の反対意見. 学説でも, 例えば, 北村和生「判批」速判解(法セ増刊)11号(2012年)52頁は, 戒告処分も相当重い処分であること, 戒告処分を受けたものは将来的により重い処分を受ける立場に立つことを指摘しつつ, それは別にしても, 戒告処分においても「処分を選択することの相当性を基礎付ける具体的事情」が必要だ, と論ずる. 田中謙「判批」判例自治365号(2013年)53頁も同旨.

29) 近年では, 森口千弘「平成24年1月16日判決における『思想・良心の自由』の意義」Law & Practice No. 7(2013年)188頁.

30) 西原・前掲注15)152頁は,「東京における君が代訴訟のあり得べき対象は, 10・23通達システム全般の思想・良心の自由侵害性を問うか, それとも個別の受命公務員との関係に即しながら個別の職務命令の憲法適合性を問うかのどちらかであったはずである」, と改めて指摘している.

31) 本書第3部第1章Ⅴ1(2)参照. 従来, 原告側は, 起立斉唱等の職務命令が特定の思想・良心をもった教職員を排除するねらいをもっていたと主張してきたが, そうした構成は裁判所により全く受け入れられなかった.

れば，より自由に思考を展開してもよいのかもしれない．実際，多くの学説は従来から今日に至るまでかなり自由に論じているのであるが，その状況について考察することは本章の課題ではない．

---

32) 本書第2部第1章Ⅳ3で紹介した「国歌斉唱強制に対する福岡県弁護士会の警告書」法セ562号(2001年)47頁は，既にこうした発想に立っていた．その他にも，本文のような構成は，おそらくこれまで裁判上主張されたものの，受け入れられなかったと思われる．しかし，仮に直接的な制約とは認められなかったとしても，職務命令の必要性や合理性の審査に慎重さが求められる要因とはなり得るのではないか．

第5章　団体の中の個人
──団体の紀律と個人の自律

I　はじめに

　現代社会においては，企業，労働組合，政党，宗教団体等々といった中間団体が大きな役割を果たしている．個人はそれらの団体に属することによって自己を実現し，あるいは国家による介入に抵抗することができる．しかし他方では，自らが構成員となっている団体によって個人の自律が抑圧される場面も生じ得る．憲法学説においても，1990年代を中心に，日本における団体主義の強固さを意識しながら，徹底した個人主義を主張する見解と，それに反対する見解との間で原理的な論争が行われた．また裁判においても，団体の活動とその構成員の権利，自由の緊張関係が問われる事例が見られる．本章ではその種の事例のうちで，とりわけ問題が典型的な形で現れる，強制加入団体の活動とその構成員の権利，自由について争われた指導的判例である南九州税理士会事件最高裁判決と，同判決以降判決が下された類似する二つの事件を素材として，南九州税理士会事件最高裁判決で残された問題がその後どのように議論されているかを確認するとともに，団体の活動と構成員の自律の調整を図る方策を探りたい．

II　三つの事例

1　南九州税理士会政治献金事件

　南九州税理士会Yは，税理士法改正運動に要する特別資金とするため，1978年6月に，各会員から特別会費5000円を徴収し，南九州各県税理士政治連盟へ配付する，との内容の決議を行った．Yの会員である税理士Xは，当時の税理士法改正運動に反対しており，本件特別会費を納入しなかった．Yの役員選任規則には，役員の選挙権および被選挙権の欠格事由として会費滞納が規定されているため，YはXを選挙人名簿に登載しないまま役員選挙を実

施した．これに対しＸは，①政治団体たる南九州各県税政への寄付はＹの目的外の行為であり，②法改正運動に反対の意見を有していたＸから強制的に会費を徴収することは，Ｘの思想・信条の自由を犯す，等の理由から本件決議は無効であり，Ｘが本件特別会費の納入義務を負わないことの確認等を求めて出訴した．

一審（熊本地判昭和 61 年 2 月 13 日判時 1181 号 37 頁）はＸの請求を認めたが，二審（福岡高判平成 4 年 4 月 24 日判時 1421 号 3 頁）は原判決を取り消した．最高裁（最三小判平成 8 年 3 月 19 日民集 50 巻 3 号 615 頁）は次のように破棄自判した．

①「〔税理士〕法が税理士会を強制加入の法人としている以上，その構成員である会員には，様々な思想・信条及び主義・主張を有する者が存在することが当然に予定されている．したがって，税理士会が右の方式〔多数決原理〕により決定した意思に基づいてする活動にも，そのために会員に要請される協力義務にも，おのずから限界がある」．②「特に，政党など〔政治資金〕規正法上の政治団体に対して金員の寄付をするかどうかは，選挙における投票の自由と表裏を成すものとして，会員各人が市民としての個人的な政治的思想，見解，判断等に基づいて自主的に決定すべき事柄である」．③「そうすると，前記のような公的な性格を有する税理士会が，このような事柄を多数決原理によって団体の意思として決定し，構成員にその協力を義務付けることはできないというべきであり……，税理士会がそのような活動をすることは，法の全く予定していないところである．税理士会が政党など規正法上の政治団体に対して金員の寄付をすることは，たとい税理士に係る法令の制定改廃に関する要求を実現するためであっても，法 49 条 2 項所定の税理士会の目的の範囲外の行為といわざるを得ない」．「本件決議は，……無効であると解するほかはない」．

2 群馬司法書士会復興支援拠出金事件

群馬司法書士会Ｙは，阪神大震災により被災した兵庫県司法書士会に 3000 万円の復興支援拠出金を送金するために，1995 年 2 月に，会員から登記申請事件一件当たり 50 円の復興支援特別負担金（復興支援証紙）を徴収すること等を決議した．Ｙの会員である司法書士Ｘらは，会員以外の第三者が被災者となったときに，これに見舞金等を贈与することはＹの目的外の行為であるから，

本件拠出決議は無効であり，会員にはその支払義務はないとして，上記決議に基づく債務の不存在の確認を求めた．

裁判所（前橋地判平成 8 年 12 月 3 日判時 1625 号 80 頁，判タ 923 号 277 頁）は，次のように X の請求を認容した．①「〔司法書士〕法が司法書士会を強制加入の法人としている以上，その構成員である会員には，様々な思想・信条及び主義・主張を有する者が存在することが当然に予定されている．したがって，司法書士会が右の方式〔多数決原理〕により決定した意思に基づいてする活動にも，そのために会員に要請される協力義務にもおのずから限界がある」．②「そして，それが，本件のように阪神大震災により被災した司法書士会・司法書士の復興を支援するために金員を拠出するというものであっても，本来，そのような者を支援するために金員を送るか否か，仮に送るとしても司法書士会を通じて送るか否か，また，どのような方法でいかなる金額を送るか等については，各人が自己の良心に基づいて自主的に決定すべき事柄であり，他から強制される性質のものではない」．③「そうすると，前記のような公的性格を有する司法書士会が，このような事柄を多数決原理によって団体の意思として決定し，構成員にその協力を義務付けることはできないというべきであり，司法書士会がそのような活動をすることは法の予定していないところである．司法書士会が阪神大震災により被災した兵庫県司法書士会に金員を送金することは，たといそれが倫理的，人道的見地から実施されるものであっても，法 14 条 2 項所定の司法書士会の目的の範囲外の行為であるといわざるを得ない」．「本件決議は，……無効と解するほかはない」[1]．

3　日弁連スパイ防止法反対運動事件

日本弁護士連合会 Y は，1987 年 2 月に，当時自民党が準備中であった「防衛秘密を外国に通報する行為等の防止に関する法律案」を国会に提出することに反対する旨の決議を行い，また意見書の発表，ニュースの配布等により反対運動を行っていた．Y の会員である弁護士 X らは，(1)本件法律案のように個人の思想，信条および政治的立場の相違により大きく意見の分かれる政治上の

---

[1] この事件については，その後，東京高判平成 11 年 3 月 10 日判時 1677 号 22 頁，最一小判平成 14 年 4 月 25 日判時 1785 号 31 頁が出ている．本書第 2 部第 6 章を参照．

問題について，総会における多数決で賛成，反対の意思を決定し表明することは，Yの目的の範囲を甚だしく逸脱するものであるとして，右総会決議の無効確認を請求し，また(2)①Yが本件反対運動を行うことは，Xらに対しその意に反してスパイ防止法案に反対することを強制するものであり，②Xらに強制的に納入させている会費から資金を支出して本件反対運動を行うことは，Xらに対しスパイ防止法案反対という政治的立場に対する支持，協力を強制するに等しいから，Xらの思想，良心の自由を侵害するとして，本件反対運動の差止請求および慰謝料請求を行った．

　一審(東京地判平成4年1月30日判時1430号108頁，自正43巻3号206頁)は，次のように(1)の訴えを却下，(2)の訴えを棄却した．①本件総会決議は「いかなる法律的効果も伴わない事実行為で」あり，XらとYとの間には「具体的な権利又は法律関係についての法律上の紛争は存在しておらず，本件総会決議の無効確認を求める訴えは，確認の利益を欠き不適法である」．②「被告が被告の名において本件法律案に反対の意見を表明し対外的・対内的に活動を行うことが，取りも直さず会員である原告ら個人個人も同法律案に反対していることを意味するとは，必ずしも一般に考えられてはおらず，原告らがその意に反する思想，信条を開示させられていることにはならない」．③「原告らが納入している会費は……一般会費であり，被告の運営経費一般に充てるために特に具体的な支出目的を定めることなく徴収され，納入することが義務づけられているものであって，その点で，前記のような特定の個別的，具体的な目的ないし活動の費用に充てるための拠出金とは基本的にその性質を異にするものである．また……原告らの納入した一般会費のどの部分が右運動の費用に充てられているかを特定することは不可能であって，原告らの拠出と本件反対運動との間に直接的な結び付きは全く認められない」．「したがって，被告が，一方で一般会費として原告らに資金拠出を強制し，他方で会財政から費用を支出して本件反対運動を行っているからといって，原告らに対し，その意に反して右運動のよって立つ意見，立場等についての支持の表明を強制しているに等しいということはできず，原告らの思想，良心の自由を侵害することになるものではない」．本件差止請求および損害賠償請求には理由がない．

　二審(東京高判平成4年12月21日自正44巻2号99頁)は，一審判決を支持した

上，Xらの新たな主張に対して，次のような判断を行った．①「特に，被控訴人のような強制加入の法人の場合においては，弁護士である限り脱退の自由がないのであり，法人の活動が，直接あるいは間接に会員である弁護士個人に利害，影響を及ぼすことがあることを考えるならば，個々の会員の権利を保護する必要からも，法人としての行動はその目的によって拘束され，たとえ多数による意思決定をもってしても，目的を逸脱した行為に出ることはできないものであり，公的法人であることをも考えると，特に特定の政治的な主義，主張や目的に出たり，中立性，公正を損うような活動をすることは許されない」．しかし，「弁護士に課せられた右〔弁護士法1条〕の使命が重大で，弁護士個人の活動のみによって実現するには自ずから限界があり，特に法律制度の改善のごときは個々の弁護士の力に期待することは困難であると考えられること」等を考え併せると，「被控訴人が，弁護士の右使命を達成するために，基本的人権の擁護，社会正義の実現の見地から，法律制度の改善(創設，改廃等)について，会としての意見を明らかにし，それに沿った活動をすることも，被控訴人の目的と密接な関係を持つものとして，その範囲内のものと解するのが相当である」．②「そこで，まず本件総会決議について見るに，本件法律案が構成要件の明確性を欠き，国民の言論，表現の自由を侵害し，知る権利をはじめとする国民の基本的人権を侵害するものであるなど，専ら法理論上の見地から理由を明示して，法案を国会に提出することに反対する旨の意見を表明したものであることは決議の内容に照し明らかであり，これが特定の政治上の主義，主張や目的のためになされたとか，それが団体としての中立性などを損なうものであると認めるに足りる証拠は見当たらない．そうであるとすれば，……右決議が被控訴人の目的を逸脱するものということはできない」．

なお最高裁は(最二小判平成10年3月13日自正49巻5号213頁)，「所論の点に関する原審の事実認定は，原判決挙示の証拠関係に照らして首肯するに足り，……原審の判断は，正当として是認することができる」として，簡単に上告を棄却している．

III 強制加入団体と構成員の自律

1 強制加入団体の活動の範囲

(1) 南九州税理士会事件の最高裁判決は，政治団体に政治資金を寄付することは税理士会の目的の範囲外の行為だと判断した．この結論は学説によっても広く支持されている[2]．またこの判決の射程は，税理士会と同種の強制加入団体による政治献金の事例にも及ぶことにも異論はない．

同判決で残された問題の一つは，強制加入団体は何らかの「政治的活動」をすることができるか，およびその範囲の判断手法である．学説の多くは，「結社の自由」を根拠に，原審と同様，「業務に関連した法令の改正への対処活動」は許される，と解している[3]．問題はどこまでが許される活動かであろう．この点に関する判断手法として注目に値するのは，日弁連スパイ防止法反対運動事件の東京高裁判決である．同判決は，上記判旨①で紹介したように，日弁連の活動の範囲に関して，「特定の政治的な主義，主張や目的に出たり，中立性，公正を損うような活動をすることは許されない」という消極的基準と，「基本的人権の擁護，社会正義の実現の見地から，法律制度の改善（創設，改廃等）について，会としての意見を明らかにし，それに沿った活動をすることも」目的の範囲内と解するという積極的基準を設定していた．同判決による区別の判断手法を受容しようとしているのは，戸波江二である．その上で戸波は，「税理士会に許される政治活動の限界」を，「団体の目的に関連する事実について……，政治的中立性を逸脱しない活動であることを要する」，と解している[4]．

判断手法に関して有力なのは，むしろ国労広島地本事件最高裁判決[5]が「多

---

2) 南九州税理士会最高裁判決については，多くの研究が存在する．さしあたり，本章〔補論〕を参照．
3) 江橋崇「判批」『最新判例演習室1987』（日本評論社，1987年）61頁，大沢秀介「法人と人権」法教190号（1996年）29頁など．もっとも，構成員の消極的結社の自由を認めていない強制加入団体が結社の自由を援用することには一貫性のなさも問われ得るが，立ち入らない．
4) 戸波江二「判批」平成4年度重判解（ジュリ1024号，1993年）9頁．戸波説の独自性は，このような基準論を設定したことよりも，むしろ，この基準に基づいて，南九州税理士会の南九各県税政への資金の寄付を税理士会の目的の範囲内と解している点にある．前提としている南九州各県税政の政治団体性，および特別会費が政治献金か一般運動資金かの評価が異なるようである．その後，このような見解は最高裁によって否定され，学説でもほとんど支持はない．
5) 最三小判昭和50年11月28日民集29巻10号1698頁．

数決原理に基づく組合活動の実効性と組合員個人の基本的利益の調和」のために示した手法を利用することであろう．同判決は，労働組合の活動を広く目的の範囲内としつつ，組合員に協力義務があるかどうかについては，「問題とされている具体的な組合活動の内容・性質」と「組合員に求められる協力の内容・程度・態様等」を「比較考量」するという手法を採用した(二段階審査)．この判決で協力義務の有無の審査に際して使われた比較衡量論を，団体の目的の範囲の限界画定に関して暗黙のうちに転用したとも読み得るのが，南九州税理士会事件最高裁判決だった[6]．学説上は，その上で，政治献金をすることは許されないが，「業界団体としての税理士会が自らの業務にかかわる法改正について」，「賛否を総会の場で決議することや決議に基づいて幹部が政党や国会議員に要請行動を行うこと」は，「『会員の協力義務』が具体的なものではなく，反対した会員に対する制裁等が加えられない限り……許される」，と結論づける見解が多いように思われる[7]．もっとも上述した東京高裁の立場もこのような「比較考量」論を前提としている可能性はあると思われ，判断手法およびその適用の結果それぞれについて，それほど大きな違いはないのかもしれない[8]．

このような状況の中で，日弁連事件に関する最高裁判決は，「原審の判断は，正当として是認することができる」として，高裁判決をそのまま維持した．ここから最高裁が，税理士会事件で否定された政治献金以外の何らかの「政治的活動」の余地を承認しているということは，確認できる．しかしこの簡単な判旨から，最高裁が同事件の高裁による区別の基準論をも受容したとは言えない．ここで少なくとも注意しなければならないのは，日弁連の場合，弁護士法31条およびそれが前提とする同法1条で規定されている弁護士の使命との関係で，

---

[6] もっとも，「最高裁は実はこうした比較衡量を行った結果，会員の協力義務を否定する判断に至ったのかもしれないが，そうした比較衡量の経緯は判決に記されていない」，ことは確かである．市川正人「判批」平成11年度重判解(ジュリ1179号，2000年)11頁参照．読み方は，判決が目的の範囲を判断するに当たって，会員の自由との関係を考慮していることをどう評価するかにかかっている．

[7] 木下智史「判批」民商法116巻1号(1997年)125頁．なお芹沢斉『『人権』と法人の憲法上の権利の享有」青山法学論集38巻487頁以下は，「その場その場の比較衡量論」ではなく，事例の「類型化」を提唱している．

[8] これに対し，「団体としての意思決定に基づく政治的活動を『政治的に中立』と評する」ことができるのか，「目的の範囲内における政治的活動の能力を一般的に出発点にできるか」を「疑問」とする見解も存在する．西原博史「公益法人による政治献金と思想の自由」ジュリ1099号(1996年)104頁(注18)．

会則の定めをまたず，目的の範囲はかなり広く解し得るということである．この点は税理士会，司法書士会等とは，公益法人についても目的の範囲は一般的に広く認められているにしても，事情を異にしている．したがって同種の強制加入制の公益法人であっても，許される活動の範囲に違いは生じ得る．東京高裁の事実認定(判旨②)を前提とすれば，問題となった日弁連のスパイ防止法反対運動を日弁連の目的の範囲内とすることは正当だと思われるが，同じ活動を他の強制加入団体が行った場合，必ず同じ結論になるわけではない[9]．

(2) 上述のような議論からも理解されるように，強制加入団体の活動範囲の限界は，従来主にその「政治的活動」と構成員の思想・信条の自由(それに基づく政治献金などの自由)の関係という場面で論じられてきた．これに対し，阪神大震災による被災者への寄付という，倫理的，人道的見地から実施される活動が問題となった事案が，群馬司法書士会の事件である．前橋地裁は，南九州税理士会事件最高裁判決に依拠しつつ(両判決の判旨紹介の①と③がそれぞれほぼ完全に対応していることを確認せよ)，判旨②を同事件に関する決め手として，上記の寄付を目的の範囲外の行為と判断した．南九州税理士会事件最高裁判決の影響によって，前橋地裁判決も，「目的の範囲」の判断に際して「比較考量」論アプローチを前提としているのかもしれない[10]．前橋地裁の判断は，構成員「各人の自主的決定」に重点を置いた「考量」になっている点が大きな特徴である．

大震災の被災者への寄付という行為に関する判断は，かなり微妙である．同判決の事実認定を前提とすれば，この行為は政治献金とは異なり，「倫理的，人道的見地から実施されるもの」であった．そのため，司法書士法14条2項(現行52条2項)で規定する司法書士会の目的は比較的限定されているものの，その目的を遂行する上で直接又は間接的に必要な範囲の行為は可能であることから，本件寄付を社会的に相当と認められる程度のものだとして「目的の範囲」内と解する立場は，十分成立可能である．他方で前橋地裁のいう判旨①②

---

9) なお，「君が代」訴訟においては，思想・良心の自由に対する制約を「外部からの認識」という観点からも，判断していた．参照，本書第2部第2章Ⅳ2(3)など．日弁連事件の一審判旨②は，既にこの論点についても判断していたことに注目できる．
10) 蟻川恒正「思想の自由と団体紀律」ジュリ1089号(1996年)202頁．これに対し，大沢・前掲注3)29頁は，南九州税理士会の最高裁判決は「比較考量」論を採用していないという理解を前提とした上で，そのようなアプローチをすべきであったと論じている．

の事情は，会員の協力義務の存否の判断に際して考慮されるべきである．その観点から，すべての構成員に協力義務を課す本件の決議は民法90条に反する，という構成のほうが適切だったのではないか．つまり，この事件で先例として参照すべきだったのは，目的の範囲の審査ですべてを判断した南九州税理士会事件最高裁判決ではなく，強制加入団体の事例ではないものの，政治献金以外の資金を含む組合費徴収決議に関して，二段階の審査を行った国労広島地本事件最高裁判決だった．

2　特別会費と一般会費

(1) 南九州税理士会と群馬司法書士会の事件は，他の団体に資金を寄付するため会員から特別の会費を徴収するという行為が問題とされたという点で，共通だった．これに対し日弁連の事件は，団体自身が「政治的活動」をするために，一般会費として徴収された資金を用いる行為が問題とされている．ここで資金を他へ寄付するか自分の活動に使うかは，構成員の権利侵害との関係で意味のある違いではないから，事案が分かれる要因となり得るのは特別会費か一般会費かという違いである．実際，日弁連事件の一審判旨③は，問題となっているのが一般会費であり，「Xらの拠出と本件反対運動との間に直接的な結び付きは全く認められない」ことを，請求棄却の論拠としていた．この判断は，上記の国労広島地本判決が示した，「一定の政治的活動の費用としてその支出目的との個別的関連性が明白に特定されている資金についてその拠出を強制することは」許されない，という判断枠組みに依拠し，それを反対解釈したものである．

このような一審の判断に対し，Xらは控訴審で次のような批判を行っていた．「右運動のための費用を会員から一般会費として徴収した中から支出するか，又は，そのための特別会費として会員から徴収するかは，単に政策的，便宜的な問題であり」，一審のような見解を採るのであれば，「団体は，機関の多数決により，一般会費を特別会費分増額することにより，団体の政治活動に反対の会員から一般会費の方法により徴収した会財政から費用を支出して政治運動を遂行することにより，……前記判例法〔国労広島地本最判〕の適用を免れることが可能になり，前記判例の法理は，事実上殆ど無視されることになる」，と

いうのである[11]．このような議論は，学説上でもなされている主張[12]を先取りするものであり興味深い．

このような主張に対し，学説では，例えば「他者の政治的行為に間接的に協力する効果を持つ行為からの自由という局面まで人権保障の問題に取り込めば，思想の自由は他者の行動をコントロールする権利となり，団体内部で少数者の専制を作り出す」という反論が行われている[13]．

しかし二審は，このような争点に踏み込む手前で事案を処理した．つまり同判決は判旨②のように，決議が「法理論上の見地から理由を明示して」なされたものであり，「特定の政治上の主義，主張や目的のため」になされたものではない，という認定を行っていたのである．このように認定されるならば，そのための出費が特別会費として徴収された場合でも，目的の範囲外または協力義務がないとされることはない．また最高裁もこの事実認定を「首肯するに足り」と述べており，結局，日弁連事件を判断する上で，特別会費か一般会費かは結論を左右する要因とはならなかった．

(2) しかしながら，この訴訟の過程でXらが提示した上述の論点は重要である．この問題は，「法理論上の見地から」の見解と「政治上の主義，主張や目的のため」の見解は，それほど画然と区別できるものではないだけに，なおさら，さらなる考察を行っておく必要がある．

この点で参考となると思われるのは，労働組合における少数派の救済にかかわるアメリカ連邦最高裁の判例法理である．その基本的原則は，ユニオン・ショップ協定等により「組合費等の納入を強制された被傭者は，彼の反対する政治活動のために組合が行なった支出が当該組合の全支出中に占める割合に基づいて，組合費の払戻し，または将来の組合費の減額を受けることができる」というものである[14]．この「組合の政治活動に関する組合費払戻し」という方

---

11) 「総会決議無効訴訟報告(14)」自正43巻9号(1992年)147頁．
12) 蟻川・前掲注10)203～204頁．
13) 西原・前掲注8)102頁．実はこの反論も，日弁連事件の裁判の中で既に行われていた．つまりYは，Xのように解すると「日弁連はその構成員のうち一人でも反対があると法律制度の改善などにつき日弁連としての意見とすることが出来ず，その旨の意見表明が出来ないことになり，団体としての行動がとれないことになり，結局何も出来ないことになる」，と論じていた．「総会決議無効訴訟報告(16)」自正45巻2号(1994年)80頁．
14) この判例法理およびそれに対する批判について，長岡徹「労働組合の政治資金と組合員の人権(2・完)」法学論叢112巻5号(1983年)84頁以下．

第5章　団体の中の個人

法が機能すれば，少数派の組合員にとっては，強制的に徴収された組合費が自分の政治的見解等に反して支出されることがなくなり，また労働組合にとっては，少数派の反対により何もできないという懸念が避けられる．もっともこのような方法に関しては，何が組合費払戻しの対象となる政治的支出等なのか，払戻しの金額をいかに算定するか，といった技術的な難点が存在する．そこで連邦最高裁は，司法的救済よりも，「労働組合内部で独自に組合費払戻し制度を設けることが望ましい」と提案している[15]．さらにここには，国費の支出の違法と租税の徴収の違法を切断する一般的理解といかに折り合いをつけるか，という原理的な問題も存在する．

　この判例法理は労働組合に関するものであるということには，注意が必要である．つまり，労働組合の場合は，本章が扱ってきた強制加入制の公益法人の場合と異なり，「政治的活動」等が目的の範囲内とされやすい．したがって，そのような活動により思想・信条の自由等が侵害されたとする組合員のための制度を，組合内部で設けるという提案が意味をもつのである．これに対し強制加入制の公益法人の場合では，「政治的活動」等はそもそも目的の範囲外とされることが多いと思われる．つまり，そこでは払戻しの対象となるような活動は本来少ないはずであり，払戻しなどの制度を設けることが，逆にそのような制度の存在を理由として，その種の団体が従来は控えていたような活動を活発化させる可能性もないではない．そのようなことを考慮すると，強制加入制団体内部において会費払戻しなどの制度を設ける必要性は少ないのかもしれない．しかし，本章Ⅲ1で概観したように，判例，学説は共に，強制加入団体が何らかの「政治的活動」等をする余地を承認している．そうであれば，団体内部における払戻しなどの制度や，法技術的・原理的な問題があるとしても，会費払戻しなどについての司法的救済の可能性も，完全に否定されるべきではないように思われる．仮に払戻しなどの可能性を承認するとすれば，団体の活動を無効とすべき場合と，払戻しをすれば活動は可能な場合を，慎重に判断していくことが必要となるであろう．

---

[15] このような判例法理が現在においても維持されているかは，確認する余裕がなかった．なお参照，中窪裕也『アメリカ労働法〔第2版〕』(弘文堂，2010年)98頁以下．

Ⅳ　結びに代えて

　本章で論じてきたのは次のようなことである．南九州税理士会事件の最高裁判決が残した一つの論点は，強制加入団体は何らかの「政治的活動」をすることができるのか，ということであった．この点に関し，日弁連事件最高裁判決は，学説の多くと同様に，その余地を承認した．しかし何が認められる「政治的活動」かについての判断基準は確立しているわけではなく，また同じ強制加入団体でもその範囲には違いが生じ得る．大震災による被災者への寄付は，従来論じられてこなかった，微妙な事例である．しかし，被災した司法書士個人に対して支援金を送るかどうか，司法書士会を通じて送るか，額をどうするか等は各人が自律的に決定すべきことであり，他から強制されるものではない．それを司法書士会の目的の範囲外とする必要はないが，すべての会員に協力義務を課すのは行き過ぎであろう．

　国労広島地本事件最高裁判決で一部の資金について組合員の協力義務が否定され，南九州税理士会事件最高裁判決や群馬司法書士会事件一審判決で寄付行為が目的の範囲外とされた要因の一つは，構成員に課せられたのが特別会費であるため，支出目的と構成員の権利侵害との関連性が特定化され得るということにあった．これに対して日弁連の事案では，一般会費からの支出が問題となっていた．裁判所はこの違いに入らない所で事件を処理したが，特別会費でも一般会費でも，強制的に徴収された会費が自分の思想等に反して支出されるという事情に変わりはない．この場合の少数者の権利を保護する方策として，会費払戻しの制度が，それが持つ技術的・原理的な問題および危険性とも併せて，考慮されるべきではないか．

　以上のような考察は，強制加入の団体に関するものであった．これに対し任意加入の団体の場合は，自分の思想等と抵触するような活動を団体が行う場合，最終的には脱退するという手段があるのであるから，上述のような考察がそのまま当てはまるわけではない．しかし任意加入団体ではあっても，事実上脱退することはできない，あるいは脱退は可能であるけれども様々な理由で脱退したくはない，という場合はきわめて多い．団体の活動の余地を認めつつ，構成

員の自律を保護しようとする本章の模索は,「団体の中の個人」という問題一般にも,多かれ少なかれ,意味をもつものと思われる.

第5章〔補論〕 強制加入団体と会員の思想の自由
―― 南九州税理士会政治献金事件

最高裁平成8年3月19日第三小法廷判決
(平成4年(オ)第1796号選挙権被選挙権停止処分無効確認等請求事件)
(民集50巻3号615頁, 判時1571号16頁, 判タ914号62頁)

I 事実の概要

　南九州税理士会Y(被告・控訴人・被上告人)は, 税理士法改正運動に要する特別資金とするため, 1978年6月に, 各会員から特別会費5000円を徴収し, 南九州各県税理士政治連盟(南九各県税政)へ配布する, との内容の決議を行った. Yの会員である税理士X(原告・被控訴人・上告人)は, 当時の税理士法改正運動に反対しており, 本件特別会費を納入しなかった. Yの役員選任規則には, 役員の選挙権および被選挙権の欠格事由として会費滞納が規定されているため, YはXを選挙人名簿に登載しないまま役員選挙を実施した. これに対しXは, ①政治団体たる南九各県税政への寄付はYの目的外の行為であり, ②法改正運動に反対の意見を有していたXから強制的に会費を徴収することは, Xの思想・信条の自由を犯す, 等の理由から本件決議は無効であり, Xが本件特別会費の納入義務を負わないことの確認および不法行為に基づく損害賠償を求めて出訴した.

　一審(熊本地判昭和61年2月13日判時1181号37頁)はXの請求を認めたが, 二審(福岡高判平成4年4月24日判時1421号3頁)は原判決を取り消した. そこでXが上告した.

II 判決の要旨

破棄自判, 損害賠償請求について原審へ差戻し

　(1)「税理士会が政党など〔政治資金〕規正法上の政治団体に金員の寄付をすることは, たとい税理士に係る法令の制定改廃に関する政治的要求を実現するた

めのものであっても,〔税理士〕法49条2項で定められた税理士会の目的の範囲外の行為であり,右寄付をするために会員から特別会費を徴収する旨の決議は無効であると解すべきである」.すなわち,

(2)「会社における目的の範囲内の行為とは,定款に明示された目的自体に限局されるものではなく,その目的を遂行する上に直接又は間接に必要な行為であればすべてこれに包含され」る.しかしながら,「税理士会は,会社とはその法的性格を異にする法人であって,その目的の範囲については会社と同一に論ずることはできない」.

(3)「税理士会は,税理士の使命及び職責にかんがみ,税理士の業務の遵守及び税理士業務の改善に資するため,会員の指導,連絡及び監督に関する事務を行うことを目的として,法が,あらかじめ,税理士にその設立を義務付け,その結果設立されたもので,その決議や役員の行為が法令や会則に反したりすることがないように,大蔵大臣の前記のような監督に服する法人である.また税理士会は強制加入団体であって,その会員には,実質的には脱退の自由が保障されていない」.「税理士会は,以上のように,会社とはその法的性格を異にする法人であり,その目的の範囲についても,これを会社のように広範なものと解するならば,法の要請する公的な目的の達成を阻害して法の趣旨を没却する」.

(4) 税理士会は「強制加入の団体であり,その会員である税理士に実質的には脱退の自由が保障されていないことからすると」,「その構成員である会員には,様々な思想・主義及び主義・主張を有するものが当然に予定されている.したがって,税理士会が右の方式により決定した意思に基づいてする活動にも,そのために会員に要請される協力義務にも,おのずから限界がある」.

「特に,政党など規正法上の政治団体に対して金員の寄付をするかどうかは,選挙における投票の自由と表裏を成すものとして,会員各人が市民としての個人的な政治的思想,見解,判断等に基づいて自主的に決定すべき事柄であるというべきである.なぜなら,政党など規正法上の政治団体は,……広範囲な政治活動をすることが当然に予定された政治団体であり……,これらの団体に金員の寄付をすることは,選挙においてどの政党又はどの候補者を支持するかに密接につながる問題だからである」.

(5)「そうすると……公的な性格を有する税理士会が，このような事柄を多数決原理によって団体の意思として決定し，構成員にその協力を義務付けることはできないというべきであり……，税理士会がそのような活動をすることは，法の全く予定していないところである．税理士会が政党など規正法上の政治団体に対して金員の寄付をすることは，……法49条2項所定の税理士会の目的の範囲外の行為」である．したがって，本件決議は無効である．

III 解説

1 大阪合同税理士会事件判決

1980年の税理士法改正をめぐっては，税理士政治連盟が大規模な政界工作を行っていた．このことに関連して，公益法人であり，強制加入団体である税理士会が，政治資金規正法上の政治団体である税理士政治連盟に政治献金を行うことの適法性を争う訴訟が，2件提起された．そのうちの一つが本件であるが，本判決に先行して大阪合同税理士会事件に関する判決[1]が言い渡されている．同判決は次のように，簡単に会員による訴えを退けた．①上記税理士会の会費増額決議にかかる増額分3000円のうち2000円相当部分が，最終的に日本税理士政治連盟に納入するための特別会費とは認めがたい．②大阪合同税理士政治連盟などに拠出金を交付する旨の決議は，会費の使途を定めたものにすぎず，仮にこれが無効であっても，会員らが税理士会に対して金員の支払いを求める根拠にはならない．しかしこの判決における三好達裁判官の補足意見は，上記の判断に同意した上で，「政治活動をし，又は政治団体に対し金員を拠出することは，たとえ税理士に係る法令の制定改廃に関してであっても，構成員である税理士の政治活動の自由を侵害する結果となることを免れず，税理士会の権利能力の範囲を逸脱する」と述べていた．この補足意見が，本判決に大きな影響を与えている[2]．

---

1) 最一小判平成5年5月27日判時1490号83頁．さしあたり，森泉章「判批」民商法111巻6号(1995年)963頁，西鳥羽和明「判批」判例評論432号(判時1512号，1995年)51頁など．
2) 本判決との異同について，八木良一「判解」最判解民平成8年度(上)(1999年)225～226頁．近年では，井上武史「南九州税理士会事件」棟居快行ほか編『判例トレーニング 憲法』(信山社，2018年)56頁など．

2 法人の目的の範囲

本件における第一の問題は，政治団体への献金は税理士会の目的の範囲内の行為か否か，である．かつて最高裁は，八幡製鉄事件判決[3]において，政党への政治献金も，客観的，抽象的に観察して，会社の社会的役割を果たすためにされたものと認められる限りにおいては，会社の目的の範囲内の行為であると判示していた．本判決は，税理士会が公益法人であり，かつ強制加入団体であることを理由として，右判決とは事案を区別することにより（判旨(2)），税理士会による政治団体への献金を法人の「目的の範囲外の行為」と判断した．本件一審判決も同様な判示であったが，二審は「（税理士）法の制定や改正に関し，関係団体や関係組織に働きかけるなどの活動をすること」，右の目的にそった活動をする団体に「資金を寄附し，その活動を助成すること」を，税理士会の「目的の範囲内の行為」とみなしていた．しかしこのような判示は，一審判決や多くの学説が指摘するように，政治団体がトンネルとなって，公益法人から特定政党，特定政治家への政治資金の寄付が合法化されるという，一種の「マネー・ロンダリング」を容認する危険のあるものであった．これを裁判官全員一致で否定した本判決の結論は適切であり，学説上も広く支持された．

学説上若干の議論があるのは，さしあたり次の三点である．第一は，営利性・公益性は団体の行動を規定する標準となり得るか，という問題である．かつての判例傾向および多くの学説は，団体の公益性を理由として公益法人の能力を限定的に解してきた[4]．しかしこれに対して，「実際に権利能力の限界を画する上では，営利性・公益性は，決め手とはなりにくい」という見解[5]も存在する．本判決も，公益性よりもむしろ強制加入団体性を判断の根拠としている．

第二に，税理士会は，本件のごとき政治団体への献金はできないとしても，税理士法で認められている官公署に対する建議・答申以外の何らかの政治的活

---

3) 最大判昭和 45 年 6 月 24 日民集 24 巻 6 号 625 頁．
4) 木下智史「税理士会による政治団体への寄附と法人の権利能力」神戸学院法学 20 巻 3・4 号（1990 年）150 頁，森泉章「判批」判例評論 457 号（判時 1588 号，1997 年）36 頁など．
5) 西原博史「公益法人による政治献金と思想の自由」ジュリ 1099 号（1996 年）102 頁，橋本基弘『近代憲法における団体と個人』（不磨書房，2004 年）244 頁以下など．

動をすることができないのか，という問題がある．学説の多くは，職業人の団体にとっては重要関心事である，業務に関連した法令の改正への対処活動までもが否定されるとしたら行き過ぎで，この種の政治活動も許されないというのでは狭すぎる，と解している[6]．しかしこれに対しても，「目的の範囲内における政治的活動の能力を一般的に出発点にできるか否か疑問」，という批判が出されている[7]．この対立は，憲法学上原理的な見解の違いがある「法人の人権」論に関する立場の相違を背景とするだけに，根本的である．しかし，政治的活動能力を「一般的に出発点」にするかはともかく，業務に関連するある程度の政治活動は許されるものと思われる．

　第三に，上の論点に関して本判決はいかなる見解を示しているか，という問題がある．この点については，判旨(1)から，「法人の目的に関連する活動は……これを肯定した」と読む立場[8]と，「会の目的による限定を厳格に解する趣旨」と位置づける立場[9]が並存している．しかし，本判決の断片的な文章から，税理士会の政治的活動能力の有無およびその範囲に関する最高裁の見解を読みとることは難しい[10]．

3　法人の目的の範囲と会員の協力義務

　第二の問題は，法人の目的の範囲と会員の協力義務の関係である．最高裁は，先行する国労広島地本事件判決[11]において，労働組合が政治的活動等を行うことは可能だが，組合員が市民又は人間として有する自由や権利と矛盾衝突す

---

6) 木下・前掲注4)154頁，松沢智「判批」シュトイエル368号(1992年)5頁，戸波江二「判批」平成4年度重判解(ジュリ1024号，1993年)9頁，大沢秀介「法人の自由」法教190号(1996年)29頁など．
7) 西原・前掲注5)104頁(注18)．
8) 中島茂樹「判批」法教192号(1996年)97頁．
9) 木下智史「判批」法教増刊『判例セレクト'86〜'00』(有斐閣，2002年)133頁，大沢・前掲注6)29頁．
10) 担当調査官は，「本判決は，政党など政治団体の活動一般に対する支援になる寄付に限って判断しており，税理士会のその他の活動については触れていない」としつつも，少なくとも「税理士法改正案につき国税当局や国会議員に税理士会の立場を説明し，意見を述べたり，税理士会として意見表明の決議をしたりすることは，それが政治性を帯びるものであっても，税理士会の目的の範囲内の行動として許容される」，と解説する．八木・前掲注2)225〜227頁．
11) 最三小判昭和50年11月28日民集29巻10号1698頁．この判決は，さらに三井美唄炭鉱労組事件に関する最大判昭和43年12月4日刑集22巻13号1425頁に依拠している．労働組合は，税理士会などと比べると公益性は低く，強制加入団体でもないが，当時はいわば事実上の強制加入団体とも言えるものだった．

る場合も生ずるので,「組合活動の内容・性質,これについて組合員に求められる協力の内容・程度・態様等を比較考量し,……組合の統制力とその反面としての組合員の協力義務の範囲に合理的な限定を加えることが必要」,と判示していた.本件一審は,本件決議を法人の「目的の範囲」外とした上で,さらに,この判決を参照して,税理士法改正への態度は各税理士が個人の思想に基づいて決定すべきことであるから,多数決で会員に協力を強制することは許されず,したがって本件会費納入義務はない,と判断した.これに対して二審は,先に紹介したように,本件寄付が「目的の範囲」内であることを認めた上で,多数意見が「明白に反社会的な内容」であるか,少数意見者の立場が「過酷」である等の場合以外は,「少数意見者は自己の思想,信条に反しても多数意見による意思決定に従わなければならない」と,会員の協力義務も肯定した.しかし,この点についても,強制加入の税理士会においては,労働組合以上に構成員の思想・信条の自由に慎重に配慮すべきで,二審判決が比較考量論を排し,「包括的アプローチ」を採ったことには批判が多かった[12].これに対して,本判旨(4),(5)は国労広島地本判決を踏まえて,明示的ではないものの比較衡量を踏まえた判断となっているとも読む余地がある.

　本判決の特徴は,「目的の範囲」内であることは肯定しつつ,構成員の政治的の自由への侵害を理由として会員の協力義務を否定する国労広島地本事件判決的アプローチとは異なり(二段階審査),「会員の思想・信条の自由」への侵害を理由として「目的の範囲外の行為」だという帰結を導出していることである(一段階審査).本判決直後の学説はこの点を問題視していなかったが,他方では,最高裁の態度を「構成員の思想の自由を問題にし,救済の必要がある場合には民法43条違反を明示し,必要がなければ判断に踏み込まない」と把握した上で,「主観的権利を侵害するために客観法的に違憲というに等しい論理は,一見人権保障に手厚いように見えるが,……思想の自由を確保する上では,他にあまりに多くの衡量要素が取り込まれる民法43条論は,あまり安定的な手法ではない」[13],と批判する見解もあった.当初,本章が区別している二つのアプローチの違いが重視されてこなかった前提には,会員の権利・自由に対す

---

12) 橋本・前掲注5)238頁以下など.

る侵害を理由とする会員の協力義務の有無の判断は，法人の「目的の範囲内の行為」であるかの判断と結論的には実際上重なっている，という想定があったものと思われる．しかし，法人の「目的の範囲内の行為」ではあるが会員の協力義務はないという行為類型は，国労広島地本事件判決が示すように，存在し得る．そうだとすると，二つのアプローチの違いを論ずる意味はさらに大きくなる．事案に関する諸利益の繊細な調整を行うためには，国労広島地本事件判決が採用した二段階審査の手法のほうが，適切である．その上で，本件献金は，八幡製鉄事件判決に倣えば，客観的・抽象的に観察して，税理士会の「目的の範囲外の行為」だと判断してよかった．ただし，いかなる行為を税理士会の「目的の範囲内」と考えるか，それをいかに判断するかは，さらに検討されるべき問題である．例えば，強制加入団体であることは，協力義務の判断に関してだけ考慮されるべきか，目的の範囲の判断に関しても考慮されるべきか．おそらく，それぞれの段階で，それぞれの仕方で考慮されることになるだろう．

4　特別会費と一般会費

さらなる問題は，国労広島地本事件判決や本判決の判断は，そこで扱われていた特別会費の場合だけではなく，一般会費に関しても妥当するかである．大阪合同税理士会事件の最高裁判決は，先に紹介したように，一般会費の事案だとして簡単に訴えを退けた．従来特別会費の場合のみが問題とされてきた理由は，支出目的との関連性が特定されるため，構成員の権利・自由に対する侵害が認識されやすいということにあった．これに対して，一般会費を用いた政治活動の場合でも同様な問題は生ずるという見解が出されている[14]．他方では，国費の支出の違法が租税の徴収の違法とは無関係であるように，一般会費の使途の問題は資金徴収の合法・違法とは無関係と反論する論理[15]もまた存在する．しかし，目的の範囲が極めて広い統治団体である国と，強制加入団体であ

---

13) 西原・前掲注5)103頁．条文は当時のもの．この見解は，後に，「構成員の信条的多様性をめぐる調整という課題の枠内において，活動目的外論として民法34条を用いることの難点と，強制目的外論としての意味まで含めて民法34条を用いることの難点に関わる」として，敷衍して説明されている．西原博史「南九州税理士会訴訟最高裁判決」長谷部恭男編『論究憲法』(有斐閣，2017年)159頁．
14) 蟻川恒正「思想の自由と団体紀律」ジュリ1089号(1996年)203頁．
15) 西原・前掲注5)102頁．

るとしても，国と個人の中間にあり，目的が法定されている団体とを，完全に同一に論ずる必要はないように思われる．

5　政治献金と投票の自由

本判決は，判旨(4)のように，政治献金を「投票の自由と表裏をなすもの」と捉えた[16]．政治献金をこのように捉えることは，国労広島地本事件判決でも採用されており，ここで初めて登場したわけではない[17]．そのような捉え方は，八幡製鉄事件判決を見直す契機となるという指摘もある[18]．しかし，本判決は八幡製鉄事件判決とは明確に事案を区別しているため，そう位置づけることは簡単ではない．もっとも本判決の核心を，「政治献金は本来個人が決定すべき事柄であり，団体の政治活動がこの自由を不当に制約してはならない」ことに見ることによって，射程を営利法人に及ぼそうとする試みも可能ではある[19]．しかしながら他方では，政治献金と選挙権を結びつける論法に疑問を示し，政治献金は「他者と協調して行うことが予定されている政治的活動の自由の一環」として捉える見解もある[20]．後者に賛同したい．

---

16) なお本判決は，「会員の思想・信条の自由」に言及しているが，本件で問題となっているのは，主に「政治目的でお金を出すという外部的行為の自由であり，そういうものとして，憲法上は本条〔19条—引用者〕ではなく，21条や15条1項などに基礎づけられる自由である」，とも評される．芹沢斉ほか編『新基本法コンメンタール　憲法』（日本評論社，2011年）157頁（佐々木弘通）．
17) より詳細には，国労広島地本事件判決では，「選挙においてどの政党又はどの候補者を支持するかは，投票の自由と表裏をなすもの」とされていたのに対して，南九州税理士会事件判決では，「政党など規正法上の政治団体に対して金員の寄付をするかどうかは，選挙における投票の自由と表裏を成すもの」とされているという，微妙な違いはある．
18) 中島茂樹「判批」高橋和之ほか編『憲法判例百選Ⅰ〔第5版〕』（有斐閣，2007年）83頁など．
19) 初宿正典・毛利透「結社の活動と構成員の『思想・信条の自由』の衝突」法教272号（2003年）28頁（毛利）．
20) 初宿・毛利・前掲注19）28頁，毛利透『民主政の規範理論』（勁草書房，2002年）200頁以下．

第6章　団体の活動と構成員の自由
　　——八幡製鉄事件最高裁判決の射程

I　はじめに

　従来，憲法学が企業と接してきた数少ない場面の一つが，八幡製鉄事件であった．本章は，この事件に関する最高裁判決が，その後の判決にどのように受け継がれ，あるいは受け継がれなかったのかを，とりわけ近年の判例を中心的素材としながら概観しようとするものである．そこでまず初めに，八幡製鉄事件最高裁判決を確認しておきたい．

　八幡製鉄が自由民主党に 350 万円の政治献金をしたことが，会社の定款で定められた目的の範囲内かどうかなどが争われたこの事件において，最高裁はまず，①「法人の目的の範囲内の行為とは」，定款の「目的を遂行するうえに直接または間接に必要な行為であれば，すべてこれに包含され」，必要かどうかは「行為の客観的な性質に即し，抽象的に判断されなければならない」という，従来からの判例法理を再確認する．その上で，およそ次のように判断した．②会社は，「自然人とひとしく，国家，地方公共団体，地域社会その他……の構成単位たる社会的実在なのであるから，それとしての社会的作用を負担せざるを得ないのであって，ある行為が一見定款所定の目的とかかわりがないものであるとしても，会社に，社会通念上，期待ないし要請されるものであるかぎり，その期待ないし要請にこたえることは，会社の当然になしうるところである」．「災害救援資金の寄附，地域社会への財産上の奉仕，各種福祉事業への資金面での協力などはまさにその適例であろう」．そうした支出は，「株主その他の会社の構成員の予測に反するものではなく，したがって，これらの行為が会社の権利能力の範囲内にあると解しても，なんら株主等の利益を害するおそれはない」．「以上の理は，会社が政党に政治資金を寄附する場面においても同様である」．「会社による政治資金の寄附は，客観的，抽象的に観察して，会社の社会的役割を果たすためになされたものと認められるかぎりにおいては，会社の定款所定の目的の範囲内の行為である」．③「憲法第3章に定める国民の権利お

よび義務の各条項は，性質上可能なかぎり，内国の法人にも適用されるものと解すべきであるから，会社は，自然人たる国民と同様，国や政党の特定の政策を支持，推進しまたは反対するなどの政治的行為をなす自由を有するのである．政治資金の寄附もまさにその自由の一環であり，会社によってそれがなされた場合，政治の動向に影響を与えることがあったとしても，これを自然人たる国民による寄附と別異に扱うべき憲法上の要請があるものではない」．「政党への寄附は，事の性質上，国民個々の選挙権その他の参政権の行使そのものに直接影響を及ぼすものではな」い．④「取締役が会社を代表して政治資金の寄附をなすにあたっては，その会社の規模，経営実績その他社会的経済的地位および寄附の相手方など諸般の事情を考慮して，合理的な範囲内において，その金額等を越え，不相応な寄附をなすがごときは取締役の忠実義務に違反するというべきであるが」，「本件寄附が，右の合理的な範囲を超えたものとすることはできない」[1]．

　八幡製鉄事件では，政治献金を行った取締役の善管注意義務違反が問題となった．しかし，この判決はそれにとどまらない広い射程をもつ可能性を内包するものであった．そこで以下では，まずⅡで政治献金などを行うために資金協力を求める総会決議などの効力が争われている国労広島地本事件と南九州税理士会事件，Ⅲでは八幡製鉄事件と同様の類型の争いである住友生命事件と熊谷組事件，Ⅳでは災害救援資金などを送るために会員から金銭を徴収する旨の総会決議などの効力が争われた群馬司法書士会事件と自治会による募金徴収事件を取り上げることによって，八幡製鉄判決の影響力を探りたい．なおⅡとⅣで扱う事件では団体の性質も八幡製鉄とは異なることは，改めて確認するまでもないだろう[2]．

　本章で扱う主題については，多くの裁判例があり，また民法，商法，憲法それぞれの学問分野から膨大な量の業績が公表されている[3]．本章は考察の対象

---

1) 最大判昭和 45 年 6 月 24 日民集 24 巻 6 号 625 頁．
2) 法人の目的の範囲に関する事例を類型的に整理することの必要性については，川井健「判批」NBL 772 号（2003 年）75〜76 頁など．
3) 私も，本書第 2 部第 5 章に収めた二つの論稿を書いている．これらの論稿は全くの小論にすぎないものであったが，この問題領域に関する初期の発言であったためか，しばしば言及されることとなった．本章は，その後の判例・学説の展開を踏まえ，現時点における私見を示すことを志したものではあるが，結果としては中間報告的なものにとどまっている．

を若干の判決に限定するものであり，学説上の見解には副次的に触れるにとどまることについては，予めお断りしておきたい．

Ⅱ　労働組合，税理士会による政治献金など

1　国労広島地本事件

　八幡製鉄事件判決において，会社の政治献金は，株主の思想・信条よりもむしろ国民の参政権との関係で論じられた．こうした議論の仕方を転換する重要な地点に位置づけられるのが，国労広島地本事件判決である．労働組合がその組合員から徴収することを決定した臨時組合費の納付義務の有無が争われた事案において，最高裁は，労働組合の目的と組合員の協力義務につき，次のようにいう．①労働組合の「活動は，決して固定的ではなく，社会の変化とそのなかにおける労働組合の意義や機能の変化に伴って流動発展するものであり，今日においては，その活動の範囲が本来の経済的活動の域を超えて政治的活動，社会的活動，文化的活動など広く組合員の生活利益の擁護と向上に直接間接に関係する事項にも及び，しかも更に拡大の傾向を示している」．②「労働組合の活動の範囲が広く，かつ弾力的であるとしても，そのことから，労働組合がその目的の範囲内においてするすべての活動につき当然かつ一様に組合員に対して統制力を及ぼし，組合員の協力を強制することができるものと速断することはできない」．「組合に加入していることが労働者にとって重要な利益で，組合脱退の自由も事実上大きな制約を受けていることを考えると」，「問題とされている具体的な組合活動の内容・性質，これについて組合員に求められる協力の内容・程度・態様等を比較考量し，多数決原理に基づく組合活動の実効性と組合員個人の基本的利益の調和という観点から，組合の統制力とその反面としての組合員の協力義務の範囲に合理的な限定を加えることが必要である」．その上で，各臨時組合費の徴収の許否が判断される．③他組合の闘争に対する支援資金や，政治活動に参加して不利益処分を受けた組合員に対する救援費用の徴収については，組合員の協力義務を肯定できる．④「これに対し，いわゆる安保反対闘争のような活動は，究極的にはなんらかの意味において労働者の生活利益の維持向上と無縁ではないとしても」，「本来，各人が国民の一人として

の立場において自己の個人的かつ自主的な思想，見解，判断等に基づいて決定すべきことであるから，それについて組合の多数決をもって組合員を拘束し，その協力を強制することを認めるべきではない」．⑤また「総選挙に際し特定の立候補者支援のためにその所属政党に寄付する資金」についても，「選挙においてどの政党又はどの候補者を支持するかは，投票の自由と表裏をなすものとして，組合員各人が市民としての個人的な政治的思想，見解，判断ないしは感情等に基づいて自主的に決定すべき事柄であ」り，「組合員に対してこれへの協力を強制することは許されない」，とされた[4]．

2　南九州税理士会事件

　南九州税理士会は，税理士法改正運動に要する特別資金として南九州各県税理士政治連盟へ寄付するため，各会員から特別会費5000円を徴収するとの総会決議をした．この決議の無効などが争われた事件において，最高裁はまず，①「税理士会は，会社とはその法的性格を異にする法人であって，その目的の範囲については会社と同一に論ずることはできない」として，八幡製鉄事件と事案を区別する．そして，②税理士会が強制加入の団体であることから，その目的の範囲を判断するに当たっては，会員の思想・信条の自由を考慮する必要があり，「特に，政党など規正法上の政治団体に対して金員の寄付をするかどうかは，選挙における投票の自由と表裏を成すものとして，会員各人が市民としての個人的な政治的思想，見解，判断等に基づいて自主的に決定すべき事柄である」，という．その上で，国労広島地本判決を援用しつつ，そのような事柄を「多数決原理によって団体の意思として決定し，構成員にその協力を義務付けることはできない」とし，「税理士会が政党など規正法上の政治団体に対して金員の寄付をすることは，たとい税理士に係る法令の制定改廃に関する要求を実現するためであっても，法49条2項所定の税理士会の目的の範囲外の行為」だ，と判断した[5]．

---

4) 最三小判昭和50年11月28日民集29巻10号1698頁．
5) 最三小判平成8年3月19日民集50巻3号615頁．

3 小結

八幡製鉄は営利法人である会社であったのに対し，本節で扱った事件は，脱退の自由が「事実上大きな制約を受けている」とされた中間法人である労働組合や，公益法人で強制加入団体である税理士会にかかわっていた．そのため，八幡製鉄判決では構成員の自由がほとんど考慮されていなかったのに対して，国労広島地本判決や南九州税理士会判決では，構成員の自由を重視した判断がなされた[6]．ただし，同じく「投票の自由と表裏をなすもの」と位置づけられた政党などへの献金が[7]，一方では協力を強制することが許されないと解され，他方では目的の範囲外の行為と判断されるといった論理構成の違いがあることにも注目できる．こうした点については，Ⅴ1で後述したい．

Ⅲ　生命保険会社，欠損会社による政治献金

1　住友生命事件

前掲した二つの判決により問われていた八幡製鉄判決の射程を計る上で，注目すべき判決が近年相次いで出されている．その一つは，生命保険業を目的として設立された相互会社による政治献金の適法性が争われた事案である．住友生命と日本生命の事件があり，一審から最高裁まで両事件につき同じような判断がなされた．最高裁は，上告棄却・不受理との簡単な判断にとどまったため，ここでは判例集に掲載されている住友生命事件大阪高裁判決を見ておきたい．この判決は，一審判決を維持し，若干の文章を付け加えたものである．

これらの訴訟では，まず，政治献金が国民の参政権を侵害するため民法90条違反となるか，という論点につき判断されている．①「法人も政治的行為を行う自由を享有することは」八幡製鉄事件最高裁判決が説示するとおりであり，「政治献金もその自由の一環としてこれを否定し去ることはできない」．また「相互会社が政治献金を行ったとしても，国民は自由に判断して選挙権，被選挙権等の参政権を行使することができるから，事柄の性質上，相互会社が政治

---
[6] 八木良一「判解」最判解民平成8年度(上)(1999年)226頁．
[7] 微妙な違いについては，本書第2部第5章〔補論〕注17)．

献金を行うことが国民による参政権の自由な行使を不当に制約するなどして，これを直接的に侵害するものではない」．大阪高裁は次に，政治献金が社員の政治信条の自由を侵害するため民法90条に違反するか，につき判示する．②相互会社は，「強制加入団体ではなく，同社と任意に保険契約を締結することにより社員となる任意加入団体であり，脱退することも社員の自由である」．相互会社では退社することにより保険保護を失うなどの不利益もあるが，「相互会社における退社に対する制約は，あくまで事実上のものであり，強制加入団体における制約とは質的に異なる」．「相互会社が，事業に要する経費に充てるため付加保険料として予め支払いを受けていた事業費から政治献金を行うことは，社員に対して，その意に反して政治的意見の表明を強制するものではない」．その上で大阪高裁は，「法人の権利能力」の範囲内かどうかについても，八幡製鉄事件判決の手法により判断する．③「相互会社が政治献金を行うことの社会的意義は今なお失われておらず，相互会社が政治献金を行うことがその社会的役割を果たすことに通じるとの社会的な評価は失われてはいない」．「本件政治献金は，政治資金規正法上の届出をした政治資金団体に対して，同法の制限内でされたものであり，客観的，抽象的に観察して，住友生命の社会的役割を果たすためにされたものと認められるから，住友生命の定款所定の目的の範囲内の行為である」[8]．

2 熊谷組事件

熊谷組政治献金事件においても，生命保険会社による政治献金事件と同様な論点が争われ，上記とおおよそ同趣旨の判断がなされている．この事件における固有の争点は，欠損を出している会社が政治献金をすることは取締役の善管注意義務に反しないか，であった．一審は，「少なくとも会社に欠損が生じて以後の政治資金の寄附に関しては，3事業年度の継続という法（政治資金規正法22条の4—筆者）の禁止要件に該当しないときであっても，会社においてその可否・範囲・数額・時期等につき厳格な審査を行い，欠損の解消にどの程度の影

---

[8] 大阪高判平成14年4月11日判夕1120号115頁．なお，最一小決平成15年2月27日商事法務1662号118頁．日本生命事件の一審は，大阪地判平成13年7月18日金融・商事判例1145号36頁に掲載されている．これらの諸判決について，さしあたり，山田創一「相互会社の政治献金と相互会社の目的の範囲」法学新報110巻1・2号(2003年)381頁．

響があるか，株主への配当に優先して寄附を行う必要性があるかを慎重に判断することが求められる」という立場から，善管注意義務違反を認める判断をして注目された[9]．

これに対して二審は，熊谷組が「建設業界の中でもその企業規模や経営実績は上位に位置する」こと，本件政治資金の寄附額は「政治資金規正法21条の3第2項による制限額(熊谷組の場合，8700万円)と比較してかなり低額にとどまって」いること，「同社による寄附額は年々減額されて」いること，「建設業界の統一的な産業団体である日建連……の要請を受けてなされたものがあるとしても」，「上記要請に応ずることが相当でないとはいえないこと」，さらに「熊谷組が寄附要請を断ったという情報が日建連加盟会社全社に広く知れ渡り，激しい受注競争の中で熊谷組の信用不安情報として同社に不利に働くおそれや，資材メーカーからの資材購入条件が厳しくなるおそれが大きく，ひいては市場の信頼を失い，株価も大きく下落するおそれもあった」ことなどを挙げて，政治資金の寄附が取締役の善管注意義務に違反しないと判示した[10]．

3　小結

生命保険会社に，国労広島地本判決や南九州税理士会判決における思考法が及ぼされなかった理由は，それが強制加入団体ではないということと，事業費(いわば一般会計)から支出されているということであった(Ⅲ1②)．これらの判決により，相互会社にも欠損会社にも八幡製鉄判決の法理が基本的に当てはまるとされた．その上で注目されるのは，八幡製鉄判決で取締役の行為に課された「合理的な範囲内」という制約(Ⅰ④)の判断について，熊谷組事件の一審と二審・最高裁との間で結論が分かれたことである．この点は，学説でも評価が分かれている．一方では，一審判決が「取締役に課される義務を強化して，間接的にせよ献金の抑制効果をねらった点には，一定の評価を与えてよい」という見解がある[11]．他方では，「政治献金を行う必要性がある限りで，政治献金

---

[9] 福井地判平成15年2月12日判時1814号151頁．評釈として，さしあたり，飯田稔「判批」法学新報110巻11・12号(2004年)187頁．
[10] 名古屋高金沢支判平成18年1月11日判時1937号143頁．なお，最三小決平成18年11月14日資料版商事法務274号192頁により，上告は適法な上告理由に該当しないなどとして，棄却，不受理とされた．高裁判決については，さしあたり，新山雄三「判批」平成18年度重判解(ジュリ1332号，2007年)99頁．

の支出が欠損の解消に実質的に影響を及ぼさない程度のものならば，その程度において相当額の政治献金を行うことは問題ない」という見解もある[12]．後者によると，「政治献金をどうするかは，多分に立法政策上の課題であり，商法の解釈論としては，現実を無視して取締役に責任を課すという解釈によるべきではな」い，というのである[13]．この事案を判断する際には熊谷組の経営状況の評価がかかわってくる．そのためここで論ずることは難しいが，後者の基本的姿勢は否定しがたいように思われる．

Ⅳ 司法書士会，自治会による災害救援資金など

1 群馬司法書士会事件

八幡製鉄判決では，全くの傍論ではあるが，「災害救援資金の寄附」などは，「社会的実在」としての会社に「社会通念上，期待ないし要請されるものであるかぎり，その期待ないし要請にこたえることは，会社の当然なしうるところ」，と論じられていた(Ⅰ②)．この判断は，他の団体にも及ぶのであろうか．

強制加入団体である群馬司法書士会が，阪神大震災により被災した兵庫県司法書士会に3000万円の復興支援拠出金を送金するために，その会員から登記申請1件当たり50円の特別負担金の徴収を行う旨の総会決議について，無効などとする訴えがなされた事件はよく知られている．一審と二審で判断が分かれたが，最高裁はおよそ次のように述べた．①「原審の適法に確定したところによれば，本件拠出金は，被災した兵庫県司法書士会及び同会所属の司法書士の個人的ないし物理的被害に対する直接的な金銭補てん又は見舞金という趣旨のものではなく，被災者の相談活動等を行う同司法書士会ないしこれに従事する司法書士への経済的支援を通じて司法書士の業務の円滑な遂行による公的機能の回復に資することを目的とする趣旨のものであった」．司法書士会は，「その目的を遂行する上で直接又は間接に必要な範囲で，他の司法書士会との間で

---

11) 飯田・前掲注9)201頁，王原生「判批」法学新報111巻1・2号(2004年)530頁，田邉宏康「判批」判タ1205号(2006年)75頁など．
12) 野田耕志「判批」ジュリ1320号(2006年)199頁，王芳「判批」ジュリ1380号(2009年)135頁など．
13) 新谷勝「判批」金融・商事判例1174号(2003年)73頁．

業務その他について提携，協力，援助等をすることもその活動範囲に含まれる」．「3000万円という本件拠出金の額については，それがやや多額にすぎるのではないかという見方があり得るとしても，阪神・淡路大震災が甚大な被害を生じさせた大災害であり，早急な支援を行う必要があったことなどの事情を考慮すると，その金額の大きさをもって直ちに本件拠出金の寄付が被上告人の目的の範囲を逸脱するものとまでいうことはできない」．②「そうすると，被上告人は，本件拠出金の調達方法についても，それが公序良俗に反するなど会員の協力義務を否定すべき特段の事情がある場合を除き，多数決原理に基づき自ら決定することができる」．これを本件について見ると，「公序良俗に反するなど会員の協力義務を否定すべき特段の事情があるとは認められない」[14]．

2　自治会による募金の徴収事件

　自治会が従前行っていた，小中学校教育後援会への寄付や赤い羽根募金など各種募金の集金の負担を解消するため，寄付金や各種募金を自治会費化し，年2000円増額する総会決議が公序良俗に反し無効などとして争われた事件がある．一審は，まず，①自治会が「本件各会に寄附をすることは，被告の目的の範囲を逸脱」しない，とする．その上で，②「本件各会は特定の政治的思想や宗教に関わるものではない」といった事情などを「総合」的に考慮することによって，「本件決議の定める内容が，構成員の思想信条に与える影響は直接かつ具体的なもので」はなく，「公序良俗に反」しない，と判断した[15]．

　これに対して二審は，およそ次のようにいう．①「募金及び寄付金は，その性格からして，本来これを受け取る団体等やその使途いかんを問わず，すべて任意に行われるべきものであり」，「班長や組長の集金の負担の解消を理由に，これを会費化して一律に協力を求めようとすること自体，被控訴人の団体の性格からして，様々な価値観を有する会員が存在することが予想されるのに，これを無視するものである上，募金及び寄付金の趣旨にも反する」．「募金及び寄付金に応じるかどうか，どのような団体等又は使途について応じるかは，各人の属性，社会的・経済的状況等を踏まえた思想，信条に大きく左右されるもの

---

[14]　最一小判平成14年4月25日判時1785号31頁．
[15]　大津地判平成18年11月27日判例集未登載．

であり」,「そのような会員の態度,決定を十分尊重せず,募金及び寄付金の集金にあたり,その支払を事実上強制するような場合には,思想,信条の自由の侵害の問題が生じ得る」.②本件募金および寄付金の徴収は,「会員の生活上不可欠な存在である地縁団体により,会員の意思,決定とは関係なく一律に,事実上の強制をもってなされるものであり,その強制は社会的に許容される限度を超えるもの」であるため,本件決議は「公序良俗に反し無効」である[16].

3 小結

群馬司法書士会事件においては,復興支援のための特別負担金を徴収することが認められたのに対して,後者では募金の自治会費化は認められなかった.この違いは,どこから生じたのか.前者の事案では,二審と最高裁は,問題となった拠出金を被災した司法書士会ないし司法書士の「業務の円滑な遂行による公的機能の回復」を目的とするものと認定している.これに対して後者の事件では,問題となった寄付金および募金の性格は,様々である.このことを前提とした上で,さらに次の二つの相違も重要である.後者においては,まず,値上げ分2000円がどのような寄付金に充てられるかが明示されておらず,「会員は自らの思想信条に反する寄付を強いられるかどうかについての判断すら認められない状況に置かれていた」.また,「義務の担保手段として町内会からの脱会要請と並んで共同生活上不利益を及ぼす旨の決議が行われていた」[17].これらのことも協力義務の判断に際して影響を与えているはずである.この点についても,次節で論じたい.

[16) 大阪高判平成19年8月24日判時1992号72頁.なお,上告受理申立ては,最一小決平成20年4月3日判例集未搭載により,不受理となっているようである.この事件を素材とした事例演習として,渡辺康行「団体と個人——地域自治会の活動と会員の権利」渋谷秀樹ほか『憲法事例演習教材』(有斐閣,2009年)11頁がある.
17) 橋本基弘「判批」判例評論596号(判時2011号,2008年)24〜25頁.

V　判例法理の再検討

1　判断の手法

(1)　一段階審査と二段階審査

　八幡製鉄判決は，団体の活動と構成員の自由の調整についてほとんど考慮していなかった．それに対し，その後の諸判決はこの点に関心を寄せるようになった．しかし，その調整の仕方については，確立した判断手法がない状況にある．

　まず，団体の活動が「法人の目的の範囲」か(民法34条)を判断し，次に団体の活動が「目的の範囲」内だとしても，構成員に協力義務を課すことができるか(民法90条)を判断するという，二段階の審査をする判決が一方にある．代表例は，国労広島地本事件最高裁判決である．そのほかには，群馬司法書士会事件の二審判決もこの手法を採用している[18]．同事件の最高裁判決はそれほど明確ではないが，「目的の範囲」に関する判示に続けて「公序良俗」に反するような「特段の事情」があるかを判断しているのであるから(Ⅳ1②)，二段階の審査を行っていると解される[19]．自治会の募金徴収事件の二審判決が協力義務の有無だけにより判断していたのは，特異である．もっともこの事件の一審は，目的の範囲と協力義務の二段階で判断しており，二審判決は，それを受けて目的の範囲については当然に肯定している，という趣旨だと思われる(Ⅳ2)．なお，住友生命事件や熊谷組事件の諸判決では，まず公序良俗の判断がなされ，次に目的の範囲の判断がなされるという形で，二段階審査の順序が逆転している．このことは，これらの判決において，一段階目の審査で，政治献金が国民の参政権を侵害するため民法90条に反しないかという論点と，政治献

---

[18] 東京高判平成11年3月10日判時1677号22頁．同判決では，「その活動自体が司法書士会の目的の範囲外であると認められる場合もあるし，司法書士会の活動として目的の範囲内でないとはいえないとしても，そのことから直ちに会員の協力義務を無条件で肯定することができない場合もあり得る」(32頁)，とされている．

[19] 岡田信弘「判批」法教269号(2003年)51頁，織田博子「判批」私法判例リマークス27号(2003年)13頁，山田創一「法人の目的の範囲と構成員の協力義務の限界論との関係」専修大学法学研究所紀要31号(2006年)15頁，中谷実「弁護士会等強制加入団体における構成員の思想・信条の自由をめぐる司法消極主義と積極主義(3・完)」南山法学32巻1号(2008年)139頁など多数．なお注48)も参照．

金が社員の政治信条を侵害することにより民法 90 条違反とならないかという論点とがまとめて扱われていること(Ⅲ1①②)に,起因しているようである.判断の仕方としては,例外的な存在である.

これに対して,法人の「目的の範囲」と構成員の協力義務の判断は一致するという観点から,審査を一段階で行う判決もある.南九州税理士会最高裁判決はその代表例であり,群馬司法書士会事件の一審判決も同様な判断手法を採っている[20].

現在の憲法学説では,二段階で審査する手法を支持する立場が多数であろうが,民法学では一段階説も有力に唱えられている.その代表的論稿も指摘するように,結局解釈論上は,「二段階説を採るか否かは,思想・信条の自由の侵害が問題となる場面で,『目的の範囲内』の行為ではあるが会員の『協力義務』はないという処理を行うことが必要なケースが存在するか否かで決まる」[21],といえるだろう.例えば,自治会による募金の強制徴収の事案において,二審判決は,自治会が寄付をすることは目的の範囲内ではあるが,会員に強制することはできない,という判断であった.こうした判断をする可能性を残しておくことは,先の論稿による数々の議論に接してもなお,意味があることだと思われる[22].さらに,一段階審査の難点として,「強制された行為が自らの思想・良心の自由と抵触すると主張する者が一人現れたら,決議の時点に遡って

---

20) 前橋地判平成 8 年 12 月 3 日判時 1625 号 80 頁.本書第 2 部第 5 章Ⅱ2を参照.
21) 山田・前掲注 19)28 頁.
22) 山田・前掲注 19)29 頁は,国労広島地本事件における政党への政治献金についても,本来は「目的の範囲外」と判断するのが望ましい,という立場のようである.しかし,「目的の範囲」を判断する際には,同事件の最高裁がいうように,「労働組合の意義や機能の変化」(Ⅱ1①)を,同判決とは逆の意味で考慮に入れる必要があるだろう.現在とは異なった,当時における「労働組合の意義や機能」の大きさにかんがみて,「目的の範囲」を広く解した上で協力義務の有無の判断により構成員の権利との間の調整を図るという最高裁の態度は,一つの見識であったのではなかろうか.なお,調査官による説明としては,佐藤繁「判解」最判解民昭和50 年度(1979 年)588 頁.また山田論文 28 頁は,二段階説は「混乱を招きかねない」としている.そこで援用されているのは,田中祥貴「法人の『目的の範囲』と構成員の協力義務」六甲台論集法学政治学篇 50 巻 1 号(2003 年)153 頁である.同論文は,「法人の目的となる諸事項を遂行するために必要な経費であれば,その徴収方法に公序良俗違反等の特段の事情がみられない限り,構成員に当該経費負担を要請することも当然と言える.かかる前提に立てば,法人の決議自体は『目的の範囲内』であるにも拘わらず,その構成員に協力義務を要請し得ないという思考は混乱を招きかねない」,と論じられていた.つまり,一段階説に立つことが前提となって,二段階説は「混乱を招きかねない」とされているにすぎない.二段階説では,法人の目的の範囲内の行為にも,構成員が拘束されるものと,されないものがあると考える.この思考が,果たして「混乱を招きかねない」ものなのだろうか.

決議自身が目的の範囲外だと認定することには，理論的整合性」がない，という指摘も重要である[23]．

(2) 「目的の範囲」の判断

八幡製鉄事件判決は，法人の目的の範囲内かどうかを，客観的・抽象的に判断するという立場を採っていた(Ⅰ①)[24]．続く国労広島地本事件判決は，労働組合の目的の範囲を拡大傾向にあるとしてとらえるが(Ⅱ1①)，問題となった行為が目的の範囲内かを判断する手法は示していない[25]．これに対して南九州税理士会判決は，強制加入団体の目的の範囲について，「会員の思想・信条の自由」を考慮して判断するという，比較衡量の考え方を基礎としたとも読み得る立場を示した(Ⅱ2②)．

このように，目的の範囲の判断手法について，最高裁は必ずしも一貫した立場を採っていない．その後，会社の政治献金にかかわる住友生命事件や熊谷組事件における諸判決は，目的の範囲の判断に際して八幡製鉄事件判決を明示的に引用し，抽象的，客観的に判断するという立場を維持している(例えば，Ⅲ1③)．これに対して，強制加入団体による復興支援金拠出に関する群馬司法書士会事件の最高裁は，この立場を明言しない(Ⅳ1①)．むしろ，目的の範囲の判断に際して拠出金の額が考慮されていることからは，抽象的・客観的基準説とは異なる態度を示していると解されることもある[26]．最高裁は，問題となっている団体および行為の性格によって，目的の範囲に関する判断手法を変え

---

23) 西原博史「人権の私人間効力と法秩序の公共性保障機能」長谷部恭男編『論究憲法』(有斐閣, 2017年)160頁．さらにそこでは，二段階審査について次のような「アナロジー」がなされていることは，本書の関心と重なる．「ある会の総会の会次第に国歌斉唱を入れるかどうかは，基本的には多数決なり何なりの正統な意思決定手続を経て決めてよい問題であり，……決議として目的の範囲外とはみなされないことが多いだろう．しかし，この決議が有効だとしても，君が代斉唱への参加が自らの思想・良心に抵触すると主張する構成員が現れた時点で，少なくとも斉唱参加を義務づける必要性・合理性が立証されない限り，斉唱参加を義務として貫徹することはできなくなる」．

24) ちなみに大隈健一郎裁判官の意見は，「会社の活動に関連のある諸利益を比較衡量して，これをいかに調整するのが妥当であるか，の見地において決すべきもの」という立場を提示していた．民集24巻6号625頁(642頁)．

25) 原審である広島高判昭和48年1月25日〔参〕民集29巻10号1676頁は，他組合の闘争に対する支援資金と，政治活動に参加して不利益処分を受けた組合員に対する救援資金の徴収を，組合の目的の範囲外と判断していた．最高裁は，原審とは異なった判断をしただけに，本来はより詳細な論述があってもよかった．

ているのかもしれない[27]．また上述した一段階審査か二段階審査か，いずれのアプローチを採用するかもかかわってくる．つまり，一段階で審査する場合は，目的の範囲の判断に際して諸事情が考慮されることになる．

(3) 協力義務の判断

　目的の範囲とは別個に，構成員の協力義務の有無を判断するのは，二段階審査の立場である．その代表例である国労広島地本判決は，協力義務の有無を「比較考量」により判断することを明言した（Ⅱ1②）．群馬司法書士会事件の二審も一般論を展開する場面では同様であり（なお後述，注48をも参照），これが典型的手法である．これに対して，同事件の最高裁による判断手法（Ⅳ1②）は明確ではない．第一に，そこでは協力義務の判断に際して「比較考量」が明示的にはなされていない．第二に，「『目的の範囲内』の行為であれば，公序良俗に反しない限りで構成員にその協力義務をあたかも当然に強制し得るとの判断枠組を展開している」[28]．こうした点などを考慮して，この判決を一段階で審査していると位置づける見方もあるが[29]，上述したように，本章はそれとは異なる理解をしている．

　協力義務の有無は，民法90条の公序良俗判断によってなされる．ここでは，憲法上の権利が私人間の関係にいわば間接適用されている．ところで，最高裁が間接適用説を採った指導的判例といわれる三菱樹脂事件判決以来，私人間における権利の対立の調整は原則として私的自治に委ねられ，侵害の程度が「社会的に許容しうる一定の限界」を超える場合にのみ法が介入するという定式が用いられてきた[30]．この判例法理に忠実に判断しているのは，自治会による

---

26) 山田創一「判批」判タ1108号(2003年)17頁．ただし，橋本基弘『近代国家における団体と個人』(不磨書房，2004年)が適切に指摘するように，「法廷意見の前提は，あくまで，ある出捐行為が『他の司法書士会との間で業務その他について連携，協力，援助等をすること』」に該当する点に置かれているのであって，「金額の多寡は，そのフィルターを通った後に検討されるべき要素」である．そのため，果たしてこの論者のように言えるかには，疑問の余地がある．
27) 類型化の試みとして，例えば，山本敬三『民法講義Ⅰ　総則〔第3版〕』(有斐閣，2011年) 488頁以下，前田達明「法人の目的」法教213号(1998年)13頁以下など．
28) 田中・前掲注22)150頁．
29) 浦部法穂「判批」判タ1108号(2003年)7～8頁，橋本・前掲注26)365頁．多数の学説は二段階審査がなされていると見ていることについては，すでに述べた(注19の本文)．
30) 最大判昭和48年12月12日民集27巻11号1536頁(1553頁)．

募金徴収事件の第二審判決(Ⅳ2②)のみである．これは各裁判所が，私的団体の憲法上の権利(例えば，政治献金をする権利)と構成員の権利の調整という問題ではない，と暗黙のうちに考えていることに起因するのであろうか．

2 政治献金

(1) 八幡製鉄事件判決による「目的の範囲」判断

八幡製鉄事件判決が会社の政治献金を「目的の範囲」内だとする理由づけについては，しばしば批判的分析がなされてきた[31]．会社が政治献金をなし得るとする根拠としては，一方で，「企業体としての円滑な発展を図るうえに相当の価値と効果」があるから，「間接ではあっても，目的遂行のうえに必要なもの」だとする判示がある．しかし他方では，会社は「社会的実在」だから，「社会通念上，期待ないし要請されるものであるかぎり，その期待ないし要請にこたえることは，会社の当然になしうるところである」という判示もある．そのためこの判決は，献金の長期的な営利性に着目しているのか，法人の社会的実在性から献金が社会通念上，期待・要請されているとしているのかについて，判然としていないと評される[32]．

しかし通説も，結論としては，会社による政治献金を「目的の範囲」内と見ているようである．営利性という観点から最も割り切った立場は，次のようにいう．「むしろ，端的に，政治献金も企業の活動に間接的にせよ役立つと判断される以上当然に目的の範囲内である」．「そのことは，寄付の相手が政党であろうと慈善団体であろうと，あるいは災害の被害者であろうと変わりはない」．「たとえ政治的に政治献金絶対反対という立場をとったとしても，民法34条の解釈によってそれを実現しようとするのは，解釈論としては無理がある．これが法律家の論理というべきものである」[33]（強調は原文）．本章も，結論的にはこ

---

31) とりわけ，武藤春光「会社は政治献金に関する権利能力を有するか」商事法務1343号(1994年)37頁．鷹巣信孝「法人(団体)の寄附と政治的活動」佐賀大学経済論集37巻3号(2004年)125頁．
32) 民集24巻6号625頁(628～629頁)．第一審で原告勝訴判決が出されて以降の学説状況については，柳川俊一「判解」最判解民昭和45年度(下)(1971年)898頁以下．また，この調査官解説は，最高裁判決について，「寄附については，定款所定の目的を達するに必要かどうかということを客観的・抽象的に判断するのではなく，会社の社会的役割を果たすためにされた寄附であるかどうかを客観的・抽象的に判断すべきことをいうものとみられる」，としている(904頁)．

の見解を支持したい．

　もっとも，八幡製鉄事件以降この主題で公表されている論稿のなかでは，会社の政治献金を目的の範囲外とする見解も多かった．しかし，その論拠は様々に分かれる．例えば，①「近代法システムの下における株式会社企業の社会的実在性とは，まさに"私的な"営利追求を目的とした，"経済人 homo economics"としての限定された存在を意味する，規範的概念」であったのだから，「政治献金を含む政治的活動は，そのような"経済人 homo economics"としての株式会社企業の，営利社団法人としての社会的実在性を超えた行為であるとしか言いようがなく，それが定款所定の目的の範囲内の行為であるか否かを問題にするまでもなく，およそ法人たる会社の権利能力の性質上の制限による能力外の行為」だとする見解は，最も突き詰めたものである[34]．あるいは，八幡製鉄判決が重視しなかった構成員の自由という観点から，②「法人の政治献金は原則として法人の構成員の固有権を侵害するから……法人の目的の範囲外の行為」とする見解もある[35]．さらに，同判決が簡単に退けた（Ⅰ③）国民の参政権との関係について，③「憲法はまた，政治参加の平等を要求しており，……この原則からすれば，政治への発言力・影響力は平等であるべきなのだから，個人の献金能力をはるかに凌駕する法人の政治献金は，はじめから参入を拒否されあるいは制限されてしかるべき」とも論じられた[36]．

　その後，南九州税理士会事件における最高裁は，政治献金は「投票の自由と表裏を成す」ものとして，「会員各人が……自主的に決定すべき事柄である」と判断した（Ⅱ2）．先述したような学説のうち，とりわけ②の類型の批判論は

---

33) 内田貴『民法Ⅰ　総則・物権総論〔第4版〕』(東京大学出版会，2008年)243〜244頁．これに対し，「最高裁判決が，会社の社会的存在としての側面を重視し，強調することには，それなりの合理性がある」と評価する見解として，三枝一雄「『会社のなす政治献金』論について」法律論叢63巻2・3号(1990年)85頁．
34) 新山雄三「株式会社企業の『社会的実在性』と政治献金能力」岡山大学法学会雑誌40巻3・4号(1991年)148頁．また，鷹巣・前掲注31)158頁．
35) 山田創一「法人の目的の範囲」山梨学院大学法学論集38号(1997年)306〜307頁．①説との違いは，①説では法人の構成員全員が政治献金に賛成しても目的の範囲外とするのに対し，②説ではそうした場合は目的の範囲内とするところに現れる．
36) 奥平康弘「憲法政治の復権はいかにあるべきか」法時61巻12号(1989年)8頁，三枝・前掲注33)96頁以下，中島茂樹「憲法問題としての政治献金」立命館法学271・272号下巻(2003年)1288〜1289頁など．また，八幡製鉄事件において，原告側の主張に影響力をもったと思われる富山康吉も，この観点を重視していた．同『現代商法学の課題』(成文堂，1975年)82頁，115頁以下．

この点を重く読み，八幡製鉄判決の「判例変更の契機となりうる論理を含んでいる」[37]とする，いわば戦略的な読み方も試みられてきた．

政治献金は果たして「投票の自由と表裏を成す」といえるのか，という根本的な疑問については，ここで扱わない[38]．学説上では，南九州税理士会判決による八幡製鉄事件判決の判例変更の可能性が指摘されていたが，住友生命事件や熊谷組事件における諸判決は，先に見たように，八幡製鉄事件判決に従うものであった．政治献金の可否に関して，任意加入団体である会社には八幡製鉄事件判決の射程が及ぶというのが，現在のところの各裁判所の見解となっている．

(2) 「法人の人権」論

八幡製鉄事件判決は，政治献金を会社の「政治的行為をなす自由」の一環として位置づけた（Ⅰ③）．こうして，「あえて憲法論に言及する一般論を展開し，『法人の人権』を肯定する先例を作った」ところに，この判決の特徴がある[39]．またこの点については，「最高裁としては，株主側から出された，会社の政治献金が国民の参政権を侵害するという主張との対抗上，会社の政治献金という行為も，何らかの憲法上の根拠をもつことを示す必要に迫られた」，という「深読み」した推測がなされることもある[40]．

しかしこの判示は，政治献金を法人の「目的の範囲」内とする通説の立場からも，「政治資金の寄附の否定を排撃するために，このような前提を立てる必要はない．とんだ勇み足の議論というほかない」[41]，と評されてきた．また担当調査官によっても，「憲法上禁止されていないといういみの政治的自由があることを宣明したものにすぎない」[42]，という読み直しがなされていた．本来はこう判示されるべきだったと思われる．

---

37) 山田・前掲注 35) 306 頁など．また，中島・前掲注 36) 1288～1290 頁は，同様な指摘を本文③の批判論の文脈の中で行っている．もっとも，南九州税理士会判決は「会員各人」との関係で論じているため，これを国民の参政権との関係の議論へと転用する際には，相応の留意が必要である．
38) さしあたり，本書第 2 部第 5 章〔補論〕5．
39) 樋口陽一ほか『新版 憲法判例を読みなおす』（日本評論社，2011 年）33 頁（樋口）．
40) 木下智史『人権総論の再検討』（日本評論社，2007 年）176 頁．
41) 鈴木竹雄「政治献金事件の最高裁判決について」旬刊商事法務研究 531 号（1970 年）6 頁．
42) 柳川・前掲注 32) 906 頁．

八幡製鉄事件判決による，政治献金を「法人の人権」と位置づける判示は，その後の判決に受け継がれたのだろうか．まず，労働組合や税理士会などについては，その種の「法人の人権」論はない．これに対して，住友生命事件に関する大阪高裁は，同事件の地裁判決にはなかった「法人の人権」論をあえて付加していた（Ⅲ1①）．他方，熊谷組事件における名古屋高裁金沢支部は，「法人の政治資金の寄附を含む政治的活動の自由も憲法21条の表現の自由の一内容として保障されているとしても，政治資金の寄附を含む政治活動の自由は，その性質上，選挙権及び被選挙権等の参政権の行使と密接な関係を有することに照らし，法人に対し，主権者である国民と同様の憲法上の保障をしているものと解することはでき」ない，と論じていた[43]．八幡製鉄事件判決の「法人の人権」論の射程は，営利法人についても，不確かなままとなっている[44]．

3　災害救援資金など

(1)　二つの判決の一貫性

　法人・団体が災害救援資金などを支出することができるかは，八幡製鉄事件判決では傍論として触れられているにすぎない．そのため，この問題が初めて正面から争われた群馬司法書士会事件は，重要な先例である．しかし，この事件の最高裁と自治会による募金徴収事件の二審判決は，結論を異にしていた．

　群馬司法書士会事件判決の射程を計る際には，広い意味での災害救援資金の寄付に関して次のような類型的整理がなされていることが参考となる．ⓐ「被災司法書士会・司法書士の業務の円滑な遂行を経済的に支援し，これにより司法書士会・司法書士の機能の回復に資することを目的とする寄付で，その使途目的及び拠出方法の公的性格に着目していうならば群馬司法書士会からの『公的支援金』ともいえる」寄付．ⓑ「被災司法書士会・司法書士の個人的・物理的被害に対する直接的な金銭補填や見舞金という趣旨の寄付（私的支援金）」．ⓒ「司法書士会・司法書士に限らない一般被災者の個人的・物理的被害に対する直接的な金銭補填や見舞金という趣旨の寄付（私的支援金）」[45]．群馬司法書士会

---

43) 判時1937号143頁(148頁)．
44) 安念潤司「『会社の基本権』」ジュリ1155号(1999年)104頁は，会社や団体が基本権を享有するかは，「決着をつけたとしても，具体的な問題の解決に当たって得られる成果は，意外に乏しい」，と指摘する．

事件の一審は，問題となった「復興支援拠出金」をⓑの性格をもつと理解していた．これに対して，二審と最高裁の多数意見はⓐと認定した．訴訟における勝敗は，この事実認定の段階でほぼついていた[46]．

これに対して，自治会による募金の徴収事件で問題となった募金の性格は一様ではない．また，先の三分類は司法書士会事件に触発されてなされたものであるため，必ずしもその他の募金を的確に説明できるわけではない．しかし赤い羽根募金などは，基本的にⓒの類型に入るものであろう．少なくともⓐとは認定されていない．したがって，自治会による募金事件の大阪高裁が会員の協力義務を否定する判断を行っても，群馬司法書士会事件の最高裁に反するものではない．

しかし，判断手法には先述したように(V 1 (1))，動揺が見られる．群馬司法書士会事件の最高裁は，やや変則的な形態の二段階審査を行っていた．これに対し，自治会による募金徴収事件の大阪高裁は，これまた変則的に協力義務のみで判断していた．ただし，同事件の一審が明示的に採用していたように，この大阪高裁も暗黙のうちには二段階の審査を踏んでいると見られる．そこで，通常の二段階審査によって，とりわけ群馬司法書士会事件の事案を考え直すとどうなるだろうか．

(2) 事案の判断

群馬司法書士会事件において，「復興支援金」が「直接的な金銭補てん又は見舞金」ではなく，「司法書士の業務の円滑な遂行による公的機能の回復に資する」趣旨のものと認定されるのであれば(Ⅳ 1 ①)，それを支出することは基本的に司法書士会の目的遂行のために必要なものであると解し得る．残るは，深澤武久裁判官の反対意見が重視した金額の大きさの問題となる[47]．またこの事実認定を前提とすれば，「復興支援金」のための特別負担金に協力するかどうかも，構成員の思想・良心の自由とは直接のかかわりはないこととなるだろう．最高裁の協力義務に関する判断が「特段の事情がある場合を除き」とい

---

45) 山田創一「判批」判例評論 527 号(判時 1820 号，2003 年)19 頁，同・前掲注 26)16 頁．
46) 西村枝美「判批」法教編集室編『判例セレクト 2001-2008』(有斐閣，2010 年)81 頁．
47) 判時 1785 号 31 頁(33〜34 頁)．

う変則的な形になっているのも，このことが一因と思われる[48]．この場合には，決議に従わない会員に対する不利益が厳しすぎるのではないか[49]，といった事情が考慮されることになる．

　これに対して，「復興支援金」を「直接的な金銭補てん又は見舞金」として事実認定した場合に，二段階の審査をするとどうなるだろうか．この場合も，額が過大でないかぎりは，司法書士会の「目的の範囲内」としてよいように思われる．八幡製鉄判決の判示を受け継ぐならば，「社会的実在」として「社会通念上，期待ないし要請されるもの」であるから，団体の「目的の範囲内」となる（Ⅰ②），といった理由づけとなろう[50]．しかし，「復興支援金」の性格を上記のようにとらえるならば，一審判決がいうように，被災した司法書士などを「支援するために金員を送るか否か，仮に送るとしても司法書士会を通じて送るか否か，またどのような方法でいかなる金額を送るか等については，各人が自己の良心に基づいて自主的に決定すべき事柄」として[51]，思想・良心の自由にかかわってくる可能性がある．思想・良心の自由が問題であるから，各人がいかなる考え方をもっているかは個別の判断を要する[52]．この協力義務の判断は，二審判決が一般論として採用していた国労広島地本判決のような「比較考量」によることになろう．二審は協力義務を肯定したが，「復興支援金」を上記のように事実認定した場合には，負担額や，従わなかった際に課される不利益の大きさなども考慮して，異なった結論を出すことも十分に成立し得る立場だと思われる．

---

48) 最高裁による「特段の事情」という定式は，控訴審が「会員の政治的，又は宗教的立場や信条に対する影響が直接かつ具体的であるような特段の事情が認められないかぎりは」（判時1677号22〔32頁〕），と論じているところを踏まえているのであろう．なお，この二審が協力義務について比較衡量論の立場を明言しているのは，一般論を述べている箇所であり，事案については「特段の事情」の有無により判断していることにも注意する必要がある．
49) 深澤裁判官の反対意見は，この点を指摘することにより協力義務を否定している．判時1785号31頁（34頁）．田高寛貴「判批」法セ577号（2003年）116頁，橋本・前掲注26）374頁．
50) 「慈善事業」などへの寄付は，「社会慣行」や「道徳上の義務」として，「定款所定の目的の範囲内か否かという問題以前の，団体の存在そのものに関わる問題として捉え」る見解もある．鷹巣・前掲注31）128～129頁．
51) 判時1625号80頁（85頁）．
52) 会員のなかには，司法書士会のような強制加入団体が，会員に「その意思に反してでも一律に行動すべく強制することに対する否定的評価」をもっていた者もいたかもしれない．参照，ピアノ伴奏拒否事件判決における藤田宙靖裁判官の反対意見．最三小判平成19年2月27日民集61巻1号291頁（302頁）．

自治会の募金事件においても，二段階の審査をする場合には，目的の範囲よりも協力義務が争点となろう．この事件では，先にも触れたように(Ⅳ3)，各種募金を「会費化して一律に協力を求めている」ことや，支払いを拒否すると生活上の不利益が生ずることなどから，二審が「社会的に許容される限度を超える」と判断したことも理解できる[53]．募金を自治会費化した理由とされる自治会における班長や組長の負担軽減は，別の方法によっても実現され得るのではなかろうか．

4　小結

下級審をも含めた現在の判例の立場は，本章で扱った限りでは，おおよそ次のようであろう．会社による政治献金および災害救援資金の支出は法人の「目的の範囲内」であるが，強制加入団体による政治献金は「目的の範囲外」であり，事実上の強制加入団体による政治献金や募金などは「目的の範囲内」ではあるが構成員に協力義務を課すことはできない．こうした状況を，事実上の強制加入団体による「人道支援には消極的で会社の政治献金には積極的」[54]，と評することは適切ではない．会社の政治献金を「目的の範囲内」と見たとしても，それにより不都合が生じるならば政治資金規正法などで厳格に制限すればよいだけのことである．また，事実上の強制加入団体であっても構成員の任意で集められた募金などの支出は許容されるし，また望ましいことは，誰も否定していないのである．

Ⅵ　結びに代えて

本章は，あえて領域を広く設定し，団体の活動と構成員の自由の緊張という主題を概括的に論じてきた．そのため多くの論点について，ごく簡単に触れるにとどまった．また，例えば，団体による支出が一般会費からか特別会費を徴収するものかによりいかなる差異があるか[55]，団体が災害救援資金を支出す

---

53) 判時 1922 号 72 頁(75 頁)．
54) 山田創一「群馬司法書士会震災復興支援金事件最高裁判決をめぐる学説の検討」専修法学論集 96 号(2006 年)39 頁．ただし，本文における引用は内田貴の見解(さしあたり，注 33 の本文参照)に対してなされたものである．

第 2 部　現代日本における「思想・良心の自由」

ることができるとすればその根拠は何か[56]，といった周知の問題についても扱うことはできなかった．本章は多くの課題を残している．

　団体の活動と構成員の自由が緊張関係に立つ場面は，様々に考え得る．そこで学説上でも，両者の緊張関係を問題とすべき場面は，典型的には個人の政治上，宗教上の見解にかかわる場合だとされてきた[57]．しかしこれまで見てきたように，緊張関係が問題となるのは必ずしもこの二つの権利にかかわる場面に限定されるわけではなく，また権利の重要性のみならず，従わない構成員への制裁の重大性など，諸般の事情も考慮されることになるはずである．本章で扱った主題は，これからも実際の裁判上も学説上もしばしば争われていくことが予想される．そして，その背景には，「団体と個人の関係について法秩序はどのように関与し，団体多数派・執行部による私的権力の行使をどこまで法的に是認すべきなのか，法的是認を与える際の基準は何であるべきなのか」，といった原理的な対立がある[58]．今後の議論の進展を踏まえて，さらに考察を深める機会をもちたい．

---

55) さしあたり，本書第3部第5章Ⅲ2，第5章〔補論〕4を参照．
56) 古典的文献としては，富山・前掲注36)103頁以下，近年では，注50)で言及した鷹巣の見解など．
57) 例えば，星野英一「座談会　会社の政治献金」ジュリ460号(1970年)21頁(発言)，富山・前掲注36)81頁など．
58) 西原・前掲注23)154頁．

第3部

現代日本における信教の自由と政教分離
―― その保障の諸相

第3部の各章に収めているのは，近年の日本において，信教の自由と政教分離に関して注目された事例に関する研究である．
　第1章は，「思想・良心の自由」と「信教の自由」という同質的な憲法上の権利に関する判例法理を，三段階審査の手法を用いて対比的に考察したものである．別に公刊している共著の体系書『憲法Ⅰ　基本権』（日本評論社，2016年）のための準備作業という意味もあったため，幾分教科書的な叙述が含まれているかもしれない．第2章は，前章で残した問題の一つである，行政裁量審査に際して憲法上の権利が果たし得る役割について，エホバの証人剣道受講拒否事件と「君が代」訴訟懲戒処分事件を素材として，考察したものである．本書に収録した論考のなかでは，最も新しい．法律雑誌の行政法特集の一つとして執筆したものであることが，叙述に影響している可能性はある．第1部で扱ったドイツの状況とは異なり，日本ではイスラームにかかわる憲法事件はほとんどない．第3章は，その例外的な事例である「ムスリム監視捜査」事件を，憲法学の観点から検討した研究である．この論文は，この訴訟に関する意見書として執筆したものではないが，原告側弁護団から最高裁へ書証として提出された．
　第4章は，政教分離規定適合性審査について，これまでの判例法理を整理・分析したものである．憲法上の客観法規範適合性に関する審査の手法を開拓するという問題関心の一環として，「かかわり合い」の審査と「かかわり合い」が「相当とされる限度を超える」かという二段階審査を，判例法理から抽出した．本書における政教分離に関する研究としては，習作ではあるものの，本章が基礎的な位置を占める．政教分離に関しては，事例を類型化して考察することが必要である．第5章では，首相の靖國神社参拝に関する事例を検討している．続く第6章では，白山比咩神社訴訟とその関連判決を考察している．これらを通じて，両章は，宗教的色彩のある行事への公人の参列という類型に関する事例を検討したことになる．最後の第7章では，日本において，政教分離原則と信教の自由が「緊張関係」になる事例を考察している．この章は第1部で扱ったドイツの状況を，問題関心の背景として著したものである．

第1章 「思想・良心の自由」と「信教の自由」
―― 判例法理の比較検討から

I　はじめに

　日本国憲法は 19 条で思想・良心の自由を，20 条 1 項 1 文と同条 2 項で信教の自由を保障している．一般には，「思想」と「良心」をとくに区別する必要はなく，「良心」とは「思想のうち倫理性の強いもの」を意味し，19 条は全体として「個人の人格的な内面的精神作用を広く含むもの」と解されている[1]．この理解に基づいて，19 条と 20 条の一つの保障内容である信仰の自由は「個人の人格的な内面的精神作用」という点で同質的であり，その観点では 19 条は 20 条 1 項 1 文・2 項よりも保障範囲を拡大したものと解するのが通常である．他方，信教の自由は，内心における信仰の自由だけではなく，信仰の自由に基づく外部的行為の自由も含むと解されているのに対して，思想・良心の自由に基づく外部的行為は 21 条の表現の自由で保護される，と解されてきた[2]．

　この二つの自由が同質的なものを含むとすると，憲法解釈の仕方も同様であってよい．しかし，判例・学説を見ると，従来は必ずしもそうではなかった．ようやく近年になって，両者に接近傾向が認められるようになりつつある．本章は，その状況を主に判例を素材としながら，保護領域（II），制約（III），正当化（IV）という形に分節化して，分析することを試みる．保護領域に関しては，内心と内心に基づく外部的行為に分けて整理する．この区分が議論の一つの鍵となっているからである．また制約に関しては，直接的制約と間接的制約に区

---

[1]　法理論的には，思想の自由と良心の自由の保護領域を分けて論ずる方がよいと思われる．近年の文献として，林知更「思想・良心の自由」南野森編『憲法学の世界』（日本評論社，2013 年）191 頁以下，小山剛「思想および良心の自由(1)」法セ 705 号（2013 年）43 頁以下．しかし判例も必ずしも両者を分けておらず，あえて区別する実益もないことから，本章は両者を区別しないで論じておく．

[2]　通説の代表として，芦部信喜（高橋和之補訂）『憲法〔第 6 版〕』（岩波書店，2015 年）149 頁以下．比較憲法的に見ると，国際人権規約 B 規約 18 条，ドイツ基本法 4 条など，この二つの自由を同一条文で規定している例が多い．この二つの自由を比較しつつ，体系的に概観する文献として，赤坂正浩『憲法講義〔人権〕』（信山社，2011 年）109 頁以下，工藤達朗「信教の自由の保障内容」中央ロー・ジャーナル 12 巻 3 号（2015 年）135 頁以下．

分して整理を行う．そのほか，制約は民事法上か行政法上か刑事法上か，事前か事後か，といった類型の違いも，当然に重要である．こうした制約類型の違いは，正当化審査にも影響を与えるはずである．最後に，判例の整理を基礎としつつ，二つの自由をめぐる解釈論の相互交流を図ることによって，将来に向けて新たな示唆を汲み取りたい(Ⅴ)．思想・良心の自由や信教の自由にかかわっては，近年，多くの重要判決が出され，学説上の議論も盛んである．本章は，そのような状況を踏まえながら，この領域における憲法解釈論の体系的な整理を試みる．

Ⅱ　保護領域

1　「思想・良心の自由」の保護領域

(1) 狭義説と広義説

　思想・良心の自由に関する指導的判例とされてきたのは，「ここに陳謝の意を表します」という内容の謝罪広告の掲載を命ずることが憲法 19 条に反しないか，が争われた謝罪広告事件最高裁判決である[3]．もっともこの判決の多数意見は，思想・良心の自由に関する保護領域について，何も述べていない．思想・良心の自由の保護領域に関しては，むしろ，個別意見が論じていた．田中耕太郎裁判官の補足意見は，「謝罪の意思表示の基礎としての道徳的の反省とか誠実さ」ではなく，「宗教上の信仰に限らずひろく世界観や主義や思想や主張をもつこと」を保障するのが 19 条だ，という．これが学説上，信条説あるいは狭義説と呼ばれるようになる．これに対して藤田八郎裁判官の反対意見は，「良心の自由」の保護領域を，「事物に関する是非弁別の内心的自由のみならず，かかる是非弁別の判断に関する事項を外部に表現するの自由並びに表現せざるの自由をも包含する」，と解した．これは非常に広い捉え方であるが，一般には前半の理解について，内心説あるいは広義説と呼ばれている[4]．最高裁は，

---
3) 最大判昭和 31 年 7 月 4 日民集 10 巻 7 号 785 頁．
4) 謝罪広告事件では，狭義説をとる田中裁判官が合憲論であり，広義説をとる藤田裁判官が違憲論を唱えたが，これは両説の論理必然的な帰結ではない．例えば，謝罪広告の強制は，19 条の保護領域にはかかわらないが，21 条の消極的表現の自由の保障に反するといった論じ方もあり得る．芹沢斉「判批」長谷部恭男ほか編『憲法判例百選Ⅰ〔第 6 版〕』(有斐閣，2013 年) 78 頁など．

その後も，この点について態度を明らかにはしていない[5]．学説も分かれており，狭義説，広義説のなかにもさらにニュアンスの異なる見解がある．少なくとも，「内心一般」を19条の保護領域とする考え方よりも[6]，何らかの形で限定する考え方が有力である[7]．

(2) 思想・良心に基づく外部的行為

憲法19条は，内心における思想・良心の自由のみを保護対象とするのか，あるいは思想・良心に基づく外部的行為にも保護は及ぶのか．もちろん，後者は基本的には21条によって保護されるため，19条の保護領域とされるとしても，外部からの作用に対する受動的作用に限定するといった仕分けが必要となる[8]．これが学説においては，現在の有力説である．もっとも内心と外部的行為を峻別する立場は，次に紹介する田中耕太郎裁判官に典型的なように，哲学的な基礎にこだわる．これに対して峻別論をとらない最近の有力説は，むしろ実際上の効果を重視している[9]．

ここでの問題について，判例の態度は一様ではない．三菱樹脂事件最高裁判決は，企業者が従業員を採用するに際して，在学中における団体加入や学生運動参加の事実の有無について申告を求めることは，「その者の従業員としての適格性の判断資料となるべき過去の行動に関する事実を知るためのものであつて，直接その思想，信条そのものの開示を求めるものではないが，さればといつて，その事実がその者の思想，信条と全く関係のないもの」でもないという形で，「人の思想，信条とその者の外部的行動との間には密接な関係がある」ことを認めた．しかし，企業者による思想調査には合理性があり，思想・信条

---

5) 下級審では，例えば，勤評長野方式事件に関する長野地判昭和39年6月2日判時374号8頁（14頁）は，「宗教上の信仰に準ずべき世界観，人生観等個人の人格形成の核心をなすものに限られ，一般道徳上，常識上の事物の是非，善悪の判断や一定の目的のための手段，対策としての当不当の判断を含まない」，と狭義説の立場をとっている．
6) 例えば，浦部法穂『憲法学教室〔第3版〕』(日本評論社，2016年)132頁．
7) 芦部信喜『憲法学Ⅲ 人権各論(1)〔増補版〕』(有斐閣，2000年)103頁以下，佐藤幸治『日本国憲法論』(成文堂，2011年)217～218頁など．
8) 土屋英雄『自由と忠誠』(尚学社，2002年)117頁は，「外部からの一定の作用，働きかけ(命令，要求，勧誘，推奨など)によって，自己の思想・良心の領域が侵害されようとしている場合に，その思想・良心を保障するため，外部からのそうした作用，働きかけに対して対応的，受動的にとる拒否の外的行為」を，19条の保護対象としている．
9) 本書第2部第1章注88)．さらに，野坂泰司『憲法基本判例を読み直す』(有斐閣，2011年)134頁，長谷部恭男『続・Interactive憲法』(有斐閣，2011年)194頁など．

そのものではないことがらを調査することは,「なおさら」違法ではないとして, 両者の間で保護の程度を異ならせている[10].

　内心と外部的行為の関係という問題は, 近年, 公立学校の儀式的行事における「君が代」訴訟に際して, 注目を集めた. ピアノ伴奏拒否事件において, 最高裁は,「学校の儀式的行事において『君が代』のピアノ伴奏をすべきでないとして本件入学式の国歌斉唱の際のピアノ伴奏を拒否することは, 上告人にとっては, 上記の歴史観ないし世界観に基づく一つの選択ではあろうが, 一般的には, これと不可分に結び付くものということはでき」ない, という[11]. この判決文は, 19 条の保護領域を論ずる文脈のなかで登場するため, 内心と外部的行為の峻別論に立った上で, 当該拒否行為を 19 条の保護領域外としているように見える. しかし調査官は,「本判決は, X の歴史観ないし世界観という, いわば X の内心の核心部分を直接否定するような外部的行為を強制することが憲法 19 条の問題となり得るものであるということを前提として, 本件職務命令によって命ぜられる『君が代』のピアノ伴奏という行為は, 一般的には X の歴史観ないし世界観と不可分に結び付くものとはいえないことから, そのような外部的行為に当たらないと判断した」, と解説する[12]. 制約という段階に視点を移した上で, 内心と内心に基づく外部的行為の強制について一定の関連性を肯定したと受け取られ得るこの解説は, 判示内容を超えた解説となっているように思われるが, その後の下級審および最高裁判決に大きな影響を与えた[13].

　卒業式等における国歌斉唱の際に, 教員に対して出された起立斉唱の職務命令の合憲性が争われた訴訟において, 最高裁の一連の判決は, 合憲という結論はピアノ伴奏判決と同様であるが, 論理構成を変化させた. 皮切りとなった第二小法廷判決は,「『日の丸』や『君が代』が戦前の軍国主義等との関係で一定

---

[10] 最大判昭和 48 年 12 月 12 日民集 27 巻 11 号 1536 頁(1542 頁, 1546 頁).
[11] 最三小判平成 19 年 2 月 27 日民集 61 巻 1 号 291 頁(294 頁). 本文で引用した文章に続けて,「上告人に対して本件入学式の国歌斉唱の際にピアノ伴奏を求めることを内容とする本件職務命令が, 直ちに上告人の有する上記の歴史観ないし世界観それ自体を否定するものと認めることはできない」, という制約に関するかのような判断が示されるため, 判決の論理構造の理解が難しくなっている. このことは, 本書第 2 部所収の諸論文で繰り返し指摘した.
[12] 森英明「時の判例」ジュリ 1344 号(2007 年)84 頁, 同「判解」最判解民平成 19 年度(上)(2010 年)153 頁.
[13] 本書第 2 部第 3 章, 第 4 章.

の役割を果たした」という考えを，上告人の「歴史観ないし世界観」である，とする．また，「在日朝鮮人，在日中国人の生徒に対し，『日の丸』や『君が代』を卒業式に組み入れて強制することは，教師としての良心が許さないという考え」は，上記の歴史観ないし世界観から生ずる「社会生活上ないし教育上の信念等」だ，と位置づけられる[14]．後者も，思想・良心の自由の保護領域に入ると考えられているかに見えるが，その後は「歴史観ないし世界観」だけが判断対象となっている．ピアノ伴奏判決でまず保護領域論のなかで扱われた外部的行為の強制にかかわる判示は，むしろ後に紹介する（Ⅲ 1 (3)）制約論のなかで登場する．

2　「信教の自由」の保護領域

(1) 広義説と最広義説

憲法 20 条 1 項前段は，信教の自由を保障している．信教の自由の一内容である「内心における宗教上の信仰の自由」は，「思想・良心の自由の宗教的側面をなす」[15]，という位置づけがなされてきた．ここで保障の対象となっている宗教について，裁判所が定義をするのは稀であるため，津地鎮祭事件に関する名古屋高裁による例外的な試みが知られている．つまり，「超自然的，超人間的本質（すなわち絶対者，造物主，至高の存在等，なかんずく神，仏，霊等）の存在を確信し，畏敬崇拝する心情と行為」だ，とするものである[16]．これが広義説である．これに対して，「その人がそれを宗教だと理解していれば，それは宗教だと考えるべき」だ[17]，とする見解もある．これは最広義説と呼ばれるが，少数説にとどまっている．

---

[14] 最二小判平成 23 年 5 月 30 日民集 65 巻 4 号 1780 頁（1785 頁）．また最一小判平成 23 年 6 月 6 日民集 65 巻 4 号 1855 頁，最三小判平成 23 年 6 月 14 日民集 65 巻 4 号 2148 頁，最三小判平成 23 年 6 月 21 日判時 2123 号 32 頁，最二小判平成 23 年 7 月 4 日 LEX/DB25472450，25472451，最一小判平成 23 年 7 月 14 日 LEX/DB25472449，25472503，も同旨．簡単には，渡辺康行「判批」セレクト 2011[Ⅰ]（法教 377 号別冊付録，2012 年）10 頁．
[15] 高橋和之『立憲主義と日本国憲法〔第 4 版〕』（有斐閣，2017 年）191 頁など．
[16] 名古屋高判昭和 46 年 5 月 14 日〔参〕民集 31 巻 4 号 616 頁（671 頁）．なお同事件の最高裁は，宗教の定義に触れていない．担当調査官は，「宗教の定義そのものが極めて困難であり，また，これを示すことは本件において必ずしも適当ではなく必要でもないと考えられたためであろう」，と解説する．越山安久「判解」最高解民昭和 52 年度（1981 年）233 頁．
[17] 松井茂記『日本国憲法〔第 3 版〕』（有斐閣，2007 年）430 頁．日比野勤「憲法における宗教の概念」公法研究 52 号（1990 年）123 頁も同旨か．

(2) 信仰に基づく外部的行為

信教の自由は,「内心における宗教上の信仰の自由」だけではなく,「宗教的行為の自由」や「宗教的結社の自由」をも含む,と解するのが通説である[18]. 憲法20条2項は, 宗教上の行為などに参加することを強制されない自由を, 確認的に規定している.

このように信仰に基づく外部的行為も広く保障されると解されているが, そこに限界はないのか. この点で注目すべき事例が, 加持祈禱事件である. 精神異常者の平癒を祈願するために線香護摩による加持祈禱をした結果, 被害者が死亡したという事案を傷害致死罪に問えるか, が争われた. 最高裁は, 被告人の行為が,「一種の宗教行為としてなされたものであつたとしても, ……他人の生命, 身体等に危害を及ぼす違法な有形力の行使に当るものであり, これにより被害者を死に致したものである以上」,「憲法20条1項の信教の自由の保障の限界を逸脱したもの」として, それを処罰することは憲法に反しない, と判断した[19]. この判示の論理構成は明確ではないが, 後の判例では, 当該加持祈禱行為は信教の自由の保護領域に入ってはいるが, その制約は正当化される, という論理だと受け止められている[20].

この判決の結論に異論はない. しかし, 原審判決の認定によると, 被告人の所属する教団においても精神異常者の平癒方法として線香護摩は認められておらず, 被告人も本件以前にはこれを行ったことはない[21]. しかも本件行為は, 他者の生命・身体といった重要な法益に対して重大な危害を加えたものである. こうした行為まで信教の自由の保護領域に含める必要はない[22].

3 小括

二つの自由に関する保護領域の考え方を対比してみよう. 思想・良心の自由

---

18) 野中俊彦ほか『憲法Ⅰ〔第5版〕』(有斐閣, 2012年)320頁(中村睦男), 芦部・前掲注2)155~156頁, 芦部・前掲注7)122頁以下, 佐藤・前掲注7)225頁など. この「三分論」の起源がプロイセン憲法12条1文にあったこと, およびそれが当時有した意味などについて, 林知更『現代憲法学の位相』(岩波書店, 2016年)402頁以下.
19) 最大判昭和38年5月15日刑集17巻4号302頁(304~305頁).
20) 最一小決平成8年1月30日民集50巻1号199頁.
21) 大阪高判昭和35年12月22日〔参〕刑集17巻4号333頁(335頁). 香川達夫「判批」警察研究35巻6号(1964年)118頁, 小泉洋一「宗教的行為の公的規制に関する判例の現状」阿部照哉・高田敏編『覚道豊治先生古稀記念論集 現代違憲審査論』(法律文化社, 1996年)317頁.

の保護領域について,判例の立場は明確ではない.学説上は,「内心一般」ではなく,何らかの形で保護領域を限定する見解が有力である.信教の自由の保護対象となる宗教の概念についても,最高裁は示す必要はないという立場をとっている.学説上は広義説が通説であり,宗教概念に限定をかける試みはほとんどない.こうした二つの自由に関する学説状況の違いは,どこから生ずるのだろうか.「神社は宗教にあらず」という説明がなされた戦前への反省から,宗教については保護領域を限定する試みがなされにくいのかもしれない.しかしこれで説明をつくしたとは考えられない.保護領域の広狭に関する学説の分岐は,主観説と客観説という学説の分岐と対応している.信教の自由に関する最広義説は,保護対象をすべて当事者の主観的判断にゆだねる.また,思想・良心の自由における内心説も,主観説と解し得る.そうすると,宗教に関する最広義説は,思想・良心の自由における内心説と相応するものとなる.これに対し客観説は,保護領域に何らかの限定をかけることにつながる.最広義説と一線を画する宗教に関する広義説と,思想・良心の自由における狭義説(信条説)の緩やかな形態は,実は趣旨を同じくするものである.こうしたことを考慮すると,思想・良心の自由についても,内心説を最広義説,信条説の穏やかな形態を広義説,厳格な信条説を狭義説と呼べば,二つの自由の保護領域に関する学説状況を共通して捉えることができる[23].

　思想・良心の自由については,内心と外部的行為を峻別し,保護対象を内心に限定する思考は少なくない.これに対して信教の自由の保護領域に,信仰に基づく外部的行為を含めることには異論がない.この違いはどこから生じるのか.思想・良心の自由に基づく外部的行為は,表現の自由や結社の自由の保護

---

[22] 保護領域に関するドイツにおける議論状況については,松本和彦『基本権保障の憲法理論』(大阪大学出版会,2001年)204頁以下.本章の立場は,「殺人の自由」などは幸福追求権の保護領域に入らないとする見解と同趣旨である.例えば,工藤達朗『憲法学研究』(尚学社,2009年)62頁.このような考え方に対しては,「患者を加持祈禱によって死亡させた行為は宗教的行為であって差し支えなく,刑法上の罰条の保護法益との衡量を行えばよいだけのことである」,という見解が対置される.参照,鳥居喜代和『憲法的価値の創造』(日本評論社,2009年)431頁(注3).これに対して本章は,すべてを正当化審査にもち込むことには慎重な姿勢をとりたいと考える.

[23] 思想・良心の自由について緩やかな信条説をとり,宗教について広義説をとる立場の例は,多い.例えば,芦部・前掲注7)103頁以下,127頁以下.これに対し,宗教概念について最広義説をとる松井茂記は,思想・良心の自由については内心説をとっている.松井・前掲注17)422～423頁.なお,阪本昌成『憲法2　基本権クラシック〔第4版〕』(有信堂,2011年)120頁は,内心一般を19条の保護領域とする考え方を最広義説と呼ぶ.

領域に入ると解されてきた。これで基本的には問題はなかったのである。しかし，思想・良心の自由に基づく消極的な行為の自由が，とりわけピアノ伴奏拒否事件や起立斉唱命令事件のような事案において論じられるようになって，状況は変化してきた[24]。思想・良心に反する行為はどうしてもできないという事情を，消極的表現の自由によっては適切に捉えられないことが，次第に認識されてきた。これが，少なくとも学説の現段階であろう。そうであれば，この点でも二つの自由に関する解釈の違いは減少する。もっとも信教の自由については積極的外部行為も保護の対象となるのに対し，思想・良心の自由については消極的外部行為のみがそうなる，という相違は残る。

「思想・良心の外的表出を強制されない自由」は，従来，「沈黙の自由」という範疇により扱われてきた。しかし「沈黙の自由」一般を19条の保護対象とすることは，19条の保護領域を一定の範囲に限定しようとする多くの見解と相容れない。そこで，表現したくない自由の一般的保障規定は21条であり，それが思想・良心を理由とする場合は19条，信教を理由とする場合は20条，プライバシーを理由とする場合は13条などと，分解して考えるのがよいものと思われる[25]。この観点からは，19条で保障される「沈黙の自由」の例とされることが多い「踏み絵」は，むしろ20条で保障されると解すべきである。「沈黙の自由」をこのように解すると，ここでも19条と20条の解釈論は近づいている，といえそうである。

しかし他方で，内心における信仰と外部的行為を峻別する思考は，信教の自由に関しても全く存在しないわけではない。ただし，この思考は保護領域に関してではなく，次に扱う，自由に対する制約の文脈で登場する（Ⅲ2(2)）。

---

24) 西原博史『良心の自由〔増補版〕』（成文堂，2001年）425頁以下。
25) 類似の方向性を示す見解として，内野正幸『憲法解釈の論点〔第4版〕』（日本評論社，2005年）62頁，阪本・前掲注23)123頁，土屋英雄『思想の自由と信教の自由〔増補版〕』（尚学社，2008年）20頁，佐藤・前掲注7)218頁，初宿正典『憲法2　基本権〔第3版〕』（成文堂，2010年）205頁など。

III 制約

1 「思想・良心の自由」の制約

(1) 制約の類型

　現在の代表的な学説は，思想・良心の制約類型として，次の四つを挙げている．a「内心に反する行為の強制」，b「内心を理由とする不利益処分」，c「内心の告白の強制」，d「内心の操作」，である[26]．これとは別に，とりわけa型の制約を念頭に置いて，制約が直接的か間接的かという区別もなされる．以下では，後者の整理を手掛かりとしながら，これまで思想・良心の自由の制約の有無などが争われた事例を概観したい．

(2) 制約がないとされた事例

　従来，思想・良心の自由に関する裁判例では，制約がないとして原告の訴えが退けられることが多かった．先にも言及した謝罪広告判決の多数意見は，保護領域に関する判断をしないまま，「少なくともこの種の謝罪広告を新聞紙に掲載すべきことを命ずる原判決は……上告人の有する倫理的な意思，良心の自由を侵害することを要求するもの」ではない，と判示した[27]．これは，この事案で問題となった謝罪広告を強制したとしても思想・良心の自由に対する制約とはならない，という趣旨であろう．先の整理でいえば，a型およびc型の制約には当たらない，としたものと思われる．というのも，「多数意見は，謝罪広告を命ぜられた被告に求められているのは『発表』という外形の作出であって『謝罪』する内面ではないと考えている」[28]，と見られるからである．この立場を独自な形で論じているのが，田中耕太郎裁判官の補足意見である．それによると，法は「行為が内心の状態を離れて外部的に法の命ずるところに適合することを以て一応満足する」のであり，「内心に立ちいたつてまで要求することは法の力を以てするも不可能」という観点から，内心と外部的行為を峻

---

[26] 高橋・前掲注15)185頁以下．これらの制約は相互排他的ではなく，同一の行為が複数の制約類型に該当することもあり得るだろう．本章のこれまでの叙述は，謝罪広告の強制はa型およびc型の制約に分類できるという理解に基づいている．

[27] 民集10巻7号785頁(788頁)．

別し，謝罪広告のような外部的行為を強制しても 19 条とは無関係だ，とされた[29]．

麹町中学内申書事件では，「大学生 ML 派の集会に参加している」などと記載された調査書を，高校の入学者選抜の資料に供することの 19 条適合性が，一つの争点であった．最高裁は，当該調査書は「思想，信条そのものを記載したものではな」く，「記載に係る外部的行為によっては上告人の思想，信条を了知」できないため，「上告人の思想，信条自体を高等学校の入学者選抜の資料に供したものとは」解することができず，違憲の主張は前提を欠く，と判断した[30]．この判旨は，上記した峻別論をとりつつ，外部的行為を記載したことが思想・信条に対する c 型の制約に該当しないとした，と読み得る．

不当労働行為に対して，労働委員会が，「当社団は，ここに深く反省するとともに今後，再びかかる行為を繰り返さないことを誓約します」などという文言を掲示することを命ずるポストノティス命令について，最高裁は，そうした文言は「同種行為を繰り返さない旨の約束文言を強調する意味を有するにすぎ」ず，「上告人に対し反省等の意思表明を要求する」ものではない，と判断した[31]．これも，当該ポストノティス命令を強制しても思想・良心に対する a 型および c 型の制約とはならない，という趣旨であろう[32]．もっともその後，憲法学説上も，「企業としての陳謝の表明は個人として人格的責任を負う必要のない非個人的行為であり，良心の自由を問題とする必要はない」，とする見解が一般化している[33]．この観点からは，問題となるとすれば，むしろ法人のもつ消極的表現の自由との関係である．

---

28) 蟻川恒正「判批」長谷部恭男ほか編『メディア判例百選〔第 2 版〕』（有斐閣，2018 年）143 頁．謝罪広告の強制に，多数意見とは異なる良心の自由への制約類型を見ているのは，入江俊郎裁判官の意見である．それによると，「謝罪広告の掲載は，そこに掲載されたところがそのまま上告人の真意であるとせられてしまう効果（表示効果）を発生せしめるもの」だから良心の自由を制約する，とされるのである．民集 10 巻 7 号 785 頁（795 頁）．つまり，入江意見においては，「裁判所によって強制された『外形』であるのに，恰も自発的な『外形』であるかのように見せていることが欺瞞なのである」．蟻川恒正「署名と主体」樋口陽一ほか編著『国家と自由』（日本評論社，2004 年）118 頁．なお本文で引用した判決文からは，この判決は謝罪広告の内容によっては，謝罪広告の強制が「良心の自由」に反することもあり得ることを認めているように読める．そう解すると，およそ憲法 19 条違反の問題は生じないとする田中裁判官の補足意見（Ⅱ 1 (2)）と多数意見は異なる，ということになる．野坂・前掲注 9) 135 頁．
29) 民集 10 巻 7 号 785 頁（788 頁以下）．
30) 最二小判昭和 63 年 7 月 15 日判時 1287 号 65 頁（67 頁）．
31) 最三小判平成 2 年 3 月 6 日判時 1357 号 144 頁（146 頁）．

第1章 「思想・良心の自由」と「信教の自由」

　ピアノ伴奏拒否事件の最高裁は，先に紹介した保護領域に関する判断の後に，次のようにいう．①「客観的に見て，入学式の国歌斉唱の際に『君が代』のピアノ伴奏をするという行為自体は，音楽専科の教諭等にとって通常想定され期待されるものであって，上記伴奏を行う教諭等が特定の思想を有するということを外部に表明する行為であると評価することは困難なものであり，特に，職務上の命令に従ってこのような行為が行われる場合には，上記のように評価することは一層困難である」．②本件職務命令は，「上告人に対して，特定の思想を持つことを強制したり，あるいはこれを禁止したりするものではなく，特定の思想の有無について告白することを強要するものでもなく，児童に対して一方的な思想や理念を教え込むことを強要するものとみることもできない」[34]．このようにして，最高裁はピアノ伴奏の職務命令について，c型の制約を中心的に考察することを前提としつつ，①の文章では「客観的に見て」前述したc型の制約には当たらないと判断し，②の文章では「上告人に対して」四つの型の制約に該当しない，と述べた．①と②の関係はいかなるものか，思想・良心の自由に反する外部的行為を強制された（a型の制約がある）ということが中心となる問題ではなかったか，など疑問な点が残る判示である[35]．この判決は，謝罪広告事件最高裁判決を先例として引用していることからすると，a型の制約についても，ピアノ伴奏行為は外部的行為であるためそれを強制しても内心の自由の制約とはならない，と考えていたものと思われる．しかし，内心と外部的行為との間には密接な関連性があることは否定できないため，こうした峻

---

32) 幸地成憲「判批」平成2年度重判解（ジュリ980号，1991年）190頁は，この判決は，謝罪広告事件最高裁判決を「念頭におき，同判決の論理を借用し」たもの，と評している．これに対して，安藤高行『憲法の現代的諸問題』（法律文化社，1997年）340頁は，両者の違いを強調する．謝罪広告事件最高裁判決は「陳謝そのものというより，その内容＝陳謝の対象に注目するものであり，陳謝を命じること自体には格別の問題性をみていない」．それに対して，この判決は「少なくとも含意としては内容とは別に陳謝に独立の意義を認め，したがって陳謝の文言が文字通り陳謝を命じているとすれば憲法上問題であるとの認識に立って，約束文言の強調と読まれるべきであるとしているのであるから，やはり基本的に異なっている」，という．

33) 西原博史「判批」平成7年度重判解（ジュリ1091号，1996年）13頁，佐藤・前掲注7）219頁，野坂・前掲注9）139頁（注37），大石眞『憲法講義Ⅱ〔第2版〕』（有斐閣，2012年）140頁など．これに反対する見解として，安藤高行「法人の良心の自由」岩間昭道・戸波江二編『憲法Ⅱ〔基本的人権〕』（日本評論社，1994年）29頁．

34) 民集61巻1号291頁（294～295頁）．

35) 本書第2部第2章など．本文①の判旨における制約の理解は，注28)で触れた謝罪広告判決における入江裁判官による制約の捉え方を引き継いだものとする見解もある．そうだとすれば，典型的なc型の制約とはやや異なることになる．

261

別論には大きな疑問がある．

(3) 間接的な制約があるとされた事例

　先にも触れた起立斉唱職務命令事件に関する最高裁は，①「君が代」ピアノ伴奏拒否事件判決を下敷きとしながら，事案の違いを考慮して，起立斉唱行為は，「一般的，客観的に見て，これらの式典における慣例上の儀礼的な所作としての性質を有するものであり，かつ，そのような所作として外部からも認識されるものというべきである」などと若干の変更を施すことによって，「行為の性質」と「外部からの認識」という二つの観点を明示して，職務命令が「個人の思想及び良心の自由を直ちに制約するものと認めることはできない」，という．しかし，②起立斉唱行為は，教員が日常担当する教科等や日常従事する事務の内容ではなく，「一般的，客観的に見ても，国旗及び国歌に対する敬意の表明の要素を含む行為である」ことから，「『日の丸』や『君が代』に対して敬意を表明することには応じ難いと考える者が，これらに対する敬意の表明の要素を含む行為を求められることは」，「個人の歴史観ないし世界観に由来する行動(敬意の表明の拒否)と異なる外部的行為(敬意の表明の要素を含む行為)を求められることとなり，その限りにおいて，その者の思想及び良心の自由についての間接的な制約となる面がある」，と述べた[36]．

　この判旨②は，最高裁が，思想・良心の自由に対するａ型の制約の存在を，思想・良心の自由に対する「間接的な制約」という位置づけによって明示的に認めた判示として，注目できる．ピアノ伴奏判決との論理構成の違いは，ピアノ伴奏は教科指導に準ずる性質を有するものであって，敬意の表明としての要素も希薄な行為であるのに対し，起立斉唱はそうではないことによる，とされている(とりわけ第三小法廷判決)．

(4) 直接的な制約があるとされた事例

　これまでの最高裁判例において，思想・良心の自由に対する直接的な制約が

---

36) 民集 65 巻 4 号 1780 頁(1785～1786 頁)．その他，注14)で掲げた一連の判決も，微妙な違いはあるものの，ほぼ同様な論じ方をしている．佐々木弘通「起立斉唱命令事件」棟居快行ほか編『判例トレーニング憲法』(信山社，2018 年)39 頁以下を参照．

あると認められた事例はない．そのなかで，ピアノ伴奏判決における藤田宙靖裁判官の反対意見は，例外的な存在である．藤田裁判官は，当該事件において問題とされるべき思想・良心に，「『君が代』の斉唱をめぐり，学校の入学式のような公的儀式の場で，公的機関が，参加者にその意思に反してでも一律に行動すべく強制することに対する否定的評価（したがって，また，このような行動に自分は参加してはならないという信念ないし信条）」といった側面が含まれている可能性があることを指摘し，当該職務命令はそれに対する「直接的抑圧となる」，と論じていた[37]．

2 「信教の自由」の制約

(1) 制約の類型

信教の自由は，前述したように（Ⅱ 2 (2)），内心における信仰の自由だけではなく，信仰に基づく外部的行為をも保護領域とすると考えられている．内心における信仰の自由に対する制約のあり方は，思想・良心の自由に対する制約類型と同様なものであるはずである．一般には，a 信仰の強制，b 信仰を理由とする不利益取り扱い，c 信仰の告白の強制，が制約の典型例として挙げられている[38]．こうした状況を勘案した上で，Ⅲ 1 (1)で紹介した類型論と対応させて，a「信仰に反する行為の強制」，b「信仰を理由とする不利益処分」，c「信仰の告白の強制」，d「信仰の操作」と分類することもできるだろう．またここでも，とりわけ a 型の制約および，信仰に基づく外部的行為に対する制約を念頭に置いて，制約が直接的か間接的かという類型論もあり得る．

(2) 制約がないとされた事例

信教の自由に関する事案においては，信教の自由に対する制約が正当化されるかどうかという形だけではなく，「信仰を理由に法律上の義務を免除することが憲法上要請されるか」，「免除することが憲法上許されるか」[39]，という形

---

37) 民集 61 巻 1 号 291 頁（302〜303 頁）．Ⅳ 1 (2)で触れるように，起立斉唱命令事件判決における宮川光治裁判官の反対意見は，制約の直接性よりも保護領域の核心に該当することを理由としている．民集 65 巻 4 号 1855 頁（1868 頁以下）．
38) 浦部・前掲注 6)142 頁，渋谷秀樹『憲法〔第 3 版〕』（有斐閣，2017 年）421 頁など．浦部は a の類型のなかで信仰の勧奨の禁止も挙げるが，本章はこれを客観法としての政教分離原則の問題と考えている．

でも問題が提起されてきた。後者の類型については後に(Ⅴ2)考察することとして、本節では主に前者の形態で争われた事件をとりあげる。

これまでに訴訟で争われた事件において、信教の自由に対する制約がないとされた事例はほとんどない。そのなかで京都市古都保存協力税条例事件の京都地裁判決は、その趣旨を含む。この事件では条例施行前に、施行の差止めなどを求めて提訴された。そこで、差止め要件の判断のなかで、信教の自由の回復し難い損害となるかに関して、注目すべき判示がなされた。本件条例による課税が参拝者の信仰の自由に反しないかについて、判決は次のようにいう。「本税が、有償で行う文化財の観賞という行為の客観的、外形的側面に担税力を見出して、観賞者の内心にかかわりなく一律に本税を課すものであること、本税の税額が現在の物価水準からして僅少であることなどに鑑みると、本件条例は、文化財の観賞に伴う信仰行為、ひいては観賞者個人の宗教的信仰の自由を規律制限する趣旨や目的で本税を課すものでないことは明らかであり、また、右信仰行為に抑止効果を及ぼし、これを結果的に制限するものでもない」[40]。

この事件では、本章でこれまで扱った他の事例とは異なり、条例自体による信教の自由の制約が問題となっている。京都地裁は、本件課税は参拝者の信仰の自由に対する制約にはならない、とした。この判断の背後には、「内面的信仰／外形的行動」に関する二分論がうかがえる[41]。しかしこの事案は、参拝という宗教的行為に対する間接的制約があることを認めた上で、その正当化について審査した方がよかったように思われる。

(3) 間接的な制約があるとされた事例

宗教法人法81条に基づく宗教法人オウム真理教に対する裁判所による解散命令は、信者の信教の自由に反しないか。ここで問題となっているのは、信者の「宗教的行為の自由」と「宗教的結社の自由」である[42]。特別抗告を受けた最高裁は、「解散命令によって宗教法人が解散しても、信者は、法人格を有

---

39) 高橋・前掲注15)191頁。
40) 京都地判昭和59年3月30日判時1115号51頁(78頁)。
41) 駒村圭吾「信教の自由と法令上の義務」LS憲法研究会編『プロセス演習　憲法〔第4版〕』(信山社、2011年)34頁。なお類似の事件について、注79)とその本文を参照。
42) 近藤崇晴「判解」最判解民平成8年度(上)(1999年)76頁。

しない宗教団体を存続させ，あるいは，これを新たに結成することが妨げられるわけではなく，また，宗教上の行為を行い，その用に供する施設や物品を新たに調えることが妨げられるわけでもない．すなわち，解散命令は，信者の宗教上の行為を禁止したり制限したりする法的効果を一切伴わない」，として直接的制約がないことを述べる．「もっとも，宗教法人の解散命令が確定したときはその清算手続が行われ……，その結果，宗教法人に帰属する財産で礼拝施設その他の宗教上の行為の用に供していたものも処分されることになるから……，これらの財産を用いて信者らが行っていた宗教上の行為を継続するのに何らかの支障を生ずることがあり得る」，という[43]．この判決が「間接的で事実上の」支障という文言を用いているのは，後に紹介するように，正当化審査のなかではある（Ⅳ2(1)③）．しかし上記の判示は，最高裁が信者の信教の自由に対する間接的制約があることを認めた判断だ，と見てよいだろう．

　宗教法人オウム真理教解散の後も，宗教団体オウム真理教ないしその後継団体は存続していた．そこで，1992年に「無差別大量殺人行為を行った団体の規制に関する法律」（「団体規制法」）が制定され，それに基づいて当該団体に対して公安調査庁長官の観察に付する処分などが，公安審査会によってなされた．これに対して，この法律および観察処分が宗教団体の宗教的結社の自由や構成員の信教の自由に反しないか，などが争われた．東京地裁は，観察処分は「当該団体や当該団体に属する信者の宗教活動自体を直接的に禁止したり制限したりする法的効果を伴うものではない」，という．しかし，観察処分を受けたことにより，「当該団体及び当該団体に属する信者の行う宗教上の活動において事実上の支障を生ずることがあり得ると考えられ，このことは，信教の自由の事実上の障害となる」，と判断した[44]．この判決も，オウム真理教解散命令決定を意識しながら，信教の自由に対する間接的制約の存在を認めた判決ということができる[45]．

---

[43] 最一小決平成8年1月30日民集50巻1号199頁（202〜203頁）．なお，和歌山地決平成14年1月24日訟月48巻9号2154頁も，宗教法人明覚寺に解散を命じているが，憲法上の議論は行っていない．

[44] 東京地判平成13年6月13日判時1755号3頁（34〜35頁）．当該法律の合憲性を争う局面では，結社の自由を援用する方がより適切だった，と思われる．この事件については，渡辺康行「『無差別大量殺人』団体への観察処分事件」木下智史ほか編著『事例研究　憲法〔第2版〕』（日本評論社，2013年）299頁以下．

(4) 直接的な制約があるとされた事例

　信教の自由に関する判例においても，直接的な制約があるとされた事例はない．しかし，直接的制約か間接的制約かが争われることは，稀ではない．例えば，先に扱った宗教団体オウム真理教ないしその後継団体に対する観察処分の事件は，その一例である．学説では，「信者の特定に足りる情報の報告を法的に義務づけることは，宗教的結社の自由の典型的な『侵害』に当たる」ため，「少なくとも観察処分の段階では，信教の自由の直接的制約に至っている」，とする見解が出されている[46]．

　またエホバの証人剣道受講拒否事件においても，原告は，次のような趣旨の主張をしていた．神戸高専が体育科目の中に剣道を取り入れたのは，かねてよりエホバの証人の学生が多数入学して来ることに懸念をいだいた学校側が，エホバの証人の学生を排除する目的による，というのである[47]．この主張は，剣道履修の義務づけはエホバの証人の信教の自由に対する直接的制約だ，とするものであろう．これに対して裁判所は，神戸高専が武道場のある新校舎に移転したため剣道の授業が可能になったからにすぎないとして，この捉え方を否定した[48]．

3　小括

　思想・良心の自由に関して，従来の判例には，内心と外部的行為の二分論に立ち，外部的行為を強制したからといって思想・良心の自由の制約とはならない，と片付ける傾向が見られた．これに対して信教の自由に関しては，外部的

---

45) その後 2003 年に，本文で扱った 3 年間の観察処分をさらに 3 年間更新する決定がなされたため，法律および更新決定の合憲性などが争われる．この事案に関する東京地判平成 16 年 10 月 29 日訟月 51 巻 11 号 2921 頁は，観察処分により，当該団体やその構成員に「負担が生じる」ことを認めながら，「宗教活動自体を規制したり，構成員の精神的・宗教的な側面に容かいするような性質のものではない」(3023 頁)として，制約の存在を認めつつもその程度は少ないものと判断している．この判決も，本文で紹介した平成 13 年判決とは捉え方がかなり異なるものの，観察処分が信教の自由に対する間接的制約となることは否定していないと思われる．
46) 宍戸常寿『憲法　解釈論の応用と展開〔第 2 版〕』(日本評論社，2013 年)45 頁，長谷部恭男編『注釈日本国憲法(2)』(有斐閣，2017 年)316 頁(駒村圭吾)．
47) 剣道受講拒否事件第一審における原告側の主張．神戸地判平成 5 年 2 月 22 日判タ 813 号 134 頁(138 頁)．長谷部恭男『憲法学のフロンティア』(岩波書店，1999 年)52〜53 頁(注 7)，阪口正二郎「第 20 条」芹沢斉ほか編『新基本法コンメンタール　憲法』(日本評論社，2011 年)162〜163 頁も，原告の主張に好意的．
48) 判タ 813 号 134 頁(141 頁)．

行為も保護領域のなかに入ると解されているため，外部的行為の強制による信教の自由に対する制約の存在も認められることが多い．このような二つの自由に関する判例傾向の違いは，近年では，接近しつつある．それが，外部的行為の強制が思想・良心の自由に対する間接的制約となり得ることを認めた，起立斉唱命令判決である．この判決では制約の有無の判断方法について独自の発展があるため，それが信教の自由判例に影響を及ぼすのかも注目できる．なお，制約が直接的か間接的かは，見方に応じて相対的である．この区別については，後に（Ⅴ 1 (2)）考えたい．

　近年の学説では，内心の自由に対する制約を「外部的行為」の強制型と「不利益取扱い」型に再編し，前者をさらに「外面的行為」の強制と「自発的行為」の強制に区分する試みが，大きな注目を集めた．「外面的行為」の強制とは，「当人の自発性に基づいていなくてもその行為が現実に行われること自体に意味がある」行為が強制されることである．この類型では，強制も原則的に許容される．しかし一般的な規制が個人の真摯な内心と深いレベルで衝突するときには，一般的義務を個別的に免除することが憲法上要請される．ピアノ伴奏拒否事件やエホバの証人剣道受講拒否事件などが，この類型の事案である．「自発的行為」の強制とは，「当人の自発性に基づいていなければその行為の本来の趣旨が没却されるという性格」の行為を強制することである．この強制は憲法上許されず，強制は全体として（誰に対しても）違憲無効となる．謝罪広告事件や起立斉唱命令事件が，この類型の事案とされる[49]．

　この提案における「外面的行為」の強制という類型は，「外面的行為」を強制されても原則的には内心とはかかわりがないという二分論を前提としている．この点では，思想・良心の自由に関する伝統的な判例の立場と同一の発想に立つ[50]．もっとも，どの行為がいずれの類型に該当するかは判断が分かれる余地があり，判例はさらに謝罪広告も「外面的行為」と考えているようである．この学説に対しては，「外観上も強制のゆえであって自発的意思のゆえではないことが明白でありさえすれば，『自発的行為の強制』型には当てはまらず，

---

[49] 佐々木弘通「『人権』論・思想良心の自由・国歌斉唱」成城法学 66 号（2001 年）1 頁以下，同「思想良心の自由と国歌斉唱」自由人権協会編『憲法の現在』（信山社，2005 年）287 頁以下，同「第 19 条」芹沢ほか編・前掲注 47）145 頁以下など．
[50] 本書第 2 部第 1 章Ⅳ 2, 3 など．

原則として合憲となってしまう」[51]，という懸念が示されている．また実際に，ピアノ伴奏判決にも，この懸念の実例が見られる[52]．これに対して信教の自由の領域における判例では，内心と外部的行為の二分論が厳格な形態で現れることは少ない．先の学説による提案は，さしあたりは思想・良心の自由を念頭に置くものだが，内心の自由一般を視野に入れるものでもある．そうだとすると，信教の自由の領域では，従来の判例以上に厳格な二分論として機能する可能性はないかについても留意が必要であろう．

なお，これまで扱った事例のほとんどは，民事法上・行政法上の制約が問題となっている．また事前の制約ではなく，事後の制約の事例がほとんどである．これは本章で扱っている自由の基本的性格は「内心の自由」であり，これに対する刑事法上の制約や事前の制約は，きわめて例外的にしかなされないためである．

Ⅳ　正当化

1　「思想・良心の自由」に対する制約の正当化

(1)　正当化された事例

先述したように(Ⅲ1(3))，起立斉唱命令事件において，最高裁の一連の判決は，職務命令が思想・良心の自由に対する「間接的な制約となる面があること」を認めた．その上で，その制約が正当化されるかどうかは，「職務命令の目的及び内容並びに上記の制限を介して生ずる制約の態様等を総合的に較量して，当該職務命令に上記の制約を許容し得る程度の必要性及び合理性が認められるか否かという観点から判断する」，という立場を示した．問題となった職務命令については，「式典における慣例上の儀礼的な所作とされる行為を求め

---

51) 棟居快行「『君が代』斉唱・伴奏と教師の思想の自由」自由人権協会編『市民的自由の広がり』(新評論，2007年)83頁．佐々木説においても，「外面的行為の規制」型の制約の場合でも，「強制・禁止が，ある個人の保持する深いレベルの内心と衝突するとき……，同規制からその個人を免除するのが憲法上の要請である」とされるため，「原則として合憲」とまでは言わないものと思われる．辻村みよ子・山元一編『概説　憲法コンメンタール』(信山社，2018年)18頁(佐々木弘通)．
52) この判決は，「職務上の命令に従ってこのような行為が行われる場合には」，ピアノ伴奏が「特定の思想を有するということを外部に表明する行為であると評価することは」，「一層困難」という．民集61巻1号291頁(294～295頁)．

るもの」であること，「教育上の行事にふさわしい秩序」が必要なこと，「関係法令等の諸規定の趣旨」に沿うこと，「地方公務員の地位の性質及びその職務の公共性」などを挙げて，「必要性及び合理性が認められる」，と判断している[53]．これらの判決によって，判例法理における一般的な正当化審査の手法である比較衡量論が，思想・良心の自由の領域にも導入された．信教の自由の領域においても，正当化審査に関する一般的な定式化はなされていないだけに，このことは重要な意義をもつ．

(2) 正当化されなかった事例

「君が代」予防訴訟の東京地裁は，入学式などで，教職員に対し，「君が代」の起立・斉唱・ピアノ伴奏の義務を課すことは，思想・良心の自由に対する「制約」になる，という．この「制約」は，明言はされていないが，直接的制約の意味であろう．その上で，この制約が「公共の福祉による必要かつ最小限の制約」であれば正当化される，という立場を示す．問題となった義務づけに関しては，学習指導要領の国旗・国歌条項は教職員に対し起立・斉唱・ピアノ伴奏などの義務を負わせるものではないこと，教育委員会の通達は旧教育基本法10条1項所定の「不当な支配」に該当するもので違法であることなどを指摘して，「必要かつ最低限の制約を超えるもの」であるから憲法19条に違反する，と判断した[54]．この判決は，思想・良心の自由に対する制約が正当化されないとした唯一の判断である．しかし控訴審は一審を全面的に否定し，最高裁もその結論を維持した[55]．

先に見たように(Ⅲ 1 (4))，ピアノ伴奏判決における藤田裁判官の反対意見は，当該職務命令が「当人の信念・信条そのものに対する直接的抑圧となる」，という．この見地から，それが正当化されるためには，「職務命令によって達せられようとしている公共の利益の具体的な内容」と「上告人の『思想及び良心』の保護の必要との間で，慎重な考量がなされなければならない」，とする．

---

[53] 民集65巻4号1780頁(1786〜1789頁)など．
[54] 東京地判平成18年9月21日判時1952号44頁(63〜67頁)．さしあたり，本書第2部第2章を参照．
[55] 東京高判平成23年1月28日判時2113号30頁①事件，最一小判平成24年2月9日民集66巻2号183頁．

その上で，一方では学校行政の「究極的目的」，「中間的目的」，「具体的目的」の「重層構造」を分析し，他方ではピアノ伴奏が音楽担当教諭の「付随的な業務」にすぎないことを指摘して，原審に差し戻して「考量」をやり直すことを求めた[56]．

起立斉唱判決でも，藤田反対意見とは若干異なる論理を展開する，二つの反対意見が付された．これらの反対意見も，起立斉唱が「付随的な業務」にすぎないと理解する．その上で，第一小法廷判決における宮川光治裁判官は，「不起立不斉唱という外部的行動は上告人らの思想及び良心の核心の表出であるか，少なくともこれと密接に関連している可能性がある」ため，職務命令の正当化審査は「厳格な基準」によってなされるべきだとして，差戻しを相当とした[57]．この反対意見は，制約の仕方よりも，保護領域の捉え方によって審査基準を厳格化し，また正当化審査にアメリカ型の違憲審査基準論を採用するものである．第三小法廷判決における田原睦夫裁判官は，「職務命令のうち『起立』を求める部分については……合理性を肯認することができるが，『斉唱』を求める部分については上告人らの信条に係る内心の核心的部分を侵害し，あるいは，内心の核心的部分に近接する外縁部分を侵害する可能性が存する」という観点から，原審による再審理を求めた[58]．ここでも制約の仕方よりも，保護領域の捉え方が重視されている．この点に関しては，後にⅤ1で検討したい．

2 「信教の自由」に対する制約の正当化

(1) 正当化された事例

「信教の自由」に対する制約の正当化に関する古典的判例は，加持祈禱事件判決とされている．しかしこの判決は，先に見たように(Ⅱ2(2))，「公共の福祉」論によって，ごく簡単に制約を正当化したにとどまる．

より重要なのは，宗教法人オウム真理教解散命令決定である．この決定は，解散命令が信教の自由に対する間接的ないし事実上の制約となることを認めた

---

56) 民集 61 巻 1 号 291 頁 (301 頁以下)．
57) 民集 65 巻 4 号 1855 頁 (1868 頁以下)．
58) 民集 65 巻 4 号 2148 頁 (2180 頁)．

上で，「信教の自由の重要性に思いを致し」，その正当化のためには「慎重に吟味」しなければならない，という立場を示す．具体的には，次のことが考慮された．①解散命令の制度は，「宗教団体や信者の精神的・宗教的側面に容かいする意図によるものではなく，その制度の目的も合理的である」．②抗告人（オウム真理教）が，「法令に違反して，著しく公共の福祉を害すると明らかに認められ，宗教団体の目的を著しく逸脱した行為をしたことが明らかである」．③「抗告人の右のような行為に対処するには，抗告人を解散し，その法人格を失わせることが必要かつ適切であり」，他方オウム真理教やその信者の宗教上の行為における支障は，「解散命令に伴う間接的で事実上のものであるにとどまる」．④したがって，本件解散命令は，「抗告人の行為に対処するのに必要でやむを得ない法的規制である」．⑤本件解散命令は，「裁判所の司法審査によって発せられたものであるから，その手続の適正も担保されている」．こうして当該の制約は正当化された[59]．担当調査官によると，「本決定は，合憲性についての一般的な判断基準を判示しているわけではない」が，「当該法的規制によって達成しようとする目的の必要性・合理性と当該法的規制によって宗教上の行為に生ずる支障の程度との比較較量，より制限的でない他の選び得る手段の有無（LRAの原則），規制手続の適正の確保等が，憲法適合性の判断基準として念頭に置かれている」，と解説されている[60]．

なおこの決定以前の下級審の事例である日曜日授業参観事件では，日曜日に授業参観を行うことが，キリスト教徒の宗教教育の自由を制約することが一つの争点となった．東京地裁は，「公教育上の特別の必要性がある授業日の振替えの範囲内では，宗教教団の集会と抵触することになったとしても，法はこれを合理的根拠に基づくやむをえない制約として容認している」として，一般的な判断枠組みを示すことなく簡単に制約を正当化していた[61]．

(2) 正当化されなかった事例

信教の自由に対する制約が裁判上正当化されないとされた事例は，見当たら

[59) 民集50巻1号199頁（203～204頁）．
[60) 近藤・前掲注42）82頁．
[61) 東京地判昭和61年3月20日判時1185号67頁（79頁）．

ない.ただし,制約を違憲と判断するという手法をとらずに,当事者を救済した判決は散見される.代表的事例は,エホバの証人剣道受講拒否事件である.ここでの一つの争点は,剣道実技の履修義務づけがエホバの証人の学生の信教の自由を不当に制約していないか,であった.最高裁は,狙い撃ちの措置だという原告側による主張は採用せず(Ⅲ2(4)),義務づけは当然に合憲という見地から,この論点について判断を行っていない.むしろ中心的問題は,「信仰上の理由から剣道実技を履修しないという事態を成績評価,原級留置,退学処分といった場面でどう評価するか」に置かれた[62].この点に関する校長による裁量判断が違法とされたのである.この判断については,後に(Ⅴ3(1))論ずる.

「団体規制法」に基づく観察処分などの合憲性が問題となった事件において(Ⅲ2(3)),初回の観察処分に関する東京地裁平成13年判決は,信教の自由に対する制約が正当化されるかどうかについて,次のように比較較量の立場を明示する.「当該制限が必要かつ合理的なものとして是認されるかどうかは,その制限が必要とされる程度と,制限される自由の内容及び性質,これに加えられる具体的制限の態様及び程度等を較量して決せられるべき」である.その上で,①当該観察処分について,無差別大量殺人行為を「準備行為の段階で発見するために,当該団体の活動状況を明らかにするという処分の目的自体については,合理性がある」,という.しかし,②かつて無差別大量殺人行為を行った団体及びその構成員といえども,「その信教の自由等の制限が許されるためには,当該団体が再び無差別大量殺人行為を開始するという一般的,抽象的な危険があるというだけでは足りず,その具体的な危険があることが必要であり,かつ,その場合においても,観察処分による制限の程度は,右の危険の発生の防止のために必要かつ合理的な範囲にとどまるべき」,という見解を示す.③そしてこの見地から,観察処分の要件を規定する同法5条1項1号ないし4号に合憲限定解釈を施した上で,当該観察処分を合憲と判断した[63].これを裏側から見れば,法の要件を文言どおりに解釈すれば,信教の自由に対する制約は正当化されない,という趣旨を含む注目すべき判決であった[64].

[62) 川神裕「判解」最判解民平成8年度(上)(1999年)185頁.
[63) 判時1755号3頁(34~37頁).

3　小括

　従来，信教の自由に対する制約の正当化審査の手法に関しては，一般論を明示的に展開した最高裁判決はなかった．思想・良心の自由の領域では，そもそも正当化審査を行った最高裁判決がなかった．そのなかで，起立斉唱判決がようやく一般的定式化を行った．これは，二つの自由に対する制約の正当化に関する共通の判例法理といってよい．つまり，規制によって達成しようとする目的・内容とそれによって生ずる制約の態様等を総合的に較量して，必要性・合理性があるかを判断する，というものである．この審査枠組みは間接的制約にかかわるものとして定式化されている．しかし，最高裁の他の判決をも視野に入れると，制約が直接か間接かは，正当化の審査手法を左右するものというよりは，その審査における考慮要素の一つと位置づけられているようである[65]．今後の課題は，判例が定式化した比較較量論を目的・手段審査へ再構成し，手段の必要性・合理性審査に比例原則の思考による基礎づけを与えることであろう．例えば起立斉唱命令の事案においては，思想・良心の自由の重要性や，制約の実際上の重大性等にかんがみれば，手段の必要性審査はより厳格になされるべきであったように思われる．このような方向性は，「信教の自由の重要性に思いを致し」，その正当化のためには「慎重に吟味」しなければならないと判示した宗教法人オウム真理教解散命令決定が，既に示しているものである．さらに起立斉唱命令事件における第一小法廷の宮川反対意見が，「厳格な審査」を提唱したことも貴重である．ピアノ伴奏拒否事件における藤田反対意見との間の論理構成の違いは，二次的な問題だと思われる（Ⅳ1(2)）．

　ところで，権利主体が個人であるか団体であるかは，上記の較量に際して考慮されるのだろうか．判例が法人や団体が思想・良心の自由の共有主体である

---

64) これに対して，観察処分期間の第1回目の更新決定に関する東京地判平成16年10月29日訟月51巻11号2921頁は，同じく比較較量の審査手法を採用した上で，「本法の定める観察処分は，その対象が，……極めて限られた団体であり，公共の安全の確保のために観察処分を行う強い必要性が存する一方で，これによって当該団体及びその構成員の被る制約は，当該団体又はその構成員らの団体活動の中核的な部分に関するものではなく」，「また，観察処分を行うための手続は……適正が担保されたものであることからすれば」，観察処分による制約は正当化されるという（3024頁）．さらに，「法5条1項の定める各要件に加えて」，「具体的現実的な危険の存在が必要であると解することはできない」（3032頁），と判断している．

65) 参照，岩井伸晃・菊池章「判解」最判解民平成23年度（下）(2014年)478頁以下．

と考えているかは，今までのところはっきりしない．これに対して，法人や団体が信教の自由をもつことはたびたび確認されている．しかも自衛官合祀訴訟においては，県護國神社の信教の自由に対して，個人が「寛容」を要請されていた[66]．上記した比較較量の考慮要素のなかに主体が挙げられていないのは，法人や団体がかかわっている事案ではないためであろう．そうした問題の一つの局面については，別途扱う[67]．

V 二つの自由に関する解釈論の相互的検討

1 保護領域の核心・外縁論と直接的・間接的制約論

(1) 保護領域の核心と外縁

信教の自由に関する判例では，エホバの証人剣道受講拒否判決が，参加拒否の理由は「信仰の核心部分と密接に関連する真しなものであった」ことを指摘していた．この判示は，退学処分等が裁量権の範囲を超える違法なものかを判断する際に，考慮すべき要素の一つとして挙げられたものである(参照，V 3 (1))．

思想・良心の自由の領域において，「内心の核心部分」論を判例に取り込む契機となったのは，先にも紹介した(Ⅱ1 (2))，ピアノ伴奏拒否事件に関する森調査官解説である．つまり，「内心の核心部分を直接否定するような外部的行為を強制すること」は19条違反となり得る，という見解である．この見解は，核心・外縁論と直接的・間接的制約論を共に含んでいる．このうち，前者の観点は，下級審判決を経由して，起立斉唱判決のいくつかの個別意見にも影響を与えている．この核心・外縁論の適否について学説では以前から議論があったところだが[68]，最高裁の評議のなかでも応酬があったことがうかがえる．

---

66) 最大判昭和63年6月1日民集42巻5号277頁(288頁)．この判決に対する鋭利な分析として，樋口陽一『憲法[第3版]』(創文社，2007年)226〜228頁．
67) 本書第2部第5章，第6章．
68) 本書第2部第3章Ⅲ3参照．調査官解説は「内心の核心部分」を「歴史観ないし世界観」だとするものだった．これに対して，「思想や良心の核心部分」を語る学説の例として，戸波江二「『君が代』ピアノ伴奏拒否に対する戒告処分をめぐる憲法上の問題点」早稲田法学80巻3号(2005年)125頁など．本文で紹介する各裁判官にも，二通りの使い方があることに注意すべきである．

第一の対立点は，核心・外縁を判断すること自体にかかわる．懸念を示すのが，第二小法廷判決における竹内行夫裁判官の補足意見である．「人の外部的行動が歴史観等に基づいたものである場合に，当該行動と歴史観等との関連性の程度というものはおよそ個人の内心の領域に属するものであり，外部の者が立ち入るべき領域ではないのみならず，そのような関連性の程度を量る基準を一般的，客観的に定めることもできない．あえてこれを量ろうとするならば，それは個人の内心に立ち入った恣意的な判断となる危険を免れない」[69]，というのである．これに対して千葉勝美裁判官の補足意見は，その判断は「本人の内心の領域に立ち入」るものではなく，「飽くまでも外部的行動が核となる思想信条等とどの程度の関連性が認められるかという憲法論的観点からの客観的，一般的な判断に基づくものにとどまる」，と反論している[70]．

　第二の対立点は，核心・外縁区別論を用いた上での結論にかかわる．核心・外縁論を用い，起立斉唱の職務命令は思想・良心の自由の核心に反する行為を強制する可能性があり，そうだとすれば「厳格な審査」をすべきだという結論を導いたのは，第一小法廷の宮川反対意見であった（Ⅳ1(2)）．これに対して第三小法廷の大谷剛彦裁判官の補足意見は，上記職務命令は，「本人に心理的葛藤を生じさせ，ひいては内心の中核の歴史観ないし世界観へ影響を及ぼし，思想及び良心の自由についての間接的な制約となる」と位置づけた上で，その制約は正当化されると論じていた[71]．なおこの核心・外縁論については，問題となっている考え方は核心部分には該当しないという形で用いられることになるだろう，という懸念があった[72]．実際に第二小法廷における須藤裁判官の補足意見は，ピアノ伴奏判決における藤田裁判官が提唱した，一律の強制で起立斉唱させるべきではないという「社会生活上の信条」もあり得るとしつつ，比較考量において，「歴史観等に係る間接的制約の場合と異なり，特段の事情がある場合は別として，その許容性が一般に容易に肯定される」，と論じている．これは，「そのような社会生活上の信条は歴史観等の核心部分からやや隔

---

69) 民集65巻4号1780頁(1792頁)．学説では，例えば，清水晴生「良心の自由の法理」白鷗法学17巻2号(2010年)200頁，232頁など．
70) 民集65巻4号1780頁(1811頁)．同法廷の須藤正彦裁判官の補足意見にも，同様の見解が示されている(1798頁)．
71) 民集65巻4号2148頁(2172頁)．
72) 本書第2部第3章注24)参照．

たる」，と評価されたからである[73]．

このように裁判官の間では様々な意見があったが，多数意見は核心・外縁論を，少なくとも明示的には，採用していない．

(2) 直接的制約と間接的制約

信教の自由に関する最高裁判例のなかでは，宗教法人オウム真理教解散命令決定が，解散命令は信者の信教の自由に対する「間接的で事実上の」支障にとどまるという形で論じていた．また，「団体規制法」に基づく観察処分の合憲性を判断した平成13年東京地裁判決も，観察処分は信教の自由に対する「事実上の障害となる」という形で，明示的ではないけれども，間接的制約を認めていた（Ⅲ2(3)）．前者では，「間接的で事実上の」支障という用語は制約の効果・影響に着目したものとして使用されていた．

間接的制約論を，思想・良心の自由に関して導入したのが，上述した森調査官解説およびその後のいくつかの下級審判決を経由した起立斉唱判決である．この判決の多数意見も，自由に対する効果・影響に着目して間接的制約という捉え方をしている（Ⅲ1(3)）．

思想・良心，信教の自由以外の領域では，猿払判決において，「間接的，付随的な制約」という概念が用いられたことが著名である．この判決は，「意見表明そのものの制約をねらいとしてではなく，その行動のもたらす弊害の防止をねらいとして禁止する」ことを，意見表明の自由に対する「間接的，付随的な制約」と呼んだ[74]．ここでは，「直接的制約」か，「間接的，付随的な制約」かは，「『表現』の規制を目的としているか，それとも表現以外の行為の規制を目的としているのか」という，規制のねらいによる区別として用いられていた[75]．なお猿払判決では，「間接的，付随的な制約」は，明示的には，禁止により失われる利益の少なさを語る場面で登場する．しかし実際には，「間接的，

---

73) 民集65巻4号1780頁（1805～1806頁）．千葉裁判官も類似した見解のようである（1812頁）．
74) 最大判昭和49年11月6日刑集28巻9号393頁（401頁）．
75) 高橋和之「審査基準論の理論的基礎（下）」ジュリ1364号（2008年）121頁．なお，宍戸・前掲注46)39頁は，「『付随的』は，意見とは異なる弊害の抑止を狙った規制の結果，偶然的に意見表明の自由に制約が及んだことを，『間接的』は行動の結果としての弊害が直接的な規制対象だから，意見表明の自由の不利益の程度は小さいはずだ，ということを指す」，という分析を行っている．

付随的な制約」については，いわゆる猿払三基準によって正当化されるかどうかを判断する，という形でも使われていた[76]．これに対して，思想・良心，信教の自由の領域においては，間接的制約があった場合の正当化審査の手法は，総合衡量であり猿払三基準ではない．

確かに，規制の「ねらい」と「効果・影響」は表裏一体であり，また併用可能な指標でもある．しかし，判例において，直接的制約と間接的制約の区別の指標が必ずしも一致していないことに留意しておくべきである．もちろん，具体的事案における制約が直接的か間接的かは常に争われる．この点については既に言及しているが（Ⅲ1 (4)，2 (4)），間接的制約論を導入した起立斉唱判決に対しても，職務命令は当該教師の思想・良心の自由に対する「直接的侵害」だ，という批判は学説上の有力説である[77]．

2　一般的法義務の免除の可否

(1) 二つのアプローチ

信教の自由に関する事件の多くは，自由に対する制約が正当化されるかという形と並んで，一般的に課せられた法的義務自体は正当であることを前提として，当該個人がもつ信教の自由を理由としてその義務から免除され得るか，といった形によっても争われ得る．ところで現在の学説では，免除の可否を論ずる際の理論構成として，平等取扱説と義務免除説を対比する整理が著名である．前者は，a「当該法令が，直接的・目的的に信教の自由を侵害するものではない限り，信教の自由を侵害せず」，b「一般的法義務を信教の自由の名の下に免除するとすれば，当該信仰者に対して，その信仰を理由として報奨を与えることになり，平等原則および政教分離原則に反する」，という考え方である．後者は，a′「信教の自由に対する侵害は……間接的・偶発的なものである場合にも，信教の自由の行使を一定程度以上妨げるときには違憲となり得る」し，b′「当該信仰が真摯なものであり，かつ当該妨げの程度が重大である場合には，

---

76) 様々な議論について，渡辺康行「『合理的関連性の基準』の再検討」法時増刊『国公法事件上告審と最高裁判所』（日本評論社，2011年）140頁以下を参照．堀越事件判決（最二小判平成24年12月7日刑集66巻12号1337頁）により猿払三基準が回避された後，現在では総合衡量が判例における一般的な正当化審査の手法となっている．

77) 西原博史「判批」世界821号（2011年）121頁，青野篤「判批」大分大学経済論集63巻4号（2011年）188〜189頁，倉田原志「判批」速判解（法セ増刊）10号（2012年）16頁など．

規制によって得られる利益が，特に重大な公共の利益である場合を除き，間接的，偶然的な制約でも，当該信仰者に対する関係で違憲となる」，と解する見解である[78]．このアプローチの区別は，制約の捉え方と違憲となり得る場合の捉え方という二つの要素から構成されている．そのためそもそも名称は，その内容を表現し尽くすものではない．このことに留意した上で，この整理を手掛かりとしながら，従来の信教の自由に関する諸判決を位置づけたい．

(2) 平等取扱説による判例

奈良県文化観光税条例事件における一つの争点は，東大寺金堂と法隆寺西院の入場者に課税することは参拝者の信教の自由(宗教的行為の自由)に反しないか，であった．奈良地裁は，条例は「特に宗教を対象としこれを規制したもの」ではない，ということを理由に合憲と判断した．判決はさらに，上記の「二か所は，いずれも文化財を公開している場所ではあるが」，「まさに宗教行為の場でもある」から，「参詣礼拝が同所への入場の本来の目的である者」がいることは否定できず，かかる者にとっては「宗教的行為に対して課税された」ことになる，と認める．しかし，このような者に支払いを免除すると，「同じく対価を支払って入場するのに拘らずその者は信条を理由として免税の特権を与えられることになり」，平等原則に反する，というのである[79]．これが平等取扱説をとった代表的判決である．

日曜日授業参観事件の東京地裁にも，次のような判示がある．「宗教行為に参加する児童について公教育の授業日に出席することを免除する……ということでは，宗教，宗派ごとに右の重複・競合の日数が異なるところから，結果的に，宗教上の理由によって個々の児童の授業日数に差異を生じることを容認することになって，公教育の宗教的中立性を保つ上で好ましいことではない」[80]．

エホバの証人剣道受講拒否事件に関する神戸地裁も，類似の判断を行っている．判決は，神戸高専が剣道実技の履修を求めることにより，「原告らの信教

---

[78] 安念潤司「信教の自由」樋口陽一編『講座憲法学3 権利の保障(1)』(日本評論社，1994年)190頁以下，同「信教の自由」法教209号(1998年)49頁以下．

[79] 奈良地判昭和43年7月17日行集19巻7号1221頁(1258～1259頁)．これに対し，類似の条例であった古都保存協力税条例に関する京都地判は，信仰の自由に対する制約がないと構成し，bに該当するような判示も行っていない(Ⅲ2(2))．

[80] 判時1185号67頁(79頁)．

の自由が一定の制約を受けたことは否定することはできない」としつつも，「剣道の履修義務自体は何ら宗教的意味を持たず，信教の自由を制約するためのものではない」，という．また，「剣道の実技に参加していないにもかかわらず，信教の自由を理由として，参加したのと同様の評価をし，又は，剣道がなかったものとして……評価したとすれば，宗教上の理由に基づいて有利な取扱いをすることになり，……公教育に要求されている宗教的中立性を損ない，ひいては，政教分離原則に抵触することにもなりかねない」，と論じた[81]．

このように，平等取扱説の特徴とされるa，bを共に述べているのは，奈良県文化観光税条例事件の奈良地裁である．しかし，bの趣旨を述べている判決はそのほかにも存在する．義務を免除すると平等原則や宗教的中立性要請に反するのではないかという視点で論じていることを重視すれば，例を多少広くとることも可能であろう．ただし，現在の日本において，信教を直接的な理由として別異取扱いがなされるという事態はあまり想定できず，また何らかの支障を理由とする信教にかかわる別異取扱いも合理的根拠があれば正当化されるとするのが判例の基本的立場であるため，別異取扱いがすぐさま平等原則違反となるわけではない．政教分離原則についても，同様である．先の学説が描くような典型的な平等取扱説をとる判決は，なされにくいはずである．

(3) 義務免除説による判例

義務免除説の特徴とされたa′の見解をとる判決は，Ⅲ2(3)(4)で示したように，多い．これに対しb′のように，義務免除しなければ（適用）違憲となるかどうかという観点により判断した判決は，見当たらない．しかし，学校長などが義務免除せず，義務の不履行に対して行った不利益処分を違法としたり，裁判所が義務違反に対する刑罰の違法性を阻却したりした判決例は，いくつか存在する．

例えば牧会事件に関する神戸簡裁は，牧会活動が「社会生活上牧師の業務の一内容」であることを前提に，そうした牧師の行為は「それが具体的諸事情に

---

81) 神戸地判平成5年2月22日判タ813号134頁(141～142頁)．なお同じ事件に関して処分の執行停止の申し立てを却下した，神戸地決平成4年6月12日判時1438号50頁(55頁)，大阪高決平成4年10月15日判時1446号49頁(54頁)も，同旨の判断を行っている．

照らし，目的において相当な範囲にとどまり，手段方法において相当であるかぎり，正当な業務行為として違法性を阻却する」，という審査手法を採用する．その上で，「宗教行為の自由」に「最大限の考慮を払」うことにより，当該牧会活動は罪とならない，としたのである[82]．

これに対して，日曜日授業参観事件における東京地裁は，「本件授業の実施に伴い，原告らに一定の事実上の不利益が生ずることを認められるものの，本件授業は，法令上の根拠を有し，その実施の目的も正当であるところ，実際に当該年度の実施された日曜日授業の回数……及び授業参観の目的を達成するためにとりうる代替措置の可能性の程度からみても，本件授業の実施に相当性が欠けるところはなく，被告校長の裁量権の行使に逸脱はない」，と判断している[83]．この判決は，校長が公教育の受講義務を免除せず，欠席記載したことについて，諸般の事情を考慮した上で，適法と認めたものである．

エホバの証人剣道受講拒否事件の最高裁判決は，義務免除を認めず，義務を履行しなかったために科目認定を受けられなかった学生を退学処分などにした校長の措置を，次にⅤ3(1)で見るような理由によって，違法とした．類似した事案であった日曜日授業参観事件との結論の相違は，剣道実技の履修自体が信仰上の教義に直接反するものであること，学生の被った不利益の程度が極めて大きいことなどによって説明され得る[84]．

以上のように，一般的法義務を免除することの可否が問題となった事件は散見されるが，先の学説の描くような典型的義務免除説に立つ判例は存在しない．判例状況を説明する概念として適合的でない理由は，先の学説による特徴づけがアメリカにおける議論を念頭において定式化されたためである．したがって，アメリカの判例の見解を日本に導入しようとする学説には，義務免除説の特徴

[82) 神戸簡判昭和50年2月20日判時768号3頁(6〜7頁)．なお，学説では，犯人蔵匿罪の「構成要件に該当しな」い(金澤文雄「判批」判タ325号〔1975年〕104頁)，「社会的に許容しうる範囲内の行為である」(大谷実「判批」昭和50年度重判解〔ジュリ615号，1976年〕125頁)，「処罰するほどの違法性がなかった」(前田光夫「判批」芦部信喜・若原茂編『宗教判例百選〔第2版〕』〔有斐閣，1991年〕25頁)といった，判決とは別の解釈手法も提案されている．諸説の大きな違いは，出発点として，当該牧師の行為を信教の自由の保護領域に含めるか(神戸簡判，金澤)，否か(大谷，前田)にある．

83) 判時1185号67頁(80頁)．

84) 川神・前掲注62)187〜188頁．棟居快行「判批」法教192号(1996年)95頁，内野正幸「みんなが生きてゆくために」樋口陽一編『ホーンブック憲法〔改訂版〕』(北樹出版，2000年)235頁，高橋・前掲注15)192頁など．

づけがよく当てはまる．

野坂泰司がエホバの証人事件を素材に行った研究は，その代表である．そこでは，神戸高専が体育の種目の一つとして剣道を採用することは不合理ではないことを前提に，「問題は，剣道の実技の履修を(信仰上の理由から受講できない学生を含む)すべての学生に例外なく義務づけることが『必要不可欠の利益』に仕える『厳密に工夫された手段』として正当化されるかどうかである」，とされた．その上で，「神戸高専による剣道実技の履修義務づけは，厳格な審査をパスできず，原告らとの関係において違憲と判断されるべき」(強調は原文)だ，と主張されていた[85]．繰り返して確認すると，ここで提唱されたような，剣道履修の義務づけが原告との関係で違憲だから，原告に履修義務はなく，不利益処分の根拠もない，という内容の議論を，最高裁は採用したわけではない．そもそもこの判決において，エホバの証人の学生は，剣道受講義務を免除されてはいない．これを義務免除説の判決と呼ぶのは，名称からして適切ではない[86]．これまで扱った諸判決は，これも多義的な概念ではあるが，信教の自由に「配慮」した判決と位置づけた方がよいだろう．

(4) 思想・良心の自由に基づく義務免除

これまで概観してきたように，一般的法義務免除の可否は，主に信教の自由に関して論じられてきた．これに対して，思想・良心の自由に基づく義務免除はあり得るか．このことが問題とされたのが，「君が代訴訟」の事例である．確かに，「信教の自由のもつある種の優越的地位」を理由として，義務免除は信仰に基づく場合にのみ許される，とする見解も有力である[87]．実際にも一連の「君が代」裁判では，職務命令等を違憲とする本来的な意味での義務免除

---

85) 野坂泰司「公教育の宗教的中立性と信教の自由」立教法学37号(1992年)9頁以下．その他，戸波江二「信教の自由と剣道受講義務」筑波法政16号(1993年)20頁以下，平野武「剣道履修の拒否と信教の自由」龍谷法学25巻1号(1992年)132頁以下，小林武「信教の自由と公教育の宗教的中立性(一)」南山法学17巻2号(1993年)107頁以下など．日曜日授業参観事件に関連して，高柳信一「日曜日授業と宗教の自由」専修法学論集43号(1986年)202頁以下．
86) 義務免除について，適用違憲を前提とした説明を行いつつ，エホバの証人判決を義務免除の判決の例とするかのような学説は多いが，誤解を招かないような記述が必要であろう．例えば，浦部・前掲注6)144頁．
87) 安念・前掲注78)講座200頁．異なる立場としては，森口千弘「良心・信仰への間接的な制約と保護」朝倉むつ子・西原博史編『平等権と社会的排除』(成文堂，2017年)157頁以下．

は，予防訴訟の東京地裁(Ⅳ1(2))を除いて，認められていない．この点に関する最高裁の立場は固まったかのように見える現在では，別の論じ方を探る必要がある．款を新たにして考察したい．

3 不利益処分に関する行政裁量の統制

(1) 信教の自由と行政裁量

これまでたびたび言及してきた(Ⅳ2(2)，Ⅴ2(3))エホバ証人剣道受講拒否事件の最高裁判決が，ここでの重要な素材である．この判決は，校長による学生処分の裁量統制の基本的枠組みとしては，「校長の裁量権の行使としての処分が，全く事実の基礎を欠くか又は社会観念上著しく妥当を欠き，裁量権の範囲を超え又は裁量権を濫用してされたと認められる場合に限り，違法」とする，行政裁量審査の伝統的な定式を採用している．しかしその結論部分では，「信仰上の理由による剣道実技の履修拒否を，正当な理由のない履修拒否と区別することなく，代替措置が不可能というわけでもないのに，代替措置について何ら検討することもなく」，原級留置処分や退学処分とした措置は，「考慮すべき事項を考慮しておらず，又は考慮された事実に対する評価が明白に合理性を欠き，その結果，社会観念上著しく妥当を欠く処分」であり，「裁量権の範囲を超える違法なもの」だ，とされている[88]．

この判決は，行政裁量に関して判断過程審査(実質的考慮要素審査)がなされた代表例の一つである．より詳しくは，「第一に代替措置の有無を検討しなかったという考慮遺脱，第二に単位不認定の理由や全体成績を勘案せずに学業の見込みなしと判断したことの過大考慮・過小考慮が，指摘されてい」る，と分析される[89]．なお担当調査官は，本判決を，裁量審査に当たって，「信教の自由が背景にあることを十分考慮に入れるべき」としたものと解説している[90]．

[88) 最二小判平成8年3月8日民集50巻3号469頁(476頁以下).
89) 宍戸常寿「裁量論と人権論」公法研究71号(2009年)104頁．二審と比較した上で，学校が代替措置を検討すらしなかったことに最高裁による違法判断の根拠があるとする見解として，樋口陽一ほか『新版 憲法判例を読みなおす』(日本評論社，2011年)98～99頁(蟻川恒正).
90) 川神・前掲注62)185頁．学説でも，亘理格「行政裁量の法的統制」芝池義一ほか編『行政法の争点〔第3版〕』(有斐閣，2004年)118～119頁，曽和俊文ほか『現代行政法入門〔第3版〕』(有斐閣，2015年)165～166頁(亘理格)，橋本博之『行政判例と仕組み解釈』(弘文堂，2009年)163～164頁，駒村・前掲注41)33頁など．

これに対して，「剣道実技の拒否が『信仰の核心部分と密接に関連する真しなものであった』点が斟酌されていることは確か」だが，「それは考慮遺脱の中での判断であり，考慮遺脱に踏み込んで審査することの理由が信教の自由にある，と明示されたわけでは」ない．「むしろ最高裁は退学処分の重大性から『特に慎重な配慮を要する』と述べており，判決文上はこの点が統制密度を深めたと見るべき」，という指摘がある[91]．確かに判決文上は，この説明のようにも読み得る．しかし，判決や調査官がわざわざ信教の自由に言及したことを，今後のための手掛かりとして活用することにも意味はあるだろう．

(2) 思想・良心に基づく行為に対する不利益処分と行政裁量

最高裁が，思想・良心に基づく行為に対する不利益処分に関する裁量審査を行った事例はなかった．ピアノ伴奏拒否事件においても，起立斉唱命令事件においても，職務命令の合憲性のみが判断された．「君が代」訴訟に関して憲法上の主張が難しくなってきた現段階においては，不利益処分に対する裁量審査の重要性が増す．そしてこの点において，エホバの証人最高裁判決が参考となるはずである．

起立斉唱判決においても，例えば第三小法廷判決の岡部裁判官による補足意見は，不利益処分の裁量審査について次のように述べている．「①当該命令の必要性の程度，②不履行の程度，態様，③不履行による損害など影響の程度，④代替措置の有無と適否，⑤課せられた不利益の程度とその影響など諸般の事情を勘案した結果，当該不利益処分を課すことが裁量権の逸脱又は濫用に該当する場合があり得る」[92]．また下級審では，不利益措置を違法とした判決が，本稿執筆時(2012年)までにおそらく5件でている．このうち2件は，卒業式などにおける不起立を理由とする処分歴を考慮した，定年後の再雇用拒否を違法とする東京地裁判決である[93]．もう2件は，不起立などを理由とする戒告処

---

91) 宍戸・前掲注89)105～106頁．また，深澤龍一郎「裁量統制の法理の展開」法時82巻8号(2010年)35頁．
92) 民集65巻4号2148頁(2165～2166頁)．また，第二小法廷判決における須藤裁判官の補足意見も，憲法論と不利益処分の裁量統制との「棲み分け」を語っている．民集65巻4号1780頁(1797頁)．
93) 東京地判平成20年2月7日判時2007号141頁，東京地判平成21年1月19日判時2056号148頁．これらの判決については，本書第2部第3章を参照．

分および減給処分を違法とした同日付の同一裁判体による東京高裁判決(大橋寛明裁判長)である[94]．もう一件は，年代的には最も古く，「北九州ココロ裁判」の福岡地裁が戒告処分を合法としつつ，減給処分を違法としている[95]．判断過程審査の手法などを用いた東京地裁判決については，既に検討したことがあるため，ここでは東京高裁判決に言及したい．この判決は，過去の他の処分事例との均衡，不起立行為が歴史観・世界観などに基づく真摯な動機によるものであること，その歴史観などが独善的なものではないこと，不起立などによって卒業式などが混乱したという事実はないこと，国旗・国歌法制定の際の政府答弁は不起立等が違法ではないと考えるためのそれなりの根拠を与えたこと，学説では起立斉唱・ピアノ伴奏の強制は違憲とするのが通説であることなどを指摘して，原告らに対する戒告処分および減給処分を「社会観念上著しく妥当を欠き，重きに失する」として違法と判断している[96]．行政裁量論は行政法学の重要な研究対象であるが，上述のような諸判決は，思想・良心の自由に一定の「配慮」をしたものとして，憲法学からも注目に値する．

上述した東京高裁判決のすぐあと，東京高裁の別の部で全く異なる判決があった．この判決は，不起立を理由とする2名の教員に対する停職処分を東京都教育委員会の裁量の範囲内だと判断した[97]．これらの三つの判決について，その後，最高裁による判断があった．第一小法廷の二つの判決は，懲戒処分に関する裁量権を認めた上で，戒告より重い減給や停職は不利益が大きいため，「事案の性質等を踏まえた慎重な考慮が必要となる」，という．判示対象となった事例については，168名に対する戒告処分は取り消さず，1名に対する減給処分および1名の停職処分は取消し，もう1名の停職処分は取り消さない，と判断を分けた．不起立等が「個人の歴史観ないし世界観等に起因するものである」ことを一つの考慮要素として，行き過ぎた懲戒処分に一定の歯止めをかけ

---

94) 東京高判平成23年3月10日判時2113号30頁②．別件判決もほぼ同一内容のようであるが，判例集未登載．
95) 福岡地判平成17年4月26日LEX/DB28101269．この判決については，本書第2部第1章Ⅱ2を参照．
96) 判時2113号30頁②事件(96〜98頁)．なおこの東京高裁判決以外の，本文で掲げた三つの地裁判決は，いずれも控訴審で否定されている．注14)で挙げた平成23年の一連の最高裁判決は，それらの上告審判決である．
97) 東京高判平成23年3月25日判例自治356号56頁(加藤新太郎裁判長)．

たものである[98]．エホバの証人最高裁判決による審査手法との異同などについて，改めて検討する機会をもちたい[99]．

Ⅵ 結びに代えて

　本章の考察は，概観的な整理にとどまっている．しかし，思想・良心の自由と信教の自由という二つの自由に関する憲法解釈論の相互交流について，多少なりとも道筋を示すことができたように思われる．思想・良心の自由と信教の自由の保障に関する最大の相違は，後者には日本国憲法の明文上，政教分離という客観法原則による補強がなされているという点にある．思想・良心の自由に関して同様な客観法原則を想定できるかも，今後の検討課題であり続ける．

---

98) 最一小判平成 24 年 1 月 16 日判時 2147 号 127 頁①②事件．
99) 本書第 2 部第 4 章Ⅳ，第 3 部第 2 章を参照．

第 2 章 行政裁量審査の内と外
── エホバの証人剣道受講拒否事件と
「君が代」訴訟懲戒処分事件を素材として

I はじめに

　行政法学と憲法学の接点は多い．そのなかで本章は，近年，憲法学からの関心が高まっている，行政裁量審査に際して憲法上の権利が果たし得る役割について，ささやかな検討を行う[1]．そのための素材は，エホバの証人剣道受講拒否事件と「君が代」訴訟懲戒処分事件に限定する[2]．これらの事件において，憲法上の権利は行政裁量審査の内側だけではなく，外側でも作用するはずだった．本章はそのことにも言及するなかで，義務づけに関しては憲法論，義務づけ違反に対する不利益処分等に関しては行政法論という，最高裁の公法判例における役割分担思考に辿りつきたい．

II エホバの証人剣道受講拒否事件判決

1 行政裁量審査と憲法上の権利

　エホバの証人剣道受講拒否事件判決(以下では「エホバ判決」という)[3]が退学処分等の行政裁量審査を行うに際して，信教の自由がいかなる役割を演じているのかについては，従来からしばしば論じられてきた[4]．最近これを消極に解する論稿が続出していることを機縁として[5]，もう一度判決文を読み直してみたい．

---

[1] 筆者による先行する論稿として，渡辺康行「憲法上の権利と行政裁量審査」長谷部恭男ほか編『高橋和之先生古稀記念　現代立憲主義の諸相　上』(有斐閣，2013年)325頁以下，渡辺康行ほか『憲法I　基本権』(日本評論社，2016年)90頁以下，169頁以下，180頁以下(渡辺)など．
[2] 本文で挙げた二つの判決を対比して検討することは，本書第2部第4章IV 3，および第3部第1章V 3で宿題としていたものである．
[3] 最二小判平成8年3月8日民集50巻3号469頁．
[4] さしあたり，渡辺・前掲注1) 330頁，355〜356頁．
[5] 木下昌彦「学校における規律と自由」横大道聡編『憲法判例の射程』(弘文堂，2017年)244頁，高橋和広「公教育と信教の自由」甲子園大学紀要44号(2017年)41頁以下，堀口悟郎「行政裁量と人権」法学研究91巻1号(2018年)491頁以下．

まず最高裁は、①「高等専門学校の校長が学生に対し原級留置処分又は退学処分を行うかどうかの判断は、校長の合理的な教育的裁量にゆだねられるべきものであり、……処分が、全く事実の基礎を欠くか又は社会観念上著しく妥当を欠き、裁量権の範囲を超え又は裁量権を濫用してされたと認められる場合に限り」違法となる、という伝統的な立場を示す。しかし、②(ア)「退学処分は学生の身分をはく奪する重大な措置であり」、(イ)「学校教育法施行規則13条3項も4個の退学事由を限定的に定めていることからすると」、「当該学生を学外に排除することが教育上やむを得ないと認められる場合に限って退学処分を選択すべきであり、その要件の認定につき他の処分の選択に比較して特に慎重な配慮を要する」、という。つまり(ア)と(イ)の要因が、行政裁量審査の密度を高めており、憲法上の権利は寄与していない。(ア)のように処分の重さを理由として「特に慎重な配慮」を要請するのは、比例原則の思考である[6]。しかしここで忘れてならないのは、大学の学生に対する懲戒処分の裁量審査がなされた先例である昭和女子大学事件判決も、(ア)と(イ)を指摘して、退学処分に「特に慎重な配慮」を求めつつも、審査は名目的なものにとどまり、実際には懲戒権者の裁量権を広く認めていたことである[7]。そのことからすると、エホバ判決が「特に慎重な配慮」がなされたか否かについて立ち入って審査したことには、これとは別の要因も作用している可能性がある[8]。

　この判決が原級留置および退学処分を「裁量権の範囲を超えた違法なもの」と判断したのは、次の事情に拠っている。③「高等専門学校においては、剣道実技の履修が必須」ではなく、「他の体育種目の履修などの代替的方法によってこれを行うことも性質上可能」である。④他方、(ア)「被上告人が剣道実技への参加を拒否する理由は、被上告人の信仰の核心部分と密接に関連する真しなものであった」[9]。(イ)「履修拒否の結果として、他の科目では成績優秀で

---

6) 最高裁は、原級留置処分については、「同様に慎重な配慮が要求される」という。退学処分についてと比較して「特に」を省いているのは、処分の重さの違いにより審査密度を変化させることについて意識しているためであろう。
7) 最三小判昭和49年7月19日民集28巻5号790頁。渡辺・前掲注1)328頁以下参照。
8) 念のために付け加えると、本文はそうあるべきだという趣旨ではない。退学処分のような重大な処分については、本来は常に「特に慎重な配慮」がなされていたかを立ち入って審査する必要がある。なお、エホバ事件における原級留置および退学処分は、典型的な懲戒処分とは性格が異なるため訓戒的効果の検討がないことについて、斗谷匡志「学校における学生、生徒に対する懲戒処分(特に退学処分)をめぐる問題」判タ1417号(2015年)28頁参照。

あったにもかかわらず，原級留置，退学という事態に追い込まれたものというべきであり，その不利益が極めて大きい」[10]．（ウ）「本件各処分は，その内容それ自体において被上告人に信仰上の教義に反する行動を命じたものではなく，その意味では，被上告人の信教の自由を直接的に制約するものとはいえないが，しかし，被上告人がそれらによる重大な不利益を避けるためには剣道実技の履修という自己の信仰上の教義に反する行動を採ることを余儀なくさせられるという性質を有するものであった」[11]．⑤「本件各処分が右のとおりの性質を有するものであった以上」(おそらく④の性質)，「上告人は，前記裁量権の行使に当たり，当然そのことに相応の考慮を払う必要があった」．しかし，⑥「本件各処分に至るまでに何らかの代替措置を採ることの是非，その方法，態様等について十分に考慮するべきであった」にもかかわらず，何らそれがなされていない．

以上によれば，⑦「上告人の措置は，考慮すべき事項を考慮しておらず，又は考慮された事実に対する評価が明白に合理性を欠き，その結果，社会観念上著しく妥当を欠く処分をしたもの」であるため，違法である，という．このような形で，判断過程審査(実質的考慮要素審査)とされる手法が用いられた．ここで「特に慎重な配慮」がなされたかについて実際に立ち入った審査が行われ，違法という結論が導かれた要因は，④で言及されている信教の自由という権利の存在だったと理解することに，さほど無理はないのではないかと思われる[12]．もちろん，この判決は上記のような諸事情を前提とした判断であるから，その射程は限られている．とはいえ，④の事情に「相応の考慮を払う必要」を述べ，そうせずに行った校長の処分を違法とするという基本的な判断枠組みは示されている．これを前提とした上で，④の(ア)と(ウ)だけではなく，(イ)にも信教に忠実であろうとしたために課された不利益だという側面を読み

---

9) 駒村圭吾「信教の自由と法令上の義務」LS 憲法研究会編『プロセス演習　憲法〔第4版〕』(信山社，2011年)33頁は，「拒否理由が信教の自由に基づくものであったことは決定的なポイントだったのではないか」，という．

10) 市川正人『基本講義　憲法』(新世社，2014年)122頁は，「不利益の重大性」が「最も重大な要因」であり，③と④(ア)に「どの程度の意義・重要性があるのか，判決からは明らかでない」，と述べている．

11) 本文の趣旨は，各処分が信教の自由に対する間接的制約となるというものだと思われる．小山剛「間接的ないし事実上の基本権制約」法学新報120巻1・2号(2013年)168頁，蟻川恒正「信教の自由と政教分離」法セ755号(2017年)52頁など．

288

取れるのではないか，そもそも信教の自由に対する間接的制約性は一般に懲戒処分の審査密度を高める要因とされるべきではないか，といった事柄を検討するための重要な手がかりとなる判決として扱うことができる[13]．この判決における信教の自由の役割の不明確さを指摘して，全く別の枠組みを導入しようとする前に，試みるべきことはあるように思われる．

2 行政裁量審査の外側で働く憲法上の権利

エホバ事件において，行政裁量審査の外側で，憲法上の権利が役割を果たす可能性があるのは，すべての学生に剣道実技の履修を義務づける学校長の措置の合憲性如何という場面である．この訴訟の一審判決の要約によると，原告側は，「かねてよりエホバの証人の学生らが本校に多数入学して来ることに懸念を抱いていた被告は，右剣道を体育科目に採り入れることにより，エホバの証人の学生たる原告らを神戸高専から排除しようと企図し，あるいは排除することになってもそのほうが望ましいものであると認識して」いた，と主張していたようである[14]．このような主張は，剣道実技の履修義務づけは，エホバの証人の学生がもつ信教の自由に対する直接的な制約であり，正当化はできない，という憲法論に繋がる[15]．これは剣道実技の履修義務づけを一般的に違憲とする趣旨ではなく，エホバの証人の学生に義務免除を認めないことを違憲とする主張である．

しかし地裁は，神戸高専は剣道実技導入の意思をもっていたものの，剣道の道場がなくそれを行うことができなかったところ，武道場のある新校舎に移転して剣道の授業が可能になったにすぎないと認定することによって，これを封

---

12) 山本龍彦「行政裁量と判断過程審査」曽我部真裕ほか編『憲法論点教室』(日本評論社，2012年)43頁，石川健治ほか「〔座談会〕『公法訴訟』論の可能性(1)」法教391号(2013年)99～100頁，104～105頁(土井真一発言)，角松生史「日本行政法における比例原則の機能に関する覚え書き」政策科学21巻4号(2014年)196頁，亘理格「行政裁量の法的統制」高木光・宇賀克也編『行政法の争点』(有斐閣，2014年)120頁，曽和俊文『行政法総論を学ぶ』(有斐閣，2014年)211頁，毛利透ほか『憲法Ⅱ 人権〔第2版〕』(有斐閣，2017年)167頁(小泉良幸)，榊原秀訓「行政裁量の審査密度」行政法研究23号(2018年)8頁以下など．担当調査官も，「本判決は，その判断に当たって，信教の自由が背景にあることを十分考慮に入れるべきものとしつつ，裁量権の逸脱濫用に当たるかどうかという観点から判断した」，と解説している．川神裕「判解」最判解民平成8年度(上)(1999年)185頁．
13) 渡辺・前掲注1)355～356頁など．
14) 神戸地判平成5年2月22日判タ813号134頁(138頁)．
15) 本書第3部第1章Ⅳ2(2)，Ⅴ2(3)．

じた[16]．これは制約の狙いという観点から直接的制約はないとする趣旨であるが，本来はこの場面でも間接的制約の有無とその正当化について審査する必要があった．さらには，剣道実技の履修義務づけがエホバの証人の学生に対してもつ効果ないし影響に着目する観点から，直接的制約とはなっていないかについても検討する必要があった[17]．判決はそれらを判断せずに，懲戒処分の行政裁量審査のなかでその趣旨を組み込んだところに特色がある[18]．なおこれとは別に，学説上は，本件では信教の自由に対する侵害があったということを明確化するために退学処分を違憲とすべきだ，という主張もなされている[19]．こうした処分違憲論の可能性については，後に触れたい．

III 「君が代」訴訟懲戒処分事件判決

1 行政裁量審査と憲法上の権利

「君が代」訴訟懲戒処分事件判決（以下では「『君が代』懲戒処分判決」という）[20]が，教師に対する懲戒処分の行政裁量審査を行うに際して，思想・良心の自由がいかなる役割を演じているのかに関しても，従来から議論がなされてきた[21]．近年，この判決についてもこれを消極に解する論稿が続出しているため[22]，もう一度判決文を読んでみたい．

まず，最高裁は，①「懲戒権者は，懲戒事由に該当すると認められる行為の原因，動機，性質，態様，結果，影響等のほか，当該公務員の上記行為の前後における態度，懲戒処分等の処分歴，選択する処分が他の公務員及び社会に与

- 16) 判タ813号134頁(141頁)．神戸地裁は，その上で行政法の次元に引き取り，「神戸高専において必修科目の体育の種目として剣道を選択したことに裁量権の逸脱又は濫用」はなかった，と判断している．
- 17) 佐々木弘通「内面的精神活動の自由」宍戸常寿・林知更編『総点検 日本国憲法の70年』（岩波書店，2018年）103頁．なお，直接的制約該当性の判断基準については，本書第2部第4章III 3(3)，第3部第1章V 1(2)．
- 18) 石川ほか・前掲注12)104頁(中川丈久発言)．
- 19) 永田秀樹「憲法と行政裁量」法時85巻2号(2013年)52〜53頁，高橋・前掲注5)51頁など．
- 20) 最一小判平成24年1月16日判時2147号127頁①②事件．両判決の主要部分はほぼ同一の内容であるため，以下では①事件から引用する．
- 21) さしあたり，渡辺・前掲注1)357頁，本書第II部第4章IVを参照．
- 22) 森口千弘「平成24年1月16日判決における『思想・良心の自由』の意義」*Law & Practice* No.7(2013年)180頁以下，戸松秀典・今井功編『論点体系 判例憲法1』(第一法規，2013年)333頁以下(佐々木弘通)，堀口・前掲注5)496頁以下．

える影響等，諸般の事情を考慮して，懲戒処分をすべきかどうか，また，懲戒処分をする場合にいかなる処分を選択すべきかを決定する裁量権を有しており」，その裁量権の逸脱，濫用があったと認められる場合に違法となる，という伝統的な立場を示す．②本件における消極的事情は，（ア）「不起立行為等の性質，態様は，……重要な学校行事である卒業式等の式典において行われた教職員による職務命令違反であり」，（イ）「その結果，影響として，学校の儀式的行事としての式典の秩序や雰囲気を一定程度損なう」，ということである．③他方，（ア）「不起立行為等の動機，原因は，当該教職員の歴史観ないし世界観等に由来する『君が代』や『日の丸』に対する否定的評価等のゆえに，本件職務命令により求められる行為と自らの歴史観ないし世界観等に由来する外部的行動とが相違することであり，個人の歴史観ないし世界観等に起因するものである」．（イ）「不起立行為等の性質，態様は，……積極的な妨害等の作為では」ない．（ウ）「結果，影響も，……当該式典の進行に具体的にどの程度の支障や混乱をもたらしたかは客観的な評価が困難」である．④戒告処分をすることは，「基本的に懲戒権者の裁量権の範囲内」である．しかし，上記③の事情によれば，「減給以上の処分を選択することについては，本件事案の性質等を踏まえた慎重な考慮が必要となる」．⑤「卒業式や入学式等の式典のたびに懲戒処分が累積して加重されると短期間で反復継続的に不利益が拡大していくこと等を勘案すると，……減給の処分を選択することが許容されるのは，過去の非違行為による懲戒処分等の処分歴や不起立行為等の前後における態度等……に鑑み，学校の規律や秩序の保持等の必要性と処分による不利益の内容との権衡の観点から当該処分を選択することの相当性を基礎付ける具体的な事情が認められる場合であることを要する」．⑥戒告処分は違法とはいえないが，過去に戒告1回の処分歴があることのみを理由とする減給処分は違法である．

この判決による公務員に対する懲戒処分の裁量審査の基本的な枠組みは，指導的判例である神戸税関事件判決[23]におおよそ従ったものである．しかしこの判決は，判旨②③のように，考慮する事情を丹念に拾い上げるとともに，判旨④⑤のように，重大な懲戒処分を選択することについては「慎重な考慮」を

---

[23] 最三小判昭和52年12月20日民集31巻7号1101頁．渡辺・前掲注1)331頁以下，358頁以下参照．

必要としたことが，先行判決との大きな違いである．こうしてこの判決は，比例原則の思考により，重大な処分に関する行政裁量審査の密度を高めた．審査密度が上昇した第二の要因は③の事情であるが，そのなかで憲法上の権利がかかわっているのは，③(ア)である．この箇所は，先行する最高裁判決が，起立斉唱行為は「上告人らの歴史観ないし世界観との関係で否定的な評価の対象となるものに対する敬意の表明の要素を含むことから，そのような敬意の表明には応じ難いと考える上告人らにとって，その歴史観ないし世界観に由来する行動（敬意の表明の拒否）と異なる外部的行動となる」ため，職務命令は「上告人らの思想及び良心の自由についての間接的な制約となる面がある」と判示していたことを[24]，逐語的に引用しているわけではないが，明らかに踏まえている．③(ア)は，そこで考慮する諸事情の筆頭に挙げられていることから，判決のなかで相対的に重みが与えられた考慮要素だったのではないか．それらを「踏まえ」て，懲戒権者が減給処分以上の処分を選択することについて「慎重な考慮」が求められ，この判決は実際にもそのことについて丁寧な審査を行った．その実際の審査のなかでも，判旨⑤のように，不起立行為等の反復継続性・累進加重性を勘案することによって，③(ア)の要因が再び作用している[25]．このことからも，それが重きを置かれた事情だったことを読み取り得る[26]．つまり，思想・良心の自由に対する間接的制約性は，③(ア)に重み付けを与えるとともに，処分が重大な場合における行政裁量審査の密度を高め，実際にも減給処分を違法とする役割を果たした[27]．少なくとも，そうあるべきだと思われる．

---

24) 多数の小法廷判決が同時期に出ている中で，「君が代」懲戒処分判決と同じ第一小法廷のものとしては，最一小判平成23年6月6日民集65巻4号1855頁(1863〜1864頁)．
25) 櫻井龍子裁判官の補足意見は，より端的に，自らの信条に忠実であればあるほど心理的に追い込まれ，不利益の増大を受忍するか，自らの信条を捨てるかの選択を迫られる状態に置かれる者がいることを指摘している．この補足意見が後の下級審判決にもった影響については，本書第2部第4章〔補論〕IV 3(2)を参照．
26) 担当調査官が執筆しているものと推測される判例掲載誌の匿名コメントは，「一連の起立斉唱事件判決では，複数の裁判官の補足意見において，起立斉唱に係る職務命令が教職員の思想及び良心の自由についての間接的な制約となる面があること等を踏まえ，その違反に対する懲戒処分において謙抑的な対応が望まれる旨の指摘がされていたところであり，本件各判決は，こうした謙抑性の要請を懲戒処分の裁量論において理論的な判断指針として位置付けたものといえ，前記のような懲戒処分の反復継続性及び累進加重性という本件に特有の事情……も踏まえ，当該各事案に係る裁量論につき……踏み込んだ判断が示された」，と述べている．判時2147号132頁参照．

最高裁は，起立斉唱の職務命令とは異なり，ピアノ伴奏の職務命令は思想・良心の自由に対する制約とはならないと考えているようである[28]．そのため，ピアノ伴奏の拒否と起立斉唱の拒否を「不起立行為等」として括っている「君が代」懲戒処分判決を上述のように読むことには——この判決がピアノ判決の論旨を暗黙裡に変更したと見ることは，そうあるべき方向ではあるものの，難しいため——，先行判例との関係で不整合な側面がある．しかしそこから，③(ア)の記述の意義をあえて過小に評価する必要はない．この判決の対象となった訴訟には多数の原告がいるなかで，大多数は不起立行為を理由として懲戒処分が課された者であったため，代表的な事例を念頭に置いて判示していると善解することも可能だと思われる．

この判決は，戒告処分をすることについては，②の事情などから，基本的に懲戒権者の裁量の範囲内とした．これに対して宮川光治裁判官の反対意見は，戒告処分を受けると履歴に残り，勤勉手当が減額され，昇給が延伸される可能性があり，ひいては退職金や年金支給額への影響もあり得るし，また定年退職後の再雇用の機会を事実上失うなど，その不利益は過小評価すべきでないことを指摘している．判旨③や⑤をより重視すれば，戒告処分でも違法とする余地はあったのではないかと思われる[29]．

2　行政裁量審査の外側で働く憲法上の権利

従来の「君が代」訴訟で主要な争点となってきたのは，都教委の発した「入学式，卒業式等における国旗掲揚及び国歌斉唱の実施について」という通達（2003年10月23日付け）の合憲性と，この通達を踏まえて各校長が教職員に起立斉唱等を命じた職務命令の合憲性であった．ここが憲法上の権利が本来的に作用する場面である[30]．しかし「君が代」懲戒処分判決は，先例を引用して，

---

27) 西原博史「判批」世界830号(2012年)108頁以下，山本隆司『判例から探究する行政法』(有斐閣，2012年)229頁，原島啓之「判批」法政研究79巻4号(2013年)1008頁以下，田中謙「判批」判自365号(2013年)52頁，下井康史「判批」磯部力ほか編『地方自治判例百選〔第4版〕』(有斐閣，2013年)133頁，青井未帆「適用上違憲と処分違憲に関する一考察」長谷部ほか編・前掲注1)494頁以下など．これに対して，常岡孝好「判批(二)」自治研究89巻8号(2013年)32頁以下は批判的．
28) 最三小判平成19年2月27日民集61巻1号291頁．渡辺・前掲注1)282頁以下参照．
29) 北村和生「判批」速判解(法セ増刊)11号(2012年)52頁，本書第2部第4章Vなど．

この争点について簡単に合憲と判断している．もう一つの局面は，職務命令違反に課された懲戒処分の憲法適合性を問うことである．この点は，この訴訟では争われていないようである．しかし学説のなかには，当該懲戒処分は，「特定の思想を狙い撃ちして不利益を与える意図があると考えられ」，「このような処分は，上告人らに自らの信念に反する行動を余儀なくされるか，教育現場にあり続けることが困難になるような処分に甘んずるかという二者択一を迫っていると捉えられ」るため，憲法19条に反する，とする見解がある[31]．このような処分違憲論の可能性については，節を改めて論じたい．

Ⅳ 両判決の比較検討

1 行政裁量審査と憲法上の権利

本章で扱った二つの判決は，内心の自由に対する間接的な制約の存在が重要な要因となって懲戒処分を違法とする結論を導いた，という重要な共通性をもつ．しかしその行政裁量審査の枠組みは，さしあたり，エホバ判決は判断過程審査，「君が代」懲戒処分判決は比例原則審査を採用していると対比できる．とはいえエホバ判決も，重大な処分をするには「慎重な配慮」を要請することを基本としているため，比例原則審査の思考を基礎に置くものである．他方で「君が代」懲戒処分判決も，懲戒権者が懲戒処分をするに当たって考慮すべき事項を丹念に拾い上げているため，考慮要素審査という側面をももつ，あるいは容易にそれに転化できるものである．エホバ判決は，基本的には重い処分であることを重視しつつも，信教の自由に対する間接的制約性をも考慮すべき性質とすることによって，立ち入った裁量審査を実際に行った．「君が代」懲戒処分判決でも，思想・良心の自由に対する間接的制約性は一定の考慮事項に重みづけを与え，重大な処分についての審査密度を高め，かつ実際にも違法判断に導いた．このような共通性があるとともに，他方では，内心の自由に対する間接的制約となっているのは，エホバ事件では懲戒処分，「君が代」事件では

---

30) 最近の文献として，木下智史「思想及び良心の自由をめぐる実践と理論の課題」判時2355号 (2018年) 120頁以下を挙げておく．
31) 森口・前掲注22)188頁．これは，注25)で紹介した櫻井補足意見を参照したものであろう．

第 2 章　行政裁量審査の内と外

職務命令とされているという違いもまたある．二つの側面を共に考慮することは，本来であれば両判決にとって望ましかったように思われる．このように，両判決の判断手法には共通性と補完性があることを確認した上で，以下では，これまで本章で扱っていない比較の観点について，簡単に触れたい[32]．

　第一に，エホバ判決は，学生が剣道実技を拒否する理由を，「信仰の核心部分と密接に関連する真しなもの」としていたのに対して，「君が代」懲戒処分判決は，「核心部分」性にも，「真し」性にも言及していない．この点については，後者に先行する「君が代」起立斉唱命令事件に関する諸判決も何も述べていないが，各裁判官の個別意見には議論の応酬の痕跡が残っている[33]．とりわけ宮川裁判官は，起立斉唱命令判決および「君が代」懲戒処分判決双方において，不起立不斉唱行為の「真し」性と「思想及び良心の核心の表出」性を明確に認めていた[34]．そのことが，上述したような(3 (1))戒告処分の理解と相まって，戒告処分をも違法とする反対意見を書く重要な要因となっている．

　第二に，エホバ判決は，代替措置について学校長が検討すらしていないことを，処分等を違法とする根拠としていた．これに対して「君が代」懲戒処分事件では，代替措置については，全く考慮事情とされていない．この点に関するエホバ判決による判断の射程は，学生に対する教育という場面に限られているのであろう．

　第三に，エホバ判決は代替措置が政教分離規定に違反しないかについても簡単に触れているが，「君が代」懲戒処分判決はそもそも信教の自由に関する事案ではないため，そうした判示はない．もっとも，そこでも代替措置を提供することが平等原則に反しないか，という形での議論はあり得る．しかし，例えば卒業式に際して駐車場係などとして式典参加を事実上免除する措置が，当該教師への優遇になるとは考えられないだろう．

　第四は，裁量基準と個別的審査義務に関する．「君が代」懲戒処分判決の櫻井補足意見は，東京都が懲戒処分の処分量定を定め，それを機械的に適用していることに対して，不起立行為はそれぞれの歴史観等に起因してやむを得ずに

---
32) 小泉良幸「判批」速判解(法セ増刊)12号(2013年)29～30頁が参考となる．
33) 本書第3部第1章V 1(1)．
34) 民集65巻4号1855頁(1869頁)，判時2147号127頁①事件(137頁)．

行うものであることなどを考慮して,「行為と不利益の権衡」を欠く場合があることを述べていた. 同判決の多数意見は明示的に論じてはいないが, 判旨⑤の背後にはこうした思考もあったと思われる. これに対してエホバ判決では, 類似の判示はない. この点に関して学説では,「本件において, 担当教員は, 学生に対して代替措置は認めないという一種の裁量基準に従って体育科目を不認定とし, さらに, 校長は, やはり裁量基準である進級等規程および退学内規に従って」懲戒処分をしたとすると, 教員や校長が裁量基準を一律に適用して処分を行ったこの事件では,「代替措置を認めないという裁量基準が信教の自由を侵害する違法なものとされ, この基準を前提とした原級留置処分および退学処分も違法なものとされる」, という見解がある[35]. この観点からは,「君が代」懲戒処分事件に関する類似した議論可能性の有無, という問題が出てくる.

2 行政裁量審査の外側で働く憲法上の権利

憲法 81 条は, 違憲審査の対象として「処分」を明記しているため, 処分違憲という範疇は当然存在する. ここでの「処分」は行政法学上の処分概念よりは広く捉えられており, 裁判所の判決や事実行為も含まれる[36]. 行政法学では, 行政処分は, その要件や効果が法律でかなり具体的に決まっているので, 実体的違法事由という観点では, 行政処分が違憲となることはない, とされているようである[37]. これに対して憲法学では, 例えば教科書裁判において, 検定制度の合憲性を前提とした上で, 特定の不合格処分を違憲とするように,「法令そのものは合憲でも, その執行者が人権を侵害するような形で解釈適用した場合に, その解釈適用行為が違憲」(強調は原文), ということはあり得ると考えられている[38]. そうした思考からすると, 本章で扱ってきた懲戒処分も,

---

35) 深澤龍一郎『裁量統制の法理と展開』(信山社, 2013 年)363〜364 頁. なお, 榊原・前掲注 12)23 頁以下. これに対して神橋一彦「憲法と行政法」現代行政法講座編集委員会編『現代行政法講座Ⅰ』(日本評論社, 2016 年)77〜78 頁は, エホバ判決について, 個別事情の斟酌が要請されるのは, 内規の適用ではなく, 体育という教科の成績評価の段階であり, 当該学生の基本権を「侵害」しないように教育を実施し, 成績評価を行うべしということだ, と論じている.
36) 辻村みよ子・山元一編『概説 憲法コンメンタール』(信山社, 2018 年)361 頁(渡辺康行).
37) 石川ほか・前掲注 12)106〜108 頁(中川発言). 永田秀樹・松井幸夫『基礎から学ぶ憲法訴訟〔第 2 版〕』(法律文化社, 2015 年)49〜50 頁(永田)も, 処分違憲を事実行為に限定して観念している. その他, 木村草太「憲法判断の方法」長谷部ほか編・前掲注 1)517 頁など.

処分違憲となる余地は理論的にはある．そして学説上は，先にも触れたように(2 (2), 3 (2))，実際にもそうした主張がなされている．しかし行政法学では，懲戒処分は裁量の余地が広く，また事実認定，手続，処分事由と処分の程度の均衡等が瑕疵事由となることからも，行政処分のなかでも違憲とすべき事態は想定し難いとされていると思われ，これまでにそのような判断を行った裁判例もない．憲法論の本来的な出番は，やはり義務づけの合憲性を問う場面であろう[39]．

実際にも，「君が代」起立斉唱に関しては，それを求める通達や職務命令の合憲性が中心的に争われてきた．義務づけについては憲法論，義務づけ違反に対する不利益処分等については行政法論という，最高裁の公法判例における役割分担思考は，ここでは義務づけの憲法適合性をそれ自体として判断する，という形で現れる．しかし起立斉唱職務命令の事例に見られたように，義務違反に対する重大な懲戒処分が明確に背後に控える形で義務づけがなされた場合に，義務づけだけを切り離して憲法適合性判断することには，再考の余地があるようにも思われる．

V 結びに代えて

本章で見たように，最高裁の公法判例においては，義務づけについては憲法論，義務づけ違反に対する不利益処分等については行政法論で対処するという，役割分担思考があるように思われる．学説では，その背景に，「憲法が保障する自由は，まずもって『禁止』からの自由であって，『制裁』からの自由ではない」との論理があると想定されることがある[40]．しかし判例はそこまで固い立場をもっているのかは，検討の余地があるようにも思われる．公務員の信教の自由や表現内容を理由に懲戒処分を行うという事例が仮に生じたとするな

---

38) 芦部信喜（高橋和之補訂）『憲法〔第6版〕』（岩波書店，2015年）388頁．また，宍戸常寿『憲法 解釈論の応用と展開〔第2版〕』（日本評論社，2014年）314頁，原田大樹「行政裁量」法教443号（2017年）84頁など．
39) 須藤陽子『比例原則の現代的意義と機能』（法律文化社，2010年）264頁．これに対して，蟻川・前掲注11) 53頁，榊原・前掲注12) 16〜17頁は，裁量審査と処分違憲審査の連続性を説く．さらに，高橋和之『体系 憲法訴訟』（岩波書店，2017年）282〜283頁，326〜328頁も参照．
40) 木下・前掲注5) 249頁など．

らば[41],判例においてもそれを違憲と判断する可能性が閉ざされているとは思えない.こうした点を含めて,行政法学と憲法学の接点における諸問題について,今後さらに検討が進展することを期待したい.

---

41) 高橋・前掲注 39) 327 頁参照.

第 3 章 「ムスリム監視捜査事件」の憲法学的考察
　　──警察による個人情報の収集・保管・利用の統制

I　はじめに

　日本においては，第 1 部で扱ったドイツとは異なり，ムスリムに関する憲法問題が訴訟で争われた事例は，これまでのところ極めて稀である．本章は，その珍しい例である「ムスリム監視捜査事件」について，若干の考察を行う．この事件は，「イスラム過激派」によるテロへの対策という世界的に喫緊の課題にかかわると同時に，重要な憲法上の論点を満載しているものである．そのため，この事例を素材として，憲法訴訟上のより一般的・理論的な諸問題を論ずることもできる．まず，事件の概要を示すことから始めよう．

　警視庁および警察庁は，遅くとも 2005 年 11 月の時点では，日本に在住するムスリムの国籍，氏名，生年月日，住所等を，横断的・網羅的・機械的・体系的に収集する作業を，大規模かつ組織的に実施していた．2008 年 7 月 7 日から 9 日まで開かれた北海道洞爺湖サミットの時点では，全国のイスラーム諸国外国登録数の約 98 パーセントの個人情報を把握し，データ化していたようである．またサミット直前の同年 6 月 23 日以降は，都内主要モスクについて，人員を配置して，動向，新規出入者および不審者の発見・把握に努めていた．モスクに対する網羅的・継続的な監視は，サミット終了後も継続された．ところが 2010 年 10 月 28 日ごろ，114 点のデータがファイル交換ソフト「ウィニー」を通じてインターネット上に掲出されるという事態が発生した．このデータは，同年 11 月 25 日時点で，20 を超える国と地域の 1 万台以上のパソコンにダウンロードされたという．その中には，国際テロ対策に関する記載のされたデータが多数含まれており，原告らほか数名については，履歴書様の書面のデータに，国籍，出生地，氏名，性別，生年月日(年齢)，現住所，勤務先および使用車両が記載され，また，「入国在留関係」「住所歴学歴職歴」「身体特徴」「家族交友関係」「容疑」「対応状況及び方針」「モスクへの立ち入り状況」などの項目に，記載がなされていた．このデータは，国際テロ事件の捜査や事前の

情報収集を行う警視庁公安部外事三課の内部資料だった[1]．

　ここで事件は，思わぬ方向で展開した．都内の出版社「第三書館」が，この流出資料のほぼ全文を，無編集で出版することが明らかとなった．そこで被害者が，当該出版物の差止を求める仮処分申立を行った．この申立は容認されたが，出版社は販売を継続し，初版印刷分を売り切ると，仮処分の直接当事者となった者の記載部分のみを黒塗りにした第2版を出版した．それに対する第二次仮処分申立も容認されたが，これに出版社は再度違反するなどして，「いたちごっこ」となったようである[2]．また警察は資料が公安当局のものであることを明確には認めなかったため，被害者らが情報流出について，被疑者不詳のまま地方公務員法34条1項が定める守秘義務違反を理由として刑事告訴した．しかし警察は，偽計業務妨害罪(刑法233条)に関する捜査を続け，2013年10月29日に公訴時効となった．

　このような種々の動きがあったなかで，本章は，警察の公安当局によってムスリムの個人情報が収集・保管・利用され，また当該情報が流出したことが憲法各条に反することを理由とする，国家賠償請求訴訟に着目した考察を行う．この訴訟については，東京地裁[3]および東京高裁[4]で，情報流出について警視庁の情報管理上の注意義務違反を肯定し，原告17人にそれぞれ550万円という高額の損害賠償を認める判決が出されている．この訴訟では多数の重要な憲法問題が争われていたにもかかわらず，本稿執筆時(2015年)において，学説では十分な紹介および検討が行われてこなかった．そこで本章は，訴訟における

---

1) 青木理「公安警察の隠微な歴史と外事三課の新設」青木理・梓澤和幸・河崎健一郎編著『国家と情報』(現代書館，2011年)30頁は，1990年代以降に縮小を強いられてきた警視庁公安部にとって，9・11同時多発テロ事件を受けて2002年10月1日に外事三課が新設されたことは「慶事」だった，と述べる．詳しくは，青木理『日本の公安警察』(講談社現代新書，2012年)．
2) 河崎健一郎「なにが問題なのか」青木ほか編著・前掲注1)9～11頁，山田隆司『記者ときどき学者の憲法論』(日本評論社，2012年)41頁以下．
3) 東京地判平成26年1月15日判時2215号30頁．この判決からの引用は，本文に頁数を記す．評釈として，高橋義人「判批」白鷗法学21巻1号(2014年)199頁以下，木村草太「法律家に必要なこと」月刊司法書士507号(2014年)4頁以下，田井義信「判批」私法判例リマークス50(2015年)50頁以下，小島慎司「判批」平成26年度重判解(ジュリ1479号，2015年)16頁以下，中山代志子「判批」自治研究91巻8号(2015年)131頁以下など．
4) 東京高判平成27年4月14日LEX/DB25506287．この判決からの引用は，本文に判決書の頁数を記す．評釈などとして，難波満「判批」国際人権26号(2015年)30頁以下，徳丸大輔「判批」民事研修700号(2015年)48頁以下，中林暁生「判批」セレクト2015[1](法教425号別冊付録，2016年)9頁など．

第 3 章　「ムスリム監視捜査事件」の憲法学的考察

両当事者の主張をも参照しながら，裁判所でも認められた情報流出の違法性は当然のこととして，主に警察による個人情報の収集・保管・利用の適法性について検討する．その際には，総花的になってしまうが，信教の自由(Ⅱ)，平等原則(Ⅲ)，プライバシー(Ⅳ)，法律の留保(Ⅴ)，国家賠償法 6 条(Ⅵ)という，訴訟で争われた各論点について，概説したい．高裁判決は地裁判決を基に若干の加除訂正を行ったものであるため，以下における検討の主な素材は地裁判決である．個人情報保護法違反や国家賠償法上の要件の充足性などの行政法に関する争点，および国際人権法上の諸問題は扱わない．

　ドイツでは，9・11 同時多発テロ事件のあと，全土で各州の警察法に基づいてムスリムに対するラスター捜査(Rasterfahndung)，すなわち行政機関や民間業者に蓄積されている個人データを電子的に照合することにより，特定の特徴をもつ人物を抽出して警察の監視対象とし，犯罪の発生を未然に防止することを目的とする捜査，が行われた．この捜査対象となったムスリムによる訴えに対して，連邦憲法裁判所 2006 年 4 月 4 日第 1 法廷決定は，ノルトライン・ヴェストファーレン州で行われた捜査を違憲と判断した[5]．本章は，類似する事案に関するこの決定を比較対象として念頭に置きながら，日本における上記訴訟を検討する．ただし，ドイツの事例では捜査の合憲性につき情報自己決定権侵害が問われたのに対して，日本ではモスクに対する監視などが行われたことから，信教の自由なども援用されたといった違いもある．本章は，ドイツの判例法理を直接的に持ち込んで日本における議論の膠着を突破しようとするのではなく，日本における判例・学説を前提とした上での模索を試みる際に，それを一つの参考にするものである[6]．

---

[5] BVerfGE 115, 320, Beschluss des Ersten Senats v. 4. 4. 2006. より正確には，この決定は当該州警察法の規定を限定解釈し，そのような解釈をしないままラスター捜査を合憲とした地方裁判所および上級地方裁判所の決定を違憲だとして，事件を地方裁判所に差し戻した．この決定については，既に多くの紹介がある．徳本広孝「網目スクリーン捜査の法的統制」渥美東洋編『犯罪予防の法理』(成文堂，2008 年)291 頁以下，宮地基「安全と自由をめぐる一視角」名古屋大学法政論集 230 号(2009 年)335 頁以下，植松健一「連邦刑事庁(BKA)・ラスター捜査・オンライン捜査(1)」島大法学 52 巻 3・4 号(2009 年)1 頁以下，島田茂「ドイツ警察法における犯罪予防の目的と危険概念の関係」甲南法学 49 巻 3・4 号(2009 年)113 頁以下，同「憲法判例と警察法」甲南法学 54 巻 1・2 号(2013 年)55 頁以下，小西葉子「テロリズムに対抗する予防的警察活動と比例原則(1)」一橋法学 16 巻 3 号(2017 年)449 頁以下など．

II　信教の自由

1　地裁判決

この訴訟でまず争われたのは，原告らのモスクへの出入状況を把握するために行われた情報収集活動は信教の自由の保障（憲法 20 条 1 項）に反しないか，である．

東京地裁は，次のような論理により，これを否定した．①「国家によって信教の自由が侵害されたといい得るためには，国家による信教を理由とする法的又は事実上の不利益な取扱い又は強制・禁止・制限といった強制の要素が存在することが必要である」が，本件情報収集活動は「あくまで任意の情報収集活動であり，それ自体が原告らに対して信教を理由とする不利益な取扱いを強いたり，宗教的に何らかの強制・禁止・制限を加えたりするものではない」．②「本件流出事件発生前の時点において，原告らが本件モスク把握活動を認識していたと認めるに足りない」が，モスク付近やモスク内で警察官を見た原告らの中には，これらを見た時期が流出事件前であった可能性のある者がいることも否定できないため，「念のため」，「信教の自由に対する圧迫・干渉に当たる」かについても，判断を加える．③「日本国内において国際テロが発生する危険が十分に存在するという状況，ひとたび国際テロが発生した場合の被害の重大さ，その秘匿性に伴う早期発見ひいては発生防止の困難さに照らせば，本件モスク把握活動を含む本件情報収集活動によってモスクに通う者の実態を把握することは，……国際テロの発生を未然に防止するために必要な活動である」．④「本件情報収集活動が，主としてイスラム教徒を対象とし，収集情報の中にモスクの出入状況という宗教的側面にわたる事柄が含まれていることは，……

6）原告側弁護団から，各種訴訟関係資料の提供を受けた．記して感謝したい．なお，倉地智広「ムスリムという『恥辱』」法と民主主義 473 号（2012 年）18 頁以下，井桁大介「認められなかった『違法捜査』」世界 854 号（2014 年）28 頁以下，同「『テロとアメリカ』最前線」世界 883 号（2016 年）207 頁以下，同「ムスリム監視捜査の憲法上の問題点」法セ 742 号（2016 年）13 頁以下，福田健治「モスク監視を全面的に擁護したムスリム違法捜査国賠訴訟一審判決」法と民主主義 487 号（2014 年）47 頁以下，同「公安資料流出事件判決をめぐる誤解をただす」創 44 巻 3 号（2014 年）62 頁以下，酒田芳人「『国際テロの危険』の名の下に，ムスリムのあらゆる情報を集めることは許されるか？」JCLU Newsletter 390 号（2014 年）8 頁以下は，いずれも原告側弁護団に参加している弁護士によるもの．

イスラム教徒の精神的・宗教的側面に容かいする意図によるものではない」．⑤他方，本件モスク把握活動による「信教の自由に対する影響は，それが存在するとしても，せいぜい警察官がモスク付近ないしその内部に立ち入ることに伴い嫌悪感を抱くこととなったというにとどまる」．⑥「これらを総合すると，本件情報収集活動は，仮に，これによって原告らの一部の信仰活動に影響を及ぼしたとしても，国際テロの防止のために必要やむを得ない措置であり，憲法20条やこれを受けた宗教法人法84条に違反するものではない」(50〜54頁)．

2 検討

(1) 地裁判決による信教の自由に対する制約の否定

信教の自由は，内心における信仰の自由と，信仰に基づく外部的行為の自由を保障している．本件では，警察によるモスク監視や立入によって，(ア) モスクで礼拝するという信仰に基づく外部的行為が制約されるということ，および (イ) 内心における信仰が推知されるということが，問題となり得る．

判旨①では，おそらく(ア)の制約を念頭に置いた上で，信教の自由に対する制約を認めるためには，国家による「強制の要素」が基本的には必要だと述べ，本件ではそれが欠けている，とする．また(イ)について，判決は，本件情報収集活動は「個人の信仰を推知しようとする目的の下でなされたものではない」(50頁)と，制約の目的を否定する．「ある者が平穏なイスラム教徒であるか，あるいはイスラム過激派に属するテロリストかを見極めるためには，その者の宗教的儀式への参加の有無，教育活動への参加の有無，その者が宗教的なコミュニティーの中でいかなる立場にあるかといった外形的側面からうかがわれる諸般の事情からの推測によらざるを得ない」(53頁)，というのである．さらに，判旨②以下で「念のため」の判断をした結果としても，判旨⑤のように，信教の自由に対する影響は，「嫌悪感を抱くこととなったというにとどまる」とされた．こうした判旨は，基本的には直接的制約のみを制約と捉えた上で，本件では信教の自由に対する制約がない，という判断だったものと思われる．

(2) 信教の自由に対する制約はないのか

しかし，信教の自由に対する制約の存在を認めるために「強制の要素」(や制

約目的の直接性)が必要だとする見解は，現在では再考する必要がある．地裁判決は自衛官合祀事件に関する最高裁判決を想起しているのかもしれない[7]．確かに自衛官合祀判決は，「信教の自由の保障は，何人も自己の信仰と相容れない信仰をもつ者の信仰に基づく行為に対して，それが強制や不利益の付与を伴うことにより自己の信教の自由を妨害するものでない限り寛容であることを要請している」，と述べている[8]．しかしこの判示は，私人相互の関係について述べたものであり，公権力と私人との関係が問題となっている本件とは，事案が異なる．さらに最高裁自身も，宗教法人オウム真理教解散命令事件決定において，本件とは異なり国賠法上の違法性判断に関してではないが，信教の自由に対する間接的で事実上の制約があり得ることを承認した[9]．比較的初期の学説は，確かに，宗教的自由に対する侵害が成り立つためには「強制の要素の存在が必要」だ，としていた[10]．こうした見解は，直接的制約のみを侵害と理解したものである．しかしそのような見解は，その後は疑問視されている[11]．

本件では，ムスリムにとって中心的な礼拝所であるモスクを，警察官が継続的に監視し，出入を把握していたのであるから，モスク把握活動を認識していたムスリムにとっては，宗教的行為の自由に対する間接的ないし事実上の制約となるとともに，把握活動を認識していたか否かを問わず，信仰を推知されない自由が直接的に制約されていたと言ってよい．また警察官によるモスク把握

---

7) 地裁判決に関する匿名コメント，判時2215号32頁参照．なお念のために付言すると，地裁判決の判旨①は，「事実上の不利益な取扱い」があった場合にも，国家による信教の自由の侵害となることを認めていた．しかし本件に即して，情報収集活動が信教の自由との関連で「事実上の不利益な取扱い」となるかについてはほとんど判断されておらず，基本的には直接的制約が問題とされているというのが，本文での理解である．

8) 最大判昭和63年6月1日民集42巻5号277頁(288頁)．この判決の調査官解説も，「国家によって信教の自由が侵害されたといいうるためには，少なくとも国家による信教を理由とする不利益な取扱又は強制・禁止(以下『強制の要素』という．)の存在することが必要と解されている」，と述べている．瀬戸正義「判解」最判解民昭和63年度(1990年)199頁．本文で後述する事情からすると，地裁は最高裁判決ではなく，むしろこの解説に依拠しているものと思われる．

9) 最一小決平成8年1月30日民集50巻1号199頁(203頁)．なおこの決定を含めて，直接的制約と間接的制約の区別の仕方については，さしあたり，本書第2部第4章Ⅲ，第3部第1章Ⅴ1(2)．

10) 高柳信一「政教分離の原則」奥平康弘編『文献選集日本国憲法　六　自由権』(三省堂，1977年)70頁．その他，法学協会編『註解日本国憲法　上巻』(有斐閣，1953年)410～411頁，横田耕一「『信教の自由』と『政教分離原則』」判タ385号(1979年)77頁，野中俊彦ほか『[ゼミナール]憲法裁判』(日本評論社，1986年)48頁(浦部法穂発言)，阪口正二郎「第20条」芹沢斉ほか編『新基本法コンメンタール　憲法』(日本評論社，2011年)165頁など．

活動は,「イスラム教徒の精神的・宗教的側面に容かいする意図」はなくとも,原告らが主張するように,結果的には信仰の熱心さの度合いを測るものとなっていることからも,制約の存在は認められ得るように思われる.

(3) 高裁判決による論理構成変更の可能性

こうした疑問に答えてか,高裁判決は,論理構成を変えたと読む余地がある.東京高裁は,一方では,「一審原告らが本件流出事件前の時点において本件モスク把握活動が警察官によって行われていたと認識していたことを認めるに足りない.そして,本件モスク把握活動等により,一審原告らが,モスクで行われる宗教的儀式への参加を取りやめざるを得なくなったなど,現実に宗教的活動を抑制されたことを認めるに足りる的確な証拠がない」(17〜18頁),という.これは,宗教的行為の自由への制約がない,という趣旨である.しかし他方では,「嫌悪感を抱くこととなったというにとどまる」という地裁の判断を,「不快感,嫌悪感を抱くといった事実上のものにとどまるというべきである」,と補正した.この補正は,一見すると些細であるが,論理的には重要な含意をもち得る.この判断によって,高裁が信教の自由に対する事実上の制約を認めたのであれば,その正当化審査を行う必要に迫られたはずである.

信教の自由に対する制約の正当化に関する最高裁の指導的判例は,先に触れた宗教法人オウム真理教解散命令事件決定である.この決定は,(ア)宗教法人に対する解散命令は信者の宗教行為を禁止したり制限したりする法的効果を伴

---

11) 棟居快行『人権論の新構成』(信山社,1992年)330頁以下,芦部信喜『宗教・人権・憲法学』(有斐閣,1999年)86頁以下,土屋英雄『思想の自由と信教の自由〔増補版〕』(尚学社,2008年)130〜131頁,大日方信春「表現,情報と統治」公法研究80号(2018年)167頁以下など.「幸福の科学」会員による雑誌記事に関する慰謝料請求訴訟において,大阪地判平成5年2月26日判時1480号105頁は,「法的利益の侵害による不法行為の成否は,加害行為の態様と被侵害利益の種類の相関関係により論ずる必要があるところ,人が宗教上の精神活動あるいは表現行為等の宗教的行為により平穏な信仰生活を送っているのに対し,他者が,これを尊重することなく,これら宗教的行為を禁止し,あるいは,これを強制したり,何らかの制限,圧迫を加える場合のほか,厳密な意味での強制的要素を含まないまでも,私的な信仰生活に関してその人の欲しない態様で干渉を加えたりするなど,社会的許容限度を逸脱した手段,態様により,その人の具体的な信仰生活の平穏が客観的現実的に侵害されたと評価される場合にのみ法的利益の侵害があり不法行為が成立するものと解される」,と判示している.「強制の要素」の必要性について参考となる論旨であるが,これは私人間における不法行為に基づく損害賠償請求に関する判断であり,この相関関係説を本件のような国家賠償請求事件にそのまま持ち込めるかについては,慎重な考慮を必要とする.参照,本書第3部第5章Ⅲ.

わないとしても，これに何らかの支障を生じさせることがあれば，「信教の自由の重要性に思いを致し，憲法がそのような規制を許容するものであるかどうかを慎重に吟味しなければならない」，という立場をとる．その上で，（イ）解散命令は「宗教団体や信者の精神的・宗教的側面に容かいする意図によるものではなく」，また計画的，組織的にサリンを生成した行為に対処するには「法人格を失わせることが必要かつ適切であり」，他方，宗教団体やその信者らが行う宗教上の行為への支障は「解散命令に伴う間接的で事実上のものであるにとどまる」ため，「必要でやむを得ない法的規制である」，と結論づけていた[12]．

本件に関する地裁も高裁も，この決定を意識していることは，文章表現の類似性などから明らかである．しかし地裁は信教の自由に対する制約がないと判断した．これに対して，高裁がもし事実上の制約を認めたのであれば，宗教法人オウム真理教解散命令事件決定の審査枠組みを参酌して，「信教の自由の重要性に思いを致し」「慎重に吟味」（宗教法人オウム真理教解散命令事件決定，上述した判旨（ア））する審査を行うべきだった[13]．しかし高裁判決の基調は，制約を認めない地裁判決をそのまま引用したものにとどまった[14]．

もし宗教法人オウム真理教解散命令事件決定の枠組みに依拠して，「慎重に吟味」するならば，この事件において，「国際テロの発生を未然に防止する」

---

[12] 民集50巻1号199頁（202〜204頁）．この決定が解散命令を合憲とする際には，「手続の適正」が担保されていることも考慮に入れていた．このことは，本件に関して法律の留保の論点が軽視されていることに（後述Ⅴ参照），再考をうながす契機となり得る．

[13] 本章が扱っている「ムスリム監視捜査事件」に類似する先例はないが，比較的共通する論点を含むのは，「無差別大量殺人行為を行った団体の規制に関する法律」（「団体規制法」）に基づく観察処分の合憲性に関する事件である．アレフに対する観察処分についての最初の判決だった，東京地判平成13年6月13日判時1755号3頁（34頁）も，「信教の自由に事実上の支障を生じさせる」規制に関して，本文と同様な見解を示していた．さしあたり参照，渡辺康行「『無差別大量殺人』団体への観察処分事件」木下智史ほか編著『事例研究　憲法〔第2版〕』（日本評論社，2013年）299頁以下．本文のように論ずることに対しては，宗教法人オウム真理教解散命令事件決定は，「間接的で事実上のものであるにとどまる」という文章を，解散命令の憲法適合性審査のなかで合憲という結論を導出する際の比較衡量の一要素としてしか使っていないのではないか，という批判があり得る．しかし，同決定が「慎重に吟味」する審査の根拠とした「何らかの支障」とは「間接的で事実上のもの」であるから，本文のように論ずることは可能であり，先に触れた平成13年の東京地判もそう理解しているものと思われる．なお，最高裁決定の事案は，法的決定に伴う事実上の影響が問題となっているのに対して，本件では警察の事実行為による事実上の影響が問題となっている，という違いはある．平成13年東京地裁判決や本件の東京高裁判決が「間接的」を削っていることの理由は，確言できない．ちなみに，宗教法人オウム真理教解散命令事件決定における「間接的」と「事実上」という概念の説明としては，近藤崇晴「判解」最判解民平成8年度（上）（1999年）78〜79頁参照．

(判旨③)という目的は仮に重要だとしても(後述, Ⅳ2(2)を参照), 原告らのような大多数を占める穏健なムスリムも含めて, すべてのムスリムを対象として, 網羅的・継続的にモスクへの出入りまで監視するという手段をとることは, 「必要でやむを得ない措置」とは言い難いのではないか. しかも本件では, 後述するように, 収集した情報はデータベース化されていた. 判旨③〜⑥は「信教の自由に思いを致し」「慎重に吟味」する見地から果たして導出される結論かは疑問だと思われる. この点は, 平等原則, プライバシー侵害に関しても実質的に同様なことが争われた, 基本的な問題である.

(4) 高裁判決による射程の限定

なお高裁判決は, 「以上は, 本件個人情報データを収集した当時の状況を踏まえてのものであり, 本件情報収集活動が, 実際にテロ防止目的にどの程度有効であるかは, それを継続する限り検討されなければならず, 同様な情報収集活動であれば, 以後も常に許容されると解されてはならない」(18頁), と付け加えている. 地裁判決については, 「日本がある種の"例外状況"にあるとの評価」を前提としているという見方があった[15]. 高裁判決は, より明示的に類似した理解を採っているものと思われる. 高裁判決自身が, その射程を限定していることは, 今後のために銘記しておく必要がある.

Ⅲ 平等原則

1 地裁判決

本件情報収集活動は, ムスリムを狙い撃ちしたものであって, 平等原則(憲法14条1項)に反するのではないか. 東京地裁は, ①本件データのなかの書面によると, 「警察は, 実態把握の対象とするか否かを, 少なくとも第一次的にはイスラム教徒であるか否かという点に着目して決していたことが認められ,

---

14) 判例時報誌の匿名コメントは, 地裁判決を宗教法人オウム真理教解散命令事件決定の「枠組みに沿ったもの」とするが(2215号32頁), そうではない. 事実上の制約を認めたと読む余地があるという点では高裁判決が最高裁決定に近いものであるが, 高裁判決も制約の正当化審査については最高裁決定の枠組みに沿っていない.
15) 小島・前掲注3)17頁.

そうすると，この点で信教に着目した取扱いの区別をしていたこと自体は否めない」として，別異取扱いがあることを肯定する．その上で，それが正当化されるかについて，次のように述べる．②14条1項「後段が，『信条』による差別が許されない旨を特に明記していることや，憲法の保障する精神的自由の一つとしての信教の自由の重要性に鑑みると，信教に着目した取扱いの区別に合理的な理由があるか否かについては，慎重に検討することが必要である」．③(ア)本件情報収集活動は，「イスラム教徒の精神的・宗教的側面に容かいする意図によるものではない」．(イ)「原告らの信仰活動等の実態を把握することは，国際テロ防止のために必要な活動」である．(ウ)「他方，これによる原告らの信教の自由に対する影響は，……嫌悪感にとどまる」．そうすると，判旨②を考慮しても，「取扱の区別は，合理的な根拠を有するものであ」る．④「本件情報収集活動によって収集された情報が，外部に開示されることの全く予定されていないものであることはその体裁等からして明らかであって，本件情報収集活動それ自体が，国家が差別的メッセージを発するものであるということはできない」(54頁)．

2　検討

(1) 権利制約の正当化と別異取扱いの正当化

　判旨②は，憲法14条1項後段列挙事由に特別の意味を認めてこなかった，従来の判例法理における別異取扱いの正当化審査の手法とは異なり，通説的な憲法学説と親和性のある審査密度に関する理解を採用したものである[16]．これが従来の判例に対する意識的な挑戦だったのかは疑わしいが，本件のような重要な事例について「慎重に検討する」ことは，誠に望ましい．また区別理由および，それと区別との関連性を問う「二段構え」の審査を行わず，「区別」に「合理的根拠」があるかについての判断がなされていることは，法律ではなく情報収集活動という事実行為の合憲性が問題となっていることから，一応の説明は可能であろう．判旨③の(ア)，(イ)，(ウ)は，信教の自由に関してなさ

---

[16] 憲法14条1項に関する判例および学説の分析として，渡辺康行「平等原則のドグマーティク」立教法学82号(2012年)1頁以下，渡辺康行ほか『憲法Ⅰ　基本権』(日本評論社，2016年)131頁以下(渡辺)など．本節の叙述は，これらの論稿を前提としたものである．

れた審査と同様である．そのため，ムスリムか否かに着目して別異取扱いを行うことの合理性ではなく，情報収集活動それ自体の必要性や相当性を検討しており，別異取扱いの正当化論証と権利制約の正当化論証とを混同している，という趣旨の批判がなされた．情報収集活動の必要性や相当性に関する判示を使い回すだけで，「国際テロの発生を未然に防止する」という「目的」と，ムスリムであることのみに着目して情報収集活動の対象とするという「区別」が関連するか，が分析されなかった，という指摘である[17]．もっとも信教の自由の保障には，特定の宗教を理由とする別異取扱いの禁止が含まれているのであるから，両者の正当化審査がある程度重複すること自体はやむを得ないように思われる．その際，（ア），（イ），（ウ）の要素を羅列する形になっていることは，信教の自由に関すると同様，地裁判決の論証手法に構築的視点が欠けていることを示している．信教の自由に関する判断と実質的には重複することになるとしても，平等原則適合性を審査するのであれば，「区別」の「合理的根拠」の有無，あるいは区別理由と区別との関連性を「慎重に」審査する必要があった．その場合には，仮に区別理由を承認したとしても（後述．Ⅳ2(2)も参照），それとムスリムであることのみに着目して情報収集活動の対象とすることとの間に合理的関連性があるかは，かなり疑問となりそうに思える．

(2) 情報収集活動(別異取扱い)自体の差別性

本件情報収集活動(別異取扱い)自体が「国家が差別的メッセージを発するもの」だという原告側の主張に応答したのが，判旨④である．権利制約論証とは重複しない，平等固有の論点はここにある．さらに原告側は，本件情報収集プログラムの策定および執行それ自体により，警察内部で差別および偏見が醸成され，それに伴いムスリムが不合理に取り扱われ，結果として社会に差別的メ

---

[17] 控訴理由書41頁以下．地裁判決および被告側が，区別の合理性の基礎づけをしなかったのは，それをすると「『ムスリム＝テロリスト』というレッテル貼りをせざるをえないため」だ，と述べている(42頁)．判旨③(ア)で情報収集活動の「意図」を審査するのであれば，本来は，差別する「意図」が問題とされるべきはずである．ここにも，判決が「権利制約の正当化論証」を「別異取り扱いの正当化論証」に使い回していることがうかがえる．また，差別する「意図」を問題とする場合には，これまでの日本の判例がそうした審査を行ってこなかったこととの整合性も問われ得る．なおアメリカの判例法理の研究としては，さしあたり，岡田高嘉「意図せざる差別の憲法的規制(1)(2)」広島法学37巻3号1頁以下，4号49頁以下(2014年)．

ッセージが発出される，とも主張していた．しかし，高裁判決は，この主張に対しても，「これを認めるに足りる的確な証拠がなく，採用できない」(18頁)，として退けた．

　別異取扱い自体を違憲だとするために，別異取扱いがもつ，メッセージの悪性やスティグマの押し付けになる危険性に着目する見解は，学説上も有力である[18]．しかしこの論法は，本件のように外部に開示することが予定されていなかった別異取扱いには，適合的ではない．さらに正面から害悪の次元で論ずるならば，心理学的あるいは社会学的な問題となりかねない．もちろん差別的偏見に基づいて情報収集プログラムが策定されたことが立証できるのであれば，そのプログラムおよびそれに基づく情報収集活動が憲法14条1項違反となる[19]．しかしその立証は困難なものであろう．信教を理由とする別異取扱い自体の違憲性を問う手法が十分に確立されていない現状からすると，「区別」の「合理的根拠」の有無，あるいは区別理由と区別との関連性を審査する際に，そうした観点を審査密度の濃密化要因として，あるいは関連性に関する実際の審査のなかで読み込んでいくことが考えられる．上述した関連性審査に関する見解の違いは，そうした態度の採否にもかかわるものだったように思われる．

　なお参考までに紹介すると，先に触れたドイツ連邦憲法裁判所のラスター捜査決定は，ラスター捜査による情報自己決定権への制約が重大であることの一要因として，それが一般に知られることになった場合に，捜査対象者に対して偏見を生む効果が生ずることを挙げていた[20]．そのような論じ方は，上述したところと類似する趣旨だと思われる．本件はまさに流出の危険が現実化した事案であった．なおラスター捜査決定によるこの論旨は，次に扱うプライバシー侵害に関する審査でも活用できる．

---

18) 例えば，安西文雄「平等」樋口陽一編『講座憲法学3　権利の保障(1)』(日本評論社，1994年)85頁以下，同「平等保護および政教分離の領域における『メッセージの害悪』」立教法学44号(1996年)81頁以下，同「法の下の平等」杉原泰雄編『新版　体系憲法事典』(青林書院，2008年)446頁以下など．なお本件における原告側の主張には，木村草太『平等なき平等条項論』(東京大学出版会，2008年)からの影響が大きいようである．
19) 参照，阪本昌成『憲法2　基本権クラシック〔第4版〕』(有信堂，2011年)88頁．
20) BVerfGE 115, 320(351). これに対してハース裁判官の反対意見は，ムスリムは通常，その宗教を明らかにして生活しており，ドイツのような自由な国家においては，それが不利益となることはあり得ない，と反論している．BVerfGE 115, 320(372).

Ⅳ　プライバシー

1　地裁判決
(1) 情報収集活動の合憲性
　原告側は，本件情報収集活動が，原告らの「みだりに自身の信仰内容・信仰活動に関する情報を行政機関に収集・管理されない自由（憲法13条）」を侵害する，と主張していた．これに対して東京地裁は，次のように判断した．①「人がいかなる思想，信条を有しているかというのは，個人の内面ひいては人格的自律に直接関わる事柄であって，社会生活の中で本人の承諾なくして開示されることが通常予定されていない情報の一つである」．しかし，②モスクに出入りする者の中に，「テロリスト支援者がいないかどうかを探索することも，国際テロの発生を未然に防止するために必要な情報収集活動」である．③他方で，本件モスク把握活動は，「外部から容易に認識することができる外形的行為を観察した」ものであり，「モスクの付近ないしその内部に警察官が立ち入ることに伴い，原告らが嫌悪感を抱き得るにとどまる」．④これらに加えて，「ひとたび国際テロが発生した場合の被害の重大さにも照らすと，……本件情報収集活動は国際テロの防止の観点から必要やむを得ない活動である」(55頁)．

(2) 警視庁および警察庁による個人情報の保有の合憲性
　原告側は，警察による原告らの個人情報のデータベース化による保有自体が，憲法13条が保障する個人に関する情報をみだりに第三者に開示又は公表されない自由を侵害する，と主張していた．これに対して東京地裁は，次のように判断した．⑤「適法な活動により得られた情報を警察が保有して分析等に利用することができることは当然のことであるから，当該情報の保有が憲法13条に違反することはない」(56頁)．

2 検討

(1) 地裁判決による，情報収集活動の「みだりに自身の信仰内容・信仰活動に関する情報を行政機関に収集・管理されない自由」該当性または制約性の否定

まず前提として，プライバシー権との関係では，信仰に基づく外部的行為の自由の場合とは異なり，「対象者が情報収集活動を認識していたかどうかは問題とならない」．しかし他方では，「公開の場所で行った活動等については秘匿性に乏しく，プライバシーには含まれないと判断される可能性が高い」，という問題がある[21]．

地裁判決の判旨①～③は，モスクは「公開の場所」であるから，そこで行った活動等については上記の自由に含まれない，という趣旨ではないだろう．街頭とモスクは異なる．むしろそれらは，本件情報収集活動が原告らの「みだりに自身の信仰内容・信仰活動に関する情報を行政機関に収集・管理されない自由」を制約していない，という趣旨かもしれない．判旨①が「開示されることが通常予定されていない情報」と捉えていることは，判決が情報の収集ではなく，流出の違法性に着目していることを示している．

しかし，原告側が主張していたように，個人の信仰内容・信仰活動に関する情報の収集は原則として禁止され，本人の同意があるなど，きわめて限定的な場合に限ってのみ認められるべきものであろう[22]．自衛隊情報保全隊による情報収集活動の適法性が争われた事案に関する仙台地裁も，「遅くとも行政機関保有個人情報保護法が制定された平成15年5月30日までには，自己の個人情報を正当な目的や必要性によらず収集あるいは保有されないという意味での自己の個人情報をコントロールする権利は，法的に保護に値する利益として確立し，これが行政機関によって違法に侵害された場合には，国(被告)は，そのことにより個人に生じた損害を賠償すべきに至った」[23]，と判示している．本件と類似する行政警察的活動について，仙台地裁が権利制約を認めただけでな

---

21) 曽我部真裕「監視社会と『二つの憲法論』」日本弁護士連合会第60回人権擁護大会シンポジウム第2分科会実行委員会編『監視社会をどうする！』(日本評論社，2018年)67頁．
22) 判時2215号30頁(36頁)．なお「みだりに……されない自由」という，被侵害法益の定式化は，本文で試みているような三段階審査による分析に，本来はなじまない．本文で行うのは，「みだりに」を括弧に入れた考察である．

く，一部についてではあるものの違法だと判断して国家賠償を認めていることは，参照されるべき重要な先例だと思われる．

本件に関する高裁判決は，地裁判旨③の「嫌悪感を抱き得るにとどまる」という箇所を，「不快感，嫌悪感を抱くといった事実上の影響が生じ得るにとどまるというべきである」，と補正した(18頁)．これは，信教の自由に関してと同様に(上述，Ⅱ2(3)参照)，地裁判決における権利制約の否定を，高裁が事実上の制約の存在を認める方向へ転換するという含意を読み取ることも可能な，無視できない補正である．

(2) 情報収集活動の「みだりに自身の信仰内容・信仰活動に関する情報を行政機関に収集・管理されない自由」との関係における目的の正当性

本件情報収集活動によって「みだりに自身の信仰内容・信仰活動に関する情報を行政機関に収集・管理されない自由」に対する制約があったとすると，それは正当化され得るだろうか．地裁判決自身が認めるように，「人がいかなる思想，信条を有しているかというのは，個人の内面ひいては人格的自律に直接関わる事柄であ」る(判旨①)．また本件情報収集活動は，警察官が，ムスリムを継続的に監視した上，データベース化していたというものであるから，上記自由に対する制約の度合いは高い．そうであれば，制約が正当化されるかはきわめて慎重に審査しなければならないはずである．これは，後に紹介する概念を用いれば(本節(4)参照)，「連続戦略」の思考である．

そうした審査をした場合に，「国際テロの発生を未然に防止する」(判旨②)という本件情報収集の目的は正当か．先にも触れた「団体規制法」に基づく観察処分に関する平成13年東京地裁判決は，観察処分の「目的自体については，合理性がある」としつつも，信教の自由等の制限が許されるためには，「当該

---

23) 仙台地判平成24年3月26日判時2149号99頁(105頁)．丸山敦裕「判批」平成24年度重判解(ジュリ1453号，2013年)17頁が指摘するように，この判決がいう「自己の個人情報をコントロールする権利」は，日本の学説で唱えられる自己情報コントロール権と同じものではない．なお，片桐直人「判批」速判解(法セ増刊)12号(2013年)25頁は，この判決が「保有されないこと」まで当該権利の保護領域に含めたことを評価している．この点は，本文(4)で後述することにかかわる．二審の仙台高判平成28年2月2日判時2293号18頁も，情報収集活動を国賠法上一部違法と判断している．ただし，情報保全隊作成の内部文書に氏名等の個人情報の記載のあった5名のうち，地方議会議員4名については，収集された情報が「秘匿性に乏しい」ため，情報収集は違法とされなかった．

団体が再び無差別大量殺人行為の準備行為を開始するという一般的, 抽象的な危険があるというだけでは足りず, その具体的な危険があることが必要であり, かつ, その場合においても, 観察処分による制限の程度は, 右の危険の発生の防止のために必要かつ合理的な範囲にとどまるべき」だ, と述べていた[24]. 控訴理由書が,「信仰に関する情報の収集・保有を正当化するためには, 『明らかな差し迫った危険の発生』が, 『具体的に予見されることが必要』」であるはずだ, と述べるのは同様の趣旨である[25].

これに対して被告側は,「国際テロの危険性は当時において既に具体化していた」と論ずるとともに,「国際テロの発生を未然に防ぐためには, 具体的なテロ行為の着手ないし準備が開始される前の段階から情報収集活動に着手し, 可能な限り早い時期に, 国際テロが引き起こされる可能性を示す端緒, つまり『兆し』を確実に察知して, それに迅速に対応することが最も重要」だ, と反論していた[26]. こうした被告側の主張は,「団体規制法」による観察処分事件に際してもなされ, 上記した平成13年東京地裁判決以外の諸判決では受け入れられていたものである[27]. 本件における東京地裁も, 信教の自由に関する判示のなかで,「日本国内において国際テロが発生する危険が十分に存在する」などと述べ (Ⅱ 1判旨③参照), 被告側の主張を採用した. この点は基本的な対立であり, 容易には解決困難である[28]. 少なくともここで指摘できるのは, こうした予防的行政警察活動の発動要件は法律で明確に定める必要があるのではないか, ということである. この点は次節で論じたい.

---

24) 判時 1755号3頁 (35頁). 前掲注 13) を参照.
25) 控訴理由書18頁. 一審における準備書面 (10) は, 先の事案は「無差別大量殺人行為を行った団体」に対する監視の適法性が問題となっていたのに対して, 本件では単にムスリムであるにすぎない原告らに対する監視の適法性が問われているのであるから, 本件の方がより「具体的危険」の立証が必要となる, と論じていた (10頁).
26) 国側の答弁書4〜5頁など.
27) 東京高判平成16年10月29日訟月51巻11号2921頁 (3030〜3032頁) など.
28) ちなみに, ドイツ連邦憲法裁判所のラスター捜査決定は,「現在の危険」という要件を用いると, ラスター捜査の実効性を疑問とする, という見解を示す.「具体的危険」は,「継続的危険」でもよい.「継続的危険とは, 損害が発生する十分な蓋然性が, 比較的長期間に渡り, すべての時点で存在する場合である. しかし, そのような継続的危険を確認するためにも, 損害発生の十分な蓋然性や蓋然性予測のための具体的な事実の根拠という, 具体的危険の必要性と結びついた諸要素があてはまる」, と判示している. BVerfGE 115, 320 (364). ドイツ連邦憲法裁判所が採る「危険」要件については, 注5) で挙げた諸文献のほか, ラルフ・ポッシャー (米田雅宏訳)「国内治安法制における介入閾」北大法学論集65巻4号 (2014年) 996頁以下などで, 詳しく分析されている.

(3) 情報収集活動の「みだりに自身の信仰内容・信仰活動に関する情報を行政機関に収集・管理されない自由」に対する制約の必要性

　次に,「国際テロを未然に防止するため」という目的のために,モスク付近や内部を継続的に監視し,宗教的儀式や教育活動への参加状況を網羅的に把握することが本当に必要なのか,という疑問が再び生ずる.宗教などに基づくプロファイリングには効果がなく,むしろプロファイリングの対象となる集団との信頼関係を構築することにとって逆効果だ,といったことはしばしば指摘されるところである[29].こうした考慮からは,本件情報収集の必要性や相当性が重大な疑問にさらされることになるように思われる.以上のような思考は,従来から各法分野において積み重ねられてきたものであり,本件においても初期から論じられてきた.逆に言えば,この主張も裁判所には受け入れられなかったものではある.

　本節(2)(3)で述べてきた事柄に関して,再び参考までに,ドイツ連邦憲法裁判所によるラスター捜査決定を紹介すると,そこでは「反比例公式」「„je-desto" 公式」と称される見解が示されていた.つまり,「脅かされている,あるいはすでに生じた法益侵害が重大であればあるほど,また,問題となる基本権侵害の重大性が低ければ低いほど,法益に対する危険または生じた侵害を推論させる蓋然性は低くてもよく,場合によっては嫌疑の基礎となる事実も不確かであってもよい」,という立場である[30].この公式は,法益侵害の蓋然性が低い段階でも基本権侵害が許容されるという考え方をも導き出せるものだが,ドイツ連邦憲法裁判所は重大な基本権侵害をもたらす警察措置には十分な蓋然性がなければならない,という側面を重視して判断を行っていた[31].

---

[29] 国際連合総会(2007年1月29日)人権理事会第4セッション,Martin Scheinin「テロ対策における人権及び基本的自由の促進及び保護に関する特別報告者による報告書」(甲第38号証の2)など.ちなみに,この特別報告者がプロファイリングに代わる手段として推奨するのは,一般的または無作為の所持品検査である.なおドイツにおける9・11同時多発テロ事件後のラスター捜査も成果がなく,公権力が努力していることをアピールするためだけのものだった,などと評されている.例えば,植松・前掲注5)9〜10頁参照.

[30] BVerfGE 115, 320 (360 f.).

[31] 島田・前掲注5)憲法判例97〜98頁など.連邦憲法裁判所は,本文の公式を,当該捜査は前掲注28)で紹介した「継続的危険」を充たさないという判断に結びつけて,違憲と判断している.

(4) 警察による個人情報の保管・利用

　近年の憲法学や刑事訴訟法学においては,「取得時中心主義」への反省が有力に説かれるようになった. つまり,「情報の取得, それに引き続く保存, あるいは利用・分析といった情報処理の一連の過程の中で, 情報取得時のインパクトを重視し, もっぱら情報取得の正当化に神経を集中させるというアプローチ」への反省である[32]. 京都府学連事件最高裁判決は, 警察による写真撮影のみを問題としていた[33]. 当時は, 捜査過程において取得された情報をデータベース化することには, 技術的・コスト的限界があったため, それでもよかった. しかし「現在の情報技術は, 京都府学連事件判決の出された〈1969年〉のそれとは大きく異なり, 警察による情報取得の意味も当時と大きく異なるにもかかわらず, その適法性判断のあり方は〈1969年〉のままでよいのか」[34], という問題提起は正当だと思われる.

　それを前提とした上で, 思考方法は二通りある. 第一は, 情報取得の適法性とその保管・利用の適法性は別問題であり, 後者は国賠法などで個別に争うべきだとする立場である. 第二は,「一旦取得された情報が警察内部においてどのように保存・利用され, 解析されるのかはブラックボックスとなっており……, 情報主体が, 後続の情報実践を知覚・捕捉し, これを別途訴訟等において争うのは実際上困難である」ため,「警察による情報取得行為の性格を, その取得場面だけを切り取って判断することはでき」ず, 情報取得行為の適法性を判断する際に, その情報が将来どう使われるかを織り込むべき, という立場である. このような整理をした山本龍彦は, 前者を「切断戦略」, 後者を「連続戦略」と名付けている[35].

　情報ネットワークシステムと個人情報保護に関する指導的判例は, 住基ネットの合憲性に関する最高裁判決である. この判決は, 憲法13条の保護領域に「個人に関する情報をみだりに第三者に開示又は公表されない自由」が含まれ

[32) 山本龍彦『プライバシーの権利を考える』(信山社, 2017年)68頁. その他, 星周一郎『防犯カメラと刑事手続』(弘文堂, 2012年)81頁, 笹倉宏紀「行政調査手続と捜査」井上正仁・酒巻匡編『刑事訴訟法の争点』(有斐閣, 2013年)103頁, 緑大輔「監視型捜査における情報取得時の法的規律」法時87巻5号(2015年)65頁以下など.
33) 最大判昭和44年12月24日刑集23巻12号1625頁.
34) 山本・前掲注32)92頁.
35) 山本・前掲注32)62頁.

第3章 「ムスリム監視捜査事件」の憲法学的考察

ることを認めた上で，住基ネットがその自由を侵害するかを検討する．その際，(ア)住基ネットにより管理，利用等される本人確認情報は，「個人の内面に関わるような秘匿性の高い情報」ではないこと，(イ)本人確認情報の管理，利用等は，「法令等の根拠に基づき」，(ウ)「住民サービスの向上及び行政事務の効率化という正当な行政目的の範囲内で行われている」こと，(エ)「本人確認情報が容易に漏えいする具体的な危険はないこと」，(オ)住基法は本人確認情報保護委員会を設置するなどして，「本人確認情報の適切な取扱いを担保するための制度的措置を講じていること」などを挙げて，行政機関が住基ネットにより「本人確認情報を管理，利用等する行為は，個人に関する情報をみだりに第三者に開示又は公表するもの」ではない，と判断していた[36]．

先に触れた山本龍彦は，この判決について，ネットワークシステムの「『構造』まで審査し……，その脆弱性ゆえに個人情報がみだりに第三者に開示等される具体的危険が認められれば，未だ現実に第三者への開示や濫用等がなされていない段階でも(実害が生じていない段階でも)，上記自由の『侵害』が肯定され得ると判断したことの意味は決して小さくない」[37]，と評していた．このような評価には学説上も異論はあるが[38]，原告側は，この見解に依拠しながら，本件における警視庁による情報管理・利用は違憲だと主張した．つまり，(ア′)警視庁が保管・利用してきた情報には，電話番号，勤務先，住所，モスクへの立ち入り状況など「秘匿性の高い情報」が含まれていたこと(前述，I参照)，(イ′)管理，利用に「法令等の根拠」がないこと，(ウ′)「正当な行政目的の範囲内」でもないこと，(エ′)本件では「情報が容易に漏えいする具体的危険」が現実化したこと，(オ′)「制度的措置」もないことを指摘して，住基ネット

---

36) 最一小判平成20年3月6日民集62巻3号665頁(682〜684頁)．
37) 山本龍彦「判批」長谷部恭男ほか編『憲法判例百選I〔第6版〕』(有斐閣，2013年)47頁．小山剛「単純個人情報の憲法上の保護」論ジュリ1号(2012年)118頁以下も，近似した見解を示している．
38) 「日本国憲法研究 第10回・プライバシー」ジュリ1412号(2010年)105頁では，山本報告に対して，住基ネット判決は「具体的な危険がシステムにあるかどうか」を「目的達成手段の合理性の判断の中で非常に緩やかに検討しただけ」ではないのか(宍戸常寿発言)，という指摘があった．また，宇賀克也『判例で学ぶ行政法』(第一法規，2015年)109頁は，最高裁判決を「住民票コードが漏えいすることが，直ちにプライバシー侵害を惹起する具体的危険をもたらすものではないという判断」だ，と理解する．憲法学では，住基ネットに「個人に関する情報をみだりに情報管理システムに接続されない自由」によって対抗するといった形の思考方法が現在でも有力だと思われる．参照，樋口陽一ほか『新版 憲法判例を読みなおす』(日本評論社，2011年)78〜88頁(蟻川恒正)．

訴訟最高裁判決の判断枠組みに依拠すると，本件における情報の管理・利用自体が違憲だと論じていた[39]．これは山本のいう「切断戦略」による主張である[40]．

本節1(2)で紹介した判旨⑤は，こうした主張に対する地裁の回答である．東京高裁は，証人として出廷した山本の意見について，「情報通信技術の発展に伴う状況の変化に応じた憲法上の問題点を提起している点で傾聴に値する」，と一応の敬意を表している．しかし，①「本件情報収集活動に関し，憲法適合性を判断するに当たっては，……情報の継続的収集，保管，分析，利用を一体のものとみて，それによる個人の私生活上の自由への影響を検討すべきである」としつつ，憲法13条違反を否定した．また住基ネット訴訟最高裁判決との関係については，②「住民基本台帳法に定める制度の仕組み等に即して判示したもので，事案を異にし，本件に適切でない」，と答えた(19～20頁)．

「事案を異に」することは当然であり，原告の主張も上記のようにそれを前提としたものだったのであるから，住基ネット訴訟最高裁の射程の捉え方については，何らかの説明が必要だったように思われる．ただし，「訴訟においては，情報の収集や漏洩といった決定的なポイントに焦点を当てて違法性を争わざるを得ないことが通常であろう」[41]．そのため，裁判所が，高裁判旨①のように，情報取得行為の適法性を判断する際に，その情報が将来どう使われるかを織り込むべき(「連続戦略」)という審査態度を採ることは理解できる．しかしその場合でも，情報取得行為が憲法適合的かは，先に述べたように(本節2(2)(3))，重大な疑問がある．

V 法律の留保

1 地裁判決

原告らは，本件情報収集活動のように，継続的・組織的・網羅的・大規模に

---

39) 判時2215号30頁(36～37頁)．
40) 山本自身も，東京地裁に「切断戦略」による意見書を提出している(甲27号証)．これに対して，その後執筆された山本・前掲注32)93頁以下では，「現在の法制度の下では」「連続戦略」を選択している．
41) 曽我部・前掲注21)67頁．

個人情報を収集・保管・利用する場合には具体的な目的や基準を定めた根拠法律が必要であり，警察法2条1項はそれには当たらない，と主張していた．

これに対して東京地裁は，次のように答えた．①「警察法2条1項が『犯罪の予防』，『その他公共の安全と秩序の維持』を警察の責務として定めていることに照らすと，これらに必要な警察の諸活動は，強制力を伴わない任意手段による限り，一般的に許容されるべきであるところ，本件情報収集活動が上記責務に照らして必要な活動であることは既に説示したとおりである」．②「収集する情報が国民の権利，自由の干渉にわたるおそれのある事項に関わる場合には，当該情報の収集活動は任意手段によるからといって無制限に許されるべきではないが，本件情報収集活動は国際テロの防止の観点から必要やむを得ない活動であ」る(56頁)．

2 検討

(1) 先例としての自動車一斉検問決定

警察法2条1項の法的性格に関しては，自動車一斉検問決定が重要な先例であり，地裁判決もこれを意識しているものと思われる．この最高裁決定は，「警察法2条1項が『交通の取締』を警察の責務として定めていることに照らすと，交通の安全及び交通秩序の維持などに必要な警察の諸活動は，強制力を伴わない任意手段による限り，一般的に許容されるべきものであるが，それが国民の権利，自由の干渉にわたるおそれのある事項にかかわる場合には，任意手段によるからといつて無制限に許されるべきものでない」[42]，と判示した．この趣旨について，担当調査官は，「警察法2条1項は，警察の責務の範囲を定めた規定であり，警察官がこれを実現するため強制手段を用いるには，他に個別的にこれを定めた法律の規定がなければならないが，右責務を遂行するために相手方の意思に反しない任意手段を用いることを一般的に許容した規定である」との見解を挙げつつ，同決定は「右責務のうち『交通の取締』の関係において」実質的にこの見解を採用したものだ，と解説していた[43]．

警察法2条1項が組織規範であるだけではなく，警察官の非権力的な活動一

---

[42] 最三小決昭和55年9月22日刑集34巻5号272頁(274〜275頁)．
[43] 渡部保夫「判解」最判解刑事昭和55年度(1985年)160〜161頁．

般についての根拠規範であるかについては，行政法学でも刑事訴訟法学でも様々な見解があるが，ここで立ち入ることはできない[44]．原告側は，自動車一斉検問決定では，警察法2条1項に「交通の取締」が明示されており，自動車検問は「交通の取締」という文言の具体化として結びつきが強いことを前提としているが，本件では「犯罪の予防」や「公共の安全と秩序の維持」といった抽象的な規定から個人情報収集活動を根拠づけようとしているため，同決定の範疇を超える，などと主張していた[45]．しかしこのような論じ方は，裁判所により全く受け入れられなかった．

(2) 警察による情報収集活動と法律の留保論

　ここで本件情報収集活動と関連する，警察による情報収集活動に関する憲法学の議論動向について管見しておこう．先にも触れた京都府学連事件判決は，「犯罪を捜査することは，公共の福祉のため警察に与えられた国家作用の一つであり，警察にはこれを遂行すべき責務があるのであるから(警察法2条1項参照)」としつつ，警察官が本件とは異なり，犯罪捜査の必要上写真を撮影する際，その対象の中に犯人以外の第三者の容ぼう等が含まれている場合について，撮影される本人の同意がなく，また裁判官の令状がなくても，警察官による個人の容ぼう等の撮影が許容される要件を論じていた[46]．従来の憲法学も，そうした態度は同様であった．しかし近年の憲法学は，刑事訴訟法学の動向から影響を受けつつ，この判決に関連して，写真撮影には個別具体的な法律の根拠が必要ではないかについて，改めて問う傾向にある[47]．さらに，「警察による個人情報の長期的かつ大規模的な集積・統合，すなわちデータベース化は，それ自体，『強制処分』に当た」り，データベース化には特別の「法律上の根拠」

---

44) 学説の整理として，さしあたり，原田和往「判批」井上正仁ほか編『刑事訴訟法判例百選〔第9版〕』(有斐閣，2011年)12頁以下，指宿信「自動車検問」井上・酒巻編・前掲注32)62頁以下，濱西隆男「判批」宇賀克也ほか編『行政判例百選Ⅰ〔第7版〕』(有斐閣，2017年)216頁以下など．
45) 一審での原告側準備書面(10)24〜25頁．
46) 刑集23巻12号1625頁(1632頁)．
47) 宍戸常寿『憲法　解釈論の応用と展開〔第2版〕』(日本評論社，2014年)20頁以下，山本龍彦「京都府学連事件というパラダイム」法セ689号(2012年)46頁以下，實原隆志「判批」長谷部ほか編・前掲注37)40頁以下など．刑事訴訟法学では，稲谷龍彦『刑事手続におけるプライバシー保護』(弘文堂，2017年)．

が必要だ，と説く見解もある．そしてこの観点から，住基ネット訴訟最高裁判決が，法制度上目的外利用を刑罰により禁止していること，法律上審議会や本人確認情報保護委員会のような監視機関が設置されていることを合憲の根拠としていたという事情(Ⅳ 2 (4)参照)について，前述したように，肯定的な評価が示されている[48]．こうした学説の個々の主張にどこまで同意できるかは留保するとしても，先にも触れた住基ネットと本件情報取得活動の違い(Ⅳ 2 (4)参照)にかんがみれば，少なくても本件のような情報収集・保管・利用には利用目的や限界等を明確に規定する法律の根拠が必要だった，と考えることは不自然ではないように思われる[49]．

　ドイツ連邦憲法裁判所が，警察による情報収集活動に対して，明確性・特定性を備えた法律による授権を必要としていることは，日本でも繰り返し紹介されてきた[50]．しかし，原告側がそうしたドイツの憲法判例の動向を参照しつつ，Ｎシステムによる情報収集・管理の違憲性を争った第二次Ｎシステム訴訟において，東京高裁判決は，上述した自動車一斉検問決定の「参照」を求めながら，「我が国においては，警察は，警察法2条1項の規定により，強制力を伴わない限り犯罪捜査に必要な諸活動を行うことが許されていると解され」，Ｎシステムも適法だ，と判示した[51]．本件に関する東京地裁判決も，こうした見解に沿ったものであった．

　このような判例状況にかんがみてか，法律の留保という論点は明示的な控訴

---

48) 山本・前掲注32)245頁以下，同・前掲注37)47頁も参照．
49) 東京地裁に提出された山本龍彦意見書(甲第27号証)参照．
50) 小山剛「監視国家と法治国家」ジュリ1356号(2008年)48頁以下，西原博史「リスク社会・予防原則・比例原則」同号75頁以下，島田茂「予防的警察措置の法的統制と比例原則の適用」甲南法学50巻1号(2009年)72頁以下，實原隆志「行政・警察機関が情報を収集する場合の法律的根拠」ドイツ憲法判例研究会編『講座憲法の規範力　第4巻　憲法の規範力とメディア法』(信山社，2015年)247頁以下など．
51) 東京高判平成21年1月29日判タ1295号193頁．小山剛『「憲法上の権利」の作法〔第3版〕』(尚学社，2016年)100～103頁参照．これに対して，エックス線検査決定(最三小決平成21年9月28日刑集63巻7号868頁)は，当該エックス線検査は「内容物に対するプライバシー等を大きく侵害するものであるから，検証としての性質を有する強制処分に当たる」として，検証許可状なしに行われたエックス線検査を違法と判断している．この決定は捜査に関するものであるため，行政警察活動に関する本件にとって直接の先例とはならない．しかし，重要な権利・利益を制約する処分には法律の根拠が必要だとする判旨は，本件にも参考になるはずである．この決定については，さしあたり，安村勉「判批」井上正仁ほか編『刑事訴訟法判例百選〔第10版〕』(2017年)62頁以下を参照．さらにその後，最大判平成29年3月15日刑集71巻3号279頁が，GPS捜査を，特別の根拠規定がなければ許容されない強制の処分だとしたことの精神を勘案してもよい．

理由とされず，したがって高裁では判断されていない．しかし，警察による情報収集・管理・利用に明確性・特定性を備えた法律の根拠が必要ではないか，という視点は重要である．少なくとも立法論として，今後検討されるべき問題ではないか，と思われる．またその際には，予防的情報収集活動について法律で規定し尽くすことの困難性を考慮すると，「恒常的に行政機関による監視および情報収集を監督し，違法行為を抑制するとともに，簡易迅速に救済を図る第三者機関」[52]を設けようという提案も，注目され得る．

Ⅵ　国家賠償法 6 条

1　地裁判決

東京地裁は，「国家賠償法 6 条が外国人による国家賠償請求を相互の保証のある場合に限定しているのは，我が国の国民が外国から受けた被害についてその外国に賠償請求をすることができないのに，我が国が進んでその外国に属する者に賠償責任を負う必要はないという衡平の観念に基づくものであ」り，「その趣旨及び内容には，合理性がある」，と判断している(63 頁)．その上で，原告らの国籍国における相互保証についてはこれを肯定し，損害賠償請求を容認した．

2　検討

国家賠償法 6 条について，憲法 17 条が「何人も」賠償請求権を有すると規定した趣旨に「適合しないきらいがある」[53]，とする学説は古くからあった．しかし通説的な立場は，「『何人も』という文言には格別の意味はな」いと考え，またこの権利は「前国家的権利」ともいえないことから，同条は違憲ではないとしてきた．また仮に「賠償請求権がいわゆる前国家的権利を補完するものとしてそれと一体的に解すべき性質のものだとしても」，国家賠償制度の構築は基本的に立法者に委ねられているため，「相互保証主義の採用はやむをえない

[52) 武藤糾明・瀬戸一哉「監視社会の実態」前掲注 21)93 頁．第三者機関の構成や権限は，精察する必要がある．
[53) 宮沢俊義(芦部信喜補訂)『全訂　日本国憲法』(日本評論社，1978 年)230 頁，高田敏『社会的法治国の構成』(信山社，1993 年)32 頁など．

合理的規制として是認できる」，と解されてきた[54]．先行する裁判例でも，同趣旨の判断がなされており[55]，上で紹介した東京地裁の判断もそれらを踏まえたものだと思われる．ただし合憲とする学説においても，国際化が進んだ現代では時代遅れの感があるなどの観点から，立法論として改正が望ましいとするものが多い[56]．さらに学説では，被害者の属する国籍のいかんによって，「なぜ・日・本・政・府・の免責が許され」るのか，「当該市民は，本・国・法・の・不・備・の・ゆ・え・に・，現実に日・本・政・府・から蒙った損害を，なぜ自分の負担として甘受しなければならないのか」[57]，という疑問も有力に説かれている（強調は原文）．

　ここで参考となるのは，郵便法による国の損害賠償責任の免除・制限規定を違憲と判断した大法廷判決である[58]．この判決は，当該規定の立法目的の正当性と手段の合理性・必要性を比較的厳格に審査したものである．そうした審査態度は，郵便法の責任免除・制限規定が国家賠償法1条1項という基準線から乖離するものだったことによる，と解し得る[59]．国家賠償法6条は，同法1条1項という基準線から乖離して，被害者個人にとってはどうすることもできない理由で，損害賠償請求が全くできないという不利益を負わせている．郵便法違憲判決の審査枠組みを用いるならば，6条は違憲となるのではないかと思われる[60]．

　地裁判決は，先に紹介したように，相互保証の存在を広く認めた．これが従来からの判例の態度であり，実務的解決としては肯定できる．そのため原告側も国家賠償法6条の合憲性を高裁段階では争っていない．しかし，上述したよ

---

[54] 憲法学では，佐藤幸治『憲法〔第3版〕』（青林書院，1995年）615〜616頁，同『日本国憲法論』（成文堂，2011年）359頁，伊藤正己『憲法〔第3版〕』（弘文堂，1995年）406頁，野中俊彦ほか『憲法Ⅰ〔第5版〕』（有斐閣，2012年）555頁（野中）など．行政法学では，古崎慶長『国家賠償法』（有斐閣，1971年）254頁，遠藤博也『国家補償法（上）』（青林書院新社，1981年）103頁など．

[55] 東京地判平成14年6月28日判時1809号46頁，東京高判平成17年6月23日訟月52巻2号445頁など．

[56] 宇賀克也『国家補償法』（有斐閣，1997年）358頁，原田尚彦『行政法要論〔全訂第7版補訂2版〕』（学陽書房，2012年）316頁，西埜章『国家賠償法コンメンタール〔第2版〕』（勁草書房，2014年）1213頁など．

[57] 奥平康弘『憲法Ⅲ』（有斐閣，1993年）393頁．渋谷秀樹『憲法〔第3版〕』（有斐閣，2017年）491頁も，「被害者救済の普遍的要請の見地」などから，同条を違憲とする．

[58] 最大判平成14年9月11日民集56巻7号1439頁．

[59] 宍戸常寿「判批」長谷部恭男ほか編『憲法判例百選Ⅱ〔第6版〕』（有斐閣，2013年）287頁，長谷部恭男『憲法〔第7版〕』（新世社，2018年）312〜313頁．

[60] 渡辺康行「第17条」芹沢ほか編・前掲注10）140〜141頁．

うに，理論的には論ずべき重要な問題があるように思われる．

Ⅶ 結びに代えて

　本章で扱った「ムスリム監視捜査事件」は，現代を象徴する事例であるとともに，重要な憲法上の論点を多数含むものでもあった．類似した事案に関する，日本とドイツの憲法判例が対照的であることも興味深い[61]．日本の下級審裁判所は，ラスター捜査決定を知らなかったわけではないだろうが，異なった判断を示した．下級審判決は，情報流出に関して高額の損害賠償を認めることによって，収集・保管・利用の違法性を否定したことの埋め合わせを試みたとも見られ得る．しかし，これまで論じてきたように，日本に住むすべてのムスリムを把握し，モスクを継続的に監視するという公安警察の手法は再検討する必要があるだろう．訴訟の帰趨はともあれ[62]，これを契機に，少なくともそうした捜査の要件や限界，収集した情報の保管や利用の仕方などを明確に定める立法の整備は必要だと思われる．それとともに，法律の根拠に基づいた個人情報の収集・保管・利用についても裁判的統制を行う手法をさらに模索していくこと，より抜本的には，監視機関を監督する第三者機関を設置することも重要な課題である．こうした領域に関する専門的研究者ではない筆者が本章を起こすことによって，そのような課題により広い注目を集める機縁となれば，望外の幸いである．

---

61) アメリカにおける類似事例との比較としては，小林祐紀「ムスリムに対する監視・情報収集」大沢秀介ほか編著『変容するテロリズムと法』(弘文堂，2017 年) 415 頁以下などがある．
62) 最三小決平成 28 年 5 月 31 日判例集未登載は，上告棄却・上告受理申立不受理とした．

第4章　政教分離規定適合性に関する審査手法
──判例法理の整理と分析

I　はじめに

　私はこれまで，防御権にかかわる違憲審査のあり方について[1]，あるいはその実現が立法者による内容形成・制度形成に依存する憲法上の権利に関する立法裁量審査のあり方について[2]，いくつかの論稿を公刊してきた．また客観法規範適合性審査に関しては，平等原則を素材として考察する機会があった[3]．本章は，そうした試みの一環として，政教分離原則に基づく諸規定(以下では「政教分離規定」という)[4]適合性に関する審査手法について考えたい．

　防御権に関して，かつての憲法学は，もっぱら違憲審査基準に焦点を当てて考察する傾向があった．そのことと対応して，政教分離規定適合性審査に関しても，目的効果基準をめぐる議論に関心が寄せられすぎていた[5]．しかし，論理的にはそれに先行すべきであり，実際にも先行している審査があるのではないか．本章の出発点は，このような問題関心にある．

　本章の基本的な考察手法は，判例法理を内在的に分析し，再構成を試みる，というものである．とはいえ，その際には，従来からの学説による研究成果もできるだけ参照したい．以下では，まず，政教分離規定適合性に関して，国家と宗教の「かかわり合い」の審査と，「かかわり合い」が「相当とされる限度を超える」かの審査という，二段階が論理的に区別できることを概述したい．

---

1) 渡辺康行「憲法訴訟の現状──『ピアノ判決』と『暴走族判決』を素材として」法政研究76巻1・2号(2009年)33頁以下など．
2) 渡辺康行「立法者による制度形成とその限界」法政研究76巻3号(2009年)249頁以下など．
3) 渡辺康行「平等原則のドグマーティク」立教法学82号(2011年)1頁以下など．以上の論稿を基に体系化を試みたのが，渡辺康行ほか『憲法 I　基本権』(日本評論社，2016年)における，私が担当した各章である．
4) 津地鎮祭事件に関する，最大判昭和52年7月13日民集31巻4号533頁(538頁)．これに対して「政教分離原則」とは，「政教分離規定の基礎となり，その解釈の指導原理となる」もの，とされる(541頁)．本章も，この用語法に従う．
5) 赤坂正浩「政教分離の原則(1)」LS憲法研究会編『プロセス演習　憲法〔第4版〕』(信山社，2011年)67頁は，従来の政教分離規定の解釈は，「『目的効果基準』の周りを回っているといっても過言ではない」，という．

後者は，防御権に関する正当化審査に相応するものである(Ⅱ)．その後，第一段階である「かかわり合い」の審査について考える(Ⅲ)．次に，第二段階である「相当とされる限度を超える」かの審査について述べる．従来の判例で用いられてきた目的効果基準は，この「相当とされる限度を超える」かを審査するための基準として位置づけられ得る(Ⅳ)．

Ⅱ　政教分離規定適合性に関する審査の二段階

1　最高裁の基本的立場の読み方

　政教分離規定適合性に関する判例による審査手法は，基本的に，国家と宗教との「かかわり合い」の審査と，その「かかわり合い」が「相当とされる限度を超える」かの審査(正当化審査)，という二段階に分節化され得るものである．このことを論ずるに際して，まず，判例による一般的説示を見てみよう．

　最高裁が，政教分離規定適合性に関する審査手法の基本的立場を示したのは，津地鎮祭判決である．この判決は，①「政教分離規定の基礎となり，その解釈の指導原理となる政教分離原則は，……国家が宗教とのかかわり合いをもつことを全く許さないとするものではなく，宗教とのかかわり合いをもたらす行為の目的及び効果にかんがみ，そのかかわり合いが右の諸条件に照らし相当とされる限度を超えるものと認められる場合にこれを許さないとするものである」，という．また，②20条3項にいう「宗教的活動」とは，「およそ国及びその機関の活動で宗教とのかかわり合いをもつすべての行為を指すものではなく，そのかかわり合いが右にいう相当とされる限度を超えるものに限られるというべきであつて，当該行為の目的が宗教的意義をもち，その効果が宗教に対する援助，助長，促進又は圧迫，干渉等になるような行為をいうものと解すべきである」，という[6]．

　①の文章だけから，最高裁は，国家と宗教との「かかわり合い」があるかどうかを審査し，その後「かかわり合い」が「相当とされる限度を超える」かを審査する，という二段階の審査を想定していると読むことは，やや強引かもし

---

6) 民集31巻4号533頁(540〜541頁).

れない．しかし，①は少なくともその可能性を排除しない文章である．これに対して②の文章は，「宗教的活動」に該当するかどうかを一段階で審査すると述べているかのようである[7]．しかし，②の文章は，「かかわり合い」があるという審査結果を前提として，その「かかわり合い」が「相当とされる限度を超える」かどうかの結論を，20条3項でいう「宗教的活動」に該当するかどうか，という形で定式化する趣旨だと受け止められ得る[8]．この「かかわり合い」の有無とそれが「相当とされる限度を超える」かという二段階の審査は，後にⅢ1(1)で見るように，この判決による具体的な審査に際しては，理論的な混乱を伴いつつではあるが，実際に行われている．そしてこのような二段階の審査を意識し，思考を分節化することは，政教分離規定適合性に関して明晰な審査を行うために，有益なことだと思われる[9]．

2　箕面忠魂碑訴訟を例として

(1)　大阪地裁による「かかわり合い」の正当化の否定

箕面忠魂碑訴訟に関する各審級の判決は，政教分離規定に関してそれぞれ異なった審査手法を用い，結論も異なっていた．そのため，この諸判決を素材として，先に述べた二段階の審査について，より具体的に論じたい．

大阪地裁判決は，津地鎮祭判決を形式的には先例として挙げているものの，実際にはかなり自由に判断している．判決は，まず，忠魂碑は「宗教上の観念に基づく礼拝の対象物となっており，宗教上の行為に利用される宗教施設である」こと，従前，市が忠魂碑のために，市有地を無償で使用貸借しており，その後移設・再建されたことを確認する．判決自身は意識していないようだが，

---

7) 高橋和之「憲法判断の思考プロセス」曹時64巻5号(2012年)1043頁．先行する叙述として，高橋和之『憲法判断の方法』(有斐閣，1995年)95〜99頁．
8) 類似する読み方として，百地章『憲法と政教分離』(成文堂，1991年)112〜113頁，146〜147頁．
9) 政教分離規定適合性審査に関する二段階の区別を示唆する学説は，実は少なくない．注7)，注8)で挙げた文献のほか，林知更「政教分離原則の構造」高見勝利ほか編『日本国憲法解釈の再検討』(有斐閣，2004年)126〜127頁，吉崎暢洋「目的効果基準の再検討」平成法学7号(2004年)67頁，西村枝美「判批」平成22年度重判解(ジュリ1420号，2011年)18頁，井上典之「政教分離規定の憲法判断の枠組み」論ジュリ1号(2012年)126〜127頁なども，類似の趣旨かもしれない．これに対して，津地鎮祭の事例においては20条3項にいう「社会的活動」を一段階で判断すべきだ，とする見解もある．浦部法穂『憲法学教室〔第3版〕』(日本評論社，2016年)152頁．

これにより，国家と宗教との「かかわり合い」があるという第一段階の審査がなされた，と理解できる．その上で，第二段階として，政教分離原則について「厳格に適用する立場をとる」ことを明言しつつ，市が遺族会の所有する忠魂碑を市有地に移設し，その敷地として市有地を無償で貸与していることが正当化されるか，が審査される．この判決は，89条適合性審査について暗黙のうちに目的効果基準を用い，上記の行為は，「箕面市が，宗教活動を援助ないし助長させる行為」であるから，「箕面市遺族会が厳格な意味で宗教上の組織若しくは団体であるといえないとしても，本件使用貸借や本件移設は，憲法89条が禁じている宗教活動に対する公の財産の支出，利用に該当することは明らか」だとして，違憲だと判断した．さらに「費用の多額なことや継続的関係が生じて行くことに照らして，同市は，宗教施設に対し過度のかかわりをもった」として，20条3項にも反する，と判断している[10]．このようにして，国家と宗教の「かかわり合い」は正当化されない，とされたのである．この判決が「相当とされる限度を超える」かという表現を用いていないのは，厳格分離の立場をとったためだと思われる．現在から見ると，大胆な判決だった．

(2) 大阪高裁による「かかわり合い」の否定

大阪高裁判決は，まず，忠魂碑について，「敗戦後，国家神道の解体により，忠魂碑は軍国主義，超国家主義に利用されることがなくなり，一般に，新たに再建され又は建立された忠魂碑は本件忠魂碑を含めて専ら戦没者の慰霊・顕彰のための記念碑として認識されて」いるとして，その宗教的性格を否定する．さらに，市遺族会は，「会員の慰問激励・福祉向上を目的として結成され，活動して」おり，「市遺族会が憲法89条前段の『宗教上の組織若しくは団体』，同法20条1項後段の『宗教団体』に該当するものと解することはできない」，という．こうした審査により忠魂碑の移設・土地の貸与等について国家と宗教との「かかわり合い」を否定することによって，高裁判決は「相当とされる限度を超える」かの審査に入る手前で，当該移設・貸与を合憲だと判断した[11]．そのためこの判決では，目的効果基準の出番もなかった．これもまた，大胆な

---

10) 大阪地判昭和57年3月24日判時1036号20頁（26頁）（古崎慶長裁判長）．さしあたり，笹川紀勝「判批」昭和57年度重判解（ジュリ792号，1983年）17頁以下．

判決だった．

(3) 最高裁による融合的判断

　最高裁は，①忠魂碑は戦没者記念碑的性格のものであること，②市遺族会は「宗教的活動をすることを本来の目的とする団体」ではないこと，③忠魂碑移設，再建の目的は専ら世俗的なものであることを指摘し，市の各行為は「特定の宗教を援助，助長，促進」する効果をもたないため，「相当とされる限度を超えるものとは認められず」，20条3項で禁止される「宗教的活動」には当たらない，と判断した[12]．この判決は，おそらく，「かかわり合い」の審査と「相当とされる限度を超える」かの審査を区別せず，両者を融合的に判断することにより，「宗教的活動」該当性について一段階で判断したものではないかと思われる．そうだとすれば，この判決の手法は，Ⅲ1で見るように，主要な最高裁判決のなかでは例外的なものである．さしあたりここでは，合憲という結論は同じでも，二審と最高裁は判断枠組みが全く異なっていることに注目すべきである[13]．

(4)「かかわり合い」審査の適用条項

　津地鎮祭判決は，起工式の費用支出も問題とされた事例であるが，専ら20条3項との関係で審査がなされ，89条については最後に一言，合憲とされた

---

[11] 大阪高判昭和62年7月16日〔参〕民集47巻3号2506頁（2617頁，2624頁）（今富滋裁判長）．この判決に対しては，「少なくとも本件忠魂碑が全く宗教との関わりを持っていないとは言えない」という理解の下に，目的効果基準を用いて審査すべきだった，という批判がある．例えば，松井茂記「箕面忠魂碑・慰霊祭訴訟控訴審判決について（下）」判例評論352号（判時1269号，1988年）4頁，田中信義「判批」行政判例研究会編『昭和62年　行政関係判例解説』（ぎょうせい，1989年）142〜143頁．横田耕一「政教分離をめぐる若干の問題」宗教法17号（1998年）184頁は，「仮に対象物が宗教施設でなかったとしても」，当該移設・貸与が「宗教的目的で行なわれたり，宗教的効果をもつことはあり得るので，『目的効果基準』を使用して判断する余地があった」，と指摘する．

[12] 最三小判平成5年2月16日民集47巻3号1687頁（1699〜1701頁）．

[13] 高橋利文「判解」最判解民平成5年度（1月分〜3月分）（1996年）183頁以下．従来，控訴審と最高裁は「ほぼ同様の理由づけ」だ，とする理解が一般的だったかもしれない．例えば，樋口陽一ほか『憲法Ⅰ』（青林書院，1994年）407頁（浦部法穂）．これに対して浦部法穂「判批」法教154号（1993年）112頁は，最高裁判決を，「宗教施設ではないとしておきながら，箕面市の忠魂碑へのかかわりの『目的・効果』を論じてその宗教性を否定しなければならなかったということは，とりもなおさず，忠魂碑は宗教施設ではないという断定の論理的破綻を意味している」，という形で批判する．本章が採用する二段階の審査の立場から，この最高裁判決を外在的に批判するとすれば，このようにいうこともできる．

にとどまった[14].これに対して箕面忠魂碑訴訟の最高裁判決は,事案がいずれの政教分離規定によって審査されるべきか,という観点からも注目できるものであった.

箕面忠魂碑訴訟における各審級は,20条3項とは別建てで,20条1項後段および89条適合性についても審査している.そのなかで最高裁判決は,「憲法20条1項後段にいう『宗教団体』,憲法89条にいう『宗教上の組織若しくは団体』とは,宗教と何らかのかかわり合いのある行為を行っている組織ないし団体のすべてを意味するものではなく,国家が当該組織ないし団体に対し特権を付与したり,また,当該組織ないし団体の使用,便益若しくは維持のため,公金その他の公の財産を支出し又はその利用に供したりすることが,特定の宗教に対する援助,助長,促進又は圧迫,干渉等になり,憲法上の政教分離原則に反すると解されるものをいうのであり,換言すると,特定の宗教の信仰,礼拝又は普及等の宗教的活動を行うことを本来の目的とする組織ないし団体を指すものと解するのが相当である」,という.その上で遺族会はそれらには該当しないため,20条1項後段,89条には反しない,と判断した[15].

この判示に関して第一に注目されるのは,「宗教団体」や「宗教上の組織若しくは団体」を定義するために,目的効果基準が用いられていることである.しかしこれに対しては,「宗教にかかわる公的機関の行為の合憲性を判定する目的効果の規準を,その行為の相手方たる私的団体の性格や活動内容を判定するのに用いることは,判断すべきポイントを見誤ったもの」だ[16],という正当な批判があった.第二に注目されるのは,20条1項後段および89条前段適合性が,「宗教団体」あるいは「宗教上の組織又は団体」に該当するかどうか,という支出先の性格のみにより審査されているように読めることである.しかしこの点に関しても,ここで本来問題とされるべきは,「国から特権を受け」たり,「その使用,便益若しくは維持のために」,「公金その他の財産」を「支出し,又はその利用に供」することになっているか,という公権力の行為の合憲性のはずだという批判があり得る[17].もっともこの判決は,上記の注15)を

---

14) 民集31巻4号533頁(545頁).
15) 民集47巻3号1687頁(1701〜1702頁).
16) 大石眞『権利保障の諸相』(三省堂,2014年)345頁.類似する批判として,平野武『政教分離裁判と国家神道』(法律文化社,1995年)81頁,83頁.

付して引用した文章に先だって,「箕面市の右各行為が憲法の政教分離規定の基礎となる政教分離原則に違反するものでないことは,右に述べたとおりである」として,20条3項適合性に関する判旨を指示していた.そうなると,20条1項後段や89条適合性に関しても,実際には支出先と公権力の行為という両側面から合憲性審査がなされていた,ということだったのかもしれない.

なお最高裁自身も,4年後に出された愛媛玉串料判決では修正を図った.そこでは89条適合性に関して,靖國神社および護國神社が「宗教上の組織又は団体」に当たるかどうかが判断され,さらに玉串料等の奉納によってもたらされる「かかわり合い」があることを前提に,それが「相当とされる限度を超える」かについて判断されている[18].

ここで簡単に触れた89条と20条3項との適用関係や89条適合性の審査手法については,学説上様々な見解が示されている.この点については,Ⅲ3で再び検討したい.

3 宗教に関する「一元的定義」「二元的定義」と二段階の審査

狭義の信教の自由によって保障される宗教と,政教分離原則によって国家と分離されるべきとされる宗教は同一か,という論点がある.従来の学説では,「宗教」の意味について,狭義の信教の自由の領域では「できるかぎり広く解すべきであるが,政教分離原則において問題となる『宗教』はより狭く,たとえば『何らかの固有の教義体系を備えた組織的背景をもつもの』というような,限定された意味に解する」という,「二元的定義」が有力だった[19].これに対して,「個人の信教の自由と政教分離の二つの分野で,宗教の意義に広狭の区別をする必要は特になく,同一の定義の適用で足りる」,と解する見解も根強くある[20].この「一元的定義」の立場からは,目的効果基準を「全面否定す

---

17) 参照,大石・前掲注16) 344頁.
18) 最大判平成9年4月2日民集51巻4号1673頁(1685頁).後述Ⅳ2 (3)参照.
19) 芦部信喜『憲法学Ⅲ 人権各論(1)〔増補版〕』(有斐閣,2000年)131頁,佐藤幸治『日本国憲法論』(成文堂,2011年)234頁,内野正幸『憲法解釈の論点〔第4版〕』(日本評論社,2005年)66頁,渋谷秀樹『憲法〔第3版〕』(有斐閣,2017年)419〜420頁,阪本昌成『憲法理論Ⅱ』(成文堂,1993年)349〜350頁など.
20) 土屋英雄『思想の自由と信教の自由〔増補版〕』(尚学社,2008年)143頁,芦部信喜編『憲法Ⅱ 人権(1)』(有斐閣,1978年)313〜314頁(種谷春洋)など.

るのであればともかく，そうでないかぎり，具体的事件において『目的・効果』基準を適用する前にあらかじめ宗教を狭く定義しておくのは政教分離を二重に緩めることになりかねない．同説の言う『不合理な結果』(仮にあるとしても)は，前もって宗教を広く定義しておいても，『目的・効果』基準の適用過程で消去されよう」，と反論される[21]．これに対して「二元的定義」の側からは，「一元的定義」の立場をとる場合に生ずる不都合を避けるためには「政教分離原則を緩やかに解釈する」ことにならざるをえない，という再反論がなされている[22]．

両説の対立は，それぞれが懸念するほど，具体的帰結において異なるものではない[23]．本章の観点からむしろ注目されるのは，「一元的定義」か「二元的定義」かという議論は三段階審査論における保護領域の捉え方をめぐる議論と同じ型となっている，ということである．さらに従来の学説も，政教分離原則の審査に際して，国家と宗教の「かかわり合い」(「一元的定義」か「二元的定義」か)とそれが「相当とされる限度を超える」か(目的効果基準)という二段階の審査を暗黙の前提として議論していた，ということが読み取れることが重要だと思われる．

4 小結

最高裁による政教分離規定適合性に関する審査の基本的立場は，国家と宗教との「かかわり合い」の審査と，それが「相当とされる限度を超える」かの審査という，二段階の審査を行うものと読むことができる．あるいは，そのように再構成できるものである．本章はそのことを，箕面忠魂碑訴訟における各審級の判決を素材として，図式的に示してみた．また，学説も，暗黙のうちに二段階の審査を前提として議論を行ってきたのではないかと思われる．そしてそ

---

21) 土屋・前掲注20)144頁．
22) 芹沢斉ほか編『新基本法コンメンタール　憲法』(日本評論社，2011年)168頁(阪口正二郎)．
23) なお，最高裁は，宗教の定義を一般的にせず，「個別の事案ごとに，憲法が政教分離原則を定めた趣旨に基づき，起工式，地蔵像，忠魂碑等の宗教性の有無及びその程度を判断してきた」，とされる．清野正彦「判解」最判解民平成22年度(上)(2011年)29頁．これは，かねてより調査官がしばしばそう解説する立場である．参照，越山安久「判解」最判解民昭和52年度(1981年)232〜233頁，高橋・前掲注13)180頁．なお同解説は，宗教に関する二元的定義が「妥当」という．

のように読み取り，その方向性を明確化することが，政教分離規定適合性審査の論理過程を明晰なものとするために重要なのではないか．これが本章の趣旨である．以下では，主要な最高裁判決を例としながら，各段階の審査のあり様について，より詳しく見ていきたい．ただし，予め指摘すると，判例法理の到達点を示すのはどの判決なのかは，確言できない．それは分析の視点に依存する．本章の観点から候補となるのは，愛媛玉串料判決と空知太神社判決という，二つの違憲判断である．

III 「かかわり合い」の審査

1 大法廷判決における「かかわり合い」の審査

(1) 津地鎮祭判決

津地鎮祭判決は，訴訟の対象となった起工式（地鎮祭）が20条3項で禁止される「宗教的活動」に当たるかについて，次のように述べていた．「本件起工式は，……建物の建築の着工にあたり，土地の平安堅固，工事の無事安全を祈願する儀式として行われたことが明らかであるが，その儀式の方式は，……専門の宗教家である神職が，所定の服装で，神社神道固有の祭式に則り，一定の祭場を設け一定の祭具を使用して行つたというのであり，また，これを主宰した神職自身も宗教的信仰心に基づいてこれを執行したものと考えられるから，それが宗教とかかわり合いをもつものであることは，否定することができない」[24]．このように同判決は，20条3項適合性を審査するに際して，まず，国家と宗教の「かかわり合い」があるという判断を行ったかに見える．しかし，それは論理的には不徹底なものだった．「関与行為」と「関与対象行為」の区別は，政教分離判例を分析する際に基本となる視点であり，本章の叙述でも下敷きとして用いるものである[25]．この判決は起工式という「関与対象行為」

---

[24] 民集31巻4号533頁(543頁)．
[25] 愛媛玉串料判決における尾崎行信裁判官の意見は，最高裁判決による用語の意味内容があいまいであることを鋭く指摘した．それによると，国家と宗教の「『かかわり合いをもたらす』国自体の関与行為」と「かかわり合いの対象となる宗教的とみられる行為」（「対象行為」）とが区別される．その上で，例えば，津地鎮祭判決が「『当該行為者が当該行為を行うについての意図，目的及び宗教的意識』という場合，検討するのは関与行為（者），対象行為（者）のいずれについてか，その双方か」が「不分明」だ，という．民集51巻4号1673頁(1707〜1709頁)．

が「宗教とかかわり合い」をもつことを判示した．しかし本来判示すべきは，市がそのような性格をもつ起工式を主催等することによって(「関与行為」)，国家と宗教が「かかわり合い」をもったということであった．この混同は，その後の下級審に悪影響を与えた．

同判決は，目的効果基準を使って「宗教的活動」該当性を判断する際の考慮諸要素を挙げていた(後述，Ⅳ1(3)参照)．そこで挙げられた「当該行為の主宰者が宗教家であるかどうか，その順序作法(式次第)が宗教の定める方式に則ったものであるかどうか」という「当該行為の外形的側面」および，「当該行為者が当該行為を行うについての意図」が，「かかわり合い」の審査に際して考慮されているものである．なお先に述べた「関与行為」と「関与対象行為」を区別するという視点からすると，津地鎮祭判決の判旨では，「当該行為者」とは「かかわり合い」の対象となった地鎮祭(起工式)の行為者(神職)のことか，「かかわり合いをもたらす行為」の行為者(市長以下の関係者)のことかは，必ずしも明確ではない．政教分離の趣旨からすると，「当該行為者」とは，本来は市長以下の関係者を指すべきものであろうが，この判決では主に神職のことを指しているように思われる．さしあたりここでは，津地鎮祭判決が目的効果基準の判断要素として挙げていたものの一部は，実際には「かかわり合い」の審査の要素として用いられている，ということを指摘しておきたい．

(2) 自衛官合祀判決

最高裁は，殉職自衛官の山口県護國神社に対する合祀申請は，県隊友会(社団法人)単独の行為であったと認定した．この判断の下で，合祀申請に至る過程において県隊友会に協力した自衛隊山口地方連絡部(以下では「地連」という)職員の行為が20条3項に違反しないかが，判示事項の一つとなった．

判決は，当該事案について，こう述べる．「本件合祀申請という行為は，殉職自衛隊員の氏名とその殉職の事実を県護国神社に対し明らかにし，合祀の希望を表明したものであって，宗教とかかわり合いをもつ行為であるが，合祀の前提としての法的意味」はない．合祀申請に至る過程において県隊友会に協力していた地連職員の具体的行為の，「宗教とのかかわり合いは間接的であ」る[26]．

この判決は，こうして，国家が宗教との「かかわり合い」をもっていることを認めた．しかし，判示は簡単なものにとどまり，いかなる考慮要素によって「かかわり合い」があると判断したのかは，明らかではない．あえていえば，「当該行為の外形的側面」から判断した，ということであろうか．もう一つ注目すべきは，「かかわり合いは間接的」だ，と判示した点である．このことが，後述するように(Ⅳ 2(2))，「かかわり合い」が「相当とされる限度を超える」かに関する審査密度が大幅に低下する要因だった．

(3) 愛媛玉串料判決

愛媛玉串料判決は，当該事案について次のように述べる．「いずれも宗教法人であって憲法20条1項後段にいう宗教団体に当たることが明らかな靖国神社又は護国神社が各神社の境内において挙行した恒例の宗教上の祭祀である例大祭，みたま祭又は慰霊大祭に際して，玉串料，献灯料又は供物料を奉納するため，……金員を県の公金から支出したというのである．ところで，神社神道においては，祭祀を行うことがその中心的な宗教上の活動であるとされていること，例大祭及び慰霊大祭は，神道の祭式にのっとって行われる儀式を中心とする祭祀であり，各神社の挙行する恒例の祭祀中でも重要な意義を有するものと位置付けられていること，みたま祭は，同様の儀式を行う祭祀であり，靖国神社の祭祀中最も盛大な規模で行われるものであることは，いずれも公知の事実である．そして，玉串料及び供物料は，例大祭又は慰霊大祭において右のような宗教上の儀式が執り行われるに際して神前に供えられるものであり，献灯料は，これによりみたま祭において境内に奉納者の名前を記した灯明が掲げられるというものであって，いずれも各神社が宗教的意義を有すると考えていることが明らかなものである」．この文章を受けて判決は，「これらのことからすれば，県が特定の宗教団体の挙行する重要な宗教上の祭祀にかかわり合いを持ったということが明らかである」，と判断した[27]．このようにこの判決は，政教分離規定適合性審査に際して，国家と宗教の「かかわり合い」がある，との

---

26) 最大判昭和63年6月1日民集42巻5号277頁(286頁)．これに対して，学説では，「かかわり合いは直接的であった」という批判が多い．例えば，土屋・前掲注20)177頁．
27) 民集51巻4号1673頁(1682頁)．

判断を明示的に行った．

　この判決も，目的効果基準の判断に際して考慮すべき諸要素については，津地鎮祭判決の判示をそのまま引き継いだ．しかし上記で「かかわり合い」の審査に際して考慮された事情は，例示された事項に直接当てはまるものではないようである．あえて言えば，ここでも「関与対象行為」の「外形的側面」が主に考慮され，付加的に，「関与対象行為」の「行為者が当該行為を行うについての意図」も考慮されていることによって，県が宗教と「かかわり合い」をもった，とされているようである．そのように理解すると，津地鎮祭判決と類似する判断の仕方がなされたと位置づけられ得る．

　さらに注目されるのは，津地鎮祭判決では「宗教とのかかわり合い」が認められるとされたのに対し，玉串料判決では県が「特定の宗教団体の挙行する重要な宗教上の祭祀」への「かかわり合い」をもったことが認められていることである．このことが，後述するように(Ⅳ 2 (3))，「かかわり合い」の正当化審査の密度を高いものとする要因となっている．

(4) 空知太神社判決

　これまで挙げた諸判決が 20 条 3 項適合性を主に審査していたのに対して，空知太神社判決は 89 条適合性審査について，次のような一般的立場を示した．つまり，「およそ国又は地方公共団体が宗教との一切の関係を持つことが許されないというものではなく，憲法 89 条も，公の財産の利用提供等における宗教とのかかわり合いが，我が国の社会的，文化的諸条件に照らし，信教の自由の保障の確保という制度の根本目的との関係で相当とされる限度を超えるものと認められる場合に，これを許さないもの」，というのである．本章でいう二段階の審査の趣旨を再確認する判示だ，と解される．

　それに続けてこの判決は，「国又は地方公共団体が国公有地を無償で宗教的施設の敷地としての用に供する行為は，一般的には，当該宗教的施設を設置する宗教団体等に対する便宜の供与として，憲法 89 条との抵触が問題となる行為である」，と述べている[28]．この部分が，当該事件における国家と宗教の

---

28) 最大判平成 22 年 1 月 20 日民集 64 巻 1 号 1 頁(9 頁)．

「かかわり合い」の審査に該当する，と解することができる．この判決も，「かかわり合い」が「相当とされる限度を超える」か否かを判断する際の諸要素を挙げているが(Ⅳ3(1))，それらは確かに当該の審査に用いられているようである．そう理解できるならば，この判決は，津地鎮祭判決などより審査の定式化が洗練されたものとなっている，といえよう(後述．Ⅳ3(1))．そうなると今度は，「かかわり合い」はいかに審査されているのか，が問題となる．従来の判決と同様に，「関与行為」と「関与対象行為」の外形的側面が考慮されている，ということであろうか．

2 「かかわり合い」の対象

(1) 「宗教」と「特定の宗教」

国家との「かかわり合い」が問題となるのは，「宗教」か「特定の宗教」か．最高裁は，政教分離原則に関する一般的説示を行う際には，国家と「宗教」との「かかわり合い」について語り，事案に関する政教分離規定適合性判断に際しては，「特定」の宗教について語る，という傾向にある(例えば津地鎮祭判決について，Ⅱ1とⅣ2(1)で紹介する判旨を比較参照)．

学説によると，いずれを問題とするかは基本原理にかかわる，とされる．つまり，「特定の宗教と国家との結び付き・かかわりを排除する原理」が「宗教的中立性」である．これに対して，「『非宗教性』原則は，国家と宗教との一切のかかわりを排除する論理を含」む[29]．学説では，一方で，日本国憲法の政教分離原則については，「国家と特定の宗教との結びつきだけを禁止するのではなく，宗教一般との結びつきをも禁止する原理と解すべき」だ，と説く立場がある．そうでないと，「無宗教の自由」が抑圧されるおそれが生ずる，というのである[30]．これは，政教分離原則を「非宗教性」原則を意味するものと理解する見解である．他方で，「政教分離原則は，国が特定の宗教を公認したり特定の宗教を優遇(または禁止)したりせず，あるいは，特定の宗教・宗派の

---

29) 大石・前掲注16)306頁．
30) 野坂泰司「愛媛玉串料訴訟大法廷判決の意義と問題点」ジュリ1114号(1997年)35頁，同『憲法基本判例を読み直す』(有斐閣，2011年)158頁，宮沢俊義『憲法Ⅱ〔新版再版〕』(有斐閣，1974年)355頁，矢島基美「政教分離原則論攷」上智法学41巻3号(1998年)88頁，長谷部恭男『憲法〔第7版〕』(新世社，2018年)199頁など．

布教や宣伝等のために宗教教育などの活動をしたり，特定の宗教の儀式・行事等を行ったり，公金を支出したりすることが禁止される等の意味での宗教的中立性を意味すると解すべき」，と説く立場もある[31]．

こうした状況を踏まえれば，判例が，政教分離原則について「国家の非宗教性ないし宗教的中立性を意味する」と説明したり[32]，「かかわり合い」の対象として，宗教が挙げられたり特定の宗教が挙げられたりしていることは，理論的には未整理ともいえる[33]．ただし，「かかわり合い」の審査においては，国家と宗教の関係として広く捉え，「かかわり合い」が「相当とされる限度を超える」かの審査に際しては，宗教の特定性に着目して，それに当たる場合には「相当とされる限度を超える」かを慎重に審査するという趣旨と理解するならば，それはあり得べき一つの審査態度だと思われる．

(2) 「宗教」と「宗教団体」

政教分離原則に関して，判例は一般的に，国家と「宗教」との分離を要求するものと説明している．学説の多くも，同様である．これに対して，政教分離原則を国家と「宗教団体」との分離と理解する見解も，有力に存在する[34]．もっともこの見解のいくつかは，判例が，憲法は「国家と宗教との完全な分離を理想とし」と述べたことに対応して[35]，国家と宗教団体（教会）との分離であれば外国にも例はあるし実行可能だ，と指摘する文脈の下にある．しかし判例において，分離の対象が「宗教」か「宗教団体」かはさほど重視されておらず，また「完全な分離を理想とし」という部分よりは，先にⅡ 1 で引用した相対的分離を説いた部分の方が，本筋の議論となっているものと思われる[36]．

---

31) 初宿正典『憲法 2 基本権〔第 3 版〕』（成文堂，2010 年）226 頁．大石眞『憲法講義Ⅱ〔第 2 版〕』（有斐閣，2012 年）164～165 頁も同旨．
32) 民集 31 巻 4 号 533 頁(538 頁)，民集 51 巻 4 号 1673 頁(1679 頁)．これに対して空知太神社事件判決は，政教分離原則を「宗教的中立性」を意味するものと理解した．民集 64 巻 1 号 1 頁(9 頁)．
33) 芦部信喜『憲法学Ⅲ 人権各論(1)〔増補版〕』（有斐閣，2000 年）151～153 頁は，「宗教的中立性に言う『中立性』の概念には二つの必ずしも両立しがたい観念が含まれて」おり，見解の違いは「いずれに重点を置くか」の問題だ，と述べる．また芦部信喜『宗教・人権・憲法学』（有斐閣，1999 年）123 頁は，愛媛玉串料判決について，「従来の宗教からの中立性という考え方が宗教団体からの中立性という考え方に変わった，とこの判決からは速断できない」，という．
34) 阪本・前掲注 19)344 頁，大石・前掲注 16)309 頁，345 頁，百地・前掲注 8)61 頁，211 頁など．
35) 民集 31 巻 4 号 533 頁(539 頁)，民集 51 巻 4 号 1673 頁(1680 頁)．

そうであるならば，政教分離規定は国家と宗教団体との「かかわり合い」だけを対象としていると解するのは，確固とした組織をもたない「国家神道」が対象から外れかねず，政教分離の射程を不当に狭くしてしまうという懸念がある．20条1項後段や89条前段は宗教団体のみを対象とするものと解し得るし，20条3項はそうでない．後者の場合に，「かかわり合い」が「相当とされる限度を超える」かの審査に際して，「宗教団体」との「かかわり合い」が問題となっていることが考慮に入れられることもあり得る，と解しておきたい[37]．

3　「かかわり合い」審査の適用条項

(1)　「宗教上の組織若しくは団体」の意味

　国家と宗教との「かかわり合い」の審査は，本来は政教分離規定ごとになされるべきものである．政教分離規定適合性が訴訟において争われる際には，地方自治体が公金を支出したことを捉えて，住民訴訟の形式が用いられてきた．そのため，政教分離判例において89条前段適合性は，常に争点の一つではあった．しかし，従来の判例は，若干の例外を除くと，基本的に20条3項について判断し，89条については副次的に触れる，という状況にあった．

　その一つの原因は，89条にいう「宗教上の組織若しくは団体」の判例による捉え方にある．箕面忠魂碑訴訟の大阪地裁判決は（Ⅱ2(1)），89条を「広く信仰，礼拝，布教等の宗教的意義を有する事業ないし活動に対し，公の財産を

---

　36)　越山・前掲注23)221〜222頁は，政教分離の原則は，「沿革的にみると，……国家と教会との分離を意味し」ていたが，「理念化され，理論的には，国家と宗教との分離と観念されるようになった」．しかし，「国家と分離されるべきのは，宗教か宗教団体かを上告理由かどうして論じてもあまり意味のあることではない」．重要なのは「完全分離」か「限定分離」かだとされた上で，後者の趣旨が説かれている．なお，この点に関連して，本文で紹介したような判例の論じ方では，原則と例外の逆転が起きているという批判は，しばしばなされてきた．例えば，愛媛玉串料判決における，高橋久子裁判官と尾崎裁判官による意見を参照．民集51巻4号1673頁(1699〜1700頁，1703〜1706頁)．学説では，高橋和之「政教分離と殉職自衛官の合祀」ジュリ916号(1988年)26頁，佐々木弘通「憲法学説は政教分離判例とどう対話するか」辻村みよ子・長谷部恭男編『憲法理論の再創造』(日本評論社，2011年)399〜400頁など．これに対して，「完全分離が『理想』たりうるのかどうかは疑わしい」とするものも少なくない．例えば，大石・前掲注16)97頁，野坂泰司「いわゆる目的効果基準について」長谷部恭男ほか編『高橋和之先生古稀記念　現代立憲主義の諸相　下』(有斐閣，2013年)300頁など．なお阪口正二郎「愛媛玉串料判決を振りかえる」長谷部恭男編『論究憲法』(有斐閣，2017年)173頁は，「完全分離説」においても，「完全分離」ではなく「厳格分離」が主張されているにすぎない，という．

　37)　林・前掲注9)118頁以下は，20条1項後段と89条前段を「国家と宗教団体の分離」と呼び，20条3項を「国家の宗教への非同一化」と呼ぶ．

支出し，利用させることが，当該宗教活動に対する援助，助長，促進等の結果をもたらす場合には，厳格な意味での宗教上の組織若しくは団体に対するものに限らず，これを一切禁じる趣旨」だと解す見解を採用した上で，市による箕面市遺族会に対する市有地の使用貸借や忠魂碑の移設行為は89条に反する，と判断した[38]．学説でも，89条を「組織・団体に着目するのではなく，宗教的事業ないし活動に着目した規定」と解す広義説は，有力に唱えられている[39]．これに対して同訴訟の最高裁は，先にも触れたように（Ⅱ2(4)），89条にいう「宗教上の組織若しくは団体」とは「特定の宗教の信仰，礼拝又は普及等の宗教的活動を行うことを本来の目的とする組織ないし団体を指す」という狭義説に立って，市遺族会はこれには当たらない，と判断した．学説でも，この定義に際して目的効果基準を使うという論証方法は批判しつつ，「宗教上の組織若しくは団体」を判決と同様に狭義に解する見解も，少なからず存在する[40]．ただし，ここで狭義説をとった場合でも，国家による「非宗教団体の宗教的行為への支援」の可否は20条3項で判断されることになるため，狭義説をとることが政教分離原則を必然的に弱めることにはならない[41]．判例もこうした見解をとっていることが[42]，これまでの多くの事例が主に20条3項によって判断されていることの，一因だと思われる．

(2) 空知太神社判決

　上記のような判例傾向に一石を投じたのが，空知太神社判決だった．この事件の下級審判決は事案を主に20条3項の問題として審査していたにもかかわらず，最高裁は89条問題として扱った[43]．この判決はなぜ89条によって解

---

38) 判時1036号20頁(26頁).
39) 佐藤功『憲法(下)〔新版〕』(有斐閣，1984年)1164頁，宮沢俊義(芦部信喜補訂)『全訂　日本国憲法』(日本評論社，1978年)740～741頁，樋口陽一ほか『憲法Ⅳ』(青林書院，2004年)215頁(浦部法穂)，土屋・前掲注20)145～146頁，高見勝利「判批」芦部信喜・若原茂編『宗教判例百選〔第2版〕』(有斐閣，1991年)53頁など．
40) 大石・前掲注16)345頁，大石・前掲注31)167頁．その他，百地・前掲注8)154頁以下など．
41) 初宿正典「判批」ジュリ894号(1987年)93頁，長谷部恭男「判批」ジュリ1026号(1993年)49頁，戸波江二『憲法〔新版〕』(ぎょうせい，1998年)476～477頁，芹沢ほか編・前掲注22)463～464頁(岡田俊幸)，高橋和之『立憲主義と日本国憲法〔第4版〕』(有斐閣，2017年)201頁など．
42) 高橋・前掲注13)191～193頁．本文で紹介した大阪地裁判決は，裁判所が広義説を採用した唯一の例である．

決しようとしたのか．担当調査官は，次のように解説する．箕面忠魂碑訴訟最高裁判決のとる89条に関する狭義説を前提とすれば，当該事件で市有地を無償で神社施設の敷地として利用している町内会は，89条にいう宗教団体等には当たらない．しかし，本件氏子集団は町内会とは別個に実在している団体であり，本件使用貸借契約は「本件氏子集団による宗教的活動を容易にするものであるから，このような土地利用の目的及び現実の利用形態といった実質面を重視するならば，むしろ，本件においては憲法89条，20条1項後段を適用することこそ，事案に即している」[44]．最高裁は，この判決により広義説に転じたわけではないようである[45]．そうすると，本件氏子集団を本当に「宗教上の組織若しくは団体」と見ることができるのかは，疑問の余地もあるだろう．また，この判決を前提とした場合には，これまで20条3項が適用された事例のなかにも，むしろ89条，20条1項が適用されるべき事例があったのではないか，といった検討課題も生じ得る[46][47]．

---

43) 20条1項後段こそが「判断過程の指導原理として，実質的に本判決における主役の座を20条3項から奪取した」と評する見解もある．参照，林知更『現代憲法学の位相』（岩波書店，2016年）396〜397頁．しかし一般的には，89条が中心的に適用されたと解されている．例えば，野坂泰司「判批」判例評論622号（判時2090号，2010年）5頁，清野・前掲注23)22頁以下など．

44) 清野・前掲注23)25頁．これに賛同する見解として，三好一生「判批」ひろば63巻8号（2010年）61頁など．なお吉崎暢洋「判批」姫路ロージャーナル（2010年）153頁は，89条が問題となる事例を，「①直接，宗教団体に支出された場合，②直接，宗教団体に支出されたものではないが，なお，宗教団体の『使用，便益若しくは維持のため』支出されたといえる場合，③宗教団体の使用，便益，維持に用いられていない場合」に分け，空知太神社判決は②の類型の解決法を示した，という．

45) 塩見佳也「判批」法政研究78巻2号（2011年）228頁は，本判決が広義説へ「変容」したとする．また中島宏「空知太神社事件判決と目的効果基準」宗教法31号（2012年）157頁も，「上告審の裁判官たちが広義説を意識していた可能性はある」という．しかし，この判決は「氏子集団は，宗教的行事等を行うことを主たる目的としている宗教団体であって，寄附を集めて本件神社の祭事を行っており，憲法89条にいう『宗教上の組織若しくは団体』に当たる」，と述べている（64巻1号1頁〔11頁〕）．これは狭義説を前提とした上で，氏子集団はそれに該当する，という趣旨である（注44およびその本文参照）．判決に賛同する見解として，吉崎・前掲注44)150頁以下など．これに対して，この実態に関する判示を批判する見解も多い．例えば，「氏子集団について，祭事を行っているとか，宗教行事を行うことを主たる目的とする宗教団体とかいうことが，実態に則しているのか，甚だ疑わしい」，といった批判である．安藤高行「政教分離原則に関する最高裁の二つの判決」九州国際大学法学論集17巻3号（2011年）16頁，林・前掲注43)415〜416頁など．さらに，高畑英一郎「判批」日本法学76巻3号（2010年）179〜180頁は，「事実の概要において氏子集団の団体性を認めず本件施設の法的な所有者は町内会と認定しておきながら，実体判断において，氏子集団が町内会とは別に社会的に実在している同施設の管理主体であるとして，その団体性を認めたこと」，また「寄附を集めて本件神社の祭事を行うといった宗教行事等を行うことを主な目的としている集団を『宗教上の組織若しくは団体』とみなすことが，……先例と整合するのか」（強調は原文），といった疑問を提示する．

空知太神社判決に関しては様々な議論があったが，この判決が「事案の類型ごとに異なる判断枠組みを使い分ける方向へと最高裁が進みつつある徴候である」とするならば[48]，好意的に受け止められ得るだろう．本章が「かかわり合い」の審査を意識的に行うという提唱を試みていることは，当該事案は憲法のいずれの条項との適合性が問題となるのか，あるいは諸条項との適合性について競合的に審査すべきかなどについて考察しようとする，近年の学説動向を後押しすることになるのではないかと思われる．

4 「かかわり合い」がなかったとする判断の可能性

(1) 近江八幡市新穀献納祭公金支出違憲訴訟大津地裁判決

箕面忠魂碑訴訟に関する大阪高裁判決は，当該事案において国家と宗教の「かかわり合い」がない，という理由づけにより合憲という判断を行った（Ⅱ2(2)）．同様な判断を行った他の判決，あるいは実質的には同様な他の判決はないだろうか．

近江八幡市新穀献納祭公金支出違憲訴訟に関する大津地裁判決を見てみよう．

---

46) 小泉洋一「判批」民商法143巻1号(2010年)58頁は，調査官による注44)の本文のような説明によっても「89条がどのような場合に適用されるかが必ずしも明確ではないが，少なくとも特定の宗教に特別な便益を供与する国家による財政支援行為であって，一般にはその行為が宗教的意味を含まないとみられるものに対しては，20条3項ではなく89条に抵触するかどうかが問われる」，と述べる．安西文雄「政教分離と最高裁判例の展開」ジュリ1399号(2010年)64頁は，愛媛玉串料判決では，「支出された公金が比較的僅少であった」ことと，「単なる公金の支出ではなく，玉串料として，つまり，それ自体宗教的行為としての支出であった」ことから，20条3項が問題とされた，と説明している．

47) 佐々木弘通「思想良心の自由，信教の自由」辻村みよ子編『ニューアングル憲法』(法律文化社，2012年)102頁は，空知太神社判決が89条によって事案を判断した理由を，次のように説明する．「本件利用提供行為を違憲だと判断した後，しかしそこから直ちに市が本件神社物件の撤去請求を行うべきだとはいえないとの判断……を導くに際しては，その論拠の一つである『信教の自由』の主体が誰であるか(それが氏子集団である)を明言することが重要だった．そして，その論旨を説得的にするためには，議論のこの段階で初めて氏子集団の観念を登場させるのは唐突の感を生じさせ適当でない．ゆえにもっと前の，本件利用提供行為の合憲性判断を行う部分で予めこの観念を登場させることにし，そのことに説得力を持たせるためにあえて，この部分で憲法20条3項ではなく89条論を構成した」．同様な読解の可能性を示した上で，「政教分離違反の認定に当り，氏子集団が宗教行為の主体であることを認めたからといって，当該氏子集団に信教の自由の主体性を認めなければならないわけではない」と指摘するのが，樋口陽一ほか『新版 憲法判例を読みなおす』(日本評論社，2011年)105頁(蟻川恒正)．その上で，「論理的には，本件利用提供行為が政教分離規定に違反するかどうかを判定する段階で，信教の自由を援用することもできたはずであり」，そのことによって「政教分離に反しない」という結論が出るならば，「当該私人と対抗的利害関係に立つ者の人格的利益を脅かしかねない」，と論じている(105頁)．

48) 林・前掲注43)399頁．もっとも，この評価は楽観的だったかもしれない．

この判決は，市による補助金の支出先であった「新穀献納奉賛会」は，20条1項後段の「宗教団体」，89条前段の「宗教上の組織若しくは団体」に該当しない，という．さらに，補助金の支出は，「農業振興のために行われた」ものであり，効果としても特定の宗教の援助等にはならないなどとして，20条3項，89条前段に違反しないと判断した[49]．この判決は，目的効果基準を使っているため，市と宗教との「かかわり合い」が「相当とされる限度を超える」かの審査を行っているように見える．しかし実質的には，この判決は，当該事案においては市が「かかわり合い」をもっている団体や行為の宗教性を否定することによって，市と宗教の「かかわり合い」はない，と判断する趣旨のものだったように思われる．この判決において，20条3項適合性も89条適合性も一体として判断されているという審査の名目性は，このことを理由としているのではないだろうか[50]．

(2) 即位の礼・大嘗祭神奈川訴訟東京高裁判決

即位の礼・大嘗祭に関する神奈川訴訟東京高裁判決も，ここでの例とし得る．この判決は，「即位礼正殿の儀に宗教的色彩を見出すことは困難であって，仮にあったとしても極めて微弱なものであった」，という．そして，「仮に即位礼正殿の儀になにがしかの宗教的色彩があったとしても」，神奈川県知事らの参列の目的は「社会的儀礼を尽くす」ものであり，効果も特定の宗教に対する援助等にはならない，と判断した[51]．この判決は，「かかわり合い」の対象の宗教性が微弱であることを指摘することによって，知事の参列による国家と宗教

[49) 大津地判平成5年10月25日判夕831号98頁(114頁).
[50) 長岡徹「判批」ジュリ1053号(1994年)74頁は，「本判決は，行事の宗教性を判断する場面で既にその目的と効果を論じている．目的・効果は，宗教的色彩を帯びる行事に関与する行政の目的と，その効果として論じられるべきことで，行事そのものの宗教性を判断する際に問うべきことではなかろう」，と指摘する．そのような判断をした箕面忠魂碑訴訟最高裁判決の影響によるものである．なお，控訴審である大阪高判平成10年12月15日判時1671号19頁は，一転して，「新穀の奉納の宗教性は，玉串料に比してなお強い」こと，本件補助金は多額な上，奉賛会の支出は「宗教的行為に直接に関係する支出が7割以上を占めていること」など，この事案において国家と宗教との「かかわり合い」方が強かったと見ることにより，補助金支出は，「一般人に対して，同市が神道を特別に支援しており，神道が他の宗教とは異なる特別のものとの印象を与え，神道への関心を呼び起こすもの」として，違憲だと判断した．前年に出た愛媛玉串料判決からの影響を強く受けた判決である．畑尻剛「判批」平成10年度重判解(ジュリ1157号，1999年)15頁．
[51) 東京高判平成14年9月19日LEX/DB28092211.

の「かかわり合い」が「相当とされる限度を超える」かの審査がきわめて密度の低いものとなったもの，と説明できる．しかし，「宗教的色彩を見出すことは困難」が判決の本意であるとするならば，実際には国家と宗教の「かかわり合い」自体がなかったという趣旨だった，と受け取ることも不可能ではないだろう[52]．

(3) 白山比咩神社判決

　白山比咩神社事件に関する最高裁判決は，当該事案について，市長が奉賛会の発会式に出席して祝辞を述べる行為は，「宗教とのかかわり合いを持つものであることは否定し難い」，という．しかし他方では，次のようにも述べる．「地元にとって，本件神社は重要な観光資源としての側面を有していたものであり，本件大祭は観光上重要な行事であった」．奉賛会の「事業自体が観光振興的な意義を相応に有するものであって」，「本件発会式も，本件神社内ではなく，市内の一般の施設で行われ，その式次第は一般的な団体設立の式典等におけるものと変わらず，宗教的儀式を伴うものではなかった」．被告は「地元の市長として招かれ，出席して祝辞を述べたものであるところ，その祝辞の内容が，一般の儀礼的な祝辞の範囲を超えて宗教的な意味合いを有するもの」でもなかった．その上で判決は，目的効果基準を使って，「宗教とのかかわり合いの程度が……相当とされる限度を超え」ていないとして，合憲と判断したのである[53]．

---

[52] 上告審である，最二小判平成 16 年 6 月 28 日判時 1890 号 41 頁は，きわめて簡単に，県知事らの「職にある者の社会的儀礼として」，「伝統的な皇位継承儀式である即位礼正殿の儀に参列した行為は，その目的及び効果にかんがみ，憲法 20 条 3 項により禁止される宗教的活動には当たらない」，と述べるにとどまる．ここからは，最高裁は，「かかわり合い」を否定したのか，「かかわり合い」があっても「相当とされる限度を超え」ないとしたのか，読み取ることができない．なお，須賀博志「判批」平成 16 年度重判解（ジュリ 1291 号，2005 年）19 頁は，即位礼正殿の儀に宗教性があるかについて最高裁は判断すべきだったと主張し，「参列の対象となる儀式それ自体が宗教的行事でないのであれば，そもそも目的効果基準を持ち出すまでもなく参列は合憲となるはずである」，という．この見解も，本章と同様の二段階審査を前提としていることが注目される．

[53] 最一小判平成 22 年 7 月 22 日判時 2087 号 26 頁（28～29 頁）．市長の行為を違憲と判断した名古屋高金沢支判平成 20 年 4 月 7 日判時 2006 号 53 頁との違いは，最高裁は，「行事の性格が宗教的なものであるからといって，当然に参列行為等が宗教的意義を有し，その効果が宗教に対する援助等になるわけではないとの考え方に立っている」，と解説されている．「匿名解説」判時 2087 号 27 頁．田近肇「判批」民商法 143 巻 6 号（2011 年）723～724 頁．詳しくは，本書第 3 部第 6 章を参照．

この判決における目的効果審査がきわめて形式的なものにとどまっていたのは，「かかわり合い」の対象である発会式に宗教的色彩はなく，「かかわり合い」の態様も，「一般の儀礼的」なものと判断されたからである．このように事実認定するのであれば，市長による発会式への出席や祝辞を述べた行為に宗教との「かかわり合い」はそもそもなかった，と判断する仕方も考えられ得た[54]．もっとも最高裁は，当該発会式を「本件大祭は本件神社の鎮座2100年を記念する宗教上の祭祀であり，本件発会式は本件大祭に係る諸事業の奉賛を目的とする奉賛会の発会に係る行事である」と位置づけたため[55]，宗教との「かかわり合い」自体を否定することには躊躇があったものと思われる．

5　小結

　政教分離規定適合性審査における最高裁判決の基本的立場は，目的効果基準による審査に先立って，国家と宗教の「かかわり合い」があるかなどについてまず判断する，というものであった．そして下級審では，実際に，当該事案では国家と宗教の「かかわり合い」が認められない，という判断がなされることもあった．本章で扱った箕面忠魂碑訴訟の大阪高裁判決（Ⅱ2 (2)）が，その典型例である．もっとも，裁判所がすべて，「かかわり合い」の審査と，「かかわり合い」が「相当とされる限度を超える」かの審査という二段階の審査を意識しているわけではない．箕面忠魂碑訴訟最高裁判決のように両者を融合している例もあり，「かかわり合い」が「相当とされる限度を超える」かの審査をしているようでありながら，実質的には「かかわり合い」自体を否定しているとも解し得る判決もあった．

　なお実際の事案においては，国家のいかなる行為を「かかわり合い」の審査の対象とするかが争点となることも多い，と思われる．自衛官合祀事件などは，その代表例である．本章は個別事案の検討を意図していないため，この点には

---

[54] 西村・前掲注9)18頁も，この判決を，国家と宗教の「かかわり合い」が実質的にはないと判断したもの，と理解している．この他にも，大阪地蔵像訴訟に関する最一小判平成4年11月16日判時1441号57頁なども，本文のような位置づけが可能な例として挙げられ得る．さらに，津地鎮祭判決により判例法理が形成される前だが，同事件の一審である津地判昭和42年3月16日〔参〕民集31巻4号606頁も，起工式は習俗的行事だとすることにより，市と宗教との「かかわり合い」を否定する趣旨だと理解できる．

[55] 判時2087号26頁(28頁)．

論及しない．

　本章がこれまで，政教分離規定適合性審査に関して二つの段階が分けられ得ることを述べてきたのは，場合によっては第一段階の審査で決着をつけるべきだという実践的主張と結びつけてのものではない．そうではなく，従来，無自覚的になされることが多かった「かかわり合い」の審査を，自覚的に行うことを提唱するにとどまる．それによって，判決文のなかに「かかわり合い」に関する審査と，「かかわり合い」が「相当とされる限度を超える」かに関する審査の部分がある，あるいはそう解すべきだ，という判決分析にも道が開かれた．また，目的効果基準に関して考慮要素として挙げられたもののなかで，「外形的側面」にかかわるものは「かかわり合い」の審査において使われていた，といった分析も可能となった．さらに，最高裁が認めた国家と宗教との「かかわり合い」の態様にも違いがあり，愛媛玉串料判決のように，「特定の宗教団体の挙行する重要な祭祀」へのかかわり合いがあると判断される場合もあれば，自衛官合祀訴訟判決のように，「かかわり合い」が間接的だという趣旨を述べるものもある．この違いが「かかわり合い」が「相当とされる限度を超える」かの審査密度に影響を及ぼしている(あるいは及ぼすべき)のではないか，という分析も可能となった．

Ⅳ　「かかわり合い」が「相当とされる限度を超える」かの審査

1　目的効果基準

(1) 定式化の逆転

　従来から判例法理が採用してきたいわゆる目的効果基準は，すでに確認したように(Ⅱ1②)，憲法20条3項で禁止される「宗教的活動」とは，「当該行為の目的が宗教的意義をもち，その効果が宗教に対する援助，助長，促進又は圧迫，干渉等になるような行為」だという形で定式化されている[56]．これまで目的効果基準が「かかわり合い」が「相当とされる限度を超える」かの審査の基準として理解されてこなかったのは，この定式化の仕方に一因があるのかも

---

56) 民集31巻4号533頁(541頁)．

しれない．

これに対して，最高裁が参照したと理解されている[57]．アメリカ連邦最高裁判例で用いられたレモン・テストは，次のようである．「①政府の行為に世俗的な目的があること，②政府の行為の主要な効果が宗教を助長したり抑圧したりするものではないこと，③政府の行為が宗教に対する政府の過剰なかかわり合いをもたらすものでないこと，のすべてが満たされていることを要求する」[58]．このような定式化であれば，国家と宗教の「かかわり合い」が「相当とされる限度を超える」かの審査に関する基準としての資格を満たす．これに対して，日本において導入された目的効果基準は，①と②をレモン・テストから「裏返し」する形で定式化された．そしてそのことが，目的審査では「世俗的目的」があるかどうかが問われるべきだ，として学説上批判されている[59]．そのように定式化しないと「かかわり合い」が「相当とされる限度を超える」かの審査に適合的でないため，この指摘は本章が提示している構想とも合致するものである．

(2) 「過度のかかわり合い」

この目的効果基準に対して，憲法学説は，アメリカ合衆国の判例法理を参照して，「過度のかかわり合い」という第三の要件を読み込むことを提唱してきた[60]．自衛官合祀訴訟判決における伊藤正己裁判官の反対意見も，それに対応して，津地鎮祭判決における目的効果基準はこの三つの要素をもつものと，理解していた．しかし実際には，伊藤反対意見も，目的・効果などを審査したあと，「そのかかわり合いは相当とされる限度をこえていると認めるのが相当である」，という形で判断している[61]．最高裁判決に現れた「過度のかかわり合い」審査は，目的効果基準の第三要件というよりは，むしろ 20 条 3 項に反

---

57) 津地鎮祭判決の調査官解説も，合衆国連邦最高裁の判決に言及している．越山・前掲注 23) 238 頁(注 9)．この事情に関しては，石川健治「精神的観念的基礎のない国家・公共は可能か？」駒村圭吾編『テクストとしての判決』(有斐閣，2016 年)175 頁以下
58) 長谷部恭男『続・Interactive 憲法』(有斐閣，2011 年)129 頁(注 8)など．
59) 長谷部・前掲注 58)130 頁，安西文雄ほか「〔座談会〕政教分離」ジュリ 1399 号(2010 年)68 頁(長谷部発言)．
60) 芦部・前掲注 19)182 頁，松井茂記『日本国憲法〔第 3 版〕』(有斐閣，2007 年)436〜437 頁，土屋・前掲注 20)193 頁など．
61) 民集 42 巻 5 号 277 頁(317〜319 頁)．

するという結論そのものであるように思われる[62]．日本の判例法理において，「過度のかかわり合い」という要素は「相当とされる限度を超える」かの審査においては実際には機能していないことは，本章が，「かかわり合い」の有無やその態様の審査を，政教分離規定適合性に関する第一段階の審査のなかで作用すべきだし，実際にも作用していると位置づけることが可能だ（混乱は生じない），と判断する一つの理由となっている．

(3) 考慮要素の再編

津地鎮祭判決は，目的効果基準を提示した後，ある行為が20条3項にいう「宗教的活動に該当するかどうかを検討するにあたつては，①当該行為の主宰者が宗教家であるかどうか，その順序作法（式次第）が宗教の定める方式に則ったものであるかなど，当該行為の外形的側面のみにとらわれることなく，②当該行為の行われる場所，③当該行為に対する一般人の宗教的評価，④当該行為者が当該行為を行うについての意図，目的及び宗教的意識の有無，程度，⑤当該行為の一般人に与える効果，影響等，諸般の事情を考慮し，社会通念に従つて，客観的に判断しなければならない」，と述べていた[63]（記号は引用者）．これに対しては，「これらの多様な考慮要素が『目的』と『効果』の判断にそれぞれどのようにかかわるのかが明確ではない」[64]，といった批判がなされていた．この状況は，次のように考えることによって，幾分か改善する．

この判決では，先に触れたように（Ⅲ1 (1)），考慮諸要素のなかで「当該行為の外形的側面」（①），および「当該行為者」を「対象行為」の行為者（神職）と受け止めた場合の「当該行為者が当該行為を行うについての意図」（④）は，実際には「かかわり合い」の有無の審査に際して用いられていた．となると，「かかわり合い」が「相当とされる限度を超える」かの審査に際しては，その他の要素が考慮されることが予想される．また事実，次に見るように，「当該

---

62) 津地鎮祭判決について同旨の指摘をするものとして，横田耕一「判批」樋口陽一・野中俊彦編『憲法の基本判例〔第2版〕』（有斐閣，1996年）67〜68頁．なお，箕面忠魂碑事件の一審判決は，Ⅱ2 (1)のように，「過度のかかわり合い」を独立の要件としているようである．
63) 民集31巻4号533頁（541〜542頁）．
64) 野坂・前掲注30)読み直す154頁，日比野勤「判批」高橋和之ほか編『憲法判例百選Ⅰ〔第5版〕』（有斐閣，2007年）97頁，横田・前掲注11)190頁以下，井上典之『憲法判例に聞く』（日本評論社，2008年）103頁など．

行為に対する一般人の宗教的評価」,「当該行為者」を「関与行為者」(市長以下の関係者)と受け止めた場合の「当該行為者が当該行為を行うについての意図,目的及び宗教的意識の有無,程度」,「当該行為の一般人に与える効果,影響」等という考慮要素が,「相当とされる限度を超える」かの審査に際しては規定的な役割を演じている[65].

　上述の考慮諸要素は津地鎮祭判決の事案に即して提示されたものなので,それがそのまま他の事例に当てはまることは,本来意図されていないはずだった.しかし,愛媛玉串料判決においても,津地鎮祭判決の示したと同様な考慮諸要素が挙げられた.そのため,愛媛玉串料判決でも上と同様な再編が可能となることが予想される(後述Ⅳ 2 (3)).なお,津地鎮祭判決などの結論は「諸事情を総合的に考慮して判断すれば」というものであり,「ある行為についてその『目的』と『効果』をそれぞれ独立したチェックポイントとして検討していくというよりも,先行する総合考慮を通じて当該行為が──その『目的』が宗教的意義をもち,『効果』が宗教を援助,助長等する行為,と定義された──憲法20条3項の禁止する『宗教的活動』に該当するかどうかを問題にするというのが大法廷判決の趣旨」であることは[66],前提となる理解である.

2　目的効果基準の適用

(1) 津地鎮祭判決

　津地鎮祭判決による,20条3項を念頭に置いた,国家と宗教との「かかわり合い」が「相当とされる限度を超える」かの審査の要点は,こうである.「起工式は,土地の神を鎮め祭るという宗教的な起源をもつ儀式であつたが,時代の推移とともに,その宗教的な意義が次第に希薄化してきている」.「その儀式が,たとえ既存の宗教において定められた方式をかりて行われる場合でも……,一般人の意識においては,起工式にさしたる宗教的意義を認めず,建築着工に際しての慣習化した社会的儀礼として,世俗的な行事と評価しているものと考えられる」(③の要素).この判示のあと,「一般人の意識に徴すれば,建築主が一般の慣習に従い起工式を行うのは……慣習化した社会的儀礼を行うと

---

[65] 近似する分析として,佐々木・前掲注36)405頁.
[66] 野坂・前掲注36)287頁.

いう極めて世俗的な目的」による（④の要素），上記のような起工式が行われたとしても「参列者及び一般人の宗教的関心を特に高める」ものではなく，「神道を援助，助長，促進するような効果」はもたらさない（⑤の要素），といった判断がなされた[67]．つまり，目的効果基準の適用に際する考慮要素として挙げられたもののなかで，「かかわり合い」の審査に用いられた「当該行為の外形的側面」以外の要素が，「かかわり合い」が「相当とされる限度を超える」かの審査に際して用いられているのである．しかも，総合考慮と言いながらも，実際にはもっぱら「当該行為に対する一般人の宗教的評価」により起工式を「慣習化した社会的儀礼」と把握したことによって，「相当とされる限度を超える」かの審査の結論を導いていた[68]．

　なおこの事件では，市から「起工式」などに対して費用が支出されていたため，89条適合性も問題となった．しかし判決は，「本件起工式の目的，効果及び支出金の性質，額等から考えると，特定の宗教組織又は宗教団体に対する財政援助的な支出とはいえない」，として簡単に合憲と判断している[69]．

(2) 自衛官合祀判決

　自衛官合祀判決は，合祀手続に対して損害賠償請求などがなされた事案に関するものであるため，89条の出番はなく，政教分離に関しては，もっぱら20条3項に関して「かかわり合い」が「相当とされる限度を超える」かの審査がなされた．それは，地連職員の行為の意図，目的は「合祀実現により自衛隊員の社会的地位の向上と士気の高揚を図る」というもので，「宗教的意識も希薄であ」り，「行為の態様からして，国又はその機関として特定の宗教への関心を呼び起こし，あるいはこれを援助」等するような効果をもつものと「一般人から評価される行為とは認め難い」[70]，という簡単なものであった．そのため，「判決の論理を前提とするかぎり，目的・効果基準の適用は，本件では無意味

---

67) 民集31巻4号533頁(543～545頁)．
68) 安念潤司「政教分離」法教208号(1998年)60～61頁，佐々木・前掲注36)405～406頁，宍戸常寿『憲法　解釈論の応用と展開〔第2版〕』(日本評論社，2014年)125頁，小島慎司「判批」憲法判例研究会編『判例プラクティス　憲法〔増補版〕』(信山社，2014年)95頁など．
69) 民集31巻4号533頁(545頁)．89条に関する判示の分析として，種谷春洋「判批」判例評論226号(判時865号，1977年)15～16頁．
70) 民集42巻5号277頁(286頁)．

と言っても過言ではな」い，などと評されている[71]．判決文においては，地連職員の行為の「宗教とのかかわり合い」が「間接的」であることも，「かかわり合い」が「相当とされる限度を超える」かの審査の審査要素の一つとして挙げられている[72]．しかし本章では，この判決で「かかわり合い」が「相当とされる限度を超える」かの審査の密度が低いものとなった原因が，合祀申請は「合祀の前提としての法的意味」はなく，地連職員の行為の「宗教とのかかわり合いは間接的であ」る，と判断されたことによるという形に，再構成して読んでおきたい[73]．これはそうあるべきではないか，という観点からのものである．

　津地鎮祭判決も自衛官合祀判決も，目的効果基準の一般的な定式化の仕方とは異なり，それぞれの事案に関しては，目的が世俗的だから国家と宗教の「かかわり合い」は「相当とされる限度を超えない」，という二段階審査の枠組みにおける正当化審査の考え方と適合的な仕方で論じている．自衛官合祀判決で国家と宗教の「かかわり合い」が「相当とされる限度を超える」かの審査で用いられたのは，「当該行為者が当該行為を行うについての意図，目的及び宗教的意識の有無，程度」と，「当該行為の一般人に与える効果，影響」という考慮要素であった[74]．なお，「特定の宗教への関心を呼び起こし」という，津地鎮祭判決に明確には存在しない言い回しは[75]，自衛官合祀判決では特段の意

---

[71] 芦部・前掲注19)185頁，同・前掲注33)108頁．その他，大沢秀介「政教分離の原則(2)」LS憲法研究会編・前掲注5)83頁など，類似の指摘は多い．

[72] 民集42巻5号277頁(286頁)．大橋寛明「判解」最判解民平成9年度(中)(2000年)580頁(注7)は，自衛官合祀判決が「当該行為と宗教とのかかわり合いが間接的であること」を考慮していることなどに触れつつ，「これらが例示された考慮要素のどれに当てはまるのかを問題とすることは，あまり意味があるとは思われない」，という．この解説は，「かかわり合いが間接的であること」が，津地鎮祭判決が挙げた考慮諸要素にうまく当てはまらないことを示唆している．なお駒村圭吾「判批」佐藤幸治・土井真一編『判例講義憲法Ⅰ　基本的人権』(悠々社，2010年)68頁は，「間接的にせよそれとの関係を承認した以上，判決における基準の適用はあまりにも簡略すぎる」，という方向からの批判を行っている．

[73] 上述したⅢ1(2)も参照．なお，愛媛玉串料判決では，自衛官合祀判決とは異なり，「かかわり合い」の態様・程度は，「かかわり合い」の審査の際に判断されている(Ⅲ1(3)，Ⅳ2(3))．この判決の仕方のほうが，論理的には理解しやすいものである．

[74] 大沢・前掲注71)83頁は，「具体的な考慮要素として，当該行為の外形的側面が挙げられていなかったこと」を，自衛官合祀判決の特徴の一つとする．この趣旨を，正当化審査において「行為の外形的側面」が働いていないという指摘として受け止めるならば，それは本章の分析と適合するものである．

[75] 横田・前掲注62)69頁，土屋・前掲注20)178頁．もっとも津地鎮祭判決においても，「参列者及び一般人の宗教的関心を特に高めることとなるものとは考えられず」という文言が存在していた．民集31巻4号533頁(544頁)．注77)の本文も参照．

義をもたなかったが，愛媛玉串料判決で注目を集めることになる．

(3) 愛媛玉串料判決

愛媛玉串料判決による，20条3項に焦点を当てた国家と宗教の「かかわり合い」が「相当とされる限度を超える」かの審査の要点は，次のようなものである．「神社自体がその境内において挙行する恒例の重要な祭祀に際して右のような玉串料等を奉納することは」(②の要素)，「起工式の場合とは異なり，時代の推移によって既にその宗教的意義が希薄化し，慣習化した社会的儀礼にすぎないものになっているとまでは到底いうことができず，一般人が本件の玉串料等の奉納を社会的儀礼の一つにすぎないと評価しているとは考え難い」(③の要素)．「そうであれば，玉串料等の奉納者においても，それが宗教的意義を有するものであるという意識を大なり小なり持たざるを得ない」．「本件においては，県が他の宗教団体の挙行する同種の儀式に対して同様の支出をしたという事実」はないため，「県が特定の宗教団体との間にのみ意識的に特別のかかわり合いを持った」ことになる(④の要素)．「これらのことからすれば，地方公共団体が特定の宗教団体に対してのみ本件のような形で特別のかかわり合いを持つことは，一般人に対して，県が当該特定の宗教団体を特別に支援しており，それらの宗教団体が他の宗教団体とは異なる特別のものであるとの印象を与え，特定の宗教への関心を呼び起こすもの」だ(⑤の要素)，という．この判決も，まとめという形で，玉串料を奉納したことは「その目的が宗教的意義を持つことを免れず，その効果が特定の宗教に対する援助，助長，促進になる」，と述べてはいる．しかしこの部分は，実質的な判断をしたものではない[76]．

この判決が，国家と宗教との「かかわり合い」が「相当とされる限度を超えるもの」と判断した際に考慮したのは，「当該行為の行われる場所」，「当該行為に対する一般人の宗教的評価」，「当該行為者が当該行為を行うについての意図，目的及び宗教的意識の有無，程度」，「当該行為の一般人に与える影響」と

---

[76] 民集51巻4号1673頁(1682～1685頁)．なおこの判決は，「本件の玉串料等の奉納に儀礼的な意味合いがあることは否定できない」という．「しかしながら，明治維新以降国家と神道が密接に結び付き種々の弊害を生じたことにかんがみ政教分離規定を設けるに至ったなど憲法規定の経緯に照らせば，たとえ相当数の者がそれを望んでいるとしても」違憲だ，という議論を付加している．多数意見に対する批判として，可部恒雄裁判官の反対意見が著名である(1729頁以下)．

いう，津地鎮祭判決が挙げた諸要素である．この判決においては，「当該行為の一般人に与える効果，影響」を判断するに際して，「それらの宗教団体が他の宗教団体とは異なる特別のものであるとの印象を与え，特定の宗教への関心を呼び起こす」という判示が記されたことが，アメリカにおけるエンドースメント・テストを参照したものではないかとして注目された．ただし，「特定の宗教への関心を呼び起こし」という文章は自衛官合祀判決にも存在しており（Ⅳ2(2)），さらに津地鎮祭判決における「宗教的関心を特に高める」という文章にまでさかのぼり得るため（Ⅳ2(1)），全く新たな判断の仕方がなされたということではなかった[77]．

この判決においても，「当該行為に対する一般人の宗教的評価」からすると，玉串料の奉納などは「慣習化した社会的儀礼」ではないという判断が，実際には規定的な要因となっている[78]．つまり，最高裁は，「〈一般人の評価〉を機軸としながら『宗教とのかかわり合い』が『相当とされる限度を超える』かどうかを『総合的に判断』してきた」，といえる[79]．確かに，この判決も「本件の玉串料等の奉納に儀礼的な意味合いがあることも否定できない」と述べている．にもかかわらず違憲とされたのは，この事例では「県が特定の宗教団体の挙行する重要な宗教上の祭祀にかかわり合いをもった」という，「かかわり合い」の態様によって，「かかわり合い」が「相当とされる限度を超えるもの」かの審査が厳格化しているためだと読み得るものと思われる（Ⅲ1(3)を参照）．

なおこの判決は，89条適合性に関しても，明示的に，目的効果基準によって判断しなければならない，と述べた[80]．これは，「本判決の示した初判断」だ，と解説されている[81]．その上で，県が玉串料等を靖國神社または護國神

---

77) 鼎談「愛媛玉串訴訟最高裁大法廷判決をめぐって」ジュリ1114号（1997年）8～9頁（横田耕一発言），野坂泰司「愛媛玉串訴訟大法廷判決の意義と問題点」ジュリ1114号（1997年）34頁，常本照樹「玉串料最高裁判決と目的効果基準」ひろば50巻7号（1997年）26頁，笹川紀勝「愛媛玉串料違憲判決の理解と応用」法時69巻11号（1997年）47頁，横田・前掲注11）190頁，高畑英一郎「エンドースメント・テストと愛媛玉串料訴訟最高裁判決」日本法学66巻3号（2000年）360～361頁など．山本龍彦「政教分離と信教の自由」南野森編『憲法学の世界』（日本評論社，2013年）216頁は，日本の目的効果基準はもともとエンドースメント・テストと関連していた，という．
78) 芦部・前掲注33）110頁以下，林知更「判批」法協116巻8号（1999年）116頁，宍戸・前掲注68）123頁，佐々木・前掲注47）100頁，小島慎司「判批」憲法判例研究会編・前掲注68）100頁など．
79) 佐々木・前掲注47）101頁．
80) 民集51巻4号1673頁（1681頁）．

社に奉納したことは89条に反する，と判断された[82]．ただしこの判示は簡単なものであり，20条3項違反に関する判示の付け足しという意味合いしかなかった[83]．

この愛媛玉串料判決によって，判例法理は確立したかに見えた．しかし，新たな展開が生じた．

3 「総合的判断」の手法

(1) 空知太神社判決

空知太神社判決は，国家と宗教の「かかわり合い」が「相当とされる限度を超える」かの審査について，次のような一般的判示を行った．89条は，「宗教とのかかわり合いが，我が国の社会的，文化的諸条件に照らし，信教の自由の保障の確保という制度の根本目的との関係で相当とされる限度を超えるものと認められる場合に，これを許さないもの」と解する(A)．国公有地が無償で宗教的施設の敷地としての用に供されている状態が，89条に違反するか否かを判断するに当たっては，①「当該宗教的施設の性格」，②「当該土地が無償で当該施設の敷地としての用に供されるに至った経緯」，③「当該無償提供の態様」，④「これらに対する一般人の評価」等，「諸般の事情を考慮し，社会通念に照らして総合的に判断すべき」である(B)．

その上で，当該事案についておおよそ次のようにいう．「本件神社物件は，神社神道のための施設であり」，そこで行われている諸行事は，「宗教的行事」である．神社物件を管理し，祭事を行っているのは町内会ではなく，氏子集団であり，89条にいう「宗教上の組織若しくは団体」に当たる(①の要素)．そうすると，本件利用提供行為は，「一般人の目から見て，市が特定の宗教に対し

---

81) 大橋・前掲注72)569頁．
82) 民集51巻4号1673頁(1685頁)．
83) 園部逸夫裁判官の意見は，「本件における公金の支出は，公金の支出の憲法上の制限を定めた憲法89条の規定に違反するものであり，この一点において，違憲と判断すべき」，と述べていた．民集51巻4号1673頁(1695頁)．これは，89条適合性に関して，一段階の審査を提唱するものである．これに対して芦部・前掲注33)125～126頁は，もし園部意見が，「宗教団体の主催する恒例の宗教行事のために，当該行事の一環としてその儀式にのっとった形式で奉納される金員は，当該宗教団体を直接の対象とする支出とみるべきである」から，89条に違反するという趣旨であるならば，89条の適用される範囲はかなり限定されることになる，という懸念を示していた．しかしこの懸念は，空知太神社判決により杞憂となった．

て特別の便益を提供し，これを援助していると評価されてもやむを得ない」(④の要素)．「本件利用提供行為は，もともとは小学校敷地の拡張に協力した用地提供者に報いるという世俗的，公共的な目的から始まったもので，本件神社を特別に保護，援助するという目的によるものではなかった」(②の要素)．しかし，「明らかな宗教的施設」であるという「本件神社物件の性格，これに対し長期間にわたり継続的に便益を提供し続けていることなどの本件利用提供行為の具体的態様等にかんがみると，本件において，当初の動機，目的は上記評価を左右するものではない」(③の要素)．こうして当該利用提供行為は89条，20条1項後段に反する，とされた[84]．

愛媛玉串料判決は，89条適合性審査についても目的効果基準により判断することを明言していただけに，空知太神社判決は「かかわり合い」が「相当とされる限度を超える」かの審査に関する新たな判断として，大きな注目を集めた．ここでさしあたり指摘できるのは，先にBとして引用した文章は，「かかわり合い」が「相当とされる限度を超える」かの審査と読むことに適合的に書かれていることである（Ⅳ 1 (1)と対比できる）．また，目的効果基準の考慮諸要素は，「かかわり合い」の審査のためのものと，それが「相当とされる限度を超える」かの審査のためのものが混在していたのに対して（Ⅳ 1 (3)），「総合的判断」の手法について考慮要素として挙げられたものは，後者の審査のために実際に用いられている要素だけとなっている，ということにも注目できる．これらの観点からは目的効果基準よりも理論的には整理された，といえる（Ⅲ 1 (4)）．また上で紹介した判示からは，実際の判断に際して，①③④の考慮要素が重視され，②はそうではなかったことがわかる[85]．

---

[84] 民集64巻1号1頁(10〜12頁)．本文のような多数意見に対して，甲斐中辰夫など4裁判官の意見は，次のように審理不尽を主張した．「本件祠が，その他の神社物件と共に宗教的性格を有することは否定できないが」，「本件建物全体の利用実態や構造など」が明らかにされていない（①の要素）．「町としては，私財をなげうって町の公教育の充実に協力した町民との間の良好な関係を維持する必要があり，かつ町にとってもこれらの土地の寄附受入れは」大きな利益をもたらしたといった，「寄附受入れの経緯や寄附された土地の利用状況」も認定されていない（②の要素）．上告人は，神社運営に携わっている者は「町内会に役員として参加するのと同様な世俗的意味で氏子集団に参加し，先祖から慣習的に引き継がれている行事に関与しているにすぎ」ない，と主張している（③の要素）．本件のように，「地元住民以外に知る人が少ない宗教的施設に対する公有地の利用提供行為についての一般人の評価を検討するのであれば……地元住民の一般的な評価を検討しなければならない」（④の要素）．民集64巻1号1頁(32〜37頁)．学説では，百地章「判批」日本法学76巻2号511〜513頁．

(2) 「総合的判断」の手法と目的効果基準の異同

「総合的判断」の手法と目的効果基準の異同については，様々に論じられた．一方では，「主観的判断が入り易く」，「目的効果基準より一層曖昧な枠組み」，とされることがある[85]．他方では，「目的効果基準よりも厳格な判断方法であり，また客観的で明確な判断方法である」，と評される[87]．しかし，「総合的判断」の手法それ自体は中立的なものであり，場合によって厳格に機能したり，そうではなかったりするものだと思われる[88]．

こうした議論のなかで，両者の異同を最も詳細に説明したのは担当調査官による解説である．それによると，両者には「不連続性」と「連続性」という二つの側面がある，という．「不連続性」は，従来の判断枠組みから「宗教とのかかわり合いをもたらす行為の目的及び効果にかんがみ」という部分が省かれ，それに代わって「総合的に判断すべき」という枠組みが提示された，ということである．他方「連続性」としては，4点が重要である．①Ⅳ3(1)における引用でＡと表示した，憲法89条に関する「中核的・基底的な判断枠組み」は，従来の最高裁判例と共通である（Ⅱ1①の文章と照合のこと）．②空知太神社判決も，「目的及び効果という用語を正面から用いてはいないが」，それは「判断基準に内在的に取り込まれている」．③「本判決は，諸般の事情を考慮した総合的判断が，一般人の目から見て，社会通念に照らしてされるべきものとしているが，これは，従来の最高裁判例が一般人の宗教的評価を前提として社会通念に従い客観的に判断すべきものとしていた解釈態度と共通する」．④本判決は，「一般的判断基準の末尾において，『以上のように解すべきことは，当裁判所の判例……の趣旨とするところからも明らかである．』として」，津地鎮祭判決と愛媛玉串料判決を引用している[89]．この解説が述べるように，両者の間に「連続性」と「不連続性」の両面がある，と解すことができるのであろう．

---

85) 小泉良幸「政治と宗教との『かかわり合い』」法時82巻4号（2010年）1頁．これに対して小泉洋一「判批」民商法143巻1号（2010年）64頁は，①と③が重視されたと見る．
86) 小林武「最高裁における政教分離の判断方法」愛知大学法経論集187号（2010年）87頁．
87) 小泉洋一・前掲注85)61頁．また林・前掲注43)398頁も，空知太神社判決が「違憲性の推定」を働かせている，という．さらに，吉崎・前掲注44)140〜141頁，160〜161頁，塩見・前掲注45)224頁など．
88) 榎透「政教分離訴訟における目的・効果基準の現在」専修法学論集114号（2012年）133頁が，「総合判断基準は厳格審査とだけ結合するわけではない」，とするのも同旨だと思われる．

4 「相当とされる限度を超える」かの審査手法の行方

(1) 国家と宗教の「かかわり合い」の類型

既に述べたように(Ⅲ 3(1))，従来の判例は，政教分離原則にかかわる事例に関して，20条3項適合性を中心において審査し，その審査手法は目的効果基準によってきた．それに対して，近年の学説は，国家と宗教の「かかわり合い」の態様に関して類型化を試みる傾向にあった．その代表的な試みは，日比野勤による次の三類型論である．①「国が宗教活動を行う場合」，②「国が宗教団体を援助する場合」，③「国が非宗教団体の行う宗教活動を援助する場合」，というものである．この類型化は憲法条項とも対応し，20条3項が①を，89条および20条1項後段が②を規定する[90]．

最近では，高橋和之による次のような類型化の試みが重要である．そこではまず，①「国が自ら宗教的活動を行う場合」と，②「国が私人の宗教を支援する場合」が区別される．さらに②のなかに，②a「直接的支援」と，②b「付随的・間接的支援」が再区分される．①②を規定するのが，20条3項である．さらに③「財政的支援の禁止」という第三類型が示される．③を規定するのが，89条である．89条の「宗教上の組織又は団体」を狭義説で理解すると，「国が非宗教団体の行う宗教活動を援助する場合」は，20条3項の問題となる[91]．

こうした類型論の解釈論上の意図は，「国が自ら宗教的活動を行う場合」や「直接的支援」の場合には，国家と宗教との「かかわり合い」の態様が直接的

---

[89] 清野・前掲注23)38〜39頁．他の説明可能性を示すのが，蟻川である．「津地鎮祭訴訟最高裁判決の『判断枠組み』は，総合的考慮を前提とした上で，合憲・違憲の判断それ自体は，自ら設定した判断要件に照らしてするものであり，総合的判断をするものではない．これに対し，空知太神社訴訟最高裁判決の『判断枠組み』は，考慮要素を考慮した上で，照らすべき判断要件を自ら設定することなく，考慮要素の考慮から合憲・違憲の判断を導出するものであり，総合的判断をするものである」．参照，蟻川恒正「政教分離規定『違反』事案の起案(1)」法教434号(2016年)113頁．

[90] 日比野・前掲注64)97頁．なお，この類型化は，同書〔第3版〕(1994年)から引き継がれているものである．また大沢・前掲注71)86頁は，日比野の三類型とほぼ同様な類型の他に，④「国家が宗教団体の行う非宗教的活動に関与する場合」を付け加える．他の試みについては，本書第3部第7章注90)とその本文など．

[91] 高橋・前掲注41)199〜203頁．「直接的支援」の事例としては，箕面忠魂碑事件や愛媛玉串料事件などが，「間接的支援」の事例としては，宗教系私立学校への助成が例示される．また，赤坂正浩『憲法講義(人権)』(信山社，2011年)126〜127頁は，①「国家機関の主催する行為が問題となった事例(『主体型』)」と，②「私人の行為に対する国家の関与ないし財政的援助が問題となった事例(『関与型』)」，という二区分を行う．

であるため，それが「相当とされる限度を超える」かの審査は厳格化すべきだ，と提唱することにあるように思われる．また従来の判例でも，少なくとも「国が自ら宗教的活動を行う場合」には，政教分離規定適合性が慎重に審査される傾向にあった．例えば，下級審ではあるが，村が観音像を設置した事例[92]，町長がお盆の時期に戦没者を追悼する趣旨で遺族に追悼文とともに線香またはローソクを配布した事例[93]で，違憲判断が出たことがある[94]．

89条に典型的に該当する「財政的支援」にかかる事例については，原則として違憲と解すべきだという見解もある[95]．これに対して愛媛玉串料判決は，89条適合性審査に関しても目的効果基準を用いることを明言した．この点については，学説の多くも基本的に同意していたものと思われる[96]．このような状況のなかで，空知太神社判決が出されたため，新たな考察が求められることとなった．

(2) 目的効果基準と「総合的判断」の手法の使い分け？

空知太神社判決は，事案を89条適合性の問題として扱い，「総合的判断」の手法によって違憲判決を出した．先に述べたように，目的効果基準と「総合的判断」の手法との間には「連続性」があるものの，「不連続性」があることも否定できない．そこで，両者はいかに使い分けられるのか，あるいは「総合的判断」の手法に一元化されるのかという問題が生ずる．

第一の説明を提供するのは，この事件で主任を務めた藤田宙靖裁判官の補足意見である．藤田意見は，目的効果基準にはこれまで批判があり，国家と宗教の「かかわり合い」が憲法上許容されるのは例外的な場合だけだと考える方が

---

92) 松山地判平成13年4月27日判タ1058号290頁．
93) 神戸地判平成13年7月18日判タ1073号255頁．これに対して，二審の大阪高判平成14年9月13日 LEX/DB28080367 は，配布行為につき違憲の「疑いを払底することはできない」としつつ，故意過失がないという理由により，町長の損害賠償責任を否定した．
94) ただし，「国が自ら宗教的活動を行う場合」の代表的事例ともいえる津地鎮祭事件では，「かかわり合い」の対象の宗教性が薄いとされたことなどにより，合憲判断となった(Ⅳ 2(1))．
95) 愛媛玉串料判決における園部裁判官の意見(本章注83を参照)．学説では，例えば，安藤・前掲注45)13〜14頁，17〜18頁，吉崎・前掲注44)151頁など．
96) 大石・前掲注31)167頁など．かつては，89条の事例にこそ目的効果基準を用いるべきだ，とする見解も有力だった．例えば，高柳信一「国家と宗教」法セ増刊『思想・信仰と現代』(日本評論社，1977年)2頁以下，奥平康弘『憲法Ⅲ』(有斐閣，1993年)173〜174頁．近年でも，安西ほか・前掲注59)77〜78頁(川岸令和発言)など．

理論的には正当だが，目的効果基準を全面的に否定するまでの必要はないという立場から，次のように説明した．「過去の当審判例上，目的効果基準が機能せしめられてきたのは，問題となる行為等においていわば『宗教性』と『世俗性』とが同居しておりその優劣が微妙であるときに，そのどちらを重視するかの決定に際してであ」る．空知太神社は，「「一義的に宗教施設(神道施設)であって，そこで行われる行事もまた宗教的な行事であることは明らかである……．従って，本件利用提供行為が専ら特定の純粋な宗教施設及び行事(要するに『神社』)を利する結果をもたらしていること自体は，これを否定することができない」．「その意味においては，本件における憲法問題は，本来，目的効果基準の適用の可否が問われる以前の問題である」[97]．

この補足意見に対しては，「同意見は，玉串料判決を明確に宗教性のみをもった事例として挙げるが，同判決は目的効果基準に依拠している」[98]，「行為の『宗教性が明白』とする判断は，結論先取り的である」，といった批判がある[99]．また，多数意見が藤田裁判官と同様に，国家と宗教の完全な分離を理想とした上で，目的効果基準の適用場面を限定したのかは，疑わしい．空知太神社判決では，完全分離を理想だとする個所が削除されている．藤田補足意見は，むしろ従来の反対意見ないし意見の系譜にあるため，本判決の立場を代弁していない可能性も考えられる[100]．

そこで第二の説明としては，ここでも担当調査官による解説が参考となる．それによると，「従来の政教分離訴訟において憲法適合性が問題とされた対象がいずれも，ある一時点における公金の支出や公務員の儀式参列行為等といった1回限りの作為的行為であったのに対し，本件利用提供行為は，半世紀以上もの歴史を有する継続的行為であって，かつ，その行為には本件使用貸借契約の履行という作為的側面もあるものの，単に現状を放置しているという不作為の側面も併せ有するものである．しかも，その継続中に旧来の社殿や鳥居の取壊し，改良区からの本件2土地の取得などといった大きな事情の変化があり，

---

[97] 民集64巻1号1頁(15頁以下)．
[98] 常本照樹「判批」平成22年度重判解(ジュリ1420号，2011年)16頁．
[99] 小泉良幸・前掲注85)2頁，常本・前掲注98)16頁．
[100] 結論として同旨の見解として，野坂・前掲注43)7頁，神尾将紀「砂川政教分離訴訟の読解」早稲田法学93巻3号(2018年)41～43頁．

本件土地上で行われてきた宗教的行為の態様やこれに対する町又は市の対応も必ずしも一様であったわけではない。このような無償提供行為については，従来型の着眼点で行為の目的を審査するといっても，どの時点におけるどの行為者の目的を問題とすればよいのか，効果を審査するといっても，どの時点における誰を基準とした効果を審査すればよいのかといった問題に直面せざるを得ない」。「そこで，本判決は，このような事案の特殊性にかんがみ，従来の最高裁判例の着眼点提示部分を修正し，これとは異なる着眼点を一般的基準として提示した」[101]。

しかし，「総合的判断」の手法は，「継続的行為であって」「不作為の側面も併せ有するもの」，でしかも「大きな事情の変化」があった事案だけに使われる，ということではないようである。空知太神社判決と同日にあった富平神社判決は，市が町内会に対し無償で神社施設の敷地としての利用に供していた市有地を同町内会に譲与したという，「1回限りの作為的行為」の事例であった。この判決は，「本件譲与は，市が，監査委員の指摘を考慮し，上記のような憲法89条及び20条1項後段の趣旨に適合しないおそれのある状態を是正解消するために行ったものである」とした上で，本件譲与は「市と本件神社とのかかわり合いを是正解消する手段として相当性」がある，と判断した[102]。調査官はこの判決に触れながら，空知太神社判決は，「1回限りの作為的行為についても，必ずしも目的及び効果という硬直的な着眼点に拘泥することなく」，「当該事案に即した多様な着眼点を抽出し，これらを総合的に検討して憲法適合性の判断をするという，より柔軟かつ事案に即した判断基準へと，従来の判断基準を深化させたところに重要な意義がある」，と説明している。しかし，他方では，目的および効果は，一回限りの作為的行為の「憲法適合性の判断をする上での最低限の着眼点として一般的有用性を有すること」も指摘されてい

---

101) 清野・前掲注23)40〜41頁。これに対して，大阪地蔵像判決(最一小判平成4年11月16日判時1441号57頁)や，先述した箕面忠魂碑判決は，継続的かつ不作為の類型であったにもかかわらず目的効果基準を用いていたこととの整合性という問題が出されている。坂田隆介「政教分離違反基準の変更なき変更」大林啓吾・柴田憲司編『憲法判例のエニグマ』(成文堂，2018年)60〜61頁。これは判決当時における目的効果基準の影響力の大きさによるものであろうが，仮に清野調査官の説明を前提とすれば，「1回限りの作為的行為」である忠魂碑の移転，再建に審査の焦点があった，「大きな事情の変化」はなかった，といった事案の違いで説明できないこともない。
102) 最大判平成22年1月20日民集64巻1号128頁(133〜134頁)。

る[103]．

　この解説から，この後の判例における「相当とされる限度を超える」かの審査のあり様を，確定的に読み取ることは難しい．もっとも上で紹介した富平神社判決の判示は，実際には，諸般の事情を総合的に判断する際に，譲与の目的の正当性と，違憲状態を解消する手段としての「相当性」を審査しているようでもあった．富平神社事件のような，「1回限りの作為的行為」の事案については，空知太神社判決の事案のような，「継続的な行為であって」「不作為という側面も併せ有」し，しかも継続中に「大きな事情の変化」もある事案に用いられたものとは異なる側面をもつ審査手法が用いられるであろうことはうかがえる．

(3) 空知太神社判決以降の最高裁判決

　白山比咩神社判決は，神社の鎮座 2100 年を記念する大祭にかかる諸事業の奉賛を目的とする団体の発会式に，地元の市長が出席して祝辞を述べた行為について，「市長としての社会的儀礼を尽くす目的で行われたものであり，宗教的色彩を帯びない儀礼的行為の範囲にとどまる態様のものであって，特定の宗教に対する援助，助長，促進になるような効果を伴うものでもなかった」，と判断した[104]．この判決は，「諸事情の総合考慮という視点を基本としつつ，事案の類型に応じて，当該かかわり合いをもたらす行為の目的及び効果をその中の重要な考慮事情として勘案して判断するのが相当な場合」に当たる，と説明されている[105]．この判決で，目的効果の審査が形式的にとどまったのは，「かかわり合い」の対象である発会式に宗教的色彩がなく，「かかわり合い」の態様も「儀礼的行為の範囲」だ，とされたためである（Ⅲ 4 (3)も参照）．この事例は，従来の判例からすると 20 条 3 項適合性審査が行われるものであるが，判決は「憲法上の政教分離原則及びそれに基づく政教分離規定に違反するものではない」という形で，条文を明示しない形で判断した[106]．このことも，この

---

103) 清野・前掲注 23) 41〜42 頁．なお学説では，例えば，野坂・前掲注 36) 317 頁は，同判決が「目的」と「効果」に言及していないことについて，「諸般の事情の総合考慮という点で先例と異なるところはないものの，その結果を上記のような『目的』と『効果』に集約することが本件の場合は困難であったため」だと説明している．
104) 判時 2087 号 26 頁 (28 頁)．
105) 「匿名解説」判時 2087 号 27 頁，田近・前掲注 53) 722 頁．

判決における「相当とされる限度を超える」かについての審査の形式性を示している.

空知太神社判決を受けて，市と氏子集団の幹部との間で，神社施設の一部の移転や撤去と併せて，市が市有地の一部を氏子集団の氏子総代長に適正な賃料で賃貸することなどを内容とする合意が成立した．このような措置の合憲性が争われた同事件の第二次上告審判決の結論は，こうであった．「本件手段は，本件利用提供行為の前示の違憲性を解消するための手段として合理的かつ現実的なものというべきであり，市が，本件神社物件の撤去及び本件土地1の明渡しの請求の方法を採らずに，本件手段を実施することは，憲法89条，20条1項後段に違反するものではない」[107]．この判決も，違憲状態の解消という目的の正当性を当然の前提とした上で，氏子集団の構成員の信教の自由等への配慮といった諸事情を総合考慮しながら，本件手段の合理性と現実性を審査したものと思われる[108]．判決の結論についての評価は分かれているが[109]，ここでも目的手段審査的な手法が見受けられることに注目できる．しかしそれは上記のような当該事案の性質によるものであり，一般化されるものではないだろう．

このように，空知太神社判決後の最高裁が「相当とされる限度を超える」かの審査について，どのような場合にいかなる手法を採用しているかは，確言し難い状況にある．そもそも目的効果基準と「総合的判断」の手法の間には，従来から繰り返し指摘されてきたように，さほど大きな違いがあるわけでもないため，二次的な問題なのかもしれない[110]．

---

106) 西村・前掲注9)17頁，田近・前掲注53)721頁．これに対して，先にも触れたように(注53)，二審の名古屋高金沢支判平時2006号53頁は，大祭の奉賛会に出席し祝辞を述べた市長の行為を20条3項に違反する，と判断していた．この訴訟について，詳しくは，本書第3部第6章参照．
107) 最一小判平成24年2月16日民集66巻2号673頁(681頁)．
108) 岡田幸人「判解」最判解民平成24年度(上)(2015年)162頁以下．詳しくは，本書第3部第7章参照．
109) 君塚正臣「判批」速判解(法セ増刊)12号(2013年)13頁は，「勇み足的な事情判決」という．他方，市川正人「判批」判例評論647号(判時2166号，2013年)4頁は，「本件利用提供行為の経緯等」を踏まえて，「それなりの合理性」を認める．
110) 例えば，蟻川は，現在の最高裁は，「『事情』考慮型の判断を全面化して，事案類型ごとに複数の『重要な考慮要素』を立てる判断手法の採用を明示」している，という(強調は原文)．蟻川恒正「政教分離規定『違反』事案の起案(3)」法教436号(2017年)98頁．なお，空知太神社事件と近似した事案である沖縄孔子廟訴訟の差戻後一審判決では，空知太神社判決と同様の判断手法が採用されている．参照，那覇地判平成30年4月13日LEX/DB25560133．

5 小結

　本章で概観したように，空知太神社判決前の学説は，国家と宗教の「かかわり合い」の態様を類型化した上で，「国が自ら宗教的活動を行う場合」や国が私人の宗教を「直接的支援」する場合には，「かかわり合い」が「相当とされる限度を超える」かの審査を厳格に行うことを提唱する傾向にあった．また，判例傾向もおおよそそれに応じるものだった．愛媛玉串料判決における効果判断の仕方も，そうしたものと理解できる．これに対して，空知太神社判決では「財政的支援」という類型における「継続的な行為」であって「不作為という側面」もあり，しかも継続中に「大きな事情の変化もある」事案について，「総合的判断」の手法が示された．さらに，富平神社判決や空知太神社第二次上告審判決では，「財政的支援」という類型に関して，諸事情の総合考慮をするに際して，違憲状態の解消という目的のための手段の相当性を問う，という手法も見受けられた．もっとも判例は，「財政的支援」という類型であることを，判断手法の選択に関してさほど重視していないようである．

　国家と宗教との「かかわり合い」が「相当とされる限度を超える」かの審査において，諸般の事情のなかでも，公権力の行為が一般人から見て「慣習化した社会的儀礼」と評価されるかどうかが主な要因となって，結論が導かれているということは，従来からたびたび指摘されてきた．先に述べた(Ⅲ 1(1))，「関与行為」と「関与対象行為」の区別を用いながら，再言しておこう．津地鎮祭判決は，「関与対象行為」である起工式が「慣習化した社会的儀礼」だ，という理由で合憲とした代表例であった(Ⅳ 2 (1))．白山比咩神社判決は，「関与対象行為」である発会式の宗教性は希薄であり，「関与行為」である市長の出席やあいさつも「儀礼的」であるとして，合憲と判断した(Ⅲ 4 (3))．これに対して愛媛玉串料判決は，「関与対象行為」である例大祭などは「重要な宗教上の祭祀」であり，玉串料などを奉納するという「関与行為」も「慣習化した社会的儀礼」ではないとして，違憲と判断した(Ⅳ 2 (3))．

　このように，「一般人の評価」を機軸としながら，「慣習化した社会的儀礼」に当たるか否かという判断が規定的要因となってきた事例が多いという状況に対しては，周知のように，様々な評価があった．一方では，「安易な多数決主

義の導入」であり[111]，重視されるべきは「『宗教的少数者』の視点だ」[112]，とされる。他方では，「少数者の感受性を基準として憲法適合性を判断すべきものとすれば，現実の国等の行為の許否を判断する基準として有効に機能しなくなる」[113]，と反論される。こうした基本的争点には，ここでは立ち入らない[114]。本章の観点からは，「関与対象行為」や「関与行為」が「慣習化した社会的儀礼」となっているというのであれば，本章でいう第一段階の審査の場面で国家と宗教との「かかわり合い」がないと判断されるべきではなかったか，というあり得べき疑問が重要である[115]。

確かに，第一段階の審査で「かかわり合い」がないと判断されることと，第二段階の審査で「かかわり合い」が一般人の評価を機軸として「慣習化した社会的儀礼」に当たるという理由で「相当とされる限度を超え」ていない，とされることとの間には，質的ではなく量的な差異しかない。判決のなかには「相当とされる限度を超える」かの審査をしているようでありながら，実際には「かかわり合い」を否定していたのではないか，と読むことができるものもあった（Ⅲ 4）。しかし両者は，論理構成の仕方としては区別され得る。裁判所としては，よほど明白に国家と宗教との「かかわり合い」がないと判断する場合以外には，「相当とされる限度を超える」かの審査を形式的にでも行うという態度になることは理解できるし，それは批判されるべきことでもないだろう。本章で区別した二つの審査段階を融合して判断する裁判例（例えばⅡ 2 (3)）は，上述のような事案に方法論的自覚無しに対応した結果であったのかもしれない。

---

111) 横田・前掲注 62) 68 頁，同・前掲注 11) 191 頁など。
112) 小泉良幸・前掲注 85) 3 頁，樋口陽一『憲法〔第 3 版〕』(創文社，2007 年) 222 頁以下，長谷部・前掲注 41) 51～52 頁，林・前掲注 9) 131 頁，泉徳治「政教分離」判時 2344 号臨時増刊『法曹実務にとっての近代立憲主義』(判例時報社，2017 年) 100～101 頁など。
113) 清野・前掲注 23) 31 頁。
114) さしあたり，渡辺康行「違憲審査の正当性と〈コンセンサス〉ないし〈社会通念〉」ジュリ 1022 号 (1993 年) 129 頁以下。空知太神社事件に関しては，一般人を「その土地の人」の観点で見るのか，「一般の日本人」という観点で見るのか，という議論もなされている。注 84) で紹介した 4 裁判官の意見を参照。学説では，安西ほか・前掲注 59) 80 頁 (川岸令和発言)，野坂・前掲注 43) 171 頁，木村草太「判批」自治研究 87 巻 4 号 (2011 年) 140 頁など。
115) 田近肇「津地鎮祭事件最高裁判決の近時の判例への影響」法教 388 号 (2013 年) 26 頁は，「津地鎮祭事件において目的効果基準の下で判断がなされたのは，市の主催した地鎮祭が宗教的意義を有するか否かだったのであり，そのような問題は，ある国家行為がそもそも『宗教的』活動に該当するかどうかという，いわば構成要件該当性の問題であった」，という。この指摘は，本文のような疑問と読み取ることができよう。

V　結びに代えて

　本章の論述は，従来の学説と趣を異にしていると映るであろう．しかし，政教分離規定適合性に関して二段階の審査を示唆する学説はこれまでにも散見され，またそのような審査の構想のなかに組み入れられ得る学説も少なくなかった．本章は，そうした端緒をより体系的に展開しようとしたものである．さらに従来の判例も，そのように再構成して読むことができ，またそう再構成することによって判決の論理の明晰性も向上するように思われる．

　本章は，従来の判例法理を分析した上で，それを再構成するという考察手法をとってきた．このような手法に対しては，判例法理から離れて，政教分離原則をより原理論的に考察することによって，あるべき政教分離規定の審査手法を提唱するべきだ，という批判があるかもしれない．しかし，この二つの手法は対立するものではなく，相補的な関係にある．本章におけるささやかな試みが，膨大な蓄積があるこの分野における判例や学説に対して，何らかの新たな刺激になれば幸いである．

第5章　「国家の宗教的中立性」の領分
―― 小泉首相靖國神社参拝訴訟に関する裁判例の動向から

I　はじめに

　小泉純一郎首相(当時)は，2001年8月13日に公用車を利用し，秘書官を随行して靖國神社に赴き，内閣総理大臣の肩書きを付して記帳したが，参拝は神道方式ではなかった．同首相は，それ以降毎年1回同神社へ参拝している．この参拝行為に関して，全国各地で訴訟が提起された．首相の靖國神社参拝の違憲性を市民が直接争うための訴訟手段は，現行法上は存在しない．そこで原告は，国および首相個人などに対する損害賠償請求，靖國神社参拝の違憲確認，参拝差止請求などといった形をとって訴訟を提起した．これらの訴訟に関して2004年以降，本稿執筆時(2005年2月)までに大阪，松山，福岡，千葉，沖縄において六つの地裁判決が下されている．原告の請求はいずれの判決でも認められなかったが，理由はかなり異なったものであった．そこで以下では，原告の諸請求のなかでは中心的な位置を占めると思われる，国家賠償法(以下，国賠法)1条1項に基づく，国に対する損害賠償請求に関する各裁判所の判断の違いについて，訴訟の中間報告として整理したい．その上で，本訴訟に関する学説上の議論にも目を向けて，諸論者間の対立の根底にある「国家の宗教的中立性」の領分にかかわる問題を，より大きな観点から考える素材として提示したい．

II　「職務を行うについて」の該当性

　国賠法1条1項に基づく請求が認められる要件の一つとして，公務員の行為が同法にいう「職務を行うについて」に該当するかが問題となる．この該当性を認めたのが，第一次大阪訴訟判決[1]，福岡訴訟判決[2]，千葉訴訟判決[3]であ

---

[1] 大阪地判平成16年2月27日判時1859号76頁①事件(98頁)．判例時報本号は，以下の本文で頁数のみで引用する場合がある．

第 5 章 「国家の宗教的中立性」の領分

る．例えば第一次大阪訴訟の大阪地裁判決は，被告小泉が，公用車を使用し，秘書官を随行させ，内閣総理大臣の肩書きを付して記帳し，献花を行ったことと並んで，自民党総裁選挙の時から靖國神社参拝を公約としてきたこと，官房長官が「首相談話」を発表したことといった，「事実関係を総合してこれを外形的・客観的にみれば……本件参拝は，被告小泉が内閣総理大臣の資格で行ったものと認めるのが相当である」，と判示している．

　これに対して第二次大阪訴訟の大阪地裁判決は，職務行為性を否定し，そのことによって原告の主張を退けている[4]．この判決は，本件参拝は「個人の宗教的動機に基づいてなされる行為であるから……個別的な法令の根拠や閣議決定等に基づいてなされたものではない以上」，内閣総理大臣の職務行為ではない，と判断する．また判決は，「内閣総理大臣の地位にあることから，職務行為に該当する行為でなくても，単なる私的領域に止まるとはいえない社会的影響力を生じうるものがある」とし，このような行為も「私人あるいは政治家としての行動にとどまらず，被告国の機関として行動したといえるだけの被告国とのかかわり合いが当該行為について認められる場合には，……内閣総理大臣の職務の内容と密接に関連し職務行為に付随してなされる行為として国賠法 1 条 1 項の対象となる」，とする．しかし，「本件各参拝についての被告国の関与は，公用車の利用と内閣総理大臣秘書官の同行にとどまるものであるから，本件各参拝は，被告小泉の内閣総理大臣としての地位に伴う行為ではあっても，国の機関としての内閣総理大臣の行為と客観的外形的にみるべきものではな」く，職務行為に該当しない，と判断した．

　いずれの判決も，基準としているのは「外形標準説」である．この考え方の指導的判例とされているのは，よく知られた昭和 31 年の最高裁判決である[5]．事案は，警視庁の巡査が非番の日に制服制帽を着用して職務管轄区域外で所持品検査と称して現金を持ち去ろうとしたところ，声を立てられたので拳銃で射殺したというものであった．このような事件を代表例として展開してきた判例

---

2) 福岡地判平成 16 年 4 月 7 日判時 1859 号 76 頁④事件(131 頁)．
3) 千葉地判平成 16 年 11 月 25 日判例集未登載．
4) 大阪地判平成 16 年 5 月 13 日判タ 1151 号 252 頁(272 頁以下)．
5) 最二小判昭和 31 年 11 月 30 日民集 10 巻 11 号 1502 頁(1504 頁)．山田健吾「判批」宇賀克也ほか編『行政判例百選Ⅱ〔第 7 版〕』(有斐閣，2017 年)470 頁以下，およびそこに挙げられた諸研究を参照．

および行政法学説[6]，あるいはそれらが参照している民法715条の使用者責任の要件に関する民法学説においても支配的である「外形標準説」を，この思考が想定しているとは到底思われない内閣総理大臣の行為の職務行為該当性判断にもそのまま適用する第一次大阪訴訟大阪地裁判決などの判断には，いささか説明不足の感がある．この点では，おそらく「天皇の公的行為」に関する議論を念頭におきながら，内閣総理大臣の職務に則した「外形標準説」を繰り広げた第二次大阪訴訟大阪地裁の判断枠組みの方が，本件の事案によりふさわしい接近方法ではあった．しかしこの判決が，本件参拝行為を総理大臣の職務行為に該当しないとした判断には，本件参拝行為の外形のみに着目し，参拝前後の状況を考慮に入れていないことに疑問が残る．この具体的な当てはめ判断については，職務行為性を認めた第一次大阪訴訟大阪地裁などの方が適切であったように思われる[7]．

III 権利侵害の有無

本件における国賠請求訴訟で原告側がもっとも苦しむのは，いかなる法的権利ないし利益が侵害されたのかについての主張・立証である．原告は各地の訴訟で，①信教の自由(憲法20条1項前段)，②政教分離規定が保障する広義の信教の自由(20条3項)，③宗教的人格権ないし宗教的自己決定権(13条)，④平和的生存権(前文・9条)侵害などを主張した．

しかしすべての裁判所はこの主張を退けている．①について，例えば福岡地裁は，信教の自由が侵害されたといい得るためには「少なくとも国及びその機関によって信教を理由として不利益な取扱い又は宗教上の強制もしくは制止が

---

6) 藤田宙靖『行政法総論』(青林書院，2013年)534〜535頁は，およそ次のように説明する．「国家賠償法1条には，民法715条と異なり選任監督による使用者の免責が認められていないにも拘わらず，外形主義による責任を認めた点において，民法上の使用者責任よりは一層重い責任を国・公共団体に課すもの」であり，「しかも本件では，法律行為ではない事実上の行為に外形主義が適用されているのであって(すなわち，取引の安全の保護と言った見地によるものではない)……」．「結局ここでは，『職務を行うについて』という文言についての，民事判例を通じての連続的発展を伴った漸次の拡大解釈がなされているのであるところに重要な意味がある」り，「また，それ故にこそ，国家賠償法1条の解釈論として広く受け容れられる余地がある」．
7) 同旨，松井浩「判批」法セ594号(2004年)113頁，斉藤小百合「判批」法セ597号(2004年)30頁，横田耕一「公的参拝は『政教分離原則』違反である」世界730号(2004年)85頁．

行われたことが必要である」が，本件参拝は「原告らに不安感，危惧の念を生じさせるものであっても」，それ以上のものではない，とした(133頁). またすべての裁判所は，政教分離規定を人権規定と解する②の主張も受け入れていない. さらに，③，④のような権利ないし利益も，内容及び性格が主観的，抽象的だといった理由で，被侵害利益としては認められなかった.

①についての判断の前提は，信教の自由が侵害されたと判断するためには「強制」の要素が必要である，という考え方である. この考え方は学説上も通説とされているが，同時に「それほど厳格に解されるべきではな」いという指摘も有力にある[8]. 例えば第一次大阪訴訟の原告は，このような見解を背景に，「本件参拝をはじめとする政治権力の支えによって作られた『世間全般の雰囲気』によって，靖國神社の宗旨を批判することを差し控え自粛せざるを得ない状態にあった」ことによる信仰に対する「強制」の存在を主張した(89頁). これに対して大阪地裁は，「『自粛せざるを得ない状態』をもって一定の信教や思想を強制されたとみることは到底できない」と判示している(100頁).「強制」の中身を再検討する必要があるという学説傾向は正当だと思われる. とはいえ，本件で原告らになんらかの「強制」があったと主張・立証するのはやはりかなり困難であろう.

そこで学説では，不法行為法の領域で説かれた相関関係説の発想を国賠訴訟である本件のような場合にも導入しよう，という考えも示された[9]. 千葉訴訟の原告側は，この学説に依拠して，違法性の有無を「侵害行為の悪質性と被侵害利益の種類を乗じて判断する」と理解した上で，「本件における侵害行為は，被告小泉の靖國神社参拝という……政教分離原則に違反する行為であり，かつ，被告小泉はかかる違憲行為についての明確な故意を有している上，被告小泉の靖國神社参拝は本件参拝後も継続して行われており，侵害行為の悪質さは極めて強度なものである. とすれば，上記『違法性』概念からは，原告らに一定の

---

[8] 芦部信喜ほか「〔鼎談〕自衛官合祀と信教の自由」ジュリ916号(1988年)15頁(芦部発言), 芦部信喜『宗教・人権・憲法学』(有斐閣, 1999年)68頁以下, 棟居快行『人権論の新構成』(信山社, 1992年)330頁以下, 諸根貞夫「いまあらためて,『公式参拝違憲判決』を読む」法時76巻9号(2004年)1頁など. 本書第3部第3章Ⅱ2(2)も参照.

[9] 横田耕一「違憲性が問われる靖国神社公式参拝」法セ455号(1992年)34頁, 同「判批」平成4年度重判解(ジュリ1024号, 1993年)19頁, 山口智「国の宗教的行為による被侵害利益」宗教法16号(1997年)200頁以下など.

被侵害利益が認められれば，本件における違法性は明らかであり，被告らが発生した損害について責任を負うことは当然である」と主張した．これに対して千葉地裁は，「被告国に国家賠償責任を負わせるには，私人の具体的な権利ないし法的利益が侵害されたことが前提として必要であ」るという立場をとり，本件においては具体的な権利ないし法的利益の侵害はないので違法性について判断する必要はない，として原告の主張を退けている．

国賠法1条1項の「違法」という文言は同法制定時に相関関係説からの影響を受けて採用されたものであるから[10]，上述のような学説などの立場はあり得べきものであろう．しかし，行政法学の有力な見解は，民法上の不法行為と国家賠償の違いを強調する．つまり，「権力的行政活動の場合には民事上の行為と異なり，一般に『法律による行政の原理』の適用があり，その行動準則が広く法律によって定められている，という特性がある」．「私人間においては，いわば不法行為法でいう『権利の侵害』があったときに初めてその行為は『違法』となるのであるが，権力的行政活動の場合には，このような行動準則に違反した行為は，さしあたりすべて『違法』と評価されるという違いがある」[11]，という．この立場からは，「違法性」の有無を「生じた損害に損害賠償を与えることが妥当かどうか，という利益衡量に還元」することになる[12]．千葉地裁の原告のような主張はおそらく受け入れられないことになるのではないか．また，上述のような主張が認められると，いまだ成熟していない権利や利益に

---

10) 例えば，宇賀克也『国家補償法』(有斐閣，1997年)42頁．
11) 藤田・前掲注6)539頁．
12) 藤田・前掲注6)538頁．なお，同「法治主義と現代行政——いわゆる『"違法性"の相対化』論と『法律による行政の原理』」『行政法の基礎理論 上巻』(有斐閣，2005年)249頁以下は，「行政庁による公権力行使の場合であっても，民法上の不法行為の要件を充たしている場合には，そのこと自体によって，当然に不法行為責任が成立するものと考える．そして，これとは別に，『行為規範違反』という意味での違法が生じた場合には，もはや民法上の不法行為の要件が備わっているか否かを問うまでもなく，そのことによって直ちに国家賠償責任の成立が可能となる」と考える可能性を指摘している．この考え方に従えば，かなりラディカルに「被害者救済の拡充」が図られることになる．しかし他方同じ論者は，「『法律による行政の原理』そしてそれを担保する『近代行政救済制度の法理』は，必ずしも，行政の客観的な法律適合性の確保ということそれ自体を自己目的とするのではなく，行政の法律適合性を通じて私人の個人的な権利利益を保護することを目的とするものであって，これらの法理のこう言ったいわば『主観法』的な性格は，時に，むしろ，行政活動の違法性を私人が裁判所で争う可能性を狭める方向に働くこともある」ことをも論じている(前掲注6・546頁)．このような議論は必ずしも本件のような事例を念頭に置いたものではないこともあり，当該論者が本件のような場合にいかに考えるかは定かではない．

もとづく，侵害の程度も具体性も強くない国賠訴訟が提起され，それらの多くの場合に違法性や違憲性の判断までしなければならないおそれが生ずるが，それは主観訴訟制度や付随的違憲審査制の趣旨に反するのではないかといった疑問も提出され得るであろう．そのようなおそれを内在する相関関係説的構成をとらないとすると，やはり被侵害利益という点では本件における原告らの主張は苦しいもののように思われる．福岡地裁以外の各裁判所は，違法性の判断には立ち入らず，訴えを退けたのであるが，これも無理からぬところではあった[13]．

Ⅳ 違法性

福岡地裁は，権利侵害の有無の判断に違法性判断を先行させ，しかも小泉首相の靖國神社参拝を明確に違憲と判断した．これまでにも内閣総理大臣の靖國神社参拝に関する国賠訴訟において，参拝には違憲の疑いがあるとしていた裁判例はあったが[14]，福岡地裁は初めて明確に違憲と判断をしたことによって大きな注目を集めた．

まず福岡地裁の憲法判断それ自体について見てみよう．同判決は，津地鎮祭事件の最高裁判決を引用したあと，本件参拝が憲法20条3項によって禁止されている「宗教的活動」に当たるか否かを検討する．判決は，まず，本件参拝は「宗教とかかわり合いをもつものであることは否定することができない」という．この判示は政教分離規定適合性審査に関する第一段階である，国家と宗教の「かかわり合い」の有無の審査を行ったようにも見える[15]．しかしそのあと「相当とされる限度を超える」かに該当する判示が並列的に続くため，実際には，二つの段階を融合させて審査しているようである．後者の審査に該当する判示としては，①「一般人の意識においては，本件参拝を単に戦没者の追

---

[13] 国賠法上の責任成立要件に関する裁判所による判断の順序については，本文Ⅴで言及する．
[14] 福岡高判平成4年2月28日判時1426号85頁(93頁以下)，大阪高判平成4年7月30日判時1434号38頁(48頁)．いずれも中曽根首相の「靖國神社公式参拝」に関する訴訟についての判決である．なお，中曽根首相は「公式参拝」を明言し，献花料を公費で支出したのに対して，小泉首相は「公式参拝」か私的参拝かを明確化せず，献花料は私費で支出したという違いがある．先に見たように本件で職務行為該当性が論ぜられたのは，この事情にもよる．
[15] 本書第3部第4章を参照．

悼という行事と評価しているものとはいえず」，②被告小泉は，「単に社会的儀礼として本件参拝を行ったとは言い難く，また，国の機関である内閣総理大臣としての戦没者の追悼は，靖國神社への参拝以外の行為によってもなし得るものであ」り，③「一般人に宗教的行為と捉えられること並びに参拝することについて憲法上の問題及び国民又は諸外国からの批判等があり得ることを十分に承知しつつ，あえて自己の信念あるいは政治的意図に基づいて本件参拝を行った」ことなどを挙げた上で，次のように結論される．④「以上の諸事情を考慮し，社会通念に従って客観的に判断すると，本件参拝は，宗教とかかわり合いをもつものであり，その行為が一般人から宗教的意義をもつものと捉えられ，憲法上の問題のあり得ることを承知しつつされたものであって，その効果は，神道の教義を広める宗教施設である靖國神社を援助，助長，促進するものというべきであるから，憲法20条3項によって禁止されている宗教的活動に当たる」(132～133頁)．

この判断には，一方で高い評価がなされたが[16]，他方では「『粗雑』極まる」[17]という激しい反発も引き起こした．批判の要点は，この判決は，「形式的に目的効果基準を採用しただけで，実際には目的も効果も何ら明確な事実認定をなしえないまま，憲法違反であると決め付けただけのもの」である[18]，というところにある．確かに，福岡地裁は本件参拝の目的が宗教的意義をもつことについて明示的には言及せず，効果についても参拝者が2倍になった程度のことしか述べていない．上記③の判示が目的・効果の判断に際していかなる意味をもつのかも，読み取り難い[19]．おそらくこの判決は，目的と効果よりも，一般人の意識が本件参拝を追悼と評価していないこと，社会的儀礼とも言えないこと(上記①，②)を主な理由としたものと思われる．そしてそうした判断の仕方自体は，判例のなかで実はそれほど異質なものではない[20]．

これに対してこの判決に対する批判論者が支持するのは，愛媛玉串料訴訟最

[16) 小泉洋一「判批」平成16年度重判解(ジュリ1291号，2005年)17頁のほか，前掲注7)で挙げた文献，および諸根・前掲注8)2頁などを参照．
17) 百地章「判批」ひろば57巻7号(2004年)69頁．
18) 百地・前掲注17)71頁．同旨，高畑英一郎「判批」法教編集室編『判例セレクト2001-2008』(有斐閣，2010年)43頁．
19) 小泉・前掲注16)17頁．
20) 本書第3部第4章Ⅳ5を参照．

高裁判決における可部裁判官の反対意見が説いた，目的効果基準を目的と効果の2要件とも充足する場合に違憲となると理解し，充足するか否かを四つの考慮要素を勘案して社会通念に従って判断するという手法であり，それに従うと本件参拝は合憲である，と論じられる[21]．しかしこの可部反対意見に対しては，津地鎮祭判決の読み方として，目的効果のうち一方の基準に反すれば違憲となるという解釈も十分成り立つのではないか，考慮要素を四つに限定するとは読めないのではないか[22]，仮にそれが先例の理解として正当であるとしても，目的効果基準を殊更に緩やかな基準として捉えるのは適切ではないのではないか[23]，といった批判が当初から出されていた．憲法学界ではむしろ，目的効果基準を適用する際に振幅のあり得るものと位置づけた上で，愛媛玉串料判決の多数意見を大野正男裁判官の補足意見に引きつけて，「目的効果基準に言う目的を主観的な要件に比重を置かず，むしろ，『行為の態様等との関連において客観的に判断』」すると理解し，「効果の判断について，国の行為の性質，それを受ける宗教団体の目的，性格に鑑み，国の行為が特定の権威を付与することになるか，当該宗教との象徴的な結びつきをもたらすかなど，厳密に検討することが必要」という形で目的効果基準を厳格に適用する趣旨だと捉えて，肯定的に評価する立場が有力だった[24]．このような理解に基づけば，福岡地裁が行為者の主観的な目的を重視せず，「内閣総理大臣の地位にある被告小泉が」，「将来においても継続的に参拝する強い意志に基づいて」，「靖國神社」に参拝したことを，同神社を「援助，助長，促進するような効果をもたらした」と判断したのは，曖昧ながらも一つの見解なのかもしれない．

とはいえ，この判決が違憲判断を十分に理由づけていないことは否定できない．この判決時点で違憲判決を出すのであれば，論拠として援用し得るのは，愛媛玉串料判決が「地方公共団体が特定の宗教団体に対してのみ本件のような形で特別のかかわり合いを持つことは，一般人に対して，県が当該特定の宗教団体を特別に支援しており，それらの宗教団体が他の宗教団体とは異なる特別

---

21) 最大判平成9年4月2日民集51巻4号1673頁(1729頁以下)参照．百地章「大阪靖国参拝訴訟の問題点」日本法学69巻3号(2004年)26頁以下．
22) 〔鼎談〕愛媛玉串料訴訟最高裁大法廷判決をめぐって」ジュリ1114号(1997年)12頁(横田耕一，戸松秀典，長谷部恭男各発言)．
23) 野坂泰司「判批」ジュリ1114号(1997年)35頁．
24) 芦部・前掲注8)116〜118頁．

のものであるとの印象を与え，特定の宗教への関心を呼び起こすもの」だ，とした判示部分だったのではないかと思われる[25]．

V 「傍論」における憲法判断

福岡地裁の判決でさらに論ずる余地があるのは，原告には法的利益の侵害はないとして訴えを棄却したにもかかわらず，あえて参拝行為の違憲性を判断したという判決手法である．このような判断手法に関する憲法訴訟上の問題点については，かねてから論じられてきた[26]．同判決に対しても，「主文に影響を及ぼさない憲法問題を理由欄にあえて書くのは『蛇足』」であり，それは「具体的事件の解決という目的から逸脱した抽象的審査の結果」であるから，「審理・判断する権限がな」く「違法」である．とりわけ下級審判決で，原告を敗訴としておきながら，参拝を違憲だとして原告の主張を容認する判断を示すと，被告側は傍論の内容に不満があっても控訴は認められないから，「裁判を受ける権利」の侵害となる，といった批判が出されている[27]．

---

25) 小泉首相靖國神社参拝訴訟に関する裁判例のなかで，福岡地裁と並んで傍論において違憲判断を行った大阪高判平成17年9月30日訟月52巻9号2979頁は，愛媛玉串料判決の本文で引用した部分を黙示的に参照したものだった．学説では，芦部信喜『憲法学Ⅲ 人権各論(1)〔増補版〕』(有斐閣，2000年) 199頁が，先に引用した理解を前提として，「私は，かつて国家神道の一つの象徴的存在であった宗教団体である靖国神社に少なくとも内閣総理大臣が国民を代表する形で公式参拝を行うことは，目的は世俗的であっても，その効果において国家と宗教との深いかかわり合いをもたらす象徴的な意味をもち，政教分離原則の根幹をゆるがすことになるので，『効果』ないし『過度のかかわり合い』の要件に照らし，違憲であると考える」，と論じていた．また，横田・前掲注7) 84頁は，「あえて，特定の戦没者を『神』として祀っている『神社』にのみ『参拝』したことは，『靖国神社に祀られている神とのかかわりあいを公的に認めようとする国の意思の表明である』……ことからして，参拝行為の目的は『宗教的意義』をもっている」，他方，「靖国神社を公的に『国のために死んだ者を祀る場所』として容認することによって，靖国神社を特別扱いし靖国神社の活動を援助・助長・促進する」，などと論じている．なお「社会通念」という基準については，渡辺康行「違憲審査の正当性と〈コンセンサス〉ないし〈社会通念〉」ジュリ1022号(1993年) 129頁以下を参照．
26) 例えば，初宿正典「岩手靖国住民訴訟控訴審判決と違憲審査権の行使」ジュリ979号(1991年) 39頁以下，大石眞「判批」判例評論413号(判時1455号，1993年) 186頁以下．
27) 井上薫『判決理由の過不足』(法学書院，1998年) 169頁以下，同「やっぱりヘンだよ『靖国参拝』蛇足判決」週刊新潮2004年4月22日号58頁以下，百地・前掲注17) 71頁以下，高畑・前掲注18) 6頁．杉山幸一「現行憲法下の違憲審査制からみる福岡地裁判決の問題」日本法政学会法政論叢45巻1号(2008年) 91頁以下など．批判の論拠は他にも種々挙げられているが，ここでの紹介は割愛する．なお同じ問題は，例えば，住民訴訟で争われた「岩手靖国訴訟」における仙台高裁が，理由の中で首相の靖國公式参拝などを違憲と判断しつつ，故意・過失がないということによって違法性を否定して請求を棄却した際にも生じていた．仙台高判平成3年1月10日判時1370号3頁．注26)の文献は，それを契機としたもの．

これに対して多くの学説は，憲法判断は事件の解決にとって必要な場合以外には行わないという原則を絶対的なルールであるとはみなしてこなかった．例えば，「裁判所は，事件の重大性や違憲状態の程度，その及ぼす影響の範囲，事件で問題にされている権利の性質等を総合的に考慮し，十分理由があると判断した場合は，回避のルールによらず，憲法判断に踏み切ることができると解するのが，妥当であろう」[28]，と説かれる．福岡地裁も，現行法の下では参拝行為の「違憲性の確認を求めるための手段としては損害賠償請求訴訟の形を借りるほかなかった」こと，また参拝については「数十年前からその合憲性について取り沙汰され」てきたにもかかわらず，「十分な議論も経ないままなされ，その後も靖國神社への参拝は繰り返されてきた」ことなどの事情にかんがみると，「裁判所が違憲性についての判断を回避すれば，今後も同様の行為が繰り返される可能性が高いというべきであり，当裁判所は，本件参拝の違憲性を判断することを自らの責務と考え，前記のとおり判示する」という理由づけを行っている(135頁)．この理由づけを支持するある学説は，さらに「討議民主主義」という観点から，この判決の「世論の喚起にもたらすインパクト」を重視し，「福岡地裁判決は，一地方裁判所の判断であっても，民主主義的決定の前提となる『討議』の活性化に大きな貢献をなしうることを示した」，という評価を与えている[29]．

　福岡地裁と極めて対照的な判決を下したのが，松山地裁[30]と那覇地裁[31]である．この両判決は，国賠法1条の責任成立要件のうちで「損害」の判断を先行させ，法的な権利ないし利益の侵害がないため損害が生じていないという判断に基づき，他の要件，例えば本章Ⅱで扱った「職務行為」該当性判断すら行わずに請求を棄却した．このような判決の仕方は，「傍論」は一切書くべきではないという立場からは，高く評価されるものであろう[32]．しかし国賠訴訟

---

[28] 芦部信喜(高橋和之補訂)『憲法〔第6版〕』(岩波書店，2015年)381頁．その他，例えば，佐藤幸治『日本国憲法論』(青林書院，2011年)650頁も，憲法判断回避の準則にかかわって，「国民の重要な基本的人権にかかわり，類似の事件が多発するおそれがあり，しかも憲法上の争点が明確であるというような事情が存する場合には，裁判所が憲法判断をすることが是認されて然るべき」，と論じている．

[29] 木下智史「違憲審査制の意義とその活性化の方向性」法セ597号(2004年)34頁．

[30] 松山地判平成16年3月16日判時1859号76頁③事件．

[31] 那覇地判平成17年1月28日判例集未登載．

[32] 百地・前掲注17)72頁．

に限定して議論を行うと，その責任成立要件のうちでどの順番で判断すべきかは裁判所の裁量に委ねられている．また裁判所が国賠訴訟において，訴えを棄却しながら違法性を認める判断をすることも，決して少なくはない．例えば，行政判例から一例を挙げると，最高裁は監獄法施行規則旧120条，124条にかかる事件において，規則が委任の範囲を超えて無効であるとの判断によって，幼年者との接見を許さない拘置所長の処分を国賠法上違法としながらも，過失はないとして請求を棄却した[33]．事件性の要件を充足した事案において，裁判所が上記の最高裁判決のような仕方で国賠法による「制裁機能・違法行為抑止機能・違法状態排除機能」を果たそうとすることは，行政法学において積極的に評価されているものと思われる[34]．

また下級審の憲法事件に関する裁判例のなかでは，非嫡出子の住民票続柄記載にかかる事件の東京高裁判決も同様の例として挙げられる．この判決は，非嫡出子を嫡出子と区別して「子」と記載したことを憲法13条，14条違反のゆえに違法と判断した上で，市長に故意・過失がないとして国家賠償を認めなかった[35]．この判決に関しても，「被告行政主体の側は上訴ができなくなり，原告が上訴しない限り上級審の判断が得られなくなる」という状態が生じた．しかし，「国家賠償の行政権統制機能をそもそも果たし得ないことに比べれば，より小さい問題」と評されていた[36]．このような国賠法に関する裁判例や行政法学の議論状況からしても，福岡地裁の判断の仕方は特異なものということではない[37]．

もっとも，傍論による憲法判断を批判する論者は，最高裁は憲法判断を行う終審の裁判所であることから，例外的に，傍論で憲法判断を行うことを認めてよいが，下級審判決の場合は，被告側がいくら傍論の内容に不満があっても控訴できないことを重視している[38]．違憲と判断した以上は，多少の無理があ

---

33) 最三小判平成3年7月9日民集45巻6号1049頁．
34) 宇賀・前掲注10)61頁以下．
35) 東京高判平成7年3月22日判時1529号29頁．さしあたり，小林武「非嫡出子の住民票差別記載の違憲性」南山法学19巻2号(1995年)113頁．
36) 角松生史「判批」平成11年度重解(ジュリ1179号，2000年)42頁．
37) 近時の最高裁判決としては，再婚禁止期間違憲判決(最大判平成27年12月16日民集69巻8号2427頁)も，傍論での違憲判断の例として挙げられる．
38) 注27)で挙げた文献を参照．

ったとしても，原告の請求を認容し，原告勝訴とするのが筋ではある．しかし国賠訴訟において被告は行政主体であるから，請求棄却判決における傍論で違法判断がなされたことについて控訴できないとしても，批判者が述べるように「裁判を受ける権利」が侵害されるということは，行政主体にそのような憲法上の権利が保障されているという一般的ではない前提をとらない限りは，そもそも考えられない．

傍論における憲法判断には法的拘束力は当然ながらない．それは，事実上の効果しかない「一種の違憲の宣言判決」[39]であるとか，「勧告的意見」[40]であるとか，と位置づけられているものである．とりわけ下級審におけるそれは無視してもよいと考えられているのか，福岡地裁の判決はその後の首相の行動には全く影響を生じさせなかった．このことは，逆に言うと，国側に控訴の利益が認められなくても特段の問題はない，ということでもある．

VI 結びに代えて

最後に，これまで微視的に見てきた靖國参拝問題をより大きな観点のなかに置いてみよう．まず比較という観点である．近年のドイツにおいて「国家の宗教的中立性」にかかわって大きな議論を生じさせたのが，公立学校におけるイスラーム教徒の教師のスカーフ事件である[41]．両国の憲法における国家と宗教の関係についての規定の仕方が違うため，この事例が日本で起こったと仮定して，内閣総理大臣の靖國参拝問題と，比較してみよう．第一に，二つの事例において，公務員の宗教的な行為が政教分離ないし「国家の宗教的中立性」の原則に反しないかが一つの争点だったということは共通である．しかし，スカーフ事件で問題となったのは公立学校の一般の教師の宗教的シンボル着用行為であり，だからこそ「開かれた中立性」だとか，「勤務を遂行するに際しての私的な行為」だとかという道具立てを使って，教師の信教の自由を擁護しようとする議論も成立し得る．これに対して靖國参拝では，まさに国家を代表する

---

39) 野坂泰司「判批」法教137号(1992年)97頁．
40) 戸松秀典『憲法訴訟〔第2版〕』(有斐閣，2008年)356～358頁．
41) 本書第1部第1章，第2章を参照．

地位にある人物の宗教的行為が焦点となっているのである．日本国憲法の政教分離原則に関して，この場面で殊更緩やかに解釈する立場は，通常の理解からは成り立ち難い．第二に，スカーフ事件で対象になったのは，当該国内における民族的・文化的少数派が主に信仰している宗教であるイスラームであった．だからこそ「寛容」や「多元性」という理念を掲げて教師のスカーフ着用を擁護する議論がなされ得る．これに対して，かつて国家神道の象徴的存在であった靖國神社にはそうした論拠は妥当しない．このような比較からの視点は，国家と宗教の関係は対象となる事例ごとに様々であり，すべての場合について，「国家の宗教的中立性」を「厳格」ないし「緩やか」に解するという一般論はできないことを示している[42]．

もう一つは国家論からの観点である．内閣総理大臣の靖國参拝の合憲性を主張する百地章は，「国家の宗教的中立性」を次のように国家論から論じている．国家には二つの意味がある．第一は「ステイト」で，「政府」あるいは「統治機構ないし権力機構としての国家」である．第二はその前提となっている「ネイション」「共同体としての国家」である．政教分離は「ステイト」にかかわる原理であるのに対して，「ネイションとしての国家」を維持，統合するためには宗教が必要であり，「国民宗教」の復活を考えるべきだ．天皇の即位の礼や大嘗祭，あるいは国葬，戦没者慰霊祭はネイションとしての国家にかかわる問題だから，政教分離の埒外にある[43]．

このような議論に関連して思い浮かぶのは，「Nation state が論じられるときの nation の二義性」にかかわる，樋口陽一のよく知られた議論である．つまり，「フランスを典型として考えられてきた Nation state の nation は，自然の所与としての ethonos ではなく，人為の所産として社会契約という想定の主体となる demos なのだ」[44]という区別論に基づき，結論的には「国民＝デモスの国家は，人権主体として解放された個人と論理的に整合する．他方で，国民＝エトノスの国家は，エスニシティ単位の実在を前提するから，それに包みこまれる個人を，潜在的にであれ現実にもであれ，抑圧するものとなる」とす

---

42) 政教分離事件に関する類型化について，本書第3部第4章Ⅳ4(1)，第6章Ⅰを参照．
43) 百地章『靖国と憲法』(成文堂，2003年)217頁以下．
44) 樋口陽一『憲法Ⅰ』(青林書院，1998年)39頁．

るのである[45]．先の百地による「ネイションとしての国家」は「エトノスの国家」を直截に主張するものであろう．文化的・宗教的・民族的多様性が進む時代において，その当否は当然に異論の余地の多いものである[46]．同じくエトノスとしての国家にこだわるドイツの憲法学者ベッケンフェルデは，これもよく知られた「自由な国家のパラドクス」，つまり，「今日の国家は，自由で世俗的な国家として，それ自身では保障することができない前提の下で生きている，これは国家が自由のために引き受けた大きな冒険である」，というテーゼを提示している[47]．彼が国家が保障することができない「前提」とした，国民のあいだの「精神的紐帯」を，百地は国家が「国民宗教」として「復権」「復活」させようと主張するのである．しかもそのとき念頭に置かれるのが神道であり，それは政教分離の埒外としたのである．憲法学界における内閣総理大臣靖國参拝の代表的擁護論の背後には，このような近代の自由な世俗的国家の構想を根底から覆す国家論のプロジェクトが控えている．「国家の宗教的中立性」の領分は，このような意味でも問い直し続けられているのである．

---

[45] 樋口陽一『憲法と国家』(岩波書店，1999年)73頁．
[46] 百地がモデルとするのはアメリカである．移民国家アメリカが日本のモデルになるかがそもそも疑問であるが，そのアメリカにおける「市民宗教」がネガティヴな役割を演じていることについて，堀内一史『分裂するアメリカ社会――その宗教と国民的統合をめぐって』(麗澤大学出版会，2005年)．ジャーナリストによるアメリカとヨーロッパとの対比として，熊谷徹「多様性のヨーロッパと宗教性のアメリカ」中央公論2005年2月号154頁以下．
[47] さしあたり，渡辺康行「「憲法」と「憲法理論」の対話(5)」国家113巻5・6号(2000年)59頁以下．

第5章〔補論〕 小泉首相靖國神社参拝訴訟最高裁判決

最高裁平成18年6月23日第二小法廷判決
(平成17年(受)第2184号靖國参拝違憲確認等請求事件)
(判時1940号122頁, 判タ1281号183頁)

I 事実の概要

2001年8月13日, 当時の小泉純一郎首相は, 公用車を利用し, 秘書官を随行して靖國神社に赴き, 内閣総理大臣の肩書きを付して記帳をした. しかし参拝の形式は神道方式ではなく, 献花代は私費で支払われた. 小泉首相による靖國神社参拝は, その後の首相在任期間中も, 年に一度続けられた. これに対して全国各地で訴訟が提起されたが, 本件はそのうちの大阪第一次訴訟といわれるものである. この訴訟は, 639人の原告のなかに120人ほどの在韓・在日の韓国人, 在日中国人らが参加していたことから, 「アジア訴訟」と呼ばれることもある. また原告の一部は, 第二次大戦における戦没者の遺族であり, 原告のなかには浄土真宗, キリスト教などを信仰する者も含まれていた.

原告Xらは, この訴訟において, 2001年8月の首相参拝により, それぞれの「戦没者が靖国神社に祀られているとの観念を受け入れるか否かを含め, 戦没者をどのように回顧し祭祀するか, しないかに関して(公権力からの圧迫, 干渉を受けずに)自ら決定し, 行う権利ないし利益」を侵害されたと主張して, ①首相Y_1および靖國神社Y_3に対し不法行為による損害賠償, ②国Y_2に対し国家賠償法(以下, 国賠法)1条1項による損害賠償, ③各被告に対して首相が靖國神社に参拝することの違憲確認, ④国家機関としての小泉首相に対して靖國神社参拝差止め, ⑤靖國神社に対して国家機関としての小泉首相の参拝受け入れの差止めを求めた.

一審(大阪地判平成16年2月27日判時1859号76頁①事件)は, ③と④の訴えを却下. また首相の行為は国賠法1条1項の「職務を行うについて」に該当すると判断した. そのためY_1に対する①はあきらかに理由がないとしつつ, ②に

ついても，原告らが主張する宗教上の感情は法律上保護された具体的権利ないし利益とは認めがたいし，また本件参拝によって侵害を受けたともいえないとして，訴えを棄却．したがって Y_3 に対する①，および⑤も同じく棄却した．

二審(大阪高判平成17年7月26日訟月52巻9号2955頁)は，主たる訴えである②について，Xらの主張する権利ないし利益が法律上保護される権利ないし利益とはいえず，本件参拝によって侵害を受けたともいえないとして，控訴棄却．

そこで原告が上告した．

II　判決の要旨

上告棄却

要旨　内閣総理大臣の地位にある者が靖国神社を参拝した行為によって，心情ないし宗教上の感情が害され，不快の念を抱いたとしても，これを被侵害利益として，直ちに損害賠償を求めることはできない．

（補足意見がある）

判決理由　「人が神社に参拝する行為自体は，他人の信仰生活等に対して圧迫，干渉を加えるような性質のものではないから，他人が特定の神社に参拝することによって，自己の心情ないし宗教上の感情が害されたとし，不快の念を抱いたとしても，これを被侵害利益として，直ちに損害賠償を求めることはできないと解するのが相当である．上告人らの主張する権利ないし利益も，上記のような心情ないし宗教上の感情と異なるものではないというべきである．このことは，内閣総理大臣の地位にある者が靖国神社を参拝した場合においても異なるものではないから，本件参拝によって上告人らに損害賠償の対象となり得るような法的利益の侵害があったとはいえない．

したがって，上告人らの損害賠償請求は，その余の点について判断するまでもなく理由がないものとして棄却すべきである(なお，以上のことからすれば，本件参拝が違憲であることの確認を求める訴えに確認の利益がなく，これを却下すべきことも明らかである．)．

以上と同旨の原審の判断は，正当として是認することができる．原判決に所

論の違法はなく，論旨は採用することができない.」

裁判官全員一致の意見で，上告棄却．なお，裁判官滝井繁男の補足意見がある(今井功，滝井繁男，中川了滋，古田佑紀).
参照条文　民法709条，国家賠償法1条1項

III　分析

1　小泉首相靖國参拝に関する判決動向と本判決の位置

本判決は，小泉首相靖國神社参拝訴訟に関する初めての最高裁判決である．小泉首相による靖國神社参拝をめぐっては全国各地で違憲訴訟が提起されたため，本判決以前に下級審において多くの判決が出されていた．原告側の主たる訴えである国賠請求に関して，諸判決は原告の請求を棄却するという結論では一致するものの，理由づけの仕方は相当に異なっていた．第一は，最初に法益侵害性を否定し，その他の判断を回避する型である．第二は，職務行為該当性を肯定した後に，法益侵害性を否定して，違法性の判断を回避する型である．第三は，職務行為該当性を否定して，その他の判断を回避する型である．第四は，職務行為該当性と違法性を肯定する判断を示した後に，法益侵害性を否定する型である[1]．下級審の大勢は第一の型であった．そのなかで福岡地裁[2]と大阪第二次訴訟の大阪高裁[3]が，第四の仕方によって傍論のなかで本件参拝を違憲と判断したことは，広汎な注目を集めた．最高裁の判断対象となった大阪第一次訴訟においては，Iで示したように，一審は第二類型の，二審は第一類型の判断をしていた[4]．最高裁も，第一類型の判断をしたわけである．国賠法1条1項の要件判断にかかわる諸論点については，評者は既に若干の考察を試みているため[5]，ここでは再論しない．

---

1) 諸根貞夫「公式参拝違憲訴訟を総覧する」法と民主主義410号(2006年)5頁.
2) 福岡地判平成16年4月7日判時1859号76頁④事件.
3) 大阪高判平成17年9月30日訟月52巻9号2979頁.
4) 諸判決の一覧として，井堀哲「政教分離弁護団交流集会から」法と民主主義410号(2006年)5頁，早坂禧子「判批」法令解説資料総覧298号(2007年)62頁，田中伸尚『ドキュメント靖国訴訟』(岩波書店，2007年)150頁など.
5) 本書第3部第5章を参照．本判決に即した解説として，駒村圭吾「判批」平成18年度重判解(ジュリ1332号，2007年)16頁以下.

2 被侵害利益と侵害行為

(1) 本判決の理由づけは，きわめて短いものであった．しかしそのわずかな理由づけが，必ずしも論旨明快ではない．最高裁は，a「人が神社に参拝する行為自体は，他人の信仰生活等に対して圧迫，干渉を加えるような性質のものではないから」，b「自己の心情ないし宗教上の感情が害されたとし，不快の念を抱いたとしても，これを被侵害利益として，直ちに損害賠償を求めることはできない」という．aは侵害がないという文章であり，bは保護される権利ないし利益ではないという文章である．なぜ，aがbの理由となるのか，容易には理解できない[6]．これに対して本件の一・二審は，共に，Ⅰで紹介したように，原告らが主張する宗教上の感情は法律上保護される権利ないし利益とはいえず，本件参拝によって侵害を受けたともいえない，と判断していた．ドイツの基本権解釈学の枠組みを借用して表現するならば，当該宗教上の感情は，国家賠償法による保護の対象に含まれていない上に，制約もない，という趣旨である．最高裁のいわんとするところも同様なのかもしれないが，それを読み手に伝える判決理由とはなっていないように思われる．

　最高裁が被侵害利益と侵害行為にかかわる判断を連動させる理由づけをした原因としては，さしあたり相関関係説からの影響が考えられ得る．しかし従来の判例や行政法学の通説は，国賠法1条1項の違法性判断について，相関関係説的な考え方をとっていない[7]．最高裁が本判決で相関関係説的な発想を下敷きにしたのであれば，それ自体は成立し得る一つの立場ではある[8]．しかし，相関関係説をとり，違法性を被侵害利益の種類と侵害行為の態様の相関によって判断するとしても，本判決がしたように，侵害がないから保護された権利ないし利益ではない，という理屈は出てこないはずである[9]．

---

[6] 久保木亮介「判批」法と民主主義410号(2006年)15頁も，「被侵害利益と侵害行為の問題が，意図的に混同されている」，と指摘している．

[7] さしあたり，藤田宙靖『行政法総論』(青林書院，2013年)535頁以下など．本書第3部第5章Ⅲ参照．

[8] 国賠法1条を相関関係説によって解釈しようとする行政法学の論考として，例えば，武田真一郎「国家賠償における違法性と過失について」成蹊法学64号(2007年)1頁以下．民法学では，本件にも関連して，吉村良一「故人の追悼・慰霊に関する遺族の権利・利益の不法行為上の保護」立命館法学328号(2009年)956頁以下，978頁．

(2) 本件における諸審級の判決とはやや異なった考え方をとるのは，大阪第二次訴訟における大阪高裁である．この判決は，参拝を違憲としたことで注目を集めたが，ここで扱っている問題においても興味深い判断をしていた．そこでは，「控訴人らが，思想及び良心の自由，信教の自由の内容として，戦没者をどのように回顧し祭祀するか，しないかに関して，公権力の圧迫，干渉を受けずに自ら決定し，これを行う権利ないし利益を有すると解する余地が全くないわけではない」としつつ，本件参拝においては強制や圧迫，干渉がないため，「上記権利ないし利益が侵害されたものと認めることはできない」としていたのである[10]．つまり，保護されるべきものかもしれないが，侵害がない，という論理である．このように，小泉首相靖國神社参拝にかかわるすべての判決は，権利ないし利益の侵害がないという結論においては同一であったが，理由づけは微妙に異なっていたことに注意すべきである．

3　私人による参拝と首相による参拝

(1) 本判決は，2でとりあげた文章に続けて，「このことは，内閣総理大臣の地位にある者が靖国神社を参拝した場合においても異なるものではないから，本件参拝によって上告人らに損害賠償の対象となり得るような法的利益の侵害があったとはいえない」，とする．

ここで，「このことは」とは，直前にある，上告人らの主張する権利ないし利益は損害賠償を求めることのできる法的な権利ないし利益ではない，という趣旨の文章を指すと解するのが普通であろう．しかしそう読むと，その後の，本件では侵害がないといおうとしているかに見える文章と接続しなくなる．ここにも，被侵害利益と侵害行為の判断にかかわる混乱があるように見える．

(2) 自衛隊合祀事件最高裁判決は，「原審が宗教上の人格権であるとする静

---

9) 相関関係説における侵害行為の態様とは，侵害行為の違法性の重大さにかかわる．なお，本判決の原審は，「被侵害利益なるものが存在しないと判断される以上，侵害行為の態様との相関関係を考察することは無意味」(訟月52巻9号2955頁〔2964頁〕)，と明言していた．本判決も，実際には相関関係説をとっているわけではないだろう．

10) 訟月52巻9号2979頁(3042〜3043頁)．この判決については，斉藤小百合「二つの靖国参拝訴訟」法セ614号(2006年)60頁以下，山口智「判批」法教編集室編『判例セレクト2001-2008』(有斐閣，2010年)50頁，大沢秀介「靖国神社公式参拝と政教分離」笹田栄司ほか『ケースで考える憲法入門』(有斐閣，2006年)168頁以下，百地章「靖国参拝訴訟の問題点と今後の課題」宗教法27号(2008年)129頁以下，特に138頁以下など．

謐な宗教的環境の下で信仰生活を送るべき利益なるものは，これを直ちに法的利益として認めることができない性質のものである」[11]と判示していた．本判決の原審は，この判断を引用した上で，「民法709条又は国家賠償法1条1項の不法行為における保護の対象となるべき権利ないし利益は，加害者が私人であるか国又はその機関であるかによって左右されるべき性質のものではないことからすると，同最高裁判決が，加害者が私人の場合に限って法的利益の範囲を限定したものとは解しがたい」として，原告の主張する権利ないし利益を保護されるべきものとはしなかった[12]．

これに対して上告理由は，自衛官合祀事件最高裁判決は私人間の関係に関する判断であったのだから，国家機関である内閣総理大臣の靖國神社参拝という本件事案の先例とはならず，また同判決は国又はその機関との関係が問題となっている場合には，私人間関係の場合よりも個人の自由が尊重される方向での判断基準が採用されるべきであるという含意があるのだから，原判決は判例に反する，と主張していた．

最高裁がこれに答えたのが，上記した「このことは，内閣総理大臣の地位にある者が靖国神社を参拝した場合においても異なるものではない」という説示である．これに対しては，さしあたり，「なぜ『異なるものではない』のか」に関する説明があってもよかったのではないかと思われる[13]．

4　滝井裁判官の補足意見

（1）滝井裁判官は，Ⅲ3の論点について，「確かに，国民はそれぞれが思想，信条，信仰の自由をもっており，他人のもつ自由な行動によって心の平穏を害され，不快の念を抱くことになったとしてもそれはそれぞれの国民のもつ自由を享受した結果として相互の寛容さが求められるのに対し，国はそのような自由をもつものではないから，国民は国の行為に対しては格別の寛容さが求められることはない」として，上告人の論旨を適切に承認している[14]．しかし本件については，「国の行為によって上告人らが受けたという心理的圧迫は不特

---

11) 最大判昭和63年6月1日民集42巻5号277頁(288頁)．
12) 訟月52巻9号2955頁(2965頁)．
13) 松本克美「靖国違憲国賠訴訟における被侵害法益論」法と民主主義410号(2006年)10頁，久保木・前掲注6)12頁．

定多数の国民に及ぶという性質のものにとどまるものといわざるを得ず，それは法的保護の対象になるものとはいえない」，と結論した．ここでも被侵害利益が問題とされていたはずにもかかわらず，侵害行為の性質論へと視点が移行している．滝井裁判官において，本件にかかる判断の重点は，「他人の参拝行為は，それがどのような形態のものであれ，その人の自由に属することであって，……そのことによって他人の自由を侵害するというものではな」い，というところにあるように見える．しかし他方では，「特定の宗教施設への参拝という行為により，内心の静穏な感情を害されないという利益は法的に保護されたものということはできない性質のものであるから，侵害行為の態様いかんにかかわらず，上告人らの法的利益が侵害されたということはできない」，ともされる．ここでは被侵害利益がないという論理が示されている．この補足意見においても，多数意見と同じく，被侵害利益と侵害行為の判断が各所で混線している．その原因は，被侵害利益が，「特定の宗教施設への参拝という行為により，内心の静穏な感情を害されないという利益」という形で把握されていることにある．確かに，被侵害利益と侵害行為を常に完全に分離して考えることは難しい．しかし両者をあまりに無造作に結びつける被侵害利益のとらえ方の是非は，再検討されるべきではないだろうか．

(2) もっとも滝井補足意見は，「私は，例えば緊密な生活を共に過ごした人への敬慕の念から，その人の意思を尊重したり，その人の霊をどのように祀るかについて各人の抱く感情などは法的に保護されるべき利益となり得るものであると考える．したがって，何人も公権力が自己の信じる宗教によって静謐な環境の下で特別の関係のある故人の霊を追悼することを妨げたり，その意に反して別の宗旨で故人を追悼することを拒否することができるのであって，それが行われたとすれば，強制を伴うものでなくても法的保護を求め得るものと考える」とし，損害賠償を請求する可能性について指摘していた．しかし本件では，そのような「個別的利益」が主張されていない，というわけである．

この滝井補足意見がおそらく意識しているのは，自衛隊合祀事件最高裁判決

---

14) このような見解が学界では多数と思われる．例えば，横田耕一「判批」平成4年度重判解（ジュリ1024号，1993年）19頁，木村草太「判批」自治研究81巻9号(2005年)143頁以下など．

に関してなされた星野英一による指摘であろう．つまり，「宗教上の心の静穏一般」ではなく，「『亡夫をその意思に反する宗教的方法で慰霊されないこと』より端的には『祭神として祀られないこと』の利益がまさに本件の問題」であり，「一審判決がやや広い内容の『宗教的人格権』を認めたため，かえって論点がぼけた」[15]，という指摘である．この見解は民法上の不法行為に関するものであったが，補足意見は国家賠償に関して類似の発想を採用し，「個別的利益」が主張されれば請求が認められ得ることが説かれた[16]．この点で，比較的幅の広い被侵害利益を想定した上で，それが保護される可能性を示す，Ⅲ2(2)で言及した大阪第二次訴訟における大阪高裁判決とは異なる．滝井補足意見の方が適切な方向であるように思われる．この補足意見の立場では，例えば，遺族の意に反して，国が靖國神社に戦没者を合祀することに関与したならば損害賠償請求が認められる可能性がある[17]．実際にも，本判決後の2006年8月，大阪地裁に，国と靖國神社を被告として，合祀取消しと損害賠償を求めた訴訟が遺族により提起された．この訴訟では，国に対して，「合祀のためのさまざまな個人情報などを遺族に無断で宗教法人・靖國神社に提供した責任」が問われている[18]．靖國訴訟の新しい形態として，これからの推移が注目される裁判である．

---

15) 星野英一「自衛官合祀訴訟の民法上の諸問題」法教96号(1988年)19頁．同旨，戸波江二「信教の自由と『宗教上の人格権』」ひろば41巻9号(1988年)39頁，河上正二『民法学入門』(日本評論社，2004年)199頁．
16) 大川一夫「最高裁判決の補足意見の意義」法セ629号(2007年)7頁．
17) これまでの下級審では，韓国人の戦没者遺族が，国が靖國神社になした戦没者通知の撤回，およびそれによって国と靖國神社が一体となって戦没者を合祀したことに対する損害賠償を求めた事件がある．東京地判平成18年5月25日判時1931号70頁は，「原告らが被侵害利益とする民族的人格権，宗教的人格権は，『原告らの人格価値のうち被害民族としての側面』あるいは『静謐な宗教的環境の下で信仰生活をおくるべき利益(の人格的側面)』であるというものの，その概念自体，抽象的かつ不明確であるし，その権利主体，権利の内容，法的効果のいずれの面においても，一義的に明確な権利といえるものではないから，これに法的権利性を認めることができるかどうかも疑問である」とした．また戦没者通知の撤回に関しては，「被告国が，戦没者通知をすることによって，靖国神社と一体となって，戦没者を靖国神社に合祀したものとはいえず，また，戦没者通知自体は，戦没者の氏名等を回答したものであって，原告らに対し，強制や具体的な不利益の付与をするものとは解されないから，原告らの主張は……，その前提を欠」くとして，請求を認めなかった．
18) 田中・前掲注4)160頁．靖國神社を被告とする合祀取消しや損害賠償の請求は，自衛官合祀事件最高裁判決が先例として存在するため，原告側には難しい訴訟となりそうである．

【追記 1】

　本文で触れた合祀取消と損害賠償を求めた訴訟に関して，大阪地判平成 21 年 2 月 26 日判時 2063 号 40 頁は，次のように訴えを棄却した．①原告らの主張は，「被告靖國神社による本件戦没者の合祀という宗教的行為による不快の心情ないし被告靖國神社に対する嫌悪の感情と評価するほかなく，これをもって直ちに損害賠償請求や差止請求を導く法的利益」ではない．②「合祀については，被告靖國神社が最終的に決定していたのであるから，被告靖國神社の合祀行為に関する判断に対して，被告国の行為に，事実上の強制とみられる何らかの影響力があったと認めることはできない」．二審の大阪高判平成 22 年 12 月 21 日判時 2104 号 48 頁も，一審判決を相当とした．なお，この判決は全くの傍論ではあるが，「被控訴人靖國神社が合祀を行うことについて，被控訴人国の協力が必要不可欠であったとまではいえないとしても，多数の合祀の円滑な実行にとって同被控訴人の協力が大きな役割を果たしたことは明らかであり，『合祀事務』が戦没者の遺族援護という面もあったことを考慮しても，被控訴人国は，同靖國神社の行う合祀という宗教行為そのものを援助，助長し，これに影響を与える行為を行っていた」，と述べたことで注目された[19]．なお，最二小決平成 23 年 11 月 30 日 LEX/DB25480569 は，上告棄却・不受理としている．

【追記 2】

　2014 年 12 月 16 日に安倍晋三首相は，靖國神社に参拝した．公用車を使用し，「内閣総理大臣　安倍晋三」と記帳の上，神道方式で拝礼したものである．これに対しても損害賠償等を求める訴訟が，大阪と東京で提起された．このうち大阪の訴訟について，大阪地判平成 28 年 1 月 28 日 LEX/DB25542069[20]，大阪高判平成 29 年 2 月 28 日 LEX/DB25448520 は権利・利益の侵害がないとして請求を棄却し，最二小決平成 29 年 12 月 20 日 LEX/DB25549717 も上告を棄却・不受理としている．東京の訴訟についても，東京地判平成 29 年 4 月

---

19) 一審判決について，井田洋子「判批」速判解(法セ増刊)5 号(2009 年)19 頁，二審判決については，田近肇「判批」平成 23 年度重判解(ジュリ 1440 号，2012 年)20 頁など．
20) 一審判決については，成瀬トーマス誠「安倍首相靖國参拝訴訟について」宗教法 35 号(2016 年)1 頁以下．

28 日 LEX/DB25448743 が，原告らに非侵害利益はないと判断し，東京高判平成 30 年 10 月 25 日判例集未登載も原審を支持し，控訴を棄却した．

第6章 宗教的性格のある行事への公人の参列等と政教分離原則
―― 白山比咩神社訴訟最高裁判決まで

I はじめに

政教分離規定(憲法20条1項後段，3項，89条)，およびその基底にある政教分離原則との適合性が問われる事例については，理論的には，そして適合性が審査されるべき憲法条項との関係からも，類型化が可能である。例えば，①国家が宗教的活動を行う場合，②国家が宗教団体を援助する場合，③国家が非宗教団体の行う宗教的活動を援助する場合，④国家が宗教団体の行う非宗教的活動を援助する場合，を区別することができる。①の類型は20条3項，②～④の類型は20条1項後段と89条にかかわっている[1]。①の類型のなかでも，さらに，(ア)国または地方自治体自身が宗教的活動を行ったのではないかが問題となる場合と，(イ)国または地方自治体を代表する地位にある公務員が宗教的性格のある行事に参列することなどが政教分離規定と適合するか，が問われる場合とがある。しかし従来の判例は，政教分離規定適合性審査に関して，そうした事案の類型をさほど考慮せず，憲法20条3項を主たる審査対象条項とし，目的効果基準を用いて審査してきた。しかし空知太神社判決[2]により，そうした判例傾向に変化の兆しが見られる現在では，事案の類型ごとに考察する試みの可能性と必要性が高まっている。そこで本章は，①(イ)に分類し得る諸事例を対象とした考察を行う。中心的に取り上げるのは，近年の事件であり，かつ高裁と地裁・最高裁との間で結論が分かれた興味深い事例である，白山比咩神社訴訟である。またこの訴訟を考察する前提として，類似した先行事例である

---

1) 国家と宗教の「かかわり合い」の類型については，既に本書第3部第4章Ⅳ4(1)でも触れている。本文の①～③は，日比野勤「判批」高橋和之ほか編『憲法判例百選Ⅰ〔第5版〕』(有斐閣，2007年)97頁が提唱するものであり，④は幼稚園を設置する宗教法人に対する助成(私学振興助成法附則2条参照)といった事例を念頭に置いて，本章が付加したものである。本書第3部第7章は，②④の類型の事例を素材に，政教分離原則と信教の自由の「緊張関係」とその調整方法について論じている。
2) 最大判平成22年1月20日民集64巻1号1頁。

箕面慰霊祭訴訟，鹿児島大嘗祭訴訟について検討し，それらにかかわる現在では忘れられている議論を掘り起こしたい[3]．

筆者は，先に，従来の判例における政教分離規定適合性審査は，国家と宗教の「かかわり合い」の審査と，「かかわり合い」が「相当とされる限度を超える」か，という二段階で行われるはずであること，いわゆる目的効果基準は「かかわり合い」が「相当とされる限度を超える」か否かの審査の際に働くものであること，目的効果審査のために判例が挙げている考慮諸要素のなかには「かかわり合い」の審査に用いられるものと，「かかわり合い」が「相当とされる限度を超える」かの審査に用いられるものとが混在していることなどを指摘した[4]．本章は，このような分析を，宗教的性格のある行事への公人の参列等に関して政教分離規定適合性が問われる場面で，敷衍するものでもある．

以下では，まず，箕面慰霊祭訴訟，鹿児島大嘗祭訴訟に関する判決の概要，およびそれらに関する学説状況を確認する（Ⅱ）．次いで，白山比咩神社訴訟に関する各判決を見る（Ⅲ）．その上で，先行事例との比較を通じて，白山比咩神社訴訟の特色などについて再考したい（Ⅳ）．このような作業を通じて，判例・学説の膨大な蓄積のある政教分離原則に関して，ささやかな貢献を行おうとするものである．

Ⅱ 先行事例としての箕面慰霊祭訴訟と鹿児島大嘗祭訴訟

1 箕面慰霊祭訴訟

(1) 箕面市戦没者遺族会は，忠魂碑の前で戦没者慰霊祭を毎年1回定期的に挙行していた．慰霊祭は，昭和51年度には神社神道方式で，52年度には仏教方式で行われた．そこで，(ア)市職員が慰霊祭の準備や後片付けをしたこと，(イ)この慰霊祭に教育長が参列し，玉串奉奠（ほうてん）や焼香をしたことは，政教分離規定に反し，そうした行為のために市長が給与を支給したことは違法だとして，住民訴訟が提起された．

---

3) ①(イ)の類型に該当する他の事例としては，内閣総理大臣の靖國神社参拝がある．これについては，既に本書第3部第5章で論じた．
4) 本書第3部第4章を参照．

(2) 大阪地裁は，(ア)については公務として評価できるため，その時間分の給与の支払が過払いになる余地はない，と簡単に退けた．これに対して(イ)については，次のように請求を認容した．①本件各慰霊祭は，「宗教行事そのもの」であり，「慣習化した社会的儀礼の面の評価も受けている」神式の地鎮祭や葬儀などとは性格が異なる．②「国や地方公共団体が，公務員に対し，このような宗教儀式に参列し，玉串奉奠をしたり，焼香をしたりすることをその公務の内容とすることは，当該公務員個人の信教の自由の観点から，如何なる場合でもできない」ため，それは「私人としての行為」と解すほかない．③そうすると，市は教育長が右行為のために要した時間分の給与を過払いしたことになり，教育長は市にそれを返還する義務を負う[5]．

この判決は，おそらく宮沢俊義の学説を意識して[6]，宗教儀式への公人による参列を憲法20条2項の問題として扱い，「間接的」に違憲判断を行った[7]．しかしそれによって，20条3項適合性判断は回避された．これに対して憲法学説では，当時から，20条3項の問題として判断すべきだった，とする見解が多かった．さらに，宗教儀式への参列行為と，その儀式開催のための準備行為を「切断・分離」していることに対しても，批判が多かった．市の関与を全体として捉えて20条3項適合性を判断する必要があった，というのである[8]．

戦没者の葬祭については，昭和26年の文部次官・引揚援護庁次長通達が，「個人又は民間団体が慰霊祭，葬儀などを行うに際し」，「知事，市町村長その他の公務員がこれに列席すること．その際，敬弔の意を表し，又は弔詞を読むこと」などを，「特定の宗教に公の支援を与えて政教分離の方針に反する結果とならないこと」などへの配慮を留保しつつ，認めていた[9]．一審判決を，正面から20条3項違反だとすべきだったと批判する学説の間でも，「宗教儀式へ公けの資格で参加することが一切許されないといいうるかは検討の余地があ

---

5) 大阪地判昭和58年3月1日判時1068号27頁(古崎慶長裁判長)．
6) 宮沢俊義『憲法Ⅱ〔新版再版〕』(有斐閣, 1974年)354～355頁(注3)．
7) 横田耕一「判批」昭和58年度重判解(ジュリ815号, 1984年)23頁．
8) 上田勝美「判批」ジュリ789号(1983年)43～45頁，滝澤正「判批」判タ492号(1983年)22～24頁，渡辺良二「判批」法と政治34巻2号(1983年)219頁以下，横田・前掲注7)24頁，松井茂記「箕面忠魂碑・慰霊祭訴訟控訴審判決について(下)」判例評論352号(判時1269号, 1988年)6～8頁，平野武『政教分離裁判と国家神道』(法律文化社, 1995年)60頁以下など．
9) 文宗第51号・発総第476号昭和26年9月10日付．

る」[10]という見解が示されていたように，境界線の引き方には微妙な判断を要する．そのため，本章で見るように，この類型に該当する事案につきしばしば訴訟で争われることになるのである．

(3) 箕面慰霊祭訴訟は，控訴審で箕面忠魂碑訴訟と併合審理された．控訴審は，慰霊祭が「特定の宗教とかかわり合いをもつ」ことを認める．しかし，ここで本来審査すべきなのは，慰霊祭への教育長の参列が「宗教とかかわり合いをもつ」かどうかだった．おそらく判決はこれを肯定したものと思われる．次に判決は，慰霊祭への教育長の参列が「国民の信教の自由を保障することを確保するという制度の根本目的との関係で相当とされる限度を超える」かについて，目的効果基準を使って判断する．つまり，まず，①「追悼・慰霊行為を単なる習俗とみるべきであるのか或いは宗教的活動として把握すべきであるのかを判断するにあたっては，その追悼・慰霊行為につき……（後述，注35で紹介する津地鎮祭判決が挙げた―引用者）諸般の事情だけでなく，その主催者がこれを行うに際して宗教儀礼を用いる意図・目的，その宗教儀礼の一般人に与える効果・影響等を考慮しなければならない」．②「宗教儀礼を伴った死者の慰霊・顕彰行為に参列することを単なる習俗とみるべきか或いは宗教的活動として把握すべきかを判断するにあたっても，その参列行為につき……（後述，注35で紹介する津地鎮祭判決が挙げた―引用者）諸般の事情，特に，追悼・慰霊行為の主催者が参加者の参列を求める意図・目的，参加者の地位・資格及び参加の意図・目的，参列行為の一般人に与える効果・影響等を考慮しなければならない」．③その上で，教育長による当該参列等については「社会的儀礼」と認め，目的・効果に照らして20条3項に反しない，と判断した．さらに一審判決との関係では，④「本件各慰霊祭が宗教的儀式を伴うものであることからしてその参列を職務命令をもって強制されるいわれはないのであって，このことは，個人の信教の自由を保障した憲法20条2項の規定に照らし多言を要しない」，と敬意を示す．しかし，一審とは異なり，⑤「公務員が任意に自発的にこれに参加して参列・玉串奉納・焼香を行うこと」の政教分離諸規定適合性については，③の判断を前提とし，その場合には「給与支給の対象となる」，と述べ

---

10) 渡辺・前掲注8)224頁．

た[11]．

　この判決で注目すべきは，国家と宗教の「かかわり合い」が「相当とされる限度を超える」かの審査に関して，宗教的性格のある行動への公人の参列等という事案の類型に即して，②のような考慮要素を提示したことである．判例法理のなかで，この判決は審査手法について比較的に自覚的であるという点で，固有の意義を有するものと思われる(なお後述，注18も参照)．もっとも当時の学説からは，目的・効果基準について語っているが，実際には教育長の参列が「社会儀礼的行為であると結論するのみで，教育長が如何なる目的で参列したのか，それが如何なる効果を持つものか殆ど全く考察していない」[12]，といった批判がなされた．しかしこの点は政教分離判例に共通するものであり，この判決に特有のことではない．また合憲という結論に関しても，「少数派をも含む全住民を代表し，公人として参列する者は，それが社会的儀礼としての参列だというなら，少なくとも宗教儀礼からは一線を画す(玉串奉奠や焼香はしない)のが，最低限のけじめ」だ，という指摘もあった[13]．これは当然だと思われる．

　(4) 最高裁も，高裁判決と内容的には同趣旨の判断だった．①(ア)本件忠魂碑は「戦没者記念碑的な性格のもの」であること，(イ)「本件各慰霊祭を挙行した市遺族会の下部組織である地区遺族会は……特定の宗教の信仰，礼拝又は普及等の宗教的活動を行うことを本来の目的とする団体ではないこと」，(ウ)教育長の参列は，「地元において重要な公職にある者の社会的儀礼として，地区遺族会が主催する地元の戦没者の慰霊，追悼のための宗教的行事に際し，戦没者やその遺族に対して弔意，哀悼の意を表する目的で行われたものであること」．②これらの諸点にかんがみると，教育長の各慰霊祭への参列は，「その目的は，地元の戦没者の慰霊，追悼のための宗教的行事に際し，戦没者遺族に

---

11) 大阪高判昭和62年7月16日〔参〕民集47巻3号2506頁(2660〜2666頁)(今富滋裁判長)．なお初宿正典「判批」ジュリ894号(1987年)96頁は，本文のような論旨に関して，批判的な議論を行っている．
12) 松井・前掲注8)7頁．
13) 高橋和之「判批」芦部信喜・若原茂編『宗教判例百選〔第2版〕』(有斐閣，1991年)49頁．初宿・前掲注11)96頁も，戦没者を「慰霊し追悼する行事を特定の宗教的儀式によらずに挙行すること」に問題はないが，「『特定の宗教儀礼を伴って』なされる慰霊行事を国家が主催したり，それに積極的に関与すること」を疑問としている．

対する社会的儀礼を尽くすという，専ら世俗的なものであり，その効果も，特定の宗教に対する援助，助長，促進又は圧迫，干渉等になるような行為とは認められない」．③したがって，教育長の参列は，「相当とされる限度を超えるものとは認められず，憲法上の政教分離原則及びそれに基づく政教分離規定に違反するものではない」[14]．

(5) この最高裁判決に対して，学説では批判的な評価が多かった．控訴審判決と結論としては同趣旨の判断であるため，批判論も共通するものが多い．「戦没者やその遺族に対して，国(または自治体)として，弔意・哀悼・慰籍の意を表することは，社会的儀礼という言葉が適切かどうかはともかく，それじたいとして否定されるべきことではない．しかし，それを，宗教的行事を通じて行うことは，明確に憲法が禁じている」[15]．「『社会的儀礼』が慰霊祭という宗教的行事(判決も慰霊祭を宗教的行事と認めている)に際してなされたのが問題なのである」．「社会的儀礼を尽くすという目的の行為も，それが客観的にみれば宗教的意義をもつと判断される場合がある」[16]．さらに，「市教育長の参列行為，市の財産の提供等をそれぞれ切り離して個別に審査する判決のアプローチが妥当か否かも問題である」，という指摘も改めてなされた[17]．

本章の視点からは，この判断は，国家と宗教の「かかわり合い」の審査と，かかわり合いが「相当とされる限度を超える」かの審査を区別しておらず，む

---

14) 最三小判平成5年2月16日民集47巻3号1687頁(1704〜1705頁)．なお，教育長が各慰霊祭に参列した行為が憲法20条2項に違反するという主張に対して，判決は，同項は「狭義の信教の自由を直接保障する規定であり，同人の信教の自由の侵害に関する事実は原審において認定されていないから，右違憲の主張は，その前提を欠く」，として退けた(1705頁)．同判決の担当調査官は，この判示について，一審判決のような論理を疑問とするものだと解説する．つまり，「職務命令により右参加を強制し得るか否かの問題と，それに任意に参加した場合にそれが給与支給の対象となる公務となり得るか否かは，別の問題である」．「世俗的な宗教的行事への公務員の参列行為が当該公務員の地位に伴う社会儀礼的なものであって，政教分離規定である憲法20条3項の『宗教的活動』に該当しないものである場合には，右参列行為は国又は公共団体の事務の範囲に含まれ，『公務』に該当するものと解すべき」，という．高橋利文「判解」最判解民平成5年度(1月分〜3月分)(1996年)199頁．
15) 浦部法穂「判批」法教154号(1993年)113頁．
16) 平野・前掲注8)85頁．
17) 長谷部恭男「判批」ジュリ1026号(1993年)51頁．そこでは，「宗教儀式に市長，市議会議長などの重要な公職者とならんで教育長が公務の一環として参列し，かつ市の事務用箋や封筒を用いて慰霊祭の案内状が作成され，参列者の送迎に市所有のマイクロバスや乗用車が使用されるとき，市の関与を全体として見れば，市とこれら戦没者遺族中の『主流派』の宗教とを一般人の目に同一視させ，これら『主流派』の宗教に属しない者を戦没者遺族の中からもアウトサイダーとして疎外するメッセージを送ることにならないであろうか」，とされる．

しろ控訴審の方がこの区別を意識していたことを指摘できる．この最高裁判決は，その点では政教分離に関する最高裁の各大法廷判決とは異なるもの，と位置づけられる[18]．また控訴審判決が，参列が「社会的儀礼」と認められるかを審査する際に，「主催者が参加者の参列を求める意図・目的」等を考慮に入れるべきとしていたのは，現在から見ても重要だった．

2 鹿児島大嘗祭訴訟

(1) 2000年11月22〜23日に大嘗祭が挙行された．政府は，大嘗祭が宗教上の儀式としての性格をもつため，これを国事行為として行うことは困難であるが，一世に一度の重要な伝統的皇位継承儀式として公的性格があることを理由に，国費である宮廷費から大嘗祭の費用として22億円を支出した．Yは鹿児島県知事として宮内庁長官から大嘗宮の儀への案内を受け，22日に挙行された悠紀殿供饌の儀に出席・参列した．そのために鹿児島県から所定の旅費の支給も受けた．これに対して鹿児島県の住民が，違憲な儀式に知事として参列することは憲法20条3項などに違反するとして，旅費相当額を県に損害賠償することを求める住民訴訟を提起した．

(2) 鹿児島地裁は，①「被告が，鹿児島県知事として悠紀殿供饌の儀に出席し，参列したのは，……天皇の皇位継承儀式に儀礼をつくし，祝意を表す目的のためであって，その目的において宗教的意義はなく，またその行為も，最小限の知事随行職員とともに上京し，……多数の参列者とともに皇居において悠紀殿供饌の儀に参列していたのみであって，悠紀殿供饌の儀の進行等につき自らは何らの関与もして」いないのであるから，被告の行為が「悠紀殿供饌の儀の宗教的側面に対し援助，助長，促進し，他の宗教を圧迫する等の効果をもつ」とは認められない，と判示した．また大嘗祭の挙行に対して国が国費を支出したことの合憲性に関しては，②「被告の行為が政教分離原則に違反するか

---

18) 参照，本書第3部第4章Ⅱ2．箕面慰霊祭訴訟に関する控訴審判決も，前述のように，慰霊祭自体が「特定の宗教とかかわり合いをもつ」ことは判示しているものの，教育長のそれへの参列が「宗教とのかかわり合い」をもつかについては，明示的には判断していない．しかしこの判決は，忠魂碑訴訟については，国家と宗教との「かかわり合い」がないとして，「相当とされる限度を超える」かの審査に入らなかった．そのことからすると，慰霊祭訴訟については，「かかわり合い」があったことを当然の前提として，「相当とされる限度を超える」かの審査を行っているものと解し得る．

の判断にあたっては，国の大嘗祭への関与が政教分離原則に違反するかどうかにつき判断する必要はない」，と述べた[19]．

　当時の学説では，①の判旨について，「皇室典範にさえ規定のない大嘗祭が，日本国憲法下の『象徴』という地位に照らして『儀礼をつくし，祝意を表す』場としてふさわしいかどうかが問われている」にもかかわらず，「判決がこの点に関する審査を行わずに，『祝意』の存在だけで知事の行為を正当化したのは疑問が残る」[20]，という批判があった．またそれともかかわって，憲法判断を避けた②の判旨については，一方で，国による大嘗祭への関与の「違憲性が極めて明白な場合でも，知事の公的立場での出席・参列が合憲だとの評価を受けることがあるだろうか」，という批判的な指摘があった[21]．しかし他方では，「裁判所は，事件の解決にとって必要な場合以外は，憲法判断を行なわない」という「必要性の原則」からすると，「とくに問題とすべき点は存しない」，という評価もあった[22]．

　(3)　これに対して控訴審は，大嘗祭の意義および性格，国民主権および象徴天皇制との関係について，詳しく検討した．その結果，①本件大嘗祭は，「過去の大嘗祭，特に明治以降の大嘗祭における神格化儀式としての宗教性はなく，……伝統的な皇位継承に伴う儀式に過ぎないと位置付けることもできないではな」い，②「本件大嘗祭は，その様式について問題はあるが……国民主権並びに象徴天皇制の下において認められる限界を超えているとまで断定することはできない」，とされた．それらを踏まえ，③「被控訴人の本件行為はその意図，目的等において宗教的意義が希薄であり，むしろ，社会的儀礼としての意識が強かったと見ることができること，一般人においても被控訴人の本件行為程度のものは天皇の即位に関する社会的儀礼の範囲内のものとして受け止めることができる性質のものと考えられていること」等，諸般の事情を考慮し

---

[19]　鹿児島地判平成4年10月2日〔参〕民集56巻6号1287頁．天皇即位関係儀式への知事等の参列行為が政教分離規定に適合するかを争う住民訴訟は，鹿児島以外に大分，東京，神奈川でも提起された．そのなかでは鹿児島訴訟の地裁判決が最初のものであり，かつその最高裁判決が民集に登載されたことから，本章ではこの訴訟を考察の対象としている．
[20]　永田秀樹「判批」法セ456号(1992年)130頁．
[21]　永田・前掲注20)130頁．
[22]　大石眞「判批」判例評論413号(判時1455号，1993年)28頁．百地章『政教分離とは何か』(成文堂，1997年)166～167頁も同旨．

て，知事ないし地方自治体と神道とのかかわり合いが「相当とされる限度を超えるものということ」はできない，と判断された[23]．なお，国の大嘗祭への関与が政教分離規定に適合するかについては，控訴審も触れていない．

(4) 最高裁は，津地鎮祭判決(最大判昭和52年7月13日民集31巻4号533頁)の審査手法を引用したあと，①「大嘗祭は，天皇が皇祖及び天神地祇に対して安寧と五穀豊穣等を感謝するとともに国家や国民のために安寧と五穀豊穣等を祈念する儀式であり，神道施設が設置された大嘗宮において，神道の儀式にのっとり行われたというのであるから，鹿児島県知事である被上告人がこれに参列した行為は，宗教とかかわり合いを持つものである」，という．これは，私見によるところの(注4とその本文を参照)，政教分離規定適合性に関する第一段階の審査(「かかわり合い」の有無の審査)を，明示的に行ったものである．続いて第二段階として，「かかわり合い」が「相当とされる限度を超える」かの審査が行われる．②(ア)大嘗祭は，「皇位継承の際に通常行われてきた皇室の重要な伝統儀式である」，(イ)被上告人は，「宮内庁からの案内を受け，三権の長……等と共に大嘗祭の一部を構成する悠紀殿供饌の儀に参列して拝礼したにとどまる」，(ウ)「大嘗祭への被上告人の参列は，……社会的儀礼として，……天皇の即位に祝意を表する目的で行われた」．③「これらの諸点にかんがみると，被上告人の大嘗祭への参列の目的は，天皇の即位に伴う皇室の伝統儀式に際し，……天皇に対する社会的儀礼を尽くすものであり，その効果も，特定の宗教に対する援助，助長，促進又は圧迫，干渉等になるようなものではない」ため，「憲法上の政教分離原則及びそれに基づく政教分離規定に違反するものではない」[24]．

(5) この判決の趣旨を理解するためには，担当調査官による解説が参考に値する．まず，大嘗祭は起工式(地鎮祭)などと比べて「宗教的色彩の濃いものである」ことから，知事が大嘗祭に参列したことによって，県が宗教的儀式と「かかわり合い」をもったことが認められた．その上で，「かかわり合い」が「相当とされる限度を超え」ていないかの審査に際して，次の諸点が考慮されたという．①県と宗教との「かかわり合い」は「受動的，消極的なものであ

---

[23] 福岡高宮崎支判平成10年12月1日〔参〕民集56巻6号1291頁．
[24] 最一小判平成14年7月11日民集56巻6号1204頁．

る」．②大嘗祭は「宗教性を有するものではあるが」，「伝統的儀式という側面が強いのであって」，知事が参列したからといって，一般人は「社会的儀礼の一つという受け止め方をしたとみるのが自然」である．③参列者は「社会的儀礼として」参列したにすぎず，「宗教的意識は希薄」だった．④一般人も「儀礼的行為という受け止め方をしたとみることができるから」，県と神道が「特別の結び付きを有するとの関心を呼び起こすことになるとは解し難い」[25]．この判決は一般的な判断基準を示したわけではなかったが，箕面慰霊祭訴訟の控訴審判決(Ⅱ1(3))をより整理した枠組みを前提としている点で，評価できるものである．

　この最高裁判決に対して，学説からは根本的な批判があった．判例法理上の目的効果基準は，「国家機構の諸活動が社会的現実と接触する場面について，政教分離原則に反するかどうかを問題とする」のに対して，この事例は，「国家機構の側に属している」「君主の宗教」とのかかわり合いが問題となっているのだから，別の思考を要するはずだ，というのである[26]．また目的効果基準を用いるとしても，知事の「参列を，地鎮祭および慰霊祭参列と同じほど，宗教的意義が希薄化し，慣習化した社会的儀礼だとは容易に結論づけられない」，という趣旨の批判は多かった[27]．

　(6) なお最高裁は，下級審と同様，国が大嘗祭に関与したことの合憲性については，判断していない．この点についても，調査官は，「『憲法判断回避の原則』ないし『必要性の原則』によれば，傍論における憲法判断は避けるべきであるとされて」おり，「国が皇室行事である大嘗祭に過度のかかわり合いをもったからといって，これにより県の大嘗祭へのかかわり合いが違憲となるわけではない」ため，その合憲性につき判断する必要はなかった，と解説している[28]．この点について，学説でも，原告は「国の重大な違憲行為を争う方法

---

25) 福井章代「判解」最判解民平成14年度(上)(2005年)558～559頁．
26) 佐々木弘通「判批」長谷部恭男ほか編『憲法判例百選Ⅰ〔第6版〕』(有斐閣，2013年)107頁．
27) 小泉洋一「判批」法教268号(2003年)129頁，平野武「判批」民商法128巻6号(2003年)72頁など．もっとも，後述する白山比咩神社訴訟の事案のように，「社会的儀礼」性が争われることは，「慣習化」とは別の要因の場合もあるため(Ⅲ3(3)参照)，論じ方にはより慎重さが必要である．批判論に対しては，「参列者にとってみれば，恐らく宗教的儀式としての意味よりも，皇位継承のための伝統的儀式としての意味合いの方が強いはず」だという，最高裁の見解に沿う立場からの反論もあった．百地・前掲注22)317～318頁．
28) 福井・前掲注25)564頁(注13)．

が他に存在しないとの主張を積極的に行う必要があった」こと，国がこの訴訟に参加していないため，「国の訴訟参加を促す制度の活用が望まれる」ことに関して，周到な指摘があった[29]．

III 白山比咩神社訴訟の概要

1 事案と地裁判決

(1) 以上のような判例・学説の状況に関する概観を前提として，白山比咩神社訴訟を考察したい．まず，白山比咩神社訴訟の事案と各審級の判断を確認しておく．

白山比咩神社は，全国に多数存在する白山神社の総社として白山市内に所在する．同神社は，古くからその存在が知られており，例年多数の初詣の参詣客が訪れるとともに，平素に訪れる参詣客も相当多数に上っている．また白山周辺地域については，その観光資源の保護開発および観光施設の整備を目的とする，財団法人白山観光協会が設けられている．本件神社では，鎮座2100年を記念して，2008年10月に5日間にわたり御鎮座二千百年式年大祭が行われることとなり，2005年，大祭にかかる諸事業の奉賛を目的とする団体として同大祭奉賛会が発足した．当時市長の職にあったAは，奉賛会の顧問(役員)に就任した．同年6月，市内の一般の施設で開かれた奉賛会の発会式に，来賓として招かれたAは，職員の運転する公用車を使って出席し，祝辞を述べた．市の主務課長は，専決により，本件発会式への出席に伴う勤務にかかる部分を含む運転職員の時間外勤務手当につき支出命令をし，手当が支出された．さらに白山市から白山観光協会に負担金等の名目で公金が支出されていたが，白山観光協会は500万円以上の奉賛金を納めて大祭奉賛会の名誉会員になっていた．これらに関して住民が，市の執行機関に対し，地方自治法242条の2第1項4

---

[29] 長岡徹「判批」判例評論533号(判時1818号，2003年)4頁．これに対して小泉・前掲注27)129頁は，比較的簡単に，「大嘗祭への国の関与についての憲法判断の結果は，知事の参列についての評価に大きな影響を与えうるのではなかろうか」，という．平野・前掲注27)も，「一定の疑義を示すことくらいはできなかったのであろうか」，と述べる．このように，この訴訟では大嘗祭への国の関与の合憲性の方がより大きな問題とされていたという点で，箕面忠霊祭訴訟や白山比咩神社訴訟とは様相を異にしている．傍論での憲法判断の可否は，他の訴訟でもしばしば問題となる．小泉首相靖國神社参拝訴訟に即して，本書第3部第5章参照．

号本文に基づき，Aに対する損害賠償を請求することの義務づけを求めた．

(2) 金沢地裁は，原告の請求を棄却した．判決は，①Aが発会式に出席し，祝辞を述べたことについて，津地鎮祭判決の審査手法を引用しつつ，大祭奉賛会が「特定宗教とのかかわり合いを有するものであることは否定できない」，とする．しかし，発会式は神社外の一般施設で行われたこと，発会式が神道の儀式や祭事の形式に基づくものではなかったことから，「発会式自体の宗教的色彩は希薄」だった，という．また，Aがこれに出席し，祝辞を述べるのは「社会的儀礼の範囲内の行為」であるため，憲法20条3項に反しない，と判断した．また，②Aが大祭奉賛会の顧問に就任していること，および白山市が白山観光協会を通じて実質的に大祭奉賛会に公金を支出していることが政教分離原則に反しないかについて，判決は，本訴訟で問題となっているのはAが発会式に出席したことに関する公金支出の違憲・違法性であり，それらはその結論にかかわりがないため，原告の主張には理由がない，と退けた[30]．

2 高裁判決

高裁判決も，認定している事実関係は一審とほぼ同じである．二審の争点は，一審における①に絞り込まれた．この判決も，市長であったAが発会式に出席し，祝辞を述べたことが憲法20条3項に違反しないかについて，津地鎮祭判決の審査手法に従って判断したが，結論は一転して違憲とされた．①大祭奉賛会は「白山比咩神社が中心的に関与して結成され，同神社内に事務所を置く団体であり」，「同神社の宗教心の醸成を軸とし，神徳の発揚を目的とする事業」を内容としているのであるから，「宗教上の団体である」．また，本件発会式は，「本件大祭を奉賛する宗教活動を遂行するために，その意思を確認し合い，団体の発足と活動の開始を宣明する目的で開催された」．②そうすると，Aの行為は「白山比咩神社の宗教上の祭祀である本件大祭を奉賛し祝賀する趣旨を表明したものと解するのが相当であるし，本件行為についての一般人の宗教的評価としても，本件行為はそのような趣旨の行為であると理解し，白山市が，白山比咩神社の祭祀である本件大祭を奉賛しているとの印象を抱くのが

---

[30] 金沢地判平成19年6月25日判時2006号61頁．

通常であると解される」．③もっとも本件発会式は，一般施設で行われたものであり，宗教的な儀式とはいえないけれども，上記認定は左右されず，また，本件行為が「慣習化した社会的儀礼にすぎない」とは認められない．④「以上によれば，本件行為は，本件事業ひいては本件大祭を奉賛，賛助する意義・目的を有しており，かつ，特定の宗教団体である白山比咩神社に対する援助，助長，促進になる効果を有するものであった」[31]．

3 最高裁判決

最高裁は，再び一転して合憲判断となった．①「本件大祭は本件神社の鎮座2100年を記念する宗教上の祭祀であり，本件発会式は本件大祭に係る諸事業の奉賛を目的とする奉賛会の発会に係る行事であるから，これに出席して祝辞を述べる行為が宗教とのかかわり合いを持つものであることは否定し難い」．②他方で，「本件大祭は観光上重要な行事」であり，奉賛会の「事業自体が観光振興的な意義を相応に有するものであって，その発会に係る行事としての本件発会式も，本件神社内ではなく，市内の一般の施設で行われ，その式次第は……宗教的儀式を伴うものではなかった」．Aは，「地元の市長として招かれ，出席して祝辞を述べたものであるところ，その祝辞の内容が，一般の儀礼的な祝辞の範囲を超えて宗教的な意味合いを有するもの」でもなかった．③そうすると，Aの行為は，「市長としての社会的儀礼を尽くす目的で行われたものであり，宗教的色彩を帯びない儀礼的行為の範囲にとどまる態様のものであって，特定の宗教に対する援助，助長，促進になるような効果を伴うもの」とはいえない[32]．

IV 白山比咩神社訴訟の考察

1 国家と宗教の「かかわり合い」の審査

(1) 日本国憲法上の政教分離規定が規律対象とする，国家と宗教の「かかわり合い」がなければ，裁判所による審査はそれ以上に進む必要はない．そこ

---

31) 名古屋高金沢支判平成20年4月7日判時2006号53頁．
32) 最一小判平成22年7月22日判時2087号26頁．

で，政教分離規定適合性審査の第一段階は，この「かかわり合い」があるか否かの審査となる．

　地裁判決は，上述のように，(ア)発会式が神社外の一般施設で行われたこと，(イ)発会式が神道の儀式や祭事の形式に基づいていなかったことから，「本件発会式自体の宗教的色彩は希薄」だった，と述べる(Ⅲ1(2)①参照)．この判決は，実質的には，国家と宗教の「かかわり合い」がない，という趣旨のものだったように思われる．ところが発会式に宗教的色彩は「ない」ではなく，「希薄であった」と評価したため，市長の発会式への出席・祝辞は「社会的儀礼の範囲内」で，目的・効果にかんがみても憲法20条3項に反しない，と簡単ではあるが，「かかわり合い」が「相当とされる限度を超える」かという，第二段階の審査も行った形を採っている．しかしこれは，あくまで名目的な審査にすぎない[33]．

　(2) 高裁は，二段階の審査を意識した叙述をしていない．しかし，発会式が「本件大祭を奉賛する宗教活動を遂行するために，その意思を確認し合い，団体の発足と活動の開始を宣明する目的で開催されたものである」と認定したことから(Ⅲ2①参照)，それに出席し，祝辞を述べた市長の行為は，宗教と「かかわり合い」をもったと判断しているものと思われる．

　最高裁は，「本件発会式は本件大祭に係る諸事業の奉賛を目的とする奉賛会の発会に係る行事であるから，これに出席して祝辞を述べる行為が宗教とのかかわり合いを持つものであることは否定し難い」と，明示的に，一段階目の審査を行っている(Ⅲ3①参照)．同じく合憲という結論に達した一審と最高裁の論理構造の違いには，注目しておく必要がある．結論を異にする高裁と最高裁は，審査の段階構造を明確に意識しているか否かという点でも異なっている．しかし，国家と宗教の「かかわり合い」を実質的に認めているという点では，共通性がある．

　(3) 国家と宗教の「かかわり合い」を実質的には否定した地裁と，「かかわり合い」を認めた高裁・最高裁との違いは，どこから生じたのか．地裁は，奉

---

33) なお地裁判決が，大祭奉賛会が「特定の宗教とのかかわり合いを有する」と述べる箇所は(Ⅲ1(2)①参照)，本章が論じている国家と宗教の「かかわり合い」とは別の事柄である．これは，関与対象と関与行為を混同していた津地鎮祭判決からの悪い影響だと思われる．本書第3部第4章Ⅲ1(1)，前述注18)，後述注41)参照．

賛会の宗教的性格と発会式を切り離し，発会式の「外形的側面」「形式的側面」を重視して，そこに出席する市長が宗教との「かかわり合い」をもったことを実質的には否定した．これに対して高裁と最高裁は，奉賛会と発会式を関連したものとして捉えた上で，発会式の目的をも考慮して，上記「かかわり合い」を認めた．この考察手法の違いが，「かかわり合い」の有無に関する見解の相違をもたらしている．

なお各判決による「かかわり合い」の有無に関する審査手法と先行判例との関係について，簡単に触れておく．学説では，地裁判決のように，「形式的な要素のみをもって宗教性を希薄と判断することは，先例とは整合しない」という評価があった[34]．この見方は適切だろうか．指導的判例である津地鎮祭判決は，「かかわり合い」が「相当とされる限度を超える」かという，私見でいう第二段階の審査をする際に考慮する諸要素を挙げていた[35]．しかし同判決は，それに先行する国家と宗教の「かかわり合い」の審査に関して，そこで挙げられた「当該行為の主宰者が宗教家であるかどうか」，「その順序作法(式次第)が宗教の定める方式に則つたものであるかどうか」，および「当該行為者が当該行為を行うについての意図，目的及び宗教的意識の有無，程度」という要素を考慮していた[36]．他方，白山比咩神社訴訟地裁判決が考慮に入れた，前述の(イ)は，「その順序作法(式次第)が宗教の定める方式に則つたものであるかどうか」に当たっているが，前述した(ア)は，「当該行為の行われる場所」に当たり，津地鎮祭判決では「かかわり合い」が「相当とされる限度を超える」かの審査の際に用いられたものである[37]．上述した学説の意図するとこ

---

34) 江藤祥平「判批」自治研究89巻10号(2013年)116頁．
35) 「当該行為の主宰者が宗教家であるかどうか」，「その順序作法(式次第)が宗教の定める方式に則つたものであるかどうか」などの，「当該行為の外形的側面」のみではなく，①「当該行為の行われる場所」，②「当該行為に対する一般人の宗教的評価」，③「当該行為者が当該行為を行うについての意図，目的及び宗教的意識の有無，程度」，④「当該行為の一般人に与える効果，影響」等，「諸般の事情を考慮し，社会通念に従つて，客観的に判断しなければならない」．民集31巻4号533頁(541～542頁)．
36) 民集31巻4号533頁(541頁)．このため津地鎮祭判決においても，考慮諸要素を二段階の審査に適合するように再編することが必要であった．
37) 津地鎮祭判決においては，「建築工事現場において……起工式が行われたとしても……宗教的関心を特に高めること」とはならない，とされている．民集31巻4号533頁(544頁)．なお，一審判決を「外形的側面」を重視したと位置づける見解は多い．例えば，飯野賢一「判批」愛知学院大学宗教法制研究所紀要50号(2010年)100頁，小泉良幸「判批」速判解(法セ増刊)8号(2011年)36頁．しかしそれは，津地鎮祭判決の用語法(注35参照)とは異なっている．

ろとは異なるが[38]，この点では，白山比咩神社訴訟地裁判決は津地鎮祭判決と一致していないように思われる．

(4) 白山比咩神社訴訟と事案の類型が近似し，二段階審査を明確に意識している先例でもある鹿児島大嘗祭訴訟最高裁判決を見てみよう．先に紹介したように(Ⅱ2(4)①参照)，この判決は，津地鎮祭判決がいうところの「その順序作法(式次第)が宗教の定める方式に則つたものであるかどうか」，および「当該行為の行われる場所」を考慮して，国家と宗教の「かかわり合い」を認めたものだった．この点では，地裁判決はむしろこの先例の審査態度に近いものであった[39]．

(5) こうして見ると各判決は，津地鎮祭判決が挙げた考慮諸要素を，「かかわり合い」の審査と「かかわり合い」が「相当とされる限度を超える」かの審査のいずれで用いるかについて，注意深い割り振りをしていないようである．この点は，これまでの学説でも無視されていた事柄であるため，致し方ない．それでは，この点にかかわる先行判例との整合性は別として，地裁と高裁・最高裁のいずれの審査態度が適切だろうか．学説では，奉賛会と発会式を関連したものとして捉えた上で，発会式の目的を考慮して，上記「かかわり合い」を認めた高裁・最高裁の手法と結論を評価する見解が多い[40]．地裁の手法によると，審査があまりにも「外形的」「形式的」に終わってしまうため，本章もそうした評価に結論的には同意したい．

---

38) 江藤・前掲注34)116頁は，先例は「時代の推移ないし対象の元来の性格を根拠として宗教性が希薄であることを認めた」と述べる．本章の理解では，それらは，基本的には「かかわり合い」が「相当とされる限度を超える」かの審査の事柄に位置づけられる．これに対して，津地鎮祭判決は当該行為者が「宗教的信仰心に基づいて」いたことを「かかわり合い」を認める際に考慮していたのと比べて，地裁判決が「形式的」な審査だということは可能である．

39) なお高裁判決は，「当該行為の行われる場所」および「その順序作法(式次第)が宗教の定める方式に則つたものであるかどうか」を考慮しても，「上記認定判断は左右されない」という(Ⅲ2③参照)．この判示は，「かかわり合い」が「相当とされる限度を超える」かの審査である．関連して，注45)の本文も参照．

40) 地裁判決を批判するものとして，安藤高行『憲法と自治体訴訟』(法律文化社，2015年)57～58頁．高裁判決について，井田洋子「判批」速判解(法セ増刊)3号(2008年)34頁は，「外形的側面からはむしろ世俗的行為と認知されるであろう行為を，出席者の発言内容等を検討することによって宗教的意義をもつ行為との判断を導き出しており，いわば最高裁判決の論理を逆手に取った判断である」，と肯定的に評価する．同旨として，飯野・前掲注37)100～102頁，佐々木弘通「判批」平成20年度重判解(ジュリ1376号，2009年)17頁，西山千絵「判批」法学73巻4号(2009年)92～94頁など．これに対して，高裁判決の手法と結論に反対するものとして，百地章「判批」日本法学78巻4号(2013年)12～14頁．ただしこれらの学説は，本章のいう二段階の審査を意識していないため，本章と完全に見解が一致しているわけではない．

2 国家と宗教の「かかわり合い」が「相当とされる限度を超える」かの審査と先行する大法廷判決

(1) 白山比咩神社訴訟の各審級やそれに関する従来の学説が，先行判例との関係で念頭に置いていたのは，むしろ「かかわり合い」が「相当とされる限度を超える」かどうかの審査であろう．この点に関して，地裁と高裁は，先例として津地鎮祭判決を挙げ，最高裁は津地鎮祭判決，愛媛玉串料判決，空知太神社判決を挙げた．本章Ⅰでも述べたように，判例は事案の類型を明示的に意識した考察を行っていないため，白山比咩神社訴訟の各審級は，箕面慰霊祭訴訟判決や鹿児島大嘗祭訴訟判決を，先例として挙げなかった．そこでここでは，各審級と特に愛媛玉串料判決，空知太神社判決との関係を，主に先行研究を紹介する形で概述する．この観点は本章にとって副次的であるが，全く無視することはできないものである．なお，「かかわり合い」が「相当とされる限度を超える」かの審査に関しては，これまでの叙述でも踏まえてきたように，国家と宗教の「『かかわり合いをもたらす』国自体の関与行為」（「関与行為」）と，「かかわり合いの対象となる宗教的とみられる行為」（「対象行為」）を論理的に区別することが有益であることを再確認しておく[41]．

(2) 地裁判決は，国家と宗教との「かかわり合い」を実質的には否定したと理解できるものだったため，「かかわり合い」が「相当とされる限度を超える」かの審査はきわめて簡単に済まされている．そこで決め手とされているのは，本件発会式に市長が出席し，祝辞を述べることは，「社会的儀礼の範囲内の行為」だ，という評価である（Ⅲ 1 (2)①参照）．上記行為が「白山比咩神社を特別に支援しているという印象を与えることはなく，また，他の宗教を抑圧するという印象を与えることもない」と，「印象を与える」という言葉を繰り返している箇所は[42]，愛媛玉串料判決からの影響がうかがえる[43]．

(3) 違憲判決を行った高裁判決は，明示的には援用していないものの，愛媛玉串料判決をより強く意識していたはずである．そのことは，判決文におけ

---

41) 愛媛玉串料判決における尾崎行信裁判官の意見．最大判平成 9 年 4 月 2 日民集 51 巻 4 号 1673 頁（1708〜1709 頁）．「かかわり合い」の対象行為に全く宗教性がなければ，本章でいう第一段階の審査において，国家と宗教の「かかわり合い」がない，という判断となる．

42) 判時 2006 号 61 頁（65 頁）．

る用語法の類似性(注43を参照)に止まらない．愛媛玉串料判決は，重要な祭祀に際して玉串料を奉納する行為に宗教的意義があるという認定から，玉串料の奉納者も宗教的意識をもっていた，と推論した．この箇所を「行為の宗教的意義から行為の目的の宗教的意義を認定することができる」としたと理解し，白山比咩神社訴訟高裁判決も「行為の宗教性から行為の目的の宗教性を推認する手法を採っている」として，両者の共通性を指摘する見解がある．しかしこの見解は，同時に次のことも強調する．先に紹介した判示(Ⅲ2①参照)からして，高裁判決で採られた，「市長の行為が向けられた対象が宗教的な性格を有していたという事実のみから市長の行為の宗教的意義を認定し，市長は『主観的にも，大祭奉賛会が行う本件事業を賛助する意図があった』という目的の宗教的意義を推認するという論法は」，愛媛玉串料判決を含むこれまでの先例と比べると，「明らかに異質」だ，という(強調は原文)．つまり高裁判決が，「かかわり合い」が「相当とされる限度を超える」かの審査に際して，「対象行為」に宗教性があるという認定から，直線的に市長による「関与行為」の違憲性を結論していることが批判されているのである[44]．

なお高裁判決は，地裁とは異なり，市長の行為が「時代の推移によって宗教的意義が希薄化し，慣習化した社会的儀礼にすぎないものとなっているとは到底認められないし，一般人が社会的儀礼の一つにすぎないと評価しているとも到底考えられない」，という[45]．この点に関して理由づけがなかったと批判されることもあるが[46]，それは政教分離に関する判例一般に共通する状況だと思われる．

これに対して，高裁の判断手法を肯定的に評価する見解もある．「実際にど

---

43) 民集51巻4号1673頁(1683頁)は，「地方公共団体が特定の宗教団体に対してのみ本件のような形で特別のかかわり合いを持つことは，一般人に対して，県が当該特定の宗教団体を特別に支援しており，それらの宗教団体が他の宗教団体とは異なる特別のものであるとの印象を与え，特定の宗教への関心を呼び起こすもの」だ，と述べていた．この判示が白山比咩神社訴訟高裁判決では，一般人の宗教的評価としても，白山市が本件大祭を奉賛しているとの「印象を抱くのが通常である」，という表現で受け継がれた．判時2006号53頁(58頁)参照．
44) 田近肇「判批」岡山大学法学会雑誌59巻1号(2009年)181～182頁．参照．民集51巻4号1673頁(1683頁)．同旨の見解として，山崎友也「白山信仰と政教分離原則」新井誠ほか編著『地域に学ぶ憲法演習』(日本評論社，2011年)77～78頁，西村枝美「判批」平成22年度重判解(ジュリ1420号，2011年)18頁，百地・前掲注40)12～14頁，安藤・前掲注40)59～62頁．
45) 判時2006号53頁(58頁)．この判旨も，愛媛玉串料判決の言い回しを引き継いだものである．
46) 百地・前掲注40)14頁，安藤・前掲注40)61頁．

こまで主観的に本件大祭に同調する意識があったかではなく，何を目的とした場で，何を対象に，いかなる事情から祝意を表明したかという行為の状況について判断すべきとの理解に立つもの」であり，「より客観的に行為における宗教的目的・意義を認定できる」ものだ，というのである[47]．もっとも「かかわり合い」が「相当とされる限度を超える」かの審査に際して，目的効果に関する審査は，実際にはさほど役割を果たしていないとすれば(後述，Ⅳ3(2)参照)，そこに客観性を求める意義も事実上限定されている．

　さらに，違憲という高裁の結論についても，愛媛玉串料判決との事案の違いが指摘されている．愛媛玉串料判決の判断対象は，「県知事が『靖國神社』『護國神社』において行われた『例大祭』『慰霊大祭』といった『宗教儀式』に際して，『玉串料』『供物料』といった神社特有ないし神道，仏教に特有の名称を付して公金を支出したことであった」．これに対して白山比咩神社訴訟の事案は，「白山比咩神社二千百年式年大祭を奉賛する『奉賛会』が，神社の境内地外に在る『民間の施設』において開催した『奉賛会発会式』に市長が『出席』し，『祝辞』を述べたというにとどまる」，というのである．こうした違いを強調する立場からは，市長の行為は，「社会的儀礼的行為」だ，と評価されることになる[48]．

　(4) 白山比咩神社訴訟最高裁判決は空知太神社判決の半年後の判決だったため，それとの関係で注目を集めた．空知太神社判決は，国家と宗教の「かかわり合い」が「相当とされる限度を超える」かについて判断するに当たって，「諸事情の総合考慮という視点を基本としつつ，事案の類型に応じて，当該かかわり合いをもたらす行為の目的及び効果をその中の重要な考慮事情として勘案して判断するのが相当な場合があることを否定したものではない」という理解を前提として，白山比咩神社訴訟最高裁判決(Ⅲ3③参照)を，目的および効果を勘案して判断した一例と説明するのが，代表的な理解だと思われる[49]．

　高裁判決に関して議論となった，「対象行為」の宗教性から「関与行為」の違憲性を直線的に導き出す判断の手法はどうなったか．最高裁は，市長が発会式に出席し，祝辞を述べる行為が宗教とのかかわり合いをもつことは認める．

---

47) 西山・前掲注40)94頁，西山千絵「判批」法学75巻2号(2011年)137頁．
48) 百地・前掲注40)21～23頁．

第 6 章　宗教的性格のある行事への公人の参列等と政教分離原則

しかし，発会式の宗教性は希薄であり，市長の祝辞の内容も宗教的意味合いはないことなどを考慮して，政教分離規定に反しない，と結論づけた（Ⅲ 3 ②③）．この審査手法は，主に「関与行為」について，目的・効果に関する判断をしてきた従来の判例法理に沿ったものである[50]．先に扱った箕面慰霊祭訴訟控訴審判決（Ⅱ 1（3）②参照），鹿児島大嘗祭訴訟最高裁判決（Ⅱ 2（4）②参照）も，基本的にはそのようなものだった．

3　白山比咩神社訴訟における国家と宗教の「かかわり合い」が「相当とされる限度を超える」かの審査

（1）白山比咩神社訴訟の各審級は，本章が注目している箕面慰霊祭訴訟判決，鹿児島大嘗祭訴訟判決を，明示的には先行判例として挙げていない．しかし，それらが意識されていなかったとは考えられない．白山比咩神社訴訟の最高裁が，空知太神社判決後であったにもかかわらず，目的と効果を「主要な考慮要素として勘案した説示をしている」のは，鹿児島大嘗祭訴訟最高裁判決が目的と効果を主に勘案する形の判断をしていたことを先例としている（Ⅱ 2（4）参照），と解説されている[51]．同様なことは，箕面慰霊祭訴訟最高裁判決にも妥当する（Ⅱ 1（4）参照）．そこで，白山比咩神社訴訟の高裁と最高裁とで対照的だった，判断の手法および結論を，類似した事案類型に関するこれらの先行判例と比較しながら，改めて考察したい．

箕面慰霊祭訴訟，鹿児島大嘗祭訴訟の事案と，白山比咩神社訴訟の事案には，異同がある．まず，箕面慰霊祭訴訟，鹿児島大嘗祭訴訟において，「かかわり合い」の対象行為は明らかな宗教的儀式である．これに対して白山比咩神社訴

---

49)「匿名コメント」判時 2087 号 27 頁．同旨，田近肇「判批」民商法 143 巻 6 号（2011 年）722 頁，野坂泰司「いわゆる目的効果基準について」長谷部恭男ほか編『高橋和之先生古稀記念　現代立憲主義の諸相　下』（有斐閣，2013 年）318 頁など．さらに，榎透「政教分離訴訟における目的・効果基準の現在」専修法学論集 114 号（2012 年）137 頁，蟻川恒正「政教分離規定『違反』事案の起案（3）」法教 436 号（2017 年）90 頁以下も参照．そこでは，「空知太神社訴訟最高裁判決以前の最高裁の政教分離判例には書き記されてきた『宗教とのかかわり合いをもたらす行為の目的及び効果にかんがみ』の部分がなくなっている」ことなどが指摘されている．
50)「匿名コメント」判時 2087 号 27 頁は，「直接検討すべきなのは参列行為等の意図・目的，宗教的意義，効果等であり，参列の対象となる行事の性格は，その前提として考慮される要素として位置づけられるものであって，行事の性格が宗教的なものであるからといって，当然に参列行為等が」違憲となるわけではないとの考え方に立っている，と解説している．
51)「匿名コメント」判時 2087 号 27 頁．

訟において対象行為とされた発会式は，宗教性は否定できないとしても希薄なものだった．これに対して「かかわり合い」をもたらす関与行為は，箕面慰霊祭訴訟では玉串の奉納や焼香であり，鹿児島大嘗祭訴訟では参列のみであるのに比べて，白山比咩神社訴訟では祝辞を述べるというより積極的な態様のものであった[52]．しかしその祝辞の内容は，最高裁の評価によれば，宗教的な意味合いを有するものではなかった．このように位置づけるならば，白山比咩神社訴訟の事案で，国家と宗教の「かかわり合い」が「相当とされる限度を超え」ていないと判断されるのは，判例法理からすると自然だった（注48の本文も参照）．

また箕面慰霊祭訴訟に関して示された学説の多くは，社会的儀礼を宗教的行事によって行うことを憲法20条3項違反だと解していた（Ⅱ1参照）．そのような当時の学説からも，白山比咩神社訴訟の事案が最高裁によって合憲とされたことに，さほど強い異論はなさそうに思える．

(2) 白山比咩神社訴訟の各審級において，決め手となっているのは，目的効果に関する審査よりも，発会式への市長の出席と祝辞を「社会的儀礼」「儀礼的行為」の範囲内だと評価するかどうか，であった．こうした審査の態度は，箕面慰霊祭訴訟や鹿児島大嘗祭訴訟の各判決と共通するものである．それだけではなく，津地鎮祭判決や愛媛玉串料判決でも同様であった[53]．その上で，津地鎮祭判決では，「かかわり合い」の対象行為であった起工式（地鎮祭）が「慣習化した社会的儀礼」とされたのに対して[54]，愛媛玉串料訴訟，箕面慰霊祭訴訟，鹿児島大嘗祭訴訟および白山比咩神社訴訟では，関与行為の「社会的儀礼」性が問題となっている，という違いがある[55]．津地鎮祭判決の判断の仕方は，繰り返し指摘しているように，不正確だった．

(3) 「社会的儀礼」論については，これまでもしばしば議論されてきた[56]．

---

52) 佐々木・前掲注40)17頁，安藤・前掲注40)66頁．
53) 安念潤司「信教の自由」樋口陽一編『講座憲法学3 権利の保障(1)』(日本評論社，1994年) 208頁，同「政教分離」法教208号(1998年)60頁以下，芦部信喜『宗教・人権・憲法学』(有斐閣，1999年)108〜110頁，林知更「政教分離原則の構造」高見勝利ほか編『日本国憲法解釈の再検討』(有斐閣，2004年)128頁以下など．
54) 民集31巻4号533頁(543頁)．
55) 飯野・前掲注37)99頁など．
56) さしあたり，本書第3部第4章Ⅳ5参照．

白山比咩神社訴訟におけるその特色は，第一に，問題となっている行為の「社会的儀礼」性が，起工式(地鎮祭)のように，「慣習化」により判断されるものではない，ということである[57]．第二に，最高裁がそれを補強するために，「本件神社は重要な観光資源としての側面を有していたものであり，本件大祭は観光上重要な行事であった」という観点を持ち出したことである．そこから，「地元の観光振興に尽力すべき立場」にある市長が，「観光振興的な意義を相応に有する事業の奉賛を目的とする団体の発会に係る行事」に出席し，祝辞を述べることは，政教分離規定に反しない，と論じた[58]．この点こそが，白山比咩神社訴訟の焦点である．

(4) 最高裁判決を支持する見解は，地方公共団体が，神社仏閣やその祭礼・行事を観光資源として活用しようとすれば，「祭礼の主催者側に対して『挨拶一つない』というわけにはいかず，社会的儀礼として一定の『付き合い』をすることを認めざるをえないのではないか」，という[59]．とりわけ，「産業に乏しい地方公共団体において」，宗教施設を観光資源として活用することは「半ば不可避的」[60]，と評されることは理解できる．

これに対して，地方公共団体による宗教行事の観光資源としての利用が，「『観光政策に名を借りた宗教団体への支援』に陥ってしまう懸念の方が強い」[61]，という見解もある．また，「観光による地域振興の観点に傾斜し，振興の幅に特段の限定も付さずに宗教団体の観光資源的価値を斟酌するというのは，配慮を欠いた姿勢」だ[62]，という批判もある．さらに，「神社仏閣等を『観光資源』やイベントとして最大限活用したい自治体は各地に多く存在するだろうが，多数者の宗教的意識に依拠した本件行為は，『市民相互間における共有意識の醸成』を掲げる自治体の意図に反して，本件原告らによる『異論』

---

57) 百地・前掲注40)22頁は，市長の行為は，「神道式地鎮祭のように，もともと宗教儀式だったものが『時代の推移によって既にその宗教的意義が希薄化し，慣習化した社会的儀礼にすぎないものとなっている』ものとは異なり，それ自体が本来，世俗的な行為である」，という．同旨，安藤・前掲注40)61頁．大林文敏「判批」愛知大学法学部法経論集189号(2011年)152頁．
58) 判時2087号26頁(28頁)．空知太神社判決も，「観光資源」性が政教分離規定適合性審査における考慮要素となると認めていたことが，想起されるべきである．参照，民集64巻1号1頁(9頁)．この点について，「匿名コメント」判時2087号27頁．
59) 田近・前掲注49)724頁．
60) 山崎・前掲注44)79頁．百地・前掲注40)16～17頁なども同旨．
61) 飯野賢一「判批」愛知学院大学宗教法制研究所紀要51号(2011年)65頁(注10)．
62) 西山・前掲注47)138頁．

がそうであるように，むしろ宗教的な軋轢をもたらす」[63]，という見解もある．

そうした懸念も，確かに，もっともではある．しかし，最高裁が認定した，本件における発会式への市長の出席と祝辞のみを捉えるならば，国家と宗教との「かかわり合い」は間接的なものにとどまっている．換言すると，「対象行為」の宗教性は希薄であり，「関与行為」の態様も宗教性のないものだった．この事件における最高裁による「かかわり合い」が「相当とされる限度を超える」かの審査は，津地鎮祭判決などで示された考慮諸要素に全く言及しない簡単なものであったのは，このためだと解さる[64]．そうした事案の理解を前提とすれば，最高裁の結論は肯定され得るものではないか．この判決から限定の要素を読みとり，提示することは，法律家の仕事である[65]．

(5) ただしさらに問題となるのは，白山比咩神社訴訟の事案を果たして上記のように捉えてよかったのか，ということである．箕面慰霊祭訴訟の際にも，市と慰霊祭との「かかわり合い」について，教育長の慰霊祭への参列という局面を取り出して判断することには異論があった（Ⅱ1参照）．同様なことは，白山比咩神社訴訟でも争われていた．

つまり，それは，白山市長が市長として大祭奉賛会の役員に就任したこと，市が財団法人白山観光協会に負担金などを支出し，同協会は大祭奉賛会に支出したのであるから，市が同協会を通じて間接的に大祭奉賛会を支援したことなども政教分離原則違反だ，という原告側の主張の仕方である（Ⅲ1(1)参照）．原告側は，こうした状況の全体を通じて，市が白山比咩神社と「相当とされる限度を超える」かかわり合いをもった，ということを言いたかったものと思われる．しかしこの主張は，住民訴訟という形態によって訴訟が提起されているため，市長が発会式に出席したことに関する公金の支出の違法性とは関連性がない，という理由で，地裁により判断対象とされず（Ⅲ1(2)②参照），控訴審以降

---

63) 斎藤小百合「判批」法教編集室編『判例セレクト 2001-2008』（有斐閣，2010 年）91 頁．小泉・前掲注37)38 頁は，「宗教的少数者の政治社会からの『排除・格下げ』という観点からの審査がなされるべき」だ，と説く．大林・前掲注57)152〜153 頁も同旨．こうした批判論は，注17)で紹介した見解を実質的に承継するものである．ただし，箕面慰霊祭訴訟との事案の異同（Ⅳ3(1)参照）を踏まえて，なお同じ批判論が妥当するかが問題となる．
64) 小泉・前掲注37)37 頁，高橋滋「判批」磯部力ほか編『地方自治判例百選〔第4版〕』（有斐閣，2013 年）183 頁．
65) 関連して，江藤・前掲注34)121 頁も参照．

では原告側も主張しなくなった．箕面慰霊祭訴訟にかかわって，「住民訴訟の限界」[66]が指摘されていたことが改めて想起される．

(6) 最後に審査対象条項について，一言触れたい．白山比咩神社訴訟の地裁と高裁は，憲法20条3項適合性を審査していた．これに対して最高裁は，「憲法上の政教分離原則及びそれに基づく政教分離規定に違反するものではない」[67]，と判示している．この判示の仕方については，「本件行為は政教分離規定の規律対象行為ではない」から，「個別の条文をなんら挙げずに結論を述べている」，という説明もあった[68]．しかし，個別の条文を挙げない判示の仕方は，箕面慰霊祭訴訟最高裁判決（Ⅱ1(4)③参照），鹿児島大嘗祭訴訟最高裁判決（Ⅱ2(4)③参照）と同様であり，この事案類型に関する最高裁判決に共通する言い回しのようである[69]．

なぜこうした判示の仕方になっているかは，定かではない．箕面慰霊祭訴訟最高裁判決の場合，教育長による慰霊祭参列の合憲性判断に先だって，忠魂碑の再建・移設等に関する判断がなされていた．そこで憲法20条3項，1項後段，89条適合性が審査されていたため，慰霊祭の判断に関しては条文を改めて表記しなかったのかもしれない．そして，それがそのまま継承されているという可能性も考えられる．

Ⅴ　結びに代えて

本章は白山比咩神社訴訟を主な素材としながら，政教分離規定適合性審査について，国家と宗教の「かかわり合い」の審査とそれが「相当とされる限度を超える」かの審査を区別すること，後者については「対象行為」と「関与行為」を区別した上で，審査はそれぞれを考慮に入れつつ，重点は「関与行為」に置いてなされるのが判例法理だと理解できることなどを述べてきた．この点で，箕面慰霊祭訴訟控訴審判決や鹿児島大嘗祭訴訟最高裁判決は，審査手法に関する判例法理を，比較的整理した形で示していた．またそこでは，当該行為

---

66) 松井・前掲注8)7頁．
67) 判時2087号26頁(29頁)．
68) 西村・前掲注44)18頁．また，大林・前掲注57)150頁．
69) 野坂・前掲注49)319頁．

が「社会的儀礼」に当たるかを判断する際の考慮要素が示されていたことも，貴重だった．箕面慰霊祭訴訟控訴審判決で「社会的儀礼」行為かを判断するに際して考慮要素の一つとされた，「主催者が参加者の参列を求める意図・目的」等は，白山比咩神社訴訟においても考慮されてよかったはずである．ただし，それを考慮に入れても，最高裁の総論は同じだったろう．

　政教分離規定適合性審査に際しては，その基底にある政教分離原則の理解の仕方が結論を左右することが多い．日本国憲法が定める政教分離規定の基底にある政教分離原則は厳格な分離を求めるものだとしても，白山比咩神社訴訟は，国家と宗教の厳格な分離を単純に貫くことは適切かが問われ得る事例の一つだった．原理的思考の重要性を肯定しつつ，しかし個別の事例に関しては硬直的な解釈に陥らないことにも配慮しなければならない．そのためにも，最高裁の採る諸般の事情の総合考慮を基本としつつ，事案の類型ごとに考察しようという手法を洗練することは，試みられるべき方向性だと思われる．他面から言えば，白山比咩神社訴訟最高裁判決はそのような個別事例に関する判断であり，今後の他の事案への影響は限定的なはずである．個別事例に関する判例を素材に検討することには，意義があると同時に限界もある．本章もそうした意義と限界を含む試みだった．

第7章　政教分離原則と信教の自由
──「緊張関係」とその調整

I　はじめに

　政教分離規定は，一般に，国家に対して宗教との分離を義務づけることによって，間接的に信教の自由を確保するために設けられた客観法規範だと理解されている．しかし，政教分離規定あるいは，その基礎にあり，解釈の指導原理として働く政教分離原則と信教の自由が「緊張関係」ないし「対抗関係」に立つことがあり得ることも，学説によりしばしば指摘されてきた[1]．学説のなかには，「政教分離と狭義の信教の自由とは，広く信教の自由を構成する両側面として，統一的に，しかも，分離は自由を保障し自由は分離を要請する，という密接不可分の関係にある」と解する立場から，問題を両者の「緊張関係」とは構成しない見解もある[2]．しかし，その見解においても，政教分離原則と狭義の信教の自由との間の調整が必要となる場面があることに変わりはない[3]．そこで本章は，政教分離原則と信教の自由の間の「緊張関係」をひとまず前提とした上で，両者の調整について問う，という思考方法を軸に据えて考察を進めたい．

　この主題については，日本国憲法の解釈論に限定しても，学説上多くの研究がなされてきた．これに対して判例は，そもそも政教分離を常に厳格に遵守するという立場になかったため，「緊張関係」とその調整が重要な争点として問われる場面が少なかった．判例法理を前提とした場合には，「緊張関係」は仮象問題に近かったのである．しかし，近年，砂川政教分離訴訟に関して検討対象とすべき新しい最高裁判決が出るなかで，この問題を改めて考察する意味が

---

1) 比較憲法の視点による壮大なスケールの分析として，樋口陽一『国法学　人権原論〔補訂〕』（有斐閣，2007年）149頁以下．日本国憲法の解釈論としては，棟居快行『憲法学再論』（信山社，2001年）316頁以下，飯野賢一「政教分離原則と信教の自由の対抗関係」愛知学院大学宗教法制研究所紀要48号（2007年）1頁以下，を挙げておく．
2) 芦部信喜『憲法学Ⅲ　人権各論(1)〔増補版〕』（有斐閣，2000年）150頁，土屋英雄『思想の自由と信教の自由〔増補版〕』（尚学社，2008年）106頁以下．
3) 棟居・前掲注1)322頁，飯野・前掲注1)18頁以下．

生じてきた．以下では，まず議論の出発点として津地鎮祭判決をとりあげ，そこで政教分離原則を貫くことができない例として挙げられた事例について考察する(Ⅱ)．その上で，その後の最高裁判決で問題となった「緊張関係」にかかわる事例について検討する(Ⅲ)．それらを受けて，「緊張関係」の構造や調整の仕方などについて若干の考察を行いたい(Ⅳ)．

私はかつて，ドイツにおけるイスラーム教徒の教師のスカーフ事件に関して，比較憲法的な研究を試みる機会があった[4]．この事件は，国家の宗教的中立性と信教の自由が「緊張関係」に立つ典型的な事例である．本章は，そうしたドイツ憲法研究から由来する問題関心を背後に置きつつも，日本における問題を日本の判例・学説状況の下で考察しようとするものである．

Ⅱ 津地鎮祭判決とその傍論

1 津地鎮祭判決

(1) 多数意見

津地鎮祭判決は，一方で，日本国憲法が「国家と宗教との完全な分離を理想とし，国家の非宗教性ないし宗教的中立性を確保しようとした」，という．しかし他方では，「現実の国家制度として，国家と宗教との完全な分離を実現することは，実際上不可能に近い」，という．さらに，「政教分離原則を完全に貫こうとすれば，かえって社会生活の各方面に不合理な事態を生ずることを免れない」，とする．例えば，①「特定宗教と関係のある私立学校に対し一般の私立学校と同様な助成」をすることや，②「文化財である神社，寺院の建築物や仏像等の維持保存のため国が宗教団体に補助金を支出」することが許されないならば，「宗教による差別が生ずる」．また，③「刑務所等における教誨活動も，それがなんらかの宗教的色彩を帯びる限り一切許されないということになれば，かえって受刑者の信教の自由は著しく制約される結果を招く」．これらのことから，政教分離原則は，「国家が宗教とのかかわり合いをもつことを全く許さ

---

[4] 本書第1部第1章，第2章を参照．また渡辺康行「イスラーム教徒の教師のスカーフ事件」木下智史ほか編著『事例研究 憲法〔第2版〕』(日本評論社，2013年)326頁以下は，スカーフ事件が日本で起こった場合について検討している．

ないとするものではなく，宗教とのかかわり合いをもたらす行為の目的及び効果にかんがみ，そのかかわり合いが右の諸条件に照らし相当とされる限度を超えるものと認められる場合にこれを許さないとするもの」だ，と論じた[5]．

最高裁は，①と②の事例については政教分離原則と平等原則の「緊張関係」について，③の事例では政教分離原則と信教の自由との「緊張関係」について語っている．その違いにもかかわらず，多数意見は三つの事例を当然に政教分離規定に反しない，と考えた．多数意見は，国家と宗教の「かかわり合い」が「相当とされる限度を超える」かについて目的・効果にかんがみて判断すべきとするが，上記の三つの事例についてはそもそも目的・効果にかんがみるまでもなく許される，と考えているようにも読める．ただしこれは，傍論中の判示であることによる可能性が高い．これらの事案について，正面から判断を求められた場合には，最高裁は目的・効果にかんがみて判断するのではないかと思われる．その場合でも，最高裁は，政教分離規定を常に厳格に適用しようとしているわけではないため，「緊張関係」は比較的容易に調整されることになろう．

(2) 反対意見

津地鎮祭判決における5裁判官の反対意見は，日本国憲法の政教分離原則は「国家と宗教との徹底的な分離」を意味するものであり，これを多数意見のように解すると「国家と宗教との結びつきを容易に許し，ひいては信教の自由の保障そのものをゆるがすことになりかねない」，という見解を示す．この立場からは，「多数意見が政教分離原則を完全に貫こうとすれば社会の各方面に不合理な事態を生ずることを免れないとして挙げている例のごときは，平等の原則等憲法上の要請に基づいて許される場合にあたると解されるから，なんら不合理な事態は生じない」，とされた[6]．反対意見も，政教分離原則と平等原則等との間の調整手法すら示さずに，三つの事例は憲法上当然に許容されるとし

---

[5] 最大判昭和52年7月13日民集31巻4号533頁(538〜541頁)．事案などは周知のものであるため，紹介は省略する．
[6] 民集31巻4号533頁(549〜550頁)．また愛媛玉串料判決における高橋久子裁判官の意見も，同旨(最大判平成9年4月2日民集51巻4号1673頁〔1699〜1700頁〕)．この見解に対しては，常本照樹「判批」ひろば50巻7号(1997年)24頁，松井茂記「判批」法教203号(1997年)24頁，吉崎暢洋「目的効果基準の再検討」平成法学7号(2004年)76頁など．

たのである.

　このように，政教分離原則に関する見解の対立にもかかわらず，多数意見も反対意見も，①～③の事例を無条件で当然に合憲だと考えたかのようである．先にも触れたように，この部分は判決において傍論に当たるため，十分な考察がなされていないことはやむを得ない．しかし，これらの事例においても違憲となる場合はあるのではないか[7]．この問題について，若干の学説は萌芽的形態にとどまるものの，検討を行おうとしてきた．そこで以下では，宗教系私立学校等に対する補助と宗教教誨を素材として，その合憲性をめぐる議論を概観し，政教分離原則と信教の自由の「緊張関係」の調整について考えるきっかけとしたい．

2　宗教系私立学校等に対する助成の合憲性

(1) 宗教系学校法人への助成

　私立学校法 59 条は，「学校法人に対し，私立学校教育に関し必要な助成をすることができる」，と規定する．その結果，宗教系学校法人に対しても助成が行われるが，このことは憲法 20 条 1 項，89 条前段に反しないか．

　代表的な違憲説は，私学助成はそもそも 89 条後段に反することを述べた上で，「すくなくとも宗教教育その他宗教的活動を行う私立学校……に対して補助金等を出すことは」，89 条前段に反する，という．「さもないと，国または地方公共団体がその学校に補助金を与えることにより，結局，宗教上の組織もしくは団体のために公金を支出する結果とな」る，というのである[8]．

　これに対して初期の合憲説は，憲法 89 条前段の「宗教上の組織若しくは団体」を「宗教的活動を本来の目的とする一般の団体」と狭く解し，学校法人は

---

[7] 中村睦男「私学助成の合憲性」芦部信喜先生還暦記念論文集刊行会編『芦部先生還暦記念憲法訴訟と人権の理論』（有斐閣，1985 年）443 頁など．滝澤信彦「政教分離原則に関する一考察（上）」北九州大学法政論集 6 巻 1 号（1978 年）42 頁は，「多数意見は，『分離』の原則を完全に貫こうとすれば，そうした助成や援助が許されなくなり不合理な事態を生ずるとか，またそのような援助の事例を前提とすれば，国家と宗教とのある程度のかかわり合いを認容せざるをえない，というような二者択一的な単純な，短絡的な形で問題を論じている」，と批判する．さらに，愛媛玉串料判決における可部恒雄裁判官の反対意見も，「憲法解釈上の難問に遭遇したとき，安易に平等原則を引いて問題を一挙にクリヤーしようとするのは，実は，憲法論議としての自殺行為にほかならない」，と指摘している．民集 51 巻 4 号 1673 頁 (1746 頁)．

[8] 宮沢俊義（芦部信喜補訂）『全訂　日本国憲法』（日本評論社，1978 年）749 頁．同旨，法学協会編『註解日本国憲法　下巻』（有斐閣，1954 年）1336 頁．

これに当たらないため、宗教系学校法人への助成も憲法89条前段に違反しない、とする[9]。私立学校法の当該条項はこの見解に基づいて定められたようだが、仮に上記の「狭義説」に立って宗教系私学への助成は89条前段に反しないと解したとしても、20条1項後段や20条3項との適合性の問題は別に残るはずだった。

以上のような初期における両極の見解の間に、その後の学説は様々な中間的な見解を展開させた。①補助金が「宗教教育に用いることを目的とするものでなければ」合憲とするもの[10]、②「形のうえでは、国民一般への利益付与という形式をとっても、それが、宗教団体への特権付与の"かくれみの"であるにすぎないような場合は」、20条1項後段に反する。「"かくれみの"であるかどうかは、当該利益付与等の措置の目的ないし効果において、(特定の、もしくはすべての)信教に対する援助・助長・促進または圧迫・干渉等になるか否か(いわゆる「目的・効果基準」)によって判断されるべき」、とするもの[11]、③「一方では、憲法20条および89条による政教分離の原則、他方では、憲法26条の教育を受ける権利、憲法14条の平等、私立学校の教育の自由という憲法上の原則の調整のうえに立って」、「目的・効果・国と宗教との過度のかかわり合い、の三点から」、「国と宗教とのかかわり合いの程度」を判断するというもの[12]、などである。現在のほとんどの学説は、こうした中間的な見解をとるものと思われる。換言すれば、津地鎮祭判決とは異なり、宗教系私立学校への

---

9) 福田繁・安嶋弥『私立学校法詳説』(玉川大学出版会、1950年)37～38頁、文部省私学法令研究会編著『私立学校法逐条解説』(第一法規、1970年)193頁、吉田善明『現代憲法の構造』(勁草書房、1979年)269頁。

10) 伊藤正己『憲法〔第3版〕』(弘文堂、1995年)486頁。滝澤・前掲注7)38頁は、「助成をするについては世俗的教育のためにのみこれが用いられ、宗教的目的に利用されることがないことを保証する何らかの監視のシステムが必要とされる」、という。

11) 樋口陽一ほか『憲法Ⅰ』(青林書院、1994年)396頁(浦部法穂)。高橋和之『立憲主義と日本国憲法〔第4版〕』(有斐閣、2017年)202頁は、「ここでの最大の問題は、効果の点で宗教に対する不釣り合いな便宜供与とならないか、あるいは、宗教との恒常的関係が設定される結果とならないかを厳格に審査することである」、という。その上で、「私学助成は、宗教系宗教を付随的に支援する結果となるが、宗教系私学のみを除外することは差別となり公平性に欠け、また、現在程度の助成では宗教系私学が不公平というほどの恩恵を得ているともいえないので、違憲ではない」、という。

12) 中村睦男『論点憲法教室』(有斐閣、1990年)310～311頁、芦部・前掲注2)157頁。なお野上修一「私学助成の憲法理論」法律論叢61巻4・5号(1989年)242頁は、「宗教系の私学であっても、国民の教育権を保障する公教育活動に従事する限り、その面に限って、一般の私学と同様に、助成を受けても、憲法上問題はな」い、とする。これは、教育を受ける権利を政教分離原則に優先する立場であるが、そのこと自体、説明が必要である。飯野・前掲注1)20頁。

補助を平等原則を援用することにより無条件で合憲とする見解は，ほとんどない[13]．

そのなかで，政教分離原則を緩やかに解釈する立場の代表的論者である百地章は，「憲法は宗教を尊重し，宗教の社会的役割を積極的に評価しているのであるから，国家による便益供与が特定の宗教団体に対する援助ではなく，あくまで宗教一般に対する便益供与にとどまる限り，これを積極的に評価しても良い」，という．そしてこの観点から，宗教系私立学校への助成を「政教分離の政策的緩和」，つまり「国家の政策として宗教一般に対する便益の供与を行い，個人の信教の自由を積極的に保障ないし促進する」施策の一例として，広汎に合憲と解している[14]．いわゆる目的・効果基準すら用いないこの見解は，例外的存在である．

(2) 宗教法人・団体を設置者とする幼稚園への助成

私立学校振興助成法附則2条は，学校法人以外の私立の幼稚園の設置者に対する「教育に対する経常経費」の補助などを，「当分の間」認めている．これらは，憲法20条1項，89条前段に反しないか．先に紹介した私立学校法の立法関係者による説明を前提としても（注9の本文），学校法人ではなく宗教法人・団体への補助は89条前段に反するのではないか，という疑問は当然に生ずる．

日本において，義務教育段階における私立学校の占める割合は小さく，宗教系私立学校の割合はさらに少ない．このことから，先に扱った宗教系私立学校への補助は，「学校法人への補助という一般的な制度の中で……『公の支配』という条件の下，『たまたま』利益を受けているにすぎず，合憲と考えることもできよう」，と説明する見解がある．しかしこの立場からも，「私立幼稚園は全幼稚園の約60パーセントを占め，そのうち，25パーセントは宗教法人の設

---

13) 古い学説では，種谷春洋「信教の自由」芦部信喜編『憲法Ⅱ　人権(1)』(有斐閣，1978年) 363頁のように，宗教系私立学校への助成を，津地鎮祭判決の反対意見に従って，「平等原則上の要請に基づいて許される場合にあたる」，と簡単に片づけている例もある．ただし，同「政教分離と目的効果基準」判例評論226号(判時865号，1977年)11頁は，「一定要件下において，一般的に，学校法人が享受できるような利益にすぎない，と解される場合には，これをもって，直ちに」89条前段に反するとは解されない，とより慎重な記述をしていた．

14) 百地章『政教分離とは何か』(成文堂，1997年)91頁．

立にかかるもので，その他個人の設立した幼稚園の多くも，宗教家の経営にかかる」ことが指摘される15)．しかも，「宗教法人の建物が園舎の一部として用いられ，かつ，宗教法人としては，『宗教活動の延長として幼稚園を経営することに本来の意義があると考えて，費用と奉仕をつぎこんでいる』のが現状だ」16)，ともいわれる．これらのことから，私立学校振興助成法附則2条による補助は89条前段に反するのではないか，という疑問を示す学説は多い．これらの学説は，目的・効果基準を使って論じてはいない．おそらく補助の目的は宗教的意義をもち，効果も宗教に対する援助，助長，促進となるため違憲ではないか，という趣旨だと思われる．

この立場からは，児童の通園と宗教的背景とは定型的な関係がないことに着目して，そうした財政援助は幼稚園への援助を目的とするものではなく，児童・生徒の利益のためになされたものであるとする「子供受益者理論」による正当化可能な範囲で認められる，とされる．さらに立法政策論としては，「保護者に対する直接補助」が推奨されている17)．

以上のように，宗教系私立学校等への助成の合憲性については，政教分離原則と信教の自由・平等原則の調整だけではなく，子どもの教育を受ける権利との間でも調整が試みられている．ただし，いかなる手法で調整がなされるべきかという議論が十分に深められている，とまではいえない状況にある．

3 教誨活動の合憲性

(1) 教誨活動と憲法20条3項

かつての監獄法29条は，「受刑者ニハ教誨ヲ施ス可シ其他ノ在監者教誨ヲ請フトキハ之ヲ許スコトヲ得」，と定めていた．この規定に基づいて，戦前には，受刑者に対して国の職員による宗教教誨が強制的に行われていたようである．しかし日本国憲法の下では，受刑者に対する宗教教誨は，受刑者からの申出がある場合に限り，その希望する宗教宗派の教義に基づいて，民間宗教家の無償

---

15) 大石眞『憲法と宗教制度』(有斐閣，1996年)278頁．
16) 木下毅「私立学校振興助成法の合憲性について」ジュリ603号(1976年)146頁．
17) 木下・前掲注16)146頁，中村・前掲注7)443～444頁，同・前掲注12)312頁，大石眞『憲法講義II〔第2版〕』(有斐閣，2012年)169頁，大石・前掲注15)278頁，芦部・前掲注2)157頁，佐藤幸治『日本国憲法論』(成文堂，2011年)240頁，初宿正典『憲法2 基本権〔第3版〕』(成文堂，2010年)234頁．

の奉仕によってのみ行われるという運用が，通達によりなされてきた．このような状態に法的根拠を与えたのが，「刑事収容施設及び被収容者等の処遇に関する法律」(2006年5月24日施行，2007年6月1日題名変更)である．まず同法67条は，「被収容者が一人で行う礼拝その他の宗教上の行為は，これを禁止し，又は制限してはならない．ただし，刑事施設の規律及び秩序の維持その他管理運営上支障を生ずるおそれがある場合は，この限りでない」，と定める．その上で68条1項は，「刑事施設の長は，被収容者が宗教家(民間の篤志家に限る．……)の行う宗教上の儀式行事に参加し，又は宗教家の行う宗教上の教誨を受けることができる機会を設けるように努めなければならない」，と規定した．教誨師は国が委嘱するという方式ではなく，各都道府県の教誨師会長が委嘱し，国(刑事収容施設の長)が教誨師としての活動を認めるという形がとられている[18]．

　日本国憲法制定初期に論じられたのは，被収容者の希望によるものであるとしても，宗教教誨は憲法20条3項が規定する国による「宗教的活動」の禁止に反しないか，ということである．つまり「教誨師が民間人であるといっても，それはただ国にかわって，これを行なっているだけのことであり，結局は国が宗教教誨を行なっているのとなんら異なる処はない」のではないか，という疑問が出された[19]．さらに「宗教教誨のために民間宗教家の常駐を認めるなど，恒常的な便宜提供は，実質的には国自体が宗教教誨のための制度を設けていることと変わりなく，国の宗教活動とみなす余地もあるので，ますますその疑いが濃くなる」[20]，ともいわれる．ただし現在では，こうした論じ方ではなく，特定の宗教・宗派の教誨師だけの常駐を認めることは，当該宗教・宗派に対する援助，助長，促進という効果をもつのではないか，と定式化されるものと思われる．

---

18) 中山厚「矯正施設における宗教活動の現状と課題」赤池一将・石塚伸一編著『矯正施設における宗教意識・活動に関する研究』(日本評論社，2011年)81〜83頁，86〜87頁．立案担当者による解説として，林眞琴ほか『逐条解説　刑事収容施設法〔第3版〕』(有斐閣，2017年)282頁以下．

19) 松島淳吉「受刑者の宗教教誨に関する憲法上の限界について」阪大法学57号(1966年)4〜5頁，佐藤功「憲法から見た宗教教誨の諸問題」刑政62巻6号(1955年)17頁，吉田善明「在監者(受刑者)の信教の自由」法セ増刊『思想・信仰と現代』(日本評論社，1977年)246頁，種谷・前掲注13)信教の自由365頁など．

20) 野中俊彦「判批」芦部信喜・若原茂編『宗教判例百選〔第2版〕』(有斐閣，1991年)21頁．

しかし先のような疑問を出す論者も，現在の形態における宗教教誨が違憲だという結論を導くわけではない．「もし教誨師による宗教教誨がなされないとすれば，行動の自由をほとんどもたない受刑者にとっては，他に適当な手段もないので，その信仰の自由はまったく保障されないことになる．この意味において，信教の自由は，行動の自由をもつ一般人にとっては，国がその信教を侵さないことを要求する消極的な権利を意味するにすぎないのに反し，受刑者にとっては，たんにこれにとどまらず，更に進んで，信教の自由の保障さるべき契機を求める積極的な権利でもある」．ここでは，「20条1項と3項とが一見矛盾対立しているかにみえる」．しかし，3項は1項で保障された信教の自由をさらに確保するために設けられた規定であるから，「信教の自由の保障という大目的から考えて，3項の……宗教活動の禁止の規定は，そのかぎりにおいて制限されているので，憲法はこれを認めていると解するほかない」，というのである[21]．特定の宗教・宗派の教誨師だけの常駐を認めることも，希望者の多い宗教・宗派の教誨師を常駐させているのであれば，合理的な理由がある，ということになるだろう．

津地鎮祭判決は，このような議論状況を念頭に置いて，教誨活動を信教の自由の保護を援用することにより，政教分離原則に当然に反しないとしたものと思われる[22]．教誨活動は憲法20条3項に適合するかという論点に関して，政教分離原則と信教の自由が衝突している事例と捉えた上で，両者の調整について語る学説はそれほど多くない．おそらくは，「後日最高裁が採用する『目的・効果』基準によれば，おそらく当然許容されることになるであろうし，もう少し厳格にとらえても，憲法上許容される」[23]，とする見解が暗黙のうちに採用されているものと思われる．これに対して先にも触れた百地は，「自由権とは……第一義的には国家権力による侵害を排除することにあること，したが

---

21) 松島淳吉「判批」小野清一郎編『宗教判例百選』(有斐閣，1972年)23〜24頁．同・前掲注19)4頁以下，佐藤・前掲注19)17〜18頁，林知更「政教分離原則の構造」高見勝利ほか編『日本国憲法解釈の再検討』(有斐閣，2004年)123頁．また滝澤・前掲注7)40頁は，「自由を拘束されている受刑者の切実な要求に基づくものである場合，拒否することは宗教的自由の侵害となる」，という．

22) 種谷・前掲注13)信教の自由362頁以下は，津地鎮祭判決の趣旨を，教誨活動は政教分離に「内在的限界」があることを示すものだと位置づけて，正当化していた．

23) 野中・前掲注20)21頁．

って自由権の保障は，直ちに国による自由権の積極的保障まで意味しない」という観点を前提とする．その上で，教誨は，「単に『信教の自由』を保障するためだけでなく，ことばの本来の意味からしてもむしろ受刑者の教化，改善，更生といった目的のために行われるものであり，いわば国家政策的見地から実施されている」．「とすれば，教誨は，国家，社会における宗教の役割を認め，その積極的利用をはかるもの」だ，として合憲としている[24]．これは宗教教誨を，被収容者の信教の自由に対する「配慮」，「便益供与」としてだけではなく，被収容者の更生という「国家政策的見地」から，広汎に正当化する見解である[25]．その点で，他の学説とは相当に異なる．

(2) 教誨活動と憲法89条

教誨師が刑事収容施設被収容者に宗教教誨を行うとすると，国の収容施設を利用しなければならない．これは89条前段が禁止する公の財産の利用に当たらないか，という疑問もある．これに対しては，「教誨師が施設を利用して宗教教誨を行なうのは，その属する『宗教上の組織若しくは団体の使用，便益若しくは維持のため』に施設を利用するのではなく，専ら受刑者の精神的救済と教化改善のために行なうのであるから，同条に違反しない」，という回答が一般になされてきた．ここでも89条前段は信教の自由を裏打ちするための規定であるから，信教の自由を現実的に保障するためには制限を受ける，といわれるのである[26]．

---

24) 百地章『憲法と政教分離』(成文堂，1991年)140～142頁．本文のような理解に基づいて，同書は，「教誨は厳格分離説のいう『国家の非宗教性』や『国家による宗教そのものの優遇禁止』に違反しないか」，「厳格分離論者がこれを当然のごとく合憲としていることには疑義がある」，と反問している．

25) これに対し百地・前掲注14)88頁は，「例えばある国家行為によって国民の信教の自由が制限されることになる場合には，当事者の信教の自由を保障するために，政教分離には自ずから限界が認められることになろう」とし，その典型例が受刑者に対する教誨活動だという．これは本文の議論とは異なるものである．つまり，この論者は「政教分離の内在的限界」と「政教分離の政策的緩和」を区別するが，本文で引用した文章は教誨を後者に，本注で引用した文章は前者に分類している．しかも，百地・前掲注14)91～92頁は，再び教誨を「政策的緩和」の例として扱っている．このことは，「内在的限界」と「政策的緩和」という区別が，この論者において相対的であることを示している．

26) 松島・前掲注19)12～15頁，同・前掲注21)24～25頁，佐藤・前掲注19)19頁，吉田・前掲注19)247頁，野中・前掲注20)21頁，馬屋原成男「監獄における宗教教誨制度」駒澤大学法学論集18号(1978年)172～173頁など．

また，刑事収容施設内において教誨堂，居室内の仏壇や祭壇等を設置することが89条前段に反しないかについても，「矯正施設においては，……受刑者が拘禁され，行動の自由がいちじるしく制限されているという特殊性から考え，その信教の自由を確保する」ために許される，と解されている[27]．しかしこの応答では特定の宗教の施設のみを設置することが，その宗教に対する援助等にならないか，という疑問には答えられていない．使用される可能性が高い施設を選択して予め設置することには合理的な理由がある，という趣旨であろうか．これに対して，繰り返し参照している百地は，「監獄内に仏壇や礼拝堂などを設置する」ことは，「個々の受刑者の直接の希望の有無とは無関係」になされているものであり，「教誨の場合以上に，単に受刑者の『信教の自由』を保障するためという理由づけだけでは説得力を欠く」，という．そしてこの見地から，「宗教施設の設置はむしろ受刑者の教化，改善のためといった刑事政策上の見地からのものとみるべき」だ，と論じている[28]．

さらに，教誨師に対して「車馬賃」「謝礼」といった形で金銭が支払われることが89条前段の禁ずる「公金」の支出に当たらないか，という疑問もある．これに対しても，「それは教誨師個人に支払われるのであり——従って『宗教上の組織若しくは団体』ということにはならない——，しかも支配的な見解によれば宗教教誨の代償として支払われるのであるから——従って『宗教上の組織若しくは団体の使用，便益，維持のため』ということにもならない——，同項違反とはならない」，と答える見解がある[29]．

この見解を含めて，これまで見てきた学説の多くは，日本国憲法制定初期のものであった．そのため，89条適合性に関する疑念に対して，かなり形式的な応答がなされている．仮に89条に該当しなくても，20条3項で禁止された「宗教的活動」に当たらないか，という問題が本来は残るはずである．現在の学説であれば，89条または20条3項適合性について，おそらく目的・効果基

---
27) 松島・前掲注19)15頁．初宿・前掲注17)233頁は，「むしろわが国においてはこうした配慮が十分になされていない(施設内には仏壇のみがあるのが普通かもしれない)」，と指摘している．
28) 百地・前掲注24)141〜142頁．
29) 松島・前掲注19)16頁注(3)，同・前掲注21)25頁，吉田・前掲19)247頁．説明の仕方はやや異なるが，結論は同じものとして，佐藤・前掲注19)18〜19頁．また滝澤・前掲注7)40頁は，「必要経費」を超えるかどうか，という基準を示している．

準を使って論ずるであろう．そうなると，「車馬賃」はともかくとして，「謝礼」の合憲性判断はその額に応じて微妙になるように思われる．

このように，ここでも従来は89条前段と信教の自由を調整する思考方法はそれほど十分には展開されていなかった．そのなかで，信教の自由への「配慮」，「便益供与」，さらには「政教分離の政策的緩和」という観点から諸事例を正当化しようという見解が出されている，という状況である．

(3) 国による「宗教的情操の涵養」

大阪拘置所が，大阪府宗教教誨員等により宗教教育をしたり，日本短波放送の「光を求めて」の時間を特別中継して宗教教育をしたりしていることの可否が，争点の一つとなった訴訟がある．この事件に関する大阪地裁は，一般論として，「『特定の宗教によるもの』でなくても，宗教一般の社会生活上の機能を理解させる以上の宗教の信仰に導くための宗教教育」は，20条3項に反するとしていた[30]．また帯広刑務所が，全収容者を対象に自主放送として，日本メノナイト帯広教会提供の録音テープにより「メノナイトアワー」を聴取させていたこと，および大谷派僧侶の仏教宣伝を目的とする講演を強制的に聴かせたことの憲法適合性が問われた事件がある．東京地裁はこう判断した．「宗教信仰の宣伝にならない限度で，国及びその機関が，必要な場合宗教に関する一般的知識の理解，増進をはかることまで禁じられているものではない」．「右教化方法として，宗教団体の提供する録音テープを使用し，宗教家の講演を聴かせても，その内容が宗教信仰の宣伝に亘らない限り」違憲ではない[31]．

これらの判決が説くように，許される教誨とそうでない教誨があるということは，一般に認められている．その上で，一方で教誨関係者からは，許される教誨を広く解して，それに期待する見解がしばしば示されている[32]．他方では，それぞれの判決による一般的区別論を承認しつつ，許されない教誨を広めに解し，それぞれの事案においてなされた教誨のあり方は違憲だ，とする見解

---

30) 大阪地判昭和33年8月20日判時159号6頁(44頁)．
31) 東京地判昭和36年11月6日判時285号14頁(16頁)．判決文は条項を明示していないが，20条3項適合性について判断されたものと思われる．
32) 例えば，楠下芳輝「宗教教誨の新しい展開のために」刑政67巻1号(1956年)33頁以下，近藤哲城「宗教教誨の変遷といま」刑政121巻4号(2010年)16頁以下など．

もある[33]．

　なおこの合憲判断については，東京地裁とは異なり，「信仰の宣伝」に至っているかどうかではなく，「配慮理論」，つまり「国家が私たちの信教の自由に配慮しながら，政教分離原則よりも同自由を優先させて，私たちに課せられる責務を解除してよい，とする法理」によってはじめてうまく説明できる，という見解も出されている．ただしこの見解によると，許される教誨と許されない教誨の区別をいかに行うのか，という疑問が残る．さらに，「配慮理論」を用いる提案のなかでも，その妥当すべき領域については見解が分かれる．ここで紹介している見解は，「たとえば，拘禁，徴兵といった国家の行為によって個人の宗教的行為の機会が奪われ，しかも，total institution（全面的収容施設）のなかに生活せざるをえない人物のごとく，国家が自由行使を大幅に妨げている人びとに限定されるべきである」，という[34]．これは，先に紹介した百地説（注14の本文）よりも「配慮理論」の射程を狭く捉えるものである．

4　小括

　津地鎮祭判決は，宗教系私立学校への助成を平等原則により，刑事収容施設等における宗教教誨を信教の自由により，政教分離原則には反しないものとした．この判決は，傍論での判示ということから，これらの事例は目的・効果基準によって調整するまでもない，と考えていたかのような論じ方をしている．また判例は，政教分離を常に厳格に貫こうとしているわけではないため，「緊張関係」という構成をとってもとらなくても，上記の諸事例は政教分離規定に反しない，という結論が導かれるものと思われる．これに対して若干の学説は，これらを政教分離原則と信教の自由や平等原則との間に「緊張関係」が生じている例と見た上で，それらの間の調整に関する考察を多少なりとも行っている．宗教系私立学校への助成について，学説は調整手法も提示しようとしている．

---

33) 馬屋原・前掲注26) 160～165頁．
34) 阪本昌成『憲法2　基本権クラシック〔第4版〕』(有信堂，2011年) 143～144頁，同『憲法理論Ⅱ』(成文堂，1993年) 360～361頁．なお大石眞『権利保障の諸相』(三省堂，2014年) 97頁が，「通常の社会生活を送ることのできない閉鎖的な公的施設の場合，ここで生活する者の信教の自由を確保するためには，当然に原則を緩和することが求められよう」とするのも，本文と同趣旨だと思われる．これに対して，百地説と同様，「配慮理論」をより広汎に展開するものとして，高畑英一郎「宗教への配慮」宗教法19号(2000年) 225頁以下．

そのなかでおそらく多数を占めているのは，目的・効果基準によって判断しようとする立場ではないかと思われる．さらに，宗教系私立学校への助成に関しては，政教分離原則と平等原則だけではなく，教育を受ける権利も考慮されるべきだという見解も有力である．これに対して教誨に関する学説は，日本国憲法制定初期のものが多いため，政教分離原則と信教の自由との間の調整手法については，ほとんど未発達の状態にとどまる．そのなかでは，宗教への「配慮」，「便益供与」理論によって，さらには「国家政策的な見地」から，問題とされた諸事例を正当化しようとする発想も存在する．ただし，「配慮」の理論がどの事例に当てはまるのかについては，見解が分かれているという状況にある．

　本章で紹介した学説は，「配慮」理論が妥当する領域では，信教の自由を保護するためになされる「配慮」行為をすべて政教分離原則に反しないとする，かなり強い意味で「配慮」理論を用いているようである．そのために，「配慮」理論が「国家が自由行使を大幅に妨げている人びとに限定されるべきである」といった限定がかけられることがある．これに対して本章は，「配慮」をより緩やかな意味で用いたい．その立場からは，「配慮」行為についても許容されるものと許容されないものがある，ということになる．このことについては，後に(Ⅳ 3)論ずることとしたい．

Ⅲ　津地鎮祭判決後の最高裁判決の動向

1　エホバの証人剣道受講拒否事件

(1) 神戸地裁判決

　津地鎮祭事件判決のあと，政教分離原則と信教の自由の「緊張関係」が実際に争われたのは，公教育の場面であった．その嚆矢となったのは，日曜日授業参観事件である[35]．しかしこの事件は一審で終わったため，本章では最高裁まで争われ著名となった，エホバの証人剣道受講拒否事件を取り上げる．日本の憲法学において，政教分離原則と信教の自由の「緊張関係」に関心が向けら

---

35) 東京地判昭和61年3月20日判時1185号67頁．

れたのは，この事件の，とりわけ一審判決が重要な契機であった．

神戸高専に在学していたエホバの証人の信者が，その教義に従って剣道の実技に参加しなかったため，体育の単位を認められず，学校長によって内規に従い初年度は原級留置，翌年度は退学処分とされた．この処分の取消訴訟に関する神戸地裁は，神戸高専が剣道実技の履修を求めることにより，信者の「信教の自由が一定の制約を受けた」ことを認める．しかし，「剣道の履修義務自体は何ら宗教的意味を持たず，信教の自由を制約するためのものでもな」いため，「宗教的信条に基づく行為の自由も，社会生活上，その権利に内在する制約を免れない」として，簡単に制約を正当化した．その上で判決は，次のように述べた．「逆に，剣道の実技に参加していないにもかかわらず，信教の自由を理由として，参加したのと同様の評価をし，又は，剣道がなかったものとして65点を基準として評価したとすれば，宗教上の理由に基づいて有利な取扱いをすることになり，信教の自由の一内容としての他の生徒の消極的な信教の自由と緊張関係を生じるだけでなく，公教育に要求されている宗教的中立性を損ない，ひいては，政教分離原則に抵触することにもなりかねない」[36]．こうした議論を展開しながら，この判決は従来の裁判例のなかでは異例な形で政教分離規定を厳格に解して信教の自由と対抗関係に置くことにより，学校長が行った処分には裁量権の逸脱や濫用はないことを傍証しようとした．

(2) 最高裁判決

控訴審と最高裁は，一審とは反対に，学校長による処分を違法と判断した．ここでは最高裁判決を扱う．この判決も，原級留置や退学処分を行うかどうかについて，校長の裁量権が逸脱・濫用されたと認められる場合に限り違法と判断すべきだ，という立場をとる．しかし，「退学処分は学生の身分をはく奪する重大な措置であ」ることなどから，「当該学生を学外に排除することが教育上やむを得ない」場合に限るべきであり，「その要件の認定につき他の処分の選択に比較して特に慎重な配慮を要する」，などという．その上で，本件各処分は違法だと判断した．その際に考慮されたのは，①高専において，「剣道実

---

[36] 神戸地判平成5年2月22日判タ813号134頁(141～142頁)．一審段階では，学校側による処分としては原級留置のみがなされていた．本書第3部第1章Ⅴ2(2)も参照．

技の履修が必須のもの」ではなく,「代替的方法によってこれを行うことも性質上可能」であること,②学生が剣道実技への参加を拒否する理由は,「信仰の核心部分と密接に関連する真しなもの」であるにもかかわらず,受けた「不利益が極めて大きい」こと,③それらにかんがみれば,「何らかの代替措置を採ることの是非,その方法,態様等について十分に考慮するべきであった」のに,それがなされていないこと,などの事情である.学校長側による,代替措置をとることは憲法20条3項に違反するという主張に対しては,「例えば,他の体育実技の履修,レポートの提出等を求めた上で,その成果に応じた評価をすることが,その目的において宗教的意義を有し,特定の宗教を援助,助長,促進する効果を有するものということはできず」,また「学生が信仰を理由に剣道実技の履習を拒否する場合に,学校が,その理由の当否を判断するため,単なる怠学のための口実であるか,当事者の説明する宗教上の信条と履修拒否との合理的関連性が認められるかどうかを確認する程度の調査をすることが公教育の宗教的中立性に反するとはいえない」,と判断している[37].

　この判決は,政教分離原則を厳格には解さない従来の判例法理を前提として,「緊張関係」を表面化させないようにしながら,(上記で判示部分は紹介していないが)行政裁量審査によって事案を解決したものである[38].

(3) 「緊張関係」とその調整

　ここでまず再確認すべきことは,判例と学説では,「緊張関係」といっても,その度合いが異なることである.それを前提とした上で,さらに「緊張関係」の因子の違いも指摘できる.先に扱った宗教系私立学校への助成の事例では,政教分離原則の緩和を主張する側が,信教の自由とともに平等原則を援用し得た.これに対してエホバの証人剣道受講拒否事件では,学校長側が義務教育を免除することは政教分離原則とともに平等原則に反すると主張し,学生側が信教の自由と教育を受ける権利を援用して応戦した,という構図になっている[39].

---

37) 最二小判平成8年3月8日民集50巻3号469頁(476～480頁).
38) 戸波江二「信教の自由と剣道受講義務」筑波法政16号(1993年)38頁,棟居快行「判批」法教192号(1996年)95頁,木下智史「判批」法セ521号(1998年)57頁,矢島基美「政教分離原則論攷」上智法学41巻3号(1998年)90頁など.詳しくは,本書第3部第2章を参照.

さらに同じく公教育の場面において，政教分離原則と信教の自由の「緊張関係」が問題となった日曜日授業参観事件とエホバの証人剣道受講拒否事件についても，違いをいくつか指摘できる．その一つが，両者において「緊張関係」が生ずるとされる場面の相違である．前者の事件に関する東京地裁は，「宗教行為に参加する児童について公教育の授業日に出席することを免除する（欠席として扱うことをしない．）ということでは，宗教，宗派ごとに右の重複・競合の日数が異なるところから，結果的に，宗教上の理由によって個々の児童の授業日数に差異を生じることを容認することになって，公教育の中立性を保つ上で好まし」くない，としていた[40]．これに対して後者の事件における最高裁は，義務免除自体よりも，むしろ代替措置をとることの憲法 20 条 3 項適合性について論じていたのである[41]．そのため，エホバの証人剣道受講拒否事件に関しては，第一に，「信教の自由に負担を課す行為」の合憲性，第二に，「その負担を除去する配慮行為」の合憲性，という二つの論点が分岐することになる[42]．この点も本章 II で扱った諸事例との違いである（IV 1 (2) で改めて論ずる）．

第一の「信教の自由に負担を課す行為」の合憲性について，当時の多くの学説は，アメリカの判例法理を参照しつつ，「当該政府行為が『必要不可欠の政府利益』……を達成する『厳密に工夫された手段』……であるか否かを審査する」，「厳格な審査基準」によって判断することを提唱していた[43]．しかしエホバの証人剣道受講拒否事件の最高裁は，エホバの証人に対する剣道実技の義

---

39) 判タ 813 号 134 頁(138 頁)．これに対して，原告側に立った反論として，平野武「剣道履修拒否と信教の自由」龍谷法学 25 巻 1 号(1992 年)137 頁．そこでは学校側からの平等原則違反という主張を「あまりにも形式的な論理」だと批判し，むしろ，「病気によって剣道の授業を見学する学生と『エホバの証人』の信仰によって見学する原告らの間の取扱いの差」が「不合理な差別」だ，と反論している．なお，樋口・前掲注 1)154～155 頁は，「信教の自由を主張する側が政教分離を援用するのが，日本国憲法下の訴訟の主流であるが，それとは別に，社会の少数者の主張する信教の自由に対し，多数派すなわち公権力の側が政教分離を援用するという対抗構図が，裁判の場面であらわれ」たのがこの事件だ，という特徴づけを行っている．
40) 判時 1185 号 67 頁(79 頁)．
41) 井上典之「宗教上の人格権と裁判」笹田栄司ほか『ケースで考える憲法入門』(有斐閣，2006 年)153～154 頁．
42) 飯野・前掲注 1)21～22 頁．もっとも日曜日授業参観事件においても，緩かな程度ではあるが，本文の二つの論点は生じている．
43) 野坂泰司「公教育の宗教的中立性と信教の自由」立教法学 37 号(1992 年)11 頁以下，同「判批」ジュリ 1035 号(1993 年)150 頁．その他，小林武「信教の自由と公教育の宗教的中立性(一)」南山法学 17 巻 2 号(1993 年)109 頁以下，平野・前掲注 39)131 頁以下，滝澤信彦「エホバの証人剣道受講拒否事件」北九州大学法政論集 22 巻 3・4 号(1994 年)156 頁，戸波・前掲注 38)28 頁など．

務づけについては，暗黙のうちに当然に合憲だと考えて，判断すらしなかった．判決は，義務を履行しなかった学生に対する処分の適法性に関して行政裁量審査を行い，違法だと結論づけたのである．

　第二の，「負担を除去する配慮行為」である「代替措置」の合憲性に関して，最高裁はいわゆる目的・効果基準に触れつつ，簡単にそれを認めた．学説では，そうした結論には異論はないものの，調整の手法については，①判例同様，目的・効果基準によるべきとする見解[44]，②アメリカ合衆国の判例法理におけるエンドースメント・テストを参照すべきだとする見解[45]，③「当該行為が憲法上の重大な価値，人権を実現するものであり，そのような行為を政教分離違反とすることが憲法上の重大な価値，人権の保障と衝突する場合とそうでない場合の二つのケースにおいて目的・効果論はその適用をかえてしかるべき」であり，「前者では政教分離原則は緩和されるが後者では厳格に解釈されるべき」とする見解[46]，④「宗教の果たす社会的役割や個人の信教の自由の確保の要請に配慮する必要がある問題」については，「ⅰ宗教と係わり合いを持つと思われる国家行為（＝配慮行為）の目的の正当性とⅱ手段（＝配慮行為）の目的との関連性を問う目的手段審査が妥当である」，とする見解[47]，などが提唱されている．ただし，結論に異論がないこの事例は，調整手法について論ずるための適切な場面ではない．

　一審原告による，学校側による処分が生徒の教育を受ける権利を不当に侵害しているという主張については，最高裁は処分を違法としたため直接答える必要はなくなった．また被告側による，代替措置をとることは平等原則に反するという主張も，黙示的に否定された[48]．

　最高裁において，政教分離原則と信教の自由の「緊張関係」とその調整は，エホバの証人剣道受講拒否事件とは別の系統の事案で表面化している．このこ

---

44) 中村睦男「子どもの信教の自由と学校の裁量」季刊教育法92号(1993年)55頁，小林武「判批」南山法学19巻1号(1995年)210〜211頁．
45) 野坂・前掲注43)公教育26頁以下，「〔鼎談〕愛媛玉串料訴訟最高裁大法廷判決をめぐって」ジュリ1114号(1997年)24〜25頁(長谷部恭男発言)，安西文雄「信教の自由の展開」安西ほか『憲法学の現代的論点〔第2版〕』(有斐閣，2009年)370〜371頁，小泉良幸「信教の自由と政教分離」小山剛・駒村圭吾編『論点探究　憲法〔第2版〕』(弘文堂，2013年)157頁以下など．
46) 平野・前掲注39)134頁以下．
47) 飯野・前掲注1)32頁以下．
48) 高裁判決に関する解説ではあるが，小林・前掲注44)211〜212頁．

とを次に見ていこう.

2 「国有境内地処分法」の合憲性

(1) 大蓮寺事件判決

明治初期，政府は，社寺等が所有していた土地を無償で官有地とした後，社寺等に無償で貸し付けることとしていた．しかし日本国憲法の制定に際し，政教分離原則に明らかに反するこうした状態を解消するため，「社寺等に無償で貸し付けてある国有財産の処分に関する法律」（以下では「国有境内地処分法」という）によって，かつて無償でとりあげたという確実な証拠がある土地については譲与するとした(1条)．また，社寺有であったことにも，ないことにも確実な証拠がない土地は，時価の半額で売り払うことができる旨を定めた(2条)．同法が憲法89条前段に反しないかが争点となった大蓮寺事件において，最高裁は，同法1条を念頭におきつつ，「新憲法施行に先立つて，明治初年に寺院等から無償で取上げて国有とした財産を，その寺院等に返還する処置を講じたものであつて，かかる沿革上の理由に基く国有財産関係の整理は，憲法89条の趣旨に反するものとはいえない」，と判断した[49]．

この判決は，憲法交代期において，「沿革上の理由」により，当該法律の規定を89条の対象外としたのか，あるいは89条の対象ではあるが違反が正当化されるとしたのか，は明確ではない．しかし判決同様，「沿革上の理由」によって同法の規定を89条違反ではないとする仕方は，学説上も有力であった[50]．

(2) 富士山本宮浅間神社事件判決

最高裁が，国有境内地処分法の合憲性について再び判断したのが，富士山本宮浅間神社事件に関してであった．この判決も，憲法89条の下で上記の無償貸付関係を持続することは不可能であるという．しかし，これを清算するにあたり，「ただ単にその消滅のみをはかるとすれば，……沿革的な理由から従来

---

49) 最大判昭和33年12月24日民集12巻16号3352頁(3355頁).
50) 法学協会編・前掲注8)1334頁，佐藤功『憲法(下)〔新版〕』(有斐閣，1984年)1183頁．近年でも，樋口陽一ほか『憲法Ⅳ』(青林書院，2004年)218〜219頁(浦部法穂)など．学説状況については，さしあたり，新井隆一「判批」芦部信喜・高橋和之編『憲法判例百選Ⅱ〔第2版〕』(有斐閣，1988年)407頁，塚本俊之「判批」長谷部恭男ほか編『憲法判例百選Ⅱ〔第6版〕』(有斐閣，2013年)436頁などを参照．

社寺等に認められていた永久,無償の使用権をゆえなく奪うこととなり,財産権を保障する日本国憲法の精神にも反する結果となるのみならず,その結果,社寺等の宗教活動に支障を与え,その存立を危くすることにもなりかねないのであるが,そのような結果は,実質的にみて特定宗教に対する不当な圧迫であり,信教の自由を保障する日本国憲法の精神にも反する」.そこで,「元来所有権者であるべき社寺等に無償で返還(譲与)することとして制定されたのが」当該法律であり,それゆえにこそ合憲といえる,と判断した[51].

その後の学説では,この判決の趣旨を,「国有境内地処分法は,この信教の自由と政教分離原則とを調和させるものとして,且つその限りで,合憲」だというものとして理解した上で,それを支持する見解が有力化した[52].本章の枠組みでいえば,この判決は,当該法律条項が政教分離条項に反するかを判断するに際して,「沿革上の理由」だけではなく,社寺等の信教の自由および財産権に「配慮」するものであることを考慮しつつ合憲だと判断した,ということになる.この事例では,政教分離原則と信教の自由・財産権が正面から「緊張関係」にあったのであるが,信教の自由・財産権に優位が与えられた解釈がなされたのである.ただし,無償譲与の対象は「宗教活動を行うに必要なもの」(国有境内地処分法1条,2条)に限定されている.これは宗教活動に直接関係のない財産をも処分の対象とすると,「社寺等に特別の利益を供する結果となり,政教分離の趣旨にそぐわない」,と考えられたためである[53].

この事件において,政教分離原則と信教の自由・財産権の調整は上のように行われたのであるが,調整手法については特段示されていない.これは,この事件がかなり古いものであり,津地鎮祭判決も出ていなかったため,考察の手掛かりがなかったという事情によるものと思われる.またこの訴訟は法律規定の違憲性を争っているため,他の多くの政教分離事例とは異なり,調整を行っ

---

51) 最三小判昭和49年4月9日判時740号42頁(44～45頁).
52) 大石眞「判批」芦部・若原編・前掲注20) 61頁,同『憲法史と憲法解釈』(信山社,2000年) 202頁,233頁,259頁以下,初宿・前掲注17) 244～245頁,芹沢斉ほか編『新基本法コンメンタール 憲法』(日本評論社,2011年) 466頁(岡田俊幸),塚本・前掲注50) 437頁,蟻川恒正「政教分離規定『違反』事案の起案(3)」法教436号(2017年) 94～95頁など.とくに大石による研究が,「沿革上の理由」が明確ではない土地を半額で譲与することを定めた同法2条の合憲性が,同法制定時には議論の焦点だったことを示している.
53) 判時740号42頁(45頁).

た立法者の判断に関する審査がここでの問題だった,という事情もかかわっていたのかもしれない.しかしこの判決は,次に見る砂川政教分離訴訟において,直接的には参照されていないものの,実質的には重要な先例となっている.

3 砂川政教分離訴訟

(1) 空知太神社事件第一次上告審判決

砂川市が,住民から寄附を受けて所有する土地を,空知太町内会に対し,神社施設の敷地として無償で使用させていることの合憲性が争われた.最高裁は,この事件に際して,従来から用いられていた,いわゆる目的・効果基準に言及することなく,「当該宗教的施設の性格,当該土地が無償で当該施設の敷地としての用に供されるに至った経緯,当該無償提供の態様,これらに対する一般人の評価等,諸般の事情を考慮し,社会通念に照らして総合的に判断すべき」,という一般的な判断枠組みを示した(以下では「総合的判断の手法」という).その上で,当該利用提供行為を,憲法89条,20条1項後段に違反すると判断した[54].

本章が関心対象とするのは,むしろ,その後始末に関する判断である.「このような違憲状態の解消には,神社施設を撤去し土地を明け渡す以外にも適切な手段があり得る」.例えば,当該土地の「全部又は一部を譲与し,無償で譲渡し,又は適正な時価で貸し付ける等の方法によっても上記の違憲性を解消することができる」.そして,市には,「諸般の事情を考慮に入れて,相当と認められる方法を選択する裁量権がある」.しかし,市が「直接的な手段に訴えて直ちに本件神社物件を撤去させるべきものとすることは,……地域住民らによって守り伝えられてきた宗教的活動を著しく困難なものにし,氏子集団の構成員の信教の自由に重大な不利益を及ぼす」.原審が,市が「本件神社物件の撤去及び土地明渡請求をすることを怠る事実を違法と判断する以上は,原審において,本件利用提供行為の違憲性を解消するための他の合理的で現実的な手段が存在するか否かについて適切に審理判断するか,当事者に対して釈明権を行使する必要があった」.それをしないまま,原審が本件神社物件の撤去請求を

---

[54] 最大判平成22年1月20日民集64巻1号1頁(10~12頁).

怠る事実を違法と判断したことは法令違反であるとして,「違憲性を解消するための他の手段の存否等について更に審理を尽くさせるため」, 原審に差し戻した[55]。

ここにおいて, 市が89条に反する状態を解消するために神社物件の撤去を求めると, 今度は「氏子集団の構成員の信教の自由に重大な不利益を及ぼす」ことから, 政教分離原則と氏子集団の構成員の信教の自由との間における調整を行うことが必要だ, とされているのである[56]。

(2) 富平神社事件判決

砂川市がかつて富平各部落から寄附を受けた土地を, 富平町内会に対して富平神社の敷地として使用させていることは, 憲法89条, 20条1項後段に反する疑いがある, という住民監査を受けた。そこで市は, 議会の議決を経て, 当該土地を町内会に譲与した。この譲与が20条3項, 89条に反しないかが争われた事件に関する最高裁は, 空知太神社事件第一次上告審判決と同日の判決において, 次のようにいう。「本件各土地が市の所有に帰した経緯についてはやむを得ない面がある」。しかし, 土地を無償で神社敷地としての利用に供していた行為を「そのまま継続することは, 一般人の目から見て, 市が特定の宗教に対して特別の便益を提供し, これを援助していると評価されるおそれ」がある。本件譲与は, そうした「おそれのある状態を是正解消するために行ったもの」である。そこで「仮に市が本件神社との関係を解消するために本件神社施設を撤去させることを図るとすれば, 本件各土地の寄附後も上記地域住民の集団によって守り伝えられてきた宗教的活動を著しく困難なものにし, その信教の自由に重大な不利益を及ぼすことになる」。本件譲与は,「市と本件神社とのかかわり合いを是正解消する手段として相当性を欠くということもできない」。

---

55) 民集64巻1号1頁(12〜15頁)。
56) なお, 野坂泰司「判批」判例評論622号(判時2090号, 2010年)10頁は,「『氏子集団の構成員の信教の自由』といっても, 多分に観念的な把握にとどまっているきらいがあることは否めない」, という。また, 飯野賢一「政教分離訴訟における政教分離原則違反状態の解消手段について」愛知学院大学宗教法制研究所紀要55号(2015年)も,「構成員の信教の自由を語るためには, 氏子集団の構成員がどのような宗教実践を行ってきたのかを具体的に検討する必要がある」, と論ずる。この点は, 最高裁が事実に関する評価を行うことには限界があるとしても, 同判決の苦しい箇所ではないかと思われる。関連して, 注77), 注78)も参照。

「以上のような事情を考慮し，社会通念に照らして総合的に判断すると，本件譲与は，市と本件神社ないし神道との間に，我が国の社会的，文化的諸条件に照らし，信教の自由の確保という制度の根本目的との関係で相当とされる限度を超えるかかわり合いをもたらす」ものではない[57]．

この判決は，空知太神社事件第一次上告審判決とは異なり，問題を政教分離原則と氏子集団(その構成員ではなく)の信教の自由との間の調整として捉えている．その上で，空知太神社判決が違憲性の解消手段の一つとして例示した土地の無償譲与を，当該事案に関して合憲と判断した．そこでは総合的判断の手法が前提とされつつ，譲与の目的は正当で，かつ市と神社との「かかわり合いを是正解消する手段として相当性」があるか，という目的手段審査がなされているようである．

(3) 空知太神社事件第二次上告審判決

第一次上告審判決のあと，砂川市長と神社の氏子集団の幹部との協議により，違憲状態を解消するため，①神社の表示を撤去する，②「地神宮」の文字を削り，「開拓記念碑」等の文字を彫り直す，③祠を建物から取り出し，鳥居付近に設置し直す，④鳥居および祠の敷地について，適正な賃料で氏子集団の氏子総代長に賃貸する，④賃貸予定地については，ロープを張るなどその範囲を外見的にも明確にする，といった措置をとることにした．富平神社事件では町内会に対して敷地の譲与が行われたが，空知太神社事件では氏子集団の氏子総代長に対して敷地の一部が賃貸されることになった，ということが注目すべき違いである．

この措置の合憲性が争われた第二次上告審において，最高裁は次のように述べた．この措置は「違憲性を是正解消するため」のものである．諸般の事情を「総合考慮すると，本件手段が実施された場合に，本件氏子集団が市有地の一部である本件賃貸予定地において本件鳥居及び本件祠を維持し，年に数回程度の祭事等を今後も継続して行うことになるとしても，一般人の目から見て，市が本件神社ないし神道に対して特別の便益を提供し援助していると評価される

---

[57] 最大判平成22年1月20日民集64巻1号128頁(133〜135頁)．

おそれがあるとはいえない」．「したがって，本件手段は，本件利用提供行為の前示の違憲性を解消するための手段として合理的かつ現実的なものというべきであり，市が，本件神社物件の撤去及び本件土地1の明渡しの請求の方法を採らずに，本件手段を実施することは，憲法89条，20条1項後段に違反」しない[58]．

(4) 「緊張関係」の調整手法

空知太神社事件第一次上告審判決は，町内会に対する市有地の無償貸与の合憲性判断について，総合的判断の手法による審査を行った．違憲状態の解消策としては，譲与，有償譲渡，適正価格での賃貸を例示し，いずれを選択するかについて行政の裁量を認めた[59]．

富平神社事件判決は，それらのうちで，当該事案における町内会に対する土地の譲与を合憲と判断した．その際の判断枠組みは，総合的判断の手法を基本に置きながら，目的手段の審査がなされているように思われた．この判断手法については，担当調査官の解説が参考となる．従来の政教分離訴訟で対象となったのは「1回限りの作為的行為」だったのに対し，空知太神社事件の判断対象は「半世紀以上もの歴史を有する継続的行為」で，かつ「作為的側面もあるものの，単に現状を放置しているという不作為の側面も併せ有するもの」であり，しかも，その無償提供行為の継続中に「大きな事情の変化」があったものだった．そのために，従来の目的・効果基準は適合せず，総合的判断の手法が採用された．これに対して富平神社事件では，公有地の譲与という「1回限りの作為的行為の憲法適合性」が争われた．にもかかわらずこの判決は，「譲与の目的に関する検討をする一方で，上記譲与が一般人に対してもつ効果については特段検討することなく，譲与がそのような目的を実現する手段として相当性を有するか否かといった見地から検討」を行った，というのである．このことを前提として，さらに空知太神社事件第一次上告審判決については，「1回

---

[58] 最一小判平成24年2月16日民集66巻2号673頁（679～681頁）．
[59] 蟻川恒正「実体法と手続法の間」法時82巻11号（2010年）92頁は，注55）を付した本文で紹介した最高裁の判示に対して，「そこでは，当該物件の撤去請求・無償譲渡・有償譲与・貸付けといった諸手段が，いずれも政教分離規定違反の是正・解消手段たりうるという重要な判断が，個別の手段に即した検討に付されることなく一括りに，しかも，全体としても特に論証を企てられることもないままに，断定されている」，と批判する．

限りの作為的行為についても」，目的効果基準に拘泥せず，「より柔軟かつ事案に即した判断基準へと，従来の判断基準を深化させた」ものだ，と説明されている[60]．富平神社事件判決による諸事情の総合判断のなかで重きを置かれたのは，「本件各土地は，昭和10年に教員住宅の敷地として寄附される前は，本件町内会の前身である富平各部落会が実質的に所有していた」といった経緯であり，また「氏子に相当する住民集団」の信教の自由に対する配慮である．この点で，富士山本宮浅間神社事件判決が実際上参照されている[61]．

さらに空知太神社事件第二次上告審判決においても，総合的判断の手法を下敷きにした上で，目的手段の審査が行われているように思われる．もっともこの判決の判断手法には，富平神社判決とはやや異なる部分もある．一方で，第二次上告審判決では，手段について「特別の便益を提供し援助していると評価されるおそれ」がないという形で，効果判断もなされている[62]．この点は，第一次上告審判決に関する調査官解説において，富平神社事件のような「1回限りの作為的行為」の憲法適合性判断に際しては目的と効果が「最低限の着眼点として一般的有用性」をもち，「解消手段の相当性という視点は，当該譲与のもつ宗教的効果と無縁なものではあり得ない」[63]，とされていたことと対応している．他方でこの判決では，富平神社事件判決にはあった，「相当とされる限度を超えるかかわり合いをもたらすもの」ではないという（Ⅲ 3 (2)），従来の政教分離規定適合性審査を行った諸判決に一般的に用いられていた判示は

---

60) 清野正彦「判解」最判解民平成22年度（上）（2014年）26〜44頁．なお，野坂・前掲注56)11頁（注12）は，富平神社事件に関して，「本件はたしかに1回限りの行為が問題とされているが，当該行為に至る歴史的経緯を考慮すると，単純に当該行為について従来の目的効果基準の適用による判断を行うことは難しかったのではないか」，という．ちなみに空知太神社事件第一次上告審判決も，「本件利用提供行為は，その直接の効果として，氏子集団が神社を利用した宗教的活動を行うことを容易にしている」として，効果に関する判断も行っていた．民集64巻1号1頁(11頁)．中島宏「空知太神社事件最高裁判決と目的効果基準」宗教法31号（2012年）153頁などを参照．
61) 蟻川・前掲注52)93頁以下．富平神社事件判決では，空知太神社事件第一次上告審判決が挙げた考慮諸要素でいえば，「当該施設の性格や来歴」，「無償の提供に至る経緯」，「利用の形態」が重視されている．また飯野・前掲注56)9頁以下など．
62) 民集66巻2号673頁(680頁)．この点に着目して，「目的効果基準を用いたに等しい」と評する見方もある．君塚正臣「判批」速判解（法セ増刊）12号（2013年）12頁，初宿正典「判批」平成24年度重判解（ジュリ1453号，2013年）23頁．
63) 清野・前掲注60)41〜44頁．ちなみに小林武「最高裁における政教分離の判断手法」愛知大学法経論集187号（2010年）82頁は，本章とは異なり，富平神社判決を，「空知太の枠組みにそのまま倣ったものとはいえず，目的効果基準にかなりの程度に強く依拠したもの」，と位置づけていた．

なくなっている．これは同判決が事案を，正面から政教分離適合性判断を行う必要がないものと考えていたことを示唆している．

(5) 空知太神社事件・再考

空知太神社事件第二次上告審判決で判断対象となった，神社敷地の適正価格での貸与などを内容とする違憲状態解消策を合憲と解すべきかどうかについては，学説でも見解が分かれている．一般論としては，「無償譲与，有償譲渡，土地明渡しは，政教分離が徹底するが，有償貸付けは政教分離が不徹底」だ，と評されている[64]．しかし他面では，富平神社判決も認めるように，無償譲与は，「土地の財産的価値にのみ着目すれば，本件町内会に一方的に利益を提供するという側面を有しており，ひいては，上記地域住民の集団に対しても神社敷地の無償使用の継続を可能にするという便益を及ぼす」，ともいえる[65]．

そこでそれ以外の考慮要素として，空知太神社事件で対象となっている土地が「無償で宗教的施設の敷地としての用に供されるに至った経緯」(注54の本文)が，重要になってくる．しかしその点についても，評価は分かれる．第一次上告審判決の事例に関する代表的な合憲説は，大連寺事件判決や富士山本宮浅間神社事件判決と同様に，「明治憲法下において，もともと合法的に公有地上に建設された」という「沿革上の理由」がある神社敷地について，当事者の信教の自由を保障するためになされた無償貸与については，政教分離が緩和されてしかるべきだ，と述べていた．この見解は，第一次上告審判決とは異なり，長期にわたり継続されてきた当該神社敷地の無償貸与も合憲と考えるのであるから，いわんや敷地の一部の有償貸与などは政教分離に反しないとみるものと思われる[66]．

しかし，本章Ⅲ 2，3 で扱ってきたそれぞれの土地の「無償で宗教的施設の敷地としての用に供されるに至った経緯」を，別異に捉える見解もある．富平

---

64) 山下竜一「判批」平成22年度重判解(ジュリ1420号，2011年)68頁．
65) 民集64巻1号128頁(133～134頁)．木村草太「判批」自治研究87巻4号(2011年)144頁も，有償貸与は，「他の者には与えられない土地利用機会を特別に付与するものだ」，という疑問を示している．
66) 百地章「砂川・空知太神社訴訟最高裁判決の問題点」日本法学76巻2号(2010年)502～505頁．この論稿は，「沿革上の理由」という文言を，国有境内地処分法に関する判決から借用しつつ，それとは異なった意味で用いていることに注意すべきである．

神社事件では，「神社の敷地が寄附により公有地になったのが昭和10年」であり，当時は「地方公共団体による寄附の採納が違法となることはありえず，また問題となった公有地の譲与は……国有境内地処分法等の趣旨にも合致し」ていた．これに対して空知太神社事件において，「神社敷地が公有地になったのは昭和28年であるため，当該土地は国有境内地処分法等の規定対象外であ」り，「そのうえ，当該土地が公有地となった原因は当時の土地所有者が固定資産税の負担を免れるため神社敷地を町に寄附したことにあった．このような場合，神社敷地の『寄附を採納した砂川町長の行為は，憲法の定める政教分離原則に明白に違反する』とさえみることもできた」．したがって空知太神社事件において，違憲状態解消のために，この土地の譲与を行うのは「違憲解消措置として相当性を欠く」，というのである[67]．確かに，この見解が指摘するように，国有境内地処分法に関して用いられた「沿革上の理由」とは，憲法移行期にかかわってのものであったことは，再確認しておいてよい．もっともこの見解が空知太神社事件に関して「相当性を欠く」と評したのは，土地の譲与についてであり，違憲状態解消策として実際にとられることになった敷地の一部の有償貸与ではなかった．

　空知太神社第二次上告審判決を受けた評釈においては，「賃貸借ではなく，氏子集団に神社用地の買取りを求めるか，歴史的経緯に遡って贈与もしくは交換との結論が望まれた」のであり，「勇み足的な事情判決」だ，という評価をするものがある[68]．しかし他方では，「神社関係者に買い取り資金がないなどの事情」があることから，「買い取りが難しいならば，相応の土地使用料の支払いを求めるしかないだろう」[69]，という見解もかねてよりあった．第一次上

---

[67] 小泉洋一「判批」民商法143巻1号(2010年)69〜70頁．なおこの論文が引用していたのは，第一次空知太神社判決における田原睦夫裁判官の補足意見．民集64巻1号1頁(23〜27頁)．また，吉崎暢洋「判批」姫路ロージャーナル4号(2010年)163〜164頁は，国有境内地処分法が「適用される社寺は上知令等によって強制的に国有とされたのに対して」，富平神社事件では「むしろ町内会からの申出によって，教員宿舎建設のため市に寄付された」，といった違いを指摘した上で，富平神社事件でも無償譲与ではなく，正当な対価による売り払いが妥当だった，と主張する．

[68] 君塚・前掲注62)13頁．

[69] 山田隆司『記者ときどき学者の憲法論』(日本評論社，2012年)234頁．また田近肇も，「まずは譲渡によって分離を達成するということが要請されるべきであって，相手方の資力によっては有償で貸与，という順番になる」という．宗教法31号(2012年)235頁(パネルディスカッションにおける発言)．

告審判決に関する調査官解説も,「政教分離原則の建前からいえば,公有地を宗教施設の用に供するために貸し付けることは,決して好ましいことではないが,それによって一般人の違和感を緩和させ,市が特定の宗教を特別に援助しており,その宗教が他の宗教とは異なる特別のものであるとの印象を減殺させ得るものであるから,有効な手段となり得る」,としていた[70]．

この事案はまさに,政教分離原則と信教の自由の間の微妙な調整にかかわる．そのため,学説による評価も分かれている．しかも事案の解決は,それぞれの土地の「沿革上の理由」,あるいは第一次上告審判決がいう「当該土地が無償で当該施設の敷地としての用に供されるに至った経緯」に基づくものであり,ある最高裁判決が当然に他の事案にもあてはまるわけではない[71]．空知太神社事件においては,当該土地は住民から寄附を受けて市が所有していたのであるから,それを返還してもよかったように思われる[72]．敷地の一部の有償貸与という措置はやや中途半端なものであったが,それを違憲とまで見ることにもためらいがある．他方で,違憲状態解消のためにとられた措置が氏子集団の信教の自由に対する負担とならないかについて,第二次上告審判決では,「氏子集団の構成員の信教的活動に対する影響は相当程度限定されたものにとどまる」[73],と簡単に触れられるだけである．これは,上記の措置に氏子集団側の同意があったことが考慮されているためであろう[74]．

4　小括

エホバの証人剣道受講拒否事件において,一審は「緊張関係」を強調したが,二審・最高裁はそうした「緊張関係」を表面化させない形で事案を処理していた．これに対して,国有境内地処分法のように法律の規定自体をめぐって,あるいは砂川政教分離訴訟の事案のように行政庁の個別的な処分をめぐって,政

[70) 清野・前掲注60)49頁．第二次上告審判決を受けた学説にも,「この判断にはそれなりの合理性があろう」とするものがある．市川正人「判批」判例評論647号(判時2166号,2013年)4頁．さらに,第二次上告審判決に関する調査官の解説として,岡田幸人「判解」最判解民平成24年度(上)(2015年)150頁以下．
71) 野坂・前掲注56)10頁,飯野・前掲注56)23～24頁．
72) 中島・前掲注60)159頁．
73) 民集66巻2号673頁(680頁)．
74) 飯野・前掲注56)25頁．

教分離原則と信教の自由などの間の調整が問題となった事例があることに，注目すべきである．国有境内地処分法に関する判決は古いものであるため，判決の理由づけは必ずしも十分ではない．しかし富士山本宮浅間神社事件判決は，重要な先例である．最高裁が政教分離原則と信教の自由の「緊張関係」とその調整に初めて正面から向き合うことになったのが，砂川政教分離訴訟であった．そのため本章でも，この訴訟についてはやや詳しい検討を行った．

　エホバの証人剣道受講拒否事件や国有境内地処分法の事件においては，エホバの証人の信者や神社が当事者となっていたのであるから，それらが信教の自由を援用することに問題はない．しかし砂川政教分離訴訟に関しては，信教の自由を援用する主体について，疑問が出されている．富平神社事件において，無償譲与の相手は町内会であったが，それとは別に「氏子に相当する地域住民の集団」が想定され，それが「憲法89条の宗教上の組織ないし団体に当たる」，とされた．この判決は，「地域住民の集団」の信教の自由を語ることによって，町内会に対する土地の譲与が「地域住民の集団」が宗教的活動を行うことを容易にする，という法的構成を導いた[75]．これに対しては，第一に，「かかる法的構成が事実に照らして適切なもの」かが問われる[76]．第二に，「本件譲与によって，町内会名義の土地として登記することは，それが『地域住民の集団』の『信教の自由』の行使を『容易にするものであ』ればあるほど，町内会が同神社の運営維持に対する関与を強める可能性を増し，町内会を構成する住民のなかで，『認可地縁団体』としての町内会が神社の運営維持に関与することに反対の考えを持つ者が圧迫等を感じることになりかねない」のではないか，という疑問が出されている[77]．この見解では，そうした点において，富平神社事件は国有境内地処分法にかかる事件と区別される，ということになる．

---

75) 民集64巻1号128頁(133～135頁)．
76) 蟻川恒正「事実を読む(3)」法セ670号(2010年)90～91頁．吉崎・前掲注67)154～155頁は，富平神社事件においては，「『氏子集団』の実在性自体かなり疑わしい」としつつ，「神社は，本来，共同体の宗教であり，氏子意識は一般的に受動的で，氏子としての主体性は育ちにくい」ことから，「神社が宗教法人等の組織的な実体を有していない場合，それを支える地域住民の集団を『宗教団体』と捉えたことは適切だ」，という．そうすると今度は，そのような理解は，判例がとってきた89条の「宗教上の組織若しくは団体」に関する狭義説の立場(本章注9の本文参照)と整合的か，という論点が生ずる．空知太神社の事案についてではあるが，例えば，高畑英一郎「判批」日本法学76巻3号(2010年)180頁，塩見佳也「判批」法政研究78巻2号(2011年)228頁など．

先にも言及したように（Ⅲ 3 (2)），氏子集団の「信教の自由」を語る富平神社事件判決よりも，空知太神社事件第一次上告審判決の方が，「氏子集団の構成員の信教の自由」という定式をとっているため，個人を主体とした憲法上の権利という観念に忠実である．しかしその空知太神社事件第一次上告審判決についても，同様に，「政教分離違反の認定に当り，氏子集団が宗教行為の主体であることを認めたからといって，当該氏子集団に信教の自由の主体性を認めなければならないわけではない」，と指摘される[78]．このようなことを考慮して，空知太神社事件第一次上告審判決後にとられた違憲状態の解消策では，町内会でも純粋な個人でもない，「氏子総代長名義」での契約がなされたものと思われる[79]．こうして，政教分離原則と「緊張関係」にあるのは，誰の信教の自由と構成されるべきものなのか，も問われている．もちろん実際の問題は，構成の仕方だけでは解消しない．二度にわたる空知太神社事件上告審判決においても，住民のなかにいる他の宗教の者あるいは無宗教の者の信教の自由をいかに考慮に入れるべきか，という課題が実は残っていた[80]．

---

77) 蟻川・前掲注76)91頁．中島光孝「砂川政教分離住民訴訟の違憲判決の問題点」法と民主主義446号（2010年）77頁も，空知太神社事件第一次上告審判決に関して，次のようにいう．「一審判決が認定しているべくは，神社のある地域のすべてが氏子というわけではなく，氏子とされる者にも神道以外の宗教の者もおり，また氏子総代及び世話役に神道の者はいない．「そうであれば，本件神社物件を撤去することが，直ちに氏子集団の構成員の信教の自由に重大な不利益を及ぼすとはいえない」．さらに同論稿は，「裁判所が訴訟においては第三者である『氏子集団の構成員』の憲法上の権利である信教の自由を持ち出し，それを根拠に訴訟の原則である当事者主義の例外を認めることが妥当か」，という論点も提起していた．
78) 樋口陽一ほか『新版 憲法判例を読みなおす』（日本評論社，2011年）105頁（蟻川恒正）．なお空知太神社事件第一次上告審判決も，「町内会に包摂される団体ではあるものの，町内会とは別に社会的に実在している」氏子集団の存在を認定していた．民集64巻1号1頁（11頁）．これに対しても，「不定形で曖昧な氏子集団を『宗教団体』と認定した上で，市の土地提供をこれへの『特権』付与と構成するのは，やや強引」という趣旨の指摘は多い．例えば，林知更『現代憲法学の位相』（岩波書店，2016年）416頁．
79) 差戻し控訴審における，控訴人砂川市の主張を参照．民集66巻2号702頁（710頁）．
80) 中島・前掲注77)77頁．小泉・前掲注45)159頁も，第二次空知太神社判決による決着について，「地元住民の多数者の信教の自由との合理的調整とみるべきか，逆に，多数者宗教への『肩入れ，是認』であり，当該信仰を共有しない本件原告に対して『アウトサイダー』としてのスティグマを押すものか，評価が分かれてしかるべき」，と述べる．

Ⅳ　若干の検討

1　「緊張関係」の論理構造
(1)　国の宗教に対する施策の四類型論

　本章ではこれまで，政教分離原則と信教の自由などとの「緊張関係」にかかわる諸事例について概観してきた．しかし，そうした諸事例における「緊張関係」のあり様は同一ではない．従来の研究のなかでそのことを示すために一つの手掛かりとなるのは，信教の自由と政教分離の「対抗関係」に関して，国の宗教に対する施策の四類型論を提示した棟居快行の試みである．

　棟居による分類は，まず，国の施策を「作為」と「不作為」に類型化し，それぞれについて施策の性格をさらに「便宜提供」と「不利益効果」に類型化する，というものである．忠実に引用しよう．

　「公権力がある施策を行う(作為)場合に，それ自体は世俗的行政目的に動機づけられたものであっても，A　結果的に特定宗教への便宜の提供となり，Bあるいは逆に特定宗教の信教の自由の行使に不利益を及ぼすことがある．Aを『便宜提供型施策』，Bを『不利益効果型施策』と呼ぶ」．「公権力が当該施策を特定宗教に関するかぎりで取り止める(不作為)と，今度は逆に，Aの場合には，C　宗教を理由として文化財保護の補助金等の便益提供を差し止めることとなるから，信教に基づく差別とされ，信教の自由の侵害にあたる可能性がでてくる．これを『便宜差止型施策』と呼んでおく．またBの場合には，D特定宗教の信者もしくは宗教団体の信教の自由に配慮して，……一律無差別の実施に例外を認めると，それはかえって国家と宗教とのかかわりを生じさせ，政教分離原則に違反する，とされかねない．これを『不利益免除型施策』と呼ぼう」，というのである．

　その上で，次のように説かれる．「Dの不利益免除型施策は，不利益効果を特に一部の宗教についてのみ解除する点では作為ともいえるし，同様にCの便宜差止型施策も，便益の提供について差別的に不利に取り扱う点では作為ともいえる．したがって，AとDを，BとCを，それぞれ論理的に同一内容の施策として扱ってよい．（原文改行）そうであれば，A便宜提供型施策と，C便

宜差止型施策との間で生じる政教分離原則と信教の自由との『対抗関係』と，Ｂ不利益効果型施策と，Ｄ不利益免除型施策との間で生じる信教の自由と政教分離原則との『対抗関係』とは，同一に論じることが可能であるし，また同一に論じられるべきであろう」[81]．

(2) 諸事例の位置

　この四類型論を用いるならば，本章Ⅱ2，3で扱った宗教系私立学校等への助成や教誨活動は，Ａの「便宜提供型施策」といえよう．津地鎮祭判決は，もしそれらが政教分離原則に反するという理由で，Ｃの「便宜差止型施策」をとると，「宗教による差別」や「受刑者の信教の自由」を制約することになるとし，そこに政教分離原則の限界を見ていた（Ⅱ1(1)参照）．エホバの証人剣道受講拒否事件は，公立学校が原級留置・退学処分を行ったということではＢの「不利益効果型施策」であり，エホバの証人の信教の自由に「配慮」して，原級留置の一律実施に例外を認めるならば，Ｄの「不利益免除型施策」となる．このようにして，これらの事例ではＡとＣ，ＢとＤとの間で「対抗関係」が生じていた，とされるのである[82]．

　さらに，その施策が法律に基づいてなされたものか，行政上の個別的な措置によってなされたものか，という区別もあり得る．宗教系私立学校への助成や国有境内地処分法の事例は前者にあたり，そこでは法律自体の合憲性が争点となる．これに対してエホバの証人剣道受講拒否事件や砂川政教分離訴訟は後者にあたり，処分の合憲性や合法性が争われた．

　先の整理を基礎に置いた上で，さらに時間という観点を導入しながら本章で扱った諸事例を考えてみると，紛争は三つのタイプに類型化できる．第一に，宗教系私立学校への助成や，教誨活動の場合は，それらを行えば政教分離規定（89条，20条3項）に反し，行わなければ信教の自由や平等原則に反するという「緊張関係」(Ａ型とＣ型)が一次元で生じている．第二に，エホバの証人剣道受講拒否事件の場合は，信者にも他の学生と同様に剣道受講を義務づけることが信教の自由に反するかという問題と，もし信者のために義務を免除した上で代

---

81) 棟居・前掲注1)316〜318頁．
82) 棟居・前掲注1)316〜317頁，319頁．

替措置をとるならば，その措置が政教分離規定(20条3項)に反しないかという問題とが区別され，「緊張関係」(B型とD型)は二次元で生じている[83]．第三に，国有境内地処分法訴訟や，砂川政教分離訴訟に関しては，公有地を神社敷地のために無償貸付している状態が政教分離規定(89条)に反しないかという問題と，その状態を解消するために神社施設を撤去させるなどの措置をとることが信教の自由などに反しないかという問題があり，「緊張関係」(A型とC型)は先とは逆の順において二次元で生じている．さらにこれらの事件では，行政による措置が政教分離原則違反の状態を解消させ得るものか，他方でその措置が信教の自由に反しないか，が同時に問題となっている．つまり，当該の措置自体に，政教分離原則と信教の自由の間の「緊張関係」を調整する施策としての「合理性」が求められている．

また，このような「緊張関係」の状況の違いは，平等原則がいずれの側から援用されるかともかかわっていた．同じく「緊張関係」が生ずる措置であっても，宗教系私立学校等への助成に関する，C型の「便宜差止型施策」の事例では，便宜を差し止められた側が，その措置が平等原則違反だと主張できる．これに対してエホバの証人剣道受講拒否事件のような，D型の「不利益免除型施策」の是否が問題となった事例では，免除しなかった学校側が，免除を行えば平等原則に反すると主張できる，という構図である．

(3) 外見上の「緊張関係」と不可避的な「緊張関係」

さらに問題となるのは，これまで見てきたような「緊張関係」が真に存在するのはどの事例か，である．津地鎮祭判決は，宗教系私立学校への助成や教誨活動は憲法上当然に許容されるため，政教分離原則は完全には貫けない，と述べていた．したがって，この判決を前提とすると，このような事例における「緊張関係」は始めから回避されていたか，あるいは容易に調整されるものと考えられていた．

---

[83] 飯野・前掲注1)21〜22頁，33〜35頁．エホバの証人剣道受講拒否事件においては，さらに，「学生が信仰を理由に剣道実技の履修を拒否する場合に，学校が，その理由の当否を判断するため，単なる怠学のための口実であるか，当事者の説明する宗教上の信条と履修拒否との合理的関連性が認められるかどうかを確認する」調査をすることが「公教育の中立性」に反しないか，という論点もあった．しかし判決は，注37)の本文で紹介したように，簡単にこれを否定している．

エホバの証人剣道受講拒否事件においては、信教の自由に対する制約の合憲性と、代替措置をとることの政教分離規定適合性が、別個に問われていた。政教分離規定適合性審査を比較的緩やかに行ってきた判例の立場を前提とすれば、当該事案において想定される程度の代替措置が政教分離に反することは考えられない。また信教の自由に対する制約は意図的なものではなかった、と認定された。それらのことから、この事例でも「緊張関係」が強調される必要はそもそもなかった。

これに対して国有境内地処分法訴訟や砂川政教分離訴訟においては、公有地を神社敷地のために無償貸付している状態は、裁判所や住民監査によって違憲と考えられている。その状態を解消するために、仮に神社施設を撤去させるなどの措置をとると、神社や氏子集団の(構成員の)信教の自由に反するという意味で、「緊張関係」が生じてしまう。ではいかなる措置ならば政教分離原則に適合し、かつ信教の自由の保障にも資するのか、という調整が不可避的に必要となっていたのである。

2 「配慮」の根拠

(1) 信教の自由に基づく「配慮」

本章で扱ったような諸事例に関して、政教分離原則を常に厳格に貫徹すべきだとする見解は、おそらく存在しない。厳格分離論者であっても、信教の自由などに「配慮」するために、政教分離原則の適用が緩和される場合があることは、一般に認めている。学説では、「配慮」とは、「宗教に中立的な一般法規と信教の自由が抵触した場合に、信教の自由を一般法規の根底にある政教分離原則よりも優先させることで、その衝突を解消しようとする考え方」だと、定式化されることがある[84]。その上で本章では、「配慮」は「便宜提供型施策」と「不利益免除型施策」を含む、と整理しておく。

教誨については、信教の自由への「配慮」を根拠として政教分離原則に反し

---

84) 高畑・前掲注34)209頁。なお小泉洋一『政教分離と宗教的自由』(法律文化社、1998年)90頁は、フランス憲法学に依拠しながら、「国家が市民の信仰を無視すること(消極的中立性)ではなく、国家が、市民の信仰実践を可能にするため、積極的に市民の信仰を考慮し、保護することこそが国家の中立性であると考えるのが、積極的中立性である」と説明する。この「積極的中立性」という考え方は、国家の宗教への「配慮」という考え方と、同趣旨のものと思われる。

ないとする考え方が，津地鎮祭判決だけではなく学説上も一般的である．つまり，行動の自由がない刑事収容施設に収容された者にとっては，信教の自由は妨げられないという消極的な権利だけではなく，「配慮」を求める積極的な権利をも含む，と説明される．自由権の実質的保障という定式に消極的な見地からも，国家が自由行使を大幅に妨げているという契機に着目して，「配慮」行為はこの領域に限って許される，と論じられている．これに対して，自由権をあくまで妨害排除という点に固定する見解は，被収容者の教化，改善，更生といった国家政策的見地から教誨を正当化する．教誨の正当化根拠に関する違いは，許される教誨活動の範囲に関する見解の相違をもたらす．国家政策的見地からの正当化を試みる立場では，被収容者の信教の自由とは直接かかわりのない措置，例えば「本人の希望によらないいわゆる強制的教誨や刑務所内への仏壇，神棚，礼拝所等の設置」も許容される[85]，と解されている（Ⅱ3）．しかし，一般には「国家政策的見地」からの正当化は避けられており，「配慮」にも憲法上の限界がある，と考えられている（Ⅳ3(2)）．

　エホバの証人剣道受講拒否事件において，神戸高専が，剣道実技の代わりに他の体育実技の履修やレポート提出等を求めた上で，その成果に応じた評価をするという措置をとることは，生徒の信教の自由に「配慮」するものである．ただし，その程度の措置は，信教の自由に「配慮」するという観点を強調しなくとも，従来の判例傾向からすると，20条3項に反するとはされないものであろう（Ⅲ1，Ⅳ1(3)）．

　富平神社事件判決は，政教分離原則違反の状態を解消するため公有地から神社を撤去させると，氏子集団の信教の自由に反することになることから，土地を町内会に譲与することを合憲とした．ここに，信教の自由への「配慮」行為についての尊重が見られる．空知太神社事件第二次上告審判決も，政教分離原則違反の状況を解消するため，神社敷地を氏子集団の氏子総代長に適正な価格で賃貸することなどを合憲とした．ここでは，政教分離原則と信教の自由が典型的に「緊張関係」に立っている．しかし，こうした事例に関しては，氏子集団の信教の自由を簡単に語ってよいのか，町内会が神社の運営維持に関与する

---

85) 百地・前掲注 24) 97〜98 頁．

ことに反対の考えをもつ者が圧迫等を感じることはないのか，といった問題が残っていた（Ⅲ3）．

(2) 信教の自由以外の要因をも根拠とする「配慮」行為

信教の自由の保護以外の根拠も援用することにより，結果的に信教の自由を政教分離原則よりも優先させることになる説明もあった．

例えば，宗教系私立学校への助成という事例に関してである．これを政教分離原則の限界として例示した津地鎮祭事件最高裁判決は，それが許されないと「宗教による差別が生ずる」という形で，平等原則の観点から当該助成を正当化していた．しかし，仮に学説ではあまり支持されていないこの論法を承認したとしても，宗教系幼稚園はその比率が高いため，それへの助成を，他の幼稚園への助成と平等に扱ったにすぎないとして正当化することは簡単ではない．そこでそれへの助成を正当化するためには，子どもの教育を受ける権利を支援するため，という仕方が考えられている（Ⅱ1，2）．

大蓮寺事件判決は，国有境内地処分法1条で定める社寺等に対する土地の無償譲渡を，かつて無償で官有地としたという「沿革上の理由」によって，89条に反しないと判断した．富士山本宮浅間神社事件判決は，「沿革上の理由」だけではなく，社寺の信教の自由や財産権をも根拠にして無償譲渡を正当化していた．これらの判決では，「沿革上の理由」があることの明らかな土地に関する無償譲渡を定めた規定が問題となっていたため，「沿革上の理由」が当該既定の正当化に際して大きな役割を演じ得た．しかし，「沿革上の理由」が明確ではない土地に関して半額での譲与を規定した同法2条に関しては，土地を利用している社寺の信教の自由への「配慮」という観点が，より重要となってくる（Ⅲ2）．砂川政教分離訴訟においても，「無償で宗教的施設の敷地としての用に供されるに至った経緯」と信教の自由への「配慮」が考慮されていた．

3　「配慮」とその限界

(1)「配慮」が要請される場合と許容される場合

国家が，「便宜提供型施策」によってであれ，「不利益免除型施策」によってであれ，宗教に対して「配慮」を行うことにかかわって，その「配慮」が，憲

法によって要請(義務づけ)される場合と，許容されるにすぎない場合とに大別できる[86]．

津地鎮祭判決は，宗教系私立学校への助成や教誨のような(「便宜提供型施策」による)「配慮」を憲法上要請されているもの，と考えていた．反対からいえば，宗教系私立学校のみを助成の対象としない場合は平等原則に反するし，教誨を行わなければ被収容者の信教の自由に対する侵害となる，と想定していたようであった．

エホバの証人剣道受講拒否事件に関して，当時の学説の多くは，剣道の受講を義務づけすること自体が違憲だと考えていた．つまり，受講を免除するという(「不利益免除型施策」による)「配慮」が憲法上要請されている，と見ていた．この見解では，要請された「配慮」に伴ってなされる代替措置が政教分離規定に反しないかという審査は，かなり緩やかに行われることになるのであろう．これに対して最高裁の立場は，剣道の受講を義務づけることの合憲性について直接は判断を行わず，代替措置をとるという形での「配慮」を行うことは政教分離に反するものではない(許容される)，とした．しかし最高裁の判断枠組みは，むしろ，そうした「配慮」をすることについて「十分に考慮するべきであった」にもかかわらず，それをせずに原級留置や退学処分を行った学校長の判断に裁量権の逸脱・濫用を認めた，というものであった[87]．

国有境内地処分法について，最高裁は，国有地を社寺等の境内地などのために無償で貸し付けてある状態は政教分離原則に反するという判断の下で，当該土地の譲与(または時価の半額での譲渡)という「便宜提供型施策」による「配慮」を立法によって行うことを，憲法上許容されるものとした．それ以上に，当該立法が憲法上要請されたものと考えていたかどうかは，確実には読み取れない．しかし無償貸付関係の「消滅のみをはかる」ことが信教の自由や財産権の保障に反することは認めていたのであるから，何らかの「配慮」は要請されていると考えていたのであろう．

砂川政教分離訴訟において，最高裁は，神社敷地として無償貸与されていた

---

86) 長岡徹「宗教に対する便宜供与」米沢広一ほか刊行代表『佐藤幸治先生還暦記念　現代立憲主義と司法権』(青林書院，1998年)401頁以下は，マコネルの便宜供与に関する学説を詳細に紹介している．本章は，マコネルとは用語法などを異にしている．

87) 詳しくは，本書第3部第2章．

土地を町内会に譲与すること(富平神社事件判決)，氏子集団の総代長に有償貸与することなど(空知太神社事件第二次上告審判決)という，「便宜提供型施策」による「配慮」を，憲法上許容されている，と判断した．空知太神社事件第一次上告審判決は，上述したように(Ⅲ3(1))，市が「直接的な手段に訴えて直ちに本件神社物件を撤去させるべきものとすることは，……地域住民らによって守り伝えられてきた宗教的活動を著しく困難なものにし，氏子集団の構成員の信教の自由に重大な不利益を及ぼす」，と述べていた．このことから，最高裁は何らかの「配慮」をすることが憲法上要請されているとするもの，と理解できるだろう．なお，第二次上告審に際しての上告理由は，違憲判断を受けての違憲状態解消策は誰が見ても違憲ではないものでなければならないという形で，先に区別した二つの場面(Ⅳ1(2))を関連づける[88]．しかし，この論理が果たして成立するのかにはやや疑問があり，最高裁も受け入れなかった．他方で，土地を氏子集団の総代長に有償貸与するなどの措置が氏子集団の信教の自由に対して与える影響について，第二次上告審判決は「相当程度限定されたものにとどまる」と，簡単に触れただけだった．氏子集団の同意がある事案だったためであろうが，住民のなかにいる他の宗教の者などの信教の自由に負担とならなかったのかは，問題として残っていた．

(2) 「配慮」が許容される場合と許容されない場合

信教の自由に「配慮」するためになされる行為には，許容されるものと政教分離規定に反して許容されないものがある[89]．この判別は，政教分離規定適合性審査となるため，従来の判例は，基本的に目的・効果基準によってなされるものと考えてきた．

この目的・効果基準の適用の仕方に関して，先にも簡単に紹介した(注46の本文)二区分論は，日本の憲法学の多くにある暗黙裡の想定を言語化したものであるように思われる．より詳しく紹介すると，こうである．政教分離に関し

---

[88] 民集66巻2号673頁(690頁)．
[89] 髙橋・前掲注11)203〜204頁は，「信教の自由と政教分離原則の衝突する場面」について，「信教の自由が義務免除を要請する場合」と「信教の自由が義務免除を要請はしないという場合」に分け，さらに後者を「法律で義務免除をしても政教分離には反しない場合」と「義務免除をすることが政教分離に反する場合」に区別している．

ては,「憲法に先立ち,憲法の基礎となった」,「国家神道体制の否定」に関する問題と,「現代福祉国家が国民の利益・人権の実現のため直面する問題」とは区別して対処しなければならない.「国家が宗教に関わる行為が人権(信教の自由を含む)やこれに匹敵する価値の実現のためであるときは,緩やかな目的効果論の適用……がなされるが,そうでない場合は厳格な目的効果論の適用がされるべきである」,「特に国家神道復活につながるような場合は違憲の推定が働く」[90]というのである.また,「古典的な政教分離問題の場合」は「不介入の視点から検討される」べきだが,「宗教が文化,教育,慈善,医療などの社会活動をも行い,そういった社会活動に国が社会国家理念から助成するなどのかかわりを持つ場合は」,「宗教だからといって差別扱いしないという公平の視点に傾く」と解説する見解も[91],これと類似する立場だと思われる.こうした定式化には,「現代福祉国家」や「社会国家理念」を根拠として目的・効果基準を緩和して適用するという説明では,教誨やエホバの証人剣道受講拒否事件が,その意図に反してこぼれ落ちるのではないか,といった疑問があり得る.それはさておくとしても,こうした説明は,日本国憲法が前提としている政教分離原則に関して解釈者がもつ基本的な考え方であり,個々の政教分離規定に関する具体的解釈論は,津地鎮祭判決や空知太神社事件第一次上告審判決などが例示したような「諸般の事情」を考慮しながら,よりきめ細かく行うべきものであることは再確認しておく必要がある.

(3)「配慮」の限界に関する判断手法

すぐ前に触れたように,信教の自由を保護するための国家による「配慮」行為が政教分離原則に反しないかについては,従来の判例を前提とするといわゆ

---

90) 平野武『政教分離裁判と国家神道』(法律文化社,1995年)24〜26頁.ただしこの見解では,「緩やかな目的効果論の適用」される場面でも,「過度の関わりのテストを含む三つのテストをそれぞれクリアすることは必要である」としているため,「配慮」が許容される場合はかなり限定的に解されているようである.また,同・前掲注39)124〜126頁,134〜136頁.政教分離問題の類型化は,これまでにも様々になされてきた.佐々木弘通は,「①『神道指令』が主たる狙いとした,『軍国主義』と『過激なる国家主義』の根絶,という点に関わる政教分離問題.②前記①と直接関わらない,一般的な政教分離問題」を区別する.辻村みよ子編著『基本憲法』(悠々社,2009年)117〜123頁.この見解は,①を括りだす点では,本文で紹介した平野説と類似の発想に立つが,②類型では津地鎮祭事件が例とされており,本章が問題関心とする政教分離原則と信教の自由が「緊張関係」に立つ事例は,視野から除かれている.

91) 安西・前掲注45)372頁,飯野・前掲注1)32頁.

る目的・効果基準によって審査することになるはずだった．ところが空知太神社事件第一次上告審判決は，公有地を神社施設の敷地として無償で貸与していることの合憲性判断に際して，総合的判断の手法を採用した．その上で，神社物件を撤去させる以外の，「本件利用提供行為の違憲性を解消するための他の合理的で現実的な手段が存在するか否か」，についての再審理を求めた．本章の関心である「配慮」行為が政教分離原則に反しないかについて正面から取り組んだのが，富平神社事件判決と空知太神社事件第二次上告審判決である．前者は，総合的判断の手法を前提としながら，目的手段審査を行っているようであった．後者も同様のようである．しかし後者は効果に関する審査も行っていた．目的・効果基準か目的手段審査かは，それほど明確に区別されるわけではないとともに，事案に依存しているものであり，一般化はできない．重要なのは，総合的判断の手法を前提とした上で，政教分離原則と信教の自由の調整に当たって，いかなる考慮要素を，どのように認定し，どの程度重視するべきと考えるか，にあるといえるだろう（Ⅲ3 **(4)**）．

4　小括

　本章で扱ってきたのは，主に，政教分離原則と信教の自由が「緊張関係」にある事例において，国家による信教の自由への「配慮」行為を，裁判所が政教分離原則に反しないかについて審査する，という局面であった．この問題について，本章では，「配慮」が要請される場合と許容される場合の区別，許容される「配慮」と許容されない「配慮」の区別などに着目しながら，論じてきた．それに対してエホバの証人剣道受講拒否事件判決は，信教の自由への「配慮」を行わなかった高専による学生への処分の適法性を判断対象としていた．この点で，この事件の最高裁判決は，他の判決とかなり異なっている．他方で，信教の自由に「配慮」するために行われた行為が何らかの形で信教の自由に対する負担になってはいないかという視点も，副次的には必要である．

　最後に，視野をより広げておこう．信教の自由への「配慮」は，さらに別の形でもなされ得る．例えば，牧会事件のような事例である．神戸簡裁は，牧会活動が「社会生活上牧師の業務の一内容」であることを前提に，そうした牧師の行為は，「正当な業務行為として違法性を阻却する」と判断していた[92]．こ

れは，裁判所自身が牧師の信教の自由に「配慮」して判断した事例である．この事件における「配慮」は，政教分離と信教の自由の「緊張関係」を調整するためになされたものでもない．本章のように「配慮」を広く捉える場合には，「配慮」に様々な類型が含まれることが理解されるであろう．

V　結びに代えて

　政教分離原則と「緊張関係」となる可能性があるのは，本章でも示唆してきたように，信教の自由だけではない．そのことを踏まえた上で，それにもかかわらず，本章は政教分離原則と信教の自由の間が「緊張関係」にあるとされる類型を取り上げ，よく知られた最高裁判決が出された事例などを素材にして，その調整のあり方などについて考察してきた．それは，この局面が最も起爆力を含んでいるためである．しかし本章は，従来の判例や学説の状況についておおよその見取り図を描きながら，今後の研究のための課題を整理したにとどまっている．このささやかな作業が，この問題について比較憲法研究を踏まえたより本格的な考察の呼び水となることを念ずるばかりである．

---

92)　神戸簡判昭和 50 年 2 月 20 日判時 768 号 3 頁(6〜7 頁)．本書第 3 部第 1 章 V 2(**3**)も参照．

終章　残された課題

1　信教の自由と政教分離の「緊張関係」

　本書は，ドイツにおける信教の自由と「国家の宗教的中立性」が緊張関係に立つ場面の考察から出発し，最後には，日本における同様な場面に辿り着いた．ここでは，いくつかの点について補足的に検討したい．

　ドイツにおけるイスラームのスカーフ事件は，グローバル化に伴い文化的・宗教的・民族的多様性が増大した社会事情を背景とした紛争だった．そのため，類似の状況にある他国とも対照可能な問題を含むことから，国際的にも注目を集めた．これに対して日本における砂川政教分離訴訟などの事例は，国家と神社との間にあった密接な関係の後始末という，特殊日本的な背景をもっていた．ドイツのような事例が発生していないということは，日本における文化的・宗教的・民族的多様性がまださほど進行していないことを示している．

　本論の最後にあたる第3部第7章Ⅳでは，「緊張関係」の論理構造について述べている．そこで扱った国の宗教に対する施策の四類型論を用いると，イスラームのスカーフ事件はいかに位置づけられるか．授業中にイスラームのスカーフを着用することを希望する志願者を公立学校の教師に採用しないという措置は，教師への採用を便宜提供と捉えることができるとすれば，「便宜差止型施策」により生ずる信教の自由と政教分離の「緊張関係」の事例といえよう．そうだとすると，日本において類似する事案の例は挙げにくい．ただし，「便宜差止型施策」と同一に論ずることが可能とされた「便宜提供型施策」であれば，砂川政教分離訴訟などがあった．

　本論では，施策は法律に基づくものか，個別的な措置かという区別も行った．スカーフ第1判決の判断対象となった教師への採用拒否は個別的措置としてなされたものであり，だからこそ法律の根拠がないということで違憲とされた．これに対してスカーフ第2判決の判断対象となった教師の解雇等は，法律の根拠に基づくものであり，その根拠法が違憲となったのである．

　さらに，時間という観点を導入した類型化も試みた．イスラームのスカーフ

事件は，教師への採用を行えば国家の宗教的中立性の要請などに反し，採用を拒否すれば教師の信教の自由に反するという形で，「緊張関係」が一次元で生じた事例であった．しかもこれは，不可避的に生ずる「緊張関係」の事例である．

「緊張関係」にあった権利等はどうだったか．イスラームのスカーフ事件では，一方では教師の信教の自由，他方では世界観的・宗教的中立性への国家の義務，親の教育権および生徒の消極的信教の自由との間において，不可避的な緊張が生じていた．これと類似するような諸権利が対抗する事例も，日本では見出しにくい．強いて挙げれば，公立学校の教師が勤務時間中に「強制反対日の丸・君が代」等と印刷されたトレーナーを着用していたことなどを理由として，懲戒処分がなされた事例であろうか[1]．しかし，この事件では類似した議論はなされてはいなかったようである．上記のようなトレーナーを授業中にどうしても着用しなければならないという，イスラームのスカーフの場合に相応するような事情はなかったためだと思われる[2]．

「緊張関係」の調整の仕方も，ドイツと日本では異なっている．ドイツでは教師の信教の自由に対する制約の正当化審査のなかで，諸価値の調整が図られている．これに対して日本の事例では，政教分離規定適合性審査に際して，諸価値の調整がなされることが多い．この違いは，両国の憲法条文の相異とそれに応じた当事者の主張の仕方の相異から生じているものと思われる．

2 儀礼的行為

(1) 起立斉唱命令判決の用法

本書が残した課題は限りなく多い．「小さな憲法論」の領域から，「儀礼的行為」という概念を例に挙げたい．それは，起立斉唱命令判決で用いられたとともに，政教分離訴訟に関する諸判決でも使われているため，ここで扱うにふさわしい．しかも，同一の概念が，思想・良心の自由という憲法上の権利の制約に関する文脈と，政教分離規定という客観法適合性審査の場で，共通に用いら

---

1) 東京地判平成29年5月22日判例集未登載．本書第1部第1章注56），第2部第4章〔補論〕注6)を参照．
2) 「勤務を遂行するに際しての私的な行為」という範疇によって両者を括るとしても，やはりそれぞれの事情は同一ではない．

れていることも興味を引く3). またこの概念は，それぞれの場面で，論証のなかで鍵となっていたことからも重要性をもつ．

　もう少し，立ち入ろう．起立斉唱命令判決では，「起立斉唱行為は，一般的，客観的に見て，これらの式典における慣例上の儀礼的な所作としての性質を有するものであり，かつ，そのような所作として外部からも認識されるもの」だ，という4). ここでは第一に，「慣例上の儀礼的な所作」であることが，行為の性質と外部からの認識という二つの観点から評価されている．第二に，この評価は思想・良心の自由に対する直接的制約を否定する場面で現れるのであるが，他方で間接的制約を認める場面では，起立斉唱行為は「一般的，客観的に見ても，国旗及び国歌に対する敬意の表明の要素を含む行為」だ，と評価される．つまり，「慣例上の儀礼的な所作」は敬意の表明の要素も含む，と両面的に捉えられていた5).

(2) 政教分離判例での用法

　津地鎮祭判決は，起工式の「宗教的な意義が次第に希薄化している」ことを指摘する．また「一般人の意識においては」，起工式は「慣習化した社会的儀礼」として評価されており，「主催した津市長以下の関係者の意識」でも，「世俗的行事と評価」されていた，という．さらにそこから起工式は「世俗的な目的」によるものだ，という．この評価が，目的効果の審査における目的審査となっている6). この判決では，儀礼的行為性が行為の性質により判断された上で，「一般人の意識」によって裏付けされている．ここでいう「一般人の意識」が起立斉唱命令判決における「外部からの認識」に対応するとすれば7), 両判決の間には共通性がある．またこの判決も起工式について「慣習化した社会的儀礼」であることだけではなく，「宗教とかかわり合いをもつものである」こ

---

3) 江藤祥平「判批」法協 130 巻 6 号(2013 年)1468 頁．また，山口智「19 条に残るもの」門田孝・井上典之編『浦部法穂先生古稀記念　憲法理論とその展開』(信山社，2017 年)400 頁．
4) 最二小判平成 23 年 5 月 30 日民集 65 巻 4 号 1780 頁(1785 頁)．
5) 佐々木弘通「起立斉唱命令事件」棟居快行ほか編『判例トレーニング　憲法』(信山社，2018 年)48 頁．
6) 最大判昭和 52 年 7 月 13 日民集 31 巻 4 号 533 頁(543〜545 頁)．
7) 江藤・前掲注 3)1468 頁．これに対し，「外部からの認識」を，あたかも自ら進んで行っていると外部から受け止められる苦痛という形で読み込むならば，両者は同一ではないということになろう．

とも否定していない．二面的に捉えているという点でも，起立斉唱命令判決とは共通性がある．

愛媛玉串料訴訟判決は，玉串料の奉納が「慣習化した社会的儀礼にすぎない」とは到底いえず，一般人がそれを「社会的儀礼の一つにすぎないと評価しているとは考え難い」，という[8]．ここでは第一に，社会的儀礼性はさしあたり行為の性質から評価されていた．それがさらに一般人の評価により，裏づけられている．そのため上記と同じ評価が妥当する．第二に，判決は，玉串料の奉納に「儀礼的な意味合いがあることも否定できない」としつつも，「憲法制定の経緯に照らせば」憲法上許されない，としている．この判決も二面的に捉えている．第三に，この判決は，まとめとして，玉串料の奉納は「その目的が宗教的意義を有することは免れず」，と述べている．「慣習化した社会的儀礼」ではないという評価は，ここにかかわっている．この点も津地鎮祭判決と同様であり，審査において実質的な意味をもっているわけではないことも共通である．

箕面慰霊祭訴訟に関する判決は，教育委員長の参列が「社会的儀礼」だとすることにより，目的効果の判断において，参列目的が世俗であるという評価を導いている[9]．この用法は，鹿児島大嘗祭訴訟判決[10]や白山比咩神社判決[11]でも同様である．これらの判決でも，「社会的儀礼」性は，参列行為者の意図・目的が一般人の評価によって判断されている．したがって，宗教的色彩のある行事への公人の参列という類型の訴訟においても，「社会的儀礼」性の判断の仕方は他の類型の事案と共通している．そのなかで箕面慰霊祭訴訟控訴審判決が，「主催者が参加者の参列を求める意図・目的」といった要素も考慮すべきとしていたのは，適切だった[12]．

(3) 比較からの考察可能性

政教分離判例における「社会的儀礼」論については，津地鎮祭判決のように「関与対象行為」に使われる場合と，それ以外の判決のように「関与行為」に

[8) 最大判平成9年4月2日民集51巻4号1673頁(1682〜1683頁)．
[9) 最三小判平成5年2月16日民集47巻3号1687頁(1704〜1705頁)．
[10) 最一小判平成14年7月11日民集56巻6号1204頁(1206頁)．
[11) 最一小判平成22年7月22日判時2087号26頁(28頁)．
[12) 大阪高判昭和62年7月16日〔参〕民集47巻3号2506頁(2660〜2666頁)，本書第3部第6章Ⅱ1(3)参照．

用いられることがあること，起工式のように，もともとは宗教的意義があったものが「慣習化」したものと，団体の発会式への市長の出席のように本来的に世俗的なものとがあること，いずれにしても「社会的儀礼性」については「一般人の評価」が機軸となっているようであることなどについては，既に述べている[13]．「一般人の評価」が機軸となっているのは，津地鎮祭判決によれば，政教分離の限界は，「社会生活上における国家と宗教のかかわり合いの問題である以上，それを考えるうえでは当然に一般人の見解を考慮に入れなければならない」からだ，とされている[14]．客観法規範適合性判断に際しては「一般人の評価」が機軸となるが，憲法上の権利に関してはそうではない，と割り切ってはいない．

起立斉唱命令判決の用法と対照してみるならば，「社会的儀礼」行為であったとしても副次的に他の要素，ここでは宗教的意義をもつということはあり得る，という観点が改めて生ずる．他方で，政教分離判例における社会的儀礼行為には，慣習によるものと，本来的なものを区別し得た．起立斉唱行為について比較的簡単に判示された「慣例上の儀礼的所作」とは，どちらの性質に相応するものか．二つの分野における「儀礼的行為」の用法を比較して考察することにより，得られるものがありそうである．その際には，政教分離判例においては，「社会的儀礼」性を判断する要素として，「主催者が参加者の参列を求める意図・目的」等が挙げられる場合があったことも想い起こされる．これを参照して，起立斉唱・ピアノ伴奏などを命ずる「意図・目的」も判断要素とされるべきだろう．さらにその上で，起立斉唱行為について，「敬意の表明の要素を含む行為」であるという側面も忘れられてはならない．

3 公共空間における宗教の役割

「大きな憲法論」の領域からは，公共空間における宗教の役割をめぐる議論に言及しておく．憲法学が宗教を論ずる際に，宗教学の知見を参酌するのは当

[13) 本書第3部第4章Ⅳ5，第6章Ⅳ3を参照．また，本文で紹介したように，政教分離判例では，伝統的に，いわゆる目的効果基準における「目的」審査のなかで扱われてきたようであるが，それが「効果」審査にも連動している．行為の目的と効果によって社会的儀礼性が判断されるべきともいえそうだが，判例は必ずしもそうしてはいない．
14) 民集31巻4号533頁(542頁)．

然であろう．ここでは，現在を代表する宗教学者の一人である島薗進の見解に着目したい．

「国家神道は国家社会の秩序のあり方に主要な関心があるが，仏教・新宗教は個々人の救いや心・魂の平安に主要な関心がある」．そのため後者は，「救済宗教」と呼ばれる．「かつて支配的な学説だった世俗化論によると，近代化が進むとともに救済宗教は次第に私事化していかざるをえない」．「だが，実はそれには限界がある．政教分離が進んだ後に新たな形で救済宗教の公共的機能が回復されてくる」．こうした関心から，2011 年の東日本大震災後の状況が扱われる．そして現在，「狭い意味での宗教をはみ出るような領域で，宗教的なものの果たす機能が求められている」，という．そして仏教教団の関与が進められている領域が，①「社会のさまざまな苦難への関与」，②「公共的問題への関与」，③「教育と文化継承」，とに整理されている[15]．

政教分離規定を厳格に解釈しようとしてきた従来の憲法学説は，宗教の世俗化・私事化を要求するものだった．そのため上述したような宗教の公共的機能の側面に関心が向けられることは，それほど多くなかった．大規模自然災害時などに，国・地方公共団体が宗教とかかわり合いをもつことが憲法上どこまで許されるか[16]，より一般化すれば，「世俗的な国家では対応できない宗教ならではの部分を公益性として積極的に考える視点」[17]とその限界，という問題である．本書で扱った刑事収容施設における宗教教誨とその限界は，そのわずかな一例であった[18]．

他方で，「国家神道は国家秩序のあり方に主要な関心がある」とされる．その事情を背景として，「日の丸・君が代」訴訟では，「日の丸・君が代」は歴史上「国家神道」と密接に結びつき，また宗教的価値観と不可分の関係にあって，「君が代」を尊重することは天皇を崇拝することであり，それは神道を信仰す

[15) 島薗進「現代日本の宗教と公共性」島薗進・磯崎順一編『宗教と公共空間』(東京大学出版会，2014 年)265 頁以下．原発災害に焦点を合わせた論考として，島薗進「福島原発災害への仏教の関わり」磯前順一・川村覚文編『他者論的展開』(ナカニシヤ出版，2016 年)259 頁以下．

16) この点に関して，例えば，田近肇「大規模自然災害の政教問題」臨床法務研究 13 号(2014 年)15 頁以下．

17) 西村明「(ポスト)世俗化論と日本社会」西村明編『いま宗教に向きあう 第 2 巻 隠される宗教，顕れる宗教』(岩波書店，2018 年)14 頁．

18) 本書第 3 部第 7 章Ⅱ3 参照．

ることにほかならない，起立・斉唱等を強制することは，神道以外の宗教を信仰する自由を侵害することになる，などと原告側が主張することもあった[19]．そのような主張は，一つには「国家神道」の捉え方にもかかわる．宗教学上は，「国家神道」をGHQの神道指令に従って狭義に捉える理解と，神社神道に限定せずに皇室祭祀や天皇崇拝などをも含めて広義に捉える理解がある[20]．政教分離訴訟に関する判決やそれに対する学説などにおいても，前提となっている「国家神道」理解の違いがあるものと思われる．それらを分析することも，本書が行っていない作業だった．

なお宗教学では，「公共空間における宗教の位置」という観点のもとで，本節が念頭においてきた論点とは異なり，「ニュートラルであるべき公共空間でどの程度私的信仰を顕出できるか」，という問題が論じられることもある[21]．このことをドイツの事例に即して論じたのが，本書第1部だった．宗教学においても，類似した概念を使いながら，異なる問題が論じられているようである．ただし，公共空間で私的信仰を「顕出」することができなければ役割も果たせないという形で，緩やかな関連性はあるのだろう．

---

[19] 「予防訴訟」の原告が，本文のような主張をしていた．参照，東京地判平成18年9月21日判時1952号44頁(53頁)．
[20] 西村明『「国家神道」は復活しているか』西村編・前掲注17)25頁．なお本文で先に紹介した島薗は，「2000年代に入って，とりわけ3・11以後，神社や国家神道復興の気運が目立つようになってきている．公共圏で伊勢神宮参拝や天皇崇拝の鼓吹という形で，宗教の影響力が増している」，と診断する．島薗・前掲注15)現代日本265頁．これは島薗が，「国家神道」を神社神道に限定せず，皇室祭祀や天皇崇拝などを含めて「国家神道」を広義に捉えていることを前提としている．参照，島薗進『国家神道と日本人』(岩波新書，2010年)．ちなみに島薗の診断に対しては，「今，改めて天皇の退位とともに注目される象徴天皇のあり方は，島薗が示唆するように，保守政治と宗教右派が抱いている国体や神権国家への回帰の主張とは異質なもの」，「象徴天皇自身がその概念を超える可能性を指し示していた」，という別の評価もある．奥山倫明「召喚される『国家神道』」西村編・前掲注17)63〜64頁．
[21] 池澤優「フランスの共和主義も宗教のようなものなのか？」池澤編『いま宗教に向きあう 第4巻　政治化する宗教，宗教化する政治』(岩波書店，2018年)95頁．

初出・原題一覧

序章　書き下ろし

第1部
第1章　「文化的多様性の時代における『公教育の中立性』の意味——イスラーム教徒の教師のスカーフ事件を中心として」
　　　　樋口陽一ほか編著『国家と自由』(日本評論社, 2004年)79頁
第2章　「公教育の中立性・宗教的多様性・連邦的多様性——イスラーム教徒の教師のスカーフ事件」
　　　　自治研究80巻10号(2004年)141頁
　　　　その後,「イスラーム教徒の教師志願者に対するスカーフ着用を理由とする採用拒否」と改題して, ドイツ憲法判例研究会編『ドイツの憲法判例Ⅲ』(信山社, 2008年)123頁に収録
第3章　「私人間における信教の自由——もう一つの『イスラームのスカーフ』事件が問いかけるもの」
　　　　藤田宙靖・高橋和之編『樋口陽一先生古稀記念　憲法論集』(創文社, 2004年)117頁

第2部
第1章　「『思想・良心の自由』と『国家の信条的中立性』(1)——『君が代』訴訟に関する裁判例および学説の動向から」
　　　　法政研究73巻1号(2006年)1頁
第2章　「公教育における『君が代』と教師の『思想・良心の自由』——ピアノ伴奏拒否事件と予防訴訟を素材として」
　　　　ジュリスト1337号(2007年)32頁
第2章〔補論〕「職務命令と思想・良心の自由——『君が代』ピアノ伴奏拒否事件最高裁判決」
　　　　法律のひろば61巻1号(2008年)60頁
第3章　「職務命令および職務命令違反に対する制裁的措置に関する司法審査の手法——『君が代』ピアノ伴奏拒否事件最高裁判決以降の下級審判決の論理」
　　　　法政研究76巻1・2号(2009年)1頁
第4章　「『日の丸・君が代訴訟』を振り返る——最高裁諸判決の意義と課題」
　　　　論究ジュリスト1号(2012年)108頁
　　　　その後, 長谷部恭男編『論究憲法——憲法の過去から未来へ』(有斐閣, 2017

初出・原題一覧

年)309 頁に収録
第 4 章〔補論〕 「『君が代』訴訟の現段階——東京高裁平成 27 年 5 月 28 日判決を素材として」
　　　　　　憲法研究創刊 1 号(2017 年)89 頁
第 5 章　「団体の中の個人——団体の紀律と個人の自律」
　　　　　　法学教室 212 号(1998 年)33 頁
第 5 章〔補論〕 「強制加入団体と会員の思想の自由——南九州税理士会政治献金事件」
　　　　　　ジュリスト 1113 号『平成 8 年度重要判例解説』(有斐閣, 1997 年)13 頁
第 6 章　「団体の活動と構成員の自由——八幡製鉄事件最高裁判決の射程」
　　　　　　戸波江二編『企業社会の変容と法創造　第 2 巻　企業の憲法的基礎』(日本評論社, 2010 年)79 頁

第 3 部
第 1 章　「『思想・良心の自由』と『信教の自由』——判例法理の比較検討から」
　　　　　　樋口陽一ほか編著『国家と自由・再論』(日本評論社, 2012 年)133 頁
第 2 章　「行政法と憲法——行政裁量審査の内と外」
　　　　　　法律時報 90 巻 8 号(2018 年)10 頁
第 3 章　「『ムスリム捜査事件』の憲法学的考察——警察による個人情報の収集・保管・利用の統制」
　　　　　　松井茂記・長谷部恭男・渡辺康行編『阪本昌成先生古稀記念論文集　自由の法理』(成文堂, 2015 年)937 頁
第 4 章　「政教分離規定適合性に関する審査手法——判例法理の整理と分析」
　　　　　　季刊企業と法創造 9 巻 3 号(2013 年)54 頁
第 5 章　「『国家の宗教的中立性』の領分——小泉首相靖國神社参拝訴訟に関する裁判例の動向から」
　　　　　　ジュリスト 1287 号(2005 年)60 頁
第 5 章〔補論〕 「靖国参拝と損害賠償の対象とすべき法的利益侵害の有無」
　　　　　　民商法雑誌 136 巻 6 号(2007 年)727 頁
第 6 章　「宗教的性格のある行事への公人の参列等と政教分離原則——白山比咩神社訴訟最高裁判決まで」
　　　　　　岡田信弘・笹田栄司・長谷部恭男編『高見勝利先生古稀記念　憲法の基底と憲法論』(信山社, 2015 年)705 頁
第 7 章　「政教分離原則と信教の自由——『緊張関係』とその調整」
　　　　　　ドイツ憲法判例研究会編『講座憲法の規範力　第 2 巻　憲法の規範力と憲法裁判』(信山社, 2013 年)217 頁

終章　書き下ろし

あとがき

　本書は，私がこれまで，思想・良心の自由，信教の自由・政教分離の領域に関して執筆してきた論稿を収録したものである．収録に際しては，旧稿の原型を維持しつつも，現在の時点からある程度の加除修正を行い，あるいは追記という形で情報の補充を行っている．また諸論稿の配列に際しては，体系的な書物になるための工夫を施している．とはいえ本書は完全な書き下ろしではないため，叙述に若干の重複は残っているし，現在では不要な記述もあるだろう．習作という色彩のある作品も含まれている．それらの点については，読者のみなさまのご寛恕を請いたい．

　本書に収録した論考の大部分は，2004年以降に公表したものである．その一つのきっかけとなったのは，2001年から2003年にかけてのミュンヘン大学への留学である．この留学前の私の関心は，ドイツ憲法学の基礎理論にあり，そのような研究を行ってきた．「『憲法』と『憲法理論』の対話(1)〜(6・完)」として国家学会雑誌に掲載した研究が，その代表格である．しかし留学当時のドイツでは，イスラームといかに向きあうかが大きな課題となり，そのなかで，イスラームのスカーフをめぐる訴訟が，社会的にも広く関心を集めていた．また大学，とりわけS・コリオート教授の国家教会法の授業などでは，それらの事柄がしばしば話題として取り上げられていた．そうした状況から刺激を受けて，ドイツで資料を収集し，帰国後に執筆したのが，第1部に収録した三編の論考である．

　本書の第二の背景要因となったのは，2004年に発足した法科大学院における教育である．そこでは「天翔ける」といわれてきた憲法学といえども，法曹実務を意識した授業を行わなければならなかった．外国法研究に沈潜する時間は失われた．授業の準備のため日本の憲法判例を読み直すこと自体は，私にとって新鮮な作業だった．しかし，当時の学界を圧倒的に支配していたアメリカ型の違憲審査基準を用いた判例分析は，対象とは目盛りの違う物差しを用いて

あとがき

いるのではないか，果たして現在または近い将来の法曹実務に貢献できるのか，という疑念を抱くものが少なくなかった．そこで，その時点では未だ外国法研究の対象にとどまっていた三段階審査の手法を使って，日本の判例を分析することを試みることを構想した．その素材として選択したのが，第1部に収録した作品と教師の憲法上の権利にかかわる事案だという点で共通しており，また三段階審査が典型的に当てはまる「内心の自由」の領域にかかわる「君が代」訴訟だった．第2部第1章として収録した旧稿は，そのような関心からの読書をまとめる形で，本書のなかで唯一自発的に執筆したものである．その時点では，この訴訟に深入りするつもりはなかったのであるが，その後著名な最高裁判決が続々と出され，それにつれて原稿依頼もいただくこととなったため，作品数も増加することとなった．

第三の背景要因は，『憲法Ⅰ　基本権』(2016年)という共著の体系書執筆である．この書物は，日本の憲法学に新しい体系を提案しようとするものであっただけに，その成立過程では苦労が多かった．同書で私は六つの章を担当しているが，その一つに「信教の自由・政教分離原則」があった．第3部に収録した論文のいくつかは，多かれ少なかれ，この章を執筆することを意識して書いたものである．本書がある程度の体系性をもっているのは，このことにも因る．その反面として，第3部に収めた論考のなかには，研究論文としては不要な記述が含まれているのかもしれない．

私はこれまで，研究論文は執筆してきたものの，それを著作という形にまとめることを怠ってきた．しかしこのままでは研究の成果が散逸するばかりであり，また旧稿の不十分な記述を放置することも気にかかるようになってきた．そこで，ようやく重い腰をあげ，手始めとしてまとめたのが本書である．

これまでの研究生活を振りかえると，とてもここでお名前を挙げ尽くすことはできない，実に多くの方々からのお世話にあずかっている．そのなかでも，学部・大学院を通じてご指導をいただいた樋口陽一先生には，感謝の言葉も見つからない．樋口憲法学に接していなければ，憲法研究者としての私はなかった．本書の素材や手法は，一見すると樋口憲法学から遠いと思われるかもしれない．しかし，本書をまとめるに際して再読してみると，影響は明らかである．

あとがき

　自由を重んじるご指導に甘えてしまった不肖の門下生ではあるが，これがささやかながらも現在の研究成果だとご報告したい．現在もお元気で，多方面にご活躍されている先生に本書を捧げることができるのは，本当に幸いなことに思う．
　高橋和之先生には，博士論文の草稿を綿密に読んでいただいた上で，決定的な助言を賜った．その助言は，現在でも論文執筆に際して大事にしているものである．高橋先生の近年のお仕事は，本書のような試みを正面から受け止めた上での反論となっているだけに，大学院時代にも増して現在とくに，高橋憲法学から多くを学ばせていただいている．日比野勤先生からは，ドイツ憲法に関する文献講読の授業や個人的会話などを通じて，直々にドイツ憲法学について教示をいただいた．先生の当時の問題関心は，本書の一部となっている．
　ドイツ憲法の研究に際しては，ドイツ憲法判例研究会からも多くを学んでいる．また，本書に収録した論考は，実際の訴訟とのかかわりのなかで成立したものも少なくない．沢山の弁護士の先生方からの刺激にも感謝申し上げたい．さらに，先に名を挙げた『憲法Ⅰ　基本権』，それに続く『憲法Ⅱ　総論・統治』執筆のため，既に10年近く，継続的に編集会議をともにしている，共著者の工藤達朗教授，松本和彦教授，宍戸常寿教授からは，直接的な助言を得ている．本書に収録した論文は，九州大学と一橋大学に勤務している間に執筆したものである．多くの同僚の先生方のなかでも，とりわけ阪本昌成先生からは，いくつかの論考を草稿段階で読んでいただくなど，多大な示唆を得ることができた．阪口正二郎教授と只野雅人教授とは，私が一橋大学に赴任後から現在まで九年間にわたり，大学院の演習を共同で開講してきている．それぞれ独自の学問体系をもっている両教授との継続的な対話は，本書の養分になっている．
　岩波書店の伊藤耕太郎さんからは，かねてより論文集をまとめるようにお勧めをいただいた上，出版に関する各種の作業を迅速に行っていただいた．ご支援に心より感謝申し上げたい．また判例索引の作成に際しては，一橋大学法学研究科修士課程の辛嶋了憲君，小泉俊君，小林宇宙君から多大な助力を得た．なお本書は，一橋大学法学研究科からの出版助成を受け，一橋大学法学研究科選書の一冊として出版されるという名誉にあずかっている．

　　2019年2月

渡　辺　康　行

判例索引

〔日本〕

最高裁判所

最三小判昭和 30 年 11 月 22 日民集 9 巻 12 号 1793 頁　63

最大判昭和 31 年 7 月 4 日民集 10 巻 7 号 785 頁　112, 134, 171, 252, 259, 260

最二小判昭和 31 年 11 月 30 日民集 10 巻 11 号 1502 頁　367

最大判昭和 33 年 12 月 24 日民集 12 巻 16 号 3352 頁　433

最大判昭和 38 年 5 月 15 日刑集 17 巻 4 号 302 頁　256

最大判昭和 43 年 12 月 4 日刑集 22 巻 13 号 1425 頁　223

最大判昭和 44 年 12 月 24 日刑集 23 巻 12 号 1625 頁　316, 320

最大判昭和 45 年 6 月 24 日民集 24 巻 6 号 625 頁　222, 228, 239, 241

最三小判昭和 46 年 6 月 15 日民集 25 巻 4 号 516 頁　65

最一小判昭和 46 年 6 月 24 日民集 25 巻 4 号 574 頁　202

最大判昭和 48 年 12 月 12 日民集 27 巻 11 号 1536 頁　67, 90, 240, 254

最三小判昭和 49 年 4 月 9 日判時 740 号 42 頁　434

最三小判昭和 49 年 7 月 19 日民集 28 巻 5 号 790 頁　287

最大判昭和 49 年 11 月 6 日刑集 28 巻 9 号 393 頁　131, 276

最一小判昭和 49 年 12 月 12 日民集 28 巻 10 号 2028 頁　202

最三小判昭和 50 年 11 月 28 日民集 29 巻 10 号 1698 頁　211, 223, 230

最大判昭和 51 年 5 月 21 日刑集 30 巻 5 号 615 頁　85, 138, 192

最大判昭和 51 年 5 月 21 日刑集 30 巻 5 号 1178 頁　136

最三小判昭和 52 年 7 月 13 日民集 31 巻 4 号 533 頁　4, 325, 326, 330, 333, 338, 346, 348, 350, 351, 404, 410, 417, 459, 461

最三小判昭和 52 年 12 月 20 日民集 31 巻 7 号 1101 頁　183, 291

最三小決昭和 55 年 9 月 22 日刑集 34 巻 5 号 272 頁　319

最大判昭和 63 年 6 月 1 日民集 42 巻 5 号 277 頁　274, 304, 335, 347, 350, 351, 385

最二小判昭和 63 年 7 月 15 日判時 1287 号 65 頁　260

最一小判平成 2 年 1 月 18 日民集 44 巻 1 号 1 頁　183

最三小判平成 2 年 3 月 6 日判時 1357 号 144 頁　260

最三小判平成 3 年 7 月 9 日民集 45 巻 6 号 1049 頁　202, 376

最大判平成 4 年 7 月 1 日民集 46 巻 5 号 437 頁　160

最一小判平成 4 年 11 月 16 日判時 1441 号 57 頁　345, 360

最三小判平成 5 年 2 月 16 日民集 47 巻 3 号 1687 頁　329, 330, 395, 460

最一小判平成 5 年 5 月 27 日判時 1490 号 83 頁　221

最一小決平成 8 年 1 月 30 日民集 50 巻 1 号 199 頁　256, 265, 271, 304, 306

最二小判平成 8 年 3 月 8 日民集 50 巻 3 号 469 頁　152, 184, 282, 286, 430

最三小判平成 8 年 3 月 19 日民集 50 巻 3 号 615

頁　　207, 219, 230
最大判平成9年4月2日民集51巻4号1673頁　　4, 331, 333, 335, 338, 339, 352–354, 373, 406, 407, 417, 418, 460
最二小判平成10年3月13日自正49巻5号213頁　　210
最決平成11年1月29日判例集未登載　　79
最三小判平成14年1月22日判時1776号58頁　　52
最一小判平成14年4月25日判時1785号31頁　　208, 235, 245, 246
最一小判平成14年7月11日民集56巻6号1204頁　　398, 460
最大判平成14年9月11日民集56巻7号1439頁　　323
最一小決平成15年2月27日商事法務1662号118頁　　232
最一小判平成15年12月22日民集57巻11号2335頁　　71
最一小判平成16年1月15日民集58巻1号226頁　　202
最二小判平成16年6月28日判時1890号41頁　　344
最二小判平成18年6月23日判時1940号122頁　　380
最三小決平成18年11月14日資料版商事法務274号192頁　　233
最三小判平成19年2月27日民集61巻1号291頁　　114, 128, 133, 135, 137, 143, 146, 148, 149, 152, 153, 157, 159–161, 168, 177, 190, 246, 254, 261, 263, 268, 270, 293
最一小判平成20年3月6日民集62巻3号665頁　　317
最一小決平成20年4月3日判例集未登載　　236
最三小決平成21年9月28日刑集63巻7号868頁　　321
最大判平成22年1月20日民集64巻1号1頁　　4, 336, 338, 341, 355, 359, 390, 411, 435, 436, 439, 441, 444
最大判平成22年1月20日民集64巻1号128頁　　360, 437, 440, 443
最一小判平成22年7月22日判時2087号26頁　　344, 345, 361, 402, 411, 413, 460
最二小判平成23年5月30日民集65巻4号1780頁　　135, 144, 168, 175, 183, 190, 193, 255, 262, 269, 276, 283, 459
最一小判平成23年6月6日民集65巻4号1855頁　　144, 178, 255, 263, 270, 292, 295
最三小判平成23年6月14日民集65巻4号2148頁　　168, 172, 175, 177, 183, 255, 270, 275, 283
最三小判平成23年6月21日判時2123号32頁　　255
最二小判平成23年7月4日LEX/DB 25472450　　255
最二小判平成23年7月4日LEX/DB 25472451　　255
最一小判平成23年7月14日LEX/DB 25472449　　82, 173, 255
最一小判平成23年7月14日LEX/DB 25472503　　143, 255
最二小決平成23年11月30日LEX/DB 25480569　　388
最一小判平成24年1月16日判時2147号127頁①事件　　144, 168, 183, 185, 190, 196, 200, 285, 290, 295
最一小判平成24年1月16日判時2147号127頁②事件　　168, 183, 185, 190, 196, 200, 285, 290
最一小判平成24年2月9日民集66巻2号183頁　　125, 168, 269
最一小判平成24年2月16日民集66巻2号673頁　　362, 438, 439, 442, 452
最二小判平成24年12月7日刑集66巻12号1337頁　　277
最二小判平成25年9月6日LEX/DB 25501766　　186
最大判平成27年12月16日民集69巻8号2427頁　　376
最三小決平成28年5月31日LEX/DB 25543368　　203

判例索引

最三小決平成28年5月31日LEX/DB
　25543369　　187, 203
最三小決平成28年5月31日判例集未登載
　324
最大判平成29年3月15日刑集71巻3号279
　頁　　321
最一小決平成29年3月30日LEX/DB
　25545693　　188
最二小決平成29年12月20日LEX/DB
　25549717　　388
最一小判平成30年7月19日判例自治440号
　55頁　　189

高等裁判所

大阪高判昭和35年12月22日〔参〕刑集17巻4
　号333頁　　256
名古屋高判昭和46年5月14日〔参〕民集31
　巻4号616頁　　255
広島高判昭和48年1月25日〔参〕民集29巻10
　号1676頁　　239
東京高判昭和50年12月22日労民26巻6号
　1116頁　　68
大阪高判昭和62年7月16日〔参〕民集47巻3
　号2506頁　　329, 394, 460
仙台高判平成3年1月10日判時1370号3頁
　374
福岡高判平成4年2月28日判時1426号85頁
　371
福岡高判平成4年4月24日判時1421号3頁
　207, 219
大阪高判平成4年7月30日判時1434号38頁
　371
大阪高決平成4年10月15日判時1446号49頁
　279
東京高判平成4年12月21日自正44巻2号99
　頁　　209
東京高判平成7年3月22日判時1529号29頁
　376
大阪高判平成8年1月25日判夕909号125頁
　79

大阪高判平成10年1月20日判例自治182号
　55頁　　86
福岡高宮崎支判平成10年12月1日〔参〕民集
　56巻6号1291頁　　398
大阪高判平成10年12月15日判時1671号19
　頁　　343
東京高判平成11年3月10日判時1677号22頁
　208, 237, 246
東京高判平成13年5月30日判時1778号34頁
　86
東京高判平成14年2月27日労判824号17頁
　70
大阪高判平成14年4月11日判夕1120号115
　頁　　232
東京高判平成14年9月13日LEX/DB
　28080367　　358
東京高判平成14年9月19日LEX/DB
　28092211　　343
東京高判平成16年7月7日〔参〕民集61巻1号
　457頁，判例自治290号86頁　　84, 114,
　128, 169
東京高判平成17年6月23日訟月52巻2号
　445頁　　323
大阪高判平成17年7月26日訟月52巻9号
　2955頁　　381, 384, 385
大阪高判平成17年9月30日訟月52巻9号
　2979頁　　374, 382, 384
名古屋高金沢支判平成18年1月11日判時
　1937号143頁　　233, 244
東京高判平成19年6月28日判例集未登載
　154
大阪高判平成19年8月24日判時1992号72頁
　236, 247
大阪高判平成19年11月30日LEX/DB
　25482404　　140
名古屋高金沢支判平成20年4月7日判時2006
　号53頁　　344, 362, 402, 407
福岡高判平成20年12月15日LEX/DB
　15451348　　82, 147
東京高判平成21年1月29日判夕1295号193
　頁　　321

473

東京高判平成 21 年 10 月 15 日〔参〕民集 65 巻 4
　号 1840 頁　　179, 181
東京高判平成 22 年 1 月 28 日〔参〕民集 65 巻 4
　号 2038 頁　　173, 181
東京高判平成 22 年 2 月 23 日 LEX/DB
　25472455　　143, 173
大阪高判平成 22 年 12 月 21 日判時 2104 号 48
　頁　　388
東京高判平成 23 年 1 月 28 日判時 2113 号 30 頁
　①事件　　125, 173, 269
東京高判平成 23 年 3 月 10 日判時 2113 号 30 頁
　②事件　　173, 181, 284
東京高判平成 23 年 3 月 10 日判例集未登載
　181
東京高判平成 23 年 3 月 25 日判例自治 356 号
　56 頁　　181, 284
東京高判平成 24 年 10 月 31 日 LEX/DB
　25483345　　186, 202
東京高判平成 24 年 11 月 7 日裁判所 Web
　200, 202
東京高判平成 27 年 4 月 14 日 LEX/DB
　25506287　　300
東京高判平成 27 年 5 月 28 日判時 2278 号 21 頁
　187, 191
東京高判平成 27 年 12 月 4 日裁判所 Web
　202
東京高判平成 27 年 12 月 10 日判例自治 440 号
　75 頁　　189
仙台高判平成 28 年 2 月 2 日判時 2293 号 18 頁
　313
東京高判平成 28 年 7 月 19 日判例自治 414 号
　48 頁　　187, 202
大阪高判平成 28 年 10 月 24 日判時 2341 号 68
　頁　　188
大阪高判平成 29 年 2 月 28 日 LEX/DB
　25448520　　388
東京高判平成 30 年 10 月 25 日判例集未登載
　389

地方裁判所

大阪地判昭和 33 年 8 月 20 日判時 159 号 6 頁
　426
東京地判昭和 36 年 11 月 6 日判時 285 号 14 頁
　426
名古屋地判昭和 38 年 4 月 26 日判時 333 号 10
　頁　　63
長野地判昭和 39 年 6 月 2 日判時 374 号 8 頁
　253
津地判昭和 42 年 3 月 16 日〔参〕民集 31 巻 4 号
　606 頁　　345
奈良地判昭和 43 年 7 月 17 日行集 19 巻 7 号
　1221 頁　　278
大阪地判昭和 57 年 3 月 24 日判時 1036 号 20 頁
　328, 340
大阪地判昭和 58 年 3 月 1 日判時 1068 号 27 頁
　392
京都地判昭和 59 年 3 月 30 日判時 1115 号 51 頁
　264
熊本地判昭和 61 年 2 月 13 日判時 1181 号 37 頁
　207, 219
東京地判昭和 61 年 3 月 20 日判時 1185 号 67 頁
　271, 278, 280, 428, 431
東京地判平成 4 年 1 月 30 日判時 1430 号 108 頁
　209
神戸地決平成 4 年 6 月 12 日判時 1438 号 50 頁
　279
鹿児島地判平成 4 年 10 月 2 日〔参〕民集 56 巻 6
　号 1287 頁　　397
京都地判平成 4 年 11 月 4 日判時 1438 号 37 頁
　79
神戸地判平成 5 年 2 月 22 日判タ 813 号 134 頁
　266, 279, 289, 290, 429, 431
大阪地判平成 5 年 2 月 26 日判時 1480 号 105 頁
　305
大津地判平成 5 年 10 月 25 日判タ 831 号 98 頁
　343
大阪地判平成 8 年 2 月 29 日判タ 904 号 110 頁
　86
大阪地判平成 8 年 3 月 29 日労判 701 号 61 頁

前橋地判平成 8 年 12 月 3 日判時 1625 号 80 頁　208, 238, 246

横浜地判平成 10 年 4 月 14 日判例自治 182 号 55 頁　86

浦和地判平成 12 年 8 月 7 日判例自治 211 号 69 頁　86

東京地判平成 13 年 4 月 12 日判時 1754 号 160 頁　70

松山地判平成 13 年 4 月 27 日判タ 1058 号 290 頁　358

大津地判平成 13 年 5 月 22 日判タ 1087 号 117 頁　86

東京地判平成 13 年 6 月 13 日判時 1755 号 3 頁　265, 272, 306, 314

大阪地判平成 13 年 7 月 18 日金融・商事判例 1145 号 36 頁　232

神戸地判平成 13 年 7 月 18 日判タ 1073 号 255 頁　358

和歌山地決平成 14 年 1 月 24 日訟月 48 巻 9 号 2154 頁　265

佐賀地判平成 14 年 4 月 12 日判時 1789 号 113 頁　52

東京地判平成 14 年 6 月 28 日判時 1809 号 46 頁　323

福井地判平成 15 年 2 月 12 日判時 1814 号 151 頁　233

東京地判平成 15 年 12 月 3 日〔参〕民集 61 巻 1 号 426 頁, 判時 1845 号 135 頁　84, 114, 128, 169

大阪地判平成 16 年 2 月 27 日判時 1859 号 76 頁①事件　366, 369, 380

松山地判平成 16 年 3 月 16 日判時 1859 号 76 頁③事件　375

福岡地判平成 16 年 4 月 7 日判時 1859 号 76 頁④事件　367, 369, 372, 375, 382

大阪地判平成 16 年 5 月 13 日判タ 1151 号 252 頁　367

東京地判平成 16 年 10 月 29 日訟月 51 巻 11 号 2921 頁　266, 273, 314

千葉地判平成 16 年 11 月 25 日判例集未登載 367

那覇地判平成 17 年 1 月 28 日判例集未登載 375

福岡地判平成 17 年 4 月 26 日 LEX/DB 28101269　82, 147, 170, 284

東京地判平成 18 年 5 月 25 日判時 1931 号 70 頁　387

東京地判平成 18 年 9 月 21 日判時 1952 号 44 頁　115, 127, 149, 158, 170, 269, 463

大津地判平成 18 年 11 月 27 日判例集未登載 235

大阪地判平成 19 年 4 月 26 日判タ 1269 号 132 頁　140

東京地判平成 19 年 6 月 20 日判時 2001 号 136 頁　141, 143, 145, 147, 149, 155, 156, 163, 173, 175

金沢地判平成 19 年 6 月 25 日判時 2006 号 61 頁　401, 406

東京地判平成 19 年 7 月 19 日判タ 1282 号 163 頁　147

東京地判平成 20 年 2 月 7 日〔参〕民集 65 巻 4 号 1974 頁, 判時 2007 号 141 頁　144, 146, 151, 156, 164, 173, 180, 283

東京地判平成 21 年 1 月 19 日〔参〕民集 65 巻 4 号 1821 頁, 判時 2056 号 148 頁　144, 165, 181, 283

大阪地判平成 21 年 2 月 26 日判時 2063 号 40 頁　388

東京地判平成 21 年 3 月 19 日〔参〕民集 65 巻 4 号 2234 頁　179

東京地判平成 21 年 3 月 26 日判タ 1314 号 146 頁　144, 173

東京地判平成 23 年 7 月 25 日 LEX/DB 25472504　181

仙台地判平成 24 年 3 月 26 日判時 2149 号 99 頁　313

東京地判平成 26 年 1 月 15 日判時 2215 号 30 頁　300, 312, 318

東京地判平成 26 年 3 月 24 日裁判所 Web　191

東京地判平成 27 年 1 月 16 日判例自治 405 号

57 頁　　202
大阪地判平成 27 年 12 月 21 日判時 2341 号 83
　頁　　188
大阪地判平成 28 年 1 月 28 日 LEX/DB
　25542069　　388
東京地判平成 29 年 4 月 28 日 LEX/DB
　25448743　　388
東京地判平成 29 年 5 月 22 日判例集未登載

32, 191, 202, 458
那覇地判平成 30 年 4 月 13 日 LEX/DB
　25560133　　362

簡易裁判所

神戸簡判昭和 50 年 2 月 20 日判時 768 号 3 頁
　280, 455

〔ドイツ・ヨーロッパ〕

ドイツ連邦憲法裁判所

BVerfGE 41, 29, Beschluss des Ersten Senats
　v. 17. 12. 1975.　　10
BVerfGE 52, 223, Beschluss des Ersten Senats
　v. 16. 10. 1979.　　11
BVerfGE 93, 1, Beschluss des Ersten Senats v.
　16. 5. 1995.　　11, 16
BVerfG（2. Kammer des Ersten Senats）,
　Beschluss v. 30. 7. 2003, NJW 2003, S. 2815.
　43, 53, 56
BVerfGE 108, 282, Urteil des Zweiten Senats
　v. 24. 9. 2003.　　3, 16, 28, 35, 41–44, 46, 52,
　57
BVerfGE 115, 320, Beschluss des Ersten
　Senats v. 4. 4. 2006.　　301, 310, 314, 315
BVerfGE 138, 296, Beschluss des Ersten
　Senats v. 27. 1. 2015.　　3, 49
BVerfG（2. Kammer des Ersten Senats）,
　Beschluss v. 18. 10. 2016, NJW 2017, S. 381.
　51
BVerfG（1. Kammer des Zweiten Senats）,
　Beschluss v. 27. 6. 2017, NJW 2017, S. 2333.
　51

ドイツ連邦行政裁判所

BVerwG, Urteil v. 4. 7. 2002, JZ 2003, S. 254.
　18, 23, 24, 26
BVerwGE 121, 140, Urteil v. 24. 6. 2004.　　47

ドイツの下級裁判所

VG Stuttgart, Urteil v. 24. 3. 2000, NVwZ 2000,
　S. 959.　　16, 22, 24, 26, 27
VG Lüneburg, Urteil v. 16. 10. 2000, NJW 2001,
　S. 767.　　20, 24–26
LAG Hessen, Urteil v. 21. 6. 2001, NJW 2001,
　S. 3650.　　54–56
VGH Bad.-Württ., Urteil v. 26. 6. 2001, DVBl
　2001, S. 1534.　　17, 21, 22, 27
OVG Lüneburg, Urteil v. 13. 3. 2002, NVwZ-
　RR 2002, S. 658.　　20
BAG, Urteil v. 10. 10. 2002, NJW 2003, S. 1685.
　55, 57

ヨーロッパ人権裁判所

EGMR（Zweite Sektion）, Entscheidung v. 15.
　2. 2001, NJW 2001, S. 2871.　　21, 23–25

渡辺康行

1957年生まれ．一橋大学大学院法学研究科教授．憲法学．東北大学法学部卒業，東京大学大学院法学政治学研究科博士課程修了(法学博士)．千葉大学法経学部教授，九州大学大学院法学研究院教授などを経て現職．主な著作に，『憲法Ⅰ 基本権』『一歩前へ出る司法 泉徳治元最高裁判事に聞く』(いずれも共著，日本評論社)，『憲法学からみた最高裁判所裁判官 70 年の軌跡』(共編，日本評論社)，『事例研究憲法〔第 2 版〕』(共編著，日本評論社)，『憲法事例演習教材』(共著，有斐閣)など．

「内心の自由」の法理
2019 年 3 月 14 日　第 1 刷発行

著　者　渡辺康行(わたなべやすゆき)

発行者　岡本　厚

発行所　株式会社 岩波書店
〒101-8002 東京都千代田区一ツ橋 2-5-5
電話案内 03-5210-4000
http://www.iwanami.co.jp/

印刷・理想社　カバー・半七印刷　製本・牧製本

Ⓒ Yasuyuki Watanabe 2019
ISBN 978-4-00-024178-6　Printed in Japan

憲法 第七版	芦部信喜 高橋和之 補訂	A5判 488頁 本体 3200円
体系憲法訴訟	高橋和之	A5判 432頁 本体 3800円
総点検 日本国憲法の70年	宍戸常寿 林知更 編	A5判 320頁 本体 3500円
現代憲法学の位相 —国家論・デモクラシー・立憲主義—	林知更	A5判 456頁 本体 6500円
制度と自由 —モーリス・オーリウによる 修道会教育規制法律批判をめぐって—	小島慎司	A5判 332頁 本体 6900円
良心の自由と子どもたち	西原博史	岩波新書 本体 720円

———— 岩波書店刊 ————

定価は表示価格に消費税が加算されます
2019年3月現在